工商管理经典译丛
市场营销系列
Business Administration
Classics·marketing

消费者行为学

Consumer Behavior

Buying, Having, and Being

第12版

Twelfth Edition

迈克尔·所罗门（Michael R. Solomon）

著

杨晓燕　苗学玲　胡晓红　王秀芝 等

译

中国人民大学出版社

·北 京·

工商管理经典译丛·市场营销系列
出 版 说 明

随着我国市场经济的不断深化，市场营销在企业中的地位日益突出，高素质的市场营销人才也成为企业的迫切需要。中国人民大学出版社早在1998年就开始组织策划了“工商管理经典译丛·市场营销系列”丛书，这是国内第一套引进版市场营销类丛书，一经推出，便受到国内营销学界和企业界的普遍欢迎。

本丛书力图站在当代营销学教育的前沿，总结国际上营销学的最新理论和实践发展的成果，所选图书均为美国营销学界有影响的专家学者所著，被美国乃至世界各国（地区）的高校师生和企业界人士广泛使用。在内容上，涵盖了营销管理的各个重要领域，既注意与国内营销学相关课程配套，又兼顾企业营销的实际需要。

市场营销学是实践性很强的应用学科，随着我国企业营销实践的日渐深入和营销学教育的快速发展，本丛书也不断更新版本，增加新的内容，形成了今天呈现在读者面前的这一较为完善的体系。今后，随着营销学的发展和实践的积累，本丛书还将进行补充和更新。

在本丛书选择和论证过程中，我们得到了国内营销学界著名专家学者的大力支持和帮助，原我社策划编辑闻洁女士在早期的总体策划中付出了大量的心血，谨在此致以崇高的敬意和衷心的感谢。最后，还要特别感谢为本丛书提供版权的培生教育出版集团、约翰威立公司、麦格劳-希尔教育出版公司、圣智学习出版公司等国际著名出版公司。

希望本丛书对推动我国营销人才的培养和企业营销能力的提升继续发挥应有的作用。

中国人民大学出版社

译者序

就在今年的4月6日，本书的翻译者之一胡晓红博士在她的微信朋友圈中晒出一组照片，是由一位年轻人从3月27日到4月6日，连续10天在固定位置拍摄的一棵大树的叶子从稀疏到茂盛的过程。这些照片不禁让人感叹大自然的神奇，同时，也提示我们世界变化之快。其实，我们的日常消费生活也是如此，只要稍微停下来思考一下我们的消费生活，其所发生的巨大变化也会令人唏嘘不已。

迈克尔·所罗门教授的这本《消费者行为学》（第12版）细腻、全面地反映了网络时代消费者行为所发生的巨大变化。书中不仅有大量鲜活的基于最新科技、网络技术和社交媒体的消费者行为实例和案例，还有为各章相关知识点补充的一批优秀学者的最新学术观点，这些都为读者了解消费者行为的最新知识和学术发展脉络提供了有趣的参考资料。

从结构上看，与其他作者编写的教材相比，这本教材并不十分特别，也是通过消费者个性心理、内外部影响因素，以及消费者决策过程等几个部分，展开对消费者行为学理论、基本概念，以及营销应用等知识的介绍。然而，作者始终坚持用"购买（buying)、拥有（having)、存在（being)"三个词来概括消费者行为学的全部内容，这一点则是非常特别，也是非常值得称道的特色。事实上，作为读者，如果忽视了这三个词，则可能会失去对消费者行为学理论内涵的把握。我们想要了解任何一个国家或地区的消费者行为，都可以从消费者购买行为、消费者拥有的东西，以及消费者的存在方式三个角度来全面了解。其中，消费者的存在方式通常是一些调研公司定期或不定期发布的报告经常讨论的问题，而消费者拥有什么涉及消费者具体生活方式方面的知识，消费者购买则是具体到购买决策过程。比如，要了解中国消费者行为，可以先了解中国消费者的存在方式，例如，家庭生活方式、作息时间规律、人际关系影响、饮食习惯、民风习俗等，显然，这些方面蕴涵了鲜明的中国文化特色，其他国家消费者的存在方式无法为其代言！至于中国消费者拥有什么也是同样，例如，大部分中国消费者对于拥有自己的住房都有强烈的愿望；"别人有我也有"的心理也是多数中国消费者的信念之一。此外，倾其所有也要为下一代的教育和学习提供优越条件的信念也十分强烈。这些信念直接影响到中国消费者在一生中会优先购买或拥有什么，忽视这些特点，很难说理解了中国消费者行为。而在具体的购买决策行为中，中国消费者行为受广告的影响、受他人的影响也同样重要，这虽然也会体现出一些文化和社会方面的差异，但是在网络时代，在社交媒体盛行的时代，全球化浪潮的影响更大，因此，用众多文化意味相对淡化的概念和理论模型来解释这些具体的购买决策，也是非常必要的。

尽管如此，本书与其他国外作者的教材类似，在中国高校专业教学中使用时，无论是中文翻译版还是原版，读者总会感到有一些内容过于美国化，特别是其中的一些实例更是如此。这不仅无益于读者学习和理解消费者行为学的最新知识，也增加了教材的成本和价格，甚至增加了教材的重量。因此，我们在翻译这本教材时，在获得出版社许可的前提下删减了一些内容，主要包括每一章开篇的案例、图片，部分章节中引介的学者及其研究成果，某些章后案例等。删减这些内容，不会影响教材的质量，也不会影响读者系统理解消费者行为学知识，但却会让教材更加简洁，更贴近中国实际，使用的纸张更少，更加环保，重量更轻，价格更低。此外，为读者在学习和教学过程中补充本土案例，为增加最新的、具有全球化特色的、不同文化背景的读者熟悉和理解的案例腾出了空间。相信读者会更加喜欢这样的安排！

以中山大学管理学院的卢泰宏教授所带领的团队为代表的一批国内高校教师、学者，始终对这本教材在中国的本土化进程给予高度关注。在2015年由中国人民大学出版社出版的《消费者行为学：中国消费者透视》（第二版）一书中，卢老师在前言中对此有详细的说明，他与所罗门教授的合作始于此教材的第6版，从这一版开始，包括后来的第8版、第10版的合作，卢老师始终坚持补充并突出关于中国消费者行为的知识和案例在本教材中的地位，目的是让中国读者在了解和掌握消费者行为学系统知识体系的同时，加深对中国消费者行为特殊性的认识，增加对影响中国消费者的文化、社会等特殊因素的重视，从而在中国营销理论研究和实践应用中提高对中国文化的自觉和自信。

这本《消费者行为学》（第12版）的翻译和改编工作，主要由广东外语外贸大学商学院的8位教师共同完成，其中，杨晓燕教授负责全书的统筹和整理，并具体负责翻译第1、第4、第6章，以及各章开篇案例和部分章后案例的翻译和改编工作，苗学玲博士负责第3章、第5章的翻译工作，胡晓红副教授（博士）负责第2章、第7章的翻译工作，张红明副教授（博士）负责第13章、第14章的翻译工作，王秀芝副教授负责第9章、第12章的翻译工作，吴清津副教授、李荣喜副教授、粟娟副教授分别负责第10、第11、第8章的翻译工作。

由于译者水平有限，错漏在所难免，请各位读者不吝指正。

前 言

我喜欢观察人，你呢？人们购物、恋爱、消费。消费者行为学研究人和塑造人的身份的产品。我自己就是一个消费者，因此，我有个自私的兴趣，那就是想更多地了解消费的过程——你也一样。

在许多课程中，学生只是被动的观察者，他们学习的是间接影响他们的问题。并不是所有人都可以成为等离子体物理学家、中世纪法语的学者或营销专家，但我们每个人都是消费者。本书中的许多主题都与读者有专业或个人方面的联系，无论你是学生、教授还是商人。几乎每个人都有过痛苦的购物经历，例如，为重要的晚会购买服装，为一笔巨额的支出而困扰，为一个特殊的周末聚会、庆祝节日、毕业典礼、取得驾照、彩票中奖（梦想）等而策划。

在这一版本中，我努力介绍非常优秀的科学家们提出的最新模型和消费者行为研究成果，但这还不够，消费者行为学是一门应用科学，我们在把这些模型和理论发现运用到现实生活中时，要特别注意它们的有效性，因此，本书中安排了许多案例来支持这些有趣的理论。

本书有何不同：购买、拥有和存在

我对消费者行为的洞察超越了对购买的研究——拥有和存在也同样重要——如果不是更重要的话。研究消费者行为不仅仅涉及买东西，还包含对拥有（或不拥有）东西对我们生活的影响，以及对我们的财产如何影响我们对自己和彼此的感受——我们的生存状态——的研究。我首创的“消费者行为之轮”出现在本书正文部分的开头，它强调了个体消费者与其社会现实之间的相互关系通常是不可分割的。

除了要理解人们为什么买东西，我们也尝试理解产品、服务和消费活动对我们生活的更广泛的世界的贡献。无论人们是在购物、烹饪、打扫、打球、海边散步还是自己照镜子，营销系统都在接触我们的生活。这些活动似乎不太复杂，但是，当我们从跨文化角度理解消费者时，这项工作就不那么轻松了。

我们将利用生动的事例来分析消费者行为学原理与我们日常生活的密切关系。贯穿第12版，你将会看到时下最热门的讨论话题！

全球化

每个国家的消费者的经验都很重要。本书也会尝试理解世界各地不同国家消费者不同的购物、拥有财产和存在的状况。你在本书中会发现大量各国消费者和公司有关的营销和消费者实践案例。

数字化消费行为：虚拟社区

每天都有越来越多的人上网，毫无疑问，世界在变——消费者行为的演变速度比你说“上网”还要快。第12版继续强调和欢迎数字化消费行为的新世界。如今，消费者和产品都在电子化，这是我们从未经历过的。信息的迅速传递正在改变新趋势的流变速度和发展方向，特别是虚拟世界让消费者加入新产品的创造和传播当中。

全新的数字化世界具有最令人兴奋的一面，那就是消费者可以直接与住在附近的人或世界各地的人进行沟通。这样一来，社区的意义就从根本上改写了。仅仅了解消费者喜欢一起谈论产品是不够的，现在他们还可以分享观点，议论新电影、汽车、服装。在电子社区里，可能会包括一位在北京的家庭主妇、一位在阿拉斯加的残疾老人，或者是一位在阿姆斯特丹的有文身的年轻人。我们在以计算机为媒介的环境（CME），如脸书（Facebook）、推特（Twitter）、微信、QQ空间里见面。我们被这些发生在虚拟世界里的事情深深吸引，你会在这一版中看到许多与这些新兴的消费者游乐场有关的材料。

我们才刚刚开始探讨网络冲浪者把自己的照片放在网上进行修饰所产生的结果，或者是一家采购代理公司几分钟内就在网上从全世界的供应商那里竞买设备所产生的结果。这些在市场空间内相互作用的新方式创造了大量的商业机会，也创造了消费者喜欢的机会。你会在这一版中看到散布在各章中的小专栏，例如“市场机会”等，用来说明数字世界发生的变化。

然而，数字世界永远那么美好吗？遗憾的是，就如同现实世界一样，答案也是否定的。剥夺消费者的情况仍然可能会发生，例如，侵犯隐私，利诱孩子们的好奇心，或者提供虚假的产品信息。尽管如此，我们还是无法想象没有互联网的世界，希望读者能享受互联网世界改变我们生活的方式。对于新兴的消费者虚拟世界而言，你要么搭上这班火车，要么错过它。

消费者研究是个大熔炉：平衡视角的重要性

对于将要阅读本书的大多数人来说，消费者行为学是一个新兴的领域，它在不断发展和变化，不断吸收来自多学科的营养——这是一个包容多种观点的大熔炉。本书努力表达这一领域的多样性。实际上，消费者研究人员代表了每一个社会科学学科，还包括部分来自物理学和艺术领域的研究者。跨学科的研究产生了有益的多角度、多观点的研究方法，甚至形成了一些对于消费者研究人员应该研究哪些内容的坚定信念。

本书也特别强调理解消费者的战略意义。许多（虽然不是大多数）营销的基本概念都源于管理者理解人的能力。如果不理解人们行动的原因，我们又如何了解他们的需要呢？如果不理解消费者的需要，又如何满足他们的需要呢？如果不能满足他们的需要，我们就没有营销概念，那我们还不如卷起铺盖打道回府呢！

为了说明消费者研究对营销战略的支撑作用，本书还包括大量营销实践者具体应用消费者行为概念的实例，在每一章中都有专栏，用以说明营销实践者将他们从消费者研究中获取的智慧用于实践活动的方法。

好的、坏的和丑的

重视战略是非常重要的，但本书并不认为每一位营销者都会对消费者或他们的环境给予充分的关注。同样，作为消费者，我们所做的许多事情也并不都是那么有益，我们深受沉迷消费、地位忌妒、民族优越感、种族主义、性别歧视和其他许多所谓的主义的困扰。可悲的是，许多营销活动——有意或无意——鼓励或利用这些人类的缺陷。本书将讨论营销错误或营销伦理问题。

更令人愉快的是，营销者创造了绝妙的（至少是不寻常的）产品和服务，如假期、漫画书、爵士乐，以及许多在服装、家居设计等领域风格独特的选择。本书也尽力介绍营销对大众文化的影响。事实上，本书的最后一部分摘取这一领域的最新成果，批判、评论或颂扬日常生活中的消费者。希望读者喜欢阅读这些内容，就像作者享受这部分内容的写作那样。欢迎来到奇妙的消费者行为世界！

趋势中的消费者行为

本书作者坚定信仰最新信息。我们的生活发生如此迅速的变化，使得昨天的信息就已成为旧闻。当然，“永存的”研究表明基本的消费者行为概念20多年来一直在使用。然而，作者感到在任何时候都有责任向学生和他们的教授展示最新的研究、流行文化和营销活动。因此，每当作者思考下一个版本时，就写信给同事，请求他们提供他们认为在将来会很重要的正在发表的论文。他们的合作使作者能够在最新版中包括大量最新的研究实例；有些情况下，这些论文在本书出版时还未公开发表。出于这样的动机，本书各章都利用“学术观点”专栏来介绍消费者行为研究专家们的新鲜成果，他们都是某一特定领域关于某个特定话题的杰出学者。本书作者让这些学者自由介绍他们自己，这样一来，学生就可以了解来自其他相关领域的声音了。

消费者行为中的重要思想：案例研究

边学边做是课堂体验的重要组成部分。在这一版的每一章末，都附有案例和讨论题，用来帮助学生理解各章的内容。

- 每一章开头有“本章目标”，用来提示本章中涉及的关键内容。每一章的小结部分则围绕这些目标帮助学生整合已读到的内容。
- 每一章末的复习题帮助学生学习关键的内容。
- 每一章末的“消费者行为挑战”分为两个部分：讨论和应用。

▪ 讨论：提出思考题来鼓励学生思考已读到的内容在现实和伦理方面的应用。

▪ 应用：让学生“自己动手”做小实验和在现实世界中收集数据，从而更好地掌握消费者行为学原理的应用。

致谢

感谢得克萨斯大学圣安东尼奥分校的博士生 Sarah Roche（现在是得克萨斯卫斯理大学的教员），她出色地帮作者回顾了最新发表的学术文章。也非常感谢那些帮助作者改进第 12 版的同事、评论家，特别感谢以下人员：

Karen L. Becker，The College of New Jersey
Carolyn Bonifield，University of Vermont
Dr. Jane Boyd Thomas，Winthrop University
Karthikeya Easwar，Georgetown University
Xiang Fang，Oklahoma State University
Andrew Forman，Hofstra University
Curtis P. Haugtvedt，Ohio State University
James Mason，Oklahoma State University
Carolyn F. Musgrove，Indiana University Southeast
Thomas A. Myers，Virginia Commonwealth University
Paul Jr. ，Indiana University
Glenna C. Pendleton，Northern Michigan University
Carol Salusso，Washington State University
Leah Schneider，University of Oregon
Gene Steidinger Jr. ，Loras College
Ebru Ulusoy，University of Maine
Mary G. Vermillion，DePaul University
Tommy E. Whittler，St. Vincent DePaul University
Yi-Chia Wu，University of Texas-Pan American

Weiling Zhuang，Eastern Kentucky University

以下同事在“学术观点”中慷慨地贡献了他们的想法：

Julie Baker，Texas A&M University

Stacey Menzel Baker，Creighton University

Jonah Berger，University of Pennsylvania

Malaika Brengman，Vrije University Brussel（Belgium）

Fredric Brunel，Boston University

Julien Cayla，Nanyang Business School（Singapore）

Pierre Chandon，INSEAD（France）

Jean-Charles Chebat，HEC-Montréal（Canada）and Technion（Israel）

Paul Connell，Stonybrook University

Giana Eckhardt，Royal Holloway，University of London（UK）

Amber Epp，University of Wisconsin-Madison

Jennifer Escalas，Vanderbilt University

Eileen Fischer，York University（Canada）

Ron Hill，Villanova

Paul Henry，University of Sydney（Australia）

Wendy Liu，University of California-San Diego

John Lynch，University of Colorado-Boulder

Nira Munichor，Hebrew University of Jerusalem（Israel）

Cele Otnes，University of Illinois at Urbana-Champaign

Michel Tuan Pham，Columbia University

Stefano Putoni，Erasmus University of Rotterdam（The Netherlands）

Derek Rucker，Northwestern University

Craig Thompson，University of Wisconsin-Madison

Debora Thompson，Georgetown University

Benjamin Voyer，ESCP Europe Business School（France）& London School of Economics（UK）

Michel Wedel，University of Maryland

Jerome Williams，Rutgers University

感谢 Nassau 社区大学（SUNY）的 David Nemi 制作了教师手册和试题库，俄亥俄大学的 Darci Wagner 制作了 PPT。

感谢培生公司优秀的员工，他们对第 12 版做出了卓越的贡献。这里要特别感谢 Mark Gaffney，Stephanie Wall，Jen Collins，Lenny Raper 等人的支持。Becca Groves 敦促我继续前进，Melissa Pellerano 则保持一向的认真严谨。

没有我的朋友和同事的包容，在撰写本版时，我也绝不可能一直保持着自己还是一名积极的研究者的幻觉。我感激我的系主任 Dave Allan 和院长 Joe DiAngelo 对我这样一位下属的大力支持。我也感谢我的本科学生，他们是我的灵感、案例和反馈的主要来源。从向他们教授消费者行为学中得到的满足感，激励我写一本他们应该阅读的书。

最后，也是重要的，我要感谢在写作本版过程中忠于我的家庭和朋友。我还要感谢我的父母 Jackie 和 Henry，我的岳父母 Marilyn 和 Phil。我可爱的孩子 Amanda，Zachary 和 Alexandra，还有我的高科技女婿 Orly，他总是能在最需要的时候伸出援手（当然，还有我的小狗 Kelbie Rae）。我棒极了的孙女 Rose 和 Evey 带来了特殊的激励。最后，尤其感谢爱我的妻子 Gail：我的挚爱，我最好的朋友，地球上最热辣的祖母：我仍然为你做一切。

迈克尔·所罗门

宾夕法尼亚州费城

2015 年 8 月

目 录

第Ⅰ篇 消费者行为学基础

第Ⅱ篇 作为个体的消费者

第Ⅲ篇 产品选择和使用

第Ⅳ篇 社会和文化背景中的消费者

第Ⅰ篇　消费者行为学基础

本篇简要介绍消费者行为学。第 1 章着眼于消费者如何影响营销工作，以及营销又如何影响消费者。该章介绍消费者行为学原理，以及消费者在进行各种选择时使用的方法。第 2 章着眼于消费者权益这一比较宽泛的议题。事实上，消费者使用的产品总在以积极或消极的方式影响消费者；此外，该章也关注伦理在营销决策中发挥的核心作用。

第1章 购买、拥有和存在：消费者行为学概述

本章目标

读完这一章后，你将会理解以下几点：

1. 消费者行为是一个过程。
2. 营销者必须了解不同消费者细分群体的需要和欲望。
3. 消费者的选择与生活中的其他方面密切相关。
4. 人们的消费动机非常复杂且多变。
5. 技术和文化培育出新一代“永远在线”的消费者。
6. 不同类型的专家都在研究消费者行为。
7. 有多个理解和研究消费者行为的角度。

开篇案例

在上消费者行为学课之前，刘莹还有十几分钟的空闲时间，她拿出她的华为手机，打开微信朋友圈，看看有什么新消息。她第一眼就注意到妈妈刚发的由9张图片组成的广场舞画面，画面中妈妈和朋友们热情洋溢的舞姿和夸张的笑容特别有感染力。每一次收到妈妈发出的有配图的微信消息，都能让刘莹感受到刚刚退休的妈妈快乐的心情。紧接着的第二条微信是住在隔壁宿舍的同班同学玉玲发的信息，她又在秀她的“喂猫图”了。她是宿舍周围流浪猫的“主人”，每天的工作之一就是与同学一起，为这些可爱的小猫提供美食。当然，作为回报，这些小猫会非常配合地摆好各种姿势，让主人们拍照、发朋友圈，类似的消息总能引来大量的“点赞”和各种评论。有时，这些评论者之间还会爆发激烈的争论，甚至有点“火药味”。不过，大部分评论都属于幽默调侃之类，轻松愉快的格调为主。

消费者行为学：市场中的人们

本书关注的就是像刘莹和你一样的消费者，购买和使用产品与服务的方式，以

及这些产品和服务嵌入日常生活的方式。本章描述消费者行为学领域的一些重要方面，也会讨论理解人们如何与营销体系相互作用的重要性。

在开篇案例中，刘莹作为一名商科学生，是一位“典型”的消费者。这个开篇案例让我们注意到消费者行为学的某些方面，它们会贯穿全书。

刘莹作为一名消费者，出于某些目的，营销者需要根据刘莹的年龄、性别、收入或职业将她进行归类。这些描述一个群体特征的变量，也称为**人口统计特征**（demographics）。在其他一些情况下，营销者可能更想了解刘莹在穿着、音乐等方面的兴趣，或者是她的休闲方式。在许多营销实践中，对消费者特征的认识极其重要，比如，一家制造商准备为其产品确定目标市场，或者是以某一消费者群体为目标市场的广告公司需要选择合适的广告策略，都需要了解消费者特征。

人们之间的谈话传递了许多产品信息，其中也包括使用或避免使用特定品牌的建议。这些信息和建议往往比电视广告、杂志广告或广告牌更有影响力。互联网的发展已造就了成千上万的网上**消费社区**（consumption communities），在那里成员们分享从时政要闻、八卦绯闻、明星到华为手机应用等各种各样的内容。刘莹与她的家人或同学之间形成了某种群体关系，因为大家使用相同的产品。群体成员承受着一种压力，驱使他们去购买受到群体认可的东西。如果某个消费者不遵循其他人对于“好”或“坏”、“时尚”或“过时”的观念，通常要付出被群体排斥或感到难堪的代价。

作为中国或美国这样的大社会中的成员，人们共同拥有特定的文化价值观，以及整个世界应该如何运转的坚定信念。亚文化或主流文化中一些更小的群体成员也有其共享的价值观，这些群体包括青少年群体、QQ一族、豆瓣小组和各种明星的粉丝团。

刘莹在生活中差不多每天都要面对多个竞争品牌。其中有一些品牌从未引起她的注意，一些品牌则因与她所认同的人物、形象或想法不相关而被她淘汰。实施**市场细分战略**（market segmentation strategies）就是指企业将其产品、服务和想法只提供给特定的消费者群，而非所有人。这也就意味着其他不属于这一目标市场的消费者不会被这些产品吸引。

品牌通常具有由广告、包装、品牌化策略，以及其他营销要素共同塑造，并且是规划好的清晰形象或“个性”。甚至消费者选择一个喜爱的网站，在很大程度上也是宣告一种生活方式：它体现了一个人的兴趣和个性类型，或希望的个性类型。人们购买某一产品，通常是出于喜欢它的形象，或者是因为觉得这一产品的“个性”与自己的个性比较吻合。甚至当人们评价其他人时，这种情况也会出现。毕竟每个人都在一定程度上是他人喜欢或不喜欢的“品牌”，因此，出现了一些让人们在相互竞争的相亲对象之间快速做出抉择的相亲应用程序（App）！更有趣的是，某个消费者还可能相信，如果他购买、使用某种产品或服务，产品或服务本身的优秀品质就会魔法般地转移到自己身上。当一种产品或服务满足了特定需要或欲望时，它就可能赢得消费者长期的品牌忠诚，这种存在于产品与消费者间的联结，竞争者很难破坏。

消费者对产品的评价会受其外观、口味、质地或气味影响。一个出色的网站会帮助人们用自己的眼睛来感受、品尝或嗅闻。消费者可能会为了包装形状和颜色而犹豫不决，也可能考虑更加细微的因素，如品牌名称、广告，甚至是杂志封面模特的象征意义而摇摆不定。这些判断受制于——常常也反映了——当下社会对人们应当如何定义自我的看法。很多产品的含义都潜藏在表面的包装和广告之下，本书将探讨营销者及社会学家揭示和运用这些含义的方法。

正如从刘莹身上看到的，随着传播和交通系统的快速发展，当今世界正变得越来越小，我们的观点和欲望日益受到来自全世界各种混杂声音的影响。在今天的全球文化中，消费者往往对能将他们"送往"不同地方领略异域文化差异的产品和服务喜爱有加，即使只是在优酷上看看别人刷牙。

什么是消费者行为学?

消费者行为学（consumer behavior）涵盖领域很广，它研究的是个体或群体为满足需要与欲望而挑选、购买、使用或处置产品、服务、观念或经验所涉及的过程。消费者的表现形式多种多样：请求妈妈买棉花糖的6岁小孩是消费者，为数百万美元的电脑系统做出购买决策的大公司经理也是消费者。我们消费的商品包括罐装豌豆、信息、牛仔裤、明星Lady Gaga等一切事物。我们需要满足的需求与欲望包括饥渴、爱情、地位，甚至精神满足。正如在本书中将会看到的，人们对形形色色的产品充满热情。无论是经典的顶级耐克鞋，还是一张完美的瑜伽垫，抑或是最新款的智能手机，都从不缺少为买到自己的所爱而不惜血本的品牌粉丝。

消费者行为是一个过程

在消费者行为学发展初期，学者们主要关注的是购买者行为，这反映了当时（20世纪六七十年代）更强调消费者与生产者在购买现场的互相影响。现在，大多数营销者已经认识到消费者行为是一个持续的过程，而不仅仅是消费者掏出现金或信用卡买到商品或服务那一刻所发生的事情。

交易（exchange），即两个或两个以上组织或个人付出和取得某种有价值的东西的过程，是营销中必不可少的部分。[1]* 尽管交易理论仍是消费者行为学中的重要部分，但广义的观点强调消费的全过程，包括购买前、购买中和购买后影响消费者的所有问题。图1-1说明了消费全过程各阶段的一些问题。

市场机会

成功的公司通常会理解需求是变化的。任何组织——无论它的营销工作多么出色，都无法坐吃山空。每个人都需要不断创新，提前预知消费者和市场的变化。宝马（BMW）就是一个出色的例子。没有人（甚至它的竞争对手奥迪和奔驰）会否认这家德国汽车制造商的优势（尽管他们也许不赞同公司声称的"最优秀的驾驶机器"）。但是，宝马的工程师和设计师明白：他们必须了解驾驶者的未来需求是不断变化的，虽然这些忠诚的宝马所有者现在依然热爱他们的汽车。公司对以下一些趋势非常敏感：

- 对环境友好产品的渴望；

---

* 本书注释见中国人民大学出版社网站：www.crup.com.cn。

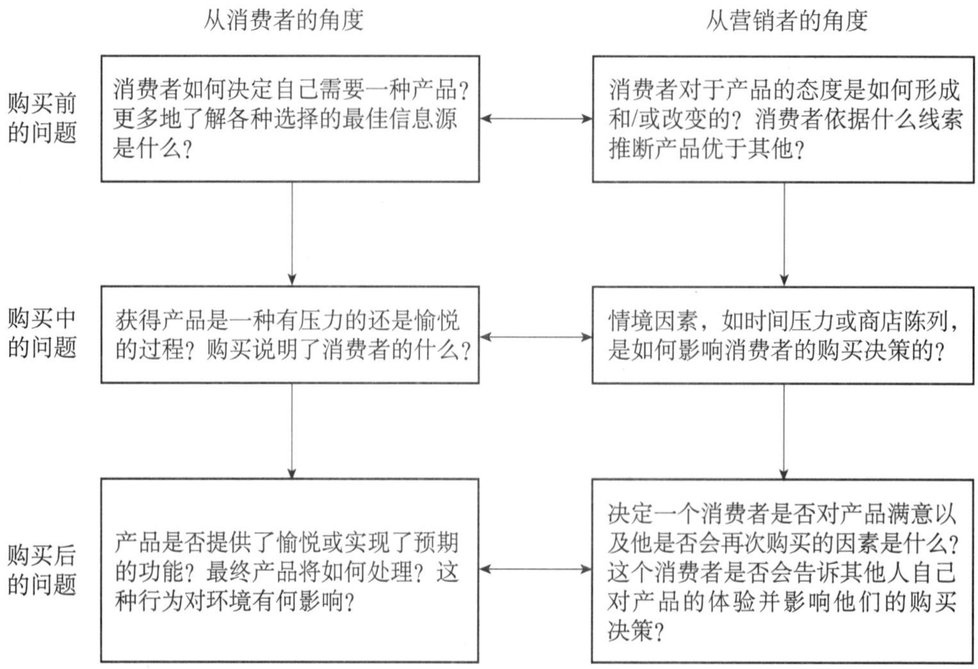

图 1-1 消费过程的各个阶段

- 在类似伦敦这样的城市，交通拥堵日益严重，这些城市的中心地区开始对车辆收费；
- 新的商业模式鼓励人们在需要时租车，而不是买车。

宝马公司做出的回应是：公司投入 10 亿美元开发电动宝马（BMWi）车型，例如 i3 通勤车和 i8 运动车。这些面向未来的交通工具都是由重量极轻的碳纤维制成的，以使两次充电之间的行驶距离最大。25%的内部塑料来自可回收或可再生的原料。此外，宝马也开始提供汽车共享服务（目前，在几个欧洲城市和旧金山），名叫“马上开”（DriveNow）。驾驶者使用一张公司许可的芯片，租用一辆车，然后在他们不再需要用车的任何地方把车留在那里。[2]

消费者（consumer）就是在消费过程的三个阶段中，产生需要或欲望、实施购买并处置产品的人。然而，在许多情况下，在这一系列事件中，会有不同的人扮演相应的角色。产品的购买者和使用者可能并不是同一个人，比如父母为 10 多岁的孩子选购衣服（在青少年眼里，父母所作的选择可能是“老土”）。在其他情况下，并不真正购买或使用特定产品的人则可能扮演影响者的角色，他们提出支持或反对这个产品的建议。例如，当你试穿一条新裤子时，朋友的一个鬼脸可能远比父母的话更有影响力。

最后，消费者可以是组织或团体。一个或几个人可以为许多人使用的产品做出购买决策，如采购员订购公司的办公室用品。在其他的组织情形下，购买决策可能是由一大群人作出的，其中包括所有在消费过程各个阶段有发言权的人，如公司的会计师、设计师、工程师、销售人员及其他人员。在第 11 章中将看到，家庭是一种重要的组织类型，每个家庭成员对全家共享的产品和服务的购买决策都起着关键作用。

消费者对营销策略的影响

为什么经理人、广告人和其他营销专业人士都必须了解消费者行为？很简单，理解消费者行为是一件好事。你从营销课上学到的营销基本观念认为，公司是为满足消费者需要而存在的，然而，营销者只有比其竞争者更理解那些正在使用产品和服务的个人或组织，才能更好地满足他们的需要。这就是需要研究消费者行为的理由。

消费者各不相同！如何区分他们

我们的社会从偏好同质化的大众文化演变成为偏好多样化——人们几乎有无数的选择，例如，口红的颜色或领带的花色都选择无数。这种变化使得识别不同的细分市场，并为他们制定专门的信息和产品变得尤为重要。

在后面的章节中将看到，建立品牌忠诚度是一项非常明智的营销策略，因此，企业有时需要通过识别最忠实的顾客或**频繁使用者**（heavy users）来定义细分市场。根据经验，营销者使用**80/20 法则**（80/20 rule）：20%的用户贡献了总销量的80%。这个法则一般来说很有效，但在有些情况下，20%这个比例都太高了。最近的一项涉及5 400万名购物者的研究表明，对于普通的包装产品品牌，2.5%的消费者贡献了80%的总销量。在美国，1%的宠物主购买了80%的Iams牌宠物食品，每年在该品牌上花93美元。1.2%的喝啤酒的人每年花170美元购买百威啤酒，占其年销售额的80%。在研究人员调查的1 364个品牌中，只有25个品牌拥有消费者基数的10%，却占了80%的总销售额。[3]所以，在实践中，要灵活运用80/20法则。

除了识别频繁使用者，还有许多维度可用于细分较大的市场。前面提到，人口统计特征是测量一个总体可观察方面的统计指标，如出生率、年龄分布和收入等。营销者对人口统计学研究所揭示的变化和趋势很有兴趣，利用这些数据可以判断和预测房产抵押、扫帚、开罐器等许多产品的市场定位和规模。想象一下，试图向单身汉推销婴儿食品，或向年收入仅15 000美元的美国夫妇推销环球旅游，是不会有效的！

本书将探讨许多区分消费者的重要人口统计变量，同时还会考虑其他比较重要的细微特征，比如，难以客观测量的消费者个性和品位差异，它们对消费者的产品选择具有重要影响。现在，先概述最重要的几种人口统计特征细分维度，每一个维度在以后的章节中将有更详细的描述。

年龄

不同年龄的消费者显然有非常不同的需要与欲望。尽管同一年龄段的人在其他很多方面也有不同，但他们通常共享一系列伴随终身的价值观和共有的文化体验。[4]

在某些情况下，营销者首先开发一种产品吸引一个年龄段的消费者，然后再扩展到其他年龄段的人。这正是功能饮料红牛的做法。这家公司首先强势进入酒吧、夜总会和体育馆，瞄准这些地方的核心顾客——年轻人。一段时间后，公司开始赞助职业高尔夫欧洲巡回赛（PGA European Tour），目的是扩大吸引年龄更大一些的高尔夫球手（这些人不太可能通宵参加聚会）。公司还分发免费饮料给过路者、出租车司机、汽车租赁公司，目的是让人们了解这种饮料具有提神的功能。[5]

性别

性别区分在年龄很小的时候就开始了，甚至纸尿裤都分为女孩的粉色和男孩的蓝色。从香水到鞋子等许多产品都定位于男性或女性。大受欢迎的太阳镜和运动服装品牌 Oakley 正在不遗余力地增加其在女性产品方面的收益，希望女性消费者可以为其总收入贡献 10%。最近，Oakley 在了解到大多数女性认为锻炼和健身都很重要之后，在其名为“不止这些”的广告宣传活动中提供一系列能恢复身体活力的运动装备产品，活动要求女性消费者签订协议，承诺她们会在锻炼时也穿着这些服装，而不仅仅是在跑步时才穿。[6]

家庭结构

家庭和婚姻状况也是一个重要的人口统计变量，它对消费者支出的优先顺序有相当大的影响。通常情况下，年轻单身者和刚刚结婚的人最有可能去运动、泡吧、听音乐会、看电影和喝酒。有小孩的家庭是健康食品和果汁的主要购买者，而单亲家庭和孩子较大的家庭则购买更多的垃圾食品，上了年纪的夫妇和单身者更可能使用家政服务。[7]

社会阶层与收入

社会阶层是指在社会中收入和社会地位大致相当的人。他们从事差不多的职业，而且在音乐、服装、休闲活动和艺术方面常常具有相似的品位。他们还倾向于彼此结交，而且对一个人应如何生活具有许多共同的看法和价值观。[8]这种财富的分布引起了营销者的极大兴趣，因为它决定了哪一群体具有较强的购买力和市场潜力。

民族和种族

在美国，非裔美国人、西班牙裔美国人和亚裔美国人是成长最快的三大族群。随着社会文化的日益多元化，向民族或族群推介特制的产品后，再向其他群体推广同样产品的机会不断涌现。例如，麦当劳认为，族群消费者引领趋势。在向白人市场推出新产品之前，这家连锁餐厅经常会评估这些消费者对菜单上的新品或其广告作出的反应，例如，麦当劳的一款混合水果沙冰就是源自研究者在族群社区中的发现。[9]

地理位置

许多营销者用不同的产品来吸引来自一个国家不同地区的消费者。例如，尽管许多美国北部的人认为，Bubba 是个负面的单词，但南部各州的商家却以这一名称为荣。Bubba 公司是查尔斯顿一家授权经营 Bubba-Q-Sauce 等品牌的企业。在佛罗里达州，餐馆、运动场所、夜总会和轿车公司都标有 Bubba 这一值得自豪的名字。[10]

生活方式

即使消费者在性别或年龄等特性上相同，他们也有不同的生活方式。我们对自己的认识、重视的东西、闲暇时喜欢做的事情，都可能决定哪些产品会让我们怦然心动，或者哪些产品让我们变得更好。宝洁公司推出了一种治疗胃灼热的非处方药奥美拉唑（Prilosec）。基于生活方式分析，宝洁公司刻画了一位理想顾客，她的名字叫乔妮（Joanne），一位超过35岁的母亲。乔妮很可能由于一杯咖啡而引发胃灼热，而不是由于食用过量的比萨和啤酒。宝洁公司的一位主管说："我们了解乔妮，知道她的感受，知道她吃什么，也知道她喜欢在商店里买什么。"[11]

行为细分：关系和"大数据"

营销者正小心翼翼地细分市场，倾听市场中人们的声音。许多营销者已经认识到，成功的一个关键因素是在品牌与消费者间建立起持续终身的关系。信奉这一被称为**关系营销**（relationship marketing）观念的营销者会与消费者定期沟通，说服他们与企业保持长期关系。在经济形势不好的情况下，关系营销更加重要。在困难时期，人们会更加依赖好友的支持！

数据库营销（database marketing）包括密切跟踪消费者的购物习惯，并根据这些信息设计适合人们欲望与需要的产品和广告。美国的沃尔玛收集了每周光顾其商店的1亿人的大量信息，并利用这些数据来调整其货品。例如，当天气预报称有飓风来临时，公司就分析购物者购买模式的变化，结果发现，人们不仅储备手电筒，草莓馅饼的销量也增加了7倍，最畅销的则是啤酒。基于这些分析，当一场大风暴来临时，沃尔玛就用卡车装满烤馅饼，并在当地的商店储存6听装的啤酒。[12]

就是在当下这一时刻，我们都在产生大量对营销者非常有价值的信息。也许你自己看不到，但实际上，我们被源自多个渠道的信息淹没。例如，感觉器官收集的气候信息，你和朋友对你喜爱的社交媒体网站发表的评论，我们授权的信用卡交易，甚至是手机中的全球定位系统（GPS）信息。这些信息都可以让某些机构了解到，大部分时间里，不管是白天还是夜晚，我们都待在什么地方。这些海量信息已开辟了一个全新的领域，引发营销分析者（和数学极客）的极大兴趣。海量数据库的集合与分析被称为**大数据**（Big Data），在未来几年里，你会经常听到这个词。

仅在一天中，消费者就会创造出250兆字节数据。而且，新的数据生成速度如此之快，每40个月就会翻一番。今天世界上已有的90%的数据是在过去2年内产生的。除了营销者可运用的海量信息，信息的速度也迫使公司实时做出决策，这些决策在过去则需要几个星期或几年的时间才能做出。例如，一组研究人员利用在美国黑色星期五梅西百货的停车场收集到的GPS电话信号，估计出此商场是会刚好完成还是会超额完成其销售预测，在这一年中最大的购物日，公司甚至可以提前报告其销售额。这种情报信息可以让财务分析者和营销人员更快地买入或卖出股票，或者做出采购决策。

可以说，这种信息爆炸将会深刻改变我们对消费者行为的思维方式。公司、非营利组织、政治党派和政府部门都有能力利用大量信息做出精准的预测，比如，我们会购买什么产品，会向哪些慈善机构捐赠，应该使用什么样的政策杠杆才会更有效等。仅沃尔玛一家企业，每小时就会从其顾客交易过程中收集2 500万亿字节的信息。还有一些其他例子，都说明大数据影响了我们的所知所为。[13]

● 通过监视谷歌搜索条中，诸如“流感”和“发烧”等词语，疾病控制中心的流行病学家就可以识别出那些已经爆发流感的具体区域，甚至会早于当地官方基于医院就诊数据发布的通告。

● 城市警察局的分析家利用大量的犯罪数据，识别出“犯罪高发地带”，在这些地区犯罪现象异常频繁地出现。这样的信息可以帮助分析者根据需要指派或重新配置执法机构。

● 尽管在 2012 年美国总统竞选中共和党花的钱比民主党多，但再次参加竞选的奥巴马有效地运用了大数据。民主党的造势活动系统地利用庞大的数据库，适时了解到需要再推选民一把，使他们前往投票站，并且为奥巴马拉票。在后续的选举活动中，共和党意识到追赶对手并且采用自己的大数据策略是多么重要！

营销对消费者的影响

是营销模仿生活，还是生活模仿营销？电影《婚礼不速之客》（*Wedding Crashers*）热映后，酒店、婚礼策划者和新婚夫妇声称出现大量不请之客，这些人试图参加美国各地的婚礼。[14]不论好坏，我们都生活在一个深受营销活动影响的世界里。

通俗文化

广告、商店和产品等营销刺激包围着我们，争夺我们的注意力和金钱。利用精美杂志描述的富足、广告中演员扮演的角色或者是照片上一位摇滚明星手中“正好”拿着的功能饮料，营销者过滤我们对世界的认识。许多广告还向我们展示对待循环利用、酒精消费、希望拥有的住房和汽车的类型等的正确方式，甚至还包括如何基于别人购买或不购买的产品来评价这些人的方式。在很多方面，我们受营销者“摆布”，因为要靠他们销售承诺的安全产品，告诉我们这些产品的真实信息，并且公平地定价和分销。

通俗文化（popular culture）包括音乐、电影、运动、图书、名人和其他大众市场消费的娱乐形式，对营销者而言，通俗文化既是产品也是灵感。从如何接受结婚、死亡或节假日等文化事件，到如何看待空气污染、赌博和吸毒等社会问题，人们的生活深受通俗文化的影响。不论是橄榄球超级碗大赛（Super Bowl）、春节采购、报纸回收、化妆还是在线视频游戏，营销者都对人们如何看待世界和在其中如何生活发挥着重要作用。

这种文化影响不容忽视，尽管许多人似乎并未意识到，自己崇拜的影星和歌星、最新的服装款式、食物与装饰选择，甚至是对男女性身体、容貌美丑的看法都深受营销者的影响。例如，看看企业用作产品标识的产品图标，许多虚构的动物或人物，从面团宝宝（Pillsbury Doughboy）到欢乐绿巨人（Jolly Green Giant），都曾经是流行文化中的重要人物。事实上，消费者可能更容易认出这些形象，而认不出商界领袖或艺术家。尽管这些形象从未真实存在过，但还是有许多人觉得自己好像“认识”它们，而且它们也确确实实地成了产品的有效代言人。

世界是一个大舞台

社会学领域的**角色理论**（role theory）认为，大部分消费者行为都如同在演一场戏。[15]每个消费者都有特定的台词、道具和服装，这样才能把戏演好。因为人们要扮演许多不同的角色，有时需要根据当下正在演出的“戏”来调整消费决策。人们在扮演不同的角色时，评价每个角色所使用的产品和服务的标准可能大相径庭。这就是为什么营销者需要为每一个“演员”提供各种不同戏中所需的道具。这些角色可能包括“积极进取的行政主管”、“尽职的医生”或“校园里的重要人物”。

正如我们所看到的，如今的营销策略有一个重要的标志，那就是许多组织都在竭力跟客户建立关系。这些关系的实质可能多种多样，但都有助于理解产品对人们的意义。此外，研究发现，如同友谊和爱情，人们与品牌之间的关系也在不断深化。有些品牌就像老朋友，而对另一些品牌，我们只有几分钟的热情。[16]

以下是一个人可能与一个产品建立起的关系类型：

- 自我概念依附——产品有助于确立使用者的身份；
- 怀旧依附——产品成为与过去的自我的一种联结；
- 互相依附——产品成为使用者日常生活的一部分；
- 爱——产品成为引发温暖、激情或其他强烈情绪的情感纽带。[17]

消费的意义是什么？

每一年，人们都会购买大量几乎没有任何味道、没有任何营养的食品。这说明现代消费者行为学领域的一个基本假设是：人们购买产品往往并非因为它们能做什么，而是因为它们意味着什么。这一假设并不是说产品的基本功能不重要，而是说明产品在生活中所起的作用已远远超出了它们的功能。产品的深层含义可以使其从其他类似的产品和服务中脱颖而出。在其他条件相同的情况下，人们会选择那些具有与其潜在需求一致的形象（甚至个性）的品牌。

例如，尽管大多数穿耐克鞋的人不一定会比穿锐步鞋的人跑得更快或跳得更远，但许多忠实客户都对自己喜爱的耐克品牌矢志不渝。人们在这些竞争品牌之间进行选择时，看重的是品牌形象，这些品牌形象是通过大批摇滚明星和运动员、巧妙的商业广告及数百万美元精心打造出来的。因此，当你买了耐克的 Swoosh 鞋时，可能并不仅仅是在挑一双穿着去逛街的鞋，还可能是想表明自己的生活方式，说明自己是什么人或希望成为什么样的人。对于这样一种由皮革和饰带制成的相对简单的商品，这真是了不起！

人们对运动鞋、音乐家甚至软饮料的忠诚有助于在现代社会中界定自己的位置，同时这些选择还让每个人同那些具有类似偏好的人建立起联结。在一次焦点小组访谈中，一位参与者的话准确表达了这种由消费选择而产生的奇特联结：“我在参加超级碗大赛的聚会时，选了一杯不出名的饮料。房间另一边的一个人说：‘哟！’因为他也选了同一种饮料。喝同一种饮料的人们能感到彼此之间的联结。”[18]

在第 5 章你将看到，消费动机可分为实用的和想象的动机。在某些情况下，人们决定尝试一种产品，是因为他们希望得到一种新的体验，从而在某种程度上完善自己的个性。例如，在一项研究中，在校大学生被要求尝试一种虚拟的啤酒品牌，那些越是相信自己对这种产品的经验不够丰富（想象的！）的学生，越可能愿意尝试这种啤酒，这对他们来说是一个可以加深对不同啤酒特性的了解的机会。[19] 在其他一些情况下，我们把对产品的选择与对一个更大的社会群体（如种族或国家）成员身份的认同联系在一起。另一项研究发现，新兴的中国奢侈品牌，如“上海滩”(Shanghai Tang)、“上下”（Shang Xia）在中国消费者中的忠诚度很高，因为这些品牌赋予中国手工工艺和审美以新的价值。[20]

我们需要的到底是什么？

近期一项大规模调查尝试回答一些比较深刻的问题：如何能够预测某人是否会幸福？这种幸福感与有意义的生活是什么关系？研究者得出的结论是，幸福与满足需要和欲望相关；而意义则与那些表达自我，以及用积极的方式影响他人的活动相关。不出意料的是，当需要被满足时，人们是幸福的，但是，研究结果则不只是相关：

- 幸福源自接受，而不是给予，但意义却伴随着给予而不是接受。幸福的人更可能思考当下，而不是沉浸在过去或者是思考未来。
- 那些报告说自己担忧、压力和焦虑水平较高的人，更加不幸福，但却过着更有意义的生活。他们经常回忆过去的奋斗，并且想象着将来可能发生的事情。他们更加同意照看孩子、给他人购买礼物反映出他们是什么样的人。
- 研究者得出的结论是：“幸福而没有意义标志着肤浅的、专顾自己的甚至是自私的生活，生活中一切都很顺利，需要和欲望都轻松得到满足，困难和烦扰都排除在外。”[21]

“幸福的”和“有意义的”生活二者之间的区别引出一个重要的问题：“需要什么”和“想要得到它”有什么不同？对这一表面简单而内涵深刻的问题的回答可以解释许多消费者行为！**需要**（need）是一个人为了生存或实现某一目标所必须有的东西。而**欲望**（want）则是某种需要的具体呈现，是由个人或文化因素决定的。例如，饥饿是我们所有人都必须满足的需要；缺乏食物会引发一种一个人想要缓解的紧张状态。然而，他缓解这种紧张状态的方式却有很多种：一个人的“梦想食物”可能是芝士汉堡包、炸薯条，而其他人则可能是巧克力蛋糕、素食。

全球“永远在线”消费者

今天，许多理所当然的事情在祖父母那一辈只能是梦想。只要连上网络，一点鼠标，我们就可以立即联系上其他人，到达某些地方，以及看到许多产品。许多消费者在一天之内就可以去遥远的国家旅游，而我们的先辈则需要几个星期或几个月的时间。

大部分生活在地球上的人居住在中心城市，不同国家的人们聚集在一起，熙熙攘攘，城市里充满来自世界各地的异国食品。美国定义的**巨型城市**（megacity）是人口超过 1 000 万的大城市。到 2011 年，世界已有 20 多个这样的地区。研究者估计，到 2030 年，3/5 的人将生活在城市中，有超过 20 亿人则会生活在贫民窟里。中国已有 4 个购物中心的规模超过美国明尼苏达的大型购物中心，不久将成为世界第七大购物中心所在地。[22]

城市中心聚集的同时，发展中国家人口也在不断增长。10 亿人口的经济体，如中国、印度和巴西，现代化需求不断增加，个中利弊可以说是好坏参半。现在，居民的日常生活质量好过生活在几个世纪前的社会精英（即便是皇帝也只能一个月洗一次澡）。另一方面，全世界成千上万的儿童生活悲惨，到了晚上只能饿着肚子睡觉；我们也都能感受到不加节制地污染空气、土壤和水所造成的影响。在后面的章节中你会看到，所有这些议题都与我们理解消费者行为有直接的关联，也与企业和顾客对我们未来的影响直接关联，与我们留给后代的世界直接关联。

数字化居民：社会化（媒体）生活

可以说，很多人每天都使用智能手机或其他社交媒体设备，实时发布自己正在做的事情，或与其他人分享有趣的新闻。漂亮餐厅里的一桌美食，在拍照并上传微信朋友圈之前，用餐者是不会吃的。今天，那些认为有必要发布自己每一个动作的人，带上一部可以自动每 30 秒抓拍一张照片的微型摄像机就行了。[23]

毫无疑问，数字革命是对消费者行为影响最为显著的因素之一，网络的影响将不断扩大，世界上越来越多的人将投入其中。许多人都是网迷，很难想象，如果有一天无法发微信、使用脸书，生活会变成什么样子。

电子营销让生活更加容易了。你不用冒雨取报便能读到当天的报纸，也不用等到下午 6 点的新闻，才能知道明天的当地以及全球的天气。而随着手提设备和无线通信的日益普及，即使你不在电脑旁，也可以得知同样的股票信息或天气预报。

而且，并不是只有**企业对消费者**（B2C）的商务，网络空间的爆炸性发展也开创了**消费者对消费者**（C2C）的商务革命：欢迎来到虚拟品牌社区的新世界。正如电子消费者不局限于当地的零售店一样，他们寻找朋友、红酒发烧友、滑板爱好者等也不会限于当地社区。

想象一下，一小群本地人每月在当地餐馆聚会一次，喝着咖啡，讨论他们的共同爱好。现在这一群体可以扩大几千倍，包括来自世界各地的人们，他们由于对体育事件、哈雷戴维森摩托车、冰箱磁贴，或者网上多人在线游戏（MMOG）等的爱好而联系在一起。网络还为全世界的消费者提供了一个交换产品、服务、音乐、餐馆和电影体验信息的便利途径。好莱坞股票交易站点（hsx. com）提供模拟的娱乐业股票市场，交易者可预测每部电影的 4 周票房收入。[24] 亚马逊网站鼓励购书者写书评，甚至可以在 RateMyProfessors. com 上给教授打分。[25] 聊天室的受欢迎程度与日俱增，在那里人们可以与全球志同道合的网民讨论各种各样的话题。从新闻报道中我们得知，当人们在诸如 match. com 或“世纪佳缘”这样的网站上寻觅伴侣时，一些美妙或极其浪漫的事情就是从网上开始的。在近一个月中，有 1. 22 亿人访问过一个名为 Plenty of Fish 的约会网站。[26]

如果你现在还是在校大学生，你就很难想象当初互联网只是静态、单向的平台，只能传输文字和几张模糊图片的时代。不管你信不信，19 世纪甚至连这样简陋的技术都不存在。你也许只有在历史课上才能了解到：人们互相手写书信，等到纸质杂志投入信箱才能了解时事！**数字居民**（digital native）这个词源自 2001 年的一篇文章，该文说明校园里出现了一类不同寻常的学生，他们生活在一个高度网络化且从不掉线的世界，数字技术在他们的成长过程中一直存在着。[27]

时光快进十年：如今的互联网是社会的支柱。可以接入互联网的设备无处不在，个人电脑、电子照相机和摄影机、网络摄像头和智能手机，保证几乎各个年龄层的消费者，无论住在世界上的哪个地方，都能创建和分享信息。然而，信息并不只是从大公司和政府流向大众，如今我们每一个人都可以通过鼠标、键盘和大量的人群沟通，信息也在大众之间流动。

这就是所谓的**横向革命**（horizontal revolution）。横向革命在某种程度上以社交媒体的普及为标志。被技术性能和流动性武装起来的人、社区和组织组成相互联系和相互依赖的网络，**社交媒体**（social media）就是在这样的网络中在线交流、传送、协作和建立关系的手段。[28]

互联网及相关的技术催生出网络2.0技术，使今天的社交媒体成为现实。每一天，随着更多的人加入网络社区，社交媒体的影响不断扩大。脸书提供**即时互动**（synchronous interactions）（也就是实时发生的，好比你和朋友来回发短信）和**非即时互动**（asynchronous interactions）（也就是不需要所有的参与者立即回应，好比你给朋友发一封电子邮件，第二天才得到回复），照片分享，游戏，应用，组群，电子零售以及其他社交应用。在本书成书之时，脸书已经拥有超过10亿活跃用户。[29]

人们不仅仅是参与社会化社区。他们贡献良多！YouTube的用户每分钟上传超过72小时的视频。在YouTube上仅30天内播放的视频超过了过去60年美国CBS，NBC和ABC广播网络的总和。[30]以下是关于社交媒体的令人难以置信的统计数据[31]：

- 如果维基百科上每发一篇文章你就能获得1美元的收入，那你每小时能赚156.23美元。
- 无线电广播用38年的时间获得了5 000万名听众。电视花13年的时间获得了5 000万名观众。互联网花4年的时间就覆盖了5 000万人。脸书只用不到9个月的时间就增加了1亿名用户。
- 70%的脸书用户来自美国境外。
- 社交媒体活动超越色情文学，成为排名第一的线上活动。
- 去年结婚的夫妻中有1/8使用社交媒体网站而相会。
- 在关于世界顶尖十大品牌的搜索结果中，25%的内容是用户产生的。
- 每天在脸书上有超过15亿条内容被分享。
- 80%的推特是在移动设备上使用的，17%的推特是在如厕的时候发的。

这些数据令人振奋，主要原因是社交媒体平台使**参与文化**（culture of participation），和他人、公司以及组织自由互动的能力成为可能；免费接入网络的场所允许用户分享各种内容，包括简单的议论、评价、图片、故事等。人们也有权在他人的内容上添加自己独特的观点。网络空间里也会发生许多令人不快的事，人们在脸书、线上赌博网站以及像第二人生这样的虚拟世界中花太多的时间，导致真实世界中的离婚、破产甚至坐牢。

研究领域的消费行为

现在应该很清楚，消费者行为学领域包含很多内容，从简单的购买一盒牛奶到选择一套复杂的计算机网络系统，从决定向慈善机构捐款到欺诈一家公司的诈骗计划，都属于消费者行为学研究的范畴。

在消费者行为学领域，需要了解的内容十分丰富，同时，研究方法也有很多。虽然人们成为消费者的历史很长，但消费现象本身成为正式研究的对象还是近年来的事情。事实上，尽管许多商学院现在都要求营销专业学生必修消费者行为学课程，但大部分学校直到20世纪70年代才开设这门课程。

消费者研究人员都在哪里?

凡是有消费者的地方，就能找到消费者研究人员，他们与生产商、零售商、营销调研公司、政府和非营利组织以及大学里的同事合作。他们在实验室里用先进的神经影像学仪器做一些精密的实验，或是在购物中心采访购物者。他们也会做一些焦点小组访谈或者规模较大的民意调查。举个例子，当广告商着手开始为杰西潘尼时装策划新的推广活动时，公司让雇员与50名妇女一起待上几天。他们想要真正了解这些目标顾客的生活，为此，这些雇员甚至会为她们打扫房间、拼车、做晚饭和购物。正如一个业务经理描述的那样，“如果你想了解一只狮子如何捕猎，你应该去森林，而不是去动物园”。[32]

研究者致力于探索多种课题，日用消费品、高科技装备、专业服务、博物馆展览、针对儿童广告效果的公共政策等，都可能是研究的课题。事实上，可以研究的消费者课题没有边界：一些勇敢的调查者会大胆地探索诸如尿失禁产品或节育装置等微妙的品类。特洛伊牌安全套的营销经理说：“你可以坐在洗衣店里看人们怎么洗衣服，但却没法坐在旁边观察人们怎么使用我们的产品。”为此，特洛伊品牌营销者会向临床心理学家、心理咨询师和文化人类学者讨教如何使用安全套的问题。[33]

消费者行为学研究的跨学科影响

许多不同学科的观点都对消费者行为学这一年轻的领域贡献良多。事实上，消费者行为学的跨学科特性最为显著。受过各类学科专业训练的人才——从心理生理学到文学——都在研究消费者。消费者研究人员受雇于大学、企业、博物馆、广告公司和政府。在美国好几个专业组织在20世纪70年代就已经成立，如消费者研究协会（Association for Consumer Research）和消费者心理学会（Society for Consumer Psychology）。

消费者行为研究者的兴趣相当广泛，这从美国赞助的这一领域的重要学术期刊《消费者研究》（*Journal of Consumer Research*）的专业协会名单中可以看出：美国家庭与消费者科学协会（American Association of Family and Consumer Sciences）、美国统计协会（American Statistical Association）、消费者研究协会、消费者心理学会、国际传媒协会（International Communication Association）、美国社会学协会（American Sociological Association）、管理科学学会（Institute of Management Sciences）、美国人类学协会（American Anthropological Association）、美国营销协会（American Marketing Association）、个性与社会心理学学会（Society for Personality and Social Psychology）、美国公众意见研究协会（American Association for Public Opinion Research）和美国经济协会（American Economic Association）。

这么多具有不同背景的研究者对消费者行为感兴趣，谁的准则才能用以“正确”地研究相关议题呢？在盲人摸象的故事中，要点是每个盲人摸到了大象的不同部位，大家对大象的描述都是不全面的。消费研究领域也是如此。受研究者所受训练与兴趣的影响，一种特定的消费现象能够以不同的方式、在不同的层次进行研究。表1-1说明了诸如杂志的用途这样一个“简单”的问题，可以用许多不同的方式进行研究。

表1-1　消费者行为学的跨学科研究议题

学科焦点	杂志使用的研究议题样本
实验心理学：产品在感知、学习和记忆过程中的作用	杂志特定的外观，如图案或版面，如何被读者识别和理解；杂志的哪一部分有可能被读到
临床心理学：产品在心理调节中的作用	杂志如何影响读者的形体印象（比如，苗条的模特会让一般体重的妇女感觉自己超重吗?）
微观经济学/人类生态学：产品在个人或家庭资源分配中的作用	影响家庭的杂志支出的因素
社会心理学：产品对个人作为社会群体成员时的行为的影响	杂志广告如何影响消费者对其所描述产品的态度；同等或同辈人的压力如何影响个人的阅读决策
社会学：产品在社会制度和群体关系中的作用	杂志偏好在社会群体（如女学生联谊会）中传播的模式
宏观经济学：产品在消费者与市场关系中的作用	在高失业时期，时尚杂志及其所广告商品的价格所产生的影响
符号学/文艺评论：产品在语言和视觉传播意义中的作用	人们解释杂志模特和广告所传递的潜在信息的方式
人口统计学：产品在人口可测量特性中的作用	杂志读者的年龄、收入和婚姻状况所产生的影响
历史学：产品在社会变迁中的作用	在杂志中，我们的文化对“女人味”的描述随时间变化的方式
文化人类学：产品在社会信仰和实践中的作用	杂志中的时尚和模特如何影响读者对男性和女性行为的定义（如职业女性的角色、性别禁忌）

图1-2概括了消费者行为学领域所涉及的学科，以及每一学科研究问题的层次。另外，还依其关注的主题是微观还是宏观的消费者行为，对这些学科进行了区分。接近金字塔顶端的领域更多关注作为个体的消费者（微观问题），而靠近底部的则对发生在较大人群中的集体行为更感兴趣，比如一种文化或亚文化中的成员共有的消费模式（宏观问题）。在本书中，我们将首先讨论位于顶端（微观）的议题，然后再讨论金字塔底部的议题。

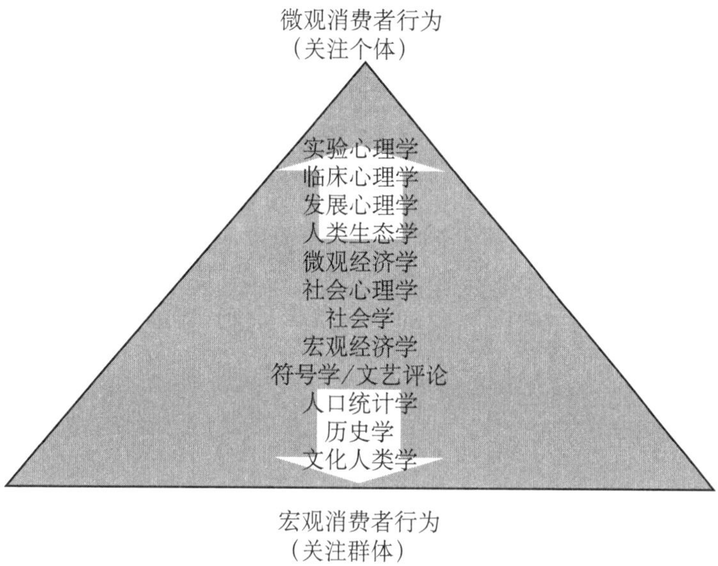

图 1-2　消费者行为学金字塔

消费者研究的两种观点

研究者对于研究什么、如何研究的基本假设，是划分消费者研究的一种常见方法。这样一套指导我们理解世界的信念被称为**范式**（paradigm）。与其他研究领域一样，消费者行为也由一种范式主导，但有人认为消费者研究正处在范式转换过程中。当某一竞争性的范式冲击主导的假设体系时，这种范式转换就会发生。

当前的主导范式的基本假设是**实证主义**（positivism，有时也称为现代主义）。16 世纪后期以来，这种观点对西方的艺术和科学影响深远。它强调人类的理性至高无上，而且认为存在能被科学发现的唯一的客观真理。实证主义重视客体的功能、推崇科技，而且将世界视为一个理性而有序的场所，有着清晰界定的过去、现在和未来。

新出现的**解释主义**（interpretivism，或后现代主义）范式对上述假设提出了质疑。[34]这一观点的支持者认为，社会中的科学技术被过度强调了，而且这种对于行为的有序、理性的观点否认了社会与文化的复杂性。还有一些人认为，实证主义过于重视物质富足，其逻辑观念受制于美国白人男性所统治的、强调文化同质性观点的意识形态。

解释主义则强调象征性的主观经验的重要性，强调意义存在于个人意识中，也就是说，每个人根据自己特有的和共有的文化经验来构建自己的意义，因此也就无所谓对错。在这种观点看来，世界是由**图像拼贴**（pastiche）或混搭而成的。[35]这种观点否定因为产品有助于创造秩序而赋予产品的价值，取而代之的是，将消费看成是提供一套多样化的体验。表 1-2 总结了在消费者研究中这两种观点的主要差异。

表 1-2　研究消费者行为的实证主义与解释主义方法

假设	实证主义方法	解释主义方法
现实的本质	客观的、实在的	社会构建的
目标	单一的预测	多角度理解
产生的知识	不受时间限制，不依赖背景	受时间限制，依赖背景
对因果关系的看法	存在真实的原因	同时存在的多因素产生的事件
研究关系	研究者与研究对象相互独立	与研究者之间的互相影响、互相协作是研究者所研究现象的一部分

资料来源：Laurel Anderson Hudson，Julie L. Ozanne. Alternative Ways of Seeking Knowledge in Consumer Research. *Journal of Consumer Research*，Mar 1988，Vol. 14（4）：508－521 by permission of Oxford University Press/on behalf of the sponsoring society if the journal is a society journal.

通过对一场最著名同时也是历时最长（1959—1978 年）的广告运动的分析，可以更好地理解营销沟通中的解释主义框架：这次广告活动是由恒美广告公司（Doyle Dane Bernbach）为大众公司的甲壳虫车型策划的。这次活动以其充满睿智的自嘲而广为人知，它以各种方法将甲壳虫的朴素、体积小及动力不足转化为正面的产品属性，而当时大多数汽车广告还都在强调豪华、动力十足等恰好与之相反的产品属性。在这次广告宣传活动中，一则著名的广告是这样表现的：在“莱蒙”这个人名的上方是一辆甲壳虫车的黑白照片，而在人名的下方则是一条解释性文案，是说公司的一位质检员拒绝这款特别的汽车，因为他在杂物箱里发现了一点污渍。

对这些广告信息的一种解释性分析运用了文学、心理学和人类学的概念，在更广泛的文化背景中为这种诉求方法奠定了基础。分析者将恒美广告公司为这款小型车打造的形象与喜剧学者所称的“小人物”典型相联系，这是一种与小丑或戏法师相联系的喜剧性格，是一种能挑战沉闷而又僵化的官僚与顺从的社会遗弃者形象。其他具有“小人物”性格的例子包括电视剧《陆军医院》（*M* A* S* H*）中的霍凯、喜剧家伍迪·艾伦和查理·卓别林。如果以这样的方式看待营销信息的文化意义，就不难理解为什么多年后 IBM 公司为使消费者相信其新型个人电脑的用户友好的特性，选择查理·卓别林来“软化”其乏味、咄咄逼人的形象了。

近年来，虽然解释主义还没有成为消费者行为研究者的主要关注焦点，但重视解释主义已成为趋势，坚持运用这一视角的研究也很普遍。这类研究在许多情况下被称为**消费者文化理论**（Consumer Culture Theory，CCT）。它通常是指从社会和文化角度，而不是局限在经济交换角度所进行的消费研究。消费者文化理论包含各类主题，例如，媒介怎样塑造人们对身体的观念，弱势群体怎样面对贫困，哈雷戴维森摩托车手怎样主动参与摩托车爱好者社群等。[36]

消费者行为研究应该关注学术还是应用？

许多研究者认为，消费者行为学属于应用社会科学。他们认为，我们所创造的知识价值应该通过其提升营销实践效率的能力来评价。但是，其他研究者则认为，消费者行为学根本不应该关注其应用价值，这一领域的研究不该成为商业的“奴仆”，而是应该聚焦于理解消费本身，而不是聚焦于营销者用其创造利润。[37] 多数消费者研究并不认同这种极端的观点，但这种观点也激励人们超越其传统的研究消费者购买食品、家用电器、汽车等行为的领域，开始关注无家可归或保护环境等社会问题的研究。当然，这在这一领域中的人们中间引发了激烈的争论！

全书计划

本书涵盖消费者行为的诸多方面，在后面的各章中将简要阐述大量的研究观点。本书的计划很简单，即从微观到宏观。可以把它视为消费者行为相册：每一章都会提供有关消费者的一张“快照”，但使用的是广角镜头。首先，在第Ⅰ篇，会重点讨论非常重要的消费者福利问题，以及购买决策对环境和自己所产生的后果。在第Ⅱ篇，将深入讨论消费者作为个体的有关方面，包括内部影响因素，比如我们了解产品和服务的方式，并且运用这些信息决定对产品和服务的感受方式。在第Ⅲ篇，将把目光转向从竞争性产品和服务中做出选择、使用甚至是处置这些产品的方式。在最后的第Ⅳ篇，我们扩大视野，关注上述决策的外部影响因素，比如，归属的群体、通过传统和新媒体所接触到的其他人的意见等。

本章小结

现在你已经读完本章，你应当了解为什么：

1. 消费者行为是一个过程。

消费者行为学研究的是个人或群体为满足需要或欲望而选择、购买、使用或处理产品、服务、观念与体验所涉及的过程。消费者可以购买、使用和处理一件产品，但这些活动也可能是由不同的人来完成的。另外，消费者可被视为需要用不同产品来帮助自己扮演不同角色的演员。

2. 营销者必须了解不同消费者细分群体的需要和欲望。

市场细分是消费者行为学的重要方面。消费者可以根据许多维度加以细分，比如，产品用途、人口统计特征（人口的客观方面，如年龄和性别），以及心理描述变量（心理及生活方式特性）等。新的发展趋势，如强调关系营销及数据库营销实践，表明营销已更贴近不同消费者群体的需要与欲望。

3. 消费者的选择与生活中的其他方面密切相关。

营销活动对个人的影响深远。消费者行为学与理解公共政策议题（如伦理营销实践）和通俗文化的流变有关。

4. 人们的消费动机非常复杂且多变。

营销人员努力满足消费者需要，但是，人们购买产品的原因各不相同。识别消费者动机是确保产品能够满足适当需要的重要一步。传统研究消费者行为的方法重视产品满足理性需要（功利动机）的能力，但是，享乐动机（如探索需要或快乐需要）在许多购买决策中也发挥重要作用。

5. 技术和文化培育出新一代“永远在线”的消费者。

网络和社交媒体改变了消费者与公司之间，以及消费者彼此之间的互动方式。电子商务使我们能够从全球购买到那些默默无闻的产品，而网上消费社区则提供了让人们分享意见及推荐产品的论坛。

6. 不同类型的专家都在研究消费者行为。

消费者行为学领域是跨学科的，它由来自许多不同领域的研究者组成，其共同的兴趣是人们与市场的相互影响。这些学科可根据其关注微观程度（个体消费者）或宏观程度（作为群体或更大的社会成员之一的消费者）来加以分类。

7. 有多个理解和研究消费者行为的角度。

消费者行为学的研究者，其目的有学术

性，也包括为了营销机构的现实决策提供信息。可以将学者们的研究取向分为两种：实证主义观点强调科学的客观性，并将消费者视为理性决策者。解释主义观点（或CCT）则刚好相反，强调的是消费者个人经验的主观意义，并认为任何行为都可以有多重解释，而非仅有单一的解释。

复习题

1. 消费者行为学的定义是什么？

2. 什么是人口统计特征？举出人口统计特征的三个例子。

3. 什么是市场细分？举出三个细分市场的例子。

4. 什么是角色理论？它是如何帮助我们理解消费者行为的？

5. “交易”是什么含义？

6. 商人为什么有必要了解产品的频繁使用者？

7. 什么是“大数据”？

8. 流行文化是什么？这个概念与营销和消费者行为有何关系？

9. “通俗文化”这个词是什么意思？

10. C2C与C2B电子商务之间有什么区别？

11. 指出两个研究消费者行为的不同学科。它们在研究相同的主题时，方法上有什么不同？

12. 这一章中提到“人们常常购买他们并不真正需要的东西，而是购买对他们有意义的东西”。请解释这句话并举例。

13. 实证主义范式和解释主义范式在消费者研究中的主要区别是什么？

消费者行为挑战

讨论

14. 列举一些你所属的社会群体广泛使用的产品或服务，并说说你是否同意这些产品或服务有助于形成群体的纽带。以你所列举的产品或服务为例证明你的观点。

15. 消费者行为学中的哪些方面会引起财务管理者的兴趣？大学管理人员、艺术设计师、政府委托机构的社会工作者和护理指导师又会对哪些方面感兴趣？

16. 目标营销策略的批评者认为，这种做法既有歧视性又不公平，特别是当这种策略鼓励一群人购买可能会对他们有害的产品，或者是他们买不起的产品时更是如此。比如，大型少数族群聚居区的社区领袖抗议在该地区树立啤酒和香烟的宣传广告牌。然而，美国国家广告协会争辩说，禁止目标营销构成了审查制度，这是违反美国宪法第一修正案的。你怎么看这个问题？

17. 在本章讨论的一项调查中，对比和比较了过着“幸福”生活和过着“有意义”生活的人们。这种区分与你决定花钱和花时间的方式有什么关系？在更加普遍的意义上，这种区分与消费者行为有什么关系？[38]

18. 有一本书哀叹消费者生成内容已成为新的浪潮，并将其称为“外行的狂热”。该书将社交网络现象与一个关于猴子的老故事相比较：如果你把无数只猴子和无数台打字机放在一间屋子里，总有一天，这些猴子通过乱敲键盘也能打出一部文学著作。换句话说，大量的消费者分享内容也差不多是类似的水平，将来能否创作出专业化的高质量作品值得怀疑。[39]你同意这样的看法吗？

19. 网络会使人们彼此更加靠近，还是会使我们各自走进私密的虚拟世界呢？使用网络的美国人与家人朋友在一起的时间越来越少，去商场购物的时间也越来越少，他们宅在家里的时间却越来越多。超过1/3上网的消费者报告说他们每周至少有5小时在线。此外，60%的网民说他们减少了看电视的时间，1/3的人说他们看报纸的时间也减少了（许多报纸因为缺乏关系和广告收入已经倒闭了）。然而，根据一个关于互联网和美国生活的项目的调查结果，半数以上的被调查者认为，实际上，电子邮件加强了家庭纽带。相比非用户，电子邮件用户报告说，他们的离线社会交往时间更多。[40]这些结果表明，与以往任何时候相比，人们和他人在一起的时间增加了，只不过拉近彼此关系的方式是通过互联网而不是面对面。但是前面提到的第一个调查报告的作者却不同意这样的结论，根据他的观察："如果我晚上6：30到家，花一晚上时间查看电子邮件，到第二天早上睡醒的时候，我仍然没跟我的妻子、孩子或是朋友讲过一句话。当你泡在互联网上，你听不到真人的声音，也永远不会得到一个拥抱。"[41]

一项后续的调查发现，以上两种现象都存在：外向的人在网上结交了更多的朋友，内向的人则更加与世隔绝。对这个被称为"富者更富"[42]的互联网应用模式，你怎么看？这个连线的世界正在把我们变成数字化的隐士，还是帮我们扩展了疆域，让我们可以和原本不会遇见的人有所交往？我们与他人互动的方式发生了根本性的变化，会有哪些好的和坏的影响呢？

应用

20. 找到一些汽车拥有者并与他们交谈，注意了解他们与自己的汽车之间的关系。他们的感受是否与本章中讨论的消费者/产品依附关系类型相符？这些关系是如何起作用的？（提示：观察被访者是否给他们汽车起了昵称，或者他们是否用个人物品装饰他们的汽车。）

21. 人们选择满足某一需要的方式取决于独特的历史、学习经历和文化环境。例如，两个学生在午饭时间还在上课的期间，可能都感到胃不舒服，如果从前一天晚上到现在谁也没有吃东西，他们感受到的需要（饥饿）强度差不多是相同的。然而，这两个学生满足他们各自需要的方式却可能完全不同。找同学做以下实验："也许正如你所知，一个死刑犯通常会选择他的'最后一餐'。如果你必须这样做（希望不会这样），请你尽量详细地描述你的最后一餐会是什么样的。"比较从不同的同学那里得到的答案，特别是那些来自不同种族或文化背景的人的回答，看看出现了哪些相似或相异的答案。

案例研究

本田的机器人阿西莫

迎接阿西莫（ASIMO）！它4英尺高，发出愉快的男孩声音，可以认人，并且与人们互动，然而，阿西莫并不是真正的小孩。它是本田公司科学家脑力劳动的结晶——人形机器人。阿西莫的技术包括两个摄像头用来抓拍环境并认出人脸。它的身体结构很像真人，能以每小时3.5英里的速度奔跑，能与小孩扔球玩，能用相对着的手指打开瓶盖，并给你送上一杯冰饮。阿西莫是一个完美的家庭伴侣。

本田公司还没有正式推出和销售阿西莫供家庭使用，原因是还不到家庭使用人形机器人的时候。并非所有人都对机器人感兴趣。已有消费者使用过机器人自动售货机，它们可以处理食物订单，并且提供基本的店内顾客服务。但是，许多消费者对于一个机器人为他们提供餐饮服务，或者是坐下来向他们讲述今天的新闻还是感到有些紧张。这是为什么？也许是因为好莱坞电影对人们形成的机器人概念产生的影响。每当想到机器人时，它也许不是我们脑海中呈现出的《机器总动员》中的机器人WALL-E那样，而是像终结者或其他恐怖机器那样。

甚至是机器人的开发者，对于机器人能够扮演什么样的角色或者它们的模样应该是怎样的，都有不同的看法。有些人认为，机器人的外形应该像人，并且成为老年人或孤寡者的温良、友善的伴侣。电影《她》就探讨了类似人类的联系可以存在于计算机生成的人类之间。然而，名叫莱昂纳多的机器人的研发者描绘了想要创造一种社会机器人的愿望，要让这种机器人的外表比较古怪，既不像人也不像动物。他们坚信，“机器人会是属于它们自己的一类生物，应该依照自己的术语来被定义、测量和评价”。

即使消费者不准备购买阿西莫，也可能被它的某些特征吸引。人脸识别技术(FRT)是一种计算机具有的“读取”人脸的能力，这种技术已显示出强大的发展和应用前景。根据一些分析师的观点，FRT技术的市场在未来5年将从19.2亿美元增加到65亿美元。

广告商和大品牌都注意到了FRT技术。想象一下，在大型购物中心的一面墙上有一个广告牌，服装品牌Abercrombie利用这个广告牌吸引年轻女孩的目光，塔吉特（Target）则利用这样的广告牌吸引忙碌的妈妈们。最近，被智能手表新锐厂商Kairos收购的美国研发新一代目标广告技术的浸入实验室公司（Immersive Labs）研发出数字广告牌，可以用来观测过路者的年龄范围、性别，甚至可以测量过路者对提供的定制广告的注意水平。浸入实验室公司的加入让Kairos公司相信，它已成为全世界唯一一家面部生物识别技术公司，可以提供面部识别和情绪分析工具。

按照研究者的观点，FRT技术不仅会读取人的脸部信息，还可估计普通的身体特征。它可以描绘出人们的生物特征，这就如同指纹一样，也是唯一的特征。红胡椒公司(Red Pepper)利用这种先进的技术开发出一款名为Facedeals的智能手机应用，用于向消费者提供个人定制化的服务。它的工作原理是这样的：在下载这一应用后，如果走进一家安装了Facedeals照相机的商店，你就会被认出。Facedeals连接到你的脸书信息，并分析你喜欢的品牌、关系状态、去过的地方以及其他信息。然后，Facedeals就向你提供定制化的服务。

谷歌正在考虑让个人使用身体动作，比如“眨眼”或者“眼球转动”，作为FRT的口令。福布斯公司（Forbes. com）已经发布一款应用，通过网络摄像机来观察人们看产品广告，或者是看到喜欢或不喜欢的广告时的面部反应。

尽管FRT的营销应用领域很广，但公司应该意识到，近期的研究发现，75%的被访者声称，对于商店使用脸部识别技术感到不自在，因为这种技术可能将他们识别成高价值购物者，然后向一位售货员进行提示。随着这种技术不断融入生活，同时，消费者对实时定制服务的价值也更有信心（因为这种定制服务只有通过识别他们的面部特征才能做到），消费者的不安情绪可能会发生改变。

资料来源：http：//Asimo. honda. com，accessed Julu 30，2013；Sara Gates，“Google Facial Recognition Patent：Users May Be Able to Make a Face Instead of Entering a Password,” http：//www. huffingtonpost. com/2013/06/06/google-facial-recognition-patent-password _ n _ 3398360. html，accessed July 30，2013；Companies and Markets. com，“Facial Recognition Market to Be Worth \$6. 5 Billion by 2008,” http：//www. companiesandmarkets. com/News/Security/Facial-recognition-market-to-be-worth-6-5-billion-by-2018/NI7244，accessed July 30，2013；Steve Parker，Jr.，“Oh，It's Happening！Facial Recognition & Data-Driven Marketing,” http：//www. askingsmarterquestions. com/oh-it%E2%80%99s-happening-facial-recognition-data-driven-marketing/，accessed Julu 30，2013；Michael Walsh，“Facedeals：Facial Recognition Marketing Stirs Privacy Discussion Along with Excitement,” http：//www. nydailynews. com/news/national/facedeals-facial-recognition-marketing-stirs-privacy-discussion-excitement-article-1. 1137240#ixzz2aYzmgBZ2, accessed Julu 30, 2013; Gavin P. Sullivan, "Big Brother's Tracking Shines Light on Emerging Facial Recognition Technology," http://www.forbes.com/sites/mergermarket/2013/07/09/big-brothers-tracking-shines-light-on-emerging-facial-recognition-technology/, accessed July 30, 2013; Tarun Wadhwa, "What Do Jell-O, Kraft, and Adidas Have in Common? They All Want to Know Your Face," http://www.forbes.com/sites/singularity/2012/08/08/billboards-and-tvs-detect-your-face-and-juice-up-ads-tailored-just-for-you/, accessed July 30, 2013; "Three quarters of shoppers think facial recognition technology is creepy," http://business-reporter.co.uk/2015/05/07/three-quarters-of-shoppers-think-facial-recognition-technology-is-creepy/, accessed May 10, 2015; Brian Brackeen, "Kairos Acquires IMRSV," https://www.kairos.com/blog/158-kairos-acquires-imrsv, accessed May 8, 2015; Michael Roppolo, "Coming in 2015: World's First Family Robot," http://www.cbsnews.com/news/jibo-wants-to-be-your-familys-first-robot-next-year/, accessed May 1, 2015; *Trends Magazine*, January 2015, Vol. 12, Issue 1, pp. 1-7.

问题讨论：

1. 机器人这种产品最可能的细分市场有哪些？哪些消费者特征对于确定细分市场最重要？你设想机器人会为这些消费者扮演什么类型的角色？

2. 反思FRT作为营销工具的价值。举出一个例子说明营销人员怎样使用这种技术会是最有效的。

3. 讨论一些消费者对于机器人和FRT技术的“诡异性”担忧。营销人员怎样才能解释甚至是解决这些问题？

第2章 消费者与社会福祉

本章目标

读完这一章后，你将会理解以下几点：

1. 符合伦理的商业是好的商业。
2. 在商业活动中，营销者有责任提供安全、实用的产品。
3. 消费者行为会直接影响我们的社会所面临的主要政策议题。
4. 消费者行为有可能对个体和社会造成危害。

开篇案例

小王是一个受过高等教育的职场妈妈，儿子刚上高一。她利用周末来到超市为家里买日常用品。她推着购物车来到洗涤用品区。像往常一样，她对许多商品的品牌和价格都非常熟悉，因此，她无须仔细查看品牌和价格，只是随手将家人需要的牙膏、沐浴露、洗发水等商品放入购物车。但就是这时，某公司为其洗衣液品牌进行新品上市促销的广告牌映入她的眼帘，广告牌上的信息声称该品牌是一种绿色产品，这让小王想起儿子在家对她说的话。儿子所在高中的老师提醒学生，保护环境人人有责，因此，要在日常生活中尽可能多使用对环境保护有利的产品和服务。想到这里，小王立即做出购买这一新产品的决定，她甚至都没有向现场的促销员询问产品的功能、价格等信息，她只想通过自己的购买决策告诉儿子，作为妈妈，她坚决支持保护环境的消费行动。

商业伦理与消费者权益

目前，在许多国家有很多像小王这样的主流消费者，越来越多地选择更有益于环境的“绿色”产品。甚至在美国，一直以来有很多夸张的“绿色革命”的说法；另一方面，由于经济不景气，美国消费者对成本又更加敏感。雪上加霜的是，即便是动机良好的顾客，也很难指出哪个品牌更好。实际上，让消费者自己对全部的竞争产品进行全面的比较也不太可能。其中一个解决方案是由独立评级机构开发出标签系统，使购买者面对令人眼花缭乱的选择时，可以借助这些标签做出决策，可是，这些标签系统也多到让人透不过气。全球有超过480家生态标签（eco-label）体系，北美占了约1/4。[1]美国政府试图鼓励企业和消费者选择绿色清洁产品；美国环境保护署（EPA）甚至与全国运动汽车竞赛协会（NASCAR）签署协议，以提升消费者对DfE（Design for Environment）环保标签的认识。除了DfE认证和其他清洁行业发起的排名系统，甚至也有少数制造商和零售商提供它们自己的标签，如庄臣公司（SC Johnson）的绿色清单（Greenlist），以及全食公司（Whole Foods）的生态标尺（Eco-Scale）。其他主要品牌，如宝洁的汰渍销售为冷水洗涤研制的高浓缩配方。就这些系统的功能而言，很难进行直接的对比，如果消费者不进行比较，只是选择自己熟悉的体系，就可能出现“将孩子和洗澡水一起倒掉”的危险。对于营销者而言，从善的同时是否仍然有“做得好”的可能？在获取利润的同时，是否仍然能做到对消费者和环境有益？

答案很简单：讲道德的企业才是好的企业。尼尔森公司开展的一项全球调查表明，50%的消费者愿意为那些回馈社会的企业所提供的服务或产品支付更高的价格。[2]当企业表现得有道德时，消费者认为它们销售的产品会更好。[3]

商业伦理（business ethics）是引导市场行为的规则——一种文化中的大多数人判断好坏、对错的标准。这些通用的标准包括诚实、可信赖、公平、尊重、正义感、正直、关心他人、责任感和忠诚。

当然，人们对于正确和错误的看法因个人、组织和文化而异。有些商家认为，销售人员想方设法地说服消费者购物是正确的，即使这意味着向消费者提供错误的信息；而其他商家则认为，只要没有对消费者彻底诚实，就是极大的错误。因为每一种文化都有自己的一套价值观、信仰和风俗，商业伦理在全世界的定义都是相当不同的。例如，一项研究发现，由于价值观的不同（第3章中会进一步阐述），墨西哥公司较少有正式的道德规范，而且比美国和加拿大企业更可能向政府官员行贿。然而，由于对工作和人际关系的态度不同，在对待低层雇员方面，这些公司却更可能比北美的公司做得好。[4]

这些文化差异确实影响了对诸如行贿这样的商业行为的合法性判断。美国在1977年实施《反海外腐败法》（Foreign Corrupt Practices Act）后，为得到业务而向外国人行贿就属违法行为。拥有最多工业化国家成员的经济合作与发展组织（OECD）也宣布，行贿是非法行为。然而，在很多国家贿赂行为仍很普遍。“行贿”在日本被称为黑幕（kuroi kiri），在德国被称为有油脂的钱（schmiergeld），在墨西哥被称为刺痛（la mordida），在法国被称为葡萄酒（pot-de-vin），而在意大利则称为小信封（bustarella）。它们都是指小费（baksheesh），这是中东地区对用以润滑交易之轮的“小费”的说法。在许多国家中，向供应商或客户赠送“礼物”以换取交易是可接受的甚至被期待的。

不管是否有意，一些营销者确实破坏了与消费者之间的信任纽带。在某些情况下，这些行为实际上是违法的，比如有的制造商故意贴错包装上的内容标签，或者零售商采取“诱饵调包”（bait-and-switch）的销售策略，先用廉价商品把消费者引诱进商店，唯一目的是让他们转而购买更高价格的商品。

还有一些情况下，尽管营销实践没有明显地违法，仍然对社会造成了不良影响。有些公司在低收入居民区立起了烟酒广告牌；有些公司为了迎合男性受众而刻意物化女性形象。

需要和欲望：营销者操纵消费者了吗？

对营销最普遍而尖锐的批评之一认为，商家让消费者相信他们“需要”很多物质的东西，如果不能拥有这些“必需品”，他们会成为很差和不快乐的人。这个复杂的话题当然值得思考：营销者究竟是给了消费者他们想要的，还是告诉了他们应该要什么？

谁控制了市场，是公司还是消费者？新的购买、拥有和存在方式每天层出不穷，这个问题变得更复杂了。在市场上由商家说了算——由商家来决定消费者知道什么、做什么——的“好日子”一去不复返。如今很多人感觉在构建**消费者空间**（consumerspace）时，自己有权决定是否以及何时、如何与商家互动。新的环境下，消费者个体向商家描述他们想要的产品形式、何时何地以及如何获取产品知识。反过来，商家需要用新的大胆的方式建立并撬动品牌资产，以吸引这些浪迹（于品牌间）的消费者产生忠诚。人们仍然“需要”商家，只是按照自己的方式。正如我们在本书中将要看到的，消费者行为的深刻变化正影响着人们寻求产品信息和评价替代品牌的方式。在壮观的消费者市场的新世界，我们有更大的潜力勾画自己的营销命运。[5]

营销人员创造了人为的需要吗？

营销系统一直受到来自两个相反方向的攻击。一方面，一些宗教右翼分子相信营销者通过展示享乐主义的形象，鼓励人们以牺牲精神和环境为代价，追求世俗人文主义，导致社会道德的崩塌。在美国，一个叫作全国环境宗教联盟的宗教同盟声称，导致气候变化的高油耗汽车及其他因素违背了基督教有关保护人类和地球的道德教义。[6]

另一方面，一些左翼分子则认为，营销者对物质愉悦的欺诈性承诺收买了人心，这些人本应成为改变这一体系的革命者。[7]根据这种观点，营销系统创造了需要——只有它的产品才能满足的需要。

一种回应 如我们在第 1 章中所看到的，需要是生物学层面的动机，欲望则代表了社会习得的满足这一需要的路径。比如，口渴是生物基础上的需要。营销者告诉我们可口可乐比山羊奶更能满足止渴的需要。营销的基本目标是对已存在的需要产生觉察，而非创造需要。

营销是必需的吗？

50 多年前，社会批评家凡斯·帕克德（Vance Packard）写道：“将从精神病学和社会科学的研究发现中获得的知识用于解释我们盲从的习惯、购买决策和思维过程的巨大努力，大部分都取得了成功。”[8]经济学家约翰·肯尼斯·加尔布雷恩（John Kenneth Galbraith）指责说，收音机和电视机是完成操纵大众任务的重要工具。因为消费者不必经过教育也能使用这些媒体，重复的、强制性的沟通几乎可以到达每个个体。这种批评对在线沟通甚至更加适用——简单的点击就可以把全世界的信息发送给我们。

有些人指责营销者任意地将产品与期望的社会属性联系起来，进而培养了一个物质主义的社会——用人们所拥有的东西来定义一个人的价值。一位有影响力的批评家甚至指出，问题在于我们还不够物质主义：我们并非完全以商品的使用功能来评估其价值，反而会非理性地评价其符号意义。根据这一观点，比如："仅仅是啤酒就足够了，啤酒无须提供那些附加的保证——我们喝了会更有男人味儿、心理感觉更年轻或更友好。""洗衣机能洗衣服才是有用的，而不是让我们看起来更有远见，或者会让邻居嫉妒我们。"[9]

一种回应 产品只是满足了人们既有的需要，而营销行为也仅仅是帮助人们与想要获取的东西保持沟通。[10]信息经济学的看法是把广告看作消费者的一个重要信息来源。[11]这个观点强调了我们搜寻产品花费时间的经济成本。相应地，广告因为帮助人们减少搜寻时间而成为一项消费者愿意付费的服务。

营销者在承诺奇迹吗？

威斯汀酒店向其全球的顾客和雇员发起了一场"幸福威斯汀运动"（Westin Well-Being Movement），项目所有内容与这家殷勤好客的公司主张的"六大理念"相关：酣然好梦（Sleep Well），营养美味（Eat Well），舒畅身心（Feel Well），高效工作（Work Well），妙趣玩乐（Play Well），活力运动（Move Well）。[12]广告使得我们相信产品具有神奇的性能；我们买的东西将会改变我们的生活：我们会美丽、成功，甚至可能永生。在这个意义上，广告履行了原始社会中神话的功能：为复杂问题提供了一个简单的、减少焦虑的答案。

一种回应 营销者对人们的了解还远未达到能操纵他们的程度，这从新产品高达40%～80%的失败率可以得到印证。尽管人们认为广告人有层出不穷的神奇伎俩和科学手段来操纵他们，但实际上，企业试图卖好的产品时才会成功，反之，销售劣质产品就会失败。[13]

物质主义：你所拥有的就是你吗？

第二次世界大战期间，南太平洋的"货物崇拜"（cargo cults）成员毫不夸张地崇拜从失事飞机打捞上来或从海船中冲到岸上的货物。这些人相信，是他们的祖先指引这些海船和飞机经过他们的岛屿，因此他们试图把这些海船和飞机引到自己的村庄。他们甚至用稻草造出假飞机，希望能把真飞机引过来！[14]

我们也许不会崇拜产品到如此地步，但许多人努力工作肯定是为了实现他们想象的美好生活——拥有丰富的物质享受。大多数年轻人无法想象生活没有手机、电脑或者其他物质享受。实际上，我们可以把营销看作一个为消费者提供某种生活标准的系统。在某种程度上，是人们身处其中、期待与渴望的生活标准影响着我们的生活方式，这些标准无论是来自个人经验，还是在电影或电视上看到有钱人"真人秀"的结果或是在杂志《时尚》《绅士》上看到的。[15]例如，"死的时候拥有最多玩具的人就是赢家"。

人们拥有的财物在生活中扮演重要角色，我们希望通过积累财物来构建自己的价值体系。**物质主义**（materialism）指的是人们对世俗财物的重视程度。[16]有时，我们认为产品和服务总是这么丰富，而忘记了这种充裕只是近些年才实现的。例如，1950年美国2/5的家庭还没有电话，1940年仅有一半的家庭使用室内陶瓷卫生设备。

物质主义者更可能因他们的身份和表面的意义而看重财物。而那些不强调这种价值的人则重视那些能够与他人相联系或在使用时感到愉悦的产品。[17]因此，高度物质主义者更重视在公开场合消费的昂贵产品。一项研究比较了这两类人重视的物品，结果发现，与高度物质主义者相联系的产品包括珠宝、瓷器和别墅。[18]

物质主义者似乎把自我身份和产品相联系。一项研究发现，当看重物质主义的人感受到对死亡的恐惧时，他们与品牌的依恋更加强烈。[19]另一项研究表明，那些迷恋自己财物的消费者倾向于利用他们与财物之间的亲密关系，来弥补孤独感和在社会网络中的亲密感缺失。[20]还有一项研究发现，因为相信产品会带来幸福，物质主义者购买前会认为产品很有价值，一旦拥有产品以后，会因赫然发现幸福没有降临而对产品的满意度迅速下降。[21]

然而，消费者对物质的欲望持续增长——特别是在奢侈品占绝对垄断地位的发展中市场。有分析预测，在欧洲和美国奢侈品市场增长放缓、中国市场剧增的同时，奢侈品在一些新兴市场建立了稳固的基础，如阿塞拜疆、巴西、印度尼西亚、哈萨克斯坦、马来西亚、墨西哥、南非、土耳其和越南。亚洲消费者贡献了超过全球50%的奢侈品销售额。[22]

由于有更多的机会获取外国产品，美国消费者可能期望物质产品的积累也会不断进化。物质主义者愈发重视所购买商品的内在品质，无论是钻石还是有机酸奶。如今一个很重要的维度是**出处**（provenance）：当购买者确切知道一件产品的来源，并且确信“确有其人”体贴周到地从他们所选择的来源挑选出这件产品时，就会愿意为这件产品支付高价。这种**挑选**（curation）的过程，原意指仔细挑选进入博物馆展览的每件作品，现在广泛用于消费品，如食品、服装以及旅游。全食公司通过在黑板上标记店员的名字以及注明种植该产品的农场名称，实现清单个性化。[23]

消费者权益和产品满意度

一条丢失的裤子值54万美元？在美国，一位消费者因为丢失了一条细条纹西装裤而对邻家的干洗店提起54万美元的诉讼，华盛顿州的审判让他上了新闻头条。他声称，是地方消费者权益保护法赋予了他获得长达4年、每天数千美元赔偿金的权利——干洗店承诺“当日取件”以及“满意保障”。裤子却被拖延了几个月，最后原告拿着空袋子回家。[24]而有些人则认为，美国这个国家诉讼实在是太多了。

如果你对一项产品或服务不满，你会做什么？一般可能有以下三种行动选择（有时你可能采用不止一个行动方案）[25]：

1. **语言反应**——向零售商提出赔偿诉求。

2. **私下反应**——将不满告诉朋友并抵制购买该产品，或换到其他商店购买商品。

3. **求助第三方**——如裤子丢失的例子，可以对商家提起法律诉讼、向消费者保护组织投诉或者写信给媒体。这些做法都很有效，尤其是当有第三方介入的时候更是如此。《封面女郎》（*Cover Girl*）杂志曾经针对女橄榄球迷推出了一个广告——一位身着巴尔的摩乌鸦队（Baltimore Ravens）球衫的模特儿，标语是“打起精神、集中注意力、准备作战”。然而与此同时，一个著名的乌鸦队球员上了关于国家橄榄球联盟（NFL）球员对他们的妻子或女朋友家暴的新闻头条。抗议者上网把广告改成了顶着黑眼圈的模特儿。[26]如果人们联合起来通过某个激进组织——如绿色和平组织或者如上述《封面女郎》遭遇的情形那样——表达负面的**市场情绪**(marketplace sentiments)，会导致戏剧性的改变。[27]

在一项研究中，商科大学生向企业写信投诉，当企业以赠送免费样品作为回应时，可以看到学生们对该公司的感受显著地改善了。然而，如果学生们仅仅收到致歉信，却没有其他形式的表示，学生们对公司的感受则没有显著改变。更糟的是，如果学生们得不到任何回应，企业形象会比之前更糟糕。研究表明，就顾客投诉而言，企业有反应总好过没反应。[28]

几个因素会影响我们采取何种行动。相比便宜的商品，对贵重产品的不满更容易让人们采取行动，比如家用耐用品、汽车或者服装。[29]讽刺的是，对一家商店总体感到很满意的顾客更容易因为某些不好的体验而抱怨，他们是因为对该商店有感情，才花时间去投诉。而且，如果该商店解决了问题，顾客会比首次光临、未投诉时感觉更好。[30]这表明，尽管没有人喜欢批评，组织或商家仍然应该基于下述原因而鼓励人们抱怨：

1. 它们得到了扭转局面的机会。

2. 它们可以避免消费者把事情曝光到社交媒体，使事态进一步扩大，从而让更多人知道问题处理得很糟。相比正面体验，人们更容易向朋友传播负面体验。

3. 它们可以收集消费者经验中有价值的意见，帮助它们更好地改进。

4. 如果消费者认为企业不理会他们的抱怨，他们不会投诉而是直接去买竞争对手的东西。

客户满意度高是企业的一项强大的竞争优势，特别是当太多企业不舍得给予消费者足够的关注时。一项持续了 5 年的关于加拿大银行业客户满意度的研究表明，提供更好服务的银行比其他银行赢得更多的“钱包份额”(share of wallet)(顾客将更多的钱托管给该银行)。[31]

尽管如此，调查中有超过半数的首席营销官(CMO)说，公司不会因为客户满意度的提高而奖励雇员。超过 1/3 的公司没有追踪客户口碑的方法，少于 3/10 的调查对象说，它们公司能很好地解决顾客投诉的问题。[32]究竟出了什么问题?

当产品不能达到预期性能或被证明不安全时，不可轻描淡写地说顾客只是不满意。这种情境下，企业必须马上采取行动消除顾客的疑虑，否则将面临永远失去顾客的危险。如果企业真诚面对问题，顾客常常是愿意原谅或者淡忘的。但是，如果企业试图拖延或者掩盖问题，顾客的愤怒会升级。这种情况在英国石油公司漏油事件中曾经出现过，还有 2013 年嘉年华游轮事件，当 1 200 名乘客和船员在海上经历了 5 天断水断电、几乎没有食品时，责任公司被冷酷地置于媒体的聚光灯下。[33]

市场监管

美国次贷危机导致了大量投资银行和保险公司倒闭，如贝尔斯登、雷曼兄弟以及美国国际集团，同时也引发了 2008 年及以后的大衰退，这些例子说明了为什么众多民众期待国家和行业监管机构的监督和管理，而不再指望商家会自觉严格守法。至少 20 世纪初开始消费者福利一直受到关注，而行动派一直持续关注诸如童工、广告利诱和转基因食品等问题。[34]

作为消费者努力的成果，美国政府设立了许多联邦机构，监控与消费者相关的活动，包括农业部、联邦贸易委员会、食品和药品管理局、证券交易监督委员会和环境保护署。厄普顿·辛克莱（Upton Sinclair）在1906年出版的《屠宰场》一书中，揭发了芝加哥地区肉类加工业恶劣的工作环境，促进国会通过了一系列重要的立法——1906年《纯净食品和药品法案》（Pure Food and Drug Act），以及1907年《联邦肉类检查法》（Federal Meat Inspection Act），从而保护了消费者。此后制定了一些重要的有关消费者的法案（见表2-1）。其他一些与消费者相关的问题可以在consumerreports.org和cpsc.gov（cpsc是消费品安全委员会的缩写）上找到。

表2-1　提高消费者福利的美国联邦立法列表

年份	法案	目的
1953	《易燃性纤维制品法》	禁止易燃纺织品跨州运输
1958	《全国交通和安全法案》	为汽车和轮胎设立安全标准
1958	《汽车信息披露法》	要求汽车厂商公开对新车的建议零售价格
1966	《公平包装及标签法》	管理消费品包装和标签（厂商必须提供关于包装内容和产地的信息）
1966	《儿童保护法》	禁止售卖危险玩具和其他物品
1967	《联邦香烟标签和广告法》	要求香烟包装必须有卫生总署的警示标签
1968	《借贷信用法案》	要求出借方必须披露信贷交易的真实成本
1969	《国家环境政策法》	制定国家环境政策，成立环境质量委员会，监控产品对环境的影响
1972	《消费品安全法》	成立消费品安全委员会，识别不安全产品，设立安全标准，召回有缺陷产品以及禁止危险品
1975	《消费品定价法案》	禁止厂商和经销商之间使用价格维持协定
1975	《马格纳森-莫斯保证改进法》	创建消费品保障的披露标准，并允许联邦贸易委员会制定有关不公平和欺诈行为的政策
1990	《营养标示与教育法案》	重申食品和药品管理局新规的法律基础，新规为食品标签和推进时间表做了规定
1998	《网络免税法案》	制定了网络专门征税的延迟偿付期限，包括对使用费征税的网上交付以及其他网络服务的供应商的征税
2010	《多德-弗兰克华尔街改革和消费者保护法案》	缘起2008年经济衰退，试图通过提高金融系统的责任和透明度，促进美国的金融稳定，结束“大而不倒”的情况，通过紧急援助保护纳税人并保护消费者预防滥用金融服务的做法

表2-2列出了美国主要的监管机构及其职责。其中关乎消费者的最重要的一个机构是美国食品和药品管理局（FDA）；它拥有管理广告以及食品和药品成分的权力。例如，作为美国食品和药品管理局打击消费者药物广告的一部分，拜耳医疗保健制药公司斥资200万美元开展“优悦”（Yaz）——美国最畅销的避孕药——的**广告修正**（corrective advertising）项目。这意味着企业必须告知消费者之前的广告信息存在错误或误导。在黄金时段和有线网络播出了《实习医生格蕾》的商业电视台必须警告观众，不要期望服用Yaz能够治愈粉刺或经前症候群的症状。在管理部门确认拜耳之前的广告夸大了药物改善女性情绪和清除粉刺的功效后，拜耳被要求推出修正广告，以纠正之前传递给大众的信息。[35]

表 2-2 美国的监管机构和职责

监管机构	职责
消费品安全委员会（CPSC）	保护公众免受潜在的危险产品的危害。通过管理和测试计划，帮助企业确保它们的产品不会伤害消费者。
环境保护署（EPA）	设立并执行旨在保护环境的法规，相关法规对厂商的原料和生产过程有重要影响，使得厂商根据能力开发产品。
联邦通信委员会（FCC）	管理手机、收音机和电视。直接影响通信领域的企业市场行为，间接影响使用广播媒体进行市场沟通的所有企业。
联邦贸易委员会（FTC）	强力推行反欺诈广告和产品标识的法律。企业必须持续跟进该组织的法规的变化以免被处高额罚金。
食品和药品管理局（FDA）	强力推行食品、药品、化妆品和兽药方面的法规。药品、非处方药以及其他多种产品投入市场前必须经过食品和药品管理局的许可。
州际商务委员会（ICC）	管理州际大巴、货车、铁路和水运。公司将货品有效地送交消费者的能力依赖于该委员会。

消费者权益保护

“绝对无能”（Absolut Impotence）。这个模仿绝对伏特加的广告语出自名为“广告破坏者”（Adbusters）的一个非营利组织，该组织旨在倡导“信息时代的新社会维权运动”。该组织杂志的编辑认为，美国不再是一个国家，而是一个被公司议程颠覆的价值数万亿美元的品牌。他声称“美国™”商标和麦当劳、万宝路以及通用汽车没什么差别。[36]

“广告破坏者”组织发起过很多活动，包括“无消费日”和“无电视周”，试图阻止肆虐的商业主义。这些努力和恶搞广告以及讽刺广告的信息，都是**文化干扰行动**（culture jamming）的例子，文化干扰行动是对商业世界统治我们文化空间的一种瓦解策略。这一运动相信，“文化干扰”会改变信息流动的方式，改变公共机构发挥能力的方式，改变电视台运作的方式，改变食品、时尚、汽车、运动、音乐和文化等产业设立议程的方式。[37]

虽然美国企业的一些人可能会认为这些偏激的观点是极端主义者的胡言乱语，但其实应当重视这些观点。近来，英国石油公司（BP）、美国国际集团（AIG）、安然（Enron）、玛莎·斯图尔特（Martha Stewart）、安达信（Arthur Andersen）、贝尔斯登（Bear Stearns）等公司的丑闻，以及大量的产品被公司召回，如通用汽车（General Motors）和蓝钟乳品（Blue Bell Creameries）无疑又为消费公众不断增长的不信任与怀疑火上浇油。

1962年，美国约翰·F. 肯尼迪总统的《消费者权利宣言》宣告了消费者权益保护运动新时代的到来。这些权利包括安全权、知情权、获赔权和选择权。随着消费者开始组织起来要求获得更高质量的产品（并联合抵制不提供优质产品的公司），20世纪六七十年代成为消费者行动主义时代。

一些图书的出版更是推动了这些运动，如1962年雷切尔·卡森（Rachel Carson）抨击滥用杀虫剂行为的《寂静的春天》（*The Silent Spring*），以及1965年拉尔夫·纳德（Ralph Nader）揭露通用汽车Corvair车型安全性能缺陷的《任何速度都不安全》（*Unsafe at Any Speed*）。许多消费者相当关注与消费相关的问题，从全球变暖、气候改变和有毒废弃物到电视节目、流行摇滚乐及说唱歌词中过度的暴力与性。如备受争议的罗宾·西克（Robin Thicke）的音乐视频*Blurred Lines*被认为是在鼓励强奸。当然，在公众强烈抗议下，锐步（Reebok）不得不解除了里克·罗斯（Rick Ross）的形象代言人，因为他发行了一首将摇头丸（MDMA），也称迷魂药（molly），投入女性饮料的歌曲。[38]

变革式消费者研究

事实上，一些从事消费者研究的人自己组织起来，研究并纠正在市场上观察到的一些严重的社会问题。这种方法被称作参与式行为研究（participatory action research，PAR）或**变革式消费者研究**（transformative consumer research，TCR）。它提倡研究项目包含帮助人们或者带来社会变革的目的。消费者不是研究的对象，而是和研究者一起共同实现变革的合作者。TCR的拥护者致力于处境危险的群体，比如儿童、弱势群体、残疾人，或者诸如物质主义、危险产品的消费以及强迫性消费等课题。[39]

学术观点

Stacey Menzel Baker，克瑞顿大学

消费者行为研究主要探讨个体的所有物与地点、品牌、经验以及他人之间的关系。我们知道，消费者越来越依附于他们的相机、汽车、房子、咖啡店、社区、日常安排、喜欢的品牌、商业服务、家庭和朋友。这种关系在创建和维护我们的身份过程中非常重要。因此，当其中的一种或多种关系遭到破坏时，我们的身份也随之改变。

设想一个社区遭受自然灾害，如飓风、龙卷风或洪水的破坏。到处是毁坏的房屋、散落一地的个人物品、连根拔起的树木、损坏的商店和担忧恐慌的面容，甚至你会想到棺材。这些景象会强烈地提醒人们对于遭受损害的人，日常生活中那些基本的关系是多么重要。我们变得关注人类自身，并且关注集体苦难。[40][41]

我专门研究人们如何阐释失去物质财产和无法进行社会交往的意义，以及人们在面临灾难时如何重建自己的生活。[42]一方面，人们通过讲故事构建他们失去的意义，故事中涉及财物和社会交往显得非常重要。例如，一个来自被龙卷风肆虐而导致25%的人无家可归的社区的居民说：

> 房屋被彻底摧毁，财物到处都是……你的整个生活展示在公众面前……像照片这些本来是私人物品……人们说着“我无法想象一场龙卷风把你的全部生活暴露给公众到什么程度”。没有任何一个人能幸免，除非他是在龙卷风之后才搬进来的。大家有目共睹，每个人都有必须清理的垃圾，我们全都被卷进来了。

请注意一个事实，其实这个人并没有失去房屋或很多个人财物，她是通过邻居的经验而感受损失的。当我们听他人倾诉他们的伤痛时[43]，我们常常试图帮助他们减轻痛苦。举个例子，我们会做志愿者、捐款、捐助食品和其他物品或者组织社区行动团体。

经历灾难的人们通常寻求创伤后的生活重建。所拥有的物品和社会交往在重建生活的过程中扮演重要角色。比如，2007年95%的哥林斯堡地区和堪萨斯地区遭到龙卷风的破坏。龙卷风彻底摧毁了所有商业和民居，社区恢复成为一个片名为“哥林斯堡：一个社区重建的故事”的纪录片的焦点，这部由莱昂纳多·迪卡普里奥和克雷格·林基恩制作的纪录片于2008—2010年间在《绿色星球》（*Planet Green*）节目中播出。[44]两个来自社区的居民在片中说道：

> 随着这个食品杂货店的盛大开张，我们确实有一种终于开始有点成效了的感觉。好像我们的社区开始走到一起了。我们正常了，每天的事情正常了，这是真正的祝福。
>
> 终于到来了！今天就像是搬迁日一样——所有的东西都是新的。很好，所有这一切即将到来，这是压倒性的。都是新的，都是不同的。然而，这是我们的家……突然间你意识到你曾经失去了多少……直至我看到它们都回来了，我才知道我们曾经失去了多少。40年的记忆失去了——有些40年的东西再也回不来了。但是，我仍然觉得在这个地方，我们很幸运。

请注意食品杂货店对居民们感觉到社区依旧完整是多么重要！他们的集体身份重新回来了。同理，新房同样提醒着他们失而复得。我的研究项目包含消费者福利的种种方面，并聚焦于情感依附的中断、我们经历的创伤以及面对灾祸的精神重建。一个很明确的结论是，所有那些当失去时带给我们伤痛的——与商店、市场之间的关系，以不同形式恢复时同样带给我们“正常生活终于回来了”的感受。

社会营销与企业社会责任

越来越多的证据表明，品牌的慈善行为会影响购买者的行为和最终的购买决策。消费者对支持与其自身相关的公益的品牌怀有特别的兴趣，包括医疗、疾病防治、社会变革、基于信仰的倡议以及儿童关怀和动物福利。[45]

正在兴起的变革式消费者研究观点认为，消费者行为能够改善消费者的生活。[46]**社会营销**（social marketing）策略使用那些一向用来销售啤酒和清洁剂的营销技术，鼓励正向行为（如提高文化水平），抑制负面行为（如酒驾）。[47]很多研究人员帮助评估和出台公共政策，以保证产品被准确标识，确保消费者理解广告传递的重要信息，预防儿童被伪装成电视剧和电视节目一样长的玩具广告误导。

如今很多企业试图将**企业社会责任**（corporate social responsibility，CSR）融入它们的商业模式。CSR指的是鼓励组织对包括消费者、雇员和环境在内的不同利益相关者产生正面影响的过程。比如，制鞋企业TOMS因承诺每卖出一双鞋就无偿为贫困儿童提供一双鞋而闻名。

CSR不仅仅是一个美好的构想，它还是好的商业。消费者研究有力地表明，同等条件下，消费者更愿意选择回报社会的品牌。**善因营销**（cause marketing）是公司或品牌与慈善结合起来，产生商业和社会效益的常用策略。事实上，一项调查报告，在过去的一年中，有3/5的消费者出于公益的考量而购买产品或服务。正如一位经理人看到的：“总体而言，美国消费者乐意帮助他人实现梦想。”[48]

与消费者行为相关的主要政策问题

很难把消费者行为从我们周围发生的事情当中分离出来，它与我们每天读到的、讨论的大事件交叉在一起。它涉及人权，用工环境，食品安全，未来的环境，与政府、企业和其他组织的关系等领域。在这个部分，我们主要介绍三个主题。

数据隐私和身份盗用

卡耐基·梅隆大学的一位教授证明了如果你知道你要做什么，在网上找一个人是多么容易。他的一项研究展示了仅凭一张网上的晒照，就可能推断出此人的部分社会保障号码。[49]一些大公司如塔吉特、索尼（Sony）和家得宝（Home Depot）的数据泄露让很多人感到担忧。美国联邦政府主动介入这个问题，并将很多立法计划纳入考虑范围，如2015年**《个人数据通知和保护法》**（The Personal Data Notification & Protection Act）强化公司必须告知消费者从什么时候开始将他们的信息曝光的责任，2015年**《学生数字隐私和父母的权利法案》**（The Student Digital Privacy and Parental Rights Act）禁止公司将K-12学生的在线信息卖给第三方，除非此次信息分享与学校目标相关。[50]

现在许多营销人员面对的最大的伦理问题是，他们能够或应该在多大程度上了解消费者。实际上，不管是上网还是用手机（尤其是带有GPS定位功能的智能手机），人们已经将个人信息共享给所有公司了（无论他们自己知道与否）。

毫无疑问，我们都从技术中获益，这些技术使得公司能够基于我们想要寻找的产品信息准确地修正它们的信息，以满足顾客的需求。一份行业调研报告说，很多人其实不在意广告是否与个人有关。[51]但是有些消费者反对，认为“我们为便利付出的代价太高了”。一个消费者团体的主管在向美国联邦贸易委员会提出的申诉中说道：“网上的消费者被当作奴隶给卖了。”[52]

我们被卖了？某种意义上是的。如果你上网（这年头谁不上网？），就会有人密切跟踪你的点击数——你在谷歌上搜索的条目、你访问的网站，甚至还有你在脸书上发布的评论。你的数字行为是有实际财务价值的，业界称之为**实时竞价**（real-time bidding）；电子交易系统在消费者点击网页访问的时候出售广告空间。

在互联网时代早期，广告主简单地购买那些大致匹配目标受众人口特征的网络空间。它们向访问网站的每个人展示相同的广告——一种被业界称为“撒网并祈祷”（spray and pray）的无效方法。现在情况改变了，因为开发出了复合算法，可以精确地预测将要访问的消费者的详细特征（如“亚裔美国人，年收入100 000美元以上，居住在洛杉矶，需要一辆豪华轿车”），并准确提供已修正的匹配这些消费者的信息。顺便提一下，这并非如你在eBay网上看到的“现场拍卖”；它们是由每秒钟接收数百万竞价的超强电脑自动引导的。每次拍卖只花不到30毫秒。而且，因为并非所有的顾客都会买或者买的一样多，算法可以将不同的价值赋予不同的顾客，以使高价值顾客拍出更高的拍卖价格。正如一家贸易公司的首席执行官（CEO）解释的那样：“每天早晨浏览主要报纸首页的那类高价值顾客，其价值显然不同于一个整天打游戏的 12 岁的孩子。”实时竞价业务发展迅猛：分析家估计，到 2017 年，仅美国市场就将高达 83 亿美元。[53]

身份盗用（identity theft）发生于未经允许而窃取和使用你的个人信息。盗用者可能会盗刷信用卡或者用你的医疗保障使用医疗服务。美国联邦贸易委员会的数据表明，消费者投诉最多的是身份被盗用，大约占所有问题的 20%。[54]专家估计，大约有 150 万美国人成为身份盗用的受害者，财务损失超过 500 亿美元。而且，正如任何一个受害人所知，财务方面的损失绝不是仅有的痛点，取消信用卡以及将情况恢复正常的过程会带来巨大麻烦。

身份窃贼越来越狡猾。他们以前满足于偷钱包、用“垃圾搜索”找出消费者的账号信息。现在，人们收到欺诈邮件要求他们提供账号信息，一旦如此就会遭受网络**钓鱼**（phishing）欺诈之苦。还有**僵尸网络攻击**（botnets）（电脑被恶意软件侵入后允许外部代理控制它们的行为）无声无息地劫持了数百万台电脑。近来我们目击了无数公司和政府数据库遭到黑客攻击，包括苹果、百思买、纽约时报、索尼影业甚至美国国家航空航天局。

位置隐私（locational privacy）是一个相关的问题。我们每个人带着手机到处走，手机会发送其大体的位置，对于启用 GPS 功能的用户更是一网打尽。另外，许多车辆都装有 GPS，这些装置可以与服务中心分享位置信息。我们可以购买 GPS 追踪仪器，用来密切跟踪我们的孩子、老人以及难以控制的宠物。一些保险公司会给予那些愿意安装 GPS 的司机更高的折扣。这些保险公司提供一台很小的追踪仪，安装在汽车上，用来报告驾驶习惯，甚至还会记录其他一些情况，如是否经过一些不安全区域。还可以为焦虑的父母提供追踪未成年的孩子是否驾车的服务，提供家庭汽车使用的“报告卡”。[55]一个巴西的学区先行一步，它要求 20 000 名小学生穿上配备了 GPS 芯片的校服，这些芯片和那些用于宠物跟踪器的芯片类似。只要学生进入学校的区域，或者学生迟到 20 分钟以上没有进入学校区域，这些芯片会自动发送文字信息给这些学生的父母。得克萨斯州的一所学校实施了一个类似的方案，但是后来放弃了这个主意，而是决定在高中校园安装监控摄像头。[56]

现在处于网络社会的消费者，无论出于什么目的，都无处遁形。如果有人想要知道我们在哪里或者我们曾经去过哪里，数据就在那里供人查询。我们可以很容易地识别出就在我们附近一个街区内，有成百上千的人再次光顾最好的寿司店；或者就在高速公路的广告牌上装有警察的雷达测速仪。然而，如果信息落入坏人之手就祸福参半了。消费者需要在方便和持续被监视之间进行艰难的权衡。

市场进入

大多数人想当然地认为，我们可以自由出入任何我们想进的店铺，或者很轻易地了解各种选择——需要时仅需轻点鼠标而已。是这样吗？实际上，因为这样或那样**市场进入**（market access）（如寻找和购买商品或服务的能力）的限制，很多人得不到这样的自由，比如因为身体的、精神的、经济的或者社会的障碍。

残障

残疾人在美国是最大的少数群体市场。1/5 的美国人日常生活受到残疾的困扰。[57]美国人口普查局的报告显示，有 5 400 万成年残疾人每年花费大约 2 000 亿美元，然而这个巨大群体的独特需求却被企业明显忽视了。美国有 1 100 万成年人因为某种状况而很难外出到商店购物，所以，这些人基本上依赖产品目录和网购。有很多人身体活动受限，无法亲自前往商店、娱乐场所、教育机构和其他地方。身体活动受限或残疾或许会导致真实或臆想的羞辱感，从而在自我概念和人际关系方面出现一些问题。[58]坐轮椅的人想要进商店时经常遇到障碍，比如，走廊、洗手间通常都太窄，很难容纳轮椅进出。另外，还有些人深受精神疾病困扰，他们在公共场合会过度焦虑。这些问题涉及许多人，比如，美国经历越南战争和 1991 年海湾战争的老兵中，有 15%的人被诊断出创伤后应激障碍（PTSD），参加阿富汗和伊拉克战争的老兵中，有 20%的人自从回国就开始在老兵管理部（VA）接受照料。大量的孩子也同样面临进入市场的困难。

好消息是技术可以帮助这些进入市场受限的人。例如：

● 触摸屏对于那些活动能力受限的人是一项重大突破。他们不再需要操控鼠标、键盘或者笔来操作程序。像 iPad 这样的设备，使得触讲技术（touch-to-speak technology）更便宜，也更方便使用。例如，一个不能说话的人可以通过触摸屏表达她想要的食物、活动等。另外一些 App 为听觉障碍人士放大音量，或者鼓励有运动技能缺陷的孩子接受物理疗法。[59]货币识别 App 使得盲人支付现金成为可能；它能“读钱币”并告诉持币人面值是多少。[60]

● 有些交友网站专为有健康问题的单身人士服务，允许人们按照疾病的类别分组，包括麻痹症和多种硬化症，而“不再孤独”（NoLongerLonely）网站专注于为有精神疾病的人提供服务。这类网站使得顾客不再讳言他们自己的问题，以及对伴侣的要求。一家网站的创办者的哥哥是克罗恩症患者。他发现：“他长得很好看，但是什么时候告诉一个女孩自己有结肠造瘘袋呢？第一次约会，还是第三次？没有哪个时间好。”[61]

食品荒漠

美国农业部将**食品荒漠**（food desert）定义为这样一个人口统计调查地带：33%的人口或 500 人（取其中较小者），如果是在城区，他们生活在距离一家食品杂货店 1 英里以外；如果是在乡村，他们生活在距离一家食品杂货店 10 英里以外。在这样的社区内，很难找到健康食品，或者根本买不起健康食品。研究者估计，美国约有 2 350 万人口生活在所谓的食品荒漠地带。

健康选择的有限性会导致饮食匮乏、肥胖症高发以及其他一些与饮食相关的疾病。更广一点讲，食品的不安全增加了那些为健康生活而奔波的中低收入家庭的数量。[62]

媒体素养

媒体素养（media literacy）指的是消费者以多种形式获取、分析、评价以及交流信息的能力，包括印刷的和非印刷信息。[63]

媒体素养使得人们有能力作为各类信息的批判式思考者和创意产出者，广泛使用图像、语言和声音。这种趋势表明，我们每天被无数信息包围，要么是某个特定观点，要么是劝说人们买这买那。我们有责任严肃地评估这些信息，然而并非每个人都有能力这么做。这项工作在谷歌时代变得更加困难，因为许多人认为，来自谷歌搜索和维基网站的信息是完全真实和正确的（提示：很大程度上并非如此）。因此，眼见为实，买者须谨慎！

遗憾的是，不少人面临比评估信息来源更大的一个问题：首先他们不会阅读。据美国教育部评估，约有 1/7 的美国成年人是**半文盲**（functionally illiterate）。[64]半文盲的意思是一个人的阅读能力不足以应付日常的阅读任务，如看新闻或者药瓶上的说明。几乎一半的美国人阅读能力低于六年级水平。

较低的阅读能力妨碍市场进入，原因是：第一，文盲或者低文化水平的消费者可能会在寻找最优产品信息时面临困难。第二，这样的经历会让人尴尬，从而尽量避免让自己处于可能暴露不会看标签或文字材料风险的市场环境。[65]这些人（学者称之为离群索居者（social isolates））的应对方法是逃避以免暴露问题。比如，如果读不懂一家餐馆的菜单，他们可能会选择不在这家餐馆用餐。

文化水平低的消费者在零售场所更依赖视觉线索，如品牌标志和商店布局，但是他们在选择相似包装时经常会出错（如品牌线延伸时）。他们还面临数学盲（理解数字）问题，很多文化水平低的消费者可能不知道他们的钱是否足以为放入购物车的商品买单，也不知道无良商家可能故意算错账。无疑，这样的挑战给文化水平低的消费者增加了情绪负担，使他们在购买的整个过程中都感受到压力、焦虑、畏惧、羞愧等负面情绪。[66]

可持续发展与环境管理

如今，几乎每个人都非常关心如何拯救我们的地球。对气候变化、物种濒临灭绝、大量接触致癌物与有害细菌的担忧，都是人类面临的重要问题。有些解决方案非常容易：联合利华在脸书和 YouTube 上投放了一则广告，鼓励消费者使用其 Axe 品牌以减少热水使用。这则 Axe 品牌名为“Showerpooling”的搞笑广告，要求品牌追随者与志趣相投的熟人或有魅力的陌生人一起沐浴。[67]

当然，这些都是解决大问题的小小尝试。但是对于很多个人和组织来说，真正的解决方案才是最迫在眉睫的事情，可持续的商业模式不只是那些“空谈家们”高喊降低公司的碳排放和进入填埋场的塑料量。事实上，每 10 家转向可持续经营的商业模式的公司中，大约有 6 家公司公布可正常获利。[68]所谓的**三重底线导向**（triple bottom-line orientation）商业战略能够以三种方式力求回报最大化：

1. **财务底线**：向股东提供利润；
2. **社会底线**：将利益回馈所在的社区；
3. **环境底线**：最小化对环境的破坏，尽量改善自然条件。

美国环境保护署对这一概念的定义是：“**可持续发展**（sustainability）模式基于一个简单的原则：我们赖以生存和幸福所需要的一切，无论是直接还是间接的，都取决于自然环境的好坏。可持续发展就是要创造和保持一种状态，使得人与自然可以和谐共存，满足当代和后代的社会、经济及其他需求。”[69]有人把这种思维方式叫作从摇篮到摇篮。目标就是用天然材料制成产品，使其完全可重复使用或可回收利用，实现公司真正的零资源制造。

这是一个艰难的目标，但很多公司还是竭尽全力，同时，消费者的关注也与日俱增。当我们决定购买食物、衣服、房子、汽车时，会更留意环境问题。消费者对个人健康的关注正在与对地球健康与日俱增的关注相融合。一些分析人士称，这种新价值观是**有良心的消费主义**（conscientious consumerism）。[70]

市场机会

最近一项研究调查了2 000位酒店客人，结果表明，让消费者参与可持续消费者行为会提高他们的参与度。当顾客承诺入住后会将自己用过的毛巾挂起来重复使用，以减少洗涤浪费（会收到一个胸针象征他们的承诺），事实上被挂起的毛巾数量增加了40%。研究者估计，一家酒店因此节约超过50 000美元和近700 000加仑的水。[71]

绿色营销和漂绿行为

由于可持续发展及相关问题如气候变化、污染和有毒产品等包罗万象，重要的是，需要把这个术语与另一个广泛使用的流行语——**绿色营销**（green marketing）区别开来。**绿色营销**（green marketing）是指对环境友好型产品的开发和推广，并且制造商把产品卖给消费者时会特意强化这一特征。尽管有些专业化的公司，如Seventh Generation已经成功地建立了绿色产品系列，但这一战略在最近几年并不顺利。然而，对环境友好型产品的需求仍然存在：美国消费者每年对环保产品的消费超过400亿美元。这其中包括292亿美元的有机食品消费，超过100亿美元的混合动力车、电动车、清洁柴油车等交通工具，超过20亿美元的节能灯泡，以及6.4亿美元的绿色清洁产品。[72]然而，这些产品的销量总是与往年持平或低于往年。

为什么会这样？我们知道，消费者对环境问题越来越关注，很多人甚至说他们愿意为制造商在符合道德规范的条件下（例如，有人情味且没有有害化学品的工作场所）生产的产品支付高价。在一个典型案例中，研究人员向试验者分别描述了遵守公平贸易原则购买咖啡豆的咖啡公司与不遵守这一原则的公司，结果发现，参与者愿意为那些正规来源的咖啡每磅额外支付1.4美元，同时对那些没有遵守原则的公司持否定态度。该项研究在消费者对待有机棉制造的衬衫上也得到了同样的结果。[73]

显然，在消费者的态度和他们的实际行为之间存在一定的差距（我们在第8章将阐述更多的细节）。就像有句老话所说，“通往地狱的路往往是用善意铺就的”，尽管消费者有最好的意愿去“购买绿色产品”，我们仍然能分析出消费者在说和做之间存在差距的两大原因。

首先，绿色产品往往会更贵，因为其材料成本会比它们传统的替代品更高。同时，由于它们的销量比那些大品牌要少，其运输成本也会更高。尽管很多消费者都声称想要购买环保产品，但尤其是在经济困难时期，他们也不会愿意用宝贵的现金来为这个偏好买单。当美国2008年经济危机爆发时，所谓的绿色运动挤出了大量的泡沫。比如，2009年，庄臣公司开发了一条名为“自然资源”的绿色生产线，并且花了超过2 500万美元来推广它。到2010年，该公司就把这条生产线的广告预算削减为零。[74]

遗憾的是，导致绿色产品低迷的第二个原因则是其自身。当一些公司用虚假或夸大的言辞去宣传它们的产品对环境是多么友好时，**漂绿行为**（greenwashing）就发生了。想一想《狼来了》的老故事，消费者显然不相信大多数宣称打造绿色品牌的公司。几乎有 1/4 的消费者说，他们没有途径知道某种所谓的绿色产品是否名副其实。而他们的怀疑很可能是合理的，一份报道显示，超过 95%的消费品企业用"绿色"来误导或是不准确地宣扬它们的产品。另一项调查发现，自 2009 年以来，自称"绿色产品"的产品数量增加了 73%，但是，在接受调查的产品中，几乎有 1/3 带有虚假标签，其中 70%宣称绿色的产品并没有提供任何支持性的证明。[75]一项调查报告，71%的调查对象说，假如他们觉得被某种产品的环境影响效果误导，就会拒绝购买，而 37%的被调查者对漂绿行为感到非常愤怒，以至于他们认为完全抵制这种公司所制造的一切产品是合理的。[76]

正如我们在第 1 章所看到的，人们往往会通过观察小部分消费者来说明大众的消费活动和购买行为。当我们看到那些说到做到、身体力行改善环境的人时，这样做就是合理的。营销者注意到一个称为**"乐活族"**（lifestyles of health and sustainability，LOHAS）的细分市场，它是指关注环境、希望产品是以可持续发展的方式生产出来的，并愿意花钱提升个人发展能力和潜力的消费者。这些所谓的"乐活主义者"（Lohasians）（另一些人把他们叫作文化创意者）代表着一片广阔的产品市场，诸如有机食品、节能家电、混合动力汽车、交叉（复合）医学、瑜伽、生态旅游等。一家追踪这一群体的调查机构估计，美国成年人中有 13%～19%的人属于这个群体，他们消费的富有社会责任意识的产品其市场价值高达 2 900 亿美元。[77]乐活族市场可以再细分成六个不同板块，如表 2－3 所示。

表 2－3　乐活族市场板块

个人健康	绿色建筑	生态旅游
1 170 亿美元	1 000 亿美元	420 亿美元
自然、有机产品	家庭认证	生态观光
营养品	能源之星认证家电	生态探险
综合卫生保健	可持续地板材料	
膳食补充	可再生能源系统	
身心灵产品	木材替代品	
自然生活方式	**可替代运输**	**可替代能源**
100 亿美元	200 亿美元	10 亿美元
室内外家具	混合动力汽车	可再生能源信用
有机清洁剂	生物柴油燃料	绿色电价
小型节能灯	拼车项目	
社会变革慈善		
服装		

资料来源：www. lohas. com/about. htm，accessed March 2，2013.

消费者行为的黑暗面

多年前，很多人为了节日折扣聚集在纽约的沃尔玛。商店一开门，一个商场工作者因为许多人涌入并且抢夺折扣商品而被集体踩踏致死。踩踏事故的幸存者提起诉讼称，除了安全缺失和不周全，零售商也有责任。零售商被指责“使用特定的营销和广告策略来吸引消费者，并且创造了一个疯狂和混乱的环境”。[78]近年来发生了因打折抢购而导致的踩踏事故，甚至枪击案。人们距离安全交易还有多远？

其实研究者、政府管理人员以及相关的业界人士已尽力做到最好，很多时候我们是自己最坏的敌人。我们认为人们会做出理性的决定，会冷静明智地为家庭、自己和社会的健康和福利最大化而尽力。但现实是，消费者的欲望、选择和行动经常会对个人和所在的社会造成负面影响。

有些行动是相对良性的，有些则会造成比较麻烦的后果。有害的消费者行为，如过度饮酒以及抽烟，其根源在于社会压力。我们看重金钱的文化价值观助长了诸如商店行窃和保险诈骗等许多行为。社会流行的可望而不可即的美丽和成功的典范，制造出人们对自己的身形和成就的不满。本书稍后会讲到关于这些问题更详细的内容。现在，我们来看看关于消费者行为“黑暗面”的不同方面。

消费者恐怖主义

“9·11”恐怖袭击事件为自由企业制度敲响了警钟。这些事件揭示了非军事目标的脆弱性，同时提醒我们，与常规战争的破坏性后果相比，金融崩溃、电子和供应网络中断对我们生活方式造成的潜在影响和伤害更大。兰德公司的测评以及其他分析人士指出，国家粮食供应的敏感性将成为**生物恐怖主义**（bioterrorism）的一个潜在目标。[79]近期，鉴于频繁报告像美国运通这样的大型金融机构电脑系统遭受攻击，许多相关的政策制定者、执行部门和军事指挥官把可能的**网络恐怖主义**（cyberterrorism）加入了紧迫问题清单。[80]

在美国，在产品中投毒的事件早在 1982 年就引起了人们的关注。当时，7 人因为服用了含有氰化物的泰诺药片而死亡。10 年之后，在美国的 23 个州发现有 50 多起报告称百事可乐罐中有注射器后，百事公司才成功地渡过公关危机。在这个案例中，百事通过说服公众注射器不可能在生产过程中被放入，摆脱了公众关系的最后一击。百事公司甚至公布了一段商店内的监控录像视频。视频中，一个顾客在收银员转身的瞬间，把注射器放入了百事可乐罐中。[81]百事的积极行动再次突出了危机反应和管理的重要性。

近期，在美国，一场为深夜卡通节目进行的宣传活动引发了混乱，人们担心恐怖袭击和波士顿市会实施暂时关闭。活动中，营销人员使用悬挂着电线和电池的 1 英尺高的闪烁电子指示牌推广动画网络电视节目《饮料杯历险记》（*Aqua Teen Hunger Force*），一个关于一杯会说话的奶昔、一盒薯条和一个肉丸的系列故事。这些电子牌被放置在美国几个城市的桥上和其他看得见的高处。大多数指示牌都表现的是一个矮胖的卡通人物向路过的行人伸手指。炸弹专家和其他相关警员被要求调查这些神秘的卡通人物，耗费波士顿市超过 50 万美元，也令许多人精神紧张。[82]

成瘾消费

在新西兰，一位女士明显死于喝了过多的可口可乐。她的家人说，多年来，她每天喝大约 2.2 加仑的可口可乐。在她死之前，她已拔掉了多颗蛀牙，并且她的孩子在出生的时候没有任何牙釉质。这位 8 岁孩子的母亲 31 岁，每天摄入超过 2 磅的糖和 970 毫克的咖啡因，因为心律失常而死亡。可口可乐注意到验尸报告虽然单单挑出它的产品作为死亡的可能原因，但公司仍表示，“不会对那些喝过量产品的消费者的健康负责”。[83]

虽然我们经常把物质滥用与对酒精、毒品或者尼古丁成瘾画等号，但实际上，我们几乎可以对任何东西产生依赖，甚至有一个由 250 位活跃成员组成的支持唇膏瘾的组织！[84]**成瘾消费**（consumer addiction）是一种对于产品或者服务产生的生理或者心理依赖。很多公司靠出售成瘾产品盈利，或者从推销克服坏习惯的方法中获利。

一位父亲因他的已成年的儿子游戏上瘾而感到伤心失望，因此，他采取了非常奇特的办法：他雇用了“数码杀手”，以游戏玩家的身份去杀死他的儿子在游戏里的所有角色。[85]心理学家把**社交媒体成瘾**（social media addiction）与化学依赖做比较，发现在使用者断除社交媒体依赖后，也会诱发戒断症状。有人说：“每个人都是潜在的上瘾者——他们一直在等待适合他们的毒品，不管是海洛因、跑步、垃圾食品还是社交媒体。”[86]确实，一项调查显示，1/3 的智能手机使用者宁愿放弃性生活，也不愿意放弃手机。[87]同时，我们发现成瘾会因为身边有“教唆者”的示范而得到强化。一项研究证明，当大学生身边的人摆脱手机控制时，大学生更有可能做出同样的行为。[88]

网络成瘾已经成为韩国多年来一个很头疼的问题，90%的家庭有便宜的高速宽带。许多年轻韩国人的社交生活都围绕“PC bang”（一款韩国网络游戏）展开，灯光昏暗的网吧坐落在几乎所有街道的角落里。一项官方调查估计，韩国 18 岁以下的青少年中，高达 30%的人有网瘾倾向。其中有许多人已经出现上瘾症状，包括无法停止使用电脑，愈发容忍喋喋不休的冗长在线对话，以及戒断症状——例如，无法登录电脑时会产生愤怒、焦虑。有些电脑使用者甚至在没日没夜地玩电脑游戏之后筋疲力尽而死。[89]

当人们过度沉迷于网络游戏或社交网络时，引发的其他问题还包括：

- 在英国，一个 33 岁的寡妇沉迷于网上游戏“Small World”，她的两只狗被饿死了，她的三个孩子也被严重忽略。法官禁止了她上网。这位女士因为玩虚拟现实游戏（在游戏中，矮人和巨人通过互相战斗攻击来主宰世界），每晚只睡两小时。她的孩子分别只有 9 岁、10 岁和 13 岁，没有任何热食，只能“喝”冷的罐头豆子。当他们家的两只狗被发现时，腐烂的尸体放在餐厅已整整两个月。[90]

- 一个美国女人承认对她 3 个月大的儿子的死亡负二级谋杀罪的责任。当她在脸书上玩 FarmVille 的时候，她的孩子开始哭泣，22 岁的母亲控制不了自己的脾气，她一直摇婴儿直到把他摇死。

- **网络欺凌**（cyberbullying）是指“通过电脑、手机和其他电子产品的使用造成任性和不断的伤害”。[91]一项研究显示，在每 5 个美国中学生当中，就有一个人有过网络霸凌的经历。一个七年级的女孩儿观察到，“在网上更容易吵架，因为你会感到更加勇敢和可控。在脸书上，你可以放任自己。”[92]这个问题非常严重，美国卫生与人类服务部甚至有一个呼吁停止和防止网络欺凌的网站：stopbullying. gov（这个政府网站专注于网络欺凌问题。）[93]

- **震动幻觉综合征**（phantom vibration syndrome）描述的是因为你感觉手机

在震动，所以习惯性地拿手机的现象，即使手机关机了或者在某个时刻手机根本不在身边。一位研究人员表示，70%对于移动设备特别依赖的人都有过这样的经历。其名称来自幻肢综合征，即当一个人失去肢体的某个部位的时候，会经历肢体还是完整和健康的幻想。[94]

强迫消费

许多消费者都接受"为购物而生"的说法。他们并不是因为购物是一种愉快的或者是有目的的体验，更多时候是因为他们不得不购物。**强迫消费**（compulsive consumption）指的是一种因为想缓解焦虑、沮丧或厌倦而重复和经常过度地消费。[95]"购物狂"对于购物上瘾就像吸毒的人的毒瘾一样。[96]一个患有购物强迫症的人购买了超过2 000把扳手，但是从来没用过。治疗专家说女性和男性患购物强迫症的比例是4∶1。他们推测女性把购买服饰和化妆品当作加强人际关系的一种方式，而男性通过购买设备、工具来增强权力感。

在美国，每20个成年人中就有一个人没有办法控制购买他们不是很想要或者很需要的东西的欲望。一些研究人员说，强迫消费可能和缺乏自信有关。这影响了2%～16%的美国成年人。[97]在有些情况下，消费者很少甚至没有控制自己的消费，就像吸毒者。购物本身对于有些人来说是一种上瘾的体验。许多负面的、具有破坏性的消费行为有三个常见的特征[98]：

1. 行动没有选择性。
2. 来自行为的满足是暂时的。
3. 过后常常会有强烈的后悔和愧疚感。

赌博是消费成瘾的一个例子，它涉及消费社会的各个部分。不论是赌场赌博、玩老虎机，还是和朋友一起赌体育赛事或者赌马，甚至购买彩票，过度赌博都是具有毁坏性的。极端地说，赌博会造成自信心缺失、负债、离婚以及对孩子的忽略。一位心理学家说，赌博者都有一个典型的成瘾周期：他们都会经历在行动的时候产生"亢奋"，在停止的时候产生抑郁，这导致他们再次赌博，感受兴奋的快感。不像吸毒者，金钱是顽固不化的赌徒滥用的东西。我们可以预见到，网上赌博在美国合法化时（在内华达州、特拉华州和新泽西州都是合法的），问题会更严重。[99]这种新方式有一个嵌入式市场：分析人士估计，超过1.7亿人参与社交网络上的模拟赌场游戏，比用真钱在网上赌博的人多3倍。[100]

被消费的消费者

被消费的消费者（consumed consumers）指的是为了在市场上获得商业利益，而使得一些人被使用或被利用，不论其是否愿意。下面是一些例子：

- 娼妓——在美国，每年在娼妓上的花费大约是200亿美元。这些收入相当于美国境内的鞋业收入。[101]
- 器官、血液和头发捐献者——世界上有关于人体交易的活跃的**现货市场**（red market）。有人估计，如果捐献身上所有可以重复使用的器官，你可以赚取4 600万美元（不要在家里尝试）。[102]在美国，上百万人卖自己的血。一个活跃的器官市场（比如肾）是存在的，有些女性会卖自己的头发，这些头发会被做成假发。在eBay上，在公司结束拍卖之前，肾的竞价超过了570万美元（在网上买卖人体器官是违法的……至少到现在)。卖家写道:“你可以选择任何肾,当然只卖一个,因为我需要另一个维持生存。非诚勿扰。”[103]下面是在美国一些普通的现货交易的报价(其他地方通常更便宜)[104]:

- 一品脱的血:337 美元
- 头发(为了接发):308 美元
- 眼角膜:24 400 美元
- 心脏:997 700 美元

● 出售婴儿——数千个代孕妈妈收费代替不育夫妇把孩子生出来。一个 18~25 岁可生育的女人可以每三个月“捐献”一颗卵子,并且获得 224 000 美元。[105]在德国的一起案件中,警察逮捕了一对在 eBay 上试图拍卖自己 8 个月大的儿子的夫妇。这对夫妇声称,他们在网上写的“婴儿——仅此一个。出售我的新生儿,因为他太爱哭了。男,身高 70 厘米”,只是一个玩笑而已。[106]

非法的产品获取和使用

除了自我毁灭或社会危害之外,还有很多消费行为是非法的。分析人士估计,消费者商业犯罪的金额超过 400 亿美元。麦肯-艾里克森(McCann-Erickson)广告公司开展的一项调查有以下有趣的发现[107]:

● 91%的人表示他们经常撒谎。1/3 的人就体重而说谎,1/4 的人就收入而撒谎,21%的人会隐瞒年龄。9%的人甚至会谎称头发自然的颜色。

● 2/5 的美国人尝试过虚报保险账单来支付免赔额。

● 90%的人说他们曾经逃票进入电影院。

● 超过 3/5 的人说他们因做某事而获得报偿,但实际上他们并没有做任何事情。这种情况如此普遍,甚至有人给它起了一个名字——快速拼凑。

消费者盗窃和欺诈

我们当中有谁从来没有接到过欺诈电话或收到过电子邮件?全世界被骗子成功骗走的钱高达数亿美元。一个名叫“反骗子”的小而无畏的组织有时会假装被骗并且羞辱这些诈骗者,让诈骗者尝尝被骗的滋味。一个常用的策略是欺骗骗子,让他们举着自嘲的图片摆个动作拍照。这些照片通常会被公布在网上。无论线上线下,欺诈都很猖獗。

商店偷窃是最常见的诡计。每 5 秒钟,就会有人在零售店里盗窃。**耗损**(shrinkage)是零售业对于因为盗窃和员工盗窃而造成长期库存和现金损失的说法。由于企业会通过提高售价来弥补类似的损失(这类损失中大约有 40%应归咎于员工而不是购物者),这是个严重的问题。以美国为例,商场每年要在安保上花费 600 万美元。一个四口之家每年要为商家弥补这样的耗损而多支付 300 美元。[108]

实际上,在美国,商店偷窃是增长最快的一类犯罪。一项研究发现,入店行窃在美国是一年到头都存在的问题,导致零售商每年因此损失 90 亿美元。最常偷窃的物品是香烟、运动鞋、名牌服装、名牌牛仔裤和内衣。每起偷窃平均价值 58.43 美元,而 1995 年的一项调查显示,这个数字当时只有 20.36 美元。[109]这个问题在欧洲同样令人烦恼;零售商每年可以抓住超过 100 万个商店偷窃者。英国的零售耗损率最高,接下来是挪威、希腊和法国,瑞士和奥地利的比率最低。[110]

多数的商店偷窃不是来自专业小偷，或者那些真正需要这些被窃物品的人。[111] 每年约有 200 万美国人因为偷窃被指控，但是分析人士估计对应每一次逮捕，还有 18 次偷窃事件未被报告。[112] 大约有 3/4 的被捕小偷属于中高收入人群。他们因为偷窃的快感或者感情代偿而偷窃。偷窃在青少年中也很普遍。调查显示，青少年偷窃的原因之一是他们的朋友也这么做。当他们在思想上不相信偷窃是不正确的时候，偷窃行为发生的概率会更大。[113]

还有些消费者利用商店的退换货政策来欺诈。有些大公司，例如 Guess，Staples 和 Sports Authority 用新的软件来追踪消费者的退换货记录，希望可以严惩那些骗子：有的消费者买一套衣服，穿一次，然后就退货；有的消费者改变吊牌上的价格，然后以一个更高的价格退货；有的消费者在退换的时候，用假的或者旧的小票。零售业每年因这样或那样的形式的欺诈损失大约 160 亿美元。零售分析人士估计，大约有 9%的退货属于欺诈。[114]

伪造（counterfeiting）是公司或个人向顾客出售仿真产品（顾客对此可能知情，也可能不知情），每年造成全球超过 6 000 亿美元损失。许多人觉得，伪造是那些在街上售卖仿设计师品牌的手袋或者手表，但事实上，这个问题更普遍，往往是致命的。

反消费

有些破坏性的消费行为属于**反消费**（anticonsumption）；在特定场合下，人们故意污损或者损坏物品或者服务。反消费的行为范围可以从像在建筑物和地铁涂鸦这样的微小动作，到严重的产品篡改事件，或者在电脑里传播病毒，而这些病毒对于大企业来说往往是致命的。反消费也可以是政治反抗。激进分子改变或破坏广告牌，以及其他鼓励他们认为不健康或不道德行为的广告。例如，美国一些少数族裔聚居地的神职人员组织集会，抗议社区内香烟和酒类广告的泛滥；这些反抗有时包括损毁烟酒的促销广告牌。

本章小结

现在你已经读完本章，你应当了解为什么：

1. 符合伦理的商业是好的商业。

商业伦理是指导市场行为的准则。人们参照这些标准来断定什么是对错或者好坏。营销人员必须面对许多道德问题，特别是涉及让消费者“想要”他们不需要或不适合他们的东西的问题。一个相关的问题是物质主义。物质主义指的是人们对世俗财产的重视，以及企业在鼓励这种价值观中的作用。

2. 在商业活动中，营销者有责任提供安全、实用的产品。

客户满意度最大化是在道德和经济上聪明的策略。在一些情况下，政府或行业协会等外部组织制定商业规则，保证产品和广告是安全、清晰和准确的。消费者行为研究人员在其中起作用。那些变革式消费者研究（TCR）甚至为促进社会变化发挥重要作用。企业通过开展社会营销活动履行企业社会责任（CSR），从而促进积极的行为，所以在解决社会状况中也发挥关键的作用。

3. 消费者行为会直接影响我们的社会所面临的主要政策议题。

我们与企业以及其他机构的关系很复杂，许多影响生活质量的问题与营销实践直接相关，包括在消费者的隐私和公司的能力之间权衡以后，量身定制产品以满足个体的需求。其他需要思考的问题还包括市场进入能力，许多人因为残疾、文盲或其他障碍，无法在市场中自由行动。另外，脆弱的环境要求我们致力于可持续的商业实践，即将强调财务利益、社会利益和环境利益三重底线原则最大化。

4. 消费者行为有可能对个体和社会造成危害。

虽然消费者经常被描述成理性、明智的决策者，但现实中，许多消费者的行为对于个人和社会是有害的。消费者行为的“黑暗面”包括恐怖主义、成瘾、把人类当作商品（被消费的消费者）、小偷和涂鸦者（反消费）。

复习题

1. 商业伦理是什么？为什么它是一个重要话题？

2. 信息经济学观点认为广告很重要。为什么？

3. 指出两个重要的对营销的批判观点，并且说明各自的利弊。

4. 试举两个关于美国消费者重要法规的例子。

5. 定义社会营销，并举例说明。

6. 变革式消费者研究与其他消费者研究的主要区别是什么？

7. 为什么市场进入是消费者福利的一个重要方面？消费者体验到的市场进入受限主要有哪些原因？

8. 什么是“漂绿行为”？为什么对于营销人员很重要？

消费者行为挑战

讨论

9.《文化干扰宣言》向“精神污染者”挑战，声称：“站在旧文化的瓦砾堆上，我们将要建立一种没有商业思想和灵魂的全新文化。”[115]你如何看待“文化干扰运动”？

10. 消费者行为的研究者是否应该保持中立？那些坚持变革式消费者研究视角的学者参与到所研究的活动当中是否恰当？

11. 因为竞争激烈、市场饱和，工业化国家尝试开发第三世界的市场。仅亚洲消费者每年在香烟上的消费就达到 900 亿美元，美国的烟草制造商便残酷地涌入这些市场。我们经常看到描述西方模式和场景的迷人广告，充斥广告牌、公交车、店面和服装——同时烟草公司赞助很多重要的体育和文化活动。甚至有些公司在娱乐场合散发香烟和礼物给未成年人。政府是否应该容许这样的事情发生，尤其是这些产品加害民众，或者使得穷人花了本应用于必需品花销的钱的时候？

12. 本章讨论了一种不当退换货行为，为了某个特别的场合（如正式的场合）买很贵的衣服，穿过一次以后就退还给商店。你怎么看待这种行为？你认为这种行为恰当吗？

13. “大学生关心环境，素食主义只是一时的流行：一种看起来很酷的方式。”你同意吗？

14. 有一个例子，温迪（Wendy's）快餐连锁上了报纸头条，原因是一个妇女投诉在她的辣椒碗里发现了手指甲。这家餐厅因此成了笑柄（有人说它提供指甲刀而不是叉子），销售直线下降，许多雇员被迫解雇或者缩短工作时间，这一状况直到这个妇女因欺诈而被逮捕才算结束。[116]如果产品或服务不符合预期，消费者可以提起诉讼而要求商家承担伤害责任。有些案例中，被告不做辩护就直接付钱赔偿损失是因为辩护的成本太高。我们是否制造太多烦琐的诉讼？我们的司法系统如何裁定伤害是否充分地考虑到了买卖双方的需要？

15. 非营利组织日常依赖慷慨的公司捐赠，通常会用捐赠者名字为各种设施命名。俄亥俄州的儿童医院也不例外，在获得保险公司5 000万美元的捐赠后，用其设施名称表达对捐赠者的敬意。如今该医院增加了阿博菲奇（Abercrombie & Fitch）急诊部和创伤中心，还增设了Limited Too & Justice大堂。有些儿童保护组织反对类似的合作。某儿童保护组织领导者说："阿博菲奇是最坏的商业掠夺者之一，如此无视儿童福利的公司，不能披上医疗这样的外衣……而且，就个人而言，我发现，医院用保险公司的名字为设施命名是很让人忧心的事情。"[117]你如何看待这个问题？这个行动是否越过底线？或者只要结果是好的，就不必在乎钱来自哪里？

16. 有时广告主使用黑色幽默传递信息，如孤独的卡路里、修理工或者机器人想要自杀。或者，一则广告可能暗示购买者如果他们支付零售价，他们就是"精神病人"。这些是合法的信息沟通方式吗？如果是，在什么情境下合法？

应用

17. 消费者愿意为了获得低价而少一些隐私吗？车主同意保险公司使用一种新的技术监控他们的驾驶，以获取保费降低。签约Progressive的旅途感知项目（Progressive's TripSense program）的顾客，会在车上安装一个小盒子，用来追踪车速，以及一天某个时段行驶的公里数。每过几个月，顾客就卸掉小盒子，将数据下载到电脑，并发送给保险公司。依据这些结果，可以获得5%～25%的折扣。在英国，一家保险公司正在测试一个叫作根据驾驶付款的项目。志愿者得到一个可安装在车辆上的掌上电脑大小的装置，这个小玩意会使用GPS技术追踪车辆的动向，并持续不断地将信息发回给保险公司。在安全区域行驶的时间越长，获得的折扣就越大。[118]当然，这样做的一个潜在问题就是保险公司能够收集你的驾驶位置、在某个地方停留了多久等信息。找10个不同年龄的对象，向他们描述该项目，并询问他们是否愿意为了获得优惠的保险而参加该项目。是什么原因使得他们在此事上有争论？

18. 很多高校学生通过网络下载来"分享"音乐。对至少5个曾经免费下载过一首歌或一部电影的人进行访问。他们觉得自己是在偷窃吗？他们对这种行为的解释是什么？尝试确认任何一个共同主题作为调查结果。如果你正在设计阻止免费下载的广告活动，你准备如何使用你学过的东西制作出令人信服的信息？

案例研究

营销责任：巴塔哥尼亚和宝洁公司的做法

营销在许多方面都面临挑战和批评。有两家公司最近就因尝试改变人们对营销角色的感受而备受关注，它们分别是美国的巴塔哥尼亚公司（Patagonia）和宝洁公司。

巴塔哥尼亚

巴塔哥尼亚是一家经营服装和运动产品的企业，长期以来被认为在环境保护和承担社会责任方面走在前列。实际上，这是一家公认的公平劳动者协会的发起成员。如今，巴塔哥尼亚承担起一项艰巨的任务，就是要在一个因虐待工人而臭名昭著的行业里，让其供应链和相关的劳动者工作更加透明。

自2007年以来，在名为"你的衣服由受剥削的劳动者制成"的活动中，巴塔哥尼亚公司一直与一家致力于劳动者议题的非政府组织（Verite）一道尽心工作，旨在改进公司的一级供应商的工作。这些供应商直接为巴塔哥尼亚制造服装产品。通过这些努力，一级供应商的数量从 108 家减至 75 家，公司也因此加强了对这些供应商对待工人的方式的控制能力。

然而，2011 年，巴塔哥尼亚公司自己的严格审计发现，新供应链存在贩卖人口、强制劳动和剥削等诸多问题。公司正在努力超越先前那种通过与一级供应商合作获得收益的策略，公司新的关注点转向被掩盖在复杂的服装供应链中的供应商：原材料的加工厂和供应商。巴塔哥尼亚公司已请求 Verite 帮助进行额外的审计。它也加强了公司的全面社会责任工作。2013 年，公司邀请同行一起讨论服装行业中的强迫劳动问题。遗憾的是，被邀请的 40 家公司中，只有 4 家选择参加讨论。

巴塔哥尼亚公司的运营总监道格·弗里曼（Doug Freeman）评论说："我们认为，人们对巴塔哥尼亚的供应链中不断出现的议题会感到失望，但是，人们会感受到为了提高工作透明度，这些都是值得的。我们希望做到真正的诚实，并能够深入探讨这个议题，为行业中的其他企业开辟道路。"显然，它们的处境不容乐观，因为它们的品牌识别与它们在社会责任方面的领导地位紧密相关。

按照吉里安·怀特（Gillian White）的说法，"巴塔哥尼亚公司的担当，让公司的品牌成为有道德制造运动中的一个领导者。"好消息是，正如吉里安·怀特所说，"巴塔哥尼亚一直是少数几个主动寻求被视为高端的品牌之一。比较而言，当要从供应链各个环节根除强制劳动问题时，许多公司不是没有准备好，就是不积极。"

非政府组织 Verite 的首席执行官丹·威德尔曼（Dan Viederman）证实："致力于从全供应链中根除人口贩卖的品牌中，很少有在开始这项工作之初，不遭遇任何尴尬或违法情形的困扰。"巴塔哥尼亚就是这样为数不多的公司之一。

目前，巴塔哥尼亚公司继续艰难前行，它监控并切实采取行动，彻底改善供应链中每个环节的状况。它继续树立高标准，并且努力遵循公司的使命：生产最好的产品，不产生不必要的伤害，通过商业来激发和实践解决环境危机的方案。

宝洁的"护舒宝"品牌

宝洁公司护舒宝女性护理产品广告"做个女孩"（Like a Girl）近期引发市场的广泛关注：5 800 万人在 YouTube 上观看了这个广告，也是第一个女性护理产品超级碗广告。此外，这个广告还获得多项大奖，包括 2015 年度最佳品牌类艾美奖。该奖项是为了表彰营销人员利用他们自己的平台，借助有目的的营销活动来做善事。它在戛纳金狮国际创意电影节（Cannes Lions International Film Festival of Creativity）上，入围广告学术奖，并荣获公关类玻璃狮奖和评审团大奖。玻璃狮奖是 2015 年才设立的新类别，用来奖励探讨有关性别不平等和偏见议题的广告活动。

宝洁公司利用更加真实和体贴的信息与女性消费者进行沟通。这则广告聚焦于年轻女性、男孩和女孩认为"做个女孩"是值得做的事。这个问题非常重要，因为研究发现，女孩在成长为年轻女性的过程中，自尊水平有下降趋势。这则广告与女性密切相关，引发大量的讨论和对话，多数讨论都以"做个女孩"为标题。这个广告信息是要将"做个女孩"这个词从侮辱转变为关怀和激励。

埃里森·雅顿（Allison Arden）在《广告时代》（*Advertising Age*）的专栏中，引用肯·惠顿（Ken Wheaton）对宝洁公司的这则广告发表的评论说："这真令人大开眼界，在任何类型的广告中都不常见。它让我——出生且成长于南方、政治上不正确的男人——重新思考我自己的言辞选择。"其他一些专家也赞赏这种有目的的营销宣传活动，因为它融合了新的社会洞察力和自身的目的，创造了在相当长的时间内都有意义的诉求信息，充分理解与众不同的媒体投放的重要性，把信息用发表声明的方式呈现在观众面前。

资料来源：Gillian White，“All Your Clothes Are Made By Exploited Workers，” http：//www.theatlantic.com/business/archive/2015/06/all-your-clothes-are-made-by-exploited-workers/394658/，accessed June 10，2015；Patagonia：Our Mission Statement，http：//www.patagonia.com/us/patagonia.go?assetid = 2047，accessed June 20，2015；Patagonia：Environmental and Social Responsibility，http：//www.patagonia.com/us/patagonia.go?assetid = 67372，accessed June 20，2015；Jillian Berman，“Why That ‘Like a Girl’ Super Bowl Ad Was So Groundbreaking，” http：//www.huffingtonpost.com/2015/02/02/always-super-bowl-ad_n_6598328.html，accessed May 15，2015；Allison Arden，“What We Can Learn From ‘Like a Girl，’” June 10，2015，http：//adage.com/article/agency-viewpoint/goodworks-effie/298925/?utm_source=daily_email&utm_medium=newsletter&utm_campaign=adage&ttl=1434747614，accessed June 15，2015；Benjamin F. Mitchell，“Girl Power Wins Big at Cannes Ad Festival，” http：//www.usatoday.com/story/money/2015/06/23/cannes-ad-festival-glass-lion-awards/29173189/，accessed June 24，2015；http：//www.canneslionsarchive.com/winners/entry/592462/alwayslikeagirl-turning-an-insult-into-a-confidence-movement，accessed June 24，2015.

问题讨论：

1. 你认为消费者在购买服装时，会考虑一个品牌的供应链的道德问题吗？消费者对于服装行业对待其劳动者的方式负有责任吗？如果一个品牌在保证劳动者的报酬合理、公平对待方面的工作是透明的，你愿意因此而为这个品牌支付高价吗？

2. 埃里森·雅顿在《广告时代》上发表的关于“做个女孩”的文章中，谈及有目的的营销广告有必要保持真实感。“做个女孩”这则广告在多大程度上符合这一要求？总体而言，对于女性护理产品品牌的独特的营销挑战是什么？

第Ⅱ篇 作为个体的消费者

在本篇中，我们将重点研究消费者行为的内在动力。虽然“没有人能与世隔绝”，但在某种程度上，每个人都是外部信息的独立接收者。我们常常接触到广告、各种产品和其他人，甚至拥有或喜或忧的自我感觉。这些因素影响我们理解外部世界以及购买决策。本篇的各个章节将考察那些别人“看不见”而对自己至关重要的个人因素。

第 3 章描述知觉的过程——人们如何吸收和解读来自外界产品和他人的信息。第 4 章探讨信息的心理存储模式，以及信息如何增加对世界的已有认识。第 5 章讨论动机——行为背后的原因，以及情感的影响。第 6 章探讨我们对自身的看法，尤其是性别和外表是怎样影响行为、欲望和购买行为的。第 7 章接着考察独特的个性、生活方式和价值观对消费决策的影响。

第3章 知觉

本章目标

读完这一章后，你将会理解以下几点：

1. 产品设计是产品取得成功的关键驱动力。

2. 虽然我们喜欢产品和广告，但是因为信息过于庞杂，大部分产品和广告我们没有注意到。

3. 知觉是一个过程，包含从初始刺激物到赋予意义的三个阶段。

4. 阈下广告是一种有争议且效果甚微的广告方式。

5. 我们按照习惯的方式和期待来解释所注意到的刺激。

6. 符号学有助于我们理解营销者如何利用符号来创造意义。

开篇案例

对来自美国的盖瑞来说，在欧洲度假真好，里斯本这里也不例外。可是，在欧洲最好的甜品店和餐厅吃了两周之后，盖瑞开始怀念他们家最喜欢的零食——传统的美国奥利奥和冷藏鲜奶。他偷偷地藏了一些奥利奥以防万一，妻子贾宁并不知情。现在是时候把这些东西拿出来了。

现在只差牛奶。盖瑞突然决定给妻子一个惊喜——下午茶。贾宁还在午休，他偷偷地溜出去，来到附近的一家便利店。小小的冷藏间里竟然没有牛奶。真奇怪！于是，他问店员："请问牛奶在哪儿?"店员露出了笑容，指向店面中间一排小方盒子。不对啊！盖瑞用葡萄牙语又问了一遍，得到了相同的答案。

最后，他仔细地阅读了牛奶盒上的标签，上面写着"超热处理奶"。真糟糕！谁会喝这样的奶，在温暖的货架上不知道放了多久！他气急败坏地回到酒店，下午茶的幻想就像过期的饼干一样破碎了。

感觉系统

尽管对来自美国的盖瑞而言，盒装牛奶很奇怪，但世界上有许多人每天都喝这样的牛奶。超高温瞬时灭菌（UHT）牛奶在密封的情况下可以常温保存5～6个月，这种牛奶比鲜奶略甜，除此之外与鲜奶没有什么不同。

因为欧洲家庭的冰箱空间小，而且商店常常存货较少，所以常温牛奶在欧洲大陆极其常见。10个欧洲人中就有7个人喝这样的牛奶。尽管前景堪忧，生产商还是试图开发美国市场。美国的奶业协会投了4 400万美元做广告（广告语“你喝牛奶了吗?”）以推动UHT牛奶消费，但是仍然不能扭转牛奶消费量持续下滑、青少年选择喝软饮料的现状。

此外，让美国人喝盒装牛奶也很难。焦点小组调查发现，美国消费者很难相信盒装牛奶没有煮过，而且是安全的。而且，他们觉得一夸脱的方形盒子更适合装干燥的食品。尽管如此，学校和连锁商店还是会因为UHT牛奶的保质期长而进货。[1]虽然美国人在吃麦当劳的McFlurry（UHT牛奶是配料之一）时并不会多想，但是要他们选择常温奶和奥利奥一起吃，恐怕还有很长的一段路。

我们生活在一个感官刺激泛滥的世界，不管是芝麻糊的味道、某种香水的广告，还是“凤凰传奇”歌唱组合的广场舞歌声。在任何地方，我们都会被各种色彩、图像、声音、气味包围。这些刺激，有些是来自大自然，如狗吠、夜晚天空的暮色或玫瑰丛散发的迷人的香气。有些是人为的，如有位同学身上有旋转图形文身，扑通一下坐在你身边，亮粉色的裤子，让你流泪的香水味。

营销者当然与此现象不无关系。我们的周边不远处总是有广告、产品包装、电视广播广告和户外广告牌。所有的营销活动都在争夺消费者的注意力。甚至电影院也加入其中：通过移动的座椅、有气味的机器和压缩气囊来模拟子弹飞过的感觉。[2]

有时，我们特意寻求不寻常的体验，如蹦极带来的刺激，玩虚拟现实游戏，去主题公园玩“恐怖现场秀”（fear factor live），吞下让人恶心的东西或做各种特技。[3]

然而，只有极少数的人才会像美国大胃王（Major League Eating，MLE）选手一样，吞下尽可能多的花生酱和香蕉三明治、月球馅饼和芝士牛排。其他寻求刺激的人则兴奋地用汽车音响播放挚爱的曲目。我们每个人都能够应付这些感官轰炸，只关注一些刺激而屏蔽其他就好。我们对广告的选择注意往往与广告赞助商的预期不同，因为每个人在信息接收过程中，根据自己的独特经历、偏好和期望来改变所接收的信息。本章集中关注知觉的过程，在此过程中，消费者获得了感觉，并用来解释周围的世界。

感觉（sensation）是指我们的感受器（眼、耳、鼻、口、指和皮肤）对光线、色彩、声音、气味和质地等基本刺激的直接反应。**知觉**（perception）是指对这些感觉进行选择、组织和解释的过程。因此，对知觉的研究就集中在为了给初始感觉赋予意义，我们在初始感觉上添加了什么。

人的大脑通过多个渠道接收外部刺激，或者说**感官输入**（sensory inputs）。我们可以看到公告牌，听到叮当声，感受到毛衣的柔软，品尝到冰激凌的新味道，或者闻到皮夹克的气味。五种感觉器官拾取的感官输入构成了知觉过程开始的原始数据。例如，来自外部环境的感觉数据（听到收音机里的一支乐曲）能使人产生内部的感觉体验，这支乐曲触发了一个年轻人对他第一次跳舞的回忆，让他想起了舞伴身上的香水味道，想起了她的发丝掠过他面颊的感觉。

如果营销者能用多种感官渠道跟消费者沟通，其信息就会更加有效。比如，在最近的一项研究中，一组被试阅读的广告仅仅提及薯片的味道，而另一组阅读的广告还包括香味和口感。研究发现，和第一组被试相比，第二组认为薯片更美味。[4]

一个产品的独特感觉特性非常有助于它在竞争产品中脱颖而出，尤其是在品牌与感觉之间建立起独特联系的情况下。欧文斯-科宁玻璃纤维公司（Owens-Corning）是第一家将颜色进行注册的公司，当时它的绝缘材料采用亮粉色，并用粉色美洲豹这个卡通人物做代言人。[5]哈雷戴维森公司试图注册（没有成功）摩托车发动机加速转动所产生的独特声音。

享乐消费

消费者与产品相互作用的多重感官感觉、幻想和情感方面是**享乐性消费**（hedonic consumption）的一个重要内容。[6]在前面章节中，我们讨论了消费者在完全未察觉的情况下，实物线索“启动”消费者做出反应的方式。消费者的感觉体验属于**情景效应**（context effects），也就是说，它能够给消费者的产品认知带来不易察觉的影响。下面是一些相关研究发现：

- 和站在铺有地毯的地面上相比，站在瓷砖地面上的消费者对产品的评价更为尖锐。[7]
- 爱情电影爱好者在温度较低的房间内观看电影，其影评较为积极（研究者认为产生上述现象的原因是：室内较低的气温刚好给观影带来的心潮澎湃降降温）。[8]
- 消费者更有可能记住芳香产品的其他信息。[9]

近年来，在选择产品时，人们从产品和服务中得到的感官体验已成为越来越重要的影响因素。随着制造成本的下降和消费者拥有物品数量的上升，消费者越来越喜欢购买那些能够带来享乐价值的产品，而不只是看重产品的基本功能。事实上，当今对情感体验的关注符合心理学的研究发现——随着收入的增加，人们想得到的是更多的体验而不是更多的财物。[10]

在这种环境下，外形也“是”功能。两位年轻的企业家——亚当·劳瑞（Adam Lowry）和埃里克·瑞恩（Eric Ryan）发现了这一事实。他们辞掉白天的工作去开发名为“方法”的家庭清洁产品。清洁产品——很一般吧？

请仔细想一想：多少年来，像宝洁这样的公司辛勤工作，为一代一代的家庭主妇生产无数肥皂粉。主妇们苦于无聊的擦洗和磨光，渴望每天的休闲时光。劳瑞和瑞恩打赌他们可以发明一种替代方法——散发类似黄瓜、薰衣草、依兰等奇异香味的清洁剂，而且味道还是从一个极富审美情趣的瓶子里散发出来的。他们赌赢了。两年后，两个合伙人年收入达到200万美元。不久，他们取得了更大的成功——“方法”系列产品将在塔吉特商店销售。[11]

塔吉特商店痴迷于产品设计。它正在使一些无名设计师的名字家喻户晓。事实上，最新的研究发现，人的大脑天生就喜欢好的设计：让被试头上戴着一个叫功能性磁共振成像（functional magnetic resonance imaging，fMRI）的扫描仪，当被试看到那些有审美愉悦感的包装（即使和知名的品牌如可口可乐相比）时，该仪器显示，大脑的反应时间缩短了。[12]大众消费者渴望好的设计，他们对此类商品的回报就是热情地购买和奉献出忠诚。从吉列感应式剃须刀到iWatch，甚至到一只微不足道的垃圾桶都是如此。设计就是精髓。形式就是功能。

市场机会

增强现实（augmented reality，AR）是指一种媒介，它在物理实物上叠加一层或数层包括数据、影像或视频在内的数字层。如果你曾戴着笨重的眼镜看过 3D 电影，你已经接触过 AR 的一种形式了。或者，如果你还在橄榄球游戏（NFL game）里见到了第一次首攻在黄色的边线上立的桩，那你已经见识过 AR 的简单形式。

当然，更有可能的是未来几年内你通过智能手机和平板电脑活在增强现实里。安卓手机设计的谷歌古奥（Google Goggles），或者安卓和苹果手机都能用的 Layer 浏览器，在你手机取景器的画面上叠加一层文字和图片。微软的全息透镜技术将全息图和你在现实环境中所见融合在一起，所以你能控制数字影像。例如，一个用户要组装一件家具或修理水箱，Goggles 帮助他看到各个部分是怎样组合在一起的。[13]

增强现实应用软件为信息（和营销沟通）开创了一个新的世界。你想知道光碟封面上那个歌手的个人简历吗？是谁在当地的酒吧里画了那幅酷酷的壁画？你看中的那套房子上个月卖多少钱？对着这些东西点击一下你的智能手机，信息就会叠加在你的屏幕上。[14]增强现实具有巨大的商业潜力。分析人士预测，到 2017 年增强现实软件的收入将达到 52 亿美元。[15]

虚拟现实（virtual reality）技术在消费者市场中的即将井喷推动了物理刺激和数字信息的融合。增强现实提供感官体验的混合，虚拟现实提供的则是浸入式的体验，将用户带入一种完全隔离的 3D 环境。脸书于 2014 年收购虚拟现实公司 Oculus，这只是未来大规模商业应用虚拟现实技术的第一步。此前这一技术由三星、索尼和谷歌等公司控制。[16]

感官营销

当客人登录 Omni 奢华酒店的网站预订房间时，可以听到演奏的柔和音乐。一进入酒店大堂，又可以闻到柠檬和绿茶的清香，看到用植物点缀的装饰。进了房间，还可以发现桉树浴盐，小酒吧间里贮藏着类似花香果冻以及微型禅宗花园。

这是**感官营销**（sensory marketing）的新时代，一个特别注重感官影响产品体验的时代。从酒店到汽车制造商或者啤酒制造商，都意识到感官有助于人们决定哪种产品更有吸引力——哪一种产品在市场上众多类似产品中更加出众。在这一部分，我们将仔细研究一些聪明的营销者是如何利用人们的感觉系统创造竞争优势的。

视觉

当然，苹果的产品通常非常好用，但这不是人们购买它的原因。那光滑的外形、简单而又紧凑的特征无不传达着现代、精密的氛围，或者就是简单的一个字："酷"。在广告、店面设计和包装上，营销者都非常依赖视觉因素。他们通过产品的色彩、规格和样式等视觉渠道传递意义。

颜色还能更直接地影响我们的情感。有证据表明，有些颜色（尤其是红色）能产生唤醒的感觉并刺激食欲，而有些颜色（如蓝色）则令人放松。美国运通的研究发现，人们把蓝色形容为"带来一种无限和宁静的感觉"，因此推出蓝色的信用卡。[17]在广告中，使用蓝色背景的产品比使用红色背景的产品更受欢迎。跨文化研究显示，无论是生活在加拿大还是生活在中国香港，人们对蓝色的偏好是一致的。[18]甚至道德判断都和颜色有关。研究发现，和绿色的背景相比，对在红色的背景下描述的不良消费者行为，被试的评论没有那么负面。相对而言，和红色背景相比，对在绿色背景下描述的良好行为，被试的评价会更加正面。[19]

学术观点

Malaika Brengman，比利时布鲁塞尔自由大学

当人们购物时，一般不太留意商店里的灯光和墙面的颜色。尽管如此，周遭这些环境因素对消费者行为仍然有着重要影响。

我曾经参与过的一项研究显示，当旧物回收商店（recycle store）内部装饰为黄色时，业绩表现似乎更好。从那时开始，我对这个领域愈加感兴趣。阅读更多相关资料后，我发现一个有趣的实验：分别在蓝色的商店和红色的商店里展示同样的电视机，销售量会有不同吗？实验结果表明，商店的颜色对销售量有显著影响！电视机陈列在蓝色商店里，销售量更多。更让人振奋的结果是：消费者在蓝色商店里挑选了价格更高的电视机。

当然，我想弄明白这是怎么发生的，以及具体什么颜色会产生什么影响。但颜色的本质是什么呢？本质上说，颜色是我们对光反射的一种感知。没有光，我们就察觉不到任何颜色。我们感知周围物体的形状和颜色，以便更好理解它们。但是，这些感知的形成，不仅依靠眼睛，更大一部分依靠大脑。颜色不仅为了解环境提供客观信息，它还影响思想和感受……甚至最终影响消费行为。

零售经理应该具体运用什么颜色吸引顾客，并说服顾客购买商品？这个问题成为我的博士论文研究的课题。早期研究确有发现，颜色影响零售顾客的行为，但除此以外，具体什么颜色的应用价值最大，目前尚未完全清晰。事实上，研究者通常只测试2种或4种具体色调，就做出颜色效应的推断。我计划执行一项更为严谨的研究，通过测试32种颜色变量，检验颜色的3个维度（色相、饱和度、明度）的具体影响。这项研究的结果表明，消费者越喜欢商店的颜色，在店里逗留时间越长，准备花费的钱越多。

商店内部的颜色可以唤醒消费者积极的兴奋感受，也会导致趋近行为，消费者愿意停留更长时间，更深入地探索商店。然而，颜色也可能唤起紧张和压力，导致消费者不愉快的感受以及逃离行为。基于我们的研究发现，我们建议商店内部装饰使用相对较淡的颜色，而非鲜艳或暗沉的颜色，因为淡颜色导向愉快、放松的感受，有助于消费者购物。商店内部可选用蓝色、绿色、黄色和橙色，这些颜色带来积极的感受。但最好避免类似黄绿色和红色等色调，因为它们会唤起人们的压力感。

这项研究证明，商店应慎重选择内部颜色，因为颜色确实影响消费者感受和后续购买行为。购物者也应意识到，愉快的商店环境可能引诱他们花费更多，超出预算。如果你想要省钱，这可不是一件好事。

人们完成测试时，如果要求记住细节，文字和图像放在红色背景下，人们的成绩更好；如果要求的是想象力，文字和图像放在蓝色的背景下，人们更容易胜出。穿红色队服的奥运会运动员更容易击败穿蓝色队服的对手，而男人们评价穿红衣的女性比穿蓝衣的女性更有吸引力。在一项研究中，室内设计师把三个酒吧分别设计成红、黄、蓝的主题色，然后请人们选择去哪一家。更多的人选择了设计成红色和黄色的酒吧，而且这部分人更爱交际、更活跃，也吃得更多。然而，那些选择蓝色酒吧的客人待得更久。[20]也许我们能得到的经验就是：让你的教授把试卷的选择题印在红色的纸上，把论文题印在蓝色的纸上，考完试后再去红色的房间庆祝！

对颜色的一些反应来自后天学习的联想。在西方国家，黑色表示哀悼，而在东方国家，特别是日本，则是白色。另外，黑色与力量相联系。在美国橄榄球俱乐部和美国曲棍球俱乐部中，穿黑色队服的球队最具进攻性，在整个赛季中其所在俱乐部一直位居受罚榜榜首。[21]研究者发现，人们对白色和黑色产品的偏好有明显的差异。[22]

颜色偏好有性别差异，这一点都不奇怪吧！人们将深色和男性联系在一起，浅色则与女性有关。[23]女性更容易被明亮的色彩吸引，并且对微妙的色彩变化和色彩运用方式更为敏感。一些科学家将此归结为生理原因，因为女性对色彩的感受力比男性强，男性患色盲症的比例比女性高16倍。

年龄因素也影响着人们对色彩的反应。随着年龄的增大，眼睛也逐渐老化，并且对黄色具有视觉敏感倾向。这有助于解释为什么成年消费者喜欢选购白色的汽车。雷克萨斯轿车在成年人市场中销售非常好。在所有已销售的雷克萨斯车中，白色车占60%。人们更喜欢鲜艳的颜色，这也反映了美国社会不断增强的文化多样性。例如，拉美裔更偏好亮丽的色彩，这反映了拉丁美洲日照强烈的地理现实，而强烈色彩利于在强光中将其性格保留下来。[24]这就是为什么宝洁公司在拉美国家销售的化妆品使用比较明亮的色彩。

从公元前5世纪的苏格拉底时代，科学家和哲学家就开始讨论色彩的意义，但是，直至17世纪早期牛顿才通过棱镜揭示了光谱。即便是这样，牛顿的观察也不完全科学，他只识别出七种颜色，与当时所知道的行星的数量一样多，也与全音阶的七个音一致。

现在我们知道，对颜色的认知取决于颜色的物理波长以及人的意识对颜色刺激做出反应的方式。黄色位于肉眼可观察到的波长中部，因此，它最明亮也最引人注意。我们常说的“黄页”，就是用黄色来吸引人们注意枯燥的电话号码。[25]但是，文化和语言都影响人们看到的颜色。例如，威尔士语中就没有与英语中的绿色、蓝色、灰色或褐色对应的词，但它使用与说英语的人不用的颜色（有一个颜色包括部分绿色、部分灰色和全部的蓝色）。匈牙利人用两个词来指代我们所谓的红色；纳瓦霍人（美国最大的印第安部落）用一个词表示蓝色和绿色，用两个词表示黑色。[26]

因为颜色会唤起强烈的情感，选择适当的颜色搭配对于包装设计至关重要。这些选择以前都很随意。例如，大家熟悉的金宝汤（Campbell's Soup）之所以采用红色和白色，是因为公司的一位经理喜欢康奈尔大学的橄榄球队队服。今天颜色的选择是一件严肃的事情，它是为对包装内的产品的期望“着色”。一家丹麦公司在推出一种白色干酪时，将之作为“卡斯特罗”（Castello）蓝色干酪的“姐妹产品”。这种白色干酪用红色包装投放市场，名字是“卡斯特罗·比安科”。选择红色是为了让产品在货架上引人注目。尽管味觉测试效果很好，但是销量令人失望。后来，对消费者的分析表明，红色的包装和产品的名称使消费者产生了对该产品类型和甜度的错误联想。丹麦消费者很难将红色的包装与白色的干酪联系起来，而且“比安科”的名字有甜的意味，这与产品的实际口味格格不入。该产品随后以白色的包装和“怀特·卡斯特罗”（White Castello）的名字重新推出，销量几乎立刻提高了一倍。[27]

公司与特定颜色的联系越来越紧密，以致颜色组合成为公司的**商业着装**（trade dress），有的公司甚至被授予这些颜色的独家使用权。例如，伊斯曼·柯达公司（Eastman Kodak）就成功地在法庭上保护了其黄、黑、红三色的商业颜色。然而，作为一条规则，只有当消费者可能因竞争者包装使用相似颜色而分不清自己购买的产品时，商业颜色才会被授予特权。[28]

当然，对颜色的偏好也受时尚趋势的强烈影响。人们会在不同的季节迎合服装和家居装饰方面的不同的流行色，这一点也不奇怪。这些风格并不是自然产生的，大多数人并不知道（但你知道），是少数公司制造了**色彩预测**（color forecasts），使得制造商和零售商能够确保为下一个流行色季的到来做好商品储备。例如，Pantone公司（颜色仲裁者之一）列出了2015年的流行色——“玛莎拉白葡萄酒色”。这是一种自然、强劲且朴实的酒红色。[29]表3-1归纳了专家眼中颜色与营销的关系。

表3-1　颜色的市场营销应用

颜色	被赋予的含义	营销应用
黄色	乐观与年轻	吸引橱窗购物者的注意力
红色	活力	常常在清货的时候
蓝色	信任和安全	银行
绿色	财富	商店中制造轻松氛围
橘色	进取的	吸引注意力；订购、买或卖
黑色	权力和时髦	奢华产品
紫色	抚慰人心的	美容或抗衰老产品

资料来源：Leo Widrich，“Why Is Facebook Blue? The Science Behind Colors in Marketing，” *Fast Company*（May 6，2013），http：//www.fastcompany.com/3009317/why-is-facebook-blue-the-science-behind-colors-inmarketing?partner=newsletter，accessed February 23，2015.

气味

气味能够激发强烈的感情，也能够产生平静的感觉。它们可以唤醒记忆，也可以缓解压力。纽约扬基男性和女性香水让其骨灰级粉丝拥有赛场的感觉。[30]气味对行为的影响不断被科学家证实。营销者也想出巧妙的方法来研究两者的联系。生产商开发出新的方式把气味融入包括男性服饰、女性内衣、洗涤剂和飞机机舱在内的产品，感官营销变得有趣了。汉堡王（Burger King）在日本出售名为“火焰烧烤”（Flame Grilled）的喷雾香水，卖给那些希望有“皇堡”（Whopper）的气味的人。[31]

一项研究发现，在观看鲜花或巧克力广告的同时，闻到花香或者巧克力味道的消费者更有可能花更多的时间对产品信息进行加工，并在每个产品种类中试用不同的备选产品。[32]另一份报告指出，如果有香气环绕，被试更能回想起受试品牌的各种性能——这种效应在实验结束两个星期后还存在。[33]零售商雨果波士（Hugo Boss）在店内喷洒了自有品牌的气味。一项研究发现：和凉的气味如薄荷相比，温暖的气味如香草或肉桂，能够促使消费者购买高端品牌。[34]

我们对气味的一些反应是由早期联想产生的，这种联想会引起或好或坏的感觉，这是商家研究气味、记忆与心境之间联系的原因。[35] 为福格斯公司（Folgers）工作的研究人员发现，咖啡的气味能唤起许多美国人对童年时期母亲做早餐的记忆。因此，这种芳香使他们想起了家。福格斯公司将这一研究结果用于一则广告，广告中一位身着军装的年轻男士一大早赶到家，走进厨房，打开福格斯咖啡的包装，咖啡的芳香飘到楼上。他的母亲睁开眼睛，笑道："他回家了！"[36]

香味的感受是由大脑边缘系统进行处理的，它是大脑中最原始的部分，也是体验即时情绪的区域。一项研究甚至发现，新鲜桂皮面包圈的香味能诱发男生的性欲！[37]在另一项研究中，让女性闻一闻一些男性穿了两天的T恤（天哪，很想知道她们拿到了多少报酬才会这么做），并说出她们喜欢哪一件。这些女性更偏好那些与她们基因相似的男性穿过的衣服，但又不能过于相似。研究者声称，这个发现是寻找般配配偶的"牵线红娘"的依据。但基因过于相似的人结合后，会产生近亲繁殖问题。[38]

声音

最近，宝马公司开始在全球的电视和广播广告结尾处采用**音频水印**（audio watermarking）技术。宝马公司声称"公司希望创建品牌的声音"，并说这个声音签名能反映"纯粹的驾车体验"。所有的广告信息都以两个独特的低音旋律作为结尾，而低音形成了声音标识的韵律和节奏的基调。[39]

音乐和其他声音影响人们的感受和行为。有的营销者运用**语音象征主义**（sound symbolism）方法给品牌起名字。语音象征主义指字词的发音影响人们对所形容的产品及其属性的想象，比如尺寸。举例来说，消费者更容易识别硬辅音开头的品牌名称，比如K（Kellogg's，家乐氏）或P（Pepsi，百事）。人们还倾向于把元音和辅音的发音（即音素）与对尺寸大小的感知相联系。当回忆那些数字里含有小音素的价格时，人们倾向于高估价格折扣，而如果价格里的数字含有大音素的时候，则会低估价格折扣。[40]一项研究甚至发现，股票代码的语音象征主义可以预测公司上市一年之内的业绩。[41]

触觉

假设此时你正在互联网上买套头毛衣，在http://landsend.com上冲浪，浏览毛衣，停驻在一个你感兴趣的页面，点击图片，获取更多的信息。随后出现一个放大的图片，标题写着：请想象摸着这件毛衣，感觉你手中100%柔软的棉质。你真的如标题所写那样做，会怎样呢？如果你没有如此想象，那么你的感知会不同吗？

一项研究证实了触觉的威力。英国阿斯达食品杂货连锁店（Asda）将数种卫生纸包装去掉，让购买者更好地触摸和比较各种纸质。其结果是店内自有品牌的销售量急剧上升，货架上该产品线的空间扩大了50%。[42]

鼓励购物者触摸商品似乎就是鼓励他们拥有商品。研究者明白人们对自己的东西评价更高。这叫做**赠予效应**（endowment effects）。一组研究人员发现，消费者只触摸一件物品（便宜的咖啡杯）不到30秒，就会产生对此物品较强的依恋，因此也愿意支付更多的费用。[43]和使用触摸板或鼠标进行在线购物相比，触摸屏带来更强的心理拥有感。[44]

无论是奢侈的按摩还是刺骨的寒风，在感觉它们触及皮肤时都会感到兴奋或放松。触觉在销售的互动过程中是一个不可忽略的因素。一项研究发现，与侍者有接触的用餐者会给更多的小费。而在超市中，与消费者有轻微接触的食品促销员能更成功地邀请顾客来品尝新式点心，并且让消费者兑换更多的品牌促销赠券。[45]相反，如果碰巧被陌生人（特别是男性）碰一下，那么消费者对产品的负面评价更甚。[46]

一些人类学家把接触视为一种最初的语言，人们在会写字说话之前就学会了。事实上，研究者开始辨认**触感**（haptic）在消费者行为中的重要作用。触感似乎可以调节产品体验与判断信心之间的关系。这证实了常识——当我们接触物品的时候，会更加确信自己的感知（不过，网上销售产品的公司难以让消费者接触其产品。）在“接触需要”（Need for Touch，NFT）量表中，打分较高的人特别受触觉的影响。那些对接触需求较大的人对下列句子的反应更加肯定：

- 在经过商店时，我忍不住会触摸所有的产品。
- 触摸产品很好玩。
- 在对一件产品亲自检查后再购买，我会感到更开心。[47]

一些日本公司更进一步，它们开发出**感性工学**或人机工程（Kansei engineering），其理念是将顾客的感觉转化为设计中的元素。在实践中，马自达的 Miata 车型设计者瞄准那些将汽车视为自我延伸的青年，这些驾驶者追求一种被他们称为“骑手与马合二为一”的感觉。经过深入调研，设计者发现，将操纵杆设计成 9.5 厘米长时，驾驶者能最佳地感受到运动和控制的感觉。[48]

市场机会

我们有触摸的天性，而打字和使用鼠标是我们后天必须习得的技能。触摸屏技术日益应用于电脑、ATM、数码相机、GPS 产品和电子阅读器。这是电脑设计的**自然用户界面**（natural user interface）哲学的产物。这一方式融合了人类的习惯性动作。索尼公司在焦点小组访谈中发现，人们总是不自觉地在老版本的电子阅读器上滑动手指，于是决定开发触摸屏的阅读器产品。触摸屏目前也应用于健身器材、医院、机场的值机终端和维珍航空公司的飞机。[49]

味觉

味觉在人们体验各种物品的过程中功不可没。被称为调味屋（flavor house）的专业公司一直在进行新调味品的开发，以迎合消费者不断变化的口味。科学家设计新的味道检测装置来测试这些调味品。一家名为阿尔法莫斯（Alpha M. O. S）的公司，销售一种用于品尝味道的精巧电子舌头，并且正在研制一种电子嘴巴，电子嘴巴里有人工唾液，还能咀嚼食物、辨别食物的味道。可口可乐和百事可乐公司都使用这种电子舌头来检测玉米糖浆的质量。百时美施贵宝公司（Bristol-Myers Squibb）和罗氏药业公司（Roche）也使用这种装置来研制不含苦味的药品。[50]

文化因素也决定了对口味的喜好。一款美食的成色以及我们赋予它的价值（比如严格的素食主义者怎么看待牛肉菜单上的菜式？当然不会友善！）会影响我们对实际味道的体验。[51]例如，消费者越来越喜欢不同民族的风味菜肴，造成了对辣味食品的日益渴望，追求最刺激的辣椒油成为一股热潮。现在美国有 50 多家商店专门供应火辣的调味品。[52]

营销陷阱

自然灾害（如东京地震）和人为冲突（如中东地区）致使原材料价格的暴涨。商家减小分量来掩盖涨价。有时，营销者也改变措辞以示改变。他们称小包装为“绿色”产品，因为使用更少的塑料或纸盒，或称“更容易携带”，因为产品被挤入小盒子里面，或“更加健康”，因为热量更低。例如，卡夫公司为纳贝斯克优质咸饼干和蜂蜜姑娘全麦饼干引入全新包装方法。和传统的盒装相比，新包装价格不变，但只有 75%的饼干量。卡夫公司发现，正因为新包装将饼干摞起来，层数增加，所以更易于携带。而且，包装小更利于保持新鲜度。包装专家说，通常当经济复苏的时候，公司总是提供大包装，每盎司也更贵。“这是一个持续变化的过程。最小的包装在某个时间点逐渐退出舞台，被中等的包装替代。而中等包装又被压缩。”[53]

知觉的三个阶段

与计算机一样，人们的信息加工过程会经历不同的阶段，在此过程中刺激被输入和存储。然而，与计算机不同的是，人们不是被动地加工眼前的信息。首先，我们只注意到了环境中很少量的刺激——仅仅是因为有太多刺激在争夺我们的注意力。在我们注意到的刺激中，又只有更小的一部分被留意到。进入意识中的刺激并非总是被客观地加工。个人根据自己特有的偏见、需要和经验来解释刺激的意义。如图 3－1 所示，暴露、注意和解释这三个阶段构成了知觉的过程。

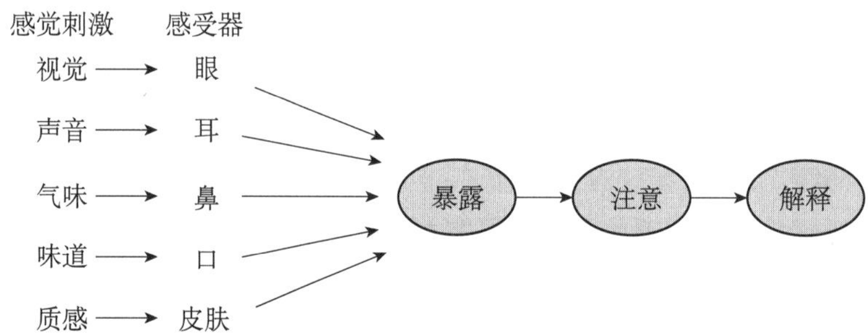

图 3－1 知觉过程示意图

第一阶段：暴露

当一个刺激进入个人感觉器官接收范围之内时，**暴露**（exposure）就发生了。消费者对某些刺激非常关注，而对另外一些刺激却毫无觉察，甚至会故意忽略一些信息。如果愿意的话，我们可以注意到那些在很短时间内出现的刺激。然而，在这么短（或长）的时间里让人们注意到某一信息可不容易。

感觉阈限

在考虑人们选择不去感知什么之前，我们先来考虑一下人们能感知什么。也就是说，刺激可能在人们的感觉阈限之上或之下。**感觉阈限**（sensory thresholds）是指一个临界点，只有超过这个临界点的刺激，才足以对一个人的感觉产生被意识到的影响。

如果你曾经吹过狗哨，观察过宠物对你听不到的声音所做出的反应，就不会对人感受不到某些刺激感到奇怪。由于残疾或年龄原因，一些人的感觉通道受损，因此，比起其他人，这些人具有更强的信息捕捉能力。专门研究物理环境与个人主观世界相互影响的科学，称为**心理物理学**（psychophysics）。

虽然听起来就像一个很棒的摇滚乐队的名字，但**绝对阈限**（absolute threshold）指的是特定感觉渠道所能觉察到的最小刺激量。狗哨发出的声音频率太高，人耳听不到，因此，这种刺激强度超出了听觉的绝对阈限。在设计营销刺激时，感觉的绝对阈限是一个重要的考虑因素。公路广告牌上的文字也许是有史以来最有趣的文字说明，但是如果广告牌上印刷的字体太小，路过的乘车者看不到，这个天才的广告就白费了。**差别阈限**（differential threshold）指感觉系统觉察两种刺激之间的差别或者变化的能力。能够觉察到的两种刺激之间的最小差别称为**最小可觉察差别**（just noticeable difference，j. n. d. ）。

两种刺激之间的差别何时以及是否被消费者注意到，都与营销环境有关。有时，营销者希望消费者注意到一种变化，如打折销售时。在另一些情况下，营销者希望低调处理一些变化，如提价或制造商减小某个产品的包装等。当公司升级品牌标识的时候，一定要小心翼翼，因为消费者可能厌倦了过时的设计，但又能认出自己的品牌。百事可乐品牌标识的变化如图 3－2 所示。

图 3－2 百事可乐标识

消费者对两种刺激之间差别的感受能力是相对的。在喧闹的大街上难以听清的低声谈话，如果是在安静的图书馆里，一下子就变成了公开的和令人尴尬的高声交谈。交谈声音的高低水平取决于与周围环境之间的相对差异，而不是声音本身的绝对音量，这种相对差异决定了交谈声音能否被听到。

19 世纪，心理学家恩斯特·韦伯（Ernst Weber）发现，引起注意所需要的刺激变化量与初始刺激强度有关。初始刺激越强，引起注意所需要的刺激变化量越大。这种关系就是**韦伯定律**（Weber's Law）。

我们以某个产品进行特价销售为例，看看韦伯定律是如何起作用的。如果一位零售商认为降价幅度至少是原价的 20%以上才能对购物者产生影响，她会把售价为 10 元的一双袜子降为 8 元出售（折价 2 元），而售价为 100 元一件的运动上衣却不能只降 2 元——必须将价格降至 80 元，才能产生同样的促销效果。

讽刺的是，韦伯定律对绿色营销者是一种挑战，因为绿色营销者试图浓缩（对地球更加友好）其产品来减小包装。而根据韦伯定律，洗衣粉制造商不得不说服其消费者为容量减少一半的洗衣粉支付同样的价格。同时，由于要考虑强势零售商，如沃尔玛，要求在货架上塞进更多产品的压力，洗衣粉包装也需要大幅缩小，为此，宝洁、联合利华以及汉高公司都宣传说，在清洗同样数量的衣物时，只需要一半分量的新浓缩洗衣粉即可。它们试图在感知方面说服消费者的小花招是重新设计瓶盖：宝洁和杜威公司（Church & Dwight）使用底部较宽和两侧较低的新盖子。[54]

阈下知觉

一家德国广告代理商与德国天空广播公司合作开发了专门针对精疲力竭的通勤者的新式广告平台。它们发现乘客会把头靠在火车窗户的玻璃上，这些火车窗户就是新的广告平台，它们称之为“会说话的窗户”。通过“纽带传导技术”（bond conduction technology），火车窗户玻璃会发出震动波，而乘客的大脑将之阅读为声音。当坐在火车上的通勤者把头靠在窗户玻璃上时，大脑中就突然听到推荐产品的声音。[55]这个技术一定会吸引你的注意力！

为了引起消费者的注意，大多数营销者都想向消费者传递高于知觉阈值的广告信息。然而，讽刺的是，消费者却认为，许多广告信息的设计初衷是希望被潜意识知觉，或在识别阈限以下被感知。我们将低于阈限以下的刺激称为阈下刺激。**阈下知觉**（subliminal perception）是指刺激在消费者的感知水平之下。

阈下知觉现象是一个困扰了大家 50 多年的话题，尽管实际上并没有证据表明这种现象会对消费者行为产生影响。对美国消费者的一项调查发现，将近 2/3 的人相信存在阈下知觉广告，多于 1/2 的人确信这种技术诱使他们购买了并不真正想买的物品。[56]美国广播公司（ABC）引用其长期实行的反潜意识广告政策，拒绝了肯德基公司的一个广告。肯德基公司邀请观众缓慢地重放这则广告，以便发现广告中的秘密信息。肯德基公司辩称，这个广告根本不是潜意识广告，因为公司就是要告诉观众这个信息，以及如何找到这个信息。尽管如此，ABC 公司还是不相信。[57]

就如同肯德基的广告一样，大多数潜意识广告中，人们的“发现”并不完全是“潜意识的”——正相反，其中的画面相当明显。记住：如果你看到或听到类似的广告，它并不是潜意识的；刺激均在意识水平之上。然而，对潜意识广告的不断争议对公众形成广告者或营销者有能力操纵消费者进而违背消费者利益的看法，已产生重要影响。最近，麦当劳快乐套餐玩具引发的争论说明，人们倾向于看见和听到寻找的东西。麦当劳发布了一款新玩具 Minion（源自热门的系列电影《神偷奶爸》）。一些愤怒的父母说，这个玩具向孩子传递阈下信息。他们说，Minion 说的那些莫名其妙的话听起来很像“what the”和“duck”押韵的字。麦当劳这样回应：“Minion 说的话就是很多语言和废话的随机组合。如果发现和英语有类似的词句，纯属巧合。”[58]

据说有营销者通过视觉和听觉的渠道传递阈下信息。**嵌入**（embeds）是指通过使用高速摄影或喷绘技术，在杂志广告中插入微小图形。这些隐藏的图形通常与性有关，很可能在无辜的读者身上施加强烈而又无意识的影响。一些有限的证据表明，当男性面对无意识的性图像暗示时，这些嵌入式的图像可能改变他们的心情，但这种效果（如果有的话）很微弱，甚至起相反的作用，使浏览者产生消极的感觉。[59]到目前为止，唯一真正的影响就是多出售几张包含隐藏信息的图片，以及让消费者（以及消费者行为学课程的学生）仔细地查看印刷广告，也许只是看到他们想象中的东西而已。

临床心理学研究表明，人们在非常特殊的条件下能够被潜意识信息影响。但是，这些技术在多数营销背景下会有多大作用呢？这一点令人怀疑。有效的信息必须针对个体情况量身定做，而不是广告所需要的大众信息。[60]而且，它们还应尽可能地接近阈限。其他阻碍因素还包括以下方面：

- 个体的阈限水平存在很大差异。一则信息想要不被低阈限的消费者察觉，它必须微弱，但是可能又无法满足高阈限消费者的要求。
- 广告者不能控制消费者与屏幕的距离和位置。例如，在电影院里，只有一小部分观众正好坐在能够接受阈下信息的位置上。
- 观众必须对刺激绝对注意。人们在看电视或看电影时，一般都会周期性地转移注意力，有时即使刺激物出现也会熟视无睹。
- 即使获得了预期效果，也可能只是个大概情况。例如，一则信息也许会使一个人口渴程度增强，但不一定要喝特定的饮料。因为刺激影响基本的需要，所以营销者会发现，费钱费力地制作了一则通过潜意识来影响消费者的广告，结果消费者对竞争对手的产品需求也随之增加！

当然，也有许多吸引注意力的好办法。我们继续往下看。

第二阶段：注意

你在听讲座的时候，也许会发现自己心猿意马。这一分钟还在专心地听讲，下一分钟却开始做度假的白日梦。突然，听到老师叫你的名字，你回过神来。幸好，虚惊一场！老师叫到一个与你同名的同学。但她引起了你的注意。

注意（attention）指对特定刺激进行信息加工的投入程度。从你听过的有趣和无聊的讲座中可以知道，这种注意力的分配受到刺激（如讲座本身）和接收者（如你当时的心理状态）的影响。

虽然我们生活在信息社会，但是好东西也过犹不及。消费者常常处于一种**感官过载**（sensory overload）的状态，即感官接触到的信息远远多于其能够或愿意加工的信息。在当今社会，信息冲击主要来自商业领域。这种对注意力的竞争还在持续。普通成年人平均每天接触 3 500 个广告，而 30 年前大概只有 560 个。

你是**媒介零食者**（media snacker）吗？美国最近一项研究发现，20 多岁的年轻人在非工作时段平均每小时更换 27 次电视频道，要比在标准半小时电视节目内多转换 13 次。联合利华的营销总监说，如果消费者在不同媒介上停留很短的时间，那么我们必须思考怎样制作零食那样更为简短的信息。[61]这意味着竞争消费者的注意力——一些营销者所称的**眼球经济**（eyeball economy），变得越来越有挑战性。

多任务处理

吸引年轻人的注意力极具挑战性！很多青少年都说，他们用**多任务处理**（multitasking）方式处理信息，也就是说，他们同时关注手机、电视、短信等多个媒体。[62]一项研究观察了 400 个人的一天，发现 96%的人在使用媒体时，1/3 的时间是在进行多任务处理。[63]

多任务处理方式会影响消费者吸收、保留和理解信息的能力吗？一个可能的结果是，刺激的叠加激发身体分泌令人上瘾的多巴胺，如果没有这些多重刺激，人们就会感到百无聊赖。有科学家警告说，对更多刺激的渴望会降低持久思考的能力，专注力也降低了。（开车的时候不能发短信！）研究发现，多任务处理者更难集中精力，压力感也更强。一项研究发现，被电子邮件打断的人比那些专注于一项任务的人显著地报告更多的压力。[64]

一个好消息是，网络用户的大脑在寻找信息时更高效，视频游戏玩家视力变得更好了。一组研究人员发现，高速视频游戏的玩家从屏幕上捕捉到的动态物体比不玩游戏的人多 1/3，他们认为游戏可以增强反应力和从混沌中发掘细节的能力。无论好坏，技术看起来正在重新装备我们的大脑，使之努力注意更多的刺激。现在，我们每天处理的信息量是 20 世纪 60 年代人们处理的信息量的 3 倍。我们不断地转移注意力：工作中的电脑用户每小时转变窗口或电子邮件或其他程序的频率达 37 次。电脑用户平均每天访问 40 个网站。[65]

营销者不断寻求方法破除杂乱，抓住人们的注意。有些策略很直接。例如，因为生产商知道消费者视线停留的位置，所以他们尽力让零售商把自己的品牌放在与消费者视线水平相齐的货架上或展示的中心。[66]在线购物网站则有更加创新的方法吸引购物者的注意。当下最热门的方法是**富媒体**（rich media）。富媒体广告借助动态 gif 文件或视频链接令观众印象深刻。LowerMyBill. com 这个网站臭名昭著，当你把光标移到上面的一些广告时，这些广告就会被突然激活。其他富媒体还包括人们熟悉的网络版电视广告，它们在网站上静止不动，除非你点击它们。预热广告（teaser ads）更像你在电视里看到的那样，给你一个故事的开头，等你回来收看其余的部分。现在网站上也能找到这种广告。[67]

由于大脑处理信息的能力有限，消费者有选择地注意信息。这个过程称为**认知选择**（perceptual selection），它意味着人们只注意所接触刺激的一小部分。消费者实践的是“心理经济”，以免被信息淹没，他们选择和挑选刺激。在其中，个人因素和刺激因素起决定作用。

学术观点

Michel Wedel，马里兰大学

现在，几乎所有电脑和移动设备都配备了前置摄像头。前置摄像头拍摄图像，软件分析这些图像。于是，消费者的眼球活动和面部表情被记录。商业广告和学术性市场研究因此而受益匪浅，它们可以在大型控制面板上进行视线远程跟踪研究。此外，数年之后，这项新技术将融入消费者的日常生活中。不仅笔记本电脑和台式电脑，而且智能手机、平板电脑、电子广告牌、自助服务查询机、智能电视机在未来都将应用这项技术。用户将通过凝视和声音控制与这些设备互动。这其中大部分已成为事实。

记录消费者视线的软件可支持视觉提示和自动警觉，并引导消费者搜索日常任务。这可能让日常生活变得更安全、简单和愉快。在电子设备上，消费者将通过凝视去控制物体和三维影像，以及公共场所和商店的虚拟展示。在娱乐和教育领域，表情和视线记录使计算机化身得以施展才艺，消费者视线转向化身时就可与其互动。当观看者微笑时，它也会微笑，并跟踪观看者的视线。表情和视线记录还可用于提高即时注意力和理解力。当消费者理解缓慢时，解释帮助可能会出现，视线线索也将引导消费者观看问题的相关材料，使消费者提高注意力和理解力。那么，推荐引擎呢？它将基于消费者的浏览记录以及浏览时展示的情绪，推荐新的文章、博客、书目和评论。表情和视线记录还将改善营销活动中的市场目标选择。基于视线渲染和三维视角，消费者的线上购物和虚拟购物的体验将被改善。体贴的和互动的电子设备——电视机、广告牌、电子广告和电子销售设备将动态关注消费者的视线、面部表情、头部和身体移动，分析其即时兴趣和情绪，为其提供量身定制的商业信息和服务。

这是**注意力自动分析**（automated attention analysis）的新领域——自动记录各类相关数据，包括：人们观看图片、文字、人物、地点和商品的时间长度；如果瞳孔放大，他们的头部和姿势将如何变化；眨眼的速度有多快；展现什么样的情绪，这些数据将用于研究消费者日常生活中的视觉行为。基于视线和表情记录的大数据革命将类似于过去几十年里网络点击流数据所引发的革命。对市场研究公司、制造商、服务提供商和零售商而言，这大量的数据意义非凡，大数据帮助他们基于消费者的即时兴趣和体验，更有效地针对个体消费者定制产品、服务和市场活动。但是，要使注意力自动分析的愿望真正实现，还需要两个互相联系的方面在学术上有进一步发展：(1) 设计计算流程和数据模型，分析视线和表情数据；(2) 发展消费者行为学理论，解释视觉注意和面部表情在这些新的自然情境下的含义。在此背景下，我们将更深入地了解消费者信息处理和决策制定的过程，从而酝酿前所未有的新思路。这将提高市场营销活动的有效性，并有益于消费者。

个人的选择因素

营销者如何“知道”消费者什么时候感到饥饿？又是如何选择适当时机投放大量广告来吸引消费者？其实并不知道，至少不完全知晓。**知觉警惕**（perceptual vigilance）是指消费者更可能意识到与当前需要有关的刺激物。

与知觉警惕相反，**知觉防御**（perceptual defense）意味着人们倾向于看见想要看的东西，而看不见不想看的东西。如果某个刺激以某种方式构成威胁，人们可能就不理会它，或者是改变它的意义以便接受。例如，重度吸烟者会拒绝接受患了癌症的肺部的形象，因为这些鲜明的暗示击中了他们的要害。

另一个因素是**适应**（adaptation），它指消费者对某个刺激持续注意的程度。当消费者因为对刺激物过于熟悉而不再对它加以注意时，适应过程就发生了。消费者会由于"习惯"而需要增加刺激"剂量"，才能引起注意。对于初次安装的广告牌，上班路上的消费者可能会看看，但是几天之后，广告牌只是路过景色的一部分，新鲜感就消失了。导致适应的几个因素如下：

- **强度**（intensity）：由于产生的感觉影响较小，较低强度的刺激（如轻柔的声音或者较淡的颜色）容易出现适应现象。
- **甄别**（discrimination）：简单刺激易于适应，因为不需要注意细节。
- **暴露**（exposure）：当暴露频率增加时，频繁接触的刺激更容易适应。
- **关联性**（relevance）：无关或不重要的刺激会引起适应，因为它们不能引起注意。

刺激物的选择因素

对于消费者会注意什么、忽略什么，除了接收者的心理状态，刺激物本身的特点也起着重要作用。营销者需要理解这些因素，并将其运用于广告信息和包装，以便在混乱的信息环境中能迅速地吸引消费者的注意。比如，研究者在用红外线眼动仪装置测量消费者在看什么广告时发现，视觉上比较复杂的广告更有可能吸引注意力。[68]

一般情况下，与周围其他刺激物形成对比的刺激更可能引起注意（记住韦伯定律）。这种**对比**（contrast）可以通过以下几种方式产生：

- **大小**（size）：刺激物本身与竞争物相比较的大小有助于决定其是否获得注意。杂志广告吸引读者的数量与广告版面大小有关。[69]
- **颜色**（color）：颜色是产品吸引注意力或使产品与众不同的一种有效方式。美国百得公司（Black & Decker）开发了一条工具生产线，它的目标市场是民用住宅建造行业。该公司将这条生产线命名为德伟（DeWalt），并且将这条新的产品线漆成黄色，而不是传统的黑色。最终这些设备从那些"死气沉沉"的工具中脱颖而出。[70]
- **位置**（position）：毫不奇怪，容易看到的刺激更容易引起人们的注意。供应商积极抢占货架位置，保证其产品在商店里被摆放在齐眼高的位置上，原因就在于此。在杂志广告中，位于刊物前面，尤其是右侧位置的广告更能吸引读者的注意。（提示：下次看杂志时，注意你会在哪些页面上花费更多的时间。）[71]一项追踪消费者在搜索电话号码簿时眼球运动的研究，也说明了广告语位置的重要性。消费者按字母顺序来浏览目录，对于那些占用1/4页面的广告，消费者注意到了其中的93%，而对于普通目录，则只注意到了其中的26%。他们的眼睛首先被彩色广告吸引，并且对彩色广告的注视时间比对黑白广告的注视时间长；另外，在结束选择后，消费者在商业广告上会多花54%的时间去阅读，这说明了注意力对后续产品选择的影响。[72]一项研究发现，如果改变广告中的品牌标识和产品描述的位置，则可以提高品牌回忆率和被选机会。[73]处于消费者视觉中部位置的产品更容易受到关注。[74]

位置是在线广告的关键。复杂的视线跟踪研究明确显示，大部分搜索引擎的用户只看到了搜索结果的一小部分。当一个典型的购物者在浏览搜索页面时，她的视线在搜索结果的顶部游移，回到页面左边，然后向下移动到当前页面的最后一项结果，不会滚屏。搜索引擎的营销者把屏幕上这一块保证会被视觉光顾到的区域叫作**黄金三角区**（gold triangle）（见图 3-3）。[75]

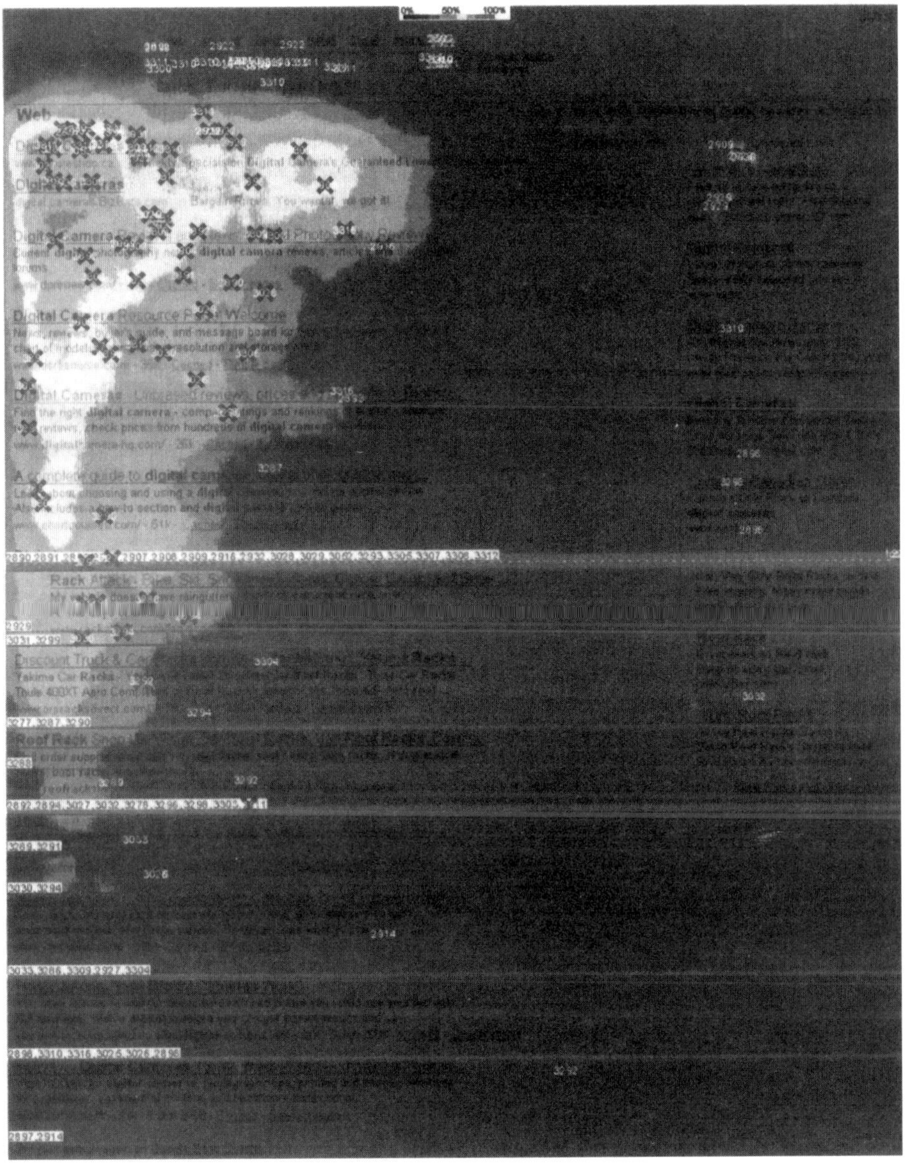

图 3-3 黄金三角区

● **新颖性**（novelty）：以出人意料的方式或地点出现的刺激物容易引起人们的注意。货架上的产品包装如果在视觉上很突出就可以吸引人的眼球，特别当消费者没有特殊的品牌偏好和无须快速决策的时候。[76]一种解决方法就是将广告放置在非常规的竞争比较小的地方，包括购物车的后面位置、地下通道的墙面、体育馆的地面，甚至公共厕所里。[77]伦敦一家户外广告公司在机场附近的沙漠和农场上竖起巨型广告牌，飞机乘客从舷窗向外看时就一定会注意到。[78]

实际上，研究表明，以突然打断的方式出现的新颖性会增强人们的体验；分散注意力则会提升人们喜欢刺激的水平，也能放大对不喜欢的刺激的厌恶。此外，人们更加喜欢有广告干扰的电视节目。在实验中，请一群本科生观看一集他们并不熟悉的老式喜剧《的士》。一半人看到了当时电视台播出的原样，中间包含一家珠宝商、一家律师事务所和其他几则商业广告；另一半人看到的则是删除了广告的版本。那些看了原版电视剧的学生对节目的评价更高。研究者在人们接收信息的时候打断他们，也得到了相似的结果。实验对象报告说，在使用吸尘器时，如果休息一会儿后又重新打开开关，吸尘器那烦人的声音变得更糟糕！研究者把这个结果解释为适应的后果：人们对事件的感受最初很强烈，然后就适应了。当被打断之后又重新开始，就回到最初的强烈状态。[79]

第三阶段：解释

解释（interpretation）指人们赋予感觉刺激物的意义。人们知觉到的刺激物各有不同，赋予这些刺激物的意义也不同。许多意义都是社会化的结果，甚至感官感知也和文化有关。有人类学家设计了“刺激”工具箱，借此对比世界各地人们感知的不同。工具箱里有色卡、擦嗅卡、不同频率的声响等。他们对20个国家的被试施以相同的刺激，结果大相径庭。例如，以往的研究发现，英语为母语的普通人不擅长分辨日常东西的气味，如咖啡、花生酱和巧克力，正确率只有一半。但是，生活在马来半岛的人准确率更高。

语言也反映出文化的差异。研究者发现，与讲波斯语的人和讲土耳其语的人相比，说英语和荷兰语的人使用完全不同的词来描述音高，他们把声音描述为薄或厚，而不是高或低。当说荷兰语的实验对象被要求在听到一个高音的同时，注视一幅短的柱状图，然后唱出那个高音时，结果他们唱出比较低的音。但是如果给他们看细或粗的柱状图的话，结果就不同了。当讲波斯语的实验对象被要求听到一个低的声调的同时看较粗的柱状图时，结果他们会搞错。但是如果给他们看较高的柱状图的话，就不会弄错。[80]第14章我们将会了解到文化非常重要。

两个人看到相同的事情，但是解释可能大相径庭，这取决于他们对刺激物的期望。最近的一项研究说明，期望的威力巨大。吃过装在麦当劳纸袋中的麦当劳法式炸鸡的3～5岁的孩子认为，这些炸鸡比那些装在普通纸袋中的同样炸鸡更好吃。甚至装在麦当劳纸袋中的胡萝卜也比装在普通纸袋里的胡萝卜更好吃。一半以上的孩子更喜欢装在麦当劳纸袋中的胡萝卜！[81]

消费者赋予某一刺激物的意义取决于**心理图式**（schema），它是人们赋予这一刺激物的信念集合。基于心理图示，我们把这个刺激物和遇到过的其他类似刺激物进行对比。识别并唤醒消费者正确的心理图式对许多营销决策至关重要，它决定了消费者用什么标准来评价产品、包装以及广告语。例如，尽管超强氢氧化铝混合抗酸剂非常适合使用喷雾器包装，但这种产品还是失败了，原因是，对消费者来说，按钮式喷雾器只适合在给甜点加料时使用，而不适合用于药品。[82]但是，一所大学餐厅给菜单设计了说明标签（红豆加米饭 vs. 传统法式红豆加米饭，巧克力布丁 vs. 沙丁巧克力布丁），以方便就餐者对食物进行归类和选择，这个餐厅的销售因此增加了25%。[83]

甚至产品形象在包装上的位置也能影响大脑对它的理解。比如，根据万有引力定律（重的物体下沉，轻的物体上浮），人们通常会认为位于包装构图下方的产品比上方的产品更重。此外，构图右边的产品显得比左边的产品更重。这种解释源自人们对杠杆的直觉感受：离杠杆支点越远的物体越难以被撬动，由于人们阅读的时候是从左到右，左边自然变成了视觉的支点，因此我们感知到靠右的物体更重。生产商应特别注意这种包装的心理图式（package schematics），它会影响人们对包装内容物好坏的感觉。试想，减肥食品的营销者一定希望购物者认为她的菜单选项更健康。[84]

正如在第7章将会看到的，产品一般具有"品牌个性"，人们为产品赋予一般的人类特征，比如精明或性感。换句话说，当把物品想象成人就是在把它们拟人化（anthropomorphize）。这种思维方式会让人们用给人进行分类的方式来评价产品。一项最新研究表明，被试看到一则有汽车照片的广告，图中的汽车看起来在"微笑"或"皱眉"。一部分广告文案用第一人称撰写，以启动人类图式，而另一部分文案的内容相同，但用第三人称撰写。当人类图式被启动时，人们对"微笑着"的汽车的打分比"皱眉头"的汽车更高。[85]

刺激物的组织

人们如何解释一个刺激物，一个决定性因素是刺激物与其他事件、感觉或形象的关系。当纳贝斯克公司（RJR Nabisco）推出小熊饼干（Teddy Grahams，一种儿童食品）成人版时，包装使用了拘谨的颜色，目的是强调成人食品特性。然而，销量却令人失望。为此，公司将包装盒更换成了亮黄色，以传达这是一种开心零食，购买者将亮黄色与好吃的味道联系在一起，结果成年人开始购买这种饼干。[86]

人们感受到的刺激往往是模糊的。过去的经验、期望和需要都会影响对刺激的解释。经典的实验表明，人们只是"看到"所要"看到"的东西。在这项实验中，美国两所大学的学生观看了两所学校之间的一场特别粗野的橄榄球比赛录像。虽然每个人看到的录像相同，但不同学校的学生所看到的球赛犯规和过失程度却不一样。[87]

该实验表明，消费者倾向于将自己的欲望和假设投射到产品和广告上。这种倾向有时会让营销者很恼火。Planters Lifesavers公司在推出一种真空包装的花生豆时就出现了问题，这种产品名为"Planters鲜烤"。公司的本意是利用消费者日益高涨的对新鲜烘焙咖啡的热情，突出花生豆的鲜烤特点。但是，超市经理却打电话来询问，谁应承担清理商店里咖啡研磨机四周的花生碎屑的费用。Planters Lifesavers公司意识到失败就在眼前。[88]

旁观者的眼睛：偏差解释

人的大脑有一种倾向，会根据一些基本组织原则将感觉与记忆中的其他感觉相联系。这些组织原则源自格式塔心理学，该学派认为，人们从一系列刺激而不是单一刺激中获得意义。德语**格式塔**（Gestalt）大体上就是整体、模式、完形轮廓的含义，"整体大于部分之和"是最好的概括。对刺激的各个部分逐一分析不能达到总体效果。格式塔观点提供了关于刺激物的组织方式的以下几个原则：

● **闭合原则**（closure principle）说明人们倾向于把不完整的图形感知为完整的

图形。也就是说，倾向于根据自己以前的经验来填补图形中的空白部分。该原则解释了为什么即使在霓虹灯中的几个字母都烧坏的情况下，大多数人也能看懂广告牌。当只听到广告语或主旋律的一部分时，闭合原则就会起作用。在营销策略中，利用闭合原则可以鼓励观众参与，提高注意广告的概率。

- **相似原则**（principle of similarity）是指消费者倾向于将已有相似物理特性的物品归类在一起。在为其冷冻蔬菜进行包装设计时，绿巨人（Green Giant）就根据这个原则将不同产品的包装统一起来，这些产品放在一起时就产生了“绿色海洋”的效果。
- **图形-背景原则**（figure-ground principle）是指刺激物的一个部分居于图形主导地位，而其他部分是相对次要的背景。想象一张相片中间位置有一个聚焦的清晰物体（如圆形），眼睛会直盯着主体圆形物，就不难理解这个概念了。圆形的部分被看作图形还是背景，这既取决于消费者个体差异，也依赖其他因素的影响。在营销广告中，如果使用图形-背景原则，可以把刺激物作为广告的焦点，或者仅作为围绕中心的背景。

符号学：我们周围的象征

正如我们看到的，当人们试图理解营销刺激的意义时，总是根据先前的联想来解释。在一项实验中，当研究者告诉消费者不同品牌啤酒的成分之后，消费者的偏好就改变了。如果酒吧顾客参与味觉测试，将可以免费品尝啤酒（估计几乎没有人拒绝）。顾客每次品尝两种啤酒，一种是百威纯生啤酒或三姆啤酒（Samuel Adams），另一种则是同样的啤酒但是加入几滴香醋。虽然大多数啤酒迷都认为加醋会让啤酒变得难喝，但实际上，在不知道哪种啤酒加了醋的被调查者中，有60%的人实际上更喜欢加醋的啤酒！但是如果在品尝之前就告知加醋，那么只有1/3的人表示更喜欢这种啤酒。[89]

人们获取的意义影响其感知的象征意义。毕竟，许多营销形象表面上与实际产品并无实质联系。美国西部牛仔与过滤嘴香烟有什么关系呢？篮球运动员勒布朗·詹姆斯（LeBron James）和歌唱家蕾哈娜（Rihanna）等明星又怎么能够提高软饮料或者快餐店的形象呢？

为了帮助理解消费者解释象征意义的方式，一些营销者求助**符号学**（semiotics）研究。符号学研究标志和象征之间的联系，以及它们在赋予意义中的作用。[90] 由于消费者会用产品来表明自己的社会身份，符号学对于理解消费者行为很有价值。产品具有习得的含义，我们要靠营销者来帮助理解那些含义。正如一位研究者所说：“广告就是一部文化/消费词典，产品是词条，定义就是文化的含义。”[91]

根据符号学理论，每则广告信息都包含三个基本要素：目标客体、标志或象征以及诠释。**目标客体**（object）指广告语所指向的产品（如万宝路香烟）；**标志**（sign）指能够传达意欲含义的感官形象（如万宝路的牛仔形象）；**诠释**（interpretant）即消费者引申的含义（如粗犷的和个人主义的美国人）。它们的关系如图3-4所示。

根据符号论学者查尔斯·桑德斯·皮尔斯（Charles Sanders Peirce）的观点，标志与客体的联系方式有三种：与客体相似，与之相关，或传统上与之相联系。**图标**（icon）是在某些方面与产品相似的一种标志（如福特野马（Ford Mustang）在

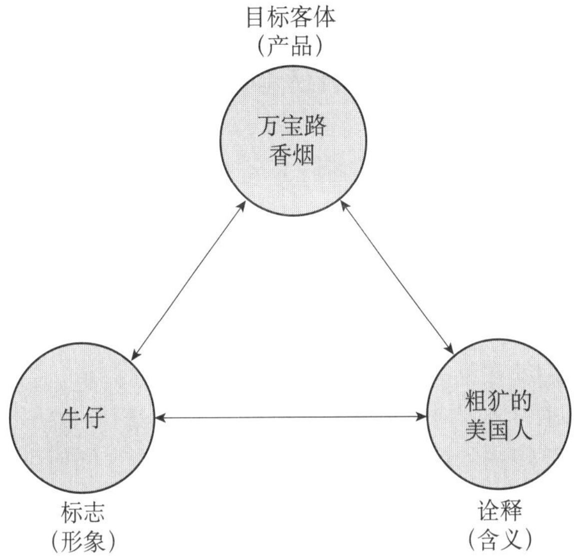

图 3-4 符号学关系

发动机罩上有一匹飞奔的马）。**指标**（index）是与产品相关的一种标志，因为它们具有共同的属性（如宝洁公司 Spic 和 Span 清洁产品上的松树就表示它们都具有清新的香味）。**象征符号**（symbol）是通过传统的或一致认可的联想而与产品相联系的一种标志（如 Dreyfus 基金管理机构的广告中的狮子，使人易于联想到无畏与力量，继而联想到公司的投资方式）。[92]

创建能清晰表达产品形象的品牌名称和商标费时费钱。2011 年，星巴克推出新商标，去掉了星巴克咖啡的字样，只保留了著名的美人鱼图案。在一个网络视频里，公司 CEO 霍华德·舒尔茨（Howard Schulz）解释说，这个改变意味着公司旨在“超越咖啡”。[93]

在跨文化中，品牌选择更加困难。例如，随着中国企业日益国际化，许多公司重新将其古老的中国象形商标设计为中西方都能理解的企业商标。中国的象形文字是真正的图标，因为古代的符号曾经是画出来的词。例如，中国电信的商标中两个相互交错的字母“C”形成了中文的“中”，同样代表了公司关注的新焦点“顾客”（customer）和“竞争”（competition）的概念。此外，这个商标形似于一头勤劳的牛的两只角。最近，软件公司甲骨文（Oracle）重新设计了其在中国市场上的商标，增加了“甲骨文”三个汉字。这家位于美国加利福尼亚州的公司对这个翻译非常乐观，因为这种表达可以追溯到中国古代，当时的预言被刻在骨头上。它传递了甲骨文公司数据库的核心竞争力——数据存储。[94]

超真实

最近，百威啤酒推出超级碗广告——“无论什么，USA”（Whatever，USA）。广告中的小城镇有蓝色的街道、灯杆和围栏。主街道的中心还有一个热水浴缸、沙堆、演唱会舞台。舞台周围聚集着参加聚会的人群。现实中，百威公司向科罗拉多州的滑雪小镇付了整整 50 万美元，请他们改装小镇，准备好周末的拍摄。有 1 000 多名饮酒狂欢者乘坐飞机来到这里，拍摄百威淡啤酒的广告。后来因为很多居民推迟了出借小镇的计划，百威最终花了两倍的费用。[95]

位于美国弗吉尼亚附近的北卡罗来纳州芒特艾里（Mount Airy）小镇，是受安迪·格里菲斯情景剧（Andy Griffith show）中虚构的Mayberry小镇的启发而建成的。为了吸引游客，这个小镇慢慢地把自己变成了一个电视镇：如果你来到Mayberry汽车旅馆，一位看起来像蜜蜂阿姨的人将带着你游览一圈。你还可以坐着和警长安迪·泰勒开过的车类似的老式警车到处转一转。如果你足够幸运的话，也许还可以碰到扮演剧中Thelma Lou的女演员。如果你愿意，还可以得到她的签名呢。[96]

现代广告的标志之一是它创造了一种称为**超真实**（hyperreality）的情境。超真实指将初始的虚拟或者假设变为真实的过程。当广告公司建立产品和利益之间联系的时候，它们就在目标客体和解释之间创建新的关系，如将万宝路香烟与美国先驱精神联系起来。随着时间的推移，在超真实环境下，象征与现实之间的关系不再可能区分开来。产品象征与真实世界之间的“人造”联想也许会有它自己的生命力。

粉丝们创造了与“现实”相对应的产品，虽然现实并不存在。近来有很多这样的例子。例如，Pinterest上粘贴的食物照片。这些菜品或食物来自情色小说《五十度灰》（*Fifty Shades of Grey*）、《非官方广告狂人食谱》（*The Unofficial Mad Men Cookbook*）、《非官方哈利·波特食谱》（*The Unofficial Harry Potter Cookbook*）、《非官方纳尼亚食谱》（*The Unofficial Narnia Cookbook*）、《冰与火的盛宴》（《权力的游戏》）和《唐顿庄园的食谱》（*Abbey Cooks Entertain*）。[97]甚至GEICO美国汽车保险公司的蜥蜴都出版了一本名为《你只是人类：生命指南》（*You're Only Human: A Guide to Life*）的书，内容涵盖从文身到牙线剔牙，应有尽有。[98]

知觉定位

人们常常根据产品的种类和品牌特点，以及已有的知识来解释产品的刺激物。对一个品牌的知觉既包含它的功能属性（它的特色、价格等），也包括它的象征属性（它的形象以及我们在使用它时能够表达自己的东西）。在后面的章节中将会进一步探讨品牌形象之类的问题。但现在要记住（如第1章所述），人们对产品的评价一般是根据产品本身的意义，而不是产品能够做什么，这一点很重要。这种消费者感知的意义构成了产品的市场定位，它可能不是与产品本身，而是与人们对产品性能的期望关系更为密切。产品性能是通过产品颜色、包装或者款式来表现的。

如果营销者了解消费者看待一系列竞争品牌的方式，就可以此为基础设计**定位战略**（positioning strategy）。定位战略是一家公司营销努力的最基本元素，它通过营销组合元素（如产品设计、价格、分销和营销沟通等），来影响竞争环境下消费者对该定位的意义的理解。例如，虽然消费者对某种产品的味道偏好非常重要，但这种功能属性只是评价产品的一部分。

营销者可以利用多个维度来建立品牌在市场中的定位[99]：

- **生活方式**：Grey Poupon品牌的芥末是“高品质”的调味品。
- **价格领先**：欧莱雅Noisôme洁面乳在高档美容店出售，与其化学成分相同的Plenitude洁面乳却仅以Noisôme的1/6价格在折扣店出售。[100]
- **属性**：Bounty纸巾“表层吸水更快”。
- **产品类别**：马自达的米亚达车是敞篷跑车。
- **竞争者**：西北保险公司是“安静的公司”。

- **场合**：在禁烟场所箭牌口香糖是替代物。
- **使用者**：李宁服装主要针对爱好户外运动的消费者。
- **质量**：在华为公司，“质量是第一位的”。

本章小结

现在你已经读完本章，你应当了解为什么：

1. 产品设计是产品取得成功的关键驱动力。

近年来，在面对多种选择时，从产品和服务中得到的感官体验已成为越来越重要的考虑因素。除了功能价值，消费者越来越希望产品带来享乐价值。消费者认为，大多数品牌的功能相似，因此，在选择品牌时，更加看重产品的审美品质。

2. 虽然我们喜欢产品和广告，但是因为信息过于庞杂，大部分产品和广告我们没有注意到。

营销刺激具有重要的感觉性质。人们在评价产品时，要依赖其颜色、气味、声音，甚至对之的“感觉”。并不是所有的信息都能被感知并加工。许多刺激在吸引注意力，但大部分没有被注意到或者被正确理解。

3. 知觉是一个过程，包含从初始刺激物到赋予意义的三个阶段。

知觉是对视觉、听觉和嗅觉等物理感觉进行选择、组织和解释的过程。对一种刺激物的最终解释是给它赋予意义。知觉地图是一种广泛使用的营销工具，用于评价竞争品牌在相关维度上的相对地位。

4. 阈下广告是一种有争议且效果甚微的广告方式。

在人们暴露于低于阈限的视觉和听觉信息的情况下，潜意识劝说和相关技术引发了许多争议。尽管实际上并没有证据表明潜意识劝说有效，许多消费者仍然相信广告公司在使用这种技术。刺激（阈限以上）被感知的决定因素包括刺激的暴露程度、对刺激的注意是如何产生以及如何被解释的。在刺激信息日益喧嚣的环境中，当过多的营销信息争夺我们的注意力时，广告处于混战状态。

5. 我们按照习惯的方式和期待来解释所注意到的刺激。

刺激不是孤立地被感知到的，它是按照知觉的组织原则来进行分类和组织的。这些原则由格式塔，或者整体方式来引导。具体的分类原则有闭合原则、相似原则和图形-背景的关系原则。知觉过程的最后一步就是解释。因为与他人共享象征符号的解释，所以人们才能理解这个世界。象征主义与过去经验的一致性程度影响人们赋予相关客体的意义。

6. 符号学有助于我们理解营销者如何利用符号来创造意义。

营销者试图通过建立消费者与产品和服务，以及与渴望得到的属性之间的关系，实现与消费者的沟通。符号学的分析涉及刺激与标志含义之间的对应关系。意欲含义可以是简单平实的（如带有儿童玩耍图示的街道图标），也可以是指示性的，这依赖共识特征（如站台上的红色信号表示危险）。意义可由象征符号传达，象征符号的形象由社会成员的约定或习惯形成并赋予意义（如用八边形表示停止，三角形表示投降）。随着假设变成现实，营销者创造的这种联系就具有了生命力：这就是超真实。

复习题

1. 定义享乐型消费者，并举例说明。

2. 触觉如何影响消费者对产品的反应？

3. 辨别并描述知觉的三个阶段。

4. 绝对阈值与差别阈值有什么区别？

5. 阈下知觉有作用吗？为什么？

6. 请描述导致刺激适应的两个因素。

7. “整体大于部分之和。”请解释这句话。

8. 列出三个广告中的符号学元素，并举例说明这三个元素。

9. 增强现实是什么意思？举例说明（书中例子除外）。这个概念与虚拟现实的区别是什么？

10. 什么是定位战略？营销者可以用来为产品定位的方式有哪些？

消费者行为挑战

讨论

11. 假设某些形式的阈下劝说能够有效地影响消费者，你认为使用这些技术是道德的吗？请解释。

12. 电影《哥兹拉》（*Godzilla*）的广告语是“大小确实要紧”。这个广告语对美国人也适用吗？许多营销者都这么认为。一般的饮水机提供的饮料从 12～20 盎司不等。一位工业咨询人员解释道，32 盎司的“大杯饮料”如此受欢迎，是因为“人们喜欢手里拿着大东西，越大越好”。[101]哈迪斯巨无霸汉堡包有 2 片牛肉饼、5 片熏肉，脂肪含量是 63 克，热量超过 1 000 卡路里。衣服也像气球一样膨胀起来：Kickwear 公司生产的女士牛仔裤直径为 40 英寸。电视机的标准过去是 19 英寸，现在是 32 英寸。作为新千年的交通工具，笨重的运动型多功能车（SUV）已经取代微型跑车。一位消费心理学家提出消费大件产品是情理之中的事。“大件产品弥补了我们的弱点，”她说，“它们给我们带来了隔离感，让我们感觉不那么容易死去。”对大件物品的偏好是美国人独有的吗？你相信“越大越好”吗？这是合理的营销策略吗？

13. 增强现实的应用变得更加高级。我们可以用智能手机屏幕观察周围的一切以得到“增强的”体验。你认为这是个积极的发展还是个问题？

14. 本章谈及替代提升价格的方法是减少产品的分量，保持价格不变。你认为这样做道德吗？

15. 心理图式的定义是什么？请给出一个与营销相关的例子。

应用

16. 对 3～5 位男性朋友和 3～5 位女性朋友进行访谈，询问他们对男性香水和女性香水的知觉，并绘制每种产品的知觉地图。根据香水地图，你能发现目前产品提供不足的区域吗？如果有，评价消费者使用的有关维度和特定品牌在这些维度上所处的位置。你发现了哪些性别差异？

17. 利用图书馆收藏的杂志，跟踪某个品牌，一段时间后，找出其包装方面发生的变化，可能在最小可觉察差别以下。

18. 访问为同一类产品（如个人电脑、香水、洗衣液或者运动鞋）设计的几个网站，分析其使用的颜色和其他设计原则。哪个网站“起作用”？哪个网站“不起作用”？为什么？浏览一本杂志，挑出比其他广告更吸引你的一则广告，并说明原因。

19. 找出利用对比和新颖性技术的广告。你认为每则广告的有效性如何？评价这种技术对于广告目标消费者而言是否适宜。

20. 假设你是一位咨询师。请你向为一种优质高价的新巧克力设计包装的营销者提建议。他们的目标市场是富裕的消费者。请你就颜色象征体系和图形设计等包装要素提一些建议，并说明你的理由。

案例研究

地铁广告的美丽新世界

美国塔吉特、可口可乐、凯迪拉克、美汁源、卡尔文·克莱恩（CK）、皇家加勒比游轮公司等，这些公司有何相似之处？它们都突破了杂乱的传统广告，以吸引潜在客户。在此过程中，它们还为客户带来惊喜和乐趣，减少乘坐地铁时的无聊。

自有地铁以来，地铁广告几乎相伴而生，历史久远。广告媒体的鼻祖——纽约地铁广告公司（Submedia）和地铁电子媒体公司（Digital Underground Media），为这个老地方带来新点子。它们使用一种创新技术，类似儿童翻页书，照亮地铁隧道。原来黑暗的隧道摇身一变，成为一个珍贵的广告展示橱窗，大部分广告商对此兴致盎然。

这种技术的核心是：把一系列静态图片放置在照亮的控制面板上。这些控制面板占地500～1 000平方英尺，上面通常布满涂鸦、尘垢，偶尔还有蝙蝠。当静止时，你看到的只是一张简单的静态图片。但当列车经过时，你看到的是一个15～30秒的全动态商业广告，一系列图片变得栩栩如生。

如果这仅仅是另一个展示商业广告的地方，广告商们不会如此热情。当下，消费者越来越多地只粗略浏览或快进广告，在这样的媒体大环境下，地铁隧道广告展示了其独特的可能性。广告商们热切地要抓住机会，想在传统的广告重围中脱颖而出。因为地铁广告确实十分独特，很可能抓住人们的注意力，即使是对筋疲力尽的通勤者也有效。皇家加勒比游轮公司市场营销部高级副总裁丹·汉拉恩（Dan Hanrahan）说道："当看到地铁广告时，人们会感到惊讶，其注意力被牢牢抓住，情不自禁地观看起来。"

广告代理商们认为地铁广告大有可为，原因之一是这类媒体具有独特性。其他原因在于地铁受众们所具有的天然共性——活动受限和无聊。"大多数人认为，地铁广告让他们的旅程不再那么无聊。"地铁广告公司创始人约书亚·思博德克（Joshua Spodek）说，"地铁广告不是在一片美景前转移你的注意力，例如当驾车途经风光秀丽的佛蒙特州时看到的广告那样。实际上，地铁隧道是一种半工业化环境。"

行业高管们称，公众对地铁广告大多有积极的反响，不管是因为广告为无聊观众带来一点乐趣，还是因为这股户外广告新浪潮真的成为行业先锋。根据地铁广告公司的报告，87%的乘客期待看到公司的新广告，60%的乘客称广告让他们的地铁旅程更愉快。

以上这些评论使地铁广告代理商的话语更具说服力。据预测，在同等水平的回忆下，超过92%的消费者记住地铁广告产品，然而只有13%的消费者记住电视广告产品。这意味着高额广告利润，不仅仅是对代理商。大型公共交通机构如果出租其荒废的不动产空间，很有潜力实现大量额外收益。在与地铁电子媒体公司长达两年的实验中，马德里（西班牙）地铁希望，在其两个车站之间的隧道里设置的地铁广告可以增加至少40万欧元的广告收入。

现今北美和南美、亚洲和欧洲，在大流量的客运系统里，无数的地铁隧道正在被广告点亮，这些广告代表着每一个广告商的梦想：一个广受大众追捧的广告。在这个越来越多的人怀疑广告是否泛滥成灾的世界上，地铁广告这一新平台无疑是通向成功的快速列车。

资料来源：www. submediaworld. com/submediaworld/Tunnel _ Advertising. accessed July 23, 2013; Katy Bachman, "Underground Film," *Mediaweek* 18, no. 15 (April 14, 2008): 24; Louis M. Brill, "Subway In-Tunnel Advertising Gives Outdoor a New Direction," www. sub-media. com/

press，accessed May 23，2009；“Madrid Metro to introduce in-tunnel advertising，” http：//www.globalrailnews.com/2014/08/01/madrid-metro-to-introduce-in-tunnel-advertising/，accessed May 13，2015.

问题讨论：

1. 请根据本章中介绍的注意原则，解释为什么乘客如此积极地接收这些地铁广告。注意结合刺激物选择因素来思考。

2. 已经证明，消费者会习惯于某种刺激。广告创作者们需要知道哪些有关适应刺激方面的知识，以及适应对广告成功带来什么潜在影响？

3. 我们已经讨论过运用地铁广告的公司。现在请思考：有没有一些品牌或产品不适合使用这个媒介？请举例陈述你的答案。

第4章 学习和记忆

本章目标

读完这一章后，你将会理解以下几点：

1. 理解消费者如何学习产品和服务非常重要。
2. 条件作用导致学习。
3. 习得的品牌联想可以推广到其他产品。
4. 经典和工具性条件反射不同，这两个过程都能帮助消费者了解产品。
5. 我们通过观察他人的行为来了解产品。
6. 我们的大脑处理品牌相关的信息并把它们存储在记忆中。
7. 与某一产品相联系的其他产品影响我们记住该产品的方式。
8. 营销者测量我们对产品和广告的记忆。
9. 产品有助于我们回忆过去。

开篇案例

天刚蒙蒙亮，屋外树上的小鸟已叽叽喳喳地叫个不停。伴着闹铃声，周丽一骨碌就翻身下了床。啊，又是一个美丽的星期天早晨！刚大学毕业工作不到3个月的周丽还做不到自然醒，晚睡是大学生活的基本特征，而早起还需要一段时间才能习惯。但是，对于刚入职的周丽来说，每天早上已习惯细致地洗脸，用心化妆，因为她在国内一家著名的人寿保险公司营销部工作，保持良好的形象是她的岗位要求。今天她的心情特别好，因为她在一次大型活动中表现出色，公司奖励她一部迷你iPad，她虽然喜欢这款产品，但受经济条件限制，自己还从未考虑买一部。周丽对这款产品并不陌生，在这之前她已多次使用过别人的iPad，对它的功能比较了解。但是，无论如何，公司的这次奖励确实让她印象深刻，她觉得自信心得到前所未有的提高，同时也坚定了她努力工作的信念。

我们如何学习？

如同周丽一样，我们一生中都伴随着许多让自己感觉良好的产品，这些产品会提示她曾经有过的生活。有些产品就利用这种“怀旧”心理来吸引消费者。百事可乐曾推出“回到过去”的广告活动；现在公司销售百事回归（Pepsi Throwback）、激浪回归（Mountain Dew Throwback）和多力多滋（Doritos）墨西哥玉米饼风味的薯片，这些新产品都采用真正的复古包装。霍斯提公司（Hostess）用 20 世纪 70 年代的形象装饰它的零食蛋糕包装，这些形象包括 Twinkie 香蕉人、杯子蛋糕船长、叮咚王和欢乐呵呵圣诞老人。迪士尼正在重新签署《电子世界争霸战》的特许经销权。正如一位百事可乐的营销经理所说：“对于 20 多岁的人来说复古潮流非常酷，因为这与他们对更简单、更纯粹、更真实的生活的渴望紧密相关。他们中的很多人通过自己的脸书网页、Instagram、推特和其他社交媒体参与身份的自我创造，他们把怀旧视作标新立异的一种方法。”[1]

学习（learning）是由经验引起的相对比较长久的行为改变。学习者不一定直接获得经验，也可以通过观察那些对他人产生影响的事件获得经验。[2] 有时甚至不做任何尝试也在学习。例如，消费者即使没有使用过某些产品，也可以识别出这些产品的品牌名称，哼出许多产品（甚至有些产品并非个人使用）的广告音乐。这种随意的、无意识的知识获取过程，我们称之为**无意识学习**（incidental learning）。

学习是一个持续的过程。随着新刺激不断增加，以及不断接收反馈，人们会不断地修正自己今后在类似情形下的行为，进而对这个世界的认识也在不断更新。学习的概念包括很多方面，从消费者对产品标志（如可口可乐）的刺激与反应（想到提神清爽软饮料）的简单联想，到复杂的认知活动（如在消费者行为测试中，写一篇学习的短文），都属于学习的范畴。

研究学习的心理学家发展了多种解释学习过程的理论，主要包括行为理论和认知理论。行为理论关注简单的刺激-反应联系，认知理论则将消费者看作复杂问题的解决者，他们通过观察他人来学习抽象的规则和概念。理解这些理论对营销者同样重要，因为基本的学习原理在消费者购买决策中起着关键的作用。

行为学习理论

行为学习理论（behavioral learning theories）认为，学习是外部事件引起的反应。认同这一观点的心理学家并不关注人的内部思维过程，相反，他们提议将大脑看成一个“黑箱”，强调可观察的行为。可观察的部分包括输入箱子的东西（从外部世界感知到的刺激或事件）和从箱子输出的东西（对这些刺激的反应或响应）。

有两种主要学习方法是这种观点的代表：经典条件反射和工具性条件反射。按照这种行为学习观点，正是在生活中接收到的反馈塑造了人们的经验。类似地，消费者对品牌名称、气味、广告语以及其他营销刺激会做出反应，原因就是逐渐形成的习得联系。人们也从获得的奖励和受到的惩罚中学会某种反馈行为，而且这种习得反馈会影响人们在未来类似情境中的反应方式。那些因为购买某种产品而受到称赞的消费者，更有可能再次购买同样的品牌，而那些曾在某家新开张的餐厅经历过食物中毒的消费者，则不太可能再次光顾这家餐厅。

经典条件反射

经典条件反射（classical conditioning）是指将一种能够诱发某种反应的刺激与另一种原本不能单独诱发这种反应的刺激相配对，随着时间的推移，因为与能够诱发反应的第一种刺激相联结，第二种刺激会引起类似的反应。这种现象是由研究动物消化的苏联生物学家伊凡·巴甫洛夫在狗身上首次发现的。巴甫洛夫通过一个实验归纳总结了经典条件反射学习。在这个实验中，巴甫洛夫将一种中立的刺激（铃声）与另一种已知能够引起狗分泌唾液的刺激（他将干肉粉喷到狗嘴巴里）相配对。因为干肉粉能够自然地引起分泌唾液反应，所以它是**非条件刺激**（unconditioned stimulus，UCS）。随着时间的推移，铃声成了**条件刺激**（conditioned stimulus，CS）。铃声本身并不能引起唾液分泌，但是狗学会了将铃声与干肉粉相联系之后，当单独听到铃声时，也开始分泌唾液。这些犬类听到与喂食时间联结在一起的铃声时就流口水，这种流口水的行为便叫作**条件反应**（conditioned response，CR）。

这个由巴甫洛夫证实的经典条件反射的基本形式，主要用于解释那些由自发的系统（如唾液分泌）和神经系统（如眨眼）控制的反应。也就是说，它重点关注引发饥饿、口渴以及其他基本驱动力的视觉和嗅觉线索。当营销者持续地将这些线索与诸如品牌名称之类的条件刺激相匹配时，日后消费者受到这些品牌线索的刺激，就会产生饥饿、口渴之类的反应。

经典条件反射同样适用于更加复杂的反应。一张信用卡甚至能够成为让你消费更多的一个条件暗示。这主要是因为作为一种刺激，它只出现在消费者花钱的情境中。与使用现金相比，人们发现使用信用卡时，通常会购买更多的东西，并留下数额更大的小费。[3]难怪美国运通（American Express）提醒我们："出门别忘带信用卡。"

在条件刺激和非条件刺激多次相互配对之后，条件作用效果就更有可能发生。[4]反复地暴露——**重复**（repetition）——增强了刺激和反应之间的联结，并防止这种联结在记忆中淡化。一些研究指出，两次暴露之间的间隔以及所使用的媒体类型可能会影响这种策略的效果；最有效的重复策略是交替使用介入水平不同的媒体，例如，把印刷广告作为电视广告的补充。[5]

在许多经典的广告活动中，重复出现的广告语已深深地印在消费者脑海中。如果条件刺激和非条件刺激只是偶尔配对，那么条件反射就不会发生或者不会持久发生。缺乏联结的一个后果是**消退**（extinction），即以前的条件作用逐渐减弱并最终消失。例如，物以稀为贵，如果某种产品充斥市场，它最初的诱惑力便消失，这就是消退。带有独特鳄鱼图案的鳄鱼马球衫（Izod Lacoste）的沦落便是消退的一个例子。曾经是唯一的鳄鱼图案开始在婴儿服装和其他物品上出现时，这种马球衫便失去了其原有的威望。其他竞争者，如拉尔夫·劳伦（Ralph Lauren）马球衫，作为休闲和优雅的象征，有力地挑战了鳄鱼马球衫。现在，Izod 更加注意其标志出现的地方，该品牌开始在某些圈子里重新赢得很"酷"的威望。

刺激泛化

刺激泛化（stimulus generalization）是指与条件刺激相似的刺激往往会引起类似的条件反应。例如，巴甫洛夫注意到，在随后的研究中，他的狗听到钥匙碰撞等类似铃声的声音，有时也会分泌唾液。

人们对其他类似刺激的反应方式与他们最初对刺激的反应方式相同；我们把这种泛化称为**光环效应**（halo effect）。某家药店将其不知名品牌的漱口水故意包装得与李施德林（Listerine）漱口水很像，这可能会引起某些消费者产生类似于对李施德林漱口水一样的反应，即他们假设这种“类似的”漱口水也具有和原有品牌一样的特点。实际上，一项关于洗发水品牌的研究表明，消费者往往认为包装相似的洗发水具有类似的质量和效果。[6]这种“背负式”（piggybacking）策略对原有品牌具有双重的作用：当仿制品的质量比原有品牌的质量差时，消费者会对原有品牌产生更积极和强烈的感情；而当二者质量相差不大时，消费者就会觉得高价的原有品牌不那么物有所值。[7]

刺激甄别

刺激甄别（stimulus discrimination）是指当受到一种类似于条件刺激的刺激时，非条件刺激的行为并不发生。当刺激甄别启动时，反应会减弱并很快消失。学习过程有时要求对一些刺激做出反应，而对另一些刺激不做出反应。知名品牌制造商常常会劝消费者不要购买那些“廉价的仿制品”，因为仿制品的质量不是消费者所期望的。

经典条件反射原理的营销应用

从创立出众的品牌形象到产品与潜在需要之间的知觉联系，行为学习理论解释了许多消费现象。从非条件刺激到条件刺激之间的意义迁移，可以解释万宝路、可口可乐或者阿迪达斯这种人为设计的品牌名称，能够对消费者产生如此强大影响的原因。万宝路人（Marlboro Man）和香烟之间的联结是如此之强，以至于在一些情况下，公司没有必要在其牛仔策马离去融入夕阳的特色广告中标出品牌名称。实际上，最新研究表明，类似的联结在年龄很小的时候就有了，如果在孩子们观看快餐公司如麦当劳的标志时扫描其大脑，代表他们大脑中的愉悦食欲区的灯就会亮。[8]

当研究者将无任何意义的音节（没有意义的一组字母）与漂亮或者成功之类的词匹配之后，词义就转移到这些无意义的词上。最初没有任何意义的词变得有了象征意义，这表明，相当简单的联结可以使复杂的意义和持久的学习产生条件作用。[9]对于希望创建和维持**品牌资产**（brand equity）的营销策略来说，这些联结非常重要。品牌资产使品牌在消费者记忆中留下了美好的回忆，从此赢得了许多忠诚的消费者。[10]

重复的营销应用

广告研究者认为，一则营销信息只要看到三次就足够了，超过了就是多余的。第一次会引起消费者对产品的知觉，第二次会引起消费者与产品之间的某种联系，第三次则会提醒消费者有关该产品的益处。[11]这表明，至少要重复三次才能确保消费者接收到这则信息。正如我们看到的，因为人们倾向于拒绝或者曲解许多营销信息，所以没有办法确保消费者接收到信息。如果营销者试图将某种联结变成条件反射，就必须确保目标消费者受到足够多次的刺激，从而“黏住”消费者。

另一方面，好事也有过头的时候，消费者对听到或看到的某种营销刺激会习以为常，不再注意。一种解决办法是变换同一基本信息的表现方式，从而缓解所谓的**广告疲劳**或**广告损耗**（advertising wearout）问题。丰田公司将一则宣传其零利率支付方式的广告播出了太多次，以至于 1 万名厌倦透顶的观众在脸书上组织了一个小组请求公司怜悯。一名受够了的小组成员发帖称：“曾经有过比这更糟的广告，也曾有过重播一样多次的广告，但是从没有过广告像这条这么糟糕而又播出了这么多遍。”[12]

广告商在网站上重复多少次广告为宜？最新研究指出，答案取决于广告与网站内容之间的相关程度，以及是否有竞争广告同时出现在网站上。这一研究发现支持了以下观点：重复广告导致更多的回忆和学习更多广告中的产品（这里指的是笔记本电脑）的兴趣。然而，重复相同的广告主要在网上有竞争者广告的时候才有效。否则的话，最好变化电脑信息（假设人们会拒绝重复出现的广告）。当广告中的产品与网站内容相关时，这些网站上的广告更有效。[13]

条件性产品联结的营销应用

通常，为了创造出一种理想的联结，广告会把某个产品与一种正面的刺激相配对。营销信息的各个方面，如音乐、幽默或者意象，都能够影响到条件反射。例如，在一项研究中，让被测试者观看关于钢笔的幻灯片，同时播放愉快或不愉快的音乐。结果发现，被测试者更有可能选择那些与愉快音乐相配对的钢笔。[14]

营销陷阱

人们对喜爱的品牌标志和社交媒体平台的迷恋，让他们不费吹灰之力就能掌握细微的变化。Gap公司就错误地判断了消费者对其原有品牌标志的迷恋，在没有事先告知消费者的情况下就推出了新的标志。在几小时内，那些忠诚于老标志的消费者就通过铺天盖地的博客发表了他们的不满。Gap公司在其脸书主页上写道：“我们知道这个标志产生了大量的口碑传播，也见证了事件引发的热情的争论，这让我们感到吃惊。”由于批评不断升温，公司为了顾及面子，最后在脸书上服软，并写道：“好吧，我们听得很清楚，也明白你们不喜欢新标志……我们今晚就撤回新标志。”[15]

刺激泛化的营销应用

刺激泛化过程对于品牌和包装决策至关重要，因为这些决策是通过建立消费者对某一现有品牌或公司名称的良好印象和联想而获益的。在美国，如果一所大学拥有获胜的运动团队，这种联结的价值就会显而易见。那些运动队的忠实粉丝们会疯狂地抢购从衣服到浴室用品各种带有学校名字的东西。这种生意在20年前是不存在的，因为当时的学校还不愿意将其形象商业化。当有人将农校（Aggie）的标志印在手枪系列商品上之后，得克萨斯州农工大学便成为最早对学校形象进行商标保护的学校。而今天，情况完全不同。从印有学校标志的汗衫到杯垫甚至马桶，许多学校的管理者从中获得了不错的版税收益。[16]

基于刺激泛化的策略包括下面几种：

- **家族品牌**（family branding）——许多产品都是因为公司良好的品牌声誉而盈利的。例如，金宝汤、亨氏（Heinz）和通用电气等公司就是依靠其良好的企业形象来销售不同的产品系列的。
- **产品线延伸**（product line extensions）——营销者利用原有品牌再推出相关产品。都乐品牌（Dole）让人联想到水果，推出了冰冻果汁和果汁吧；而阳光少女（Sun Maid）葡萄干品牌推出了葡萄干面包。星巴克公司和Jim Beam Brands公司最近推出了星巴克咖啡利口酒。[17]

● **许可**（licensing）——公司经常把自己的知名品牌名称“租赁”给别人使用，寄希望于公司建立起的习得性联想能被“沾染”到其他产品上。坚宝果汁（Jamba Juice）最近推出了服装产品。[18]芝宝公司（Zippo）以防风的打火机闻名于世，现在正营销旗下的男士香水——不，闻起来不像打火机油。[19]

市场机会

豪华汽车制造商也纷纷开始特许业务。宾利将其品牌名称借给了香水、家具、滑雪用具、手袋，甚至是酒店套房，在纽约的一家酒店以宾利命名的套房每晚价格高达10 500美元。法拉利的名字出现在国际象棋上。Oakley太阳镜等品牌现在用于销售皮草。保时捷甚至走得更远，它开始在全世界经营保时捷零售商店，一位女性发言人说：“箱包、自行车、办公用品、服装店都可以延续保时捷的驾驶体验。”[20]

● **相似包装**（look-alike packaging）——通过独特的包装设计产生对某一个特定品牌的强烈联想。许多拥有普通品牌和自有品牌的公司通过采用类似知名品牌的包装模式，传达一种高质量的形象。[21]这种策略对消费者对原有品牌的认知产生了怎样的影响？一项研究发现，对模仿品牌的消极体验实际上可以增强消费者对被模仿品牌的正面评价，而对模仿品牌的良好体验则会降低对被模仿品牌的评价。[22]另一项研究发现，消费者倾向于对模仿品牌抱正面的态度，前提是模仿品牌没有对自己过分夸耀。[23]

当然，如果模仿品牌与被模仿品牌太相似，这种策略就给律师找了许多麻烦。独占品牌的营销者为保护其设计和标志，每年都要提起大量的诉讼。一家公司的标志、产品设计与另一家的如此类似，以至于一位典型的购物者都无法分辨，这可能吗？以李维斯为例，它已向近百家服装生产企业提起诉讼，指控这些公司借用了它的商标设计。[24]

已经成功塑造品牌形象的公司，试图通过强化某一独特属性来帮助消费者区分与竞争品牌的差别。因此，美国运通旅行支票不断提醒：“旅行支票用运通。”另一方面，如果一个品牌名称使用太广泛，就不再具有与众不同的特色，甚至成为公共名称的一部分，从而被竞争对手使用，如阿司匹林（aspirin）、玻璃纸（cellophane）、悠悠球（yo-yo）、自动扶梯（escalator），甚至谷歌（开始的时候用作名词，现在也作动词用）。如果你是竞争者，品牌名称能否被普遍接受就是难以逾越的门槛：微软希望有朝一日，当我们想获得信息时会选择“必应”，而不是“谷歌”。

工具性条件反射

工具性条件反射（instrumental conditioning），又称为操作性条件反射，是指个体学会那些能产生积极结果并避免负面结果的行为。心理学家B. F. 斯金纳（B. F. Skinner）的研究与这个学习过程联系最密切。他通过系统的奖赏来鼓励理想的行为，教会鸽子和其他动物跳舞、打乒乓球和表演其他活动，从而证明了工具性条件反射。[25]

经典条件反射中，反应是简单而自然的。在工具性条件反射中，反应是为了达到某一目标而刻意发生的，并且比较复杂。因为中间步骤需要一个具有奖赏的塑造（shaping）过程，因此，理想的行为需要一个过程才能学会。例如，新开张的小店店主可能会因为购物者的光临而给予奖励，目的是期望他们继续光顾。

同样，经典条件反射包括两个紧密联系的刺激配对，而工具性条件反射发生的条件是，所需要的行为发生之后给予行动者奖励。因此，这种学习需要一段时间，学习者会尝试或放弃其他不会获得强化的行为。区分经典条件反射和工具性条件反射的一个好办法是：工具性条件反射学习中，反应的发生是为了获得奖赏或者避免受到惩罚。随着时间的推移，消费者会逐渐与那些提供奖赏的人交往，并选择那些能够满足某些需要或者让他们感觉良好的产品。

工具性条件反射发生的方式有以下三种：

1. 当环境通过给予奖励的方式提供**正强化**（positive reinforcement）时，反应就得到加强并使个体学会适当的行为。例如，一位妇女在喷洒激情香水后得到称赞，她就知道使用这种产品有理想的效果，从而更有可能继续购买这种产品。

2. **负强化**（negative reinforcement）同样能够使反应得到加强，以便让学习者学会适当的行为。一家香水公司可能会播放这样一则广告：一位妇女周六晚上不得不待在家里，因为她没有使用这个公司的香水。这则广告要表达的信息是，这位妇女只有使用这个公司的产品，才能避免这种消极结果的出现。在负强化中，我们为了避免不愉快而做某些事情。

3. 与此不同的是，**惩罚**（punishment）是指不愉快事件发生后的反应（如喷洒不合时宜、难闻的香水后受到朋友们的嘲笑）。我们通过这种难堪的事件学会了不要重复这些行为。

为了帮助大家理解三种学习机理的不同，要记住，一个人的环境会对他的行为做出反应，这些反应可以是积极的，也可以消极的，营销人员可以应用或消除这些后果（或预期有后果）。也就是说，在正强化和惩罚的条件下，一个人因为其某种行为而获得一种反应。相反，负强化则是指一个人规避某种行为后果——规避负面的事情令其感到愉快，所以是一种奖励。

最后，当不再获得积极的结果时，消退（extinction）就有可能发生，所学到的刺激-反应联结也不会再维持（就像那位妇女不再喷洒香水以获得赞美一样）。因此，由于愉快的经历，正强化巩固了反应与结果之间的日后联结。但是在惩罚和消退的情况下，因为不愉快的经历，这种联结弱化了。图4-1可以使你容易理解这四种情境之间的关系。

对于营销者来说，找到最有效的强化程序非常重要，因为这与为了奖赏消费者从而产生理想的行为所付出的努力和投入的资源数量有关。以下几种程序是可能的：

- **固定时距强化**（fixed-interval reinforcement）——在规定的一段时间后，所做出的第一个反应就会带来奖赏。在这种情况下，在刚得到强化后，人们的反应一般会变缓，但是当下一次强化的时间来临时，人们的反应会加快。例如，在商店季节大甩卖的最后一天，人们会大量涌入，而下次季节大甩卖到来时，类似的情况才会发生。
- **不定时距强化**（variable-interval reinforcement）——在强化之前所必需的时间内，故意在某一平均值上下变化。因为个体不确切知道什么时候可以得到所期望的强化，所以反应必须保持一定的速率。零售商聘用的所谓秘密购物者依据的就是这一逻辑。这些秘密购物者会不定期装扮成顾客来测试服务质量，而且店主永远不

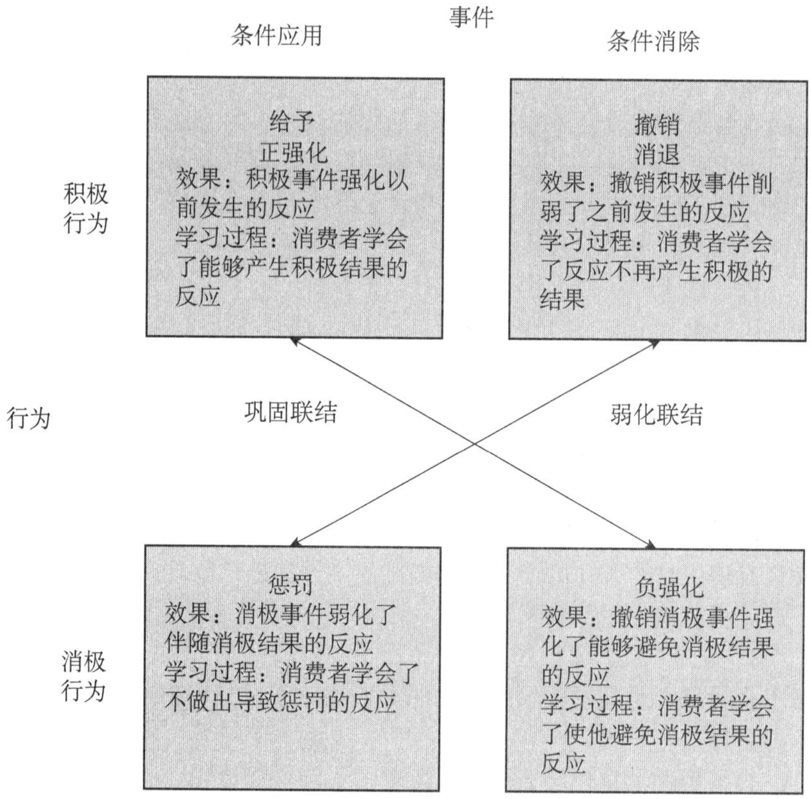

图 4-1　强化的类型

会确切地知道何时会碰到这种拜访，因此为了“以防万一”，必须时刻保持高质量的服务。

- **固定比率强化**（fixed-ratio reinforcement）——个体只有完成一定数量的反应后，强化才会发生。这个程序激励人们不断地重复同一种行为。例如，一个消费者为了收集到获奖所需的 50 张赠券而不停地在同一商店购物。
- **不定比率强化**（variable-ratio reinforcement）——个体在完成一定数量的反应后会获得强化，但他并不知道需要反应多少次。在这种情况下，人们反应的速率非常高且稳定，并且这种类型的行为难以消退。老虎机对消费者的巨大诱惑力就在于此，它利用了这一强化程序。赌徒知道如果不断地往老虎机里投币，他们最终就会赢得一些东西（如果他们自己还没输光的话）。

工具性条件反射原理的营销应用

当消费者因其所做出的购买决策而受到奖赏或惩罚时，工具性条件反射原理便会起作用。商家会通过采取适当行动来逐步强化消费者反应，以改变他们的行为。一个汽车经销商会鼓励一个犹豫不决的购买者坐到展品车里，然后建议他试驾，从而试图将车卖出去。

营销者采用很多方式来对消费者进行强化，从购物后简单的致谢到可观的折扣以及电话回访，都是对消费者进行强化的方式。例如，与那些没有受过任何强化的受控制小组相比，那些每次付款后都收到感谢信的新顾客组会让人寿保险公司的保单更新率更高。[26]

现在很流行**频繁营销**（frequency marketing），这种策略用奖品来激励老顾客，并且奖品随着购物数量的增加而增加。航空业首先使用了这种工具性学习策略，它们在 20 世纪 80 年代就推出了“常客”项目，奖励那些忠诚的顾客。这一做法很快就扩展到其他行业，从电视购物到快餐店都使用这种策略。

游戏化：学习应用的新前沿

许多人都是伴随着游戏长大的，有些人甚至从未停止过游戏。某种意义上说，人生就是游戏。无论是胜利者、失败者，还是挑战者，都要面对并解决各种各样的问题。许多企业走得更远：它们从游戏中借用一些基本的原理，鼓励消费者和雇员参与更加广泛的活动。

快速发展的**游戏化**（gamification）策略通过将游戏元素添加到那些原本比较枯燥或者常规的任务中，将日常的行为转化为一种体验。年轻人是玩着游戏长大的，这些游戏活动建构起他们的学习风格，以及影响他们注意力的平台。[27]游戏的关键要素包括以下几点：

- 动态的数字环境（店内、电脑上或手机上）提供一个复杂的视频游戏平台；
- 多重短时间或长时间的任务；
- 快速和频繁的反馈；
- 用徽章或虚拟产品的形式奖励大部分或全部的努力付出；
- 低风险环境下的友好竞争；
- 对不确定性的某种可控水平。

从根本上说，游戏化策略就是通过向顾客提供奖励，鼓励他们购买更多的产品。过去比较常见的奖励形式包括买十赠一优惠卡。如今，大量的手机 App 可以把奖品分发到最需要的购物者手中——有时还掺杂着营销人员设计的强化计划。事实上，研究表明，如果一家公司在消费者购买次数不多的情况下就事先派发频繁购物者优惠卡，会让消费者感到这种优惠容易获得，从而激发他们继续购买，以达到奖励要求的次数。在一项研究者所谓的**赋予的进步效应**（endowed progress effect）研究中，一家洗车店发给一组顾客“买八送一”的优惠卡，而向另一组已来洗车两次的顾客发放“买十送一”优惠卡。研究者发现，选择第二种优惠条件的人几乎是选择第一种优惠条件的人的两倍，虽然在两种条件下，顾客都是要付八次洗车的钱才能获得一次免费洗车服务。显然这与基本的学习过程有关。正如一位营销专家解释的那样：“虽然形式不同，但原理是一样的，都是为了实现目标，当我们离目标越近时，继续下去的动力就会越大。当跑道上的老鼠靠近食物时，它们跑得更快……当人们接近得到优惠时，去洗车店的频率就会提高。”[28]

许多人类活动（包括商业）领域共同的需要是激励和奖励人们攀登学习高峰。其中包括：

- **商店和品牌忠诚**。Foursquare 是一家基于用户地理位置信息的手机服务网站，当人们走进一家咖啡店或餐厅的时候，就会得到一枚虚拟的徽章。有些人频繁光顾这些地方，以争取获得当地的“市长”头衔。
- **社会营销**。在美国有许多机构都使用 Opower 公司的服务，这家公司向那些减少能源消耗的顾客授予勋章，而顾客则可以与邻居比较自己的进步，并在脸书上发布自己的成绩。

- **雇员绩效**。一些餐厅支持一种称为“客观物流”（Objective Logistics）的服务，用来评价服务员在排行榜上的排名，并奖励那些优秀的服务员更理想的职位以及收入更多的岗位等。[29]

认知学习理论

与行为学习理论相比，**认知学习理论**（cognitive learning theory）强调内部心理过程的重要性。这种观点把人看作问题解决者，人们积极地运用周围的信息来掌控他们的环境。这种观点的支持者也强调学习过程中的创造力和洞察力。

在一个减肥酸果蔓汁的广告中，营销者利用认知理论创作营销信息。广告中有两个男人正在种植酸果蔓，他们的双脚深陷在泥沼中，一群正在锻炼的妇女也加入进来。起初，广告描绘妇女们正在聚会，但是，参与广告创意的一位认知科学家不同意这种安排。她认为，锻炼课会让减肥信息传递得更快，而聚会场面则会让观众感到困惑，观众要花很长时间才能明白这群妇女为什么要聚会。与传统的广告中演员尽早说出产品的经验相反，这位科学家决定，主要演员必须在几秒钟后才提及减肥产品。她解释说，由于广告中有其他行为（锻炼），观众需要几秒钟的时间理解画面。在测试广告最佳记忆时，这则新广告获得了较高的评价。[30]

学习是有意识的吗?

人们是否能够意识到，或者什么时候会意识到学习的过程呢？这方面的争论很多。[31]虽然行为学习理论的支持者强调条件反射的普遍性和自发性，但是认知学习理论的支持者认为，即使这些简单的条件反射也是以认知因素为基础的：对一种刺激后跟随着一种反应的预期，而这种预期的形成是一种心理活动。根据这个学派的思想，条件作用之所以发生，是因为主体形成了有意识的预期，并按照预期采取行动。

有证据表明，确实存在**无意识程序性知识**（nonconscious procedural knowledge）。人们对某些信息的处理的确是采用自发和被动的方式，我们都有这种经验，研究者称之为“无意识”。[32]比如，当我们遇到陌生人或者新产品时，一般会倾向于以头脑中已知的分类来做出反应，而不是费尽心思去形成一个新的类别。在这些情况下，某个触发特性（trigger feature）激起人们的某种反应。这里的触发特性是指暗示我们按照特定模式做出反应的一些刺激。例如，在一项研究中，让男性被测试者评价一个广告中的汽车特性，如果广告中同时出现一个有诱惑力的女性（触发特性），则不论汽车特性如何，男性都会对汽车的各项性能评价较高，尽管男性并不相信广告中那个充满诱惑力的女性实际上对他们所作出的评价产生了影响。[33]在后面的章节中，还会进一步讨论触发特性。

然而，许多现代理论家开始将一些自发的条件反射事例视为认知过程，尤其是在这些事例中存在刺激-反应联结预期时。实际上，研究发现，如果利用屏蔽效应（masking effects），即让测试对象难以区分条件刺激与非条件刺激的联结，条件反射就会显著减少。[34]如果一个年轻女孩观察电视上和现实生活中的女性发现，似乎散发出甜美气味和衣着诱人的女性更容易引起人们的注意和称赞，那么，她可能会由此断定，如果她也喷洒香水，就更有可能获得类似的奖赏。于是为了得到社会的认可，她就故意在身上喷洒一些流行的香水。[35]

观察学习

当人们观察他人的行动并由此强化自身的行为时，**观察学习**（observational learning）就发生了。在这种情况下，学习是替代性（vicarious）经验而不是直接经验的结果。这种类型的学习过程比较复杂；人们不断在记忆中积累这种观察到的知识，以便在日后某个时候运用这些信息来指导其行为。特别是当我们专注于其他需求时，我们可能会模仿其他人的行为，作为一种**社会默认**（social default）。[36]

这种模拟他人行为的过程称为**模仿**（modeling）。例如，当一位女士要购买一种新的香水时，她会想起数月前她的朋友使用某个品牌的香水时所得到的反应，从而模仿这位朋友的行为，并希望获得同样的反响。

这种模仿过程是一种非常有效的学习方式，人们模仿他人行为的倾向也可能会产生消极的效果。特别值得关注的是，电影和电视潜移默化地向儿童灌输的暴力倾向。通过看到的表演（如卡通英雄），孩子们会看到新的攻击方式。在以后的某个时候，当他们生气时，就会模仿这些行为。一项经典的研究表明，模仿对儿童行为有影响。研究过程中，让儿童观察一个成年人踩踏、击倒和以其他方式折磨一个大的充气娃娃，当将儿童和玩具娃娃单独留在一个房间里时，儿童就会重复这些攻击行为，而那些没有看到攻击行为的儿童则不会这样做。[37]遗憾的是，显然，这项研究本身与暴力电视节目产生的效果也类似。

图 4-2 表明，要使观察学习通过模仿的方式发生，必须满足以下四个条件[38]：

1. 消费者的注意必须指向适当的榜样，该榜样因其魅力、能力、地位或者相似性而被消费者模仿。

2. 消费者必须记住榜样的所作所为。

3. 消费者必须将这些信息转变为行动。

4. 消费者受到激励来表现这些行为。

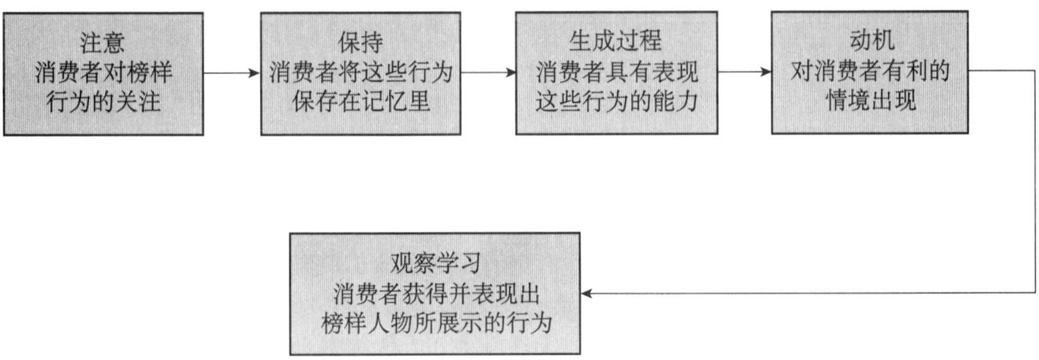

图 4-2　观察学习过程

认知学习原理的营销应用

消费者通过观察他人的行为，间接地强化了某种行为，这方便了营销者的工作。营销者不必真的去赏罚消费者的购买行为（如果这样实施赏罚，代价会非常高，并且是不道德的）。相反，由于消费者会在日后模仿榜样行为，营销者只需告诉消费者，那些使用或没有使用他们产品的榜样所发生的后果就够了。例如，某香水广告描述一位女士因为使用该香水而被一群仰慕者围住的情形。无须多言，比起真的说明每一位购买这种香水的女士都受到类似的关注来说，这个广告所产生的学习过程要更有效。(除非你的品牌的市场份额真的非常非常小!)

消费者对榜样的评价远比简单的刺激-反应联结复杂得多。例如，一位名人给人的印象绝不是好或者不好这样简单。[39]这其中混杂了多种属性。一般来说，对一个榜样的模仿程度取决于榜样的社会魅力。社会魅力由数个部分构成：外表、特长、与模仿者的相似程度等。

人们如何学习成为消费者?

对于成年人来说，做一次 spa，舒缓一下身心没什么特别的，但是，对于只有 4 岁的小女孩呢？在美国，有许多服务成年人的 spa 专门为小女孩提供远不只是美甲之类的过时服务。国际 spa 协会报告称，目前有 25％的会员专门为 13 岁以下人群服务。[40]

孩子并非一出生就拥有消费技能。**消费者社会化**（consumer socialization）是“年轻人获取关于他们在市场中扮演角色所需的技能、知识和态度”的过程。[41]有研究者认为，儿童时期就出现的品牌偏好和产品知识会持续一生。[42]

这些知识从何而来？朋友和老师当然会参与消费者社会化过程。例如，孩子们会相互讨论消费品，而且这种倾向日益增强。[43]尽管如此，尤其是对年幼的孩子而言，两种最主要的社会化来源还是家庭和媒体。

父母的影响

父母对消费者社会化有直接的和间接的影响。他们必然会将自己的消费价值观灌输给孩子（“你应该懂得 1 块钱的价值”）。父母也会决定孩子对诸如电视、销售人员和同龄人等其他信息来源的接触程度。[44]文化期望孩子介入购买决策的程度，也会影响父母训练孩子消费者社会化的开始时间和方式。例如，处于希腊和印度等传统文化中的父母，与美国和澳大利亚的父母相比，会推迟训练孩子与消费相关的技能，较晚教导孩子理解广告的含义。[45]

成年人也是孩子观察学习的榜样。孩子通过观察和模仿父母的行为，学习如何进行消费。营销者将成人产品包装成儿童版，鼓励儿童进行模仿。这种对产品偏好的传承有助于建立品牌忠诚，研究者在研究妈妈和女儿选择产品的过程时证明了代际的影响。[46]

消费者社会化的过程始于婴儿时期，那时孩子们就随父母逛商店，第一次接触营销信息。在两岁前，儿童就开始向父母索要自己想要的产品。当儿童学会走路时，也就开始在商场中自行选择。大约 5 岁时，大多数儿童可以在父母或祖父母的帮助下买东西。8 岁时，大多数儿童已经可以独立购买，成为羽翼渐丰的消费者。[47]儿童成长为消费者所经历的一系列过程如图 4－3 所示。

父母在教育孩子时，风格也不一样[48]：

● 权威型父母是敌意的、限制的和冷漠的。他们与自己的孩子之间没有温暖的关系，他们会审查孩子接触媒体的类型，并且倾向于对广告持否定的态度。

● 疏忽型父母也无法和孩子建立温暖的关系，他们与孩子更加疏远，但不会对孩子过多地控制。

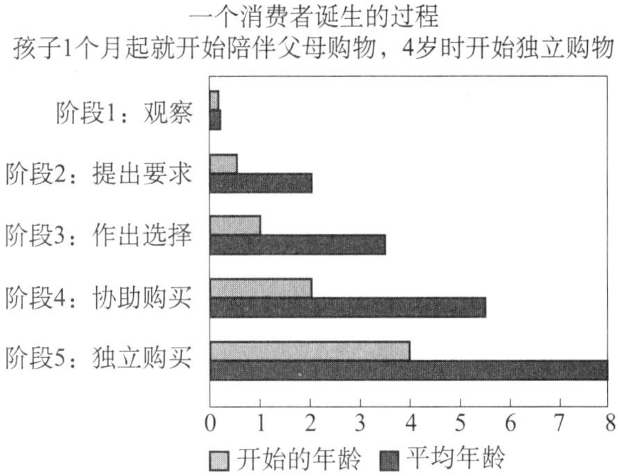

图 4-3 消费者成长的五个阶段（开始的年龄和平均年龄）

● 宽容型父母则更经常与孩子沟通消费方面的事情，但不会施加过多的限制。他们认为应该允许孩子在没有过多干预的情况下了解市场。

电视和网络："电子保姆"

人们在很小的时候就开始受到广告的影响。如今，多数孩子把时间用在电视、计算机和手机上。美国 5 岁及以下的儿童中，大约 80%每周至少上网一次。更甚者，和他们的哥哥姐姐一样，儿童也热衷于一心多用：尼尔森的调查显示，2～11 岁的儿童中，有 36%浏览网页和看电视同时进行。[49]

许多营销者向儿童宣传产品的目的是鼓励他们形成终身的习惯。一项由美国健康研究院支持的研究指出，禁止向儿童做速食广告可以将全美国的肥胖率降低 18%。[50]在两项研究中，英国研究人员比较了电视广告对 152 名 5～11 岁的儿童的饮食习惯的影响。孩子们观看在卡通片播放之前的 10 则广告。在一次试验中，孩子们在看电视节目之前先观看玩具广告。但在另一个试验中，他们用食品广告代替玩具广告，这些食品广告通常是在儿童节目之间播放。看完后，隔两个星期，这些孩子被允许吃零食，数量不限。这些零食放在一个桌子上，有些是低脂肪的，也有些是高脂肪的，有葡萄、芝士米糕、巧克力豆和薯条。看食品广告的 5～7 岁的孩子比那些看玩具广告的孩子多摄入 14%～17%的热量；在 9～11 岁的孩子中，结果更加明显，看食品广告的孩子比看玩具广告的孩子多摄入 84%～134%的热量。[51]

认知发展

显然，随着年龄的增长，儿童做出成熟的"成年的"消费决策的能力会增强（虽然成年人也并非总是能够制定成熟的决策）。营销人员可以根据**认知发展阶段**（stage of cognitive development）对儿童市场进行细分，也可以按照儿童对日益复杂的概念的理解能力进行细分。有证据表明，即使是非常小的儿童，对消费相关信息也具有惊人的学习能力。[52]

儿童会经历不同认知发展阶段，该理论是由瑞士心理学家让·皮亚杰（Jean Piaget）最早提出的。他相信，每个阶段的儿童都以特定的认知结构来处理信息。[53]在一个经典的认知发展示范中，皮亚杰将装在第一个又矮又粗的玻璃杯中的柠檬汁倒入第二个又高又细的玻璃杯中。5 岁的孩子相信玻璃杯的形状决定其容积，因此认为第二个玻璃杯中的柠檬汁比第一个玻璃中多。皮亚杰将这些孩子所处的时期称作前运算阶段（preoperational stage of development）。相反，6岁的孩子不能确定玻璃杯中柠檬汁的容量是否发生了变化。但是，7岁的孩子就已经知道两个杯子中柠檬汁的容量其实并没有改变。

许多发展学专家不再认为儿童在同一时期一定会经历这些固定的阶段。一种观点认为，儿童处理信息的能力或在记忆中存取信息的能力是不同的。主张此观点的研究者识别出三个儿童发展阶段[54]：

1. **能力受限阶段**。6岁以下的儿童，还不会使用存取记忆的策略。

2. **需要提示阶段**。6～12岁的儿童，只有在被敦促的情况下，才会使用这些策略。

3. **实施策略阶段**。12岁及以上的儿童，自主使用存取记忆的策略。

这种认知发展顺序强调儿童与成年人的思维方式的差异，不能期望儿童以与成年人相同的方式处理信息。这也意味着当面对同样的产品信息时，儿童不一定得出与成年人一样的结论。例如，儿童很可能不会意识到电视上看到的并非总是真实的，因而更容易接受劝说类信息。儿童无法区分媒体描述的现实和客观的现实，因此，儿童观看某些电视剧或动画片的时间越久，就越相信其中所描述的形象是真的。[55]儿童也明白成年人的理想形象是怎样的。因为6岁以上的儿童看电视的时间中，有约1/4都是黄金时段，成年人节目和商业对儿童会产生很大的影响，比如，看了口红广告的小女孩会把口红和美丽联系在一起。[56]

有研究认为，儿童对品牌名称的理解会随着年龄的增长而变化。儿童在很小的时候就学习品牌名称；他们在商店里认识品牌名称，形成对一些品牌的偏好，并且根据品牌名称索要商品。然而，品牌名称只是他们简单的感知线索，利用这些品牌名称，他们认出具有某些特别属性的商品。概念化的品牌含义（conceptual brand meanings）强调产品看不见的抽象属性，大约8岁的儿童只能形成图像，几年后才能把这些图像与他们的思想和判断整合在一起。到了12岁时，他们就可以思考品牌的概念和象征意义，并与品牌相关的判断联系在一起。[57]

几家新创公司的经验表明，合理使用消费者心理学原理可以产生经济效益。很久前的大众电视节目《芝麻街》（*Sesame Street*）就已展现出这一趋势，如今，营利性网络也开始采取这种策略。1996年推出的《蓝色斑点狗》（*Blue's Clues*）第一个成功进入学龄前儿童市场，形成了巨大的热潮。*

现在，美国数百万学龄前儿童收看Nickelodeon儿童频道的热播节目《探险者朵拉》（*Dora the Explorer*），他们没有意识到，所看内容的理论基础是**多元智能理论**（multiple-intelligence theory）。这一理论最早于1983年提出，主张利用数学和语言能力以外的其他智力类型，如运动技能或音乐才能，来测量人的智力。因此，在《探险者朵拉》中，当朵拉查阅地图时，她是在提高"空间"技巧；当朵拉叫小观众们帮她数出用来造桥的厚木板时，她是在发展"人际关系智能"。[58]

对广告的理解

由于儿童处理产品信息的能力不同，试图直接吸引儿童的广告可能会引发许多

* 《蓝色斑点狗》是美国尼克公司推出的幼儿电视节目，是世界上第一部完整意义上的互动动画片。——译者注

严重的伦理问题。[59]儿童保护组织认为，7 岁以下的儿童不能理解广告中的劝说类内容，年幼的儿童还不能区分商业广告和电视节目。儿童的认知防御能力还没有发展到能够过滤广告的吸引，正如一位批评者所说，在某种意义上，改变儿童的品牌偏好简直易如反掌。[60]图 4－4 是儿童对广告劝说意图感知的测量草图。

图 4－4 儿童对广告意图感知的测量草图

早在 20 世纪 70 年代，美国联邦贸易委员会就开始采取保护儿童的行动。该机构限制在儿童节目（通常是周六早间电视节目）中间插播广告，并且要求在儿童节目结束和广告开始之间有一个明确的“间隔”（如“广告之后我们马上回来”）[61]

令人欣慰的是，许多食品公司开始采取行动来应对日益严重的儿童肥胖问题，这些问题正是这些食品公司过去助长的。[62]此外，美国联邦贸易委员会近期还强化了隐私保护，包括那些以儿童为目标顾客的移动 App 和网站。现在，如果公司想要收集、识别或者定位儿童的信息，必须事先征得父母的同意。[63]

学术观点

Paul Connell，纽约州立大学石溪分校

当我们还是孩子的时候，就必须学习很多东西，包括如何成为一名消费者。越来越多的文献发现，孩子们在成长过程中，渐渐学会了许多成为消费者的必要技能。这些技能包括怎样辨别出最划算的促销价格（例如，买一送一或打六折），也包括弄明白广告的作用，以及品牌在所处文化中的象征意义等。大量的研究声称，对于营销学而言，心理学、传播学、营养学以及公共健康学领域的研究都贡献良多，都有助于我们理解儿童从婴儿时期的一张“白纸”成长为成年时期掌握复杂营销手法的消费者的过程。然而，对于儿童时期的市场经验如何长期影响成年后的消费行为，我们依然知之甚少。我们所了解的东西大部分基于对成年后的消费者研究，许多都是被动学习的。

在一项研究中，我与美国亚利桑那大学的 Merrir Brucks 和 Jesper Nielsen 两人合作，研究儿童时期看到的广告的影响是否会持续到成年时期。前人的研究都有力地支持

这样的观点——孩子们首先开始理解广告与广告环境之间的不同，然后开始明白广告的目的是要说服人们，最后才是有效地利用他们已掌握的营销策略方面的知识来更加严格地评价营销活动。然而，在我们了解广告的目的是说服（或者是娱乐或告知），或者在我们掌握有效利用市场信息的方法之前，当我们看到广告时发生了什么呢？

我们发现，儿童时期接触到的广告确实会在第一次看到广告之后的很长时间内产生影响。也就是说，在我们开始像成年人（青少年时期）一样处理类似广告信息之前，我们就有与广告中的特色要素如品牌人物产生强烈情感联系的明显倾向。接下来，这种情感联系引发我们温和地评价广告中的产品。例如，我们可能会认为，多糖或富含脂肪的零食比在其他情形下的判断要更加健康一些。这些偏差也是相当有韧性的。我们运用一些有效的技术，让人们认出并修正这类判断偏差，然而，那些对品牌人物之类的广告元素怀有积极情感的消费者，拒绝改变他们对这些产品的判断。我们甚至还发现，这些偏差可以迁移到根本不存在的新产品上，这些不存在的产品广告只是具有相同的特色元素而已。例如，某一早餐麦片的著名品牌人物可以促进不同食品的销售，有偏差的评价也迁移到了新产品上。

记忆

记忆（memory）包括信息获取和存储以便在需要的时候能够提取使用。现在对记忆的研究主要采用信息加工方法（information-processing approach）。假设大脑在某种程度上像一台电脑：数据输入，数据加工，然后以修正的方式输出使用。记忆的过程如图 4－5 所示：

1. 在**编码**（encoding）阶段，以一种可以被系统识别的方式输入信息。

2. 在**存储**（storage）阶段，将这些知识与大脑记忆中的其他知识综合到一起，然后“存入仓库”，直到需要时再用。

3. 在**提取**（retrieval）阶段，获取所需要的信息。[64]

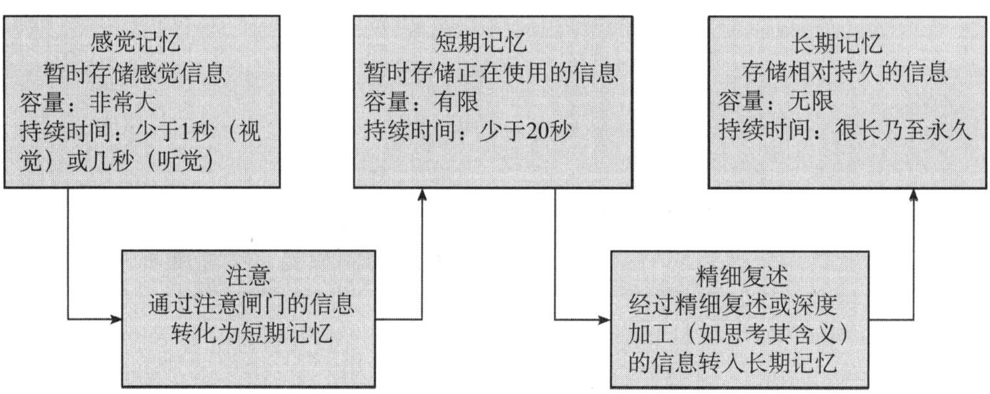

图 4－5　记忆的类型

许多经历都深深地印在我们的脑海中，多年之后，如果受到适当的暗示，这些经历就会再次浮现。消费者能否记住有关产品和服务的信息并在日后的购买决策中运用，对营销者来说至关重要。消费者在购买决策过程中，将内部记忆与外部记忆相结合，包括产品包装的所有细节信息和能够识别与评价各种品牌的营销刺激。[65]

以消费者列出的购物清单为例，它能提供强有力的外部记忆帮助。当消费者使用购物清单时，通常会购买上面所列物品的80%。如果列出购物清单的人亲自参与购物，那么对清单上所列物品的购买可能性就会更高。同样，研究者发现，对购物清单上所列物品的购买可能性随着家庭规模的增大而提高，并且这种可能性在节假日期间还会提高。这就意味着，如果营销者能够引导消费者在购物之前对某物品做出购买计划，那么购买该物品的可能就会大增。鼓励这种购买的一种方法就是，在产品包装上另外提供产品标签贴片，以便消费者注意到该物品使用殆尽时，将该物品的标签取下，直接贴到购物清单上。[66]或者，零售商可以用手机 App 来帮助用户生成购物清单（仅苹果手机已经有不下 40 种这样的 App）。[67]

我们的大脑如何编码信息？

信息编码（encode）或心理加工的方式决定大脑存储信息的方式。一般而言，如果新获取的信息与记忆中的信息有联系，那么，这种信息被保存的可能性更大。例如，品牌名称与产品类别的物理属性相联系（如咖啡伴侣奶盅、抽水马桶清洁剂），或者品牌名称容易形象化（如汰渍洗衣粉或福特野马汽车），这样的品牌名称比抽象的品牌名称更容易记忆。[68]同样，大脑会自动对熟悉的明星形象做出反应，并利用这些形象帮助自己推测与这些明星一同出现的人物或产品的形象。[69]

有时，我们凭感觉意义（sensory meaning）简单地处理信息，如对颜色或者形状的表面感觉。例如，我们最近刚刚品尝过一种新式快餐，再看到它的广告时，就会有一种很熟悉的感觉。但在许多情况下，意义是在更抽象的水平上被编码的。象征意义（semantic meaning）是指象征性联想，如富人喝香槟，或者时尚女性戴脐环之类的观念。下面看看我们是如何对这些深层意义编码的。

片段记忆（episodic memories）涉及个体有关的事件。[70]因此，个体要保存这些记忆的动机很可能非常强烈。夫妻之间通常都有让自己想起第一次约会或者婚礼的“他们自己的歌”。某些特别鲜活的联想被称为闪光灯记忆（flashbulb memories）。对过去的回忆会影响将来的行为。例如，通过唤起对大学美好时光的回忆，一所大学的筹款活动更成功。

传达产品信息的一种方法是通过**叙事**（narrative）或者写出故事。我们的记忆里存储了大量的以故事形式获取的社会信息；以叙事的方式赢得广告受众共鸣是个好办法。叙事能够说服人们将所见所闻在心理上呈现出来。在这方面，图片的作用更大，并且是一种更完善和详细的心理表现方式。[71]研究表明，如果品牌与消费者的联系也采用类似的方法，消费者会更加积极地评价和购买该品牌产品。[72]

记忆系统

研究者描述了三种不同的记忆系统：感觉记忆、短期记忆和长期记忆。在有关品牌信息的加工过程中，每种记忆系统的作用各不相同，它们之间的关系如图 4-5 所示。

感觉记忆

感觉记忆（sensory memory）存储了从感官获得的信息。这种记忆非常短暂，最多持续几秒钟。例如，一个人走过一家油炸糕店时，会闻到食物的香味。虽然这种感觉只持续几秒钟，但足以让这个人决定是否要到店里去看看。如果这个人想要保留这个信息以便将来使用，这种信息就会转化为短期记忆。

短期记忆

短期记忆（short-term memory，STM）存储信息的时间有限，存储容量也有限。与计算机相似，这个系统叫做工作内存（working memory），它存储的是当前使用和加工的信息。语言输入可以根据其发音按听觉方式存储，也可以根据其含义按语义方式存储。

我们在存储信息时，小片段信息会结合成较大的信息片段，这个过程称为**组块**（chunking）。组块是将信息组合成个体熟悉的模式，并作为一个整体来加工。例如，一个品牌名称，如佳丽，就可以作为归纳了大量有关该产品的信息所形成的一个组块。

最初，研究者相信，我们的短期记忆可以同时加工 5～9 个信息组块——他们把这个基本特性描述为“神性的数字 7＋/－2”。这就是电话号码设计成七位数（至少在美国）的原因。[73]但是现在看来，有效提取的信息组块最佳容量是 3～4 个（我们之所以记住七位数的电话号码，是因为我们把每个单独的数字结合在一起，构成了组块，从而可以把三位数字的电话号码作为一个信息单位来记忆）。[74]除了电话号码，对营销者来说，组块是非常重要的，它有助于确定消费者在购物比较中，在短期记忆里存储价格信息的方式。[75]

长期记忆

长期记忆（long-term memory，LTM）是信息得以长时间保留的记忆系统。在所谓的**思考预演**（elaborative rehearsal）过程中，信息从短期记忆转变为长期记忆。这个过程包括思考刺激的含义，并将之与记忆中已有的信息联系起来。营销者有时会设计出简单易记的广告语或广告歌来帮助消费者完成这一过程。

学术观点

John Lynch，科罗拉多大学波尔得分校

所有营销学观点中最重要的是消费者的思考集（consideration set），它是指消费者选择时会主动考虑的可替代的产品或品牌集合。

1. 作为营销者，大部分时间都无法成功向消费者销售产品，不是因为你被考虑在内，并且发现了需求，而是因为你从来没有被消费者考虑在内。

2. 作为营销者，如果你成功向那些精心挑选后的消费者销售产品，不是因为你是消费者的最佳选择，而是因为消费者没能在他更喜欢的方案中找到更好的选择。

我和我的同事相信，上面这两条原理可以解释消费者对金钱、时间等资源稀缺的反应方式，消费者是从记忆中提取不同的花钱和花时间的方案。[76]在经济学领域，一个关键的概念是机会成本——无论你何时要花费一种资源，你都可能会问问它是不是最理想的利用资源的方式。你会在星巴克花 5 美元，还是省下这 5 美元来买衣服？最新的研究表明，只有在某些时候，消费者才会考虑机会成本，这与上面第 2 条原理一致。

假如你的钱包里有很多现金，你正在麦当劳排队，并且思考早餐该点些什么来吃。实验表明，在早餐后的同一天中，你就可能不太会用同样多的现金购买别的东西。但是，当你钱包里有少量现金时，同一天稍后的时间里，你就会考虑机会成本，考虑怎样花掉这笔钱。

我和我的同事发现，利用进入人们思考集中的资源，主要有两种方式，我们称之为优先计划（priority plans）和效率计划（efficiency plans）。根据优先计划方式，消费者会意识到机会成本，因为他们不想保持足够的资源，使得在思考集中涵盖所有的东西。他们不想减少那些重要的花费。根据效率计划方式，消费者想通过更加高效地利用资源的方式——例如，剪下优惠券来省钱，或者是事先设计好购物路线来省时间，应对资源短缺问题。

我们发现，当消费者感知到的限制较小时，优先计划和效率计划都不会进入思考集。当消费者感觉到的限制是中等时，消费者开始考虑使用两种计划。但是，效率计划似乎更理想，而优先计划则感觉不理想，因此，只有当消费者感受到的限制非常严重时，优先计划才会被最先考虑使用，并且是更加频繁地使用。如果消费者考虑使用优先计划不多，并且过于迟缓，那么消费者的麻烦就大了。这就是记忆如何影响思考集的全部内容！

我们的记忆如何存储信息？

对短期记忆和长期记忆之间的关系一直都有争议。传统的多重存储观点认为，短期记忆和长期记忆之间是彼此独立的系统。近年来，越来越多的研究淡化了两种记忆之间的区别，转而强调系统之间的相互依存。根据**记忆激活模型**（activation models of memory），由于记忆加工任务不同，不同水平的信息加工激活的是记忆的不同层面。[77]对信息加工付出的努力越多（所谓的“深度加工”），信息成为长期记忆的可能性越高。

联想网络

根据记忆激活模型，输入的信息被存储在一个**联想网络**（associative network）中，其中包含许多相关信息。消费者已经在记忆中建立了关于品牌、制造商和商店等的概念系统，当然，内容取决于各自独特的体验。

这些存储单元，或称为知识结构（knowledge structures），就如同复杂的蜘蛛网，上面有一个个数据。输入的相关信息被放在节点（nodes）上（如果你还没猜到，这也是为什么我们把网络空间称作万维网）。当人们看到分散的信息由于某种原因彼此类似时，就把它们组合到一个比较抽象的类别里。人们以与已建立的结构相一致的方式解释新输入的信息。[78]这有助于解释为什么人们更容易记住那些彼此相匹配的品牌或商店，比如，泰特利斯*（Titleist）而非香奈儿，会赞助高尔夫锦标赛。最近的研究指出，人们可以记住联系不那么明显的品牌，但是，为了做到这

* 北美高尔夫球行业的品牌，主要销售高尔夫球和球杆。——译者注

一点，营销者必须努力解释这种联系。[79]

在联想网络中，节点就是关联，例如，消费者也许有一个关于香水的知识网络。其中的每个节点代表一个与这个类别相关的概念。这个节点可以是一个属性、一个特定的品牌，也可以是消费者认同的一个特定香水品牌的代言人，甚至可以是一种相关的产品。一个香水的联想网络可以包括小甜甜布兰妮渴望女士香水（Britney Spears Curious for Women）、卡文克莱的永恒（Calvin Klein Eternity）和伊丽莎白雅顿的红门（Elizabeth Arden Red Door），也可以包括诸如性感和优雅之类的属性。

当要求消费者列出香水品牌时，他们只能回忆起那些包含在适当范围之内的品牌。新进入记忆的信息（如一种新的高档香水），要想成为原有记忆中的一部分，就必须提供一个线索，使它更容易在联想网络中找到一个位置。图4－6是一个简单的香水联想网络图。

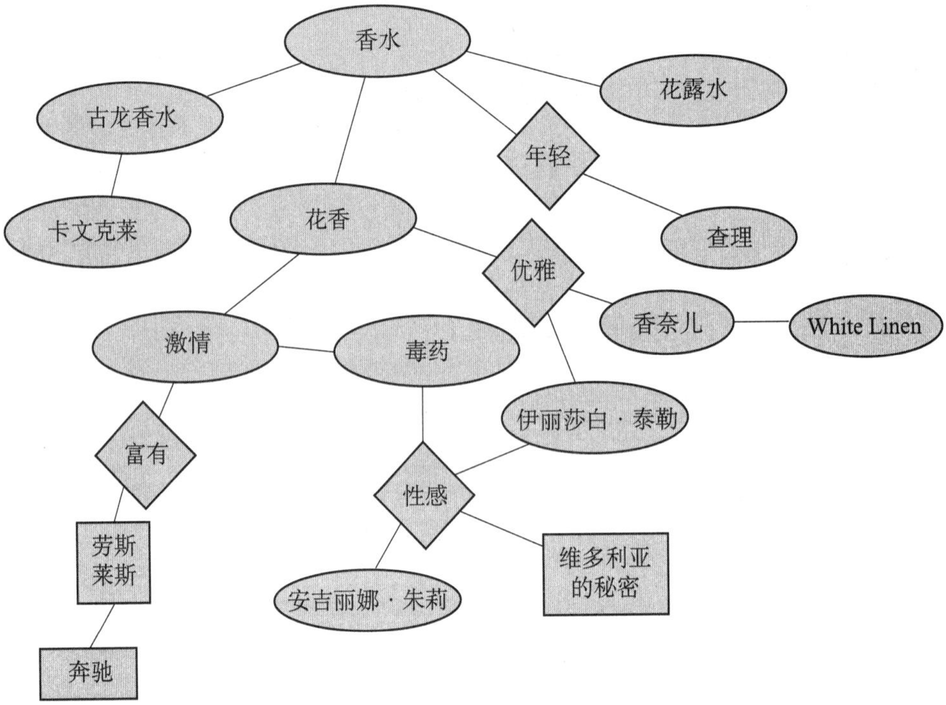

图4－6 香水的一个联想网络

激活扩散

一条营销信息可以直接（比如，给消费者看包装图片）激活记忆中的一个品牌；如果这条营销信息与知识结构中的其他相关品牌有联系，也可以间接地激活这个记忆中的品牌。当一个节点被激活时，与之联系的其他节点也跟着被激活。就如同触碰蜘蛛网上的一个节点时，振动就会在整个网上回荡一样。同样的原理，意义在知识网络内扩散，人们记起竞争品牌以及相关属性等方面的概念，从而形成对该品牌的态度。

这个**激活扩散**（spreading activation）过程使消费者可以在不同层次的意义之间转换。一条信息在记忆中存储的方式依赖于其意义类型，反过来，意义类型又决定了如何以及什么时候激活该意义。比如，可以按照以下一种或几种方式存储对一则 Axe 男士香水广告的记忆痕迹：

- **特定品牌**（brand-specific）——根据品牌的主张来记忆（“它是男子气的”）。
- **特定广告**（ad-specific）——根据广告媒介或内容来记忆（一位男子气的男士使用该产品）。
- **品牌识别**（brand identification）——根据品牌名称来记忆（“Axe”）。
- **产品类别**（product category）——根据产品发挥作用的方式或使用产品的地点来记忆（放在男士药品柜里的一瓶 Axe）。
- **反响评价**（evaluative reactions）——根据对产品的积极或消极情感来记忆，如“看起来很有趣”。[80]

知识水平

在知识结构中，我们在不同的抽象程度和复杂程度上对知识进行编码。意义（meaning）概念（例如“男子汉”）作为单独的节点存储在记忆中。这些概念可以结合成一个更大的单元，称为命题（或信念）。一个命题可以将两个节点连接起来形成一个更加复杂的意义，这个意义可以作为一个单独的信息组块。例如，一个命题可以是这样的：“Axe 是适合男子汉的古龙香水。”（它不一定正确！）

同样，如果将多个命题综合成为一个更复杂的单元，则称为**图式**（schema）。正如在第 3 章所了解的，图式是一个随着经验不断发展的认知框架。对于那些与已有图式相一致的信息，编码更容易。[81]在不同抽象水平层面转换的能力大大提高了我们对信息加工的灵活性和效率。因此，那些大脑图式尚未发展起来的儿童在利用购买信息时，就不如稍大的孩子那样有效。[82]

与消费者行为特别相关的一种图式叫**脚本**（script），它是指导个体希望发生的一系列事件。例如，作为消费者，我们了解**服务脚本**（service scripts），它引导我们在商业环境中的行为。我们期待一系列事件发生，如果服务与脚本相去甚远，我们会感到不舒服。去看牙医的脚本可能会包括这样一些事件：（1）开车到牙科诊所；（2）在候诊室里翻看过期杂志；（3）听到护士叫他的名字，然后坐到诊室的椅子上；（4）牙医把一些奇怪的东西放在牙上；（5）牙医清洁牙齿等。这种遵循脚本的愿望有助于解释为什么有些服务革新，如自动取款机、自助加油站和自助结账的杂货店收银台等，遭到了一些消费者的抗拒，因为他们在适应新的事件发生顺序时遇到了麻烦。[83]

当决定购买时如何从记忆中提取信息？

在发生几次备受关注的现场混乱的事故后，游轮产业近期发展迟缓，其中最难堪也最受瞩目的事故发生在墨西哥湾的嘉年华号（Carnival）游轮上，由于断电和没有可用的厕所，几千位游客陷入困境，人们用手机记录下了当时的混乱场面。嘉年华号游轮的潜在顾客是那些比较难对付的人，因此，这家公司投入 2 500 万美元的公共关系费用，试图将顾客拉回到船上。在这次公关宣传活动中，公司邀请老顾客利用社交媒体，发布快乐体验的照片和视频，这些内容将成为嘉年华号游轮“重要时刻”广告中的一部分。这则广告的解说词这样写道：“我们从未忘记重要时刻，我们把它们挂在墙上，我们与所有人分享，绝不放手。从第一天起航开始，无数难以忘怀的时间与我们相随。你的重要时刻是什么?”可以确定的是，这次宣传活动收到3万多条上传的信息，上传照片和视频的乘客主要是那些享受夜间巧克力自助餐，以及能上厕所的人。[84]

可见，提取（retrieval）是指从长期记忆中获取信息的过程。正如深受美国人欢迎的棋盘游戏《平凡的追求》或者电视节目《你比五年级小学生聪明吗?》所验证的那样，人们在大脑中存储了大量的信息，其中大部分信息只有在玩游戏的时候才用得上！虽然进入大脑长期记忆中的信息不会消失，但如果没有合适的线索提示，这些信息很难或者不可能被提取。什么因素影响我们记住公司辛辛苦苦设计的营销信息的可能性呢?

情境因素也会影响提取。这些情境因素与我们接触信息的环境有关。显然，如果我们在第一次就对信息多加注意的话，回忆就得到了强化。证据表明，比较而言，我们从记忆中提取**先锋品牌**（pioneering brand）（进入市场的第一品牌）的信息，要比提取**后进品牌**（follower brands）的信息更容易，因为先进入市场的产品特色鲜明，并且当时没有竞争产品分散消费者的注意力。[85]另外，与那些没有提供足够产品信息的品牌名称相比，描述性的品牌名称更有可能被想起来。[86]

显然，营销者呈现信息的方式影响消费者过后回忆这些信息的可能性。**空间效应**（spacing effect）是指人们倾向于更加有效地回忆印刷材料，前提是广告商定期刊登广告内容，而不是短时间内的重复刊登。[87]营销信息的观看环境也影响回忆。在体育节目中，人们对棒球比赛期间播出的广告的记忆分值最低，因为棒球是一种时断时续的比赛。与足球或篮球不同，棒球比赛的节奏使观众有更多的机会分散注意力，甚至在比赛过程中也是如此。类似地，通用电气公司发现，各种娱乐节目或者脱口秀节目是由一系列活动组成的并不时中断，因此在这些节目中间插播广告，效果就不如在连续进行的电视节目中插播广告，比如在电视剧或者戏剧中插播广告。[88]一项大规模的电视广告分析发现，在连续播放的一系列广告中，对一开始出现的广告的回忆效果比后来出现的广告更好。[89]

总之，并不是说广告本身的性质决定了它是否好记。一项对印刷广告的研究发现，人们更有可能记住特别的杂志广告，包括多页展示、立体弹出、香味广告、发声广告等。[90]遗憾的是，这种多媒体方式十分昂贵，并不是每个广告都能这么大手笔！

是什么让我们忘记?

显然，营销者并不希望消费者忘记他们的产品。然而，在一项对13 000多个成年人的调查中，超过半数的人想不起30天前看到、听到或者阅读过的任何一则广告。现在我们能记住多少东西?被消费者遗忘是一个令营销者头疼的问题（更不用说学生在复习考试时的遗忘）。一项重要的研究表明，只有23%的被访者能够记起过去一年中推出的新产品。[91]

早期研究记忆的理论学家认为，记忆会随着时间的流逝而消失。在称为**衰退**（decay）的过程中，大脑经过学习产生的脑结构消失了。**干扰**（interference）也容易引发遗忘，获得的新信息会取代原有的信息。如果消费者学会响应某一刺激之后，对同样的刺激或者类似的刺激又学会了新的反应，那么，原有的刺激-反应联结就会被遗忘。这个过程就叫做倒摄干扰（retroactive interference）。或者，以前学习的内容会干扰新学习的内容，这个过程叫做前摄干扰（proactive interference）。以节点的形式存储在记忆中的信息，通过许多链条联系在一起。与其他链条联结越多，一种意义被提取出来的可能性就越大。但是，随着新反应习惯的形成，原有刺激在提取旧反应的过程中就会失去效果。[92]

这种干扰效应解释了品牌信息记忆过程中出现的问题。消费者往往会根据品牌来组织产品属性信息。[93]关于某个品牌或者相关品牌的附加属性信息，会限制个体对原有品牌信息的回忆。如果品牌名称中使用了常用词，那么消费者对该品牌的回忆也会受到限制，因为这些词会让消费者联想起其他竞争产品信息，从而导致该品牌的信息保持率降低。[94]在一项研究中，当研究者将某个品牌的广告与其他12个同类产品的广告放在一起时，消费者对该品牌的评价的减损会比其与12个不同类别产品的广告放在一起时更快。[95]因此，当我们提升品牌独特性时，会损害对品牌的回想。[96]然而，当我们提到竞争品牌名称时，会减少对品牌的回想。[97]

状态依存性提取

如果你在考试的教室里学习，你就能考得更好吗？也许吧。这个过程称为**状态依存性提取**（state-dependent retrieval），它是指如果回忆时的内心状态与获得信息时的内心状态相同，就更有可能提取到信息。因此，在看到广告时，如果我们的情绪或唤起水平与购物环境相似，就更有可能回忆起这则广告。营销者再现信息第一次出现时的线索就可以增强回忆。比如，生命公司（Life）在其早餐谷物盒上印有广告里的人物麦琪的照片，从而促进了品牌宣传的回忆和良好的品牌评价。[98]

熟悉度与回忆

作为一个普遍的原则，人们对一种物品的熟悉程度越高，就越容易回忆起该物品。实际上，营销者在创造和保持其产品知名度时，一个基本目标就是提高产品的熟悉程度。消费者对产品的熟悉程度越高，就越能更好地利用产品的信息。[99]

然而，美中不足的是，如前面章节所说的，证据表明，过度熟悉会导致学习和记忆效果变差。如果消费者相当熟悉一个产品或品牌，就不再特别关注产品的属性，因为他们认为再多的努力也不会获得更多的产品知识。[100]我们把这个过程称为自发性（automaticity）。[101]例如，当人们从收音机中听到在电视中已经看过的产品广告时，基本上不会做重要的或者评论性的信息加工，而是在大脑中重现电视广告中关于该产品的视频内容。[102]

我们也更加倾向于遵从**突出显示效应**（highlighting effect），即消费者了解品牌的顺序决定了品牌和属性之间联想的强度。消费者先了解的品牌与一般属性之间的联想比较强，而后了解的品牌和特殊属性之间的联想比较强。一般来说，我们更有可能辨认出生命中早年学到的词语、事物和面孔，而不是后来学到的类似的东西。这个规律对品牌同样适用；那些试图打进被金字招牌占据的市场的经理需要努力使消费者更加频繁地接触信息，从而建立学习与记忆的联系。[103]

突出性与回忆

品牌的**突出性**（salience）指其显著性或者其在记忆中激活的程度。与周围环境相比，显著的刺激更有可能引起人们的注意，也更有可能被回忆起来。几乎任何增加刺激的技术都能提高回忆的效果，这就是我们所知道的**冯·雷斯托夫效应**（von Restorff Effect）。它解释了为什么不同寻常的广告或者与众不同的包装更容易让人回忆起其品牌。[104]

在广告中加入一个令人惊奇的元素，能够更有效地帮助人们回忆起该广告，即使所加入的元素与广告出现的信息之间几乎没有关系也会如此。[105]此外，神秘广告——直到最后才出现品牌的广告——能够更有效地让消费者在记忆中建立起产品类别与广告品牌之间的联系，特别是对那些没有任何知名度的品牌。[106]

此外，当时情绪强度和种类也能影响到人们事后的回忆。人们对**混合情绪**（mixing emotion）（比如积极与消极元素）的记忆有别于**单极情绪**（unipolar emotion）（比如纯粹的积极或消极元素）的记忆。后者随着时光的流逝会变得更极端，于是我们记忆中的好事比真实情况更好，坏的更坏（也许“美好的旧时光”并不真的那么好）。[107]

观察背景

不管一则广告有多精彩，插播这则广告的电视节目都会对其效果产生影响。尼尔森公司报告说，喜欢电视节目的观众对插播的广告评价也更积极，而且购买广告产品的意愿更强。尼尔森研究了 50 个节目中的 200 个品牌的广告和 1 万名观众。结果显示，如果在这些观众喜欢的节目里中播放产品广告，观众最多会想起其中 1/3 的品牌。这个结果还与节目形式有关，生活情景剧节目的效果要好于喜剧类节目。[108]

如果营销信息与节目主题或事件吻合，比如广告产品能在节目中被提到，效果会更好。以美国探索频道播出的《流言终结者》节目为例，该节目用科学方法验证都市传奇的正确性。节目中播出了一则关于吉尼斯（Guinness）啤酒的简短广告，广告中，一个人问另一个人“吉尼斯只有 125 卡路里”是不是个传说。看过这则广告的人比那些看过该啤酒的传统广告的人，对吉尼斯这个品牌的回忆率高 40%。其他与节目相结合的**混合型广告**（hybrid ads）也有相似效果。[109]

图画线索与语言线索

一图胜千言吗？有些证据表明，视觉记忆优于语言记忆，但是由于难以测量图形记忆的效果，这种优势并不明确。[110]但是，已有的数据表明，图画所体现的信息更有可能在日后被再识别出来。[111]当然，广告的视觉部分更有可能引起消费者注意。实际上，研究表明，大约 90%的观众在看解说词之前，都会先看广告中的图片。[112]

虽然图像广告可以增强回忆，但是不一定能够提高理解的程度。研究发现，虽然以图像为背景的电视新闻能够提高观众对新闻故事细节的回忆，但是并不能加深对故事内容的理解。[113]另一项研究证实，消费者通常更加频繁地回忆起带图画的广告，甚至喜欢这些广告。[114]

如何测量消费者对营销信息的记忆？

为了将产品信息呈现给消费者而花费不菲，营销者自然希望日后消费者会记起这些信息。在一项研究中，不到 40%的电视观众将商业广告与相应的产品进行积极的联系，只有 65%的电视观众在商业广告中注意到了品牌名称，仅有 38%的电视观众明白广告与产品之间的这种联系。[115]

更可悲的是，只有7%的电视观众能够回忆起最近看过的电视商业广告中出现的产品或公司名称。这一数字与1965年的记录相比，下降了超过50%。原因有很多，比如30秒和15秒的广告增加，大量无线广告和电视广告出现的频率远多于独家赞助的广告节目等。[116]

对于网络营销而言，效果似乎没那么悲观，特别是当这些网络广告重复出现在电视上的话，效果会更好一些。谷歌公司的研究表明，对在YouTube视频广告播放之前就重复出现的广告，观众的回忆水平更高。[117]苹果公司也报告称，在iPhone和iPad上弹出的移动广告也有同样的效果。[118]

认出与回忆

评价一则广告好坏的指标是它在消费者心目中的印象。但是，应如何定义和测量这个指标呢？有两种基本的测量方法：**认出**（recognition）和**回忆**（recall）。在一个典型的认出测试中，让被测试者一次看一则广告，然后询问他们以前是否看过。而在自由回忆测试（free recall tests）中，则让消费者在没有提示任何信息的情况下单独思考他们所看到的东西，显然，这要求被测试者付出更大的努力。

在一些情况下，这两种记忆测量方法会产生相同的结果，尤其是当研究者试图保持消费者对广告的兴趣时（尽管研究真实的广告回忆的方法过于不真实）。[119]一般来说，认出广告的得分更为可靠，与回忆广告的得分相比，并不会随时间而出现淡忘的情况。[120]由于认出的过程更为简单，并且对消费者来说，更容易获取回忆线索，因此认出测试的分值一直高于回忆测试的分值。

然而，在消费者购买决策过程中，两种类型的信息提取都很重要。当消费者对产品无从了解时，回忆更重要，因为消费者依赖回忆提取信息。[121]在商场中，认出是一个更为重要的因素，消费者面对成千上万的选择和大量信息，他们能做的就是简单地认出一种熟悉的包装。遗憾的是，认出包装和熟悉包装会导致负面的结果，消费者也许对包装上的警告标签视而不见，他们对这些信息想当然而不加以注意。[122]

记忆测量中存在的问题

虽然测量广告记忆很重要，但是由于以下几个方面的原因，现有的测量方法在准确评估记忆各个维度的能力方面备受争议。首先，运用某一测量方法所得到的结果不一定取决于所要测量的内容，而是由工具本身或应答者决定的。这种误差叫做**反应偏差**（response bias）。例如，人们不管被问什么问题，都倾向于回答“是”。另外，为了取悦实验者，消费者通常热衷于扮演“好的被测试者”。他们会尽量给出自认为测试者所期待的回答。这种倾向很强烈，以至于在一些研究中，认出虚假广告（以前没有看过的）的程度与真实广告一样高！[123]

记忆偏差

人们同样有遗忘信息或保留不正确的回忆的倾向（甚至年轻人也这样）。比较典型的问题有遗漏（忽略事实）、平均化（使记忆趋向“标准化”而不报告极端情况）以及压缩（对时间的错误回忆）。[124]所以，对于那些依赖消费者回忆而得到的数据库，包括食物和家庭用品的购买消费数据，其结果的准确性值得怀疑。例如，在一项研究中，问及人们进餐的食量（少量、中等还是大量）就可能得到不可靠的信息。在不同的实验中，由于对“中等”的定义不同，无论使用哪种测量方法，回答说自己食量“中等”的人数差不多都是相同的。[125]在其他情形下，人们会通过歪曲过去的记忆来“愚弄”自己。例如，有些想要努力减肥或想存钱的人可能会夸大自己所取得的进步，从而为自己当下的放纵找借口。这种倾向表明，利用某些工具真实地记录你所取得的进步，从而持续努力很重要。[126]

痛苦的甜蜜记忆：怀旧的营销力量

迪士尼主题公园曾经推出一场营销宣传活动，叫做“让记忆开始”。该活动针对假期回忆，电视广告、在线广告和宣传小册子都以观光客的录像和照片为特色。每天晚上，迪士尼主题公园会把参观者的照片投影在建筑物的正面。[127]公司太了解回忆的重要性了。

人们为自己拍摄的使用产品或服务的照片（就像我们在迪士尼乐园跟米老鼠的合影），可以成为非常有效的回忆线索。实际上，大多数消费者对家具、视觉艺术和照片这三类物品最为重视，因为这些物品最可能唤起他们对过去的回忆。[128]研究者发现，有价值的物品可以唤起对过往生活的思考，包括感官体验、朋友和爱人、远离父母，或从前的伙伴等。[129]这也解释了像 Flickr 这样的相片分享网站大受欢迎的原因，该平台接收了 50 亿张照片，并且提供将照片放上脸书或推特的分享工具。[130]

怀旧（nostalgia）描述的是一种苦乐参半的情感；人们对于过去是既伤感又渴望。[131]随着“过去的好时光”越来越受欢迎，广告商开始激发人们对年轻时的记忆，希望这些情感可以传递到正在销售的东西中。**复兴品牌**（retro brand）是历史上存在过的品牌的更新版，目的是激发人们的怀旧情感。研究者发现，这些产品常常让消费者的思绪回到过去那种稳定的、简单的甚至理想化的时代。本质上，这类品牌让消费者透过玫瑰色的玻璃回望过去。一项研究表明，当让人们思考过去，而不是思考现在或者未来时，愿意支付的产品价格更高。[132]

我们过去的经历也决定了现在的喜好。消费者研究专家编制了一个怀旧指数（nostalgia index），用来测量个人对这种偏好形成的关键时期和持续时间。例如，对特定歌曲的喜好好像与人们所处的年龄段有关。一般来说，一个人在 23.5 岁时听到的流行歌曲有可能是他最爱的歌曲，而对服装模特儿的偏好在 33 岁时达到了顶峰，对电影明星的喜欢则是在 26～27 岁时出现的。研究证明，男性和女性都从年轻时就对汽车寄托了怀旧情感。[133]

正如离婚、搬家、毕业等事件让消费者当下的身份受到挑战一样，当消费者对过去的感觉受到威胁时，作为记忆标记的产品就特别重要。[134]我们挚爱的物品通常具有记忆的特点，它通常会作为一种外部记忆形式，促使消费者提取记忆片段。例如，家庭照片成为消费者自己创造的回忆线索。每年，业余爱好者拍摄的上百亿张照片形成了人们对文化回忆的一个外部记忆宝库。有时，一种刺激能够唤起微弱的反应，即使人们第一次感知这种刺激已过去多年。这种效应称为**自发回忆**（spontaneous recovery)，这种重新建立联系的现象解释了人们对歌曲或照片产生强烈情感反响的原因，虽然他们已有很长时间没有接触这些歌曲或照片。

营销人员经常让过去的故事和大众人物“复活”，希望消费者记忆中这些喜爱的故事和人物能够激发他们回到过去。今天，大众人物似乎只要消失几年，就有人想把他们“复活”。许多公司千方百计挖掘人们的旧爱。在最新的广告活动中，雪佛兰汽车就定位为美国的经典汽车品牌。[135]

本章小结

现在你已经读完本章，你应当了解为什么：

1. 理解消费者如何学习产品和服务非常重要。

学习是由经验导致的行为改变。学习的发生可以通过刺激和反应之间的简单联系，也可以是一系列复杂的认知活动。

2. 条件作用导致学习。

行为学习理论假设，学习是个体对外部事件反应的结果。经典条件反射是指将一种能够自然引发一种反应的刺激（非条件刺激）与另一种原本不能引发这种反应的刺激相配对。随着时间的推移，即使第一种刺激不再出现，第二种刺激（条件刺激）也可以引发这个反应。

3. 习得的品牌联想可以推广到其他产品。

这种反应也可以扩大到其他类似的刺激，这个过程称为刺激泛化。它是许可营销和家族品牌化策略的基础，在这一过程中，消费者把对一个产品的正面联想转移到其他情境中。

4. 经典和工具性条件反射不同，这两个过程都能帮助消费者了解产品。

操作性或工具性条件反射是指个体学到能够产生积极效果并避免消极结果的行为。经典条件反射的发生是因为两种刺激配对，而工具性学习发生是因为个体对一种刺激反应后获得了强化。反应后获得奖赏叫做正强化。不做反应而避免消极结果的叫负强化。反应后有不愉快事件的叫做惩罚。不再获得强化就会产生行为消退。

5. 我们通过观察他人的行为来了解产品。

认知学习是心理加工的结果。例如，观察学习是指消费者看到其他人做出一种行为而获得了奖赏，所以也做出同样的行为。

6. 我们的大脑处理品牌相关的信息并把它们存储在记忆中。

记忆是指对信息的存储。当人们感知信息时，信息的编码方式决定了信息在记忆中的存储方式。记忆系统中的感觉记忆、短期记忆和长期记忆在保存和加工外部信息中，各自扮演不同的角色。

7. 与某一产品相联系的其他产品影响我们记住该产品的方式。

信息存储不是独立的，我们把信息整合到大脑中，并与其他相关数据相联系，构成一种知识结构。产品信息在大脑联系网络中的位置，以及进行编码时的抽象程度，决定了日后何时以及如何激活信息。影响信息提取的因素包括：对一个项目的熟悉水平，它在记忆中的突出性（显著性），以及信息是以图片形式还是以文字形式出现。

8. 营销者测量我们对产品和广告的回忆。

可以通过认出或回忆技术来测量对产品信息的记忆。与没有任何线索提示就让消费者回忆某个广告相比，如果消费者看到一则广告，就更有可能再认出它。然而，无论是认出还是回忆，都不会自动或可靠地转化为产品偏好或购买行为。

9. 产品有助于我们回忆过去。

产品扮演记忆标志的角色。消费者可以

使用产品来提取关于过去经历的记忆（自传式记忆），并且重视产品的这种怀旧能力。它促进了怀旧在营销策略中的运用。

复习题

1. 条件刺激与非条件刺激有何区别？
2. 举例说明营销中的晕轮效应。
3. 营销者如何运用重复来提高消费者了解品牌的可能性？
4. 为什么在产品广告中用流行歌曲作背景音乐不一定是好主意？
5. 经典条件与工具性条件有何不同？
6. 行为学习理论和认知学习理论之间有哪些主要区别？
7. 请说明当消费者将产品信息存储在记忆中时，信息加工的三个阶段。
8. 什么是外部记忆力？为什么它对营销者很重要？
9. 举出片段记忆的例子。
10. 为什么美国电话号码是七位？
11. 列出三种记忆方式，并说明它们是怎样一同工作的。
12. 为什么说联想记忆如同蜘蛛网？
13. 一个人愿意使用与图示有关的ATM机的可能性有多大？
14. 为什么先锋品牌比后进品牌有记忆优势？
15. 如果消费者熟悉一个产品，运用强化或退化回忆的广告策略会比较有效，为什么？
16. 定义怀旧，并说明为什么这是一个广泛应用的策略。
17. 命名两类基本的记忆测量方法，并说明它们之间有何不同。
18. 列出测量广告记忆的三个问题。
19. 不同类别的强化学习有什么不同？频繁营销策略与条件有什么关系？
20. 为什么学习新信息让人们更容易忘记已经学习的东西？

消费者行为挑战

讨论

21. 为了加快向孩子们引介社交媒体，芬兰的一个设计团队开发出一种拼块玩具，它的工作原理类似于推特。它可以让还没有学会说话的儿童先抓住拼块，上面有睡觉、吃饭或刷牙之类的图案，然后再把这些拼块嵌入指示他们正在进行的活动的小孔。该玩具装置就发出“状态升级”信号，使在另一个房间里的同样玩具相应的拼块上的灯闪亮。[136]应该用这样的方式向这么小的孩子引介社交媒体吗？

22. 马尔科姆·格拉德韦尔（Malcom Gladwell）在《无视：没有思考的思考的力量》（*Blink*：*The Power of Thinking without Thinking*）一书中指出，神圣的营销研究技术，如焦点小组座谈，并不十分有效，因为人们通常对产品立刻做出反应，无须任何有意识的思考，因此，最好是了解消费者的第一印象，而不是让消费者思考一会儿之后再说出买或不买的理由。你对此有何看法？

23. 食物也有同样的作用：最近的一项研究探讨人们喜好的口味所激起的对过去的回忆。研究者请被调查者列出三种最喜欢的口味，并解释他们的选择。结果发现，人们倾向于把这些口味与过去的事件联系起来，如童年记忆、家庭假期、里程碑式的大事（第一次做菜）、传家宝（传家菜谱）以及以前度过的时光（比如吃了一个夏天的蓝莓馅饼）。[137]事实上，最出名的文献参考之一来自文学经典（3 000页纸）——马塞尔·普鲁斯特的《追忆似水年华》。叙述者把甜点

(马德莲蛋糕)蘸在茶里，这个动作释放了潮水般的回忆，从而推进整部巨著的完成。营销人员应该如何将这些与食物有关的记忆同品牌策略联系在一起?

24. 当滚石乐队将一支名为 *Start Me Up* 的曲子以 400 万美元的价格出售给微软公司(微软公司用它来促进 Windows 95 的销售)，一些顽固的爱好者很不高兴。这样的例子还有很多[138]，你对此有何感想?当你喜欢的歌曲出现在广告中，你的反应是怎样的?这种利用怀旧方式的产品促销有效吗?为什么?

应用

25. 设计一个产品广告歌记忆测试。找出与难忘的广告歌有关的一组品牌，把这组品牌念给朋友们听，找出有多少广告歌被记住了。你也许会对人们的回忆水平感到吃惊。

26. 一位医生向产品营销者讨教如何劝说第三世界国家的人养成用香皂洗手的习惯。肮脏的手会导致许多疾病——比如痢疾——每 15 秒世界上就有一个孩子丧命，如果经常使用香皂，其中一半的死亡可以避免。该项目采用了营销者经常用来鼓励消费者形成对诸如润肤露、消毒湿巾、空气清新剂、净水器、牙膏和维生素等产品使用习惯的营销技巧。例如，啤酒广告经常描绘一群朋友在一起的情景，因为研究表明，和一群朋友在一起倾向于触发喝酒的习惯。研究者发现，加纳人感到一阵恶心，就是他们要洗手的信号。然而，在许多发展中国家，因为厕所代替了以往的茅坑，实际上成为清洁的象征。于是，一项广告活动就设法提醒人们，即使在现代化的厕所也能粘上细菌：广告里，母亲和孩子们从厕所里走出来，手上沾满闪闪发光的紫色颜料，摸到哪儿就把哪儿弄脏了。这样的广告场景激发了洗手的习惯，该项目导致用香皂洗手的消费者剧增。[139]其他致力于公共卫生、环境保护和其他社会问题的组织，如何使用消费者学习和习惯行为方面的知识，建立或重新激励养成积极的习惯呢?

27. 找出某个众所周知的品牌的一些重要特征。以这些特征为基础，列出可能的品牌延伸或者许可营销的机会，再列出消费者最不愿意接受的品牌延伸或许可营销策略。

28. 收集一些怀旧价值较高的“经典”产品图片。把这些图片拿给消费者看，然后让他们自由联想。分析唤起的记忆类型，并思考在产品促销中如何利用这些联想。

案例研究

化身做梦也是虚拟的吗?

当他在线时，他是一位 23 岁的健硕青年，褐色头发。但是，在网上虚拟世界“模拟人生 4”中流连几小时后，回到现实中，他又成了一位略带羞涩、体重 110 磅的学生。听起来奇怪吗?其实一点也不。他是超过 10 亿人口的虚拟世界中，以数字形式存在的普通人物之一。欢迎来到化身的世界!虚拟世界出现多年之后，营销者已经意识到，人们在虚拟世界中花费时间的方式影响他们对品牌的认识方式，也影响在现实世界中他们与品牌的关系。

在“虚拟人生 4”以及其他一些网站，用户创建一个虚拟化身来代表他们在网络世界中的自己。有些人创建的化身有点像他们在现实世界中的模样，还有许多人选择的化身则是他们渴望的理想模样，比如，创建迷人的外表，或者是选择另一个性别。通过这些可变化的化身，他们在虚拟世界中遨游。那么，这对营销者意味着什么呢?绝不仅仅是电脑屏幕上的画面那么简单。化身与现实世界中的品牌产生互动，这些化身也购买产品，比如牛仔裤；还会出席一些活动，比如去听音乐会或休闲。营销人员通过分析人们在虚拟世界里的化身行为，更加深刻地理解了消费者学习品牌的方式。

然而，不仅仅是希望理解如何从虚拟世界中的化身身上赚钱，网络设计和开发者还意识到，那些与公司网站的访客互动的化身非常重要。有几家公司提供专门的软件程序，帮助公司设计化身来问候访问者，并给访问者提供相应的指引。类似的一些化身以著名人物的形象出现，包括摇滚歌星、演员和历史人物。有些网站专门为公司提供化身影响力的测试网页，在这些网页上，满意的顾客可以与那些公司网站访客中的潜在顾客“聊天”。研究发现，这些化身会提高用户对网站的满意度，进而影响购买。

一些服装品牌持续利用化身来帮助顾客提升网上试穿体验，有些公司甚至还提供3D系统，让顾客创建自己的虚拟化身，这些化身与真实身材的相似度可高达99%。该系统可以与250个合作品牌目录保持链接，用户可以“试穿”衣服，并且创建虚拟衣柜。消费者学习不同服装品牌的方式似乎成为服装行业的新的“游戏规则”。

一些机构和教育工作者不断探索化身和虚拟世界的影响。许多公司现在在网上举行会议，它们还鼓励员工创建自己的化身来参加会议。一些大学校长与学生一起举行在线论坛，创建化身来与学生讨论涉及学生的问题。化身的世界和虚拟的世界将在未来岁月里不断向营销者提出挑战。

资料来源：Audrey Waters，“Number of Virtual World Users Breaks 1 Billion，Roughly Half Under Age 15”，readwrite. com（October 1，2010），http：//read-write. com/2010/10/01/number _ of _ virtual _ world _ users _ breaks _ the _ 1 _ billion＃awesm＝～omeiEn2UL1brEV，accessed November 4，2013；www. sitepal. com，accessed November 4，2013 and May 26，2015；Natalie T. Wood and Michael R. Solomon，（2011），“Adonis or Atrocious：Spokesavatars and Source Effects in Immersive Digital Environments，” in Matthew S. Eastin，Terry Daugherty，and Neal M. Burns，eds.，*Handbook of Research on Digital Media and Advertising：User Generated Content Consumption*（IGI Global），521－534；Stu Robarts，“Fitle Gives Users a 3-D Avatar of Themselves for Trying on Clothes，”（July 29，2014），http：//www. gizmag. com/fitle-3d-clothing-avatar/33167/，accessed may 30，2015.

问题讨论：

1. 对于一位访问最新的家教网站的消费者而言，如果网站上问候这位消费者的人是一个长得像爱因斯坦的化身，请用经典条件反射原理解释这一情形。

2. 对于为虚拟世界里的化身购买服装的消费者，工具性条件反射的工作原理是怎样的？

3. 消费者会根据自己化身的经历构建联想网络吗？如果答案是肯定的，基于化身的经历所形成的联想与真实的购物经历所产生的联想有什么不同？这些网络会怎样影响消费者组织和提取已经学到的信息？

第5章 动机和情感

本章目标

读完这一章后，你将会理解以下几点：

1. 产品能够满足消费者一系列的需求。
2. 不同类型的动机冲突影响消费者的购买决策。
3. 面对产品和营销信息，消费者的情感复杂多样。
4. 人们评价和选择产品的方式取决于对产品、营销策略或购买环境的介入程度。

开篇案例

小蕾把好友秀秀拉进学校附近一家刚开张的素食餐厅。这会儿，秀秀一边查看各式素食佳肴，一边思考自己是否也该从一个不折不扣的肉食吃货变成一个像小蕾那样的素食主义者。小蕾已经是一名铁杆素食主义者。她正在慢慢地推动好友秀秀放弃可口的红烧肉和叉烧包，选择更健康的食物。在学校秀秀也无处可逃，那里提供豆腐和其他美食；宿舍的餐饮部开始供应素食食品，替代常见的油腻的肉类食品和其他美味。小蕾已经完全入迷了。她说，素食主义不仅有益于瘦身，而且有利于保护环境。幸运的是，秀秀对环境保护很有兴趣。

动机过程：为什么要问为什么？

不止小蕾一人相信绿色食品有益身心和自然环境。根据2014年Harris互动调查，约有5%的美国人（即近1 600万人）是素食主义者，其中约一半是纯素食主义者。自2009年以来，美国的纯素食主义者的数量确实翻了一番。

素食主义是指只吃肉类以外的食物（包括不涉及动物死亡的产品，如牛奶、奶酪和黄油）。相比之下，纯素食主义则与一套如何使用和对待动物的伦理相关。纯素食主义者不但反对打猎或捕鱼，而且反对人类残酷地训练动物，反对马戏团、动物园、竞技表演和比赛中不恰当地使用动物，以及以动物为对象测试药物和化妆品。[1]

驱使人们购买和使用产品的力量通常很明确——比如当一个人选择午餐吃什么的时候。铁杆纯素食主义者的食品选择和他们认为什么东西合适或值得的信念相关。这些情绪反应会带来对产品的高度忠诚。有时人们甚至完全没有意识到是什么致使他们选择或放弃某些产品。

理解动机就是要理解消费者行为的原因。为何有些人参加高桥蹦极或真人秀，而有些人则把闲暇时间花在象棋或园艺上？不论是解渴、打发时间还是获取某些深层次的精神体验，我们做任何事都有一个理由，即使有时说不出个中理由。营销学教授从第一天起就教导学生们，营销的目标就是满足消费者的需要。然而，除非能发掘消费者的需要是什么，以及这些需要会在什么时候出现，否则这样的说教毫无用处。有一则啤酒广告说："为什么问为什么？"在这一章中，我们将找出答案。

动机（motivation）是引导人们做出行为的过程。当消费者希望满足的需要被激活时，动机就产生了。需要将产生一种紧张的状态，驱使消费者试图减轻或消除这种紧张状态。这种需要可能是功利性（utilitarian）的（即希望达到某种功能性或实用性的利益，如一个人为了营养而吃绿色蔬菜），也可能是享乐性（hedonic）的（即一种体验的需要，如一个人吃了花椰菜，觉得自己做对了，这时产生的情绪反应或幻想）。这种希望达到的最终状态就是消费者的**目标**（goal）。营销者试图创造出能够提供消费者想要的利益并且减轻其紧张程度的产品和服务。

学者们迫切希望回答的一个问题是，消费者在达成目标时，是否需要意识到自己的动机。有证据表明，动机能够潜伏在意识层面之下，在消费者不知情的情况下，环境中的线索能够激活目标。营销人员开始探索**未察觉的品牌暴露**（incidental brand exposure）所能产生的效果。

- 研究者请一组被试待在都是"苹果"品牌名的房间，另一组则待在"IBM"品牌名的房间。实验发现与 IBM 组相比，苹果组能够对无关联的任务提供更为独特的回应。[2]
- 和普通蛋筒相比，使用造型"可爱"的蛋筒的大学生给自己装进更多冰激凌。研究者这样解释：古怪的物品会让消费者更加自我放纵，实际上被试对此并无意识。[3]
- 在答题时使用美国麻省理工学院钢笔的学生，在较难的研究生考试题上的得分较高。如果参与剧烈体育运动，学生们用标有佳得乐品牌的水杯喝水，则运动表现也会比较好。[4]

动机的强度

不论需要是功利性的还是享乐性的，随之而来的紧张程度决定了缓解这种紧张的迫切性。这种唤醒的程度称为**驱力**（drive）。

驱力理论

驱力理论（drive theory）关注那些唤起非愉悦状态的生物需要（比如，你上午上课时肚子饿得咕咕叫）。人们被推动去缓解由此引起的紧张感，回到所谓的**内环境稳定**（homeostasis）的平衡状态。一些学者认为，缓解紧张感是支配个人行为的一个基本机制。事实上，**购物疗法**（retailing therapy）的疗效已经得到证实。原因显而易见，购物能够恢复个人对环境的控制，从而减轻悲伤的感觉。[5]让我们去购物吧！

如果一种行为减小了驱力，人们自然会不断重复这种行为。如果你已经24小时没吃东西，那么提早下课去抢购一份点心的动机就要比你2小时前刚吃过东西时强烈。如果你真的偷溜出去却落得消化不良（比如狼吞虎咽地吃下一袋Twinkies面包后），下次你又想吃点心时，就不大可能再做出这种行为。因此，一个人动机的程度取决于当前状态与目标之间的差距。

驱力理论不能解释一些与预测相违背的行为。人们经常做出一些增强而非减弱驱力的行为，例如人们延缓满足。如果知道晚上将会有一顿丰盛的大餐，那么当天的早上你即使很饿，也可能不会吃点心。

期望理论

当前大部分的动机解释都集中于用认知因素，而非生物因素，来理解什么驱动行为发生。**期望理论**（expectancy theory）认为，行为受到所期望结果（即外部正向诱因），而非自身的内在因素的推动。消费者选择一件产品而非另一件产品，是因为预期这一选择会带来更积极的结果。因此，在这里，驱力一词所指的范围更为广泛，既指生理过程，也指认知过程。

动机的方向

动机不仅具有强度，还具有方向。动机是目标导向的，它驱使人们去满足特定的需要。大多数目标可以通过很多途径来达成，而企业的目标就是让消费者相信，它所提供的选择最有可能达成他们的目标。例如，一位消费者认为她需要一条牛仔裤来达到被他人羡慕的目标，她可以在李维斯，Wranglers，True Relogion，Diesel，Seven及其他许多品牌中做出选择，而每一个品牌都承诺会带来某种利益。

需要与欲望

在第1章中提到，需要反映了人类的基本目标，如保持健康或预防疾病。而欲望（want）则是达成目标的具体途径，很大程度上取决于个性、成长的文化环境以及对他人的观察。闹市公寓和郊区豪宅，不同的欲望却可能满足了相同的需要。有时，直到失去某种欲望，我们才知道曾经拥有过。很多人在美国加利福尼亚州禁止鹅肝冰激凌三明治之前，并不知道他们需要它。2012年加利福尼亚州禁止鹅肝，因为以强行喂食的方式迫使鹅肝肥大的做法太残忍。结果，人们对此美味的需求反而因为鹅肝的昂贵和珍贵变得更加强烈。联邦法庭在2015年推翻了禁令，以满足美食家们对鹅肝的需要。[6]

当我们满足功利需要（utilitarian needs）时，强调的是产品的客观的、有形的属性，比如一辆汽车每升汽油的里程数，一个叉烧包的脂肪、卡路里和蛋白质含量，以及一条蓝色牛仔裤的耐穿性等。享乐需要（hedonic needs）是主观的、经验性的，消费者寻找一种产品来满足对刺激、自信或幻想的需要——也许是要逃避世俗的或一成不变的生活。[7]许多商品满足享乐需要（甚至有一个度假区叫“享乐主义”）。奢侈品牌在向使用者承诺能带来快乐时就特别旺销。[8]

当然，消费者购买一件产品，可能是因为它同时提供了这两种利益。例如，一位女士购买貂皮大衣可能既是由于它所展现的奢华形象，也是因为大衣在漫长、寒冷的冬季能够保暖。事实上，一项关于新颖性消费体验的研究表明，当选择做一些不寻常的事情（比如吃熏肉冰激凌或是住在冰雕酒店里）时，可能是因为所谓的**效率导向**（productivity orientation），也就是不断努力建设性地使用时间：尝试新事物的过程就是完成人生目标清单上的项目，然后继续前行。[9]

动机冲突

目标有正负方向。我们的行为趋向自己认可的目标，于是我们拥有达成目标的动力，并寻找能够达成目标的产品。然而，正如在第 4 章对负强化的讨论中所看到的，人们有时有回避负面结果的动机，通过购买或消费活动降低出现负面结果的可能。比如，许多消费者努力回避遭受拒绝的负价目标，远离可能带来社会不赞许的产品。诸如除臭剂和漱口水这样的产品常利用消费者的负向动机。这些产品的广告常常描述腋臭和口臭令人烦恼的社交后果。

由于一项购买决策可能包括多种动机，消费者常会发现自己处于正负动机互相冲突的状况。[10]营销者试图解决这种两难的处境来满足消费者的需要。如图 5-1 所示，动机冲突通常有三类，下面分别讨论分析。

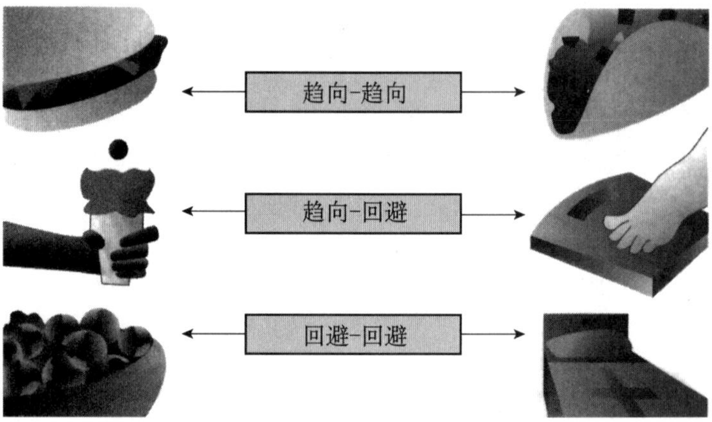

图 5-1 动机冲突类型

双趋冲突

当一个人必须在两个合意的选择中取舍时，就面临着**双趋冲突**（approach-approach conflict）。一个学生可能会为是回家度假还是和朋友去旅行而烦恼不已。**认知失调理论**（theory of cognitive dissonance）基于以下假设，在生活中人们有对秩序和一致性的需要，而失调（紧张）出现在信念或行为之间互相冲突的情况下。我们寻找一种方法来缓解这种不一致（或失调），让人不舒服的紧张感就会消除。这个过程叫做减轻认知失调（cognitive dissonance reduction）。

当一位消费者必须在两个各有优缺点的产品中取舍时，决策后失调（postdecision dissonance）就会发生。选择一个而放弃另一个，消费者就会得到所选择产品的不良品质，而失去所放弃产品的优良品质。这将带来一种不悦的失调状态。在既成事实后，我们往往会寻找额外的理由支持自己的选择——也许会“发掘”未选择的产品的缺点，使自己确信所做的选择是精明的（这也被称为合理化）。营销者可以通过组合多种利益来解决这种双趋冲突。比如，米勒淡啤（Miller Lite's）声称自己“口味较淡”且“口感极佳”，值得饮用者“拥有并饮用”。

趋避冲突

人们渴望的许多产品和服务也会带来消极的后果。购买毛皮大衣这样含有浓重地位象征意义的产品时，会有负罪感或夸耀感。当我们既渴望达成一个目标，同时又希望回避它时，**趋避冲突**（approach-avoidance conflict）就产生了。

解决这类冲突的一些方法包括制造仿毛皮以消除为追求时尚而伤害动物的负罪感，也包括轻体减肥计划所提供的没有热量的美味食品。[11]许多营销者试图通过使消费者确信自己值得享用奢侈品来克服负罪感。（比如，欧莱雅化妆品的模特宣称："你值得拥有！"）

双避冲突

有时消费者会发现自己进退维谷，面临两种不情愿的选择。比如，到底是在旧车上花更多的钱，还是买辆新车。发生这种事时你会不会很为难？为了处理这种**双避冲突**（avoidance-avoidance conflict），营销者常常强调产品或服务可能带来不可预见的利益，如强调专门的信贷计划可以减轻购车所带来的痛苦。

如何分类消费者需要？

大量的心理学家尝试设计通用的需要量表，希望借此系统地解释各种行为。

默里心理需要量表

心理学家亨利·默里（Henry Murray）开发的量表包含 20 种导致特定行为的心理需要（有时共同发生作用）。其中包括自主（autonomy）（保持独立）、防御（defendance）（保护自己免受攻击），甚至玩乐（play）（参加令人快乐的活动）等需要。[12]

默里提出的需要框架成为许多广泛应用的个性测试的基础，如主题统觉测验（Thematic Apperception Technique，TAT）。在 TAT 中，测试人员会向受测者展示 4～6 幅模糊的图片，要求他们回答 4 个与图片直接相关的问题：

1. 发生了什么事？
2. 什么导致了这一情况的发生？
3. 你在想什么？
4. 接下来会发生什么？

该项测试背后的原理是，人们会自由地将潜意识需要投射到图片上。通过获取人们对图片的反应，就可以真正地了解到人们真实的成就需要、归属需要，或其他任何占主导地位的需要。默里认为每个人都有一系列相同的基本需要，但个体对这些需要的优先排序有所不同。[13]

具体动机和购买行为

其他动机研究关注特定需要及由此衍生的行为。例如，有高度成就需要的个体会高度重视个人成就。[14]他们愿意为显示成功的产品和服务多付钱，因为这些消费能帮助他们实现目标。这些产品和服务大有市场。一项针对职业女性的研究发现，具有高成就动机的职业女性更可能选择她们觉得利落、整洁的服装，而可能对强调女人味特质的服饰不感兴趣。[15]以下是其他一些与消费者行为有关的重要需要：

- 归属感的需要（need for affiliation）（有他人的陪伴）[16]：这种归属需要与在

群体中“消费”的产品和服务有关，如参加团队运动、频繁光顾酒吧和大型购物中心。

- 权力的需要（need for power）（控制周围的环境）[17]：许多产品和服务能使消费者感觉自己对周围环境有控制权。这些产品从改装后的大马力“肌肉车”、大型手提收音机（将自己的音乐品位强加于他人），到奢华度假村（承诺满足其尊贵顾客心血来潮的要求）。
- 独特性需要（need for uniqueness）（表明自己的个人身份）[18]：产品可以通过保证突出消费者与众不同的特质来满足这种需要。例如，Cachet 香水宣称可以“像你一样独特”。

马斯洛的需要层次理论

心理学家亚伯拉罕・马斯洛（Abraham Maslow）最早提出颇具影响力的**需要层次理论**（hierarchy of needs），用来理解个人成长过程，以及人们达到精神层面的高峰体验（peak experiences）的方式。后来营销者对该理论进行修改，用于解释消费动机。[19]这一层次结构表明，发展顺序是固定的，即在激活更高层次之前，必须先达到某一层次。营销者采纳了这一观点，因为在不同的心理阶段或经济状况下，人们可能寻找特定类型的产品利益。[20]

这一模型如图 5-2 所示。消费者在每一需要层次，寻找的产品利益各不相同。理想情况下，个体在需要层次上不断上升，直到主导动机指向“终极”目标，如正义与美好。遗憾的是，这一状态是难以达到的（至少在正常情况下）：大多数人还是不得不从偶尔的惊鸿一瞥或高峰体验中得以满足。研究发现，49～60 岁的男性主要通过参加三类活动获得自我实现：（1）运动和身体活动；（2）社区和慈善活动；（3）建筑和修理活动。无论这些活动是否与他们的职业相关，这些所谓的魅力点（magnetic points）渐渐替代了那些没有成就的活动。[21]

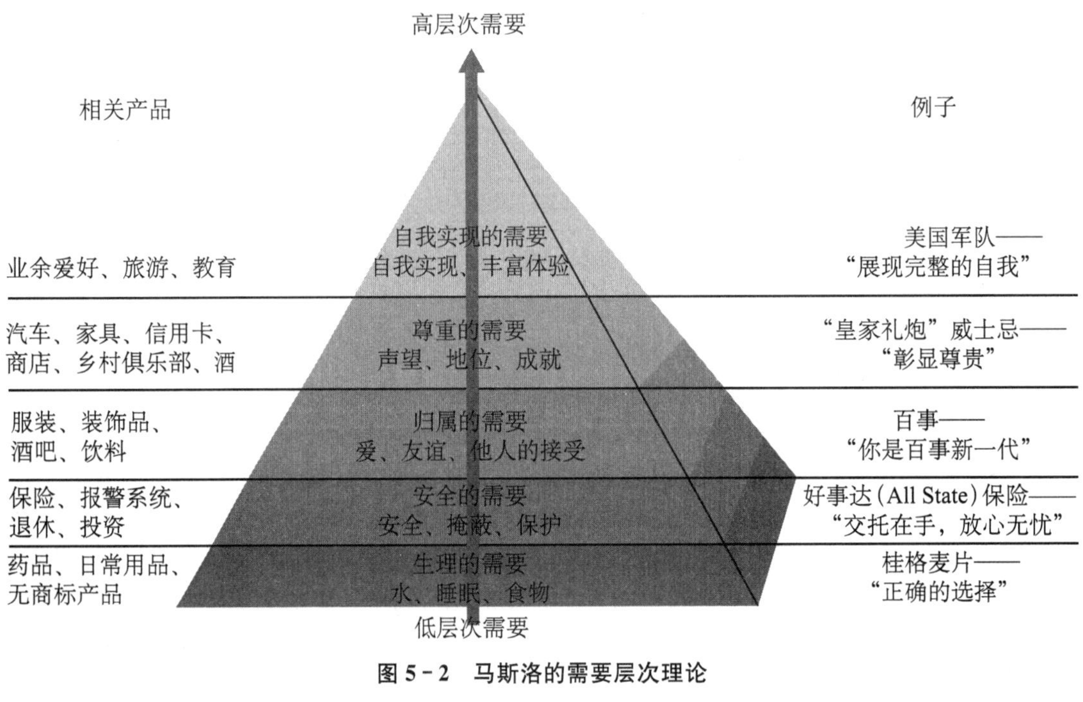

图 5-2　马斯洛的需要层次理论

营销者对这一需要层次的应用有些简单，尤其是当同一种产品或活动可以满足许多不同的需要时。例如，研究发现，园艺活动就可以满足每一层次的需要[22]：

- **生理**（physiological）——“我喜欢在土地上干活”。
- **安全**（safety）——“在花园中我感觉安全”。
- **社交**（social）——“我可以和其他人分享劳动成果”。
- **尊重**（esteem）——“我可以创造美的东西”。
- **自我实现**（self-actualization）——“我的花园带给我安宁的感觉”。

过于教条地运用该理论会产生另一个问题——文化局限性。层次理论的假设可能仅限于西方文化，其他文化中（也在西方文化内部）的人们可能会质疑各个层次的先后顺序。一个立誓单身的宗教信仰者就不一定同意在达到自我实现之前必须先满足生理需要。

同样，在很多亚洲文化中，群体的福利（归属的需要）要比个体的需要（尊重的需要）更受重视。关键就在于，尽管这一需要层次已在营销中得到广泛应用，但它对营销者有所裨益，不是因为它明确指出了消费者在需要阶梯上攀升，而是因为它提醒了我们，消费者在不同的消费情境下和不同的生命阶段中会有不同的优先需要。

情感

尊巴（Zumba）始于 20 世纪 90 年代，最初只是哥伦比亚舞蹈健身课程。它融合了嘻哈、萨尔萨舞（Salsa）、梅伦格舞（merengue）、曼波（Mambo）、肚皮舞（Belly dancing）和宝莱坞舞等多种舞蹈形式。现在已经风靡全球，每周大约有来自 150 多个国家的 1 400 万名爱好者学习它。尊巴公司一开始只是一个电视购物公司，后来这种养生方式受到追捧。CEO 的弟弟是一位广告人，当时正失业在家。他将自己的发现告诉 CEO，于是就改变了公司的营销重点。他回忆到当时看到一个印有生机勃勃的舞者的电影广告牌，就立刻给哥哥打电话。他说：“你搞错了。当你买健康的时候，你买的其实是情绪。”他想把尊巴建设成为一个品牌，“一个让人们感到自由和喜悦的品牌”。于是两个人一起确定广告语——“抛弃苦练，加入派对！”（Ditch the workout，join the party！）其他的就不必多讲了。[23]

并不是每一个人都会为了有个好体形去忍受尊巴锻炼，但是我们的许多决定均受到情绪驱动。社会学家将这些原始的反应称为**情感**（affect）。许多营销活动和广告着眼于改变心情或建立产品与情绪反应之间的联系。实际上，在不同的情境中，情感唤起的效果不同。[24]如果你看煽情的电视广告的时候流过眼泪，或者在酒店遭受不公遭遇之后曾经写过投诉信件的话，那么你就能理解为什么营销商这样做。

情感反应的类别

情感描述了充满情绪的体验状态，分为评估、心情到情绪。**评估**（evaluations）是在生物唤醒水平较低的时候，人类对事件和客观物体的正面或负面的反应。例如，消费者评价电影的时候常常涉及某种情绪，并伴随着较低水平的唤起。**心情**（moods）是在中等唤醒状态下短暂的正面或负面情感。心情可能未必和特定事件相关。**情绪**（emotions）通常比较强烈，如快乐、气愤和害怕，也常常和特定的触发事件联系（如收到一份很棒的礼物）。[25]

营销者经常使用情感。他们通常试图将产品或服务和积极心情或情绪联系在一起（例如，Hallmark公司就提供许多让人多愁善感的贺卡）。我们在消费从酒到巧克力等很多产品的时候，可以肯定某种心情被唤起。大量公司评估广告的情感影响。例如，联合利华和可口可乐公司使用高科技来探查广告观看者的面部表情。[26]

营销者也故意激起人们的负面情感，比如忘了购买彩票时的遗憾感受。也许更有效地利用负面情感的方法是，让消费者目睹一些不悦的景象，然后再提供改善的方法。例如，非营利组织播出一则孩子即将饿死的广告，促使受众捐款。通过帮助他人来缓解自身的消极情绪，叫做**缓解负面情绪状态**（negative state relief）。近来，广告界有一股风潮——叙述一个故事，让受众的情绪大起大落。百威啤酒的广告描述了一只小狗与一匹马成为朋友。小狗迷路了，最后自己找回家。这种手法被称为**悲伤广告**（sadvertising）。[27]

研究表明，和结果延迟出现相比，如果决策后的结果立即呈现，则伴随较为强烈的情绪。[28]另一项研究也证实了情绪和明智决策时的内部信息搜索之间的相互作用。研究者提出**情绪专家效应**（emotional oracle effect），即信任自己感受的人通常对于未来的预测更加准确。我们在很多情境中都可以看到这一现象（如电影票房赢家和股票市场）。其中的原因是，那些更自信的人更擅长获取已知的信息，因此预测也更准确。[29]

心情一致性

前面提到，当感觉、信念和行为不一致的时候，会产生认知失调。人们可以调整行为或认知，恢复平衡。第8章将进行更为详细的论述。

心情一致性（mood congruency）是指我们的判断受到心情的影响。例如，消费者处于积极情绪时，对产品的评价也更为积极。这就是为什么广告商喜欢在幽默电视节目之后播放自己的广告，或者播放一些能够改善受众情绪的广告。同样，零售商也通过播放快乐的背景音乐和提供友好的服务来愉悦购物者。

正面情感

作为全球营销活动——“开放快乐”（Open Happiness）的一部分，可口可乐公司在新加坡国立大学放置一台售货机，路人可以用拥抱来换取免费可乐。这台机器的外表是可口可乐红和标志，正面用很大的字写着“抱抱我”。[30]

当权衡某件产品的优缺点时，我们的感受也是判断依据之一。一个品牌获得竞争优势，是因为它能让拥有者感觉良好。事实上，这个品牌和竞争对手在功能上相当。这就是为什么我们愿意多花钱，购买一件表面上看和比较便宜的产品功能类似的产品，例如，最热卖的新款苹果手机、一件Justice的T恤或昂贵的大学。品牌的热爱者被盛世广告公司的领导者贴上了“爱的记号”（lovemark）标签。

快乐

快乐（happiness）是一种愉悦和正面的精神状态。是什么让我们快乐？虽然很多人认为拥有更多光鲜的物品是关键，但是研究者却有不同的发现。一些研究发现，越是希望获取财富越不快乐。事实上，最近的一些研究揭示，我们喜欢**累积财物**（material accumulation），即人类本能上喜欢拥有可能都用不完的物品，即使这么做让我们不快乐。在这项研究的第一阶段，被试被要求戴上耳机，听一段让人不悦的白噪声，但同时告诉他们，如果多听几遍可以得到德芙巧克力。同时，研究者也询问了他们在 5 分钟之内能吃多少巧克力。平均来说，被试能够听足够长时间，赢取多于他们实际能吃完的巧克力。换言之，为了获得比所能消费的巧克力更多的巧克力，他们能够忍受负面体验。[31]

一些研究发现，体验比物质产品更重要。在一项研究中，被试被要求想象购买物质产品或体验产品。虽然这两项购买的价格相当，但是想象购买体验产品的人更快乐。[32]另外，幸福的驱力因生命周期不同而不同。年轻人更倾向于将快乐和兴奋联系在一起，而老年人更倾向于将之与平静、安宁联系在一起。[33]

学术观点

Michel Tuan Pham，哥伦比亚大学

多年来，消费者行为理论一直强调，消费选择和决策过程具有认知和表面看来的“理性”特征。我们被告知，消费者像计算机一样运作：他们从大环境中搜索和接收产品相关信息（如一台洗碗机的耗电量是多少），结合记忆中存储的其他信息（如某一特定品牌的声誉），把两者整合起来，做出一个总体决策。在此过程中，消费者使用决策规则，这些规则反映消费者的关注点（如消费者是否愿意舍弃品牌来换取较低价格）。常用的例子是：美国消费者使用《消费者报告》进行决策。

但只要你观察过消费者在现实世界中如何决策，你就会发现，上述模型并不能很好地说明很多消费决策。特别是这个计算机式的模型忽略了重要一点：感受和情绪深刻影响消费者决策和行为。想象一下：当一位母亲为蹒跚学步的孩子购买一双新鞋时，她是多么自豪和满足！一个小女孩知道自己马上就要去迪士尼乐园时，她是多么开心！一个少年计划他的生日派对时，他是多么兴奋！当一位顾客被一家公司欺骗时，他又是多么愤怒！我们该如何捕捉这些情绪？

过去 25 年里，我一直在研究：感受和情绪如何影响消费者决策和行为。我发现，上述两个因素确实十分重要。部分原因在于消费者认为感受和情绪可以为决策和行为提供参考信息。然而，人们却常常认为感性和理性相互排斥。从这个角度而言，我大致赞同消费者的想法。一件商品，如果你感觉不太对劲，那最好远离它，即使它看起来真的很划算；一件商品，如果你感觉良好，那么很可能你会长期喜欢它。我称之为“感性的理性”（emotional rationality）。

然后，另一个重要原因是“后设理性”（post hoc rationalization）。消费者通常先对产品有直接的感受，然后再找出似乎有逻辑的论点来解释这个决策，这就是后设理性。当看到一辆崭新的宝马轿车时，消费者可能会列举数种原因说明为什么喜爱它，例如它十分省油，又如现在使用的那辆小轿车开始老化。然而，他们首先是被宝马轿车靓丽的外表深深吸引，然后脑海中才产生种种合理原因。因此，如何运用第一感性印象在商业中尤为重要。

我的研究进一步发现，感受和情绪并不仅仅是简单的好或坏、愉快或不愉快。情感的细微差别可能带来很大不同。自豪不等于兴奋，生气不等于悲伤，欢乐不等于放松。每一种独特情绪都会把消费者引向不同的方向。如何引导消费者产生“正确的”情绪，将是市场营销人员的一大挑战，也是我在最新研究中正在探索的问题。

负面情感

我们也许以为营销者总是让人快乐，但事实上，营销信息可以让我们悲伤、生气甚至闷闷不乐，有时这些是有意为之。

厌恶

许多研究者相信，厌恶是一种原始的情感，使我们远离毒害。人类早已知道回避腐烂的肉和其他让人讨厌的致病物质。于是，甚至轻微的臭味都足以激起人们的本能反应——皱起鼻子、撇嘴和伸出舌头。皱起鼻子是为了防止病菌进入鼻孔，伸出舌头是为了吐出不洁之物，也是呕吐的先兆。

这些和营销、说服有什么关系？事实上，厌恶也会对判断产生重要的影响。在判断道德事件的时候，有这种感受的人会变得很严厉。在一项实验中，和那些坐在干净房间的人相比，在气味难闻的屋子里或者坐在一个堆满脏臭食品包装盒旁边的人，对于不道德的行为（如在简历中撒谎，或者把捡到的钱包据为己有）批判得更为严重。在另一项研究中，和那些站在大厅的人相比，站在免洗洗手液旁边完成问卷的人回答更为保守。[34]

以前，营销者回避负面图像，担心把消费者吓跑了。但是现在很多人意识到，如果能激起极端情绪，如厌恶，那么信息传递的效率更高。

- 抑制人们喝含糖饮料。美国纽约卫生局播放一则这样的广告——一位男士正在喝软饮料，这时饮料变成了大量的脂肪。
- Febreze 播放一则电视广告，因为空气清新剂遮盖了房间内的臭味，所以蒙着眼罩的人以为自己在气味很好的房间里。事实上，这里的气味很难闻。
- 对于 Lamisil 这种抑制指甲霉菌的药物来讲，激起消费者的厌恶情绪并不太难。这家公司创造了一个名叫“Digger”的霉菌卡通人物。它能从指甲这个安全地带中钻出来，最终达到毁坏人类健康的目标。

嫉妒

嫉妒（envy）是一种负面情感，用来缩小和比自己优秀的人之间的差距。研究者区分两个类别的嫉妒。当我们认为他人应该得到梦寐以求的商品（如华为手机）时，会出现善意的嫉妒。我们也愿意花更多的钱购买同样的商品。敌意的妒忌出现在我们认为他人不应该拥有某种优势的情形下。此时，我们可能不想购买那个人拥有的东西，但却愿意花更多的钱购买另一个品牌（如苹果），以显示不同。[35]

愧疚

愧疚（quilt）是“一种因为自己的行为、不作为、意图或某种情景可能招致反对，而产生的不快情绪状态”。[36]如果营销者希望消费者参与亲社会行为，就会常常激发他们的愧疚感。这种愧疚诉求手段特别有效，尤其是有他人在场时，因为这会激活社会责任感。然而，最好采用比较柔和的方式，因为极端愧疚感可能适得其反。[37]

尴尬

尴尬（embarrassment）是因为在意他人对自己的态度而带来的情绪。要产生这种情绪，必须意识到和在意评估我们的观众。[38]购买社会敏感产品，如安全套、成人纸尿裤、卫生棉条或去除虱子的香波时，就会有些尴尬。[39]为了舒缓这种情绪，消费者常常得动点脑筋：他们可能把这些物品和其他商品混在一起，或者选择看起来比较友好的结账人员。

社交媒体如何利用我们的情绪？

自 1972 年以来，不丹一直测量国民幸福总值（Gross National Happiness）。[40]现在，美国马萨诸塞州萨默维尔市正在测试一款名叫 H（app）athon 的手机软件。这款软件结合福利相关的问卷得分和通过手机自动收集的数据，来检测用户的幸福感。Fitbits 的产品和耐克＋训练俱乐部的服务能帮助用户持续检测身心状况，或至少记录今天的步数或睡眠状况。[41]**幸福经济学**（happiness economy）的支持者认为，健康是一种新财富，而社交媒体技术帮助我们积累这种财富。

人们会在众多社交活动中表达正面和负面的情绪，在脸书和推特上分享好心情或坏心情，甚至在电子邮件和短信里用平淡的情绪符号，比如“:)”来表达感受。为了推动杰乐（Jell-O）布丁的销售，卡夫公司在推特上使用“情绪监视器”，随机地向键入“:(”符号的用户发送优惠券。它还持续监控推特，每当平均笑脸低于 51%，就开始发放优惠券。[42]

事实上，人们表达情绪或对产品的情感反应都很正常。而且，这些网络记录对于营销者来说就像宝藏一样重要。**情感分析**（sentiment analysis）程序的作用就在于此，这种程序能够在整个社交媒体上搜寻和分析人们描述特定产品和公司的词汇（有时又叫意见挖掘）。当人们产生某种特定的感觉时，倾向于使用和情绪相关的特定词汇。研究者利用这些词汇创建了**字词-短语词典**（word-phrase dictionary）来编辑数据。该软件可以扫描文本内容，辨别出那些在词典中出现的词汇。

以佳能博秀数码相机 A540 为例，产品评论网站 Epinions 上有一句话：“佳能博秀 A540 拥有完美的光圈和杰出的分辨率。”情感分析程序会首先从这句话中抽取感兴趣的单元，识别出佳能博秀 A540 这个产品，以及与其相关的光圈和分辨率这两个特征；然后再抽取出情绪描述词汇：光圈是“完美的”，分辨率是“杰出的”。文本挖掘软件会收集这些反应，综合描绘出人们是如何谈论这个产品的。很多情感分析软件都有类似的功能，其中 ToneCheck 软件甚至能报告人们在电子邮件中表达的情绪。[43]

消费者介入

下面是两位顾客在 4S 店的对话：

顾客 1 说：我想要《汽车与司机》上介绍过的那辆车——6 缸发动机、双离合变速器、90 毫米的汽缸直径和 10∶1 压缩比。

顾客 2 说：我想要一辆红色的车。

介入（involvement）可定义为“基于其内在需要、价值观和兴趣，一个人所感知的与客体（object）的关联性”。[44] 影响介入度的不同因素如图 5－3 所示。这些因素可以是个人的、客体的或有关情境的。

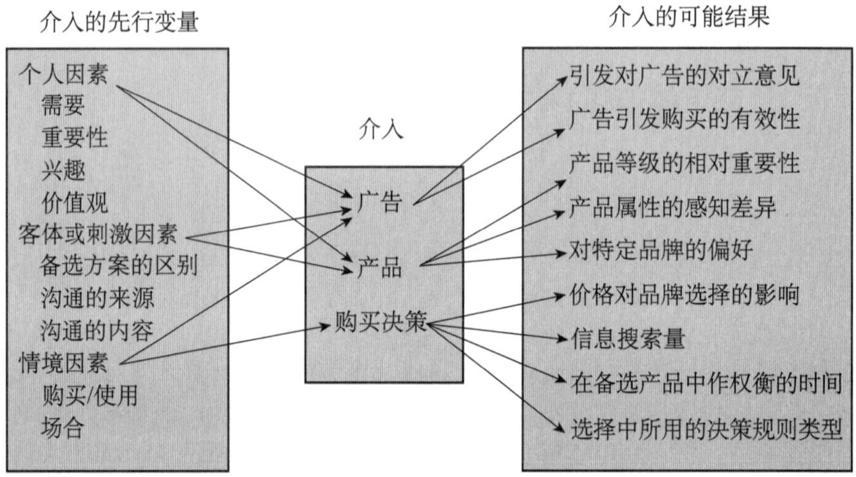

介入度=f（个人，情境，客体）
介入的水平可能受这三个因素中的一个或多个的影响，
并可能发生个人、情境与客体因素间的相互影响。

图 5－3　介入的概念图解

动机越强，获取满足该动机的产品或服务的欲望就越强。可是，正如前面例子中的顾客 2，并非所有消费者拥有相同程度的动机。我们相信产品或服务能够解决某个问题或达成某个目标，而介入反映我们处理产品信息的动机水平。[45] **惯性**（inertia）是指低介入度的消费，决策是出于习惯，缺乏考虑备选产品的动机。广泛使用的介入度测量量表之一如表 5－1 所示。

表 5－1　测量介入度的量表

对我来说，（要测量的目标）是		
1. 重要的	____:____:____:____:____:____:____	不重要*
2. 厌烦的	____:____:____:____:____:____:____	有趣的
3. 有关的	____:____:____:____:____:____:____	无关的*
4. 令人兴奋的	____:____:____:____:____:____:____	不令人兴奋的*
5. 无意义的	____:____:____:____:____:____:____	对我意义很大
6. 有吸引力的	____:____:____:____:____:____:____	无吸引力的*
7. 迷人的	____:____:____:____:____:____:____	平凡的*
8. 无价值的	____:____:____:____:____:____:____	有价值的
9. 令人介入的	____:____:____:____:____:____:____	不令人介入的*
10. 不需要的	____:____:____:____:____:____:____	需要的

说明：以上 10 个项目以最低 10 分至最高 70 分计分。

* 表示项目为反向计分。比如，第 1 项（重要/不重要）的 7 分实际上为 1 分。

人们希望满足的需要类型分为功利性和享乐性需要（详见第 1 章）。随着介入度的增加，人们会考虑更加周全（如花了 3 天时间研究按揭贷款利率），体验到的情感反应（一想到女儿穿上婚纱的样子，爸爸们就可能浑身鸡皮疙瘩）也更加强烈。[46]通常，人们对于花费较高（如房产）或与自尊相关（如衣服）的产品介入度较高，而对于日常洗涤用品或五金制品则介入度较低。[47]然而，几乎所有东西都可能成为一些人高度介入的对象。

当苹果公司开始销售第一部 iPhone 手机时，美国成千上万的崇拜者等候在苹果商店门前，希望成为买到产品的第一人——虽然他们可以在网上订购并在 3 天内送到。对于一款有触摸屏的手机来说，等待 3 天还是太久了。一位忠诚的消费者承认："如果苹果做面包的话，我也会买。"[48]

在美国，**崇拜式产品**（cult product）的例子有 Hydrox 曲奇、苹果电脑、哈雷摩托车、琼斯苏打水、莫罗・伯拉尼克（Manolo Blahnik）时装鞋（想想电视剧《欲望城市》中的主角卡莱尔），还有波士顿红袜棒球队。这些产品强烈地受到消费者的热爱和忠诚，甚至崇拜。[49]如果对某品牌怀有亲密的情感，那么大部分消费者愿意多花钱。[50]

介入的形式多样

一位名叫"冬季"（Winter）的自由软件工程师计划遍访全世界每一家星巴克。到目前为止，他已经在许多国家造访了 12 000 多家门店。当他得知位于英属哥伦比亚的一家星巴克第二天就要关门歇业时，立刻花了 1 400 美元飞到那里，在那家店关门的最后时刻点了一杯咖啡。他把自己的远行记录在他的网站 starbuckseverywhere. net 上。[51]

好吧，也许"冬季"需要过一种更为充实有趣的生活，但他的激情仍然能够证明介入有多种方式。介入可以只是认知层面的，如一名"网虫"想尽办法了解新型电脑的最新配置；介入也可以是情感层面的，如一想起新的阿玛尼（Armani）套装，一个讲究穿着的人就会精神一振。[52]此外，对于热衷购物的消费者来说，购买阿玛尼服装本身也可能是高度介入的。

进一步说，耐克或阿迪达斯所做的广告本身就由于某些原因而令人介入（如它们让我们欢笑、哭泣，或鼓舞我们更努力地工作）。看起来介入是一个模糊的概念，因为它与其他事物有重叠，而且对不同的人有不同的含义。确实，大多数人认为，实际上存在与产品、信息和感知者相关的几种类型宽泛的介入。[53]

产品介入

产品介入（product involvement）是指消费者对特定产品感兴趣的水平。营销者将品牌和个人联系得越紧密，所创造的介入度就越高。

如果**感知风险**（perceived risk）高，那么，消费者就可能高度介入产品决策。换言之，如果选错了，就有可能带来负面后果。产品价格较高或复杂，风险就较大。如果他人在场，感知风险就会成为影响因素，因为如果选错了，可能会比较尴尬。[54]一件产品的感知风险高，不一定很昂贵或很难用。例如，一位四年级大学生即将参加面试。他可能很在意自己出汗太多，所以，对于当天应该用哪一品牌的香体剂会考虑很久。

表 5-2 列出了五种类型的风险和受其影响的产品类型，其中风险包括客观（如身体伤害）和主观（如尴尬）因素。如果消费者拥有较大的风险资本（risk capital），那么感知风险较低。这是因为选错了，损失也较小。例如，和心理脆弱、安全感缺乏的人相比，同样是购买同伴不认同的商品，自信心较高的人不会那么焦虑。

表 5-2　感知风险的五种类型

	最易受影响的消费者	最易受影响的购买决策
财务风险	风险资本包括金钱和其他财产。收入和财富较少的消费者。	花费高的产品。
功能风险	风险资本包括实现功能或满足需要的各种方式。注重实用的消费者。	购买和使用要求消费者完全投入的产品或服务。
身体风险	风险资本包括精力、健康和活力。年长的、虚弱的和患病的消费者。	机械或电动产品（如机动车或易燃品），药品或医疗以及食品和饮品。
社会风险	风险资本包括自尊和自信。缺乏安全感和自信心的消费者。	包括衣服、珠宝、汽车、房产或体育用品等在公众场合使用或有象征意义的产品。
心理风险	风险资本包括与他人关系和地位。缺乏自我尊重或在同伴中缺少影响力的消费者。	可能带来内疚的奢侈品、耐用品以及那些需要自律和牺牲的服务产品。

学术观点

Debora Thompson，乔治城大学

当代企业越来越多地让消费者参与广告创作和其他市场活动。企业期望这种与消费者共创（co-creation）的营销策略能极大地增强消费者与品牌的联系。然而，那些没有直接参与共创的消费者反应如何，目前知之甚少。我们也只知道企业与一些非特定消费者进行共创活动。告知受众广告由另一位消费者创作将提高信息说服力。我的研究探索这个现象何时出现以及背后的原因。我和我的同事进行了数项室内实验，让消费者观看几个品牌的电视广告。实验发现，告知受众广告由消费者创作，会引发两种互相矛盾的反应：怀疑广告创作者的能力；对广告创作者有认同感。受众可能认为创作有效广告需要特定的技能和专业知识，于是他们质疑普通消费者缺乏此专业能力。受众发现，他们自身与广告创作者之间有相似之处，认同感此时出现。因此，共创广告公开之后的有效取决于淡化怀疑感和强化认同感。有趣的是，我们发现，把广告归功于消费者创作，有时会弄巧成拙，其一般包含以下情况：广告创作者仅仅被简单描述成一位寻常消费者；受众包含非忠诚客户，他们与广告创作者不同，缺乏品牌承诺。但是，这种消极影响在特定条件下可以得到缓解甚至消除——在消费者观察注意力被高度干扰的状态下：消费者发挥批判性思维的能力受阻，以及受众对广告创作者有认同感，例如，当广告创作者被描述成与受众有共同的背景特点时，或者当消费者对品牌忠诚时。

总体而言，我的研究表明，尽管市场营销人员应继续鼓励消费者更多参与共同创作，从消费者创意中获益，但他们应当谨慎思考：如何向大众消费者公开共创这一事实。要从消费者驱动广告中受益，必须注意十分重要的一点：叙述广告时既要强调广告创新性，也要强调消费者创作广告。市场营销人员可从以下角度思考，增加受众与广告创作者之间的认同感，以淡化受众对普通消费者是否具备创作广告能力的质疑。具体而言，可通过多渠道传播共同创作过程的信息来实现，包括通过公关活动、电视广告、线上视频，或社交网站（例如制作“广告创作过程”的视频）。最后，我的研究建议：公开消费者创造广告前，必须仔细评估品牌发展目标。消费者创造广告的活动更多是吸引和保持品牌的忠诚顾客，而不是吸引和开发目前对品牌没有忠诚度的顾客。

大规模定制（mass customization）是指以大规模生产的价格向单个消费者销售定制的产品和服务。[55]这个策略广泛应用于各种产品和服务，从读者选择报纸栏目的网站，到自行配置的戴尔电脑，再到右腿比左腿短一英寸以适应不对称的身体的李维斯牛仔裤，不一而足。[56]美国玛氏零食公司（Mars Snackfood USA）推出了 M&M 巧克力豆脸，以此激起消费者与巧克力豆联结：在 mymms.com 网站上，你可以上传一张照片，然后定制糖衣上印有脸和个人信息的 M&M 巧克力豆。

市场机会

当消费者需要个性化产品时，他们的介入度会提高，因为个性化产品体现了他们的独特偏好。但是，当消费者自己制作个性化产品时又会怎样呢？研究者将它称为“宜家效应”，自我制作（或者至少是自己安装）产品，比如家具、乐高玩具，甚至是手工折纸，都可以增强消费者对所迷恋的产品的价值感，因为消费者拥有其中蕴涵的劳动。[57]当然，如果你在安装一个书柜，却发现有一个零件还没有用上，也可能会有失败的感觉。

当消费者高度介入某件产品的时候，就产生了品牌忠诚度。这其实就是营销者追寻的理想。**品牌忠诚度**（brand loyalty）是指消费者有意持续购买同一个品牌。[58]请注意，这个定义指出，消费者不但经常购买某一个品牌，而且对之持有正面的评价，而不是出于习惯购买。此外，忠诚的消费者常常对产品怀有激情。如果公司改变、重新设计或删除某品牌，对该品牌忠心耿耿的消费者会有相当激烈的反应。测试消费者是否对品牌忠诚的简单方法是：如果你喜欢的品牌恰好缺货，那么你是买另一个品牌还是等到它重新到货？

虽然每个人都想开发忠诚客户，但即使最成功的营销者也面临一个难题。消费者常常更换品牌（brand switching），即使当下使用的产品能够满足需求。英国啤酒酿造公司——Bass Export 的研究者针对美国啤酒市场的调查发现，很多饮酒者都有 2～6 个喜欢的品牌，而不是钟情于一个品牌。[59]

有时，我们似乎就是喜欢尝试新鲜事物，为了寻求刺激或解闷而创造不同。**寻求不同**（variety-seeking）是一种选择新事物的心理。它会使我们放弃最喜欢的产品，转而求其次。这种情况甚至出现在对喜欢的品牌厌烦之前。相关研究证明，人们愿意为了多一些选择而放弃快乐，因为不可预测本身就是一种奖励。[60]

当我们心情好或没有其他事可做的时候，更有可能寻求差异。[61]因此，即使已经拥有最喜欢的，也会尝试其他可能性。但是，当决策变得不确定或竞争品牌信息比较有限时，消费者常常选择最稳妥的。

信息介入

为了推广自传《解码》(*Decoded*)，Jay-Z 举行了一场营销活动。其经纪商 Droga5 在全美国开展寻宝活动——将整本书的 320 页藏在 13 个城市的户外。地点的选择和书上的信息有关，例如，纽约的芝士汉堡包包装纸。最近，Coldplay 乐队从此书中借用一页来推广唱片《鬼故事》(*Ghost Stories*)。他们将唱片的歌词藏在世界各地的图书馆，并将找寻导引放在推特上。[62]这些都是鼓励顾客参与的新兴做法。在**侵入式虚拟现实互动游戏**（alternate reality games，ARG）中成千上万的人参与虚构故事，或互相竞争去破解谜题。

就像前面寻宝案例中所述，媒体的特征不同，使得受众的注意力不同，这就是**信息介入**（message involvement）。印刷品是一种高介入度的媒体，读者可以主动介入信息的处理，并且能够停下来思考刚读过的内容，然后再继续往下读。[63]相反，电视被视为低介入度的媒体，因为观众只能被动地观看。尽管可以用遥控器随意地选台，但观众缺乏对内容的控制权。

电视这种被动的属性是广告商愿意在互动性较好的电视节目，如《美国偶像》中插播广告的原因。他们希望增加观众注意到广告的可能性。研究发现，观众对电视节目的参与度越高，对广告的反应就更加正面，更有可能影响购买决策。[64]事实上，如果信息（包括制作精美的广告）的吸引力够强，就可以触发一种叫**叙事转移**（narrative transportation）的过程，在这个过程中，人们沉浸在故事情节里。最近一项研究显示，那些感到幸运的人在观看彩票广告时就进入叙事转移过程，一旦沉浸其中，就很难让他们从广告中分心。[65]

虽然消费者对产品信息的介入有差异，但营销者也并非只能守株待兔。了解可以增加或减少消费者注意的因素，就能够采取措施，提高消费者关注产品信息的可能性。下列手段都可用来增强消费者处理相关信息的动机[66]：

- **在广告中运用新奇的刺激，如不寻常的拍摄技巧、突如其来的安静或出乎意料的移动等**。一家名为 Egg Banking 的英国公司在法国市场投入一款信用卡。该公司的广告代理制作了一系列奇特的广告，激起观众质疑自己的假设。一则广告首先提出这样一个共识——"猫咪总是爪子先着地"。接着，两个身穿白大褂的研究者将一只猫咪从房顶扔了下去，结果猫摔死了（动物保护主义者可不喜欢这种广告）。[67]
- **在广告中运用显著的刺激，如喧闹的音乐或快速的动作，吸引注意力**。如果采用印刷品形式，较大幅的广告能提高消费者的注意力。另外，观众对彩色图片的注意时间也要比黑白图片长。
- **名人广告**。正如第 8 章讨论的，如果信息来自消费者仰慕或至少知晓的人，不管是迈克尔·乔丹、比尔·盖茨还是马云，他们都会产生更大的兴趣。
- **提供消费者欣赏的价值**。Charmin 厕纸在美国纽约时代广场建造公共厕所，游客们使用后心怀感激。上千人（显然时间比较充裕）上该品牌的网站查看该设施。[68]
- **使用新的媒体平台捕捉人们的注意力**。宝洁公司用蓝色或红色食用颜料制成的墨水，把琐碎的问题和答案印在品客薯片上。而一家名为 Speaking Roses International 的公司申请了一项专利技术，这项技术可以在花瓣上用激光打印文字、图像或标志。[69]一家澳大利亚公司发明了夜总会识别付费顾客的手压印模，印模上包含公司标志和广告语。于是，参加派对的人的手变成了该公司的广告平台。[70]

- **鼓励消费者想象实际使用产品的感受**。如果消费者这样做了，那么他们就更可能购买。研究表明，即使广告中少量的提醒也能促进想象。这里有一个简单的例子——设计一张杯子把手在右侧的图片。图片符合右利手（或称右撇子）的期待，将促使其想象。[71]

- 另一个战术是创造**奇观**（spectacles）或表演，让广告本身成为一种娱乐形式。在广播和电视的早期，广告简直就是表演——一场把整合营销信息放在情节里的表演。如今，随着营销者越来越努力地争取厌倦了的消费者，现场广告卷土重来。[72] Hampton 这家位于纽约的高档夜总会得到 Axe 洗护用品一个季度的赞助。Axe 给酒吧间冠名，其品牌名称出现在 DJ 工作间和菜单上，卫生间也有 Axe 产品。

情境介入

情境介入（situation involvement）是指消费者在商店、网站或消费场所的参与。一种提高此类介入的办法是，将消费者购买时接收的信息个性化。比如，一些营销者根据购物者在店内货架上选择的产品，调整给他们提出的建议。在几家唐恩都乐（Dunkin' Donut）店内，一个点了早餐咖啡的人会在收款台看到推送土豆煎饼或早餐三明治的广告。目前，许多零售商和事件策划者都在提升商店、经销商与体育场的顾客体验。业内人士将之称为“座位”（butts-in-seats）战略。这就是美国拉拉队长会在看台上和一些足球比赛的粉丝合影的原因。一家汽车公司体验营销部门的负责人说：“我们知道顾客与汽车的身体接触是一种很棒的方式。顾客试驾，然后就可能将之视为备选。”[73]

本章小结

现在你已经读完本章，你应当了解为什么：

1. 产品能够满足消费者一系列的需求。

营销者试图满足消费者需要，但购买产品的原因可能是多种多样的。识别消费者动机是保证产品满足适当需要的重要一步。消费者行为学的传统关注点是产品满足理性需要的能力（功利性动机），但享乐性动机（如探险和娱乐的需要）在许多购买决策中也起着关键作用。马斯洛的需要层次理论认为，一件产品可以满足多种不同的需要。

2. 不同类型的动机冲突影响消费者的购买决策。

动机是引导人们行为的过程。当消费者希望满足的需要被激活时，动机就产生了。目标有正负方向。我们的行为趋向自己认可的目标，于是我们拥有达成目标的动力，并寻找能够达成目标的产品。然而，有时我们有回避负面结果的动机。

3. 面对产品和营销信息，消费者的情感复杂多样。

情感反应可以平缓的（即评估）、中等水平的（即心情）或强烈的（即情绪）。营销者试图通过广告或其他沟通方式引起消费者的正面情感反应。于是，消费者和产品形成一种情感（或狂热的忠诚）。社交媒体是一个信息平台，提供大量关于消费者对品牌感受的信息。

4. 人们评价和选择产品的方式取决于对产品、营销策略或购买环境的介入程度。

产品介入度可以从非常低（即惯性行为）到非常高（即与产品形成强烈的联结）。

此外，营销战略家还需要考虑营销信息和购买情境的介入度。

复习题

1. 什么是动机？为什么这个概念对营销者如此重要？

2. 描述三类动机冲突，并结合现实中的营销活动举例说明每一种冲突。

3. 解释需要和欲望之间的区别。

4. 什么是认知失调？

5. 说出马斯洛需要层次的每个层次的名称，并针对每个需要层次举出一种营销宣传活动。

6. 列出感知风险的三个类型，并分别举例说明每一个类型。

7. 心情和情绪之间的差别是什么？

8. 什么是心情一致理论？广告商是如何使用这个理论的？

9. 什么是消费者介入？这个概念与动机有何关系？

10. 哪些营销策略能够提高消费者介入度？

消费者行为挑战

讨论

11. 金钱能够买到幸福吗？为什么？

12. 消费者今天似乎为情绪表达而着迷。他们在社交媒体上表达情感，记录睡眠模式，甚至为别人是否喜欢社交媒体上的自己而不安。请问幸福能够量化吗？

13. 如果广告让人尴尬，该怎么办？近来一家泻药厂商赞助了隔夜通彩票（Overnight Relief Sweepstakes）。广告的宣传口号是“今日服用，明日成功”，恰当地阐释了产品特性。当今的美国，以前人们只能偷偷谈论的产品现在也跃然广告牌上，如厕所用纸、安全套、卫生棉条、勃起功能障碍用药如伟哥和希爱士。[74]还有什么是神圣的吗？应该允许敏感产品在公众场合做广告吗？

14. 一些心理学家最近辩论说，应当把马斯洛的层次反过来。他们宣称应该从顶端删掉“自我实现”，代之以“养育孩子”。在这个顶端下面是“保持配偶”。他们认为太多人把马斯洛的三角形看作一种渴望——对一个心满意足的个体“应该”怎么做的描述——而不是人类动机真的怎么工作的解释。他们的看法很有革命性，如果艺术、音乐和文学的唯一目的是自我满足，它是如何给全人类的繁衍带来贡献的呢？这一理论的一位支持者说：“如果你是个优秀的诗人或音乐家，会有一种生殖上的收益：女性会被有这样能力的男性吸引。当一个男人弹起吉他的时候，他在说‘看看我的优秀基因’。”你怎么看——我们对购买、拥有和存在的所有动机最终都可以归结为基因库的存活？[75]

15. 本章曾经提及当在脸书上花费大量时间的时候，我们的心情会变得很糟糕。这是因为我们觉得在浪费时间。你同意这样的说法吗？

应用

16. 在线行为也能够满足马斯洛需要层次理论中的各种需要，特别是当我们使用脸书这样的社交媒体时。如果互联网公司在设计产品的时候，能始终记住这一点，那么它们就可以获得顾客忠诚。

- 当我们在互联网上搜寻诸如营养或医疗问题的时候，生理需要得到满足。
- 当互联网提醒我们注意不端行为、缺陷产品甚至是危险的掠食者时，我们借助互联网收集信息，安全需要得到满足。
- 使用者借助脸书上的个人信息界定自己的身份。
- 有些人在某些领域建立声望，成为专

家，能够提供独特的帮助。在线社区、博客和社交网络能够满足他们被认可和成功的需要。

- 使用者能够寻求帮助，并在网络上和志同道合的人相聚。
- 加入非请勿入的社群，满足身份的需要。
- 与宗教相关的在线社区为处于困境的人提供帮助。[76]

访谈那些参与社交媒体的人，了解他们的动机。请他们列出经常拜访的网络平台，然后探寻某一个平台的参与动机。这些网站满足了什么动机？你的发现对于开发新的社交媒体产品有何帮助？

17. 访问追星俱乐部的成员，描述他们对“产品”的介入度，并发掘影响这一群体的营销策略。

18. 本章提及营销者持续推进创造奇观，从而提高消费者对沟通信息的介入度。

- 一个英国节目直播高空跳伞者在空中排列出大写字母 H，O，N，D 和 A。高空跳伞是一项相当危险的节目，更何况还要组成固定的队形。
- 本田公司在英国兰卡斯特建造一条可以演奏的道路。水泥路上的沟渠会发出一系列音符。一辆客车驶过的时候，就会演奏《威廉退尔序曲》(*William Tell Overture*)。
- Jameson 爱尔兰威士忌将广告片投射到纽约代理商的墙壁上。代理商在街道上寻找符合品牌特征的路人，向他们发送实时短信，并邀请他们参与宣传活动。
- 为了庆祝迈克尔·杰克逊的唱片《颤栗者》(*Thriller*) 发行 25 周年，索尼 BMG 公司在伦敦地铁策划了一场演出。唱片的主打歌曲《颤栗者》的音乐影像中大跳僵尸式舞蹈。一群“乘客”突然在人群中开始跳僵尸舞，然后又消失在人群中。这一幕被拍摄下来并上传到网上。这一做法在世界其他国家被复制，一周之内超过 100 万名用户下载这个视频。T-mobile 公司也采用类似的方法，几百名利物浦火车通勤者突然开始跳舞。在随后的几周中，超过 1 500 万人在 YouTube 上观看这一表演。这种自发式（可能并非很大程度上）的快闪族（flash-mobs）越来越常见。

你能想出更棒的创意吗？假设一位客户雇用你宣传一款新式能量饮料。设计一个奇观活动来吸引潜在顾客，帮助其了解这款产品。

案例研究

手表行业的衰落被过分夸大？看苹果公司的回答

起床，洗漱穿戴，拿上手表，出门，这曾是我们习以为常的早晨仪式。哪天忘了戴手表，准时赴约会变成一件难事，恐怕一天也不甚顺利。

然而现在，我们时刻被电子设备包围着，不管是在办公室、家里还是户外，我们都能轻松知道现在是几点。正因如此，很多人开始把个人手表看作非必需品。在这样的大环境下，手表行业开始衰落，苦苦挣扎。它们苦恼于怎样才能不跟社会脱节，如何才能重新吸引消费者购买一个“报时工具”。而消费者觉得他们更需要台式电脑、笔记本电脑、平板电脑、手机，相比之下，这个“报时工具”更似一个“累赘”。

一位行业分析师指出，手表可能已经变成某种“奢侈”的象征，“如今报时功能变得次要”。马歇尔·科恩（Marshall Cohen），纽约 NPD 集团的首席行业分析师，认为让消费者支付高价去购买一个“报时工具”已不太实际，即使是对那些执着佩戴手表的人。

对此，苹果公司有不一样的回答，手表

行业已死，是被过分夸大了。其新近推出的苹果手表就是例证。苹果手表的价格从 350 美元到 10 000 多美元不等。这些设备不再仅仅是报时工具，实际上它像一台微型电脑，通过它消费者可以查阅和发送信息，浏览网络，监控心率，还可以在商店进行支付。

随着苹果手表推向市场，各方褒贬不一。一部分人认为，苹果公司实力卓越，能够吸引消费者购买许多科技产品，苹果手表将书写另一个辉煌。“自从开始佩戴苹果手表，我对其他设备的依赖逐渐减弱，意志力得以更为集中，”杰弗里·福勒（Geoffrey Fowler），《华尔街日报》一位早期评论家如此说道。另一部分人认为，总体而言，消费者对手表的兴趣正在逐渐消退，苹果手表屏幕很小、操作困难，消费者不会愿意花太多钱去买一个入门级版本，更不必说苹果手表高级版本要价高达 17 000 美元，让人瞠目。

那么，苹果公司如何吸引消费者购买这款小巧的设备呢？苹果公司认为，快速敏锐地获取信息是消费者的需求，而平板电脑和手机相对有些笨拙，某些时候使用并不方便。“灵活获取‘精简信息’至关重要，其重要性比人们意识到的更高”，创新战略分析师蒂姆·巴贾瑞（Tim Bajarin）评论道，苹果手表为消费者进行非语言沟通提供不同选择，例如按一下按钮，就发送一条信息。苹果公司 CEO 蒂姆·库克把苹果手表称为“我们创造的最个人化的设备，它不单在你身边，它与你融为一体”，这也是报时工具有史以来最先进的时代时钟。

分析师预测，在此款苹果手表推向市场后，数月内苹果公司将会向市场推出 75 万只手表。但批评家仍质疑，消费者是否会确信自己对这些设备有实际需求。此外还需考虑，手表市场很可能已经接近饱和。就在苹果手表推出市场的前一年，1 000 万只智能手表已经进入同类产品市场竞争。奢侈品手表则是另一大竞争，其已占据手表市场的高端领地。对其而言，苹果手表不足为惧。奢侈品手表有着独一无二的品质——品牌声誉、转售价值、传承性，以及专有性，其外表也不会太显眼以致招来危险。

一位博友在其播客上写道：“我不清楚为什么想佩戴苹果手表。”苹果公司则立即宣布，苹果手表将会升级操作系统，使应用更流畅。对此，苹果手表的早期使用者，以及那些相信苹果公司会成功的人，表示并不惊讶。

谁也无法预测，这个故事将会怎样发展。苹果公司将重塑我们对个人手表的期待，改变其未来发展方向，还是错误地进入已被证明是夕阳产业的手表业？让我们拭目以待。

资料来源：Kathleen Beckett，“Who Wears What，Why?” http://www.nytimes.com/2014/03/28/fashion/who-wears-what-why.html?emc=edit_tnt_20140327&nlid=33295816&tntemail0=y&_r=1，accessed May 15，2015；Jessica Guynn，“Apple Prices Apple Watch，” http：//www.usatoday.com/story/tech/2015/03/09/apple-watch-event/24536117/，accessed May 28，2015；Micah Singleton，“Who Will Buy a $10，000 Apple Watch Edition?” http：//www.theverge.com/2015/3/10/8164135/apple-watch-price-target-market-who-will-buy，accessed June 2，2015；Farhad Manjoo and Vanessa Friedman，“Affairs of the Wrist：The Apple Watch Comes Between Them，” June 11，2015，http：//www.nytimes.com/2015/06/11/fashion/affairs-of-the-wrist-the-apple-watch-comes-between-them.html，accessed June 12，2015；John Paul Titlow，“The Apple Watch Just Got A Lot More Useful，” http：//www.fastcompany.com/3047207/fast-feed/the-apple-watch-just-got-a-lot-more-useful，accessed June 9，2015；Geroffrey Fowler，“Apple Watch Review：The Smartwatch Finally Makes Sense，” http：//www.wsj.com/articles/apple-watch-review-the-smartwatch-finally-makes-sense-1428494495，accessed June 10，2015.

问题讨论：

1. 如果你现在决定买一只手表，可能原因是什么？结合本章节中介绍的动机理论，从中引用合适的动机因素讨论作答。

2. 苹果公司认为，什么因素真正吸引消费者购买苹果手表？在价格低端和高端（奢侈型号）的不同型号手表中，其所强调的动机因素是否一样？

3. 手表市场的营销人员如何使用市场营销策略和宣传策略吸引消费者？请给出具体的例子。

第6章 自我：心智、性别和身体

本章目标

读完这一章后，你将会理解以下几点：

1. 自我概念强烈地影响消费者行为。

2. 产品常常定义了一个人的自我概念。

3. 性别身份是消费者自我概念的重要组成部分。

4. 我们思考身体的方式（以及文化告诉我们应该如何思考）是自尊的关键组成部分。

5. 每种文化都有其特有的身体修饰或毁损的方式。

开篇案例

阿布最近感到有些焦虑，因为离提交毕业论文的时间越来越近，同宿舍的同学都完成了初稿，可自己还有许多问题没有想明白。她每天都担心接到导师催促的电话或微信。本来阿布是个效率很高的女孩，可近日与男朋友分手后，她的学习效率开始下降。一方面，由于心情不好，独自跑到厦门旅游一趟，用掉一周时间；另一方面，她似乎开始更加注重自己的形象，为了纪念自己再次回到单身的生活状态，也是为了提高自信心，她将自己的一头长发剪成了短发，还买了一瓶名牌香水。虽然毕业论文压力大，但心神不宁的阿布仍然不由自主地刷微信。不时地，她还将自己的心情和感受发到朋友圈，也常常对别人的观点和有趣的事件发表评论或点赞。她有时甚至有点担心，自己是不是患上了所谓的“拖延症”，导师会不会责怪她没有把时间用在写硕士论文上？

自我

许多人都认为，外貌和拥有的物品会影响自己作为人的“价值”，阿布只是其中之一。我们选择许多产品，大到汽车，小到香水，目的是彰显或隐藏自我的某些方面。这一章将专门讨论消费者感受自己的方式对消费活动的深刻影响，特别是当人们努力迎合社会对男性或女性装扮自己的方式和其他行为方式的期待时，这种影响会更加明显。

自我是否存在？

大多数人都没法跟拥有千万粉丝的网红比，但很多人在自己的微博上拥有上百个粉丝。[1]各类社交媒体服务日益扩大，每个人都能关注自己，且与其他对自己感兴趣的人分享平凡或多彩的生活。（至于他们为什么感兴趣是另一回事！）

西方社会更加强调自我的独特性。[2]而许多东方文化则更强调**集体自我**（collective self）的重要性，个人的身份很大程度上来自所属的社会群体。东方文化和西方文化都认为，自我可以分为内在的、私人的自我和外在的、公开的自我。但是，将哪一部分视为“现实自我”，两种文化却存在差异；西方文化倾向于强调不同个体的内在独特性。

非西方文化则更倾向于关注相互依赖的自我，个人身份主要由与他人的关系来定义。[3]例如，儒家文化强调“脸面”的重要性，即他人眼中的自我，以及在他人眼中保持自己所渴望的地位的重要性。脸面的一个维度是“面子”，即通过成就和夸耀获取的声望。某些亚洲文化明确规定了特定社会阶层和职业可以穿着的服装式样甚至是颜色。在日本，一些所谓的格调手册就为如何着装以及如何与不同地位的人交谈，提供了非常详细的指导。[4]这种倾向与某些西方传统有所不同，如鼓励员工展示独特自我（至少在合理范围内）的“星期五便装日”。

自我概念

自我概念（self-concept）一词概括的是一个人对于自身特征的信念，以及对这些特征的自我评价。尽管一个人的自我概念在整体上可能是积极的，但可以肯定的是，一个人对自我的某些方面的评价要比对其他一些方面更为积极。譬如，与自己的女性身份相比，某位女士可能对自己职业身份的自我感觉更好。

自我概念是一个非常复杂的结构，可以通过内容（content，如容貌的魅力与头脑的智力）、积极性（positivity，如自尊）、强度（intensity）、长时间的稳定性（stability）以及准确度（accuracy，如自我评估与事实的匹配程度）等维度来描述自我概念的特性。[5]在本章后面的内容中将会看到，消费者的自我评价可能是相当不准确的，对自己的外貌进行评价时尤其如此。此外，对自己随着岁月的流逝而发生的变化估计更加不准确：在一项研究中，被访者有 19 000 人，其中包括年轻人和上了年纪的人，他们回忆了自己过去的偏好（食物、假期、爱好和乐队），同时也预测了自己的品味在将来可能发生的变化。无论年龄大小，所有人都意识到自己的选择偏好在过去发生了很大变化，但是，他们仍然倾向于预测自己在将来不会发生太大的变化。[6]

一个人的自我概念是逐渐形成的。尽管某些方面相当稳定，但在一生中，总会对某些方面进行修正，特别是当新的思想出现，或者是发现了自己倾慕的社会群体时，对自己的修正最有可能发生。每一个对自我概念有贡献的要素就是一个**身份**（identity）。一种定义身份的方式是“任何消费者联想到的类别标签，此标签有助于使消费者在这类人中的样貌、感受和行为等形象更加清晰”。某些身份相当稳定（例如，母亲、非裔美国人），而其他一些身份则比较短暂，容易发生改变（例如，自由主义者、大学生）。[7]

在第 7 章中，我们将讨论营销者希望理解消费者的身份，进而开发出能够满足消费者与身份相关的需要的产品和信息。举例来说，一个自认为对环境负责的消费者与那些不这么想的消费者相比，更可能购买电动汽车。“绿色”产品更可能引起这类消费者的注意。

自尊

自尊（self-esteem）是指一个人自我概念的积极性。自尊消极或较弱的人认为自己不会表现得太好，所以就会努力地避免尴尬、失败或者被拒绝。比如，在开发小吃蛋糕新品种时，萨拉·李（Sara Lee）发现，自尊较弱的消费者更喜欢选择“小份蛋糕”，因为他们觉得自己缺乏自我控制力。[8]相反，近期的另一项研究发现，那些感觉到自己很强大的人会在自己身上花更多的钱（“因为我值得拥有！”），而那些体会到无力感的人会在别人的身上花更多的钱。[9]

营销者如何影响消费者的自尊感受呢？某些广告会引发**社会比较**（social comparison）过程，在这一过程中，消费者通过将自己与广告塑造的形象进行对比来评价自我。[10]这是人类的一种基本倾向，很多营销者通过提供快乐、有魅力且碰巧在使用公司产品的理想化人物形象来满足这种需要。Clearasil 牌去痘膏广告活动就是个好例子。广告中，两个男孩走进厨房，此时 40 岁左右的母亲正在碗里搅拌东西。当她的儿子离开厨房时，他的朋友碰巧迎面撞见这位母亲。此时的广告词是：“Clearasil 让你更自信。”

一项关于社会比较过程的研究显示，女大学生倾向于将自己的外表与广告中的模特进行对比。看到美女广告的参与者与其他没有接触到美女广告的参与者相比，前者对自己的外表会表现出较低的满意度。[11]另一项研究表明，通过观看短短 30 分钟的电视节目，年轻女性就可能改变对自己体形和胖瘦的感觉。[12]而且研究显示，男性也有同样现象出现。[13]在决定吃多少的时候，这种现象同样会出现：研究发现，提供食物的人的胖瘦会影响人们选择食物的分量。[14]

现实自我与理想自我

当一个消费者将自己的某些特性与理想的特性进行比较时，他的判断将会影响其自尊感受。消费者可能会问：“我是不是像我所希望的一样漂亮？”或者“我现在是不是赚了所有应该赚的钱？”**理想自我**（ideal self）是一个人对希望自己成为怎样一种人的概念；而**现实自我**（actual self）则是对自己拥有或缺乏的特性所作的更加现实的评价。有时，消费者选择一些产品，是因为它们与现实自我相一致，而另外一些时候则是因为它们有助于达到理想自我的标准。人们常常会沉浸在**印象管理**（impression management）过程中，也就是说，努力“管理”他人对自己的看法，因而会专门选择那些能让自己看起来更加出众的服装和其他产品。[15]

印象管理适用于各种行为，例如，职业背景中的各类行为，以及约见宗教观察者时的行为表现等，不一而足。例如，在埃及，越来越多的穆斯林男人在发际和眉毛之间出现一小块生了茧的皮肤或肿块，在阿拉伯语中，这一小块皮肤被称为 Zebibah（即“葡萄干”的意思）。这是礼拜者在日常祷告时，不断地将前额贴在地板上形成的（谨守教规的穆斯林每天要祷告 5 次）。有的人故意增加祷告次数，这样的话，这个小肿块就会变得更明显。拥有这种印记的人用头来展示自己的忠诚。一位埃及报纸编辑指出："这个标记是一种宣言。有时它表示自己是一位传统的穆斯林，有时它又显示自己比别人更虔诚，或者说别人也应该和他一样。"[16]

营销陷阱

心有灵犀一点通：公司招聘人员常常抱怨学生在工作面试时穿拖鞋或者奇装异服。这些应聘者不明白他们在专业环境下应该扮演什么样的角色！许多场合需要印象管理，包括商务晚宴或社交活动。事实上，研究者发现存在吸取白痴偏见现象：尽管身体健康，相比之下，那些手里拿着酒瓶的人还是会被认为不太正常。找工作的人如果在面试晚宴上点酒喝，与那些点苏打水喝的人相比，也会被认为不太正常，也更可能不被录用。讽刺的是，应聘者自己认为，点酒喝而不是点苏打水喝，有助于让他们看起来更聪明！[17]

幻想：连接两个自我

大多数人都能体验到现实自我和理想自我之间的差距。但对某些人而言，这一差距尤其大。这些人正是幻想诉求（fantasy appeals）营销沟通策略的绝佳目标。[18]**幻想**（fantasy）或白日梦是自我诱发的意识转移，有时这是人们对外部刺激缺乏的一种补偿，或者逃避现实问题的方法。[19]很多产品或服务之所以成功，是因为它们诉求的是消费者的幻想。一则广告也许能把我们带到不熟悉的、激动人心的情境中；购买的东西也许能让我们"尝试扮演"有趣或刺激的角色。如今的技术，比如网站提供虚拟化妆技术，能让消费者先在虚拟环境中尝试不同的相貌，然后再决定在真实世界如何化妆。美容服饰杂志 *Vogue* 推出了"化妆模拟" App（日本已在使用），它可以让女性消费者看到自己在脸上使用（模拟）倩碧（Clinique）等品牌会是什么样的效果。强生公司旗下的药妆品牌 ROC 也推出了"皮肤眼霜工具"，用以模拟抗老化产品的效果。[20]

多重自我

从某一角度来说，每个人实际上都是不同人的集合，比如，你妈妈可能就认不出凌晨两点还在与朋友聚会狂欢的"你"！我们有多少个社会角色，就拥有多少个自我。所处的情境不同，行为就会不一样，不仅会使用不同的产品和服务，甚至对表现出的自我的喜好程度也有所不同。一个人需要不同的产品来扮演不同的角色：为了扮演一个职业方面的自我，她可能会选择使用恬静、素雅的香水，但是到了星期六晚上，为了展现性感自我（femme fatale），她会洒上更具挑逗性的香水。

消费者行为学中的**戏剧行为观点**（dramaturgical perspective）把人看成是扮演不同角色的演员。每一个人都扮演了许多角色，都有自己的剧本、道具和服装。[21]自我包含不同的成分或者角色身份（role identities），在特定时间内，只有部分角色身份被激活。某些身份（如丈夫、老板、学生）比其他身份更重要，但是其他身份（如舞者、拥护无家可归者权利的人）则会在某些特定的情形中占支配地位。[22]事实上，某些角色之间会彼此冲突。比如，一项针对住在英国的伊朗裔年轻人的研究显示，所谓的**撕裂自我**（torn self），是指受访者努力想要维持本民族的文化，然而却又很享受西方所谓的自由（还要应对那些认为他们可能是恐怖分子的人的假想）。[23]

从策略层面来看，营销人员在确定消费者扮演特定角色所需要的产品之前，要设法保证激活消费者相应的角色身份。显然，一种办法是，将广告信息投放到人们很可能会意识到自己角色身份的情境中，譬如，在举行马拉松比赛时，健身饮料和能量产品公司可以向运动员免费赠送自己的产品。

如果每个人拥有多个潜在的社会自我，那么，这些自我是如何形成的呢？在特定的时点上，又是如何决定应该“激活”哪个自我呢？社会学传统的**符号互动论**（symbolic interactionism）强调，与其他人的关系在很大程度上决定了自我的形成。[24]这种观点认为，人们生活在一个符号的环境中，当我们解释这些符号时，就赋予了情境或者物体相应的意义。作为社会成员，每个人渐渐学会了接受共同接受的意义。因此，我们“明白”红灯意味着停止，“金拱门”意味着快餐。了解这些共识有助于了解消费者行为，它意味着当我们评价自我，判定“我们是谁”时，所拥有的东西起到了关键作用。[25]

镜中自我

有些服装商店正在试用一种新型互动式穿衣镜，你挑选一件衣服后，不再需要试穿，这面镜子就会把这件衣服穿在你身上的效果展现出来。[26]使用这样的先进技术，可以模拟购物者在一面镜子前“打扮”自己的过程，而且能够让购物者想象出穿上这些衣服的样子，以及其他人的评价等。

社会学家把想象他人对自己的反应的过程称为“扮演他人的角色”或**镜中自我**（looking-glass self）。[27]根据这一观点，人们希望定义自我的方式就像一种心理声呐的工作方式：我们根据他人“反射”回来的信号解读自己的身份，并且尝试依照他们对我们的印象来展现我们自己。正如游乐园里的哈哈镜一样，人们对于自身的评价取决于评价者的观点，也取决于自己对这些评价者的想法的预测准确程度。按照符号互动论的术语，人们始终在“揣摩”这些意义，并且不断地问自己一个问题：“在此情形下我是谁?”周围人对这个问题的答案影响很大，因为我们还会问另一个问题：“别人认为我是谁?”人们倾向于基于别人的期待来约束自己的行为，这是一种**自我实现式预言**（self-fulfilling prophecy）的情形。当人们依照别人希望的行为方式行事时，就先要确认别人的期望是什么。

一个自信的职业女性可能会忧郁地坐在夜总会里，想象着其他人把她当做一个没有魅力、不性感的女人（不论这些感觉是否正确）。此时自我实现式预言就会起作用，因为这些“信号”影响到这位女士的实际行动。如果她认为自己没有魅力，她就可能会穿着比较随便，而这真的会降低她的魅力。可是，当第二天早上上班时，她对工作中的自己非常有信心，因而可能会高估他人对她的“经理人自我”的评价。

自我意识

如果你曾上课迟到，并且在慌忙找座位时真切地意识到教室里所有的人都在注视你，你就明白自我意识（self-consciousness）的感觉了。相反，有时消费者缺乏自我意识的行为令人吃惊。例如，人们在运动场上、骚乱中或联谊会上可能会做出一些他们在高度自我意识下绝不可能做的事情。[28]当然，环境中的某些线索，比如当走向一面镜子时，很可能会增强人们的自我意识，而这样的自我意识也会反过来影响行为举止。例如，一些研究想了解那些推着带有一面镜子的购物车的超市购物者是否会因此而购买更多的健康食品，因为研究者推测，由于镜子引发的自我意识可能会让购物者更强烈地意识到自己的体重。[29]

一般而言，一些人对于自己传递给他人的印象似乎更为敏感。但是，我们也都认识这样的一类人，他们好像并不在意自己给其他人留下的印象。过于强调个人的公众“形象”也会导致人们更加关注自己购买的产品和消费活动是否符合社会标准。

根据**公众自我意识**（public self-consciousness）量表，那些得分较高的消费者对穿着更感兴趣，同时也是化妆品的频繁使用者。[30]在一项研究中，自我意识高的被调查者购买个人产品的意愿更高，这些产品包括清洗器和防止放屁的药物，虽然购买这些产品的时候有点儿尴尬，但可以避免今后在公共场合出丑。[31]

同样，**自我监控**（self-monitoring）程度高的人更加注意调整自己在社会环境中的表现，也注意根据他人对自己所选择产品的评价来调整购物标准。[32]在一个用来测量自我监控的量表中，有些题目是询问人们对诸如“我想我会为了吸引或娱乐大家而做秀”，或“我想我会是一个好演员”之类的陈述的同意程度。不难想象，那些公众可见度高的人如大学足球队队员和时装模特儿更倾向于在这些维度上得分较高。[33]

也许，我们正在经历增强型自我意识（self-consciousness on steroids）时代，如果让历史学家们来说，他们可能称这个时代为“自拍时代”。**自拍**（selfie），或者是智能手机使用者用手机拍摄一张照片，已成为一种普遍的传播形式，特别是 00 后的消费者。有超过 3 500 万的 00 后消费者会将自拍照片上传到 Instagram。还有越来越多的人将自己的视频上传到其他一些平台，如 Periscope，Camio 和 Meerkat 等。这已成为一种主流文化现象。甚至出现了一个新词“meerkating”，描述的是人们拍摄实时视频的行为，它已变成一个动词，因为有成千上万的人制作自己运行的自我文件（self-documentaries）。

怎样解释消费者自拍这种潮流呢？一个简单的理由是：我们可以自拍。显然，日益普及的智能手机让自拍变得非常容易。但也许还有其他一些理由。其中的一种解释涉及**失落自我**（empty self）这个概念。这一观点表达了过去 50 年来人们共享参照点的消解，例如，我们都见证了家庭、社会和传统的衰落。其结果是，人们开始转向内在，关注自我是人们补偿失去的东西的无意识方式。看看年轻人（在第 13 章有更多的讨论），特别是美国的年轻消费者，你就会注意到，结婚率下降，对政府、公司和宗教组织的信任度都下降了。关注自我依赖创造出一种自恋文化，也就是说，人们会迷恋自己所做的事，并且感到需要不断地记录下这些事情（在脸书上更新人际关系，在 Instagram 上传自拍照片和食物照片，等等）。[34]

也许这是一个比较悲观的估计，但它帮助我们解释了这些统计数据背后的原因：00 后们平均每天看手机 43 次；83%的 00 后说他们每晚都与手机睡在一起。[35]讽刺的是，研究显示，尽管人们相信，在事件过程中拍照让他们更快乐，但事实正好相反。有趋势表明，由于急于拍更多的照片来记录事件过程，人们都说，他们反倒不那么享受真实的经历了。[36]

我们购买什么就是什么样的人吗？

早在 1890 年，著名的心理学家威廉·詹姆斯（William James）写道：“一个人的自我是他所有一切的总和。”这对于iPhone手机、Diesel牛仔裤，以及Igloo大开门冰箱来说都是对的！根据**自我形象一致模型**（self-image congruence models），我们会选择那些属性与自我的某些方面相匹配的产品。[37]在选择那些赏心悦目的产品时，我们会认为这些产品让自我感觉更好。[38]事实上，包括对大脑电波进行测量，例如，功能性磁共振成像（functional magnetic resonance imaging，fMRI）在内的最新研究表明，如果一个人与某一品牌的关系亲密，就可以激活大脑皮质的一部分区域，这个区域被称为岛叶，负责紧迫、着迷、损失规避，以及人际爱恋等情感。[39]

这些情感联系甚至可以让消费者在看到他们喜爱的品牌受到贬损时，为这些品牌辩护。在一项研究中，一位被访者（32岁，男性）的评论正说明了这种联系的存在："我的宝马（BMW）是我的好朋友，是我的同胞兄弟，我绝不会因为别的车而诋毁它，因为这样的话，就相当于在诋毁我的同胞兄弟，或者更糟的是，相当于诋毁我自己。"[40]这位仁兄对他爱车的态度不是个案，有超过1/3的美国人给自己的爱车起了昵称。最近的一则汽车保险广告也展现了这种情感联系。广告中，一位妈妈开着一辆破旧的小型货车，车上坐着她的孩子们："这么多年来，你与这辆超负荷、有些不中用的车一起所做的事，不仅仅是付车款、购买汽油。你在生活，真正的生活，当然，你还没有完成……"[41]

一致模型假设产品属性与消费者自我形象之间有一个认知匹配（cognitive matching）过程。[42]一直以来，人们倾向于与产品之间建立起类似人与人之间的关系：包括爱、单相思（我们渴望但得不到它）、尊重，也许还包括害怕和憎恨（"为什么我的电脑离我而去？"）。[43]研究表明，与一个产品"分手"后，人们倾向于产生强烈的负面情感，还会严厉地诋毁这个品牌，包括说坏话，甚至是故意搞破坏。[44]

多数学者都支持产品使用和自我形象一致的观点。最早的一项研究发现，汽车拥有者对自己的评价倾向于与他们对汽车的感觉一致：与德国大众（Volkswagen）驾驶者相比，庞蒂亚克（Pontiac）驾驶者认为自己更活跃和更醒目。[45]事实上，最近德国的一项研究发现，观察者有70%的概率可以把男性和女性驾驶者的照片与他们驾驶的汽车相匹配。[46]研究者也报告称，与消费者最不喜欢的品牌相比，这种一致性还存在于消费者与他们最喜欢的啤酒、牙膏和香烟品牌之间，以及消费者自我形象与他们喜欢的商店之间。[47]一些特殊的属性有助于描述消费者与产品之间的匹配程度，包括粗糙/精细、兴奋/平静、理性/感性、正式/非正式。[48]

尽管这些发现与我们的直觉一致，但不能就此乐观地假定消费者总会购买那些特性与其自身相匹配的产品。我们还不能确定，消费者是否真的能从一个不具备复杂拟人形象的实用功能型产品中发现自己的影子。为香水这样富有表现力的、形象导向的产品设计品牌个性，与赋予烤箱某些人类的特性是完全不同的两码事。

与"先有鸡还是先有蛋"这个老生常谈的问题类似，人们是因为产品看起来与自我相似而购买，还是因为已经购买产品，所以认为它们肯定与自己是相似的？由于消费者的自我形象与所购产品的形象间的相似性会随着拥有该产品的时间而增加，所以也不能排除这种解释。

前面提到，他人反馈的自我有助于自我概念的形成，这意味着人们通过臆测他人对自己的观感来作出自我评价。由于他人的评价包括个人的服装、珠宝饰物、家具、汽车等物品，因此有理由相信，这些产品也有助于塑造这一感知中的自我。一个消费者所拥有的东西让他进入某个社会角色，而这个社会角色有助于回答这样一个问题："现在我是谁?"

人们借助一个人的消费行为来判断其社会身份。除了考虑一个人的穿着打扮的习惯，还根据一个人选择的休闲活动（如壁球还是保龄球）、食物偏好（如豆腐和豆类还是牛排和土豆）、汽车、家居装饰偏好等来推断其个性特征。例如，有人仅通过起居室相片，就可以异常准确地推断出主人的个性特征。[49]就像消费者使用的产品能够影响他人的感觉一样，相同的产品也可以帮助消费者确定自我概念和社会身份。[50]

我们对某个物品的依恋，可以达到要靠这一物品来维持自我概念的程度。[51]物品能通过强化身份起到"安全罩"的作用，尤其是在不熟悉的环境里。例如，那些用私人物品装饰寝室的学生较少轻易辍学。这样的应激策略还可以防止在陌生环境中自我被弱化。[52]当一组研究者请不同年龄的孩子创造"我是谁"的拼贴画时，孩子们选择代表他们自己的图片，结果发现，年龄稍大的孩子使用品牌商品图片的数量增加了，而且复杂程度也提高了。这种联系从具体的关系（即"我拥有它"）转变为更加复杂的关系（即"它像我"）。[53]

当人们的一种社会身份尚未完全成形时，例如必须在生活中扮演一种新角色时，使用消费信息来界定自我就显得尤为重要。试想一下，初入大学或在单身很久后又重新开始约会时，很多人都会有不安全感。根据**符号自我完成理论**（symbolic self-completion theory），自我定义不完整的人倾向于通过获取并展示与身份相关的符号来完善这一身份定义。[54]

例如，青春期的男孩可能会用汽车或香烟等具有"男子气"的产品来显示他们正在形成的男性魅力。这些物品在他们作为成年男性的身份不明确的时期，起到了"社会辅助"的作用。在我们逐渐熟悉某种角色后，对产品的依赖就会减少，比如，在美国，当儿童开始玩滑板时，他们经常花 40～70 美元买一副连"车"（只有轮子和轴承）都不带的印着图案和品牌的板面，但是，令滑板行业懊恼的是，当他们对使用滑板更严肃时，很多人认为买个朴素的板面就够了，纯木板才值 15～30 美元。[55]

当珍爱的物品丢失或被盗时，财物对于自我身份的作用可能表现得最为明显。监狱或军队这类希望压制个性、强化集体身份的机构，首先采取的行动就是没收个人财物。[56]盗窃案及自然灾害的受害者事后通常感到疏远、沮丧或者"被侵犯"。一个消费者被抢劫后的感受非常具有代表性："除了失去亲人，没有比这更糟糕的。这简直就是被强暴。"[57]盗窃案的受害者则表现出社会归属感减弱、隐私受破坏，以及相对邻居而言对房屋外观的自豪感减少等现象。[58]

在火灾、飓风、洪水或者地震以后，消费者可能实际上已经一无所有，所以，研究灾后状况可以使我们更清楚地看出财产损失所带来的重大影响。一些人无法忍受通过获取新财产来重建身份的痛苦过程。对于灾难受害者的采访显示，一些人不愿意为重建自我进行新的投资，因此在情感上对新购买的物品显得疏远。一位 50 多岁的美国妇女的话准确地表达了这一态度："我曾对所拥有的东西投入了太多的爱，我无法再一次承受这样的损失。现在买的东西对我而言已经不再像从前那些东西那么重要。”[59]

学术观点

Derek D. Rucker，美国西北大学

依恋产品和品牌对你意味着什么？如果你与其他消费者一样，产品和品牌对你而言具有心理上的附加价值，那么，也许在某些情形下，心理效用会超过它们的功能价值。LV手袋不仅仅是一个手里提的皮包；法拉利也不仅仅是将一位消费者从A地带到B地的交通工具。这些品牌都对一个人自己或他人具有身份的符号意义。我目前最感兴趣的是心理威胁（psychological threat）——一个人在自我概念的某个重要领域感觉不到成功——对人们渴望的产品类型的影响。特别要指出的是，人们通过消费来应对心理威胁被称为**补偿消费**（compensatory consumption）。

当我开始研究补偿消费时，我发现心理威胁是一种无力感，它会影响消费。无力感代表了人们在渴望权力时所受到的威胁（即控制与他人有关的珍稀资源）。我的同事和我提出的假设是，由于权力与地位紧密相连，当消费者产生无力感时，就会展现出与地位有关的偏好的转移。为了证明这一假设，我们招募了本科生，让他们写出他们产生无力感或者是有力感的情形。然后，让他们给出他们预订大学的装裱画的价格，这些画被描述为稀缺，代表高地位，或者被描述为很普通，代表低地位。那些写下过去经历中无力感的学生更愿意为这些画支付高价，但只有当这些画代表高地位时才会如此。从根本上说，消费者似乎并不了解自己，他们通过消费来弥补无力感的心理状态。

然而，事实上，消费者进行补偿消费并不意味着总是要矫正心理威胁。在与其他同事的合作中，我们的研究表明，补偿消费可能会让心理威胁变得更加严重。例如，在一项实验中，我们首先威胁被试让其感到自己的智力不高，然后给他们提供机会，让他们在分别代表不聪明和代表很聪明的产品中做出选择。最后，我们测量被试反思所受威胁的倾向（即重复思考）。我们发现，那些选择代表成功应对威胁的产品的被试，理论上讲本该要弥补威胁，反而提升了对威胁的反思强度。此外，其他实验表明，作为反思的结果，那些被试在需要继续注意的任务中，比如解答数学题，表现更差。

我目前的工作是继续深入理解消费者在面对心理威胁时，如何保护他们的自我感受。我希望回答的问题是，什么时候消费会成为应对威胁的工具，或者什么时候会成为一种虚假的替代品。通过对这些问题的回答，可以理解品牌和产品所具有的强大变革效应。

延伸的自我

前面提到，很多消费者用来定义自身社会角色的道具和陈设已成为自我的一部分。那些被人们看成自身一部分的外在物品，构成了**延伸的自我**（extended self）。在某些文化里，人们在形式上将其他事物融入自我：他们清洗新物品，剥夺被征服的敌人的姓名（有时干脆把他们吃掉），或用他们的财物为死者陪葬。[60]

消费者不断用新的方法把人造的产品植入自己的身体。使用异物来代替或弥补人的身体的某些部分已不是什么新鲜事，但是技术的最新发展不断地消解自我与非自我之间的藩篱。以下是一些事例[61]：

● 根据美国整形外科学会的数据，美国一年内有超过900万例美容整形和非整形手术。最常见的外科整形手术是丰胸，这是典型的在患者有机组织体内植入人造硅胶的做法。

● 超过400万美国人的膝关节是人造的。

我们通常不会那么极端，但是有些人确实是把财产当成自身的一部分来珍爱。事实上，有些人（也许是迫切地）声称自己迷恋某一喜爱的产品。[62] 以鞋子为例，《欲望城市》里的凯丽就因此而出名。歌手玛丽亚·凯莉（Mariah Carey）最近在Instagram上贴了一张她的巨大的鞋柜的照片，配上的文字是“房子里最可爱的地方……#鞋#鞋#更多的鞋”。[63]

一项研究发现，人们通常把鞋看成是自我魔力的象征，灰姑娘一样的自我转换。基于收集的消费者数据，研究者认为，与男性相比，（如同凯丽那样）女性倾向于更多考虑鞋子的象征意义。一个共同的主题是年轻时的一双鞋——无论是第一双皮鞋还是第一双牛仔靴——都会对以后的生活产生影响。这些经历类似于安徒生童话和故事里发生的情节。[64]

当然，除了鞋，许多物质的东西，从个人财产及宠物到国家纪念碑或地标，都有助于塑造消费者的身份。几乎每个人都可以说出一件“包含”许多自我的珍爱物品，它们可能是一张心爱的照片、一份奖品、一件旧T恤、一辆汽车或者是一只猫。事实上，只要分门别类地收集一个人卧室或者办公室里的物品，通常就可能构造出一篇相当准确的“传记”。最近的一项研究表明，产品/自我关系并不一定非常紧密才能影响自我概念。在一个实验中，研究者在购物中心给女性消费者一两个购物袋，让她们闲逛一小时。那些在维多利亚的秘密（时尚内衣）店里拿到购物袋的女性，后来报告说她们感到更加性感迷人。在另一个实验中，MBA学生被要求用一支印有麻省理工学院标志的笔做6个星期笔记，6周后他们反映说感觉自己更聪明了。[65]

图6-1表明，延伸的自我包括四个层次，从非常个人的物品到那些让人们感到自己好像融入社会环境的地点或物品[66]：

1. **个体层**（individual level）——消费者将个人财产中的很大一部分纳入自我定义。这些产品可以包括珠宝首饰、汽车、衣服等。俗话说“人靠衣装”，反映的就是个人拥有的东西是其身份的一部分的观点。

2. **家庭层**（family level）——这一部分的延伸自我包括消费者的住宅及内部陈设。我们将房子视为家庭的象征载体，而住的地方往往是身份的核心部分。

3. **社区层**（community level）——消费者经常用邻居或所在的城镇来刻画自己。对于农村家庭或其他与社区联系紧密的居民而言，这种归属感尤为重要。

4. **群体层**（group level）——人们所依附的特定社会群体也可视为自我的一部分，在后面的章节中会谈到这些消费者的亚文化。消费者可能把地标建筑、纪念碑或者体育队伍看作延伸自我的一部分。

具身认知

人们所购买的产品在多大程度上影响了自我的定义？研究思想和行为之间关系的社会学家特别关注**具身认知**（embodied cognition）理论。简单而言，这种理论

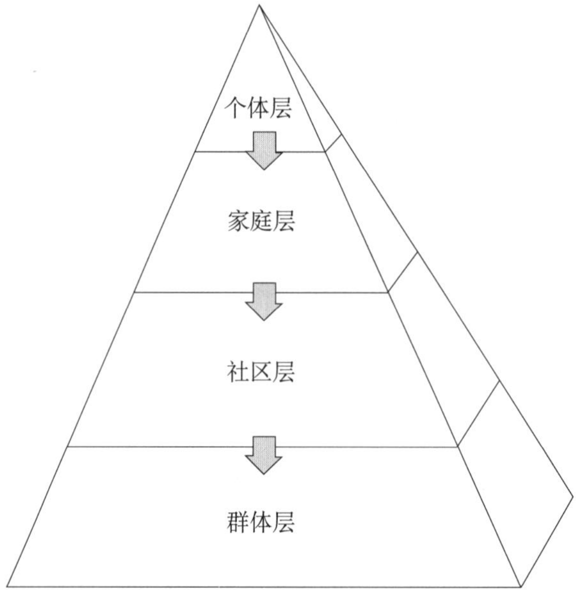

图 6－1　延伸的自我的层次

认为，“身体状态改变心理状态”。[67]换句话说，人们的行为和对行为的观察塑造了人们的思想，反之则不然。最有力的例证之一是，身体语言实际上会改变人们看待自己的方式；在高收视率的 TED 演讲中，一位社会心理学家讨论了**权力姿势**（power posing）（以一种自信的姿势站在那里，即使你没有感到自信）如何影响大脑活动，这里自我应验预言再次发生了作用。[68]

研究发现，自我概念的改变影响到不同意义的品牌用途，这与具身认知理论是一致的。有些研究者使用**穿衣认知**（enclothed cognition）这个术语，来说明改变服装的象征意义对人们行为的影响。在一项研究中，被试被要求穿上实验室工作服，这种服装会让人们联想到专注和精准的工作。这项研究发现，身穿实验室工作服的被试展现出更高的任务完成水平（任务是要求他们更加专注）。然而，研究也引发了一些困惑：当被试被告知，所穿的衣服只是油漆工的制服，而不是实验室工作服时，则没有出现预期的结果。换言之，是因为被试解释了服装的象征意义，然后相应地改变了他们的行为。[69]

30 年前，本书的作者开展一项关于“为成功而穿衣”现象的研究，在学生参加工作面试的情境中也发现了类似的结果。在这篇也许是最佳博士论文（至少本书作者这样认为）的论文中，研究发现，身穿职业装的男性应聘者在面试过程中，举止更加坚定自信，对起薪的要求也更高！[70]

数字化自我

前面讨论过印象管理，但在网络世界里，印象管理过程达到了新的高度。[71]如今，人们可以使用“生产后”（post-production）工具来设计自己的身份。这些免费或者是廉价的应用工具可以让任何人在虚拟空间里，随心所欲地、戏剧化地修改他的**数字化自我**（digital self），这就如同我们策略性地“修改”上传到脸书上的头像照片一样。此外，许多人还在虚拟世界比如《第二人生》里创建了以化身形式出现的附加身份。人们的有形身体不断地与数字环境融合，人们从“你穿什么你就是谁”转向“你上传什么你就是谁”。人们也会将某些数字身份中的部分内容带到现实世界里。在一项研究中，被访者对那些能够反映自己有形身份的数字化物品给予更高的价值评价，比如，数字化照片和信函等。[72]

可穿戴计算

准备好了吗？**可穿戴计算**（wearable computing）时代已经到来。有些装置戴在人们的手腕上，如苹果手表，或者戴在脸上，如谷歌眼镜，或者是缝在衣服里。这些增强人们数字化互动能力的可穿戴设备越来越贴近人们的身体，甚至是直接植入身体，有些公司就提供可植入手腕的芯片。显然，随着这样的产品走俏，泄露隐私的担忧也在增加。然而，那些极力倡导者则认为，这些产品所提供的利益也是非常明显的。这类可穿戴设备将越来越便宜，也更加准确，因为这些产品作为感受器，可直接与人们的身体接触。同时，由于人们不再需要携带硬件设备，这样的产品也更加方便。[73] 目前，在健康领域已出现许多类似的设备，或者是正在开发中[74]：

- 睡眠紊乱感受器，可以监视呼吸、心跳和身体移动。
- 利用植入鞋底的 GPS 信号来监视一个人的步态，从而探测阿尔茨海默病发生的可能性。
- 利用由胃酸激活的感受器来探测消化改善情况。
- 利用植入眼睛晶体的芯片探测患者的眼泪，测量血糖的高低。
- 通过植入足球运动员头盔的感受品，评价撞击对运动员头部的影响。

虚拟化妆

最新的**虚拟化妆**（virtual makeover）技术可以帮助人们改善数字化自我，人们可以选择各种产品来修饰现实中的自我。通过这些技术，购物者可以在脸上或身体上叠加某些形象，让自己快速、方便地看到产品改善身形外貌的结果，而无须事先买下这些产品。欧莱雅开发了一款化妆达人 App，它可以将 iPhone 或 iPad 的前置摄像头转化为一面化妆镜，顾客虚拟试用各种各样的化妆品。购物者还可以变化表情，让光线更亮，但虚拟的化妆效果则可以一直留在面部。网上眼镜销售商 Warby Parker 让消费者上传一张自己的照片，然后虚拟试用各种镜框。还有一些 App，如“完美 365”和“面部和谐”等，可以让顾客修饰其照片，比如去除一个痘痘、几条皱纹，甚至是删除几块赘肉，然后再上传到 Instagram 或者脸书，从而获得别人的点赞。[75]

性别身份

印度政府禁播了一则 Axe 男士香体露广告：广告中，一个男人喷了这个品牌的黑暗诱惑香体露后，变成了一个会走路的巧克力人，当他走进城里，女人们扑向他，舔他身体的每一个部分。尽管同一则广告在阿根廷和欧洲播出时没出一点儿问题，但印度的传统文化并不认可这种明目张胆的想象力。印度政府还叫停了另一则

Amul Macho 品牌的内衣广告，广告里一位年轻女子在小河边为她的丈夫洗衣服，她搔首弄姿地拿出一条拳击短裤用手洗，画外音说道："Amul Macho，为幻想而造。"印度教组织"拉姆（一位印度教神祇）之军"的成员在酒吧里攻击一群女大学生，因为她们和男人们一边喝酒一边跳舞。[76]显而易见，世界各地的性别角色并不完全相同。

性别身份（gender identity）是消费者自我概念的一个相当重要的组成部分。人们往往遵从文化对于某一性别应如何行为、着装或说话的期待。这些期待统称为**性别角色**（sex roles）。当然，这些准则会随时间而变化，而且在不同的社会里，这样的准则有根本性的差异。在印度或别的国家，整个社会都在倡导男性和女性应有的合适的角色行为，从而界定了每个角色的理想行为方式。

尚不清楚性别差异究竟是先天内在的还是文化塑造的，但确实在很多消费情境下，都可以明显地感受到这种差异。市场研究者发现，男性和女性的食物偏好存在差异。女性更爱吃水果，男性则更爱吃肉。一位美食家写道："男孩的食物不是自然生长出来的，男孩的食物是靠捕杀来的。"[77]实际上，有些消费者确实认为肉食是一种男性食物。一家出售大豆肉饼的公司发现，男性消费者把公司的产品看成是女性化的食物，为了改变这种看法，该公司的做法是在肉饼上加上人工烧烤的印迹，使之看上去像切过的肉。[78]

在食物的数量上，性别之间也有差异，好时公司的研究发现，女性吃糖果的数量更少，因此，公司就生产了一种名为"拥抱"（Hugs）的白巧克力糖，这种产品一直很成功。不同的是，在一则汉堡王为其皇堡（Whopper）所做的广告中，一位男士放弃在一家可爱的餐厅约会的计划，他抱怨说他"太饿了，没法接受那里分量不足的食物"。此时，皇堡出现了，一群肌肉发达的男性暴徒挥舞着拳头，互相殴打扭成一团，把一辆货车从一座桥上扔了下去，嘴里念叨着："我要把这块肉吃下去，不饱不罢休。"然后又说："我饿了，我无可救药，我是男人。"[79]

性别角色社会化

当学生们在著名的网站"评价我的老师"上写下自己对老师的评论时，对于男老师和女老师，他们会使用不同的词语。通常在评论的最后，女老师才会出现。一项研究仔细地分析了该网站上 1 400 万条评论，在 25 个不同的学科中，积极的词语，如"聪明"和"睿智"，多数是用来描述男老师，而不是女老师。在对女老师进行评论的其他词语中，比较刻板的词语包括"爱管闲事""严厉""苛刻"（以及"培养"）。女老师也更有可能被所谓的时尚警察们训斥，如"单调乏味"。[80]

孩子们在更小的时候就接受了性别身份的概念，以往的研究者则认为，儿童从 1 岁开始才接受这个概念。[81]在**性别社会化**（gender socialization）过程中教育男孩和女孩的，除了父母和朋友，还有许多信息源。在很多社会中，人们期望男性追求能动目标（agentic goals），强调自主和掌控。而女性则被教导应追求公共目标（communal goals），如合群和促进和睦的关系。[82]最近一项研究综述报告了如下性别差异[83]：

- 男性更加自我导向，而女性则更加他人导向；
- 女性做出各种反应时会更加谨慎；
- 女性对负面信息反应更加强烈；

- 男性对信息的选择性更强，而女性对信息的综合能力更强；
- 女性在区分环境因素方面更加敏锐。

性别与性别身份

性别角色身份既是一种身体状态，也是一种精神状态。一个人的生理性别（即男或女）并不能够完全决定其是否会表现出**性别典型特质**（sex-typed traits），即刻板地与某一性别相关的某些特征。消费者对于自身性别的主观感觉也是至关重要的。[84]

一些新的证据表明，生理特征对消费者行为有影响。**神经内分泌学**（neuroendocrinology science）研究荷尔蒙对产品类型或人的偏好所产生的影响。[85]其研究基础是进化论的逻辑，强调人们在寻找配偶时，天生就会优先选择那些能够生育在激烈竞争环境下得以生存的优良后代的对象。例如，有证据显示，处在生育高峰期（每月生理周期中的排卵期前后）的女性会被男性荷尔蒙水平较高的男性吸引，这些女性也更愿意参加社交聚会（也许这样做是为了找到合适的男性）。一些实验表明，生育高峰期的女性会（无意识地）选择一些产品来提升她们的形象气质，比如，会穿着更加性感的服装。研究者认为，女性这样做的目的是将男性的目光从竞争者那里吸引过来。还有一些研究发现，排卵期的女性更喜欢选择各种不同的产品，学者们认为，其目的是在这一时期吸引陌生男性的注意。[86]

不同于男性与女性，男性特质与女性特质并非生理特征。一种文化认定的男性特质行为在另一种文化中可能就并非如此。例如，在美国，男性朋友之间避免碰触对方是一种行为规范（除非是在一些“安全”场合，如在足球场上）。而在拉美及欧洲的一些文化中，男性之间相互拥抱和接吻是非常普遍的事。实际上，这些规范在持续演变，比如，美国青少年现在流行用拥抱来打招呼（有时伴随着击掌或击拳），而男性朋友可以随便谈论**“兄弟罗曼史”**（bromance）——这个词来自 MTV 的同名节目，指男性朋友之间的情谊。[87]

性别典型产品

很显然，有些产品与性别的关系非常密切，特别是在一种文化中，当这些产品与所谓的性感诉求相关的时候更是如此。最近一项法国的研究结果显示，在一系列真实场景的实验中，如果女性同伴穿着高跟鞋而不是平底鞋，那么，男性被试更可能完成一项调查或者是捡起掉在地上的手套。女性同伴的鞋跟越高，合作的可能性越大。也许正如你猜想的那样，这样的情形对于女性则不存在。[88]注意：这里提到的特定的性别联系也许是基于生物基础。有些（尽管不是全部）社会学家认为，高跟鞋改变了女性的姿态，这在某种程度上吸引了男性的注意。有一种说法是：“如果一个人看上去腰身更细，臀部更翘，胸部更丰满，那么，这个人的行走姿态就是一种人类学家所谓的‘求偶炫耀’。”[89]

图书《真正的男人不吃乳蛋饼》（*Real Man Don't Eat Quiche*）很畅销。除了乳蛋饼，营销者推出了很多**性别典型产品**（sex-typed products）。它们带有男子气或者女人味的特质，消费者往往把这些产品与某一性别相联系。[90]例如，ePad Femme 是“世界首台专为女性提供的平板电脑”。这种电脑预先安装了粉色背景和许多瑜伽、购物、减肥以及烹饪方面的 App。[91]

女性性别角色

1949 年的电影《金屋藏娇》（*Adam's Rib*）中，凯瑟琳·赫本（Katherine Hepburn）扮演了一个时尚而能干的律师。这部电影是最早反映女性在事业成功的同时仍能获得幸福婚姻的电影之一。如今，新的女性管理阶层的演变使营销人员在开发这一发展中的市场时，不得不改变对女性的传统看法。日本铃木公司（Suzuki）开始吸引印度不断增长的实现财务自由的妇女，她们要购买属于自己的汽车。这家公司的 Zen Estilo（Estilo 在西班牙语中是“时尚”的意思）车型就有 8 种颜色可供印度女性选择。[92]

然而，宣布传统性别角色模式就此消亡，未免为时过早，在诸如沙特阿拉伯这样的传统伊斯兰国家尤其如此，那里的女性在公共场合必须裹得严严实实，而且不能在向公众开放的商场里做销售员（甚至是销售女性内衣的商店也不可以）。[93]

女性角色也在不断演化。在美国这样复杂的社会，常常面临什么是“适当”行为的矛盾信息，人们注意到，当从一个情境转换到另一个情境时，会换上不同的角色面具。最近一项关于所谓的**当代年轻主流女性成功者**（contemporary young mainstream female achievers，CYMFA）的调查，识别出这类女性在不同社会环境下的不同角色。比如，作为母亲或配偶时，她们扮演传统女性的角色；作为冷硬无情的生意人时，她们扮演男性角色；当和朋友们在一起时，她们有可能同时唤醒两种角色。[94]

男性性别角色

在为意大利设计师品牌 Dolce & Gabbana 设计的一则广告中，刻画了这样一个场面：一群男人身穿牛仔裤，汗流满面，他们围着一位被按倒在地、脚蹬高跟鞋的女性。在其他广告中，长期为家庭清洁用品代言的拟人化人物——威猛先生（Mr. Clean）声称，只有结实的男人才有力量清除污垢。[95]为了促销 Mr. Pepper Ten 饮料，该公司将一辆标榜为“男人洞穴”（Men Cave）的拖车送到美国的一些城市，这辆车停在“男性荷尔蒙地带”，比如球场、汽车表演场等，在这些地方男人们可以看电视、玩视频游戏。在配合的广告画面上，一位肌肉发达、指挥官一样的人物手提太空时代的武器，大声问道：“喂，女士们，喜欢这部电影吗?”“当然不喜欢，因为这是我们的电影，而且 Mr. Pepper Ten 也是我们的饮料。”[96]

我们的文化刻板地认为，理想男性坚强、有进取心、强壮并喜欢“有男子气概”的体育运动。全球企业维珍航空 CEO 理查德·布兰森（Richard Branson）有一次与亚洲航空的老板赌马输了，得到的“判决”是在胜者的飞机上充当空姐。胜者得意扬扬地说：“我期待他像一位空姐那样讨好我！”[97]一项研究追踪了美国 8 份男性杂志（主要读者为男性）中的广告，结果发现，这些杂志里的大多数广告都可以归类为“大男子主义”，这些广告过于强调暴力、危险，以及对妇女和性的冷酷无情。[98]

然而，正如女性的情况一样，男性的性别角色也复杂得多。事实上，**大男子主义**（masculinism）学者致力于研究男性形象以及男性气质的文化意义。[99]像女性一样，男性也接收到关于他们应如何行动和感受的复杂信息。雪佛兰公司的“夜晚外出的男人”的广告刻画了一位初为人父的男士晚上和朋友外出，最后大家一起看他儿子唱歌的视频。

一项研究考察了美国男性通过日常消费表现男子汉身份的方法，发现男性认为三种男性气质可以接受，它们分别是“养家糊口者”、“叛逆者”和“大英雄”。一方面，“养家糊口者”气质源自美国人的成功、责任、公民精神、追求物质成功和组织的成就等理想。另一方面，“叛逆者”气质强调反叛、独立、冒险和力量。“大英雄”模式综合了其他两种模式的优点。[100]

中性

英国的一家名为 Selfridges 的服装连锁商店因其另类的促销和事件（在这家商店内，女演员林赛·罗韩（Lindsay Lohan）脱掉衣服，跑过走廊，引发伦敦各色小报的大肆报道）而出名。为了平息顾客的议论，这家商店甚至在两年内都不使用商店品牌。[101]如今，这家公司在为期两个月的“无性别计划”中，希望去除品牌的性别印象。它将走男女皆宜的时尚路线，不再使用人体模特，而是“以非特定性别方式展示商品”。这样做的动机可能是，这家商店发现越来越多的女性购物者为她们自己购买男装，这家商店希望激发男性勇敢地为自己购买女性服装。[102]来吧，小伙子，试试这些裙子……

中性（androgyny）是指既有男性气质又有女性气质的特质。[103]研究者明确区分了具有性别典型特征的人，分别是具有刻板意义上的男子气或者女人味特质和中性特质的人。中性特质的人其特质取向难以明确界定。显然，所谓“正常”的性别类型行为在不同的文化中有所不同。例如，尽管亚洲文化接受同性恋，但是大多数亚洲人并不认为具有某些女性气质的男性是同性恋者。最近对韩国人的一项研究发现，40 岁以下的青年中，超过 66％的男性和 57％的女性过着自己所谓的雌雄同体式的生活——男性越来越具有更多传统的女性特质，而女性则越来越具有更多传统的男性气质。但是，被访者并不把这种生活方式与性取向联系在一起。尽管韩国人把具有女性气质的男性称为“花美男”（flower men），但他们并不认为这是一个贬义词。[104]在日本的城市街道上，被称作“graru-o”（男少女）的男性很普遍。这些皮肤晒成褐色、穿着精致（通常是异性恋）的花花公子穿梭在东京的时尚服装商店。[105]

一些研究表明，具有性别典型特征的人对广告中关于性别角色特征的描述更为敏感，尽管总的来说，女性对性别角色关系显得比男性更加敏感。在一项研究中，被调查者阅读了两个分别使用男性化和女性化表达方式的啤酒广告文案。男性化文案中包含“X 啤酒以优质原料和公司信誉保证其浓烈的口味”，而在女性化文案中则声称“精心酿造，X 啤酒味道浓郁，入口柔滑”。那些认为自己具有强烈男性气质或者女性气质的被访者分别选择了与自身气质相符的文案。[106]

研究者开发了一个量表来识别“非传统男性”（NTM），这些人表现出明显的女性倾向。这个量表包括以下陈述：

- 我喜欢浏览时尚杂志。
- 在家中，由我掌管支票本并付账单。
- 我介意从食物中获取足够的钙。
- 我擅长修理机械物品。
- 在第一次做事时，我就会比一般人做得更好。

显然，遵循传统路线的男性与遵循非传统路线的男性之间差异非常大。当问及别人怎样看待自己时，与传统男性相比，非传统男性更可能希望被认为更加时髦、有教养和新潮，也更可能希望被认为更加敏感、感性、注重精神、感情深沉、有条理、节俭，但不太可能希望被认为是“户外活动者”。

中性这一特殊现象为营销者开辟了一个新的目标市场。那些专门针对某一性别销售产品的公司可以通过宣传产品的**无性别差异**（gender-bending product）特征，在另一个性别群体中扩大影响。无性别差异产品是指传统的性别典型产品迎合另一性别的需要。以下是一些最新的无性别差异产品[107]：

- 乐柏美（Rubbermaid）推出了包括镊子和指甲刀在内的男士专用美容工具系列。公司经理解释说：“大部分男人不愿意去商店里所谓的‘粉色走道’的地方，购买专为女性设计的镊子和指甲刀。他们想要那种看起来有男性气概的产品，是专门为他们的美容需要而提供的。”
- 古风（Old Spice）香水一直都被认为是爸爸们用的产品，然而，年轻妈妈们喜欢它的味道和相对较低的价格，因而也将其用作香体露。这一转变有些讽刺，因为这家公司在 1937 年引入市场的第一款产品就是女性专用香水。
- 纺必适（Febreze）是一款气味较淡的织物除味剂，宝洁公司将其定位为女性家庭清洁用品。然而，公司发现，许多男性将这种产品喷洒在他们的衣服上，从而推迟洗衣服的时间。在越南，这一产品叫作“香必飘”（Ambi Pur），在那里骑摩托车的男人们喷洒它来去除头盔里的异味。[108]

身体

对很多女性来说，试穿牛仔裤是一件痛苦的事。李维斯（Levi Strauss）最近推出网上试穿服务，公司通过一个“曲线识别系统”来使这个过程舒服一点。这款数字产品有 20 种语言，在 50 个国家使用。它收集了全世界 6 万名女性的身材数据，旨在提供更为个性化的体验，帮助女性减少在寻找最合身牛仔裤时的挫败感。[109]斯潘克斯（Spanx）塑身内衣可以在消费者穿新裤子之前，就制造出“收腹”“提臀”“瘦腿”的塑身效果。[110]

外表是个人自我概念的重要组成部分。**身体意象**（body image）是指消费者对外表自我的主观评价。这种评价与身边其他人的看法不一定完全一致。一位男性想象中的自己可能比实际更魁梧强壮，一位女性则可能感觉自己看起来很胖，而事实并非如此。外表自我的感知是否准确尚存在争议，但更重要的是人们对外表的不安全感。[111]

营销人员常常利用消费者扭曲形体意象的倾向，通过捕捉消费者对外表的不安全感，制造现实和理想的外表自我之间的差距，从而激发消费者通过购买产品和服务来弥补这一差距的欲望。社交媒体也在影响人们对身体的感受。最新的一项研究显示，脸书用户称，他们中有超过一半的人在该网站上看过自己的照片后，对身体意象的自我意识更强烈了。[112]

美的典范

BeautifulPeople.com是一个在线约会网站，它只允许漂亮的人加入（你需要上传照片并征得会员的同意）。目前，这个网站已将服务延伸到为企业招聘"漂亮的雇员"。该网站的一名管理者解释说："漂亮的人通常会给顾客留下更好的第一印象，获得更多的生意机会，进而赚得更多。"[113]他也许是对的：一项研究称，在美国，平均而言，最不好看的工人与那些被认为长得最好看的工人相比，年收入低10%～15%——终其一生则会少收入23万美元。[114]谁说"美只是肤色不同而已"？

个人对自己展现在他人眼前的形象的满意程度，受到这一形象与文化所欣赏的形象之间的一致性影响。**美的典范**（ideal of beauty）指在外貌方面的典范或榜样。无论男女，美的典范既包括生理特征（如胸部是否丰满，肌肉是否结实），也包括穿衣风格、妆容、发型、肤色（白色还是褐色）及体形（苗条、健壮、性感等）。人们想要模仿这些典范的渴望——无论好坏——驱动很多购买决策。而且，希望模仿明星者的年龄越来越小。美国零售商Abercrombie & Fitch（A&F）几年前因为向儿童销售丁字裤而遭到强烈的批评。最近，这家商店又因为向儿童销售塞着塑料的比基尼上装而再次遭遇猛烈抨击。[115]

美是普世的吗?

越来越多的证据表明，人们对某些身体特征的偏好是与生俱来的。是什么线索引导我们将某些脸看成是漂亮的？人们似乎特别喜欢那些与健康、年轻有关的特征，以及与生殖能力和力量相关的特质。这些特征包括大眼睛、高颧骨和尖下巴。不同种族的人用来识别性吸引力的另一明显特征就是一个人的面容是否对称（即人脸的两侧比例对称）。这是一种健康的象征，可以确定的是，面容对称的人与那些不太对称的人相比，性生活要早3～4年。[116]

男性往往将女性的身材视为性线索，一种进化论的解释是，女性的身体线条提供了繁殖能力的证据。在青春发育期，一位典型女性会在臀部和大腿部位增加35磅的"繁殖脂肪"，这样才能提供怀孕所需的大约8万卡路里的额外热量。多数女性的腰臀比是0.6～0.8，也正是男性评价最高的一种体形——沙漏形。尽管对体重的偏好多有变化，但偏好的腰臀比则似乎长期处于这个区间。[117]

女性又是如何评价约会对象的理想的健壮和健康特质的呢？女性喜欢男性下颚宽大（这是高浓度男性荷尔蒙的表现，而男性荷尔蒙是力量的来源）和额头饱满，比一般人稍重的体重。一项研究中，女性被访者观看一系列男性的头像，这些头像已利用数字化技术改变成夸张的或较少的男性气质。被访者认为，下颚宽大、眉框突出的男性是理想的短期伴侣，而她们更喜欢那些具有女性气质，如圆脸、厚嘴唇的男性做长期伴侣。总体上，参加调查的女性说，那些男性气质更明显的男人更可能冒险和敢于竞争，也更喜欢打架，挑战老板，欺骗配偶，并且不太努力担当为人父的责任。她们猜想，脸长得像女人的男人会是好父亲和好丈夫，工作勤奋，并在情感上支持配偶。[118]

这些发现也与前面提到的神经内分泌学方面的研究有关。在另一项研究中，研究者在日本和苏格兰分别向女性展示一系列电脑生成的男性面部照片，这些照片已有系统地变换了下巴的大小和眉框的突出程度。[119]处于排卵期的被访女性喜欢那些男性特征，而在每个月的非排卵期，她们的选择则有所不同。

且不谈下巴大小，人们对身体的“包装”方式也大相径庭，这正是营销者的切入点。在任一时期，消费者在判断哪种美更赏心悦目时，广告和其他形式的大众媒体起了很大的作用。美的典范起到了一种文化标准的作用。消费者把自己和某些标准（通常是时尚媒体吹捧的标准）相比，如果达不到这个标准，就会对自己的外表产生不满。这可能会降低消费者的自尊，有时也可能会因诱人的模特儿所引发的负面情绪而削弱广告的作用。[120]

许多短语可以用来概括这些文化典范。我们可能会谈论“无脑女孩”“邻家女孩”“冰山美人”，也许会谈起代表某种典范的特定女性，如詹妮弗·洛佩兹或已故的黛安娜王妃。[121]描述男性的类似词语包括“帅气运动员”“漂亮男孩”“书呆子”等。

不同时期女性美的典范

虽然美丽可能是很肤浅的，但是有史以来女性都在努力追求。她们节食挨饿，痛苦地裹脚，用填充物丰唇；她们花无数的时间吹头发，照镜子，晒日光浴；她们进行胸部缩小或增大手术来改变外表，以满足社会对美女的期望。

任一历史时期都具有特定的“外貌”或美的典范。这些都与更广泛的文化背景有关，例如，如今特别强调匀称和协调的身体。美国历史可以用一系列曾占主流的理想形象来描述。例如，与今天强调健康和活力截然不同的是，在19世纪初期，纤弱甚至病态的外表很受欢迎。诗人济慈（John Keats）把当时理想的女性描述成“像牛奶般洁白的寻求男性保护的羔羊”。其他代表包括莉莉安·罗素（Lillian Russell）所代表的艳光四射、精力充沛的女性，19世纪90年代的运动型“吉布森女孩”，以及20世纪20年代克拉拉·鲍（Clara Bow）所代表的孩子气的、不受传统约束的小女孩。[122]

在19世纪相当长的一段时期里，美国女性的最佳腰围是18英寸，为了保持这一尺寸的腰围就必须把胸衣拉紧，导致当时的女性常常头痛、晕厥，甚至发生子宫和脊椎功能紊乱。虽然现代女性不用再穿着“紧身褡”，但是许多女性仍然要承受很多有损尊严的行为，如高跟鞋、脱毛、眼部除皱手术和抽脂手术等。再加上数百万女性在化妆品、衣服、健身中心和时尚杂志上花费金钱，无论是对还是错，所有这些举动都在提醒我们与当时的美丽标准保持一致的愿望是普遍存在的。

美国文化在许多地方传播这些标准：在杂志封面上、在商店橱窗中、在电视节目里。女性主义者认为时尚洋娃娃，如随处可见的芭比娃娃，强化了不自然的苗条典范。[123]如果这些娃娃是真人的话，她们都比正常女性更高、更瘦，三围应该是38－18－34！美泰公司给芭比娃娃做了“整形手术”，让她的胸部和臀部都小一些，但是，芭比娃娃仍然很高、很苗条。[124]该公司现在销售更加接近现实的芭比娃娃形象，臀部较宽而胸部较小。[125]

随着时间的推移，西方女性理想中的身材发生了巨大变化，这些变化周期性地导致两性性别标签（sexual dimorphic markers），即区分性别的身体特征的重新组合。20世纪90年代初期，出现了颇具争议的“流浪儿”形象，那些成功模特（最著名的是凯特·摩丝）大多有一副很像年轻男孩的身材。营养专家根据历届美国小姐冠军的身高和体重，推断许多选美大赛皇后处于营养不良状态。20世纪20年代，美国小姐参赛者的体重指数（body mass index）介于 20～25 之间，这在今天属正常标准。从那时起，越来越多获胜者的体重指数都低于 18.5，这个数字是世界卫生组织界定营养不良的标准。[126]

同样，一项研究分析了《花花公子》（*Playboy*）杂志近 50 年的插页后指出，在玛丽莲·梦露那艳光四射的 37－23－36 的沙漏形身材使首期杂志大为增色之后，女性的身材曲线越来越不明显，并且越来越分不出性别。然而，一位杂志发言人评论道："随着时间的推移，女性更加像运动员，更加商业化，更加对身体匀称乐此不疲，因此，她们的身体已发生变化，我们要好好反省一下……"[127]实际上，客观地说，最近有人重新检视了 1979—1999 年间的杂志插页数据，结果发现，越来越苗条的趋势似乎已变得平稳，甚至开始逆转。尽管出现在杂志上的女性在过去的 21 年间体重有所增加，但是研究者认为，她们的体重仍然达不到医学专家所建议的正常体重。[128]讽刺的是，当研究者让女性预测男性对不同身形女性的评价时，与男性相比，女性选择那些更加纤瘦的女性。换句话说，她们认为男性会偏好纤瘦的模特类型，而实际上，男性选择的是那些更加贴近"真实"的女性。[129]

西方美的典范

法国议会正在考虑通过立法来限制时装模特的最低体重，以抗衡女性为了在这一行业中取得成功而普遍存在的节食减重问题。如果这项法律获得通过，身高 5.7 英尺的模特体重至少要在 120 磅，否则模特公司就要受到处罚。关于"越苗条或越富越好"的论战在其他国家还在进行，特别是在几位模特因营养不良而导致死亡的事件——包括一位法国妇女在去世之前只有 55 磅——被广泛报道之后。

有些人过于将自尊和外表联系在一起，他们甚至不惜牺牲健康来获得自认为好的身体形象。特别是女性，她们倾向于从媒体中摘取那些认为身体反映自身价值之类的信息，因此，多数（当然不是全部）**身体意象扭曲**（body image distortions）现象发生在女性身上就不足为奇了。这些心理上的扭曲导致患者相信，其体形比别人实际看到的要更大或更小。

研究者将扭曲的身体意象与饮食紊乱联系在一起，这在年轻女性群体中特别明显。患厌食症的人觉得自己太胖了，会为了变得苗条而节食。这种情况导致两个阶段的暴饮暴食。先是私下大吃大喝，一个人一次就会吃掉 5 000 卡路里食物，接着就是人为呕吐，滥用泻药，禁食，或者是高强度锻炼——这样的"清除"过程再次表达了女性的控制感。

在美国，饮食紊乱主要发生在白人、中上阶层的年轻人，以及女大学生中间。[130]这些人往往都有对他们自己体重极度不满的兄弟或父亲。此外，同龄人也会激发胡吃海喝行为。[131]

当前女性美的典范是什么样的?

当然，随着文化的变迁，主宰一时的美的典范也在改变。2014 年下半年，美国服装和造型设计师金·卡戴珊似乎"打破互联网"，有成千上万的人点开一个链接，观看她在《纸》杂志封面上的超大（据说用 Photoshop 进行了处理）后背照片。[132]由詹妮弗·洛佩兹和伊基·阿塞莉娅（Iggy Azalea）联合制作的名为"屁股"的流行音乐视频也助长了这种凸显女性身体轮廓的趋势。

由于典型的女性身体不再像过去那样"娇小"，标准发生改变就不足为奇了。

如今，大多数人购买的服装尺码都是14号，而在1985年则只有8号！美国消费者的“平均”身形尺码与60年前相比已完全不同。特别是在时装行业，那些会购买时装的超苗条女性已不存在（至少是没那么多了）。据美国政府估计，2/3的美国成年人超重或者是肥胖。然而，服装公司依然基于1941年的一项军事研究设定的尺码标准来开发它们的服装产品线。该标准是基于小样本，且多数为白人青年（一般而言身体比较结实）女军人的身材设计的。事实上，即便是着装的尺码，也传递了关于理想身材的信息。服装制造商通常提供**虚夸尺码**（vanity sizing），它们故意设计尺码稍小一些的服装。女性喜欢购买尺码小一些的衣服，即使标签不准确也是如此。那些外表方面的自尊心比较低的消费者觉得自己很棒，而且相信自己穿着尺码小一些的衣服时看起来更苗条。[133]

此外，这些基于美国女性身材设立的服装标准已经过时，需要认真考虑当今社会的种族多样性。按照现在的标准，在美国有78%的非裔美国女性和72%西班牙裔美国女性都超重，而白人女性的这一比例只有58%。非高加索血统的人的体形也不同，比如，西班牙裔美国人和亚裔美国人都比高加索血统的人稍矮一些。

近几年来，多芬（Dove）的“真美”广告宣传活动引发了人们对不真实的美的典范的关注，广告中出现的女模特身材并不完美。其广告语是这样的：“让我们面对它吧，让大腿像超级模特那样结实并不会太难。”联合利华推出这个广告是基于一项研究，它发现许多女性不相信其产品有效，因为使用广告产品的女性看上去不真实。公司请来自世界各地的3 200位女性描述她们的身体，大多数人总结自己是“普通”或“自然”。只有2%的人称自己“漂亮”。

实际上，加大号服装已存在近一个世纪。如今，在美国，诸如塔吉特之类的公司以及优秀的设计师都把注意力转向体形较大的女性。

然而，**肥胖歧视**（fattism）在我们的文化中根深蒂固。还在幼儿园时期，孩子们就喜欢把同龄的肥胖孩子画成坐在轮椅里、拄着拐棍或外貌受损。一项针对12～19岁的女孩的调查报告指出，55%的女孩说她们“一天到晚”看广告，让她们感到想减肥。[134]一则从2011年起就饱受争议的广告证明了人们对瘦的癖好：当百事推出新的“瘦削”减肥罐装苏打水时，已经够糟糕了，公司还用时尚周来配合新品发布——来自一个颂扬瘦削模特的产业的强大的宣传攻势（这些模特中的一些人已经死于厌食症）——国家饮食失调协会提出抗议，百事只好道歉。该协会还曾劝说苹果公司停止其第一部iPod的广告宣传，因为广告语是“你永远不会太瘦或太强壮”。[135]

体形较大的消费者开始挑战这种刻板印象。一家荷兰杂志用其名称“大而美”来宣示自己的主张。[136]最近的一项研究专门针对**肥胖时髦者**（fatshionistas），他们的体形较大，希望从主流时尚中找到更多的选择。研究者找到的一条博客概括出这类女性感受到的冷落：

> 我们中的许多人从小就肥胖，买来的衣服总是很小，不合身。即便我们的父母都买得起，为孩子购买的半号衣服也绝对要修改才能穿。这种在儿童时代就被强化的体验，我们通常会说服自己是长大了……我们已经适应了生活，但并不想被视为时尚落伍者。

研究者调查了一些运动发起者，他们鼓励这些女性尝试改变市场，使之对购买者更加友好，这些购买者不喜欢弱不禁风的美的典范。研究发现，实际上，这些女性要求改变，她们甚至还创建了一个志同道合的社区（“肥胖接受运动”），来支持那些已成功挑战肥胖刻板印象的人。

这个运动中的“英雄”之一是独立摇滚歌手贝丝·迪托（Beth Ditto），她只有 5 英尺高，却重达 200 磅。她成功挑战了肥胖的刻板印象，甚至推出了自己的时尚产品。迪托也是法国巴黎时装周期间，法国服装设计师让·保罗·高提耶（Jean Paul Gaultier）走秀表演的开场模特。[137] 最近，塔吉特推出加大码产品线，原因是有人在 Instagram 上发表意见，责难公司不提供加大号服装，这条博客获得了 7 万条跟帖。在一封写给这家公司的公开信中，博主说：“我想要的是你提供给其他标准身材顾客的服装，而你总是忽视我……你让我再次感受到自己像是二等顾客，因此，不得不断绝与你的一切关系。”你猜结果如何？塔吉特公司邀请这位顾客作为其新产品线 AVA&VIV 的品牌大使。[138] 可见，社交媒体的作用不容小觑。

男性美的典范

显而易见的是，近来有许多商界领袖和明星留着浓密的胡须。不准留胡须已有一个多世纪了；早在 19 世纪中期，人们通常将胡须与社会边缘人士联系在一起。到了 19 世纪后半叶，“胡子运动”成了时尚，淘金热和南北战争促使美国男性自愿选择是否留胡子；同时，还有些人反抗由“女性面容的男性”主宰的世界。由于留着大胡子的敛财大亨杰伊·古尔德和安德鲁·卡内基嘲笑那些百万家产的小富翁，如今，胡子已与资本家联系在一起。然而，情况发生了逆转，工人们的反抗又给人们留下一种印象，即留胡子的人喜欢采取抵抗老板的暴力行动。吉列公司在 1901 年发明了安全剃须刀，胡须刮干净的形象又流行起来。如今，情形再次逆转，谷歌联合创始人谢尔盖·布林、高盛集团董事长劳尔德·贝兰克梵（Lloyd Blankfein）等著名企业家，都夸耀他们各自引人注目的大胡子。[139]

上面这段简要的胡须演变历史表明，一个社会的男性美的典范也在变化。男性典范涉及头发长短、胡须（或者是没有胡须）的式样和类型、肌肉组织，当然还包括服装配饰的风格。我们也可以通过面部特征、肌肉组织和胡须来辨别男士美的典范。事实上，根据一项在美国开展的全国调查，男性和女性在评价男性外表特征时，男性典型的美的标准是富有男性气质和肌肉强健的身体，然而，女性倾向于喜欢肌肉不那么突出的男性，男性却努力想让自己的肌肉看起来更加强健。[140]

广告商在心里似乎都有男性美的典范；一项调查专门研究广告中的男性，结果发现，大部分广告中的男性均是肌肉结实的型男。[141] 中学生中有超过 40%的男生坦承自己定期锻炼身体，目的是让肌肉更结实。也许更糟糕的是，其中有 38%的人服用蛋白质补充剂，并且有近 6%的人承认自己服用过激素。[142]

身体装饰与毁损

每一种文化下，人们都会以某种方式装饰或改变身体。装饰身体自我有许多目的[143]：

- **将群体成员与非群体成员分开**。如今的年轻人自主选择独特的发型和服装式样，以使自己与成年人区别开。
- **使个人成为社会组织中的一员**。许多文化都实行成人礼，它象征一个男孩变成了男人。在西方文化中，这样的成人礼还包含野蛮的自我毁损，或从事危险的活动。

● **将个人归入某一性别类别中**。今天，厚厚的嘴唇彰显着夸张的性感。一些女性包括著名演员和模特，都接受过嘴唇加厚手术。[144]

● **强化性别角色身份**。尽管对自己身体健康有害，女性还是会穿高跟鞋。

● **表明理想的社会行为**。在西方社会，一些男同性恋者会在左耳或右耳戴耳环，用来表明自己在一种关系中的角色（被动或主导）偏好。

● **表明较高的地位和阶层**。一些人虽然没有眼疾也会戴眼镜，是为了强化他们感知的地位。[145]

● **提供一种安全感**。消费者常常戴幸运符、护身符来保护自己远离"邪恶的注视"。有些现代女性在脖子上戴鳄鱼口哨也是同样的道理。

身体专注

在美国，有一块广告牌表现的是一位女士身穿吊带衫，向上伸着手臂，露出其腋下的一行字："亲爱新泽西：当人们称你为'美国的腋窝'时，把它当作是赞美吧。真诚的，多芬。"这是为多芬女性腋下润肤霜新品设计的广告。[146]看来，女性的身体还有一部分需要操心。

由于许多消费者都体验到真实的身体自我与理想的身体自我之间的差距，他们不遗余力地改变外表的各个方面。从束腰、束胸到整形美容、日光浴、减肥饮料等不一而足。大量产品或服务都声称可以改善身体自我。对营销活动而言，身体自我（消费者希望改变他们的外表形象）的重要性不言而喻。然而，营销活动就像是在伤口上撒盐，有证据表明，许多广告信息增强了消费者希望顺应文化典范（如女性要苗条）的意愿，但同时也降低了他们能够实现这种理想的信心。一项最新研究称，当女性参加减肥项目时，如果经常看到苗条模特的图片，她们会认为自己的减肥目标遥遥无期，反而会吃更多的不健康零食。[147]

整形手术

越来越多的消费者选择整形手术来改变糟糕的体形，或者只是改善外貌。[148]在委内瑞拉，大型广告牌上是丰胸手术的银行贷款广告。一位政治候选人甚至会通过丰胸手术来提升自己的竞选形象。[149]整形手术非常流行，如果一位女性通过植入某些东西来改善身体形象，这位女性会被称为"手术过的女士"。韩国是整形手术最多的国家，吸引了大量消费者蜂拥而至，割双眼皮甚至是更加极端的脸部再造，这些手术通常要经过极其痛苦的手术过程。韩国政府甚至提供资金以促进该国的**医疗旅游**（medical tourism）产业。医疗旅游这个词刻画了全球经济中增长速度最快的一个部门，它鼓励消费者去其他国家旅游，而真正的目的是进行整形手术，因为这样的手术在自己的国家可能无法获得，或者是更加危险，或者是更加昂贵。[150]

据美国整形外科医学会统计，美国医生每年完成近86万例整形外科手术，其中男性为15万例。由于整形手术越来越流行（甚至在某些圈子中是期待），消费者和医学专家正在把这种手术扩大到人体的其他部位。也许是受到把注意力转移至臀部的低腰牛仔裤和高弹力健身服的刺激，丰臀手术正变得时髦起来。这种手术一般要花2万美元，很显然不是瞄准低端市场。[151]

"修改"的疯狂甚至蔓延到（人们可能认为）并不需要——至少现在不需

要——的年轻消费者。美国整形外科医师协会报告说，全美国每年有 12 000 名 13～19 岁的青少年接受肉毒杆菌注射。尽管有些人是由于合理的医学原因，比如眼皮非正常抽搐、颈部肌肉无意识痉挛，显然大部分小患者还是为了弥补感知上的不完美，比如笑的时候露出太多牙龈，下巴长得太方，等等。有些青少年还误以为肉毒杆菌可以防止皱纹。[152]

文身

文身可以是暂时的，也可以是永久性的，如今是身体损毁的普遍形式之一。[153] 美泰公司甚至推出了文身芭比娃娃。[154]

尽管年轻消费者是想通过身体艺术来表明自我，但这些皮肤设计与远古文化中的身体涂绘有着相同的功用。文身根植于大众艺术。一直以来，文身图案都比较粗鲁，多数涉及死亡象征，美洲豹、蛇之类的动物，美女照片或军事符号等。最近的文身图案设计包括科学幻想主题和部落图案等。

历史上看，人们将文身与社会上的流浪者联系在一起。例如，6 世纪的日本当政者在罪犯的脸上或手臂上文身以示身份，19 世纪的监狱和 20 世纪的集中营依然使用同样的方法。

今天，文身成为表达自我冒险的一种方式，大约有 1/5 的美国人至少有一处文身，女性文身的数量是男性的两倍。[155]

越来越多的人加入文身的行列，其中有些人后悔自己的决定在所难免。一家提供消除文身的机构名称就是“消除文身医生”（Dr. Tattoff），类似的机构满足的是那些“文身后悔”的消费者的需要。行业数据表明，每年至少有 4.5 万美国人需要去除文身。遗憾的是，至少目前是，去除文身要比文身复杂得多。价值几百美元的文身设计可能需要几千美元，以及后续多次的去除手术。[156]

身体穿孔

与文身一样，身体穿孔也从只是边缘人群的行为演变成为一种时尚声明。历史学家认为，主流人群接受身体穿孔的驱动力来自 1993 年空中铁匠乐队（Aerosmith）为歌曲《哭喊》拍摄的视频，视频中，演员艾丽西亚·西尔维斯通（Alicia Silverstone）戴着脐环，还有文身。[157] 身体穿孔包括多种形式，其中有些方式相当危险，必须在专业机构才能完成。有些出版物如《穿刺粉丝国际季刊》将其发行量视为一种市场监测工具，而相关的网站也吸引了大量的追随者。根据一项最新的估计，大约有 14%的美国人至少有一处身体穿孔，比如穿耳洞。其中大约 3/4 是女性。[158]

本章小结

现在你已经读完本章，你应当了解为什么：

1. 自我概念强烈地影响消费者行为。

消费者的自我概念是他们对自己态度的反映。不论这些态度是积极的还是消极的，都有助于指导许多购买决策：产品可以用来增强自尊或者“犒赏”自我。

2. 产品常常定义了一个人的自我概念。

人们选择许多产品，其原因是认为这些产品与自己的个性相似。根据符号互动论，我们每个人都拥有多个自我，因而需要不同系列的产品来作为扮演每个角色的道具。除了身体，还有许多东西可以被看成是自我的一部分。当我们通过贵重的物品，如汽车、房子，甚至是迷恋的运动队或国家纪念碑，来界定自我时，这些东西已融入了延伸的自我。

3. 性别身份是消费者自我概念的重要组成部分。

性别角色或者是关于男性特质和女性特质的社会概念，对人们购买的品牌期待有重要的影响。广告的作用很大，因为它们刻画了对性别身份的理想期待。

4. 我们思考身体的方式（以及文化告诉我们应该如何思考）是自尊的关键组成部分。

个人对自己身体的观感也给自我意象提供了反馈。一种文化传播了特定的美的典范，而消费者则竭尽全力来达到这一典范的标准。许多消费者活动都涉及改造身体，无论是节食、整形手术、穿孔还是文身。其中的某些活动过于极端。一个明显的例子是饮食紊乱，痴迷苗条的女性可能会引发这种疾病。

5. 每种文化都有其特有的身体装饰或损毁的方式。

身体的装饰或损毁也许具有诸如把群体成员和非成员区分开、在社会组织中或某个性别群体内标志个体的地位或排序，甚或带来安全感或幸运的功能。

复习题

1. 列出描述自我概念的三个维度。

2. 比较现实自我和理想自我。请针对每种自我分别列举三种在购买时会用作参照点的产品。

3. 现实世界中，数字化自我与消费者的自我概念可能会有哪些不同？这些差异对营销者而言有哪些重要意义？

4. 中国的美的典范是什么？在过去的50 年中有变化吗？如果有，是什么？

5. 什么是肥胖主义？

6. 镜中自我的含义是什么？我们对自己的感受对所购买的产品有什么影响？

7. 东西方文化在人们思考自我方面有什么不同？

8. 文身是如何发起的？

消费者行为挑战

讨论

9. 总体而言，你购买什么，你就是什么样的人吗？

10. 你在网上的表现就是真实的你吗？

11. “波霸餐厅”（Breastaurant）代表了美国餐饮行业中的一类，这类餐厅雇用具有某种体貌特征的女性作为服务员，这样做道德吗？将那些不具有某些体貌特征的人（包括男性）排除在这类餐厅工作之外，是否道德？

12. 性别角色不断演变的结果之一是男性的体貌变得越来越重要。全球男性每年在妆容产品上的花费高达 77 亿美元。男性洁面、保湿、防晒、剃须、香体露的使用浪潮席卷美国，主要源自欧洲的营销者。欧莱雅巴黎公司报告称，男性护肤品是目前增长最快的部门。在欧洲，在年龄不超过 30 岁的男性中，有 24%的人使用护肤品，而韩国这个比例则高达 80%。某些化妆品，比如，粉底和眼线，虽然男性使用这些产品并不那么舒服，但依然成为某些细分市场所需要的产品。事实上，一种英国化妆品看上去像一支圆珠笔，男性甚至可以在办公室偷偷使用。[159]在过去 10 年间，媒体特别关注所谓的“都市美型男”（metrosexual）：高挑挺拔的都市男性热衷于时尚、家居设计、美食烹饪和私人护理。这种现象很普遍吗？你注意到年轻男性消费者有类似的兴趣吗？今天的营销者需要改变对男性性别角色的看法吗？

13. 有些人反对 Axe 品牌专注男性营销的活动，反对者称这些营销策略贬低了女性。相反，多芬品牌主张“自然美”的广告活动则赢得了赞誉，因为这个广告增强了对女孩更加真实的期待。Axe 和多芬同是联合利华公司旗下的品牌。这是为什么？一家大公司，在其中的一个部门里支持针对女性的积极信息，而在另一个部门中却传递与之相反的信息，这样做是不是伪善？

14. 服装连锁品牌 H&M 在其官网上刻画了由计算机生成的模特。该公司引来许多批评，批评者认为该公司只展示照片完美的人们，比如，挪威广播公司谴责这家公司“创造了不现实的身体典范”。一位公司发言人对此予以否认并解释说，这些不真实的身体会确保吸引在线购买者的注意。相反，针对青少年的杂志《十七岁》则承诺始终刻画“真实女孩”。该杂志的做法是对一项在线请愿活动的回应，在 4 天内这项请愿活动就收集到 8.5 万个签名。14 岁的读者在网上的请愿声明如下：“为了所有挣扎中的美国女孩，她们阅读《十七岁》杂志，并且认为其中的虚假形象是她们应该有的形象，我站出来，我知道这些被修饰过的形象的危害有多大！”[160]你对这种观点有什么看法——“完美”的身体给现实购买者带来了困扰？

应用

15. 如果我们拥有的物品确实是我们的一部分，那么，如何将自己与这些珍贵的物品分开呢？研究者发现，人们在丢弃一件喜爱的物品之前，会通过几个步骤来与之分离。已经确认的方法包括：为物品拍照或拍摄视频，将它们放置在向外走方向的某个地方，比如车库或门道，或者是清洗、熨烫、包裹这些物品等。访问你认识并且处理过一件对他们很重要的物品的人，比如，处理过一辆用了很久的汽车、一件喜欢但破了几个洞的毛衣。他们采取了什么步骤来将自己与所依恋的物品（例如，在卖车之前会将车上的个人用品清除）“剥离”开。[161]

16. 构想一篇关于某个朋友或家庭成员的“消费传记”。为他最喜爱的所有物列个清单或拍照。你能否只根据这份目录所提供的信息描述出这个人的个性？

17. 采访入室盗窃的受害者，或者在洪水、地震等自然灾害中损失个人财产的人。他们如何重建自己的财物？财物损失是如何影响到他们的？类似地，在班里做民意调查：如果他们的房屋或宿舍遭遇火灾，而他们逃离的时候只能带一件物品，会是什么呢？

18. 查找有关自尊的广告。评价这些诉求可能产生的效果。“奉承使你走遍天下”这句话对吗？

19. 观看一系列刻画男性和女性的电视广告。尝试想象调换他们的性别角色（即男性角色由女性扮演，反之亦然），你能观察到性别类型行为的差异吗？

20. 你知道人们如何看待他们的汽车吗？访问一些人，了解他们与车的“关系”。他们装饰他们的汽车吗？给车起昵称吗？

21. 当需要一类特定人的形象出现在广告中时，许多广告公司经常购买库存照片。许多女性照片反映出典型的形象，其中包括干练的女商人，穿正装，戴眼镜，手提皮箱，也有微笑的母亲，正为孩子准备早餐，将牛奶倒入装着麦片的碗里。[162]查看几本最新的杂志，收集其中的女性照片。这些照片在多大程度上代表了一系列女性角色？将这些形象按照广告中的产品类别，以及照片刻画的场景（多任务女性一手拿着笔记本电脑，另一只手抱着孩子，快乐地做着家务，等等）进行分类。基于你的发现，说明今天的媒体针对性别角色都告诉了我们哪些信息。

案例研究

你被“围观”了吗?

互联网以及信息技术的迅猛发展正在深刻地改变人们的生活方式和商业模式。微博、微信、QQ等已然成为人们日常生活中社交娱乐、收集信息、表达自我的重要个人信息交换平台，不仅对舆论传播影响深远，也是品牌商家的必争之地。然而，在社交媒体的新平台上，一个新的社会现象——虚拟身份认同冲突——浮出水面并得到广泛关注。

信息与通信技术给人们带来了前所未有的多样化的联系方式，从固定电话、移动电话，到电子邮件、QQ、博客、微博、微信，把原来的单向、定时、私密的人际联系扩展成为多向、随时、公开的人际网络。

“围观”这个词随着微博的盛行火了起来。在网络上，众人对社会热点事件的关注经常能推进事情透明解决。作为个体，“被围观”的滋味是怎样的？很多网友自嘲说：“每个人的心里都住着一个暴露狂。”如果在微博上拥有100个粉丝，那就意味着不管是开心、牢骚、抱怨，还是记载生活中的琐事，所有的私人信息都在被100个人分享。理论上说，放在网上的情绪和生活片段可以在任何时间被任何人看到。虽然分享和炫耀可能解释了为什么一些人喜欢发微博并且发展粉丝，但是并非每一种“围观”都让人高兴——有些人的“围观”可能造成尴尬和约束感。

对不喜欢的网友可以直接拉黑，父母却属于比较特殊的人群。当子女成年尤其是离开家之后，和父母的关系就开始变得微妙起来。网络空间现在已成为很多人存放心底想法的地方，而当父母涉足这个领域时，不少人开始觉得束手束脚了。例如，网友“豆豆龙”发现自己在QQ、博客、微博、微信上被父母“围观”，最后迫不得已，重新申请微博账号，再通知各路好友重新添加，发誓绝对不能再让父母知道。

除了父母以外，如何在社交网络上与各种不同关系的人保持微妙的平衡也成为网友关注的话题。比如，是否允许老板和同事关注你的微博、微信？很多网友为了展现不同的身份，同时注册了几个账户。为了迎合社交中人际关系的复杂且微妙的需要，新浪微博正式推出“悄悄关注”功能，关注某人之后，被关注者并不会发觉，国外的脸书早有类似功能。

问题讨论：

1. 什么叫做身份认同冲突？在现实生活中，身份认同冲突表现在哪些方面？

2. 社交网络是将现实生活中的身份认同冲突完全照搬上线，还是放大抑或减少了身份认同冲突？

3. 新浪、腾讯等微博的“悄悄关注”“悄悄解除关注”功能是否有助于解决虚拟身份认同冲突？还可以增加哪些功能更好地满足人们在虚拟世界的社交需求？

第7章 个性、生活方式和价值观

本章目标

读完这一章后，你将会理解以下几点：

1. 消费者的个性影响其对营销刺激的反应方式，但是在不同的营销情境下运用消费者个性信息会产生不同的结果。
2. 品牌拥有个性。
3. 生活方式可以定义为一种消费模式，反映了个体在花费时间和金钱方面如何选择，而这些选择组合成为消费者身份的重要特征。
4. 当企业制定生活方式营销战略时，识别消费模式比研究个人购买行为更有用。
5. 消费心态远比简单的人口统计特征更有助于营销者理解和接触不同的消费人群。
6. 潜在价值观常常驱动消费动机。

开篇案例

小洁和小云同是一家活力十足的广告公司的部门经理，她们正在讨论怎么花掉公司为她们刚刚完成的一个新项目颁发的奖金。她们不停地嘲笑会计露露，因为她只会上网浏览最新潮的衣柜信息，然后计划着给自己置办一套，因为她的衣服实在是太多了。太宅！小云总是标榜自己是个喜欢刺激的勇士，吹嘘说她准备去西藏旅行。小洁说，信不信由你，我准备去美国的圣塔莫尼卡冲浪。小洁和小云感叹，她们的爱好与露露完全不同，居然有人想把她所有的业余时间都埋在沙发里在网上购物。这三个人拿的是一样的工资，小洁和露露还是某著名高校 MBA 同班同学。为什么她们的品位如此不同？这就像上帝不仅创造了巧克力，还创造了香草一样。

个性

小洁和小云就像大多数寻求新鲜甚至刺激的人一样打发她们的业余时间。这种需求创造出一个巨大的冒险旅游产业，众多的冒险旅游项目为人们提供许多令人神经紧张的体验。[1]过去在美国，加州沙滩文化将那些看着男朋友冲浪而自己只能在岸上发呆的女人称作“傲娇”。现在，受电影《碧海娇娃》和贝瑟尼·汉密尔顿(Bethany Hamilton)的影响，在女性消费者中，也引发了对这项运动的狂热。该片中罗熙(Roxy)穿着战袍冲浪而下，其官网还提供允许浏览者自己设计比基尼的服务。[2]

为什么小洁和小云与文静的露露有如此大的区别呢？一个解释就是**个性**(personality)不同，即个体的独特心理结构持续稳定地影响着其对环境的反应方式。是否每个人都有个性呢？当然，我们可以提出质疑。然而，这却是一个没有标准答案的问题。一些心理学家对个性概念的有效性仍争论不休。大量研究表明，人们似乎并没有表现出稳定的个性，因为人们没有必要在所有的场合都展现同样的行为模式，因此所谓“个性”也不过是将人进行分类的一种方便方法而已。

直观地讲，这个观点有点令人难以理解，因为我们总是在有限的情境中看待他人，因此，他人的行为“似乎”是前后一致的。然而，我们都了解，其实我们自己的行为并不一致，有时，我们任性疯狂，而在另外一些时候，我们又表现出严谨负责。不过，并非所有心理学家都不接受个性这个概念，他们认为，一个人的潜在特征虽然有些令人迷惑，但它们是决定行为方式的情境因素。[3]虽然不同人的出身背景和成长环境各不相同，但成年人的个性模式还是相对稳定的。在一项研究中，利用**明尼苏达多项个性量表**(Minnesota Multiphasic Personality Inventory，MMPI)对数千人的个性进行测量，结论是，人到了30岁左右，个性会趋于稳定。例如，人们对寻求刺激的兴趣会越来越小，同时变得越来越自律。[4]

躺椅上的消费者行为学：弗洛伊德理论

著名心理学家西格蒙德·弗洛伊德(Sigmund Freud)曾提出，成年人个性的绝大部分源于一种基本冲突，即个人满足自身生理需要的愿望与作为有责任感的社会成员履行职责的必要性之间的冲突。这种冲突发生在精神的三个系统之间。（注意：这三个系统不是指心理学上的大脑分区。）让我们快速了解一下。

弗洛伊德体系

本我(id)与即时的满足有关，它是心智中的“社交动物”(party animal)。它根据**享乐原则**(pleasure principle)行事，即我们的基本欲望就是快乐最大化，同时避免痛苦。本我既自私又不合常理，它驱使人们只顾寻求享乐而不顾后果。

超我(superego)是本我的平衡物。它本质上是一个人的良心。它内化了社会准则（尤其是父母传授的准则），试图阻止本我寻求自私的满足。最后，**自我**(ego)是在本我和超我之间的协调系统，充当诱惑和美德之战的裁判。自我总是依据**现实原则**(reality principle)在这场战争中寻求一个平衡点，即找到一种外部世界可以接受的方式来满足内在的欲望。（提示：这也是弗洛伊德理论与市场营销相关联的部分。）由于这些战争都发生在人的潜意识层面，因此人们也许并不清楚隐藏在自己行为背后的深层原因。

在研究消费者行为的时候，如何应用弗洛伊德的理论呢？具体地讲，弗洛伊德原理强调，消费者潜意识层面的动机是影响消费行为的重要因素。换句话说，即使我们设计一套敏感的方式直接去问消费者，他们自己也说不清楚选择某产品的真正动机。弗洛伊德的观点也提出了这样一种可能性，自我依靠产品的象征意义来调解本我的欲望与超我的约束之间的矛盾。人们通过使用象征潜在欲望的产品，使不被接受的欲望通过被接受的途径得到宣泄。这就是产品的象征意义与消费者动机之间的关系：产品象征或代表了一个消费者的真正目的，这种目的是不为社会所接受或难以达到的。人们通过获得产品来满足人性中那种偷尝禁果的体验。

"有时雪茄就是雪茄"：产品的性暗示

在营销方面，弗洛伊德理论的大多数应用都与产品的性暗示有关。例如，有分析师指出，买一辆运动型轿车是对性爱满足的替代品（尤其是对于那些正经历中年危机的男性而言）。诚然，有些人特别喜欢自己的车，不厌其烦地清洗和抛光。英菲尼迪一款车型的广告就强调除了功能属性以外，该款车与满足性爱需要之间的联系。还有的在产品外形上做文章，利用象征男性的符号来吸引女性消费者。就像弗洛伊德曾笑着说："有时雪茄就是雪茄。"很多著名的应用弗洛伊德理论的产品都与性器官相关。这体现了弗洛伊德的著作《梦的解析》的主旨：以象征意义丰富的故事形式传达被压抑的欲望。

动机研究

20 世纪 50 年代，**动机研究**（motivational research）主要是借用弗洛伊德的理论来理解产品和广告的深层含义。精神分析方法的阐释过度强调了潜意识动机，并且其基本观点是将不被社会接受的需要引向一种可被接受的宣泄途径——包括以产品替代的形式。

这种研究视角依赖于对个体消费者的深度访谈（depth interviews）。不同于一般的问卷调查——向众多消费者询问几个有关产品使用的常规问题，然后再将答案与其他代表性统计样本中的消费者的回答相结合，使用这种方法的研究者对较少的人进行访谈，但对每个对象的购买动机调查得十分深入。一次深度访谈可能需要几小时，而且这种研究是建立在受访者不能直接、清晰地表明其隐藏或潜在动机的假设基础上的。训练有素的访问者进行大量提问并解释后，可以找到这些动机。

20 世纪初在维也纳受训的心理分析学家欧内斯特·迪士特（Ernest Dichter）是这一研究领域的先驱。迪士特就 230 多种产品进行了消费者深度访谈，他的许多研究已被运用到实际营销活动中。[5] 例如，美国埃索石油公司（Esso，现更名为埃克森美孚（Exxon））多年来一直提醒消费者，"'老虎'牌机油很棒"（Put a Tiger in Your Tank）。因为迪士特发现，人们对象征隐约性感意涵的猛虎形象反应良好。表 7-1 列举了迪士特总结的主要消费动机。

表 7-1　一位动机研究者发现的消费动机

动机	相关产品
力量-雄性-男子气概	力量：含糖产品和高能量早餐（补充能量）、保龄球、电车、改装车、电动工具 雄性-男子气概：咖啡、红肉、笨重的鞋子、玩具枪、为女性买毛皮大衣、用剃须刀刮胡子
安全感	冰激凌（好像自己是一个被宠爱的小孩）、满抽屉整整齐齐的衬衫、家常菜、医疗护理
情色	甜品（舔舐）、手套（是被女人脱衣的一种形式）、男人为女人点烟（创造一个充满紧张的瞬间，压力达到顶点后得到释放）

续前表

动机	相关产品
道德纯洁-清洁	白面包、棉纺织品（暗示淳朴）、超能家庭装清洁剂（感觉好像有个女主人在打理）、沐浴（感觉好像《圣经》上描述的圣人）、燕麦粥（献祭、贞操）
社会接受	友谊：冰激凌（分享快乐）、咖啡 爱和感情：玩具（表达对孩子的爱）、糖和蜂蜜（表达感情） 接受：肥皂、美容产品
个性	美食、进口车、香烟盒、伏特加酒、香水、钢笔
地位	溃疡、心血管疾病、消化道疾病（显示当事人拥有一份体面且压力大的好工作）、地毯（炫耀自己跟一穷二白的农民之间是有差距的）
女人味	蛋糕和曲奇、玩偶、丝绸、茶叶、古玩
奖赏	香烟、糖果、酒、冰激凌、饼干
掌控	厨具、游艇、运动器材、打火机
亲近（一种与事物保持联结的愿望）	家居装饰、滑雪、早间新闻（感觉自己与世界保持联系）
魔法-神秘	汤（治愈）、画作（改善房间氛围）、碳酸饮料（魔法属性）、伏特加酒（浪漫史）、拆礼物

资料来源：Adapted from Jeffrey F. Durgee, "Interpreting Dichter's Interpretations: An Analysis of Consumption Symbolism," in *The Handbook of Consumer Motivation*, *Marketing and Semiotics*: *Selected Papers from the Copenhagen Symposium*, eds. Hanne Hartvig-Larsen, David Glen Mick, and Christian Alstead (Copenhagen, 1991).

有些评论指出，广告公司所做的消费动机研究，其方法与阈下知觉研究相同（见第 3 章），这使得广告商有能力操控消费者。[6]此外，很多消费者研究人员也认为，由于给出的解释非常主观，这种研究不够精确有效。[7]由于结论建立在分析人员的个人判断基础上，且只是与少数人讨论的结果，批评者对其结论是否可以推而广之表示怀疑。而且，早期的消费者动机研究受弗洛伊德学说影响过多，经常牵强附会地跟性扯上关联，这种偏向往往也容易忽视可能影响行为的其他因素。尽管如此，消费动机研究还是强烈地吸引了部分营销者，原因如下：

● 由于访谈和数据处理成本相对较低，所以动机研究通常比大规模的定量调查更划算。

● 消费者动机研究结论可以帮助公司找到营销方向，发掘消费者深层次的需要，进而绑定一批忠实的消费群。有时产品并不能精准地迎合目标市场，但至少对于想要让广告创意产生消费者共鸣的广告商来说很有价值。

● 事实证明，一些研究结果貌似合理。比如，动机研究推测我们会将咖啡与友谊联系在一起，我们不喜欢梅子是因为它使人们想起了老年，以及男性总是天真地将他们拥有的第一辆车视为青少年时期性自由的开端。

还有其他一些令人难以理解的说法，比如女性会把烘焙想象成生孩子，男性不愿意去献血是因为这样会消耗他们的生命之泉。甚至皮尔斯伯里也说，“爱无法形容的炙热，就像身处烤箱”。当红十字会雇用迪士特帮忙宣传无偿献血的时候，迪士特也说男性（而非女性）总是高估他们的献血量。所以，红十字会为了打消男性心中的恐惧，将献血比喻成“给予生命的礼物”。时至今日，依然有很多广告公司沿用迪士特的消费者动机研究成果。这种研究虽然不是最常用的，但却是一种探索性技术，为之后更严谨的研究方法提供洞见。

新弗洛伊德理论

弗洛伊德的著作对后来的个性理论产生了巨大影响。尽管弗洛伊德启发人们认识到对行为的解释可能潜藏于表面现象之下，但他的许多同事和学生认为，影响个性更多的是如何处理与他人的关系而非如何解决性冲突。这些理论通常被称为新弗洛伊德主义（Neo-Freudian，表示来自弗洛伊德或受到弗洛伊德的影响）。

卡伦·霍妮

新弗洛伊德理论的代表人物之一是卡伦·霍妮（Karen Horney）。这位具有先驱精神的心理医生将个性分为三类：趋向他人的顺从型（compliant）、远离他人的清高型（detached）以及与他人对立的挑剔型（aggressive）。[8]实际上，一项早期研究发现，顺从型的人更容易受名牌产品吸引，清高型的人更喜欢喝茶，而挑剔型的男性则喜欢具有强烈雄性特征的品牌（如 Old Spice 男用香水）。[9]其他著名的新弗洛伊德理论学者还有阿尔弗雷德·阿德勒（Alfred Adler），他提出人的最初动机都是为了克服与他人相比较时产生的自卑感，以及亨利·斯塔克·萨利文（Harry Stack Sullivan），他关注个性如何发展以降低对社会关系的焦虑感。[10]

卡尔·荣格

卡尔·荣格（Carl Jung）也是弗洛伊德的弟子之一。然而，荣格却不能接受弗洛伊德强调个性中有关性的方面。他发展了一套自己的心理治疗方法，称为分析心理学（analytical psychology）。荣格认为，祖先累积的经验影响着今天的我们。他的观点的核心是强调所谓的集体无意识（collective unconscious），一个我们从过去的祖先那里继承而来的记忆仓库。例如，荣格认为许多现代人害怕黑暗，是因为他们遥远的祖先有充分的理由怕黑。这种共有记忆创造了**原型**（archetypes）或普遍共享的观念与行为模式。原型的内容包括出生、死亡以及鬼怪，这些都频繁地出现在神话、小说和梦里。

荣格的观点似乎有些牵强，但事实上，广告词确实经常包含这样的原型。例如，荣格和他的追随者识别的“老智者”和“地球母亲”等原型。[11]在广告的人物塑造方面经常使用这些特征，比如巫师、受人尊敬的大师，甚至大地母亲。我们的文化目前醉心于《哈利·波特》和《魔戒》等故事，恰恰证明了这些形象的力量。

扬雅（Young & Rubicam，Y&R）是一家著名的广告公司，公司的品牌资产原型模型®就应用了原型方法。如图 7－1 所示，该评估模型提出了原型之间健康或不健康的关系。健康的个性是指原型完全遮盖相应的阴影的情况，而当一个或多个阴影遮盖原型的时候，个性就是不健康的。如果一个品牌完全被阴影占据了，则暗示广告代理商应该采取行动，引导品牌个性变得健康，这就如同通过咨询来解决心理问题一样。[12]

马克（Mark）和皮尔森（Pearson）提出的类似方法也比较受欢迎，他们使用了 12 种品牌原型，包括“英雄”“魔术师”“情人”“小丑”等类别。该方法借鉴动机理论进行组间对比：归属/人们对比独立/自我实现，风险/驾驭对比稳定/控制。[13]表 7－2 列出了一些品牌和原型。

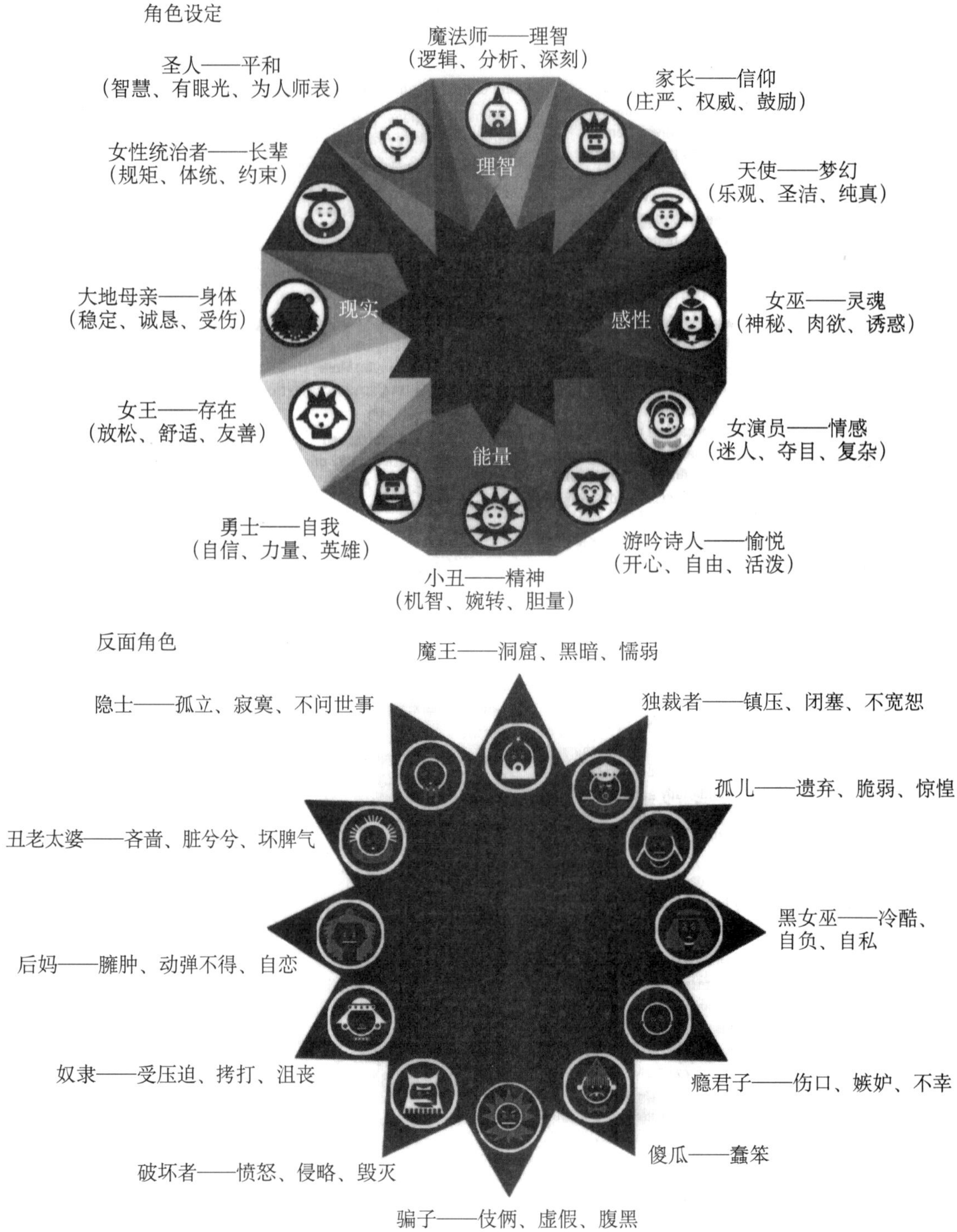

图 7-1 BRANDASSET VALUATOR 原型

资料来源：BrandAsset® Consulting：A Young & Rubicam Brands Company.

表 7-2　　马克和皮尔森品牌原型节选

原型	描述	样本品牌	作为消费者
活出一片自己的天地			
“英雄” 核心含义： 通过勇敢的行动证明价值 目标： 增强对世界的掌控力 缺点： 软弱、脆弱和懒惰 策略： 变得更强大、更能干	迷茫的生活中，英雄脚踏七彩祥云来到人间，拯救了一切。他战胜了困难，克服了逆境，赢得了挑战，并用这股英雄气概鼓舞着其他人。英雄总是不断寻求新挑战，只为让世界变得更美好，他们的信条是：“世上无难事，只怕有心人。”	英雄品牌包括：海军陆战队、奥林匹克、NASA 航空航天项目、耐克、红十字等。英雄主题的电影有：《星球大战》《拯救大兵瑞恩》等。有名的英雄人物有：马丁·路德金、纳尔逊·曼德拉、约翰·肯尼迪、超人等。	英雄消费者期望公司甚至品牌清晰地表达他们的价值观、使命和愿景。越来越多的英雄消费者期望这些企业愿景反映出某种社会责任感。评价英雄品牌和公司的标准不只是产品或服务的质量，也是坚定的道德准则的信念。
“魔术师” 核心含义： 基本法律知识和世界如何运作 目标：让梦想成真 缺点： 未预料到的负面后果 策略： 眼界放宽，心态淡定	魔法的意义在于寻找这个世界运行的根本规律。魔法知识最典型的应用是治愈心灵和身体，找到青春的源泉和长寿的秘诀，以及发明创造。他们的信条是：“没有不可能。”	魔术师品牌大多具有创造“神奇时刻”的特征：索尼、谷歌、酩悦香槟、凯歌夫人香槟、万事达卡和迪士尼。以魔术师为特色的电影包括：《天使之城》《被天使感动》《第七天堂》。	对消费者而言，你是谁与产品或服务的质量同等重要。因此当向这类消费者营销时，你总是在推销你自己，你的价值观和你自己的良知。这类消费者被个人转变驱使，因此，公司提供变革体验最能吸引这类消费者。
没有人是座孤岛			
“情人” 核心含义： 体验亲密的感官享受 目标： 与人保持联系 缺点： 寂寞、孤芳自赏 策略： 学会打扮，感性一点，或者通过其他方式使自己更有吸引力	情人原型掌管着各种各样的爱，从父母的爱、友谊到精神上的爱，但最重要的是浪漫的爱。情人是一种很重要又很私密的关系。情人认为自己对别人非常欣赏。他们通常也不喜欢竞争，因为竞争会导致嫉妒和卑鄙的行为。情人的座右铭是：“我的眼里只有你。”	情人品牌包括：香奈儿、迪奥、The Body Shop、露华浓、高迪瓦、维多利亚的秘密、哈根达斯。包含情人原型的电影有：《泰坦尼克号》《漂亮女人》《卡萨布兰卡》。著名的情人的对象有：索菲娅·维加拉、索菲娅·罗兰、伊丽莎白·泰勒、乔治·克鲁尼。	这类消费者想要一种更深层次的联系，一种亲密的、真诚的、个人的（有时也是感性的）联系。恋人们经常认同某些关系的产品。这类消费者往往会寻找蕴涵关系的产品。他们与产品和公司建立深厚的关系，特别是那些帮助他们感到特别和被爱的产品和公司。这类消费者也喜欢被特别关注，例如：“只邮寄给特殊客户。”
“小丑” 核心含义： 及时行乐 目标： 制造一个激动人心的时刻，点亮全世界 缺点： 无聊与厌倦 策略： 游戏、玩乐	小丑原型包括：小丑、骗子和任何喜欢玩乐或假装的人。虽然我们有自己的乐趣，但小丑却能让大家玩到一起去。小丑为了自己的生活享受和互动。他们也真的享受生活！小丑的座右铭是：“得过且过。”	小丑的品牌包括：M&M、士力架、品客薯片、可口可乐、百事可乐、百威。著名的小丑的人物包括：罗宾·威廉姆斯、约翰尼·卡森、克里斯岩、威尔·史密斯。	我们每一个人都喜欢幽默的小丑。这类消费者喜欢有趣的广告，因为这能取悦他们，让他们感觉很好，给产品制造一层光环效应。小丑型广告和包装突出明亮的色彩和表演，越离谱越好。总的来说，这类消费者喜欢营销的乐趣。他们不害怕体验新鲜事物。

资料来源：Adapted from Michael R. Solomon，Rebekah Russell-Bennett，and Josephine Previte，*Consumer Behaviour*：*Buying*，*Having*，*Being*，3rd ed.，Frenchs Forest，NSW：Pearson Australia，2012.

特质理论

流行的在线婚介服务如 match. com 和 eharmony. com 可以生成你的“个性简历”，然后与其他相似的人配对。这种个性测量的方法倾向于定量测量**个性特质**（personality traits），用来界定一个人可识别的特征。

关键的个性特征有哪些？研究人员分析了许多能与产品产生联系的个性特质，比如独特性、内向/外向和攀比心。研究表明，广告信息与自我判断匹配时宣传效果更好。[14]

市场机会

将产品包装得更有个性，这样消费者就能够通过拥有它来宣扬自己的个性。现代技术日新月异，可以让消费者在网上自己设计。一家名为 Continuum 的年轻服装公司给女性提供网上设计自己比基尼的服务，只要消费者上传设计图，公司就能够使用 3D 打印技术制造出来。[15]

与消费者行为相关的另一个特质是**节俭**（frugality）。节俭的人会克制购买的冲动；他们转而选择最大限度地利用自己已有的东西。这类人往往会采取最省钱的方式，比如定时淋浴、上班时从家里带午饭。[16]很明显，很多人在经济困难时期，激发了潜在的省钱本事，想出了各种各样省钱的方法。事实上，在谷歌搜索词条中，经济大萧条时期节俭这一词条比其他时期搜索量多 2 500%。虽然过去我们许多人把钱花在昂贵的汽车或鞋子上，或两者皆有，但许多分析家预测即使经济好转，更多的人也会减少各种开销。他们预计我们买的房子将越来越小，但却背负着沉重的信用卡债务。这个预测有多准确？也许答案取决于我们多少人真正拥有节俭的个性特质，以及有多少人只是在经济不景气时才会节衣缩食。最近对美国大学生的调查表明，节俭的消费者不那么物质主义，与他人相比不怎么买名牌产品，也不关心别人对他们买的东西的看法。[17]

根据 Mindset 媒体公司的研究，人格特质比人口统计变量，如年龄、性别和收入更能预测消费者选择的媒体类型。该公司还称，根据你看的电视节目，基于你的主要个性特质，以及与你的特质匹配的品牌形象感知，营销者就能了解你的个性和可能喜欢的品牌。为了解什么样的个性特质的人喜欢什么样的电视节目，该公司分析了超过 70 个电视节目的 25 000 多个观众。以下是该公司分析个性特质与媒体/人格特质/品牌联系的方法[18]：

- 喜欢看《广告狂人》的观众大多很敏感，好奇心重，有梦想，不怎么现实。适合的品牌有苹果和奥迪 A6。
- 喜欢看《恶搞之家》的观众大多不喜欢权威、规则和他们认为不公平的社会体制，比较愤青。适合的品牌有 DiGiorno 和福特 F150。
- 喜欢看《与星共舞》的观众大多比较传统，喜欢稳定与纯真。他们尊重权威、脚踏实地。适合的品牌有卡夫和克莱斯勒。
- 喜欢看《办公室》的观众认为自己高人一等，喜欢夸耀自己的成就，不过也有责任感。适合的品牌有星巴克和宝马 3 系。

大五人格特质

最被广泛认可的测量人格特质的方法是所谓的**大五**（Big Five）人格特质量表（也称 Neo-Personality Inventory）。该量表有五个维度，它们构成了人格的基础：开放性、责任感、外向性、亲和性、神经质，详见表 7－3。

表 7－3　大五人格描述

	描述	测量问项示例（同意/不同意）
开放性	对事务开放的态度	喜欢思考做事的新方法
责任感	领导组织能力	时刻准备着
外向性	是否高度容忍他人带来的刺激	聚会时和很多不同的人说话
亲和性	对别人的尊重程度	为他人挤出时间
神经质（情绪不稳定）	能否很好地承受压力	容易沮丧

资料来源：Michael R. Solomon，Rebekah Rusell-Bennett，and Josephine Previte，*Consumer Behavior*：*Buying*，*Having*，*Being*，3rd ed.，Frenchs Forest，NSW：Pearson Australia，2012.

迈尔斯-布里格斯类型指标（Myers-Briggs Type Indicator®）是基于荣格的研究的另一种广泛使用的人格测试。当你申请工作时，很可能你的未来雇主会要求你参加这个测试。它用表 7－4 所示的四维指标测试受访者，得到 16 个由四字词命名的类型。[19]荣格认为我们每个人都有"天生的倾向，其次才是受后天环境的影响"。

表 7－4　Myers-Briggs Type Indicator® 四维指标

关注的焦点	外向（E） 外部世界	内向（I） 内心世界
获取信息	感觉（S） 按部就班	直觉（N） 视野广阔
做出决策	思考（T） 后退一步，旁观者清	感受（F） 置身其中，主观判断
应对外部世界	判断（J） 制定好计划后一步一步执行，按时完成	感知（P） 没有明确计划的方法，直到最后一刻才匆忙赶工

资料来源：Adapted from Meyers-Briggs Type Indicator®（MBTI®），https：//www. cpp. com（products page/mbti/index. aspx），accessed March 29，2015.

这项测试的发布者还将这些维度与社交媒体的使用联系起来，并报告称，经常使用脸书、推特、领英等社交媒体的人更外向，利用直觉（N），通过思考（T）做出决定。[20]

特质理论存在的问题

由于消费者研究人员对大量消费者进行特质分类，这种方法可以用来进行市场细分。比如，如果汽车制造商能够清楚哪种类型消费者喜欢哪些功能配置，那么汽车制造商就可以利用这些信息，获得巨大优势。认为消费者购买产品是个性延伸的观点有一定的道理。现在许多营销者试图创造品牌个性，以吸引不同类型的消费者，这些做法也证明了这个观念的合理性。

遗憾的是，使用标准化人格特质测量来预测消费者对产品的选择，顶多说是胜败参半。总的来说，市场研究人员还无法根据测得的个性特质预测消费者的行为。以下是对一些不尽如人意的结果的合理解释[21]：

● 许多量表的有效性或可靠性不够充分，这些量表不能正确测量出人们想要测量的内容，测量结果在时间上也缺乏稳定性。

● 心理学家通常对特定人群（例如精神病患者）进行个性测试，然后营销人员“借用”这些成果应用于普通人群，这么做是否合理也颇受质疑。

● 营销人员通常没有在适当的条件下进行测试；没有经过适当训练的人在教室里、饭桌旁随便发放调查问卷。

● 为了适应自己的实际研究状况和研究需要，研究人员经常改变测量工具，如添加、删减或重新命名变量，导致结果的有效性降低，削弱了研究人员在不同的消费者样本间比较测量结果的能力。

● 许多特质测试评估的是总体倾向（例如，情绪稳定性、内向性）；而营销人员利用这些宏观结果对微观的特定品牌进行购买预测。

● 很多情况下，许多量表是在还没事先想好该如何把量表与消费者行为相联系的情况下，就用来做消费者调查了。研究人员采取的是“霰弹策略”，对任何一个刚好看上去有意思的结果做进一步研究。正如任何一个统计学家会告诉你的，这种方法利用了偶然性而导致失真的结论，是不可能在重复性研究中得到验证的。

由于许多研究未能产生有意义的结果，大部分营销研究人员放弃使用个性测量方法，但仍有部分学者继续坚守这一领域的工作。最近欧洲的一些研究试图从过去的错误中学习。研究人员使用更具体的、与经济行为相关的个性特质测量方法，除了单一的个性量表，他们还利用多重测量方法来提高测量的有效性。此外，这些研究人员不再对个性特质的解释力有更高的期望。他们认识到，个性特质只能在一定程度上影响消费行为，必须与个体的社会经济条件等信息结合起来才会有效。[22]最近的一些研究已经在年轻消费人群的酒精消费和健康饮食方面取得了很大进展。[23]一些研究者将个性特质与产品购买和使用联系在一起，具体实例如表 7－5 所示。

表 7－5　　个性特质对消费者行为的影响

个性特质	对消费者行为的影响
迷信	喜欢吉祥的东西，不喜欢晦气的东西
支持环保	个体对资源回收的努力，减少使用轿车，尽量使用公共交通
浪漫主义	电影要选类型，喜欢冒险，喜欢温暖的国家，喜欢豪华旅行
爱花钱	存不住钱，乐意负债，信用卡经常刷爆，为了享受而花钱
购物狂	享受货比三家的过程，增长很多产品知识
认知需求（喜欢思考）	对文字而非图像更感兴趣，更愿意花时间阅读文字和“小字印刷的附加条款”
情感需求（喜欢过程的感觉）	对图片而非文字更感兴趣，强迫症，图像引发冲动购买
冲动	暴饮暴食时感受到快乐而非愧疚
独特性需求	总是想要鹤立鸡群的人，意见领袖，比较能够引领潮流
对人际影响敏感	容易被他人影响，在能带来社交利益如尊重时更喜欢喝酒
自我意识	在乎自己在别人面前的样子，不愿意当面直接抱怨
外向性	购买带来更多积极情感体验
神经质	不喜欢再次购买或者抱怨，无论满意水平如何

资料来源：Michael R. Solomon，Rebekah Russell-Bennett，and Josephine Previte，*Consumer Behaviour：Buying，Having，Being*，3rd ed.，Frenchs Forest，NSW：Pearson Australia，2012.[24]

品牌个性

苹果用户比其他人更好吗？很多安卓用户都认为“果粉”是鼻孔朝天、缺乏教养的人。的确如此，一项针对 2 万人的研究表明，果粉们不友善、缺乏同情心，被贴上“自私的精英”的标签。报告把他们描述为“30～50 岁的人，富有、受过良好教育、渴望权力、过分成就导向、圆滑、不友善和不利他的程度是普通人的 6 倍”。他们都是自我中心的工作狂、崇尚“权力和成就”的商业和金融界人士，他们不会穿过马路去帮助别人。[25]当然，这么尖刻地形容一个成功品牌的追捧者有点不太厚道，不过我们确实会提出疑问，和产品使用者一样，真的有所谓的产品个性吗？

1886 年，营销史上发生了一个重大事件：桂格燕麦片人（Quaker Oats man）第一次出现在麦片粥的包装盒上。在 19 世纪的美国，桂格会（教会）教徒以其精明公正的形象享有盛誉，小贩有时打扮成这个宗教团体的成员以增强信誉。当麦片公司决定在产品包装上“借用”这个形象时，它希望消费者能产生同样的联想。[26]

如今，成千上万的品牌也借用个人或团体的个性特征来传达它们希望在客户心中形成的形象。**品牌个性**（brand personality）是人们赋予品牌的一系列拟人化的特质。[27]一个广告公司写下下面这条备忘录，用来帮助自己描绘出自己的一个客户。根据这些描述，你能猜出他是谁吗？“他富有创意……难以预测……还是个小淘气……他不仅会走会说，还会唱歌、害羞、眨眼和使用指示器这样的小设备……他还能弹奏乐器……走起路来昂首阔步……他是个大面团。”[28]这个品牌就是面团宝宝。现在我们都明白，包装和其他实物线索都为产品创造出“个性”。

营销者越来越重视品牌个性，他们欣然接受被称为**讲述品牌故事**（brand storytelling）的沟通方式。这种方法强调给产品铺垫一个丰富的背景的重要性，在这样的背景下，消费者能够参与创造产品的历史或身临其境。讲述品牌故事的理论基础是**读者反应理论**（reader-response theory），即站在读者的角度讲述故事，而不是站在作者的角度。这一理论认识到读者不仅仅是对剧情好奇，也有参与的冲动，甚至想自己“填补一些空白”。[29]

一种常见的品牌故事风格是许多研究者所描述的**劣势品牌传记**（underdog brand biography），包括一个品牌卑微的起源，以及它如何克服千辛万苦，终于获得成功的种种细节。消费者可能会因为对奋斗的认同而产生共鸣。因此，谷歌、惠普、苹果都喜欢说它们是从车库开始干起的。楠塔基特（Nantucket Nectars）饮料瓶上的标签描述了公司是如何从“只有一台搅拌机和一个梦想”开始的。[30]

拟人化（anthropomorphism）是指赋予物体或者动物人类的特征。我们可能会想到一个卡通人物或虚构的形象，仿佛它是一个人，甚至有人类的感受。想一想米其林人（Michelin Man）。在第 6 章我们讨论过性别类型产品，把特定的性别赋予某个产品已成为一种常见的做法，我们容易被那些与我们性别一致的产品吸引。一项研究中，促销信息把香水、数码相机和汽车刻画成男性或者女性，结果发现预设的性别与实验对象的自身性别一致时，会得到更加积极的评价。[31]

从某种意义上说，品牌个性就是品牌市场定位的声明。理解这一点是营销战略的关键，特别是消费者对品牌的看法不符合品牌塑造者的预期时，商家就必须对产品重新定位（reposition）（也就是改革品牌个性）。这就是沃尔沃现在面临的问题：它的汽车以安全著称，但驾驶者并不认为它令人兴奋或性感。安全和坚固的品牌个性很难刺激C70这种敞篷跑车的销量，所以公司在英国的广告打出的标语试图改变这种观念："沃尔沃的危险是会引发羡慕嫉妒恨。"然而就像人类一样，江山易改本性难移，尽管沃尔沃花了几年时间努力改变自己的形象，大多数消费者还是不买账。在英国的一次新的尝试中，该公司继续努力，比如将沃尔沃汽车从直升机或者悬崖上推下来，标题是"安全性"（Safe Sex），但市场调查显示，人们根本不相信它的新形象。正如一位品牌顾问所观察到的，"当你看到你的祖父母试图跳最新潮的舞蹈时，你会产生那种感觉。有点好笑和尴尬。"[32]

学术观点

Nira Munichor，耶路撒冷希伯来大学

想想你认识的一个傲慢的人。你对这个人的评价是什么？你认为他有多成功？这个人让你感觉如何？你在他面前有多不舒服？现在，描绘一个傲慢的品牌，一个占据着优势同时又不太尊重人的品牌。例如，一个品牌"被许多人痛恨，很少人喜欢"，会不会让你觉得不值得？那么你会购买这样一个傲慢的品牌的产品吗？

我的同事耶尔·施泰因哈特（Yael Steinhart）教授和我一直研究**品牌傲慢**（brand arrogance）及其对消费者决策甚至是幸福感的影响。傲慢是一个有趣的个性特质，因为它包括正面和负面的两个方面。一方面，消费者认为傲慢的品牌（如傲慢的人）的地位和质量都很高端，这表明这些品牌对消费者确实有吸引力；另一方面，傲慢使消费者感到不舒服和自卑，他们可能因此被傲慢的品牌怠慢（就像他们可能被傲慢的人怠慢一样）。

傲慢的品牌所引起的正面和负面联想纠缠不清，到底如何影响消费者的购买决策？总之，傲慢使品牌或多或少对消费者有吸引力吗？我们发现，这些问题的答案取决于消费者是谁，尤其是消费者的自我评价是积极的还是消极的。当人们自我感觉良好时，也就是说，当他们有很高的自尊水平和高度自信时，他们往往对批评不那么敏感。同样，具有积极自我意识的消费者既不敏感又不自卑，容易受到傲慢的品牌诱导。因此，这些消费者专注于傲慢的品牌固有的积极内涵，与非傲慢的品牌相比，这些消费者倾向于喜欢傲慢的品牌。相比之下，拥有消极的自我意识的消费者经常感觉不自信和没什么自尊，很难容忍任何对自我看法的额外伤害。因此，这些消费者的动机是抵制傲慢的品牌，因为这些品牌会引发自卑感。

有趣的是，抵制傲慢的品牌乍看起来是一种防御性的逃避行为，但其实是对消费者有益的，并且可能有助于提高他们的自我认知。我们发现，自我评价消极的消费者在抵制傲慢的品牌后，会自我感觉良好。

在流行文化中，许多广为人知的形象都是老品牌的代言人，如绿巨人、花生先生、查理鱼等。[33]这些人物形象会随着时代潮流不断被赋予新的含义，例如，拜耳公司"快速我可舒适"（Speedy Alka-Seltzer）角色人物：20世纪50年代后期，他是能化解各种消化不良的好小子。如今，他代表的是 20～30 岁之间饮食不节制的男性的守护者。此次广告的创意总监解释说，目标就是将 Speedy 塑造成“美好时光的缔造者，男人就是男人”的形象。[34]

塑造成功的品牌个性是建立品牌忠诚的关键，但这不太容易。原因之一是，很多消费者（特别是年轻人）都拥有敏感的探测器——品牌一旦出现不履行承诺和虚假问题则立即警惕，品牌个性策略会因此适得其反。消费者会创建攻击该品牌的网站、在网上发布搞笑模仿秀。这种现象被称为**恶搞品牌形象**（doppelgänger brand image）。桂格麦片在收购果汁品牌 Snapple 之后，很多 Snapple 原来的忠实消费者不再忠诚，因为他们感觉桂格让 Snapple 品牌失去往日的光彩，变成了敏感的草根形象。于是一位广播节目主持人在他的广播秀中将 Snapple 恶搞成“Crapple”（蹩脚的）。[35]

那么，人们如何看待品牌呢？我们使用一些个性维度对比了多个产品类别的品牌感知个性，这些个性维度包括以下几类[36]：

- 保守的、善良的、传统的；
- 令人惊奇的、活泼的、亲和的；
- 严肃的、聪明的、高效的；
- 迷人的、浪漫的、性感的；
- 粗犷的、热爱户外的、坚韧的、运动的。

事实上，消费者似乎不费什么力气就能把无生命的东西拟人化，不论是个人用品还是高科技产品。不过惠而浦的研究表明，相比竞争对手而言，惠而浦的产品形象更女性化。研究对象大多将它的产品描绘成一个住在郊区的现代家庭主妇的形象——迷人却不浮华。相反，研究对象把厨宝（Kitchen Aid）品牌想象成光彩夺目、富有、喜欢古典音乐和戏剧的职业女性。[37]

产品塑造和传播独特的品牌个性，能使之从竞争中脱颖而出，并激发消费者忠诚。个性分析可以帮助营销者识别出与产品本身性能关系不大的品牌弱项：阿迪达斯在焦点小组座谈中，让孩子们设想在生活中或者派对上，他们预期阿迪达斯会做什么。孩子们说阿迪达斯应该是和自己的哥们儿围着酒桶转悠，同时谈论着女孩子。遗憾的是，耐克会和女生在一起。[38]看来，阿迪达斯还需要继续努力。[39]

正如我们依靠包括面部特征、体形、服装、家居装饰等在内的各种线索来推断一个人的个性，试图确定品牌个性时也是如此。产品的设计是一个明显的线索（苹果是“线条流畅的”，宜家是“实用的”）。包装是另一个重点，如第 3 章讨论的，外形和颜色都与意义相连。

另一个重要的线索是品牌名称。虽然莎士比亚写道，“玫瑰不管叫什么名字都是香的”，但在现实中起一个好名字仍然很关键，这就是为什么美露鳕叫智利海鲈鱼，你更愿意买话梅而非李干。还有公司找专业起名大师，支付高达 7.5 万美元起一个能成为品牌个性宣言的好名字，然后再配上一句令人难忘的广告词，从此家喻户晓。

尽管“苹果”这个好名字是史蒂夫·乔布斯想出来的（甚至不惜为此跟披头士打官司），“维珍”（Virgin）这个名字是理查德·布兰森想到的，但很多情况下，品牌名称是由品牌创建专家团队谨慎决策的，有时还需要专业机构对品牌名称进行审核，尤其是医药产品。在美国，食品和药品管理局（FDA）要确保产品名称没有夸大其词，比如，落健牌（Rogaine）头发修复药剂开始起名“生发剂”（regain），但未获 FDA 审核通过。此外，某种药品的品牌名称不能与其他药品过于相似。比如，将治疗胃灼热的药物洛赛克（Losec）改成了奥美拉唑（Prilosec），以免人们把它与利尿丸（Diuretic-Lasix）混淆了（这对于病人是美好的一天）。FDA 通过对药名进行书写考试来保证药剂师不会按照处方却错抓成其他药。[40]

其他品类里，产品名称的目标非常直接：能够引人注意，从众多五花八门的名字中脱颖而出。有时就意味着可能名字粗俗，但引人注目。Hapi Food 谷物（有通便功能）因为一个顾客用了“Holy Crap”字眼来描述了产品的好处，而将品牌名改为了 Holy Crap（圣屎）谷物。[41]

生活方式和消费者身份

你是一个**电子竞技**（e-sports）迷吗？或许亚马逊公司知道一些你不知道的东西：它花费 10 亿美元得到了拥有很多电子竞技赛事的 Twitch 网站。[42]竞技性的电子体育运动已经成为一种很重要的“体育”活动。很多人在电视上看电子竞技比赛。如今电子游戏玩家已经是拥有自己粉丝群和商品的名人。尤其在韩国，这项运动非常火爆，一对恋人更有可能在游戏俱乐部而不是电影院约会。一次锦标赛直播可以吸引 10 万名观众。[43]

花数小时看他们心中的英雄玩电子游戏的消费者要做出自己的选择：如何花时间和金钱。我们每个人每天也要做类似的选择，但是，在多个特征上相像的两个人（如性别、年龄、收入以及居住区域），使用时间和金钱的偏好却明显不同。我们经常看到同一所大学的学生存在这种显著差异，尽管这些学生大多拥有相似的背景。一个“典型”的大学生（如果确有其事的话）应该和他的朋友穿着相似，出入同样的场所，喜欢同样的食品，而且都对足球、音乐有痴迷的热情。根据《城市词典》（*The Urban Dictionary*），美国各大学的本科生分别属于以下类别[44]：

- **大都会**（Metro）：你每次路过 Banana Republic 服装店都会买东西。你有 20 双鞋子、半打太阳镜、很多手表，拿着一个男士包。你会找一个发型师而不是理发师，因为理发师不会挑染。你晚餐吃羊腿肉和米饭，中午吃火腿蛋松饼……所有都是拼凑的。你不只是刮胡子，也去角质和保湿。
- **重金属乐迷**（Hesher）：穿锐步鞋、水洗裤和犹大圣徒（Judas Priest）T 恤，仍然住在父母的地下室。发誓 Ibanez Stratocaster 吉他会让自己成为摇滚歌星，可能拥有一辆使用不到 5 年的 Nova 车。
- **情绪摇滚**（Emo）：非常喜欢音调高、歌词忧郁的朋克音乐。穿紧身毛衣、紧身夹克，戴着围巾（即使夏天也戴着），穿带有他们喜欢的品牌标志的洞洞装，戴黑色方框眼镜，油腻的脏头发至少斜着遮住大半张脸。

传统社会中，阶级、种族、村庄或者家庭在很大程度上决定了个体的消费选择。而现代消费社会中，每个人至少可以在预算范围内自由选择用来定义自我的产品、服务和活动，进而塑造出一个与他人沟通的社会身份。**生活方式**（lifestyle）是一种消费模式，它反映了一个人选择如何使用时间和金钱。这些选择在定义消费者身份时扮演重要角色。[45]无论是网球教练、广场舞蹈队还是光头党，每种生活方式亚文化都展示了它自己一套独特的规范、词汇和产品，这些亚文化常常围绕着虚构的人物和事件形成，并帮助他们界定延伸的自我（见第 6 章）。

营销者也认为生活方式是关于我们有多少时间去做喜欢的事，以及在闲暇时间选择做什么的方式。2014 年，25～54 岁的美国人每天平均 8.7 小时用于工作，2.5 小时用于休闲活动，1 小时用于吃喝。[46]相反，全日制大学生平均每天 1 小时吃喝，3.3 小时学习，2.2 小时工作，1.4 小时旅行，4 小时休闲，还有 0.8 小时打扮。[47]

生活方式营销（lifestyle marketing perspective）观点认为，人们会根据自己喜欢做的事、打发闲暇时间的方式，以及使用可支配收入的方式，将自己归入不同的群体。[48]比如，不断增多的迎合特定爱好的专业杂志和网站就反映了人们的这种选择。报刊行业的下滑趋势比较明显，世界上几个主流的杂志已经关闭印刷版，因为人们更多地在网上阅读。

生活方式不仅是对可支配收入的分配，还是个人在社会中属于哪一类人的声明。不论是沉溺癖好者、运动员还是吸毒者，群体身份意味着截然不同的消费选择。除了生活方式，社会学家还使用其他一些术语来描述这种自我界定，包括品位公众（taste public）、消费者群体（consumer group）、象征性团体（symbolic community）和身份文化（status culture）。[49]

因为生活方式营销的目的是使消费者能够以他们选择的方式享受人生，并表达自己的社会身份，这种策略的一个关键就是关注在理想社会情境下使用产品的消费者。对广告者来说，将产品与社会情境相结合的目标是长期存在的，无论产品是出现在一轮高尔夫球局中、一次家庭野餐上，还是在一个挤满了嘻哈精英的诱人酒吧夜晚。[50]因而，人、产品和情境结合起来表明了一种特定的消费风格（consumption style），如图 7－2 所示。

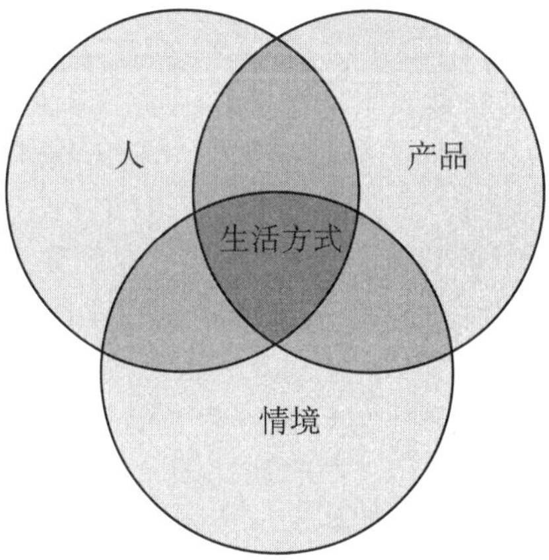

图 7－2　消费风格

产品互补和联合品牌策略

设计师拉夫·劳伦（Ralph Lauren）创造了一个经典的生活方式品牌，使得全世界的人都与美国味产生了联系。他的 Polo 王国建立在一个让人联想到乡间房舍和牧羊犬的形象之上。公司优雅的旗舰店坐落于曼哈顿一栋翻新的大厦，一位商务旅游者写道："无论是一位律师模样的男人寻找自己尺寸的衬衫，还是一位刚开始派对生活的女孩想买包和鞋子，都可以在这里体验到广告里的终极生活方式。"拉夫·劳伦出生于一个犹太油漆匠家庭，这对一个男孩子还不坏，他原名叫拉夫·里夫施茨（Ralph Lifshitz）。劳伦王国已经跨越了服装、香水和家居装饰，如今巴黎、芝加哥和纽约都有它的餐馆。穿着Polo标志的衣服，你可以尝到美国梦的味道。[51]

通过观察消费者如何在各种不同产品种类中进行选择，可以更好地理解他们如何利用产品来定义生活方式。采用生活方式的营销观点，意味着必须理解消费者和行为模式（patterns of behavior）。一项研究表明，"所有产品都承载着含义，但单独一个产品并无意义……这些含义存在于所有产品的相互关联中，正如音乐存在于各种声音的相互联系中，而不在任何一个音符里。"[52]

实际上，很多产品和服务看起来的确是"配套"的，这通常是因为它们容易被同一类人选中。很多时候，一个产品如果不和配套产品一起出现（如快餐和纸盘，或西装和领带），就好像不合理，又或者与其他产品一起出现，就显得不协调（如奇彭代尔椅出现在高科技办公室里，或廉价香烟配上纯金打火机）。

因此，生活方式营销的一项重要内容就是识别一系列看上去在消费者观念中与特定生活方式相关的产品和服务。而且研究证实，即使是相对来说不太有吸引力的产品，当与其他受欢迎的产品一起接受评价时，也会变得更有吸引力。[53]此外，当消费同一品牌的多种产品时，人们会真的更加喜欢：他们相信这些产品就是为了一起使用而专门开发的。[54]

从不同品类的物品中挑选搭配协调的东西，以表达简单的生活方式，是许多消费决策的关键，包括为一次约会而准备的物品（鞋、服装、香水等），装饰房间所需的东西（桌子、地毯、壁纸等），设计餐厅需要的东西（菜单、气氛、服务员着装等）。今天许多消费者不仅考虑产品的功能，也会考虑产品的设计是否与其他物品和陈设搭调。理解跨品类关系的商家会采用**联合品牌战略**（co-branding strategies），和其他公司合作促销两个甚至更多的产品。有些商家甚至会在广告中匹配双方品牌代言人的特征，如为了推销手机，面团宝宝出现在Sprint公司的Sprint Guy的广告中，美泰克（Maytag）修理工出现在雪佛莱英帕拉（Chevrolet Impala）的广告里，等等。[55]

当不同产品的象征意义彼此相关时，会产生**产品互补效应**（product complementarity）。[56]消费者使用一整套被称为**消费集群**（consumption constellations）的产品来界定、传播和扮演社会角色。[57]比如，美国20世纪80年代的"雅皮士"就用以下产品来界定自己的社会身份：劳力士手表、宝马汽车、古琦（Gucci）公文包、壁球、新鲜的香蒜沙司、白酒和法国布利乳酪。研究者发现，甚至连儿童都很擅长创造消费集群，随着他们长大，会在这种认知结构中加入更多品牌。[58]

消费心态

当凯迪拉克引入凯雷德（Escalade）SUV时，不少评论家开始嘲讽这种历史悠久的奢侈品牌与卡车的古怪组合。然而，消费者似乎迅速地将其融入他们的嘻哈生活。艺术家们不时在歌曲创作中提及这款产品。杰梅恩·杜普雷（Jermaine Dupri）曾如此说道："让我拥有一辆凯雷德。"3年后，凯迪拉克甚至推出了车身长达18英尺的凯雷德EXT皮卡，价格为50 000美元。

凯雷德的品牌经理将豪华型皮卡的目标顾客描述为比 SUV 顾客更接地气的人。她说，尽管这两类顾客可以同样拥有一栋价值 200 万美元的房子，那位奢侈款 SUV 车主一般大约 50 岁，拥有哈佛大学 MBA 学位，是高尔夫俱乐部的成员，与自己的大学同学一直保持联系，并努力工作以与左邻右舍攀比排场。相比之下，豪华型皮卡的拥有者大约会年轻 5 岁。他也许继承着父亲的建筑公司，并且从 18 岁就开始工作。他可能并没有上过大学，但与前者不同，他绝对还保持着与高中同学的联系。[59]

这个例子表明，针对不同生活方式亚文化群开发不同产品，往往对营销者十分有用。当营销者将个性变量与生活方式的偏好信息相结合时，他们就拥有了一面可以聚焦于不同细分消费者群体的强力"透镜"。通常情况下，他们会创造一个"核心客户"的虚拟形象描述，来启发产品设计和沟通决策。例如，著名服装公司——露露柠檬运动服饰公司（Lululemon）的创始人奇普·威尔逊（Chip Wilson）依赖于他自己虚构的"灵感"：一位名叫 Ocean、年薪 10 万美元的 32 岁职业单身女性。他将 Ocean 描述为"忙碌而时髦，拥有自己的公寓，正在旅行，每天运动 1.5 小时"。威尔逊声称，这种理想的形象适用于任何女性："如果你 20 岁出头或者刚从大学毕业，你会迫不及待想成为这样的女性。如果你已经 42 岁并有几个孩子，你会希望可以挽回这样一段时光。"当露露柠檬运动服饰公司转向男装时，公司便又虚构了另一个"灵感"：一个 35 岁的运动机会主义者 Duke，他夏天冲浪、冬天滑雪。当加入一个新公司（Kit and Ace）时，他自然为这家新公司添加两个"灵感"：其中一位是"名叫 Kit 的 29 岁的单身女性，正在考虑购买她的第一套公寓，但仍在租房。她在一个创意领域工作（喜欢平面设计或时尚），并热爱在周末骑车"。另一位是"Ace，是一个 32 岁、爱喝浓咖啡的男性。他喜欢和朋友一起喝啤酒。每周健身一次，睡三次午觉，喜欢周末聚会"。[60]听上去很像任何一个你认识的人吧？

消费心态（psychographics）涉及"利用心理学、社会学、人类学因素……来利用群体偏好，即他们做出有关一个产品、一个人、一种意识形态的决策，或者是抱有一种态度，或者是使用一种媒体的理由，来进行市场细分的方法"。[61]营销者使用许多消费心态变量来细分顾客群体，但是，在分析消费者购买和使用产品的动机时，所有这些维度都不仅仅代表它们表面的意义。人口统计特征帮助我们描述"谁"在消费，而消费心态则告诉我们消费者"为什么"消费。以加拿大的一则啤酒广告为例，该广告就通过了解消费心态加深对消费者的洞察。公司调查显示，该啤酒的目标顾客似乎是一群永远不会长大的男孩。他们对未来感觉不确定，并因女性近期得到的自由权利而感到惊恐。于是，公司的广告就相应地刻画了一群男人，"弗雷德与男孩们"，他们的欢乐相聚，突出男人情义、反对改变，以及令人倍感安心的广告信息：啤酒"依旧可口"。[62]

如何分析消费心态？

消费心态的研究主要有以下几种形式：

- 生活方式（lifestyle profile），即找出可用来区分一个产品的使用者和非使用者的条目。
- 与特定产品有关的生活方式（product-specific profile），即识别出一个目标群体，并在与产品相关的维度上对顾客的生活方式进行描述。

● 生活方式细分（a general lifestyle segmentation study），即基于消费者群体整体偏好的相似性，将大量样本归入同一类中。

● 基于特定产品进行生活方式细分（product-specific segmentation study），即修改问题以适合某一产品种类。例如，如果一个调查者想对一种肠胃药进行调研，她或许会将类似于“我特别担心”的语句调整为“我特别担心的话会得胃病”，以更好地辨别出竞争品牌的使用者。[63]

AIO

绝大多数现代的消费心态研究都尝试根据以下三种类型的变量的不同组合，来对消费者进行分群：活动（activities）、兴趣（interests）和看法（opinions）（简称**AIO**）。通过利用来自大量样本的数据，营销者根据其活动和产品使用模式，来刻画具有相似特征的顾客。[64]常用的 AIO 维度如表 7－6 所示。

表 7－6　AIO 维度

行为	兴趣	看法	人口统计特征
工作	家庭	自我	年龄
爱好	住所	社会问题	受教育程度
社会活动	工作	政治	收入
度假	社区	商业	职业
娱乐	消遣	经济	家庭规模
俱乐部成员资格	时尚	教育	住处
社群	食物	产品	地理环境
购物	媒体	未来	城市规模
运动	成就	文化	生命周期阶段

资料来源：William D. Wells and Douglas J. Tigert，“Activities，Interests，and Opinions，” *Journal of Advertising Research* 11（August 1971）：27－35.

为了将消费者分成不同的 AIO 类型，研究人员要求调查对象阅读一系列的陈述句，并回答对每一陈述的赞同程度。这样便可以通过发现一个人如何分配时间、他的兴趣爱好，以及如何看待自己和身边的这个世界，刻画出消费者的生活方式。

一般来说，进行消费心态分析的第一步是决定哪个生活方式细分市场存在对某个特定产品有需求的大量消费者。这个策略反映了第 1 章中提及的 80/20 法则。这个法则提醒我们，在多数情况下，只有一个或较少的几个生活方式细分市场的消费者贡献了销售额的绝大部分。[65]

消费心态分析方法帮助营销者识别产品的频繁使用者，从而更好地理解消费者与品牌的关系，以及消费者从品牌中获得的利益。例如，营销者在健步鞋热潮刚开始时，假设几乎所有的购买者都是狂热的慢跑锻炼者。然而，消费心态调查显示，其实消费者群体中存在诸多不同类型的锻炼者，其中包括那些为了上班而走路锻炼的人，也包括纯粹为了好玩的人。这个结果导致制造商开始针对不同群体开发不同的鞋。

营销者利用消费心态方面的研究结果来完成以下工作：

● **定义目标市场**。这些信息使得营销者可以超越简单的人口统计数据或产品使用描述（例如，中年男性或常用者）。

● **创造一个市场新观念**。有时营销者会围绕他们想象的一个“典型消费者”来制定营销策略。这种刻板印象并不一定正确，因为真正的消费者或许并不符合他们的假设。例如，女性面霜的营销者曾惊奇地发现，老年寡居的女性占据其消费群体的大部分，而不是他们的诉求所定位的年轻且爱交际的女性。

● **对产品进行定位**。消费心态信息可以使营销者强调符合一个人的生活方式的产品特征。

● **更好地传播产品特性**。艺术家或广告文案创作者可以因此得到更加丰富全面的目标消费者的心智形象（mental image）信息，远比干巴巴的统计数据生动丰富得多。比如，针对 Schlitz 啤酒品牌的研究发现，大量饮用啤酒的消费者往往觉得生活乐趣很少。因此，该啤酒制造商设计出相应的广告标语：“你偶尔才出来逛一下，尽你所能，品尝所有的啤酒吧！”[66]

● **开发产品策略**。理解产品是否符合消费者的生活方式，能帮助营销者识别出新的产品机会，制定媒体策略，并营造与这些消费习惯最和谐的环境。

● **社会和政治营销**。一项关于 18～24 岁酒后驾驶的男性消费心态的研究凸显出该方法的一种潜在可能性：用以帮助消除类似危险行为。调查者将这个人群细分为四组：“严守时间者”、“良好调整者”、“令人厌恶者”以及“问题少年”。他们发现“严守时间者”比较特别，更有可能相信喝醉了很好玩，醉驾事故率很低，以及喝酒使他们更吸引异性。由于调研显示，这一人群最有可能在派对和摇滚音乐会上喝酒，最有可能看 MTV、听专辑摇滚电台，因此，利用预防运动接触“严守时间者”就简单多了。[67]

营销者时常为了识别并找到拥有相似生活方式的消费者而寻找新的灵感与视角。为此，许多调研公司和广告商开发出各自的**生活方式细分类型**（lifestyle segmentation typology）。根据调查对象对一系列问题的回答，研究人员可以将他们按照不同的生活方式进行分类。这些问题常常包括 AIO 量表中不同问项的组合，也可以增添其他一些项目，如消费者对特定品牌的感受、最喜爱的名人以及媒体偏好等。这些系统方法通常出售给那些想更深入了解其现有顾客与潜在顾客的公司。

一个最知名的生活方式市场细分系统是 SRI 公司开发的**价值观与生活方式系统**（Value and Lifestyles System，VALS2™）。目前该系统使用 39 个项目（35 个心理学项目和 4 个人口统计学项目），将美国成年人分类为不同的群体，每个群体都有明显不同的特征。如图 7－3 所示，纵轴代表各个群体的个人资源差异（包括收入、教育、精力水平和购物热情等因素），横轴代表不同的自我导向。

三种自我导向构成 VALS2™的水平维度。理想（ideals）导向的消费者依赖某个信念系统来做购买决策，不被其他人的意见左右。成就（achievement）导向的消费者更有竞争性；他们会考虑同辈如何看待他们的决策，以及对决策的反应。最后，那些自我表达（self-expression）导向的消费者更关心消费的情感方面，以及他们从产品和服务中获得的满足感。

● **创新者**（innovators）：位于 VALS2™的顶端，他们拥有许多资源并且是成功导向的消费者。这个群体关心社会问题，并对变革持开放的态度。

下面的三个群体也拥有丰富的资源，但他们对生活的看法不同。[68]

● **思考者**（thinkers）：他们很满足、善于反思、平易近人。

● **成就者**（achievers）：他们是职业导向的，偏好可预见的风险和自我发现。

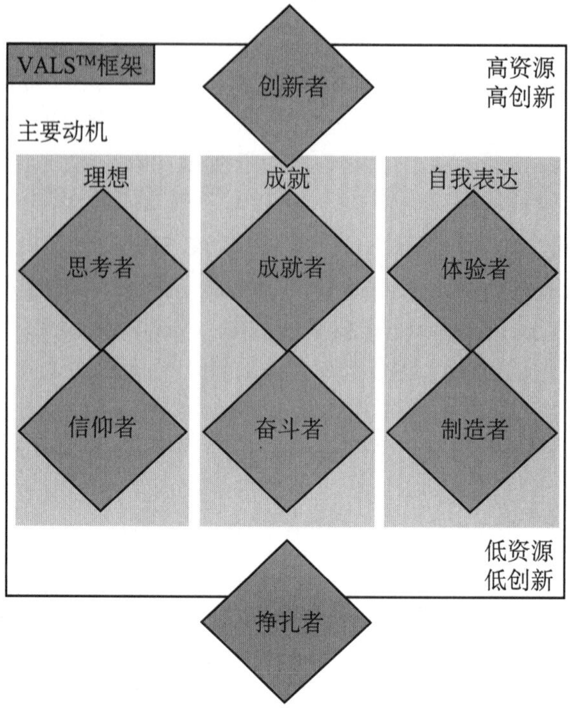

图 7-3 VALS2™

- **体验者**（experiencers）：他们冲动、年轻并享受标新立异和冒险经历。

以下四个群体拥有的资源较少：

- **信仰者**（believers）：他们原则性很强并偏好被经验证明的品牌。
- **奋斗者**（strivers）：他们与成就者相似但拥有更少的资源。他们在意别人的赞许。
- **制造者**（makers）：他们是行动导向的人，并倾向于自给自足。他们经常修理组装自己的车、自己种植蔬菜或者装修自己的房子。
- **挣扎者**（strugglers）：他们位于经济阶梯的底层，最关心满足当下的需求，获取超越基本生活需求的物质的能力有限。

如果你想看看你自己属于 VALS2™中的哪一类别，前往此网页：www.strategicbusinessinsights.com/vals/presurvey.shtml。

价值观

沙特阿拉伯的一位有信仰的官员命令，所有当地的孩子不允许看米老鼠动画片，因为动画片里的人物是“撒旦的士兵”。[69]这可能会让很多人感到震惊，但是，如果我们住在深受保守伊斯兰传统影响的地方，就不会感到如此惊奇了。**价值观**（value）指的是认为某种情况比其对立面更好的信念。举个例子来说，可以认为大多数人都重视自由而不喜欢受束缚，其他人执着地追求使他们看起来更年轻的产品和服务。一个人的价值观对消费行为影响深远。消费者购买产品和服务，是因为他们相信这些东西有助于他们达成一个与价值观有关的目标。

两个人可以相信并且做出相同的行为（比如，素食主义），但他们潜在的**信念体系**（belief system）可能会截然不同（比如，动物保护主义与关注健康）。人们共享同一信念体系的程度是个人、社会和文化力量作用的结果。一个信念体系的拥护者经常寻找其他有共同信念的人，从而使各自的社交网络产生交集。结果是，信仰者倾向于接触支持他们信念的信息（就好像环保人士很少与伐木者来往）。[70]

核心价值观

演员金·卡戴珊对于她在《时尚伊人》（*Cosmopolitan*）杂志土耳其版封面上的照片非常不满意，特别是杂志发行当天正是一些国家据称是奥图曼帝国晚期发动的亚美尼亚种族灭绝的纪念日。因为《时尚伊人》杂志在 64 个国家发行，很难让世界上所有的读者用同样的方式看到同样的内容。除了政治上的差异，营销人员必须对文化价值观保持敏感：在有些国家，因为要遵守当地女性端庄的社会规范，有些女性读者会把杂志藏起来不让她们的丈夫看到！不同的文化强调不同的信念体系，这些信念体系界定了什么是女性化、女人味或者吸引力——也界定了这些事物在印刷品上出现的方式。中国版的发行者甚至根本不能提到性，取而代之的是年轻人的奉献精神和令人振奋的故事。具有讽刺意味的是，在瑞典版中也没有多少这样的内容，不过原因却恰恰相反：当地文化对于这一话题相当开放，根本无法像在美国一样引起读者的高度关注。[71]

当然许多情况下，价值观是普世性的。谁不渴望健康、智慧或者世界和平？文化差异主要表现为这些普世价值观的相对重要性（relative importance）或者排序不同。价值观的排序构成了文化的**价值体系**（value system）。[72]比如，一项研究发现，相比强调家庭美满、集体目标及与他人和谐相处的广告主题，北美人更喜欢表现自立、自我提升及实现个人目标的广告信息。韩国消费者的广告则展示出相反的模式。[73]

每一种文化都以成员认可的价值体系为特征。但并非所有个体都会同等地支持这些价值观。而且有些情况下，这些价值观甚至互相矛盾。尽管如此，用一组通用的**核心价值观**（core values）来定义一种文化仍然是可能的。举个例子来说，可以用和谐、富强、健康、勤俭等来描述中国文化。

当然，这些价值观是随着时间而发展的。有些分析人士辩论说，我们正在从专注获取有形产品渐渐转向消费体验。有关研究也显示了一致的结果：体验式购物会给消费者带来更大的幸福和满足感，因为它让我们与其他人有联系，并且成为社会身份的更大部分。确实，调查显示，物质主义程度较高的消费者在购买之前会感到愉快，他们相信购物改变生活，但他们购物之后就会感受到负面的情绪，因为他们意识到这种感受与他们的想象并不一致。[74]而且，正如第 2 章中讨论的，在美国，我们发现许多消费者重视可持续性并且愿意回报那些对环境友好的企业。这个现象解释了为什么 Chiptole 连锁餐厅在年轻的消费者中如此受欢迎。企业推广可持续性的农业实践，倡导人性化地对待那些将被做成肉的动物。[75]

我们如何确定一个文化的价值观呢？学习自己的文化所认可的信念与行为的过程称为**文化融合**（enculturation）。相反，学习另一种文化（对于希望了解外国消费者与市场的人来说尤为重要）的价值体系与行为的过程则称为**文化适应**（acculturation）。社会化代理人（socialization agents）包括父母、朋友和老师，把信念传递给我们。举个例子，研究者在探索狩猎这一领域的研究中，描述了家庭成员和朋友指导年轻男性如何狩猎的过程。这些社会化代理人在男性经过狩猎前、初学者、学徒到最终成为有竞争性的狩猎者的每个阶段，都用故事和传统指引他们。[76]

媒体是另一个很重要的社会化代理人；通过观察广告所传达的价值观，我们学到了许多文化上的优先原则。举个例子来说，美国和中国的销售策略有很大差别。美国的广告更可能提出有关产品的事实或权威人士的建议，而中国的广告则往往更集中于情感诉求，并不厌其烦地证明自己的主张。美国的广告比较年轻导向，而中国的广告会更多强调年长者的智慧。[77]

就像我们所看到的，价值观是关于好或者坏的目标的通用观念。它指明了什么是对错，什么是可以接受，什么是不被接受的流程规范或规则。我们的规范有时相当明确，就好比绿灯就是“行”和红灯就是“停”。然而，许多规范又很微妙。我们在人际互动的过程中会发现这些**宽松的规范**（crescive norms）。以下是一些所谓的宽松规范的具体形式[78]：

- **习俗**（custom）就是一种控制基本行为的规范，比如家庭的劳动分工或者庆祝特定节日的方式。
- **律例**（more，“mor-ay”）是一种具有强烈的道德意味的习俗。通常包括禁忌（taboo）或者被禁止的行为，比如乱伦或自相残杀。违背律例通常会遭到强力惩罚。在像沙特阿拉伯这样的伊斯兰国家，人们认为商场橱窗的服装模特展示内衣或者在广告中展现女性身体的特写是一种亵渎，零售商不可以掉以轻心；内衣店需要设计特殊的、没有头和脚以及对人体曲线展示最少的服装模特来展示产品。[79]
- **传统**（convention）是管理我们日常生活的规范。这些规则通常与消费者行为的细微之处有关，包括家庭装修、穿衣或者举办晚宴的“正确”做法。中国政府当年筹备北京奥运会的时候，尝试着去改变公民的传统：当地的习惯与规划者所知的外国游客的预期情形不符。比如，在人行道上吐痰、擤鼻涕很常见。除了政府广泛的清理，还对随地吐痰的人处以高额罚款，使他们在其他国家的人们涌入北京之前养成好的习惯。[80]

学术观点

Giana Eckhardt，伦敦大学皇家霍洛威学院

在上一次旅行中，你是否选择了爱彼迎（Airbnb）而非酒店？或者你回家选择的是优步（Uber）而不是出租车？又或者决定依靠Zipcar公司而不是自己开车去学校？如果是，你是分享经济的一部分，这是从《财富》杂志到美国奥巴马总统都在宣扬的主要经济增长部门。分享经济代表了消费者生活的一个重要改变：消费者已经不想拥有，而是更喜欢直接使用商品和服务。这样，他们不必承受因拥有而带来的责任和负担，比如，寻找一个停车位或者担心自己单车停放的安全性，毕竟单车分享服务更加方便。分享是什么？分享是一种在认识的人之间非营利的社会交换形式。分享是一个成规，并且在某些方面支配着我们的生活，比如在家庭中。比如，通过对家庭空间的分享和集体消费，家庭成员建立公共身份。

我的同事弗劳拉·巴迪（Fleura Bardhi）和我对“分享经济”中的交换是不是真正的分享感兴趣。我们发现，分享是由营销引起的——当一个公司成为互不相识的消费者的中介——这就不是所谓的分享了。更准确地说，消费者为了在一段时间内使用其他人的物品或者服务而付费。这是经济交换，我们把它称为基于访问的消费（access-based consumption）。

我们对 Zipcar——世界汽车分享行业的领导者的研究调查展现了一些基于访问的消费的特征。消费者在心理上对车辆没有所有权的感觉，他们在分享车辆的时候也不会相应地产生义务感。他们对于 Zipcar 的体验就好像对于酒店的体验一样；他们知道别人使用过这辆车，但是不会产生与别人交流的渴望。他们不把其他使用车辆的人当作分享者，反而对他们非常不信任，并且依靠公司对分享系统的监控来实现对每个人都公平。最后，消费者既不想与其他使用者，也不想与公司本身成为社会团体的一部分。所以，我们的研究质疑把分享经济视作合作和利他驱动的浪漫看法。

与拥有和分享的弊端相比，强调享用机会的好处是很重要的。这包括方便、节约成本地享用到宝贵资源、灵活性，而不必担负原本根植于拥有制和分享制的财务、社会以及情感负担。关于分享、获取、所有权，我们还有很多要学习的，我们正在研究这些概念在代际、不同文化和不同阶层中的差异。

这三类规范在我们的日常生活中交织在一起，共同定义了适当的文化行为。例如，某一条律例会告诉我们什么样的食物是适合吃的。这些律例因文化而异。因此，在美国，人是不能吃狗粮的。传统告诉我们如何吃饭，包括餐具的使用、餐桌礼仪，甚至是用餐时的着装方式等。我们常常认为这些传统是理所当然的。我们只是假设这些是“正确”的事（再说一次，直至我们到其他国家旅行）。我们知道的大多数规范都是通过观察学来的，我们观察电视节目、印刷广告和其他媒体中演员们的行为举止学到了这些规范。这提醒我们，营销系统是文化的重要构成要素。

价值观和消费者行为有什么关联？

虽然价值观很重要，但它并没有像我们所期望的有助于我们理解消费者行为。一个原因是像自由、安全以及内心和谐这样宽泛的概念，会对一般的消费模式产生影响，而不是对在某产品大类中辨别品牌这样的具体行为产生影响。这就是为什么许多研究人员要区分宽泛的文化价值观（cultural values）（如安全、幸福等）与特定的消费价值观（consumption-specific values）（如方便购物、及时服务等）以及特定产品的价值观（product-specific values）（如使用方便、持久耐用），对于不同的文化、地域的人，在他们想要买东西时，哪一个的影响相对更重要。[81]

在一项针对特定产品的价值观的研究中，研究者对进行冲浪、滑雪和滑板等极限运动的澳大利亚人进行了深度研究。研究人员列出了选择品牌的四个首要原因：自由、归属、卓越和关系联结。例如，一个女性冲浪者看重“归属”这个价值观，她穿上当红品牌的冲浪装备，就在表达归属这种价值观，即使这些品牌因为随大流失去了自己本来的精髓。相反，调查中的其他冲浪者更加注重关系联结：选择当地品牌并且支持当地冲浪活动，就表达出这个价值观。[82]

品牌形象的某些方面，如成熟，在各种文化中都普遍存在，但其他一些更有可能和特定的文化有关。日本人比较珍视宁静，西班牙人则强调激情，美国人会被粗犷吸引。[83]因为消费者行为大多被价值观驱动（至少一般意义而言），我们可能会说几乎所有消费者研究最终都与识别和衡量价值观有关。有些研究人员尝试测量文化价值观，并将这些知识运用于营销策略。

罗基奇价值观量表

心理学家米尔顿·罗基奇（Milton Rokeach）设计了一套应用于不同文化的**终极价值观**（terminal values），或称理想的终极状态。罗基奇价值观量表还包括一套**工具性价值观**（instrumental values），即为达到最终价值观我们需要采取的行动。[84]表7-7列出了这样两组价值观。

表7-7　终极价值观和工具性价值观列表

工具性价值观	终极价值观
雄心勃勃	舒适的生活
心胸宽广	激动人心的生活
能干	成就感
愉快	和平的世界
清洁	美的世界
勇敢	平等
宽容	家庭安全
助人	自由
诚实	快乐
富有想象力	内在的和谐
独立	成熟的爱
智力	国家安全
合乎逻辑	愉悦
恩爱	拯救
服从	自尊
礼貌	社会认可
负责任	真诚的友谊
自制	智慧

资料来源：Copyright 1983 From Measuring the Cultural Values Manifest in Advertising，*Current Issues and Research in Advertising*（1983）：71-92 by Richard Pollay. Reproduced by permission of the American Academy of Advertising（http：//www.aaoa.wildapricot.org）.

一些证据显示，这些普世价值观的差异确实会转化成为具体的产品偏好和媒体使用差异。然而，营销研究者并没有广泛使用罗基奇价值观量表。[85]原因之一在于，我们的社会正朝着在广大文化中出现越来越小的消费微文化（consumption microcultures）的方向发展，每一种消费微文化都有自己的一套核心价值观（详见第13章）。例如，在美国有相当多的人是自然健康锻炼与替代疗法的坚定拥护者，这种对健康而非对主流的疾病医疗手段的关注影响了他们的很多行为——从食物选择到选用替代疗法的实践，以及他们对政治和社会问题的看法。[86]

价值观列表

设计**价值观列表**（List of Values，LOV）是为了能够直接应用于营销实践。这一工具依据消费者认同的价值观，将美国市场划分为九个细分市场，并将每种价值观与消费行为差异相联系。这些细分市场包括重视归属、刺激、与他人的良好关系和安全等价值观的消费者。例如，与不认同归属这一价值观的人相比，认同归属的人年龄较大，更可能看《读者文摘》（*Reader's Digest*）和《电视指南》（*TV Guide*），更喜欢喝酒和娱乐，而且偏爱群体活动。相反，认同刺激这一价值观的人则更年轻，而且更爱看《滚石》杂志。[87]

方法-目的链模型

方法-目的链模型（means-end chain model）假定人们会将具体的产品属性与终极价值观相联系。每个人都有自己看重的终极状态，而且会在备选方法中做出选择以达成这些目标，因而产品被视为达到某种目的的方法。通过所谓的**阶梯法**（laddering）技术，可揭示消费者在具体属性与一般结果之间建立的联系，消费者在引导下爬上抽象的"阶梯"，这一"阶梯"连接的正是功能性的产品属性与消费者渴望的终极状态。[88]根据消费者的反馈，研究者可构建显示特定产品属性与终极状态发生联系的分层价值观结构图（hierarchical value maps）。

辛迪加调查

许多公司利用大规模调查来追踪价值观的变化，然后将这些研究结果出售给营销者，营销者常付钱购买定期更新的变化和趋势信息。这一方法产生于20世纪60年代中期，当时倍儿乐公司（Playtex，美国婴儿用品品牌）的销售处境艰难，便委托市场研究公司扬科洛维奇（Yankelovich，Skelly & White）研究其销售下滑的原因。它们的研究把销售下滑与人们对于外表和自然天成方面的价值观的转移相联系。倍儿乐坚持推出轻薄宽松的服装，然而，扬科洛维奇则打算跟踪一系列行业中出现的变化所产生的影响。这家公司慢慢地形成了一个跟踪美国人态度的大型研究的想法。1970年，在对4 000个受访者的长达2小时的访谈基础上，这家公司推出了"扬科洛维奇监测系统"。[89]

现今，其他许多辛迪加调查也追踪价值观的变化，其中一些是由广告公司实施的，这使它们能够站在重要文化潮流的前沿，并有助于为其客户设计广告。这些服务包括我们讨论过的VALS2™调查、全球扫描（GlobalScan，由广告商BSB运作）、新浪潮（New Wave，奥美广告公司）以及恒美广告公司（DDB World Communications Group）实施的生活方式研究。

本章小结

现在你已经读完本章，你应当了解为什么：

1. 消费者的个性影响其对营销刺激的反应，但是在不同的营销情境下运用消费者个性信息会产生不同的结果。

个性指的是个体独特的心理构成及其如何对周围环境反应模式产生稳定的影响。基于个性差异制定的营销策略成败参半，部分原因是研究者测量和将个性特质差异应用于消费情境的方法不同。有些分析是基于弗洛伊德心理学理论和变量，利用小样本来理解消费者的深层差异，而另一些则是试图对大样本利用复杂的、定量技术去测量这些维度。

2. 品牌拥有个性。

品牌个性是人们赋予产品的一组拟人化特质。消费者将个性特质分配给所有的无生命的产品。就像我们与他人之间的关系一样，这些名称会随时间推移而变化。因此，商家需要谨慎地维护它们希望消费者感知的品牌个性。塑造理想的品牌个性经常是形成顾客忠诚的关键。

3. 生活方式可以定义为一种消费模式，反映了个体在花费时间和金钱方面如何选择，而这些选择组合成为消费者身份的重要特征。

消费者的生活方式指的是他所选择的花费时间和金钱的方式，同时他的消费选择反映了这些价值观和品味。生活方式研究对追踪社会消费的偏好有用，并且可以用于为不同的细分市场实施特定的产品和服务定位。市场细分基于生活方式的差异，商家经常利用AIO（行为、兴趣和看法）将消费者分为不同群体。

4. 当企业制定生活方式营销战略时，识别消费模式比研究个人购买行为更有用。

我们将互相关联的产品和活动与社会角色联系在一起，这些产品和活动就构成了消费集群。人们常常由于一个产品或服务属于某个消费集群而购买，这些产品与消费者理想的生活方式有关。地理人口统计学涉及一系列方法技术：运用地理和人口统计数据去识别具有相似心理特征的消费群。

5. 消费心态远比简单的人口统计特征更有助于营销者理解和接触不同的消费人群。

消费心态方法利用除了可以观测的人口统计学特征以外的心理学的主观变量将消费者分群。营销者已经开发了识别消费者“类型”的系统，并根据他们的品牌和产品偏好、媒体使用、休闲活动以及对政治和宗教的态度将他们分群。

6. 潜在价值观常常驱动消费动机。

产品有意义是因为个体认为该产品能够帮助他实现一些与价值观相连的目标，比如个性化或者自由。对于遵循一种文化的大多数成员而言，一套核心价值观可以表征该文化。

复习题

1. 弗洛伊德关于潜意识的理论是如何与营销实践相关的？

2. 核心价值观随时间演化。你认为最能描述现代中国人的特点的3～5个核心价值观是什么？

3. 隐藏在生活方式营销策略背后的基本理念是什么？

4. 营销者怎样才能站在生活方式潮流变化的前沿？

消费者行为挑战

讨论

5. 一种可以让我们清楚地看到文化价值观的变迁对消费的影响的方法，是观察日益增强的对健康和保健的重视。近年来，表现绝佳的新食品/饮料类产品均以自然和有机成分为特征，如Chobani酸奶和Nature's Pride面包。[90]这个趋势是暂时的吗？它是否反映了人们在如何看待他们的饮食方面更永久的改变？

6. 个性真的存在吗？如果存在，你打算如何将消费者的个性特质融入营销策略？

7. 在中国，节俭会是新常态，还是人们会持续大手大脚花钱？

8. 可持续发展是目前中国人的核心价

值观吗？解释原因。

应用

9. 识别一些你喜欢的品牌。如果为每个品牌赋予人的生命，他会是什么类型的人？描述每个品牌的个性——你是依据什么推导出这些特质的？

10. 星巴克将自己牢固地树立成去那里享用咖啡、茶和点心的形象，公司需要扩充产品供应，以便消费者在那里花更多的时间和金钱。这家连锁公司推出“星巴克之夜”新概念，每天下午 4：00 以后商店开启不同的菜单，包括红酒、啤酒、小碟的松露通心粉和奶酪、三明治和沙拉。[91] 星巴克是否有扩展的空间？对于它的生活方式营销策略，你有何建议？

11. 以大学生使用的媒体为例，为大学生这一社会角色构建一个消费集群。在广告中用什么样的一组产品、活动和兴趣呈现、描述典型的大学生？

12. 你认为素食主义会持续流行吗？你认为哪些特定的风格或产品与此趋势相关？

案例研究

中国消费者的奢侈品情结

随着中国成为世界第二大经济体，人们的生活水平在不断提高，购买奢侈品的热情依然高涨。中国游客在国外名牌店前排着长队，或者是疯狂买光一家名牌店内所有商品的新闻不绝于耳。

从动机上看，多数中国消费者选择奢侈品，主要是为了证明自己的成功和拥有财富，炫示的意义更大。因此，那些带有著名奢侈品牌符号（logo）的产品往往是首选。然而，随着收入水平的普遍提高，原来那些广为人知的奢侈品（皮包、香水之类的小件奢侈品）品牌已失去了炫示的能力，消费者开始转向那些不易被模仿、价格更高的奢侈品，以与那些无法承受的消费者区别开来。近年来，私人飞机、游艇、豪华别墅、高端国际旅游等受到小部分高收入者的欢迎。

一些曾经被疯狂假冒过的奢侈品牌发现，被仿冒的问题不那么严重了，这不一定是好消息，反而意味着中国消费者正在抛弃这些品牌，转而寻找那些仍然具备炫示功能的奢侈品。但也并非完全如此。由于中国地域辽阔，各地经济发展不均衡，对奢侈品牌的需求存在区域和人口统计特征方面的差异，当然，也与各地消费者的生活方式有关。奢侈品营销人员应该注意利用各地消费者在消费心态方面的差异，制定有效的营销策略，要让消费者感受到公司的奢侈品是某个消费集群中必不可少的一部分，否则，消费者转向其他具有象征意义的品牌只是时间问题。例如，有人预测，一旦苹果手机不再是中国消费者炫示的唯一选择，它在中国市场的独霸地位就会开始动摇。中国本土的华为、oppo 等手机品牌异军突起，甚至在国外市场的表现也非常抢眼，已在一定程度上证明了这一观点。

问题讨论：

1. 中国消费者的奢侈品消费有哪些特殊性？原因是什么？

2. 针对中国消费者的奢侈品营销有哪些有效的方法？请用具体的案例进行分析。

第Ⅲ篇　产品选择和使用

在这一篇，我们将讨论消费者对产品的思考方式，他们选择一个产品所经过的步骤，以及购买后发生的事情。第 8 章集中讨论我们对产品的感受和想法是如何产生的，以及营销者对我们的影响。第 9 章讨论如何识别消费者面临问题的最佳解决方案。第 10 章强调在购买时影响我们的选择以及购后行为的因素。

第8章 态度与劝说沟通

本章目标

读完这一章后，你将会理解以下几点：

1. 对于消费者研究人员而言，理解态度的性质和影响力非常重要。

2. 态度比想象的要复杂得多。

3. 态度形成的方式有很多。

4. 态度的所有构成元素之间需要保持一致，为此人们需要转变其中的一个或多个元素。

5. 利用态度模型可以识别态度的具体元素，并把这些元素结合在一起预测消费者对一个产品或品牌的整体态度。

6. 当营销者尝试改变消费者对产品和服务的态度时，沟通模型提供了几个重要因素。

7. 处理信息的消费者并不是营销者曾经认为的被动的信息接收者。

8. 一些因素影响信息源的有效性。

9. 营销者构建信息的方式决定了信息是否有说服力。

10. 很多现代营销者是现实工程师。

11. 受众特征决定了信息源和信息本身相比哪个更有效。

开篇案例

娟娟在商场里四处闲逛，还不时地把她看到的东西拍照发到朋友圈。她已经是高中二年级的学生，开始思考下一年会怎么样。娟娟认识到，咬紧牙关着手准备的时候到了。她妈妈很高兴看到这一切，同时也为她收集了大量的大学宣传资料。娟娟被不同学校的各种颇具诱惑的广告和小册子包围，不知如何选择。这些广告宣传资料，有的是大学通过慢悠悠的邮政渠道送达的，有的是通过电子邮件发来的，还有的是亲朋好友的微信转发的。一些学校邀请她在网上参加虚拟校园旅游，另一些想要她进入校园的虚拟世界，在里面四处看看，并与在校的学生交谈。这些学校的方式有很大不同。一些大学开始兜售学术成就，另一些展示伙伴计划、就业安置计划，甚至设施（美食和适宜约会的校园）。娟娟是个成绩优秀、思想独立的女孩，她脑海中已经有了关于未来的清晰想法，并且列出了一所理想大学应有的特征清单，比如，WiFi 全覆盖、设施完备、图书馆环境优雅！

态度的力量

态度一词广泛应用于很多场合。也许有朋友会问你："你对素食的态度是怎样的?"父母也许会责备道："年轻人，我不喜欢你的态度。"但是，在这里，我们对**态度**（attitude）的定义是：对人（包括我们自己）、客体、广告或出版物的一种持久的概括性评价。[1]任何态度所指向的事物都叫做**态度客体**（attitude object，A_o）。娟娟将在她对大学的研究过程中形成某种态度（毫无疑问，你已经有过这种体验）。人们从不同的渠道吸收大量的信息，投入大量的精力，致力于对周边的事物形成一种态度，包括像大学这样的复杂的态度客体。

态度通常会持续一段时间。态度是概括性的，因为它不仅仅包括对诸如一声吵闹这样瞬间的事的态度，随着时间的推移，你会对所有大声的吵闹产生负面的态度。消费者产生态度的目标客体很广泛，从非常具体的产品行为（如使用佳洁士而不是高露洁牙膏）到更为广泛的与消费相关的行为（每隔多长时间刷一次牙）。态度决定了一个人的约会对象，所听的音乐，是否重复利用易拉罐，或是否选择消费者研究作为谋生的手段等。在这一章中，我们将考虑态度的内容，态度形成的方式，如何测量态度等问题。我们也会回顾一些态度和行为之间非常复杂的关系，进而研究营销者如何改变态度。

态度功能理论（functional theory of attitudes）最早由心理学家丹尼尔·卡茨（Daniel Katz）提出，用来解释态度驱动社会行为的机理。[2]根据这种实用主义观点，态度之所以存在，是因为它对人们有某种功能。那些预期在未来会遇到某种类似环境的消费者，更有可能在这种预期中开始形成一定的态度。[3]出于不同的原因，两个人对同一个对象可能形成不同的态度。因此，在尝试改变消费者态度之前，营销者需要理解形成特定态度的原因。卡茨将态度的功能区分如下：

- **效用功能**（utilitarian function）。效用功能与第 4 章中讨论的基本的奖惩原则有关。我们会仅仅根据产品带来的是舒适还是痛苦，形成对产品的某些态度。如果一个人喜欢榴梿的味道，就会对榴梿产生一种积极态度。直接强调产品优点的广告（如"仅仅是为了品尝它的味道"，你应该喝健怡可乐）就体现了效用功能。

- **表达价值观功能**（value-expressive function）。具有表达价值观功能的态度体现了消费者的自我观念（见第 6 章）或核心价值观（见第 7 章）。一个人对某种产品的态度不仅取决于产品本身的功能，还在于这种产品代表了消费者是哪一类人。表达价值观的态度与心理分析（见第 7 章）高度相关。消费者的行为、兴趣和看法都显示了自己特定的社会身份。

- **自我防御功能**（ego-defensive function）。不论是外来的威胁还是内心的感受，态度都可以通过自我防御功能来保护个体。一项早期的营销研究表明，20 世纪 50 年代的家庭主妇抵制购买速溶咖啡，因为它威胁到她们自认为是能干持家者的观念（现在对大部分人来说已经不是一个大问题了）。[4]承诺能帮助消费者树立"男子汉"形象的产品（如万宝路香烟），也许会吸引那些对自己的阳刚之气缺乏信心的消费者。再如，香体露的广告活动强调了在公共场合被别人发现有腋臭的极度尴尬的场面。

● **知识功能**（knowledge function）。有些态度的形成是出于人们对次序、结构和意义认识的需要。当人们在一个模糊的环境中（偶尔穿休闲装去上班也不错，但只能在星期五），或面对一种新产品时（如拜耳希望你了解止痛剂），常常会产生这种需要。

ABC 态度模型

当斯巴鲁开始实施新的营销战略时，厂商发现很多汽车车主早就听说过该品牌，但是极少与之建立强烈的感情联系。然而，斯巴鲁车主却表达出对该品牌非常强烈的热情，甚至是挚爱。为了加强潜在消费者的感情联系，新的营销战略瞄准处于三个不同购买阶段的消费者群体——斯巴鲁称之为“心”、“头脑”和“钱包”。在“心”的阶段，聚焦于让斯巴鲁车主表达他们对爱车的热爱，用广告分享车主和爱车的私人故事。相反，在“头脑”阶段，广告着力表达具体事例中理性的一面——强调斯巴鲁为车主带来的可靠性和经济性等方面的好处。最后，在“钱包”阶段，广告则主要处理实际购买斯巴鲁时的财务细节，包括当地经销商的特殊政策。[5]

正如斯巴鲁营销活动所显示的，态度由感情、行为和认知三种成分构成。在第 5 章讨论过，**感情**（affect）指消费者对态度对象的感受。**行为**（behavior）包括人们想要对某一态度对象采取行动或者行动的意向（意向不一定会发生实际行动，下面将会讨论）。**认知**（cognition）指消费者对一个态度对象所持有的信念。态度的这三种构成元素可以表达为 **ABC 态度模型**（ABC model of attitudes）。

这个模型强调了知道、感觉和行动之间的相互关系。消费者对一个产品的态度不能简单地由他们对该产品的认知（信念）来决定。例如，研究人员可能发现顾客“知道”一种特殊的摄像机有高倍的可变焦距镜头、自动聚焦功能和旋转清洗头，但这些发现并不意味着顾客对这些属性感到好坏或者不相关，或者他们会真的购买这种摄像机。

效果层级

认知、感情和行为哪种元素会先出现？事实上，从任何一个元素开始都是可能的，要视具体的情形而定。研究人员提出**效果层级**（hierarchy of effects）的概念来解释这三种元素的相对影响。每一个层级结构分别代表态度形成的相应步骤，如图 8－1 所示。

高介入层级：思考-感觉-行动

高介入效果层级（high-involvement hierarchy of effects）假设，消费者对产品的决策过程像解决问题的过程一样。首先，消费者通过积累有关产品的知识（信念）来形成自己的认知。然后，评价这些知识，并对产品形成一种感受（感情）。[6]最后，根据这些评价，消费者开始采取相关的行动，比如购买那些产品属性感觉良好的产品。高介入层级假设消费者对购买决策是高度参与的（参考第 5 章）。[7]消费者乐意收集大量的信息，仔细权衡利弊，最后慎重作出决策。

低介入层级：思考-行动-感觉

低介入效果层级（low-involvement hierarchy of effects）假设，消费者最初并

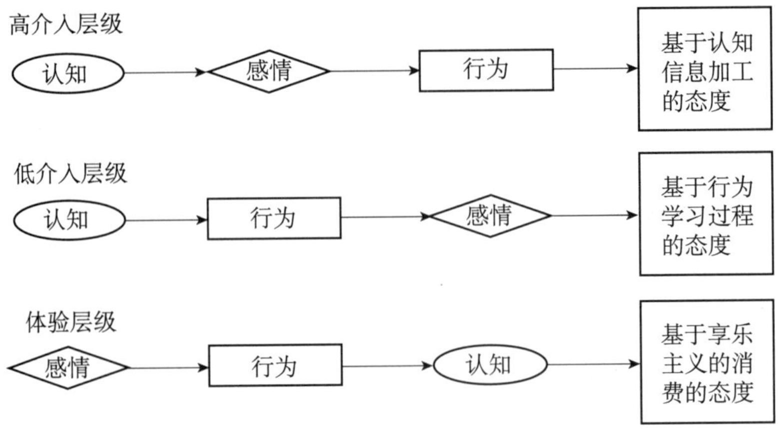

图 8-1 效果的三个层级

没有对哪个品牌有强烈的偏好，而是在信息有限的情况下进行购买，在产品购买或者使用后才对其形成评价。[8]态度的形成可能通过行为学习产生，从中获得的好或差的体验都会强化最初的选择。

在这种情形下，消费者并不很在乎产品的购买决策，不会在熟悉和充分评价产品后才购买。这意味着消费者对那些影响人们的认知的有关产品信息和属性信息听而不闻。消费者往往漫不经心，做出购买决策时很可能只是简单的刺激-反应的结果。例如，消费者在选购卫生纸时，也许会记着“洁柔牌纸巾吸水性更强”，而不是费尽心思将货架上的各种品牌都比较一番。

部分消费者的这种低介入的购买观念对一些营销者来说真是有苦难言。谁愿意承认自己营销的东西不重要呢？例如，某个泡泡糖或者猫粮的品牌经理可能很难相信，消费者并不会因为公司花费了大量心血（甚至还有睡眠时间）来思考该产品，就会对产品更有好感。

对于营销者来说，讽刺的是，在这种低介入度情形下，消费者无心处理大量与品牌有关的复杂信息。相反，他们会受行为学习原则的影响，例如，消费者只是对已经产生条件反射的品牌名称、销售点的陈列等做出简单的反应（见第 4 章）。

体验层级：感觉-行动-思考

根据**体验效果层级**（experiential hierarchy of effects），人们的行为是基于情感反应。这种体验观点强调产品的无形属性，如包装设计、广告、品牌名称和体验的环境背景，都会对消费者品牌态度产生影响。我们会基于享乐动机而产生情感反应，比如，一款游戏产品是否令人兴奋，或者一款手机是否会带来美感。

甚至传播者表现的情感也会影响消费者的态度。微笑就具有感染力，这就是所谓的情绪传染（emotional contagion）过程。快乐的信息传播者会提升人们对该产品的态度。[9]无数研究表明，面对一则营销广告，消费者当时的心境会影响他对这则广告的接受程度、记住所出现的信息的可能性，以及未来对该广告和相关产品的感觉。

研究者争论的是，当基于享乐主义消费形成态度时，认知和感情是相互联系的还是相互独立的。**认知-感情模型**（cognitive-affective model）表明，情感反应是认知过程的最后一步，是对某一刺激的感官认知和在记忆中提取有助于分类的信息之后的结果。相反，**二者相互独立的假设**（independence hypothesis）认为，感情和认知是两个各自独立的系统，所以没有必要从情感反应里剥离出认知。这种观点更看重消费者的美学体验，而不是产品所能提供的主要功能利益。[10]

态度的形成

人们都有很多态度，但通常不会追问这些态度从何而来。当然，一个人并不是生来就坚定地认为饮料比白开水好喝，或者是认为音乐可以解放人的灵魂。那么，态度究竟源自哪里？

形成态度的方式有多种，它取决于发挥作用的特定效果层级。正如在第 4 章中所看到的，人们可以通过经典性条件反射初步形成品牌态度，例如，营销者不断在一个态度对象如娃哈哈的名字出现时，伴随好记的广告词（“我的眼里只有你”）。或者通过工具性条件反射方式形成态度。在这个过程中，营销者在人们消费态度对象时，不断强化这种态度。最终，这种态度在一个非常复杂的认知过程中形成。例如，青少年会模仿朋友和媒体人物，如明星喝百事可乐的行为，因为他们相信，这与百事可乐广告所描述的他们渴望的生活方式相一致。

态度的分类

态度的形成方式不尽相同，有必要区分态度类型。[11]某个消费者对品牌高度忠诚，对态度对象持有强烈而持久的积极态度，并且其介入程度很难弱化。另一个消费者可能就会变幻莫测，她可能会对某种产品持些许的积极态度，但是当更好的产品出现时，她就会纳新弃旧。在这里，我们将讨论强烈态度和微弱态度之间的差异，并简要回顾一些主要理论观点，研究者用这些观点解释态度的形成方式，以及不同态度之间的相关性。

消费者对态度的投入因人而异。对一种态度的投入程度与对态度对象的介入度有关（见第 5 章）。[12]下面是三种对态度的投入水平不断提高的情形：

1. **顺从**（compliance）。这是消费者投入水平最低的情形，态度之所以形成是因为它有助于获得奖赏或者避免惩罚。这类态度非常脆弱。当人的行为不再受到管制，或者可以有其他选择时，顺从就很容易改变。例如，一个人喝百事可乐可能仅仅是因为它在咖啡馆里出售。

2. **认同**（identification）。这是指为了符合他人或者团体的期望而形成的态度。一些广告描述因选择某种产品而不是其他产品会带来可怕的社会后果，这样的策略依据就是消费者倾向于模仿崇拜的人物（详见第 11 章）。

3. **内化**（internalization）。我们将高水平的投入所形成的牢固的态度称为内化，这样的态度已成为个人价值观体系的一部分。20 世纪 80 年代可口可乐事件就证明了营销者改变消费者坚定的态度时会发生什么（现在在很多教材里都会提到）。营销者决定改变可乐的配方以迎合偏好甜度（百事可乐的特点）的年轻消费者的口味。可口可乐公司做过盲尝实验，发现人们在不知道品尝的饮料品牌的情况下，更偏好新配方可乐。但当新可乐摆上货架后，公司面临一群顽固的可乐迷的坚决抵制。很显然，这种对可口可乐的忠诚已不仅仅局限于对可口可乐口感的微小偏好，可口可乐品牌已经与他们的社会身份联系在一起，并带有爱国和怀旧的色彩。

一致性原理

你是否曾听人说过，“百事可乐是我最喜欢的饮料，它很难喝”或“我爱我的男朋友，他是一个我从未见过的白痴”？可能你没有听说过（至少在结婚前没有）。这些信条或评价彼此之间是不一致的。按照**认知一致性原理**（principle of cognitive consistency），我们看重思想、情感和行为之间的一致性，因此，必须保持这些元素之间的一致性。这意味着，如果有必要，我们会改变思想、情感或行为，从而确保它们与其他经验保持一致。那位男朋友偶尔会犯错和像个白痴，但通常情况下，他的女朋友（最终）会找到一种方式，原谅他——或者甩了他。一致性原理非常重要，它提醒我们不能在真空中形成态度：一个重要因素是，我们新形成的态度要与其他相关的态度相吻合。

在学习认知失调理论（theory of dissonance）时，我们在第5章讲过这种现象。当一个人面对态度或者行为之间的不协调时，会采取一些行动消除这种“不协调”，可能是改变态度或者调整行为来保持一致性。这个理论是消费者行为的重要分支。人们常常陷入对产品或服务的态度和实际购买行为之间的矛盾情境。[13]

根据这个理论，为了减少不协调带来的消极感受，我们会寻找与信念和行为相符的方式。这个理论重点关注两种认知元素发生冲突的情况。所谓的认知元素（cognitive element）可以是有关个人的自身信条，也可以是个人的行为，或者是对周围环境的观察。例如，以下两个认知元素，“我知道抽烟致癌”和“我抽烟”是相互矛盾的。这种心理上的不协调产生了一种吸烟者想消除的不舒服的感觉。失调的强度取决于不一致元素的重要性和数量。[14]换言之，我们更可能在高度介入的情境中观察到这种现象，高度介入更能够产生消除不一致的压力。

当我们消除、增加或改变认知元素后，失调就缓解了。例如，一个人可以戒烟（消除），或记起像伟大的苏菲（Sophie）阿姨那样，直到90岁去世前都在吸烟（增加）。或者他会质疑把癌症与吸烟相联系的研究（改变），也许通过相信行业赞助商来努力反驳这样的联系。

认知失调理论可以帮助我们解释为什么购买一件物品之后，就会提高对它的评价。因为认知元素“我做了一个愚蠢的决定”与“我不是一个愚蠢的人”之间不协调，于是，当某物成为自己的东西之后，人们倾向于寻找一大堆喜欢的理由。一项以赛马为对象的经典研究证明，赌马者在下注后，对他们所下赌注的马的评价更高，并且对他们的胜利更为自信。因为赌马者在这个选择上有金钱的投入，他会通过鼓吹下注的马匹相比没有下注马匹的种种好处来减少这种失调。[15]这种现象的一个应用就是，由于消费者会积极地为他们的购买决策找论据，营销者应该给他们提供额外的强化，以便建立积极的品牌态度。

自我知觉理论

为了缓解认知失调，人们总是要改变态度与行为来保持一致吗？**自我知觉理论**

(self-perception theory) 对失调效应提供了一种不同的解释。[16]它假设人们通过观察自己的行为来决定自己的态度，就像假设我们可以通过观察别人的行为来了解其态度一样。该理论表明，对于自己已经购买或消费的东西（假设是自主选择），我们会持一种积极的态度，这样才能保持一致性。因此，你可能会对自己说："我想我必须在微博上投入大量时间，这差不多要用我生活中的一半时间。"

自我知觉理论能够解释销售人员所谓的**得寸进尺技巧**（foot-in-the-door technique）的有效性。销售人员知道，如果消费者先答应了一个小的要求，就有可能答应更多的要求。[17]这种技巧的名字来自挨家挨户的推销业，敲开门后，销售员将一条腿伸到门里，以免主人砰的一声把门关上。优秀的销售员知道，如果能说服顾客把门打开并且交谈，顾客就有可能购买。顾客同意这么做，就意味着已经愿意倾听销售员的介绍。购买行为的发生与顾客的自我知觉是一致的，"我是个善良的人，愿意从敲我门的销售员那里买东西"。[18]最近的研究指出，当销售人员让消费者做选择时，由于决策本身对认知的要求太高，消费者很难监控自己的行为。其结果是，消费者会倾向于做出一个简单的选择。在很多例子中，顺从地接受销售人员提出的请求比找出拒绝的理由更加容易。[19]

社会判断理论

同样，**社会判断理论**（social judgment theory）假设人们根据已知的或已有的感觉来吸收和同化态度对象的新信息。[20]原有的态度起到指导框架作用，新的信息根据已有的标准进行归类。就像我们认为一只箱子很重，部分是根据与其他箱子的重量的比较。同样的道理，我们对态度对象作出判断时，自己会设计一套主观标准。

这种理论的一个重要方面是，在所发现的信息是否可接受方面因人而异。人们基于某个态度标准，形成了**接受与拒绝的范围**（latitudes of acceptance and rejection）。他们会正面思考和评价属于接受范围内的看法，但更可能拒绝这一范围以外的看法。人们倾向于认为接受范围内的信息与自己的立场更加一致，我们把这种高估称为同化效应（assimilation effect）。

另一方面，人们倾向于认为拒绝范围内的信息更加不可接受，这种夸大被称为反差效应（contrast effect）。[21]对某个态度对象的介入程度越高，对这个对象的可接受范围就越窄。换句话说，这时候的消费者很少能接受远离其立场的观念，他们趋向于反对与其立场有差别甚至只是略有差别的观念。有偏见的购买者只有很小的接受范围（如"有眼光的妈妈都选择老干妈牌辣椒酱"）。相反，介入程度不太高的消费者会考虑更为广泛的选择。他们的品牌忠诚度没那么高，并且会在各种品牌间转换。

平衡理论

你听过这样的表达方式吗？"他的朋友就是我的朋友。""我的敌人的敌人就是我的朋友。"**平衡理论**（balance theory）探讨的是人们如何感知不同态度对象之间的关系，以及人们如何改变态度，以保持这些态度对象一致性（或"平衡"）。[22]一项研究甚至发现，观察者观察到不同个体因为吃相似的食物而推测他们一定是朋友！[23]

这个观点包括三个因素之间的关系（从感受者的主观看法考虑），所以，得出的最终态度结构称为三角。每个三角都包括：（1）一个人和他的感知；（2）态度对象；（3）其他人或对象。这个理论指出，人们渴望三角中元素之间的关系是和谐的。如果出现不平衡，就会感到紧张，意图通过改变感知来达到平衡，消除这种紧张状态。

可以通过两种方式把这些元素组合在一起：或者是归属关系（unit relation），即我们认为一个人与一个态度对象存在某种联系（如一个信念）；或者是情感关系（sentiment relation），即一个人表达喜欢或不喜欢一个态度对象。你可能感到约会的男女双方之间存在积极情感关系。结婚后，他们会有一种积极的归属关系。如果他们离婚，他们就损害了归属关系。

为了理解平衡理论的作用方式，试设想下面的情景：

● 克莉丝汀很想和跟她一起上消费者行为课的拉里约会。用平衡理论的术语讲，克莉丝汀对拉里产生了一种积极的情感关系。

● 一天，拉里戴着一只耳环出现在教室里。拉里对这只耳环具有一种积极的归属关系。

● 克莉丝汀不喜欢戴耳环的男人。她对男人戴耳环有一种消极的情感关系。

根据平衡理论，克莉丝汀面临一个不平衡的三角，如图 8－2 所示。她会通过改变三角中的某些方面来释放压力、重塑平衡。她会怎么做呢？她可以不再喜欢拉里。或者，她对拉里的爱会促使她认为男人戴耳环很有型。甚至她会认为拉里作为学校兄弟会的一员（因此不能自由选择）而必须戴耳环，尝试否定拉里和耳环之间的归属关系。最后，她可以通过选择“离开这个困境”，接受与拉里的室友道格约会（他不戴耳环，但有一个可怕的文身）。应该注意到，这个理论并没有指出克莉丝汀应该选择哪种方式获得平衡，它只能预测克莉丝汀会改变一种或几种看法以达到平衡。虽然这个例子在众多的态度改变途径中显得过于简单，但是它有助于解释一系列消费者行为现象。

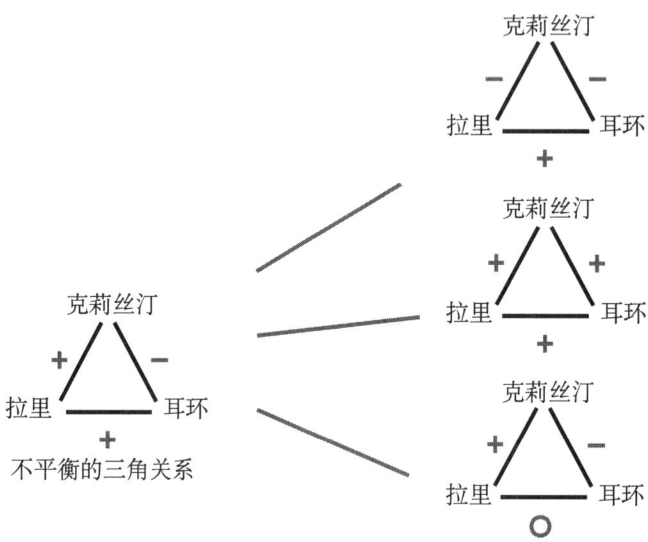

图 8－2　平衡理论

市场机会

消费者往往喜欢宣传自己与成功人士或组织的联系（不管这种连接有多不稳固），以提高自己的地位。研究人员将这种战术称为“借光”。亚利桑那州立大学（ASU）的一系列研究表明，学生希望自己与成功的形象产生一致性——研究案例是 ASU 橄榄球队如何影响他们的消费行为。每个周末球队会打一场比赛，观察员记录学校相关项目的消费，如校园里学生穿戴的有 ASU 标志的 T 恤和帽子。研究人员将这些行为的频率与团队的表现联系起来观察。如果在星期六赢得了比赛，学生们更愿意在接下来的星期一炫耀自己与学校的联系（借光）。比赛传播影响的范围越广，越能够观察到学生穿着 ASU 的标志的衣服。[24]

平衡理论提醒我们，当各种感觉和看法平衡时，态度是最稳定的。另一方面，当不一致出现时，更有可能观察到态度的变化。平衡理论有助于解释为什么消费者喜欢与那些能得到积极评价的物体相联系。对一个流行产品形成一种归属关系（如购买和穿着时尚的衣服，开着豪华的汽车，或追星），也会提升与三角中的其他人的正向关系。

在大学阶段，很多学校与 ASU 一样，通过许可学校名称和标志获得巨额收入。美国很多大学有很强的体育项目，这些学校出售价值数百万美元的商品（从 T 恤到马桶座圈等）。耶鲁大学是相对较晚这样做的学校，但主管说，通过许可使用学校名称获得的收益可能与斗牛犬吉祥物相似：“我们意识到我们的名字对于很多人来说，缊涵很多东西——甚至对从没来过这里的人。此外，这种方法还可以打击那些盗用耶鲁大学校名的球队。”[25]

这种“平衡行动”是**名人支持活动**（celebrity endorsements）的核心内容，市场营销者希望名人的知名度能影响到产品的知名度，非营利组织希望用名人阻止有害的行为。[26]本章后面会详细讨论该策略。值得注意的是，如果公众对名人支持的态度从正面转向负面，这种利用明星和产品之间归属关系的创新也会引火烧身。如百事可乐在麦当娜录制了与性和宗教相关的有争议的音乐光盘之后，还用她代言产品。名人“坏女孩”帕丽斯·希尔顿被逮捕时，这种反效应也发生过。如果明星和产品之间的归属关系受到质疑，这种策略也会带来麻烦。例如，歌星迈克尔·杰克逊是百事可乐代言人，却承认他并不喝碳酸饮料。

学术观点

Jennifer Escalas，范德堡大学

你有喜欢的名人吗？你喜欢在推特或者 Instagram 上关注谁吗？如果名人使用特定品牌，你会买吗？金·卡丝卡茜安（Kim Kardashian）为一种产品发推文，因此获得 1 万美元。Abercrombie & Fitch 品牌赞助电影《泽西海岸》中的明星在上电视真人秀节目时要穿它的品牌。像 Adly.com 这样的公司在社交媒体上用数以千计的名人背书，它们利用明星，如凯蒂·佩里、贾斯汀·比伯和泰勒·斯威夫特在推特上的粉丝，总共超过 2 亿个。

我与吉姆·贝特曼（Jim Bettman）研究名人代言的效应的产生机制，注重研究名人的象征意义，以及这种意义如何转移到品牌上。我们相信，人们在消费中（至少部分）是为了成就自己，与其他人就某些方面进行沟通。例如，消费者可能想与自己驾驶同类车的人沟通。你可能会认为开普锐斯的人与开奔驰的人不同，为什么会这样呢？因为与这两个汽车品牌相联系的象征意义不同。普锐斯是一款混合动力车，所以，车主可能关注环境。而奔驰昂贵，所以车主很可能很富有。

营销人员花费了大量的时间（和金钱！）为他们的品牌创造独特的形象。名人代言是营销人员将象征意义与品牌形象相联系的一种方式。名人在构建和传播他们的自我概念时表现出各种不同的特征，如时尚、坚韧不拔、聪明、性感、成功，甚至是叛逆。这些对消费者来说是有意义的。

消费者不会注意所有明星所代表的不同意义，而更可能接受他们喜欢的名人所代表的与产品关联的那部分象征意义，排斥与他们不喜欢的名人相关联的意义。而且，名人效应发挥好的话，名人形象和产品形象必须契合。所以，美国前总统乔治·布什代言城市旅行商品是没有任何意义的。

我们的研究显示，自我概念构建是特别重要的，名人代言对它有很强的影响。我们看到消费者的身份倾向于如低自尊、孤独或压力等因素时，就到了要重新构建自我的临界状态。我们发现低自尊的消费者偏好广告中的雄心壮志的名人形象，这种形象正是这种消费者自己想要的形象。我们相信这些消费者用与品牌相连的名人形象构建自己的自尊。我们还发现，孤独的消费者和经受高强度压力的消费者倾向于喜欢与他们自己相似的名人代言的品牌。因此，我们发现，名人代言能对消费者产生治愈作用，为他们受损的身份构建一个有意义的身份。

态度模型

当营销研究者希望评价消费者对啤酒品牌的态度时，可能会简单地到酒吧询问许多人“你对百威啤酒的感觉如何”。然而，正如前面所说的，态度要复杂得多。问题在于，产品或服务可能包含多重属性或品质。对不同的个体而言，某些属性和品质显得更为重要，而另一些不重要（“分量太少”“口味棒极了”）。另一个问题是，个人是否按照自己的态度行事，还受到其他因素的影响。例如，购买某种产品是否会得到朋友或家人的赞同。因此，**态度模型**（attitude models）试图详细说明影响人们评价态度对象的各种因素。

多属性态度模型

简单的反应不能回答一切问题，比如为什么消费者会对某种产品有特定的感觉，或者营销者如何才能改变消费者的态度。我们对产品的信念（正确与否）是评价产品的关键。沃纳·兰伯特（Warner Lambert）在对清凉李施德林（Fresh Burst Listerine）漱口水的研究中发现了这一点。研究人员在征得一些家庭的同意后，在他们的盥洗室安装摄像头，以便观察他们的日常作息。购买清凉李施德林和竞争品牌 Scope 的参与者都说，他们用漱口水让口气很好。但 Scope 的用户在使用 Scope 漱口水后很快吐出来，而清凉李施德林的用户则喜欢把漱口水含在嘴里很长一段时间（一个用户甚至含着漱口水直到临上车才吐在下水道里）。这些发现说明李施德林品牌仍然没有改变它的药物形象。[27]

因为态度很复杂，营销研究人员使用**多属性态度模型**（multiattribute attitude models）来理解消费者态度。这种类型的模型假设，消费者对态度对象（A_o）的态度取决于对该对象的多个属性的评价。运用多属性态度模型时，假定可以界定这些特定的信念，并将其综合起来，推导出一种测量消费者总体态度的方法，用来预测消费者对一种产品或品牌的态度。下面以大学为例来说明消费者如何评价一个复杂的对象。

基本的多属性态度模型包含三个要素[28]：

- 属性（attribute）是态度对象 A_o的特性。研究人员会识别多数消费者评价态度对象 A_o时考虑的属性。例如，学术声誉是大学的一个属性。
- 信念（beliefs）是对特定态度对象 A_o的认知（通常是相对于其他类似的态度对象而言）。信念测量评估的是消费者在多大程度上感知一个品牌具有的某种特定属性。例如，一个学生可能会相信北京大学的学术地位非常高（或者，这也许是一致性理论在发生作用，因为你喜欢的作家去了那里的研究生院）。
- 重要性权重（importance weights）反映了某一属性对消费者的相对重要性。虽然人们认为态度对象 A_o具有多个属性，但是其中一些属性比其他属性更为重要（也就是说，消费者会赋予这些属性更大的权重）。而且，这些权重也因人而异。例如，在大学中，一个学生可能强调大学的研究机会，而另一个学生则认为大学的体育运动更重要。

最有影响力的多属性态度模型是**费舍宾模型**（Fishbein Model），它是以最早的开发者费舍宾来命名的。[29]这个模型测量态度的三个要素：

- 人们对某个态度对象的显著信念（salient beliefs），即人们在评价过程中对态度对象的诸多信念。
- 目标-属性的关联性（object-attribute linkage），或者一个特定目标具有某种重要属性的可能性。
- 对每一个重要属性的评价（evaluation）。

综合这三个要素，就可以计算消费者对某一对象的总体态度（后面可以看到，为了提高精确度，可以改进这个基本公式）。基本公式是：

$$A_{jk} = \sum \beta_{ijk} I_{ik}$$

式中，i 为属性；j 为品牌；k 为消费者；I 为消费者 k 对属性 i 赋予的权重（重要程度）；β 为消费者 k 权衡品牌 j 具备属性 i 的程度；A 为特定消费者 k 对品牌 j 的态度评分。

通过将消费者考虑的所有品牌中每个属性的评价与这一属性的权重相乘，就可以得出消费者总体的态度分数（A）。

为了解这个基本的多属性模型如何发挥作用，让我们模拟预测美国高中生桑德拉最有可能上哪一所大学。经过几个月焦急的等待，桑德拉收到四所大学的通知，她必须在其中作出优先选择。我们先要知道，在桑德拉形成对大学的态度中，哪个属性是首要考虑的，可以让桑德拉在大学的每个属性上作出评价，并且确定这些属性对她的相对重要程度。

通过加权每个属性的分值（将属性的得分乘以该属性的权重再求和），我们可以得到她对每个学校的态度总体分值。这些假设的评价如表 8－1 所示。根据这些分析，看起来桑德拉对史密斯大学最偏好。她显然是想到一所具有良好学术声誉的女子大学去上学，而不是去一所提供很多运动项目或社交氛围很浓的大学。

表 8－1　　基本的多属性模型：桑德拉的大学选择

	信念（B）				
属性（i）	重要程度（I）	史密斯大学	普林斯顿大学	路德格斯大学	诺斯兰大学
学术声誉	6	8	9	6	3
女校	7	9	3	3	3
费用	4	2	2	6	9
离家远近	3	2	2	6	9
体育项目	1	1	2	5	1
社交氛围	2	1	3	7	9
图书馆设施	5	7	9	7	2
态度分数		163	142	153	131

多属性模型的营销应用

假设你是桑德拉考虑选择的另一所学校——诺斯兰大学的营销总监，你会如何运用这项分析中的数据来提升学校的形象呢？

充分利用相对优势　如果未来的学生认为一个品牌在某个特定属性上有优势，那么就要对桑德拉这样的消费者强调这个特定属性的重要性。例如，虽然桑德拉对诺斯兰大学的社交氛围评价很高，但是她并没有将这种属性当作选择一所大学的重要依据。作为诺斯兰大学的营销总监，你可以强调社交氛围活跃的重要性，它可以带来不同的经历，甚至可以通过发展同学之间的牢固友谊，为将来的商业联系建立基础。

强化可察觉的产品/属性关联性　营销者也许会发现，消费者并没有将其经营的品牌等同于某种属性。广告活动常常要着手解决这个问题，因而会强调产品品质对消费者的重要性（如“全新的和改进的”）。很显然，桑德拉并不看重诺斯兰大学的学术声誉、体育项目或者图书馆设施。因此，你可以开展一场宣传活动来改善这些看法（如“你所不知道的诺斯兰大学”）。

增加新属性　产品营销者常常通过增加产品特色来将其经营的品牌与其他竞争者区分开来。诺斯兰大学可以强调该大学的一些特色，如为商科专业的学生提供手拉手实习项目，以利用该校与当地社区良好的关系。

影响竞争对手的评价　最后，你可以运用比较广告策略，降低人们对竞争对手的评价。你可以发布一则广告，列举一些地区大学的学费标准，从中看出诺斯兰大学是比较合算的，跟支付的学费相比，学生能获得高价值的回报。

利用态度预测行为

多年来，研究人员一直在运用多属性模型。但是他们经常被一个重要的问题困扰：在许多情况下，一个人的态度并不能准确预测其行为。常言道“言行不一”，许多研究也表明，一个人对某事的态度和他对该事的实际行为之间的相关性不高。一些研究人员备受打击，甚至质疑态度在预测行为方面是否有效。

为此，研究者修订了费舍宾模型，以提高其预测能力。他们把这个新版模型称为**理性行动理论**（theory of reasoned action）。[30]与原来的模型相比，这个新模型附加了几个重要的内容。虽然仍有待完善的地方，但这个模型的预测能力已经有显著的提高。[31]下面是几个修改后的新模型。

意愿与行为

态度具有方向和强度两个属性。一个人可能喜欢或者不喜欢某个态度对象，其明确程度也不相同。所以有必要区分个人的态度是坚定的还是脆弱的，特别是一个人的态度越明确，就越有可能采用相应的行动。一项关于环境保护问题和营销活动的研究发现，那些明确表示对环境负责任（如回收垃圾）的人，其态度和行为之间的一致性程度很高。[32]

社会压力也有助于激励消费者做出承担社会责任的行为。一项研究评估了这种可能性，它比较了酒店采取的各种鼓励客人重复使用毛巾的方式是否有效。当研究人员使用社会性诉求（“大多数客人重复使用毛巾”）时，比功能性诉求（“帮助拯救环境”）有效。他们还发现，当使用跟其他人直接相关的诉求（“这个房间的大部分客人重复使用毛巾”）时，跟针对大众群体诉求（“大多数男性和女性重复使用毛巾”）相比，客人的接受度高很多。[33]这个例子说明，其他人的确影响我们的行动。不管我们是否愿意承认，我们认为其他人希望我们做的事情可能会使我们放弃自己的偏好。因此，这种**规范性的影响**（normative influence）会导致言行不一致。

再仔细看看桑德拉选择大学的例子。表 8－1 显示，她很渴望进入一所著名的女子大学。然而，如果她觉得这个选择不入流（可能她的朋友觉得她的选择很怪异），那么在作出决定时她会忽略或者淡化原来的偏好。我们加入了一个新元素——主观规范（subjective norm，SN），来描述认为别人希望我们应该做什么的这种效应。主观规范的价值取决于两个要素：（1）**规范信念**（normative belief，NB），即别人认为一种行为是否应该发生的强度；（2）对信念的遵从动机（motivation to comply，MC），即消费者在评价行为过程或者购买过程时，在多大程度上会顾及别人的预期反应。

这个新模型也用来测量**对于购买行为的态度**（attitude toward the act of buying，A_{act}），而不仅仅是对产品的态度。换句话说，它关注感知到的购买行为的影响。了解一个人对购买或使用产品的感受要比仅仅了解这个人对产品本身的评价更有效。[34]

为了理解这种区别，以美国大学生安全性行为和避孕套使用的态度为例。虽然被调查的大学生可能对使用避孕套有正面的态度，但研究者能够根据他们的这种反应就得出他们肯定会购买使用的结论吗？通过询问学生们在多大程度上会购买避孕套，研究者可能会得到更精确的结论。一个人也许会对避孕套持肯定态度 A_o，但为了避免尴尬或者麻烦，A_{act}（目标对象购买行为的态度）可能是负的。

理性行为理论在预测行为时的障碍

尽管理性行为理论改进了费舍宾模型，但是如果应用不当也会导致问题。如同第 7 章讨论的个性特质的测量，有时研究者在本不该用的情况下使用这个模型，或者在关于个人行为的假设不一定成立的情况下使用。[35]研究者还可能遇到其他预测行为的障碍：

● 这个模型试图预测实际行为（如吃减肥药），而不是研究者评估的行为的结果（如减肥）。

● 一些结果超出了我们所能控制的范围，如需要与他人协商的购买行为。举个例子，一位女士想获得一份住房抵押贷款，但如果找不到给她贷款的银行，则她的这个意愿就毫无意义。

● 在很多情况下，认为行为代表意愿的假设是不成立的，如冲动性行为、对处境的突然改变、猎奇甚至是简单的重复购买。一项研究发现，这种不可预测事件，如来了客人、天气改变，或者阅读关于某种食物健康价值的文章，都会对实际的行为产生影响。[36]

● 对态度的测量结果与希望发生的行为并不一定有对应关系，问题要么是态度对象 A_o，要么是行为发生的时间。常见的问题是，研究者采用方法的抽象程度不同。例如，了解一个人对运动型汽车的态度，不一定能够预测他是否会购买一辆宝马 Z3 型车。对态度和行为意图之间特殊性的匹配很重要。

● 一个类似的问题是态度测量的时间框架（time frame）。一般来说，态度测量与要评价的行为之间的间隔越长，两者之间的关系越弱。例如，问及消费者在下一星期购买房子的确定性要比问及消费者是否在 5 年后购房的确定性大。

● 与通过广告间接形成的态度相比，个人的直接经历对态度对象 A_o 所形成的态度更为强烈和可预测。[37] 根据**态度可达性观点**（attitude accessibility perspective），行为是个人在所处环境中对态度对象 A_o 即刻感知的函数。但只有遇到了目标对象，大脑中休眠的记忆被激活了，它才会指导我们对目标对象的评价。这些发现强调了这种诱导活动策略的重要性（大量发放产品样本，以鼓励消费者在家里尝试该产品，在商场里免费品尝，在汽车经销商处免费试驾等），这能最大限度地增加营销沟通。

此外，大部分研究者是在西方情境中运用这一理论的。该模型固有的特定行为假设不一定适用于其他文化背景中的消费者。几个文化障碍削弱了理性行为理论的普遍性[38]：

● 这个模型用于预测任何自愿的行为。然而，跨文化中的许多消费者行为，从参加考试、服兵役到预防接种或者选择结婚对象，都不是自愿的行为。

● 主观规范的相关影响与文化相关。例如，亚洲文化倾向于价值的一致性和“给面子”，因此，对于许多亚洲人来说，主观规范会夹杂他人对个体所作选择的预期反应，甚至对个人行为有相当大的影响。实际上，最近对新加坡选民的一项研究能够从选民选举意图中预测候选人的得票情况；反过来，这种意图受到选民对候选人和政党的态度等因素的影响，以及受到主观规范的影响——在新加坡包括对和谐的强调，以及与社会成员之间的亲近关系。

● 这个模型测量了消费者的行为意图，然后假设消费者事先思考并计划将来的行为。这个意图概念假设消费者具有线性的时间观念；他们按照过去、现在、将来的次序来思考问题。这在第 10 章中会讨论，不是所有文化都会认同这种时间观念。

● 消费者形成一种意图时，会含蓄地声称他能控制自己的行为。一些文化倾向于宿命论，不一定相信自主选择的概念。实际上，对来自美国、约旦和泰国的学生做比较研究时，有证据显示，关于宿命论和控制未来的假设与文化相关。

尝试消费

其他一些理论家对态度-行为联系提出了不同的观点，例如，最新的模型被其作者称为**多路径锚定和调整模型**（multiple pathway anchoring and adjustment model，MPAA），它强调态度形成的多种路径，包括外部进入（态度对象中心）和内部外出（个人中心）路径。[39]

另一个试图解决这些问题的观点关注消费者的目标和为了实现目标需要做的事情。**尝试理论**（theory of trying）认为，为了达到一个目标，应该用尝试去代替理性行动模型中的行为标准。如图 8－3 所示，这种观点注意到，在意向和行为之间还有其他一些因素——个人和环境的障碍会阻碍消费者目标的实现。例如，一个准备减肥的人可能不得不应对大量的问题，诸如他可能不相信他会变苗条，他可能有一个擅长烹饪的室友，并常使居所到处散发着诱人的香味，他的朋友可能会对他减肥心生嫉妒，并因此鼓励大吃特吃，或者他可能具有肥胖倾向而仅仅减少饮食中的卡路里也不会有效果。[40]

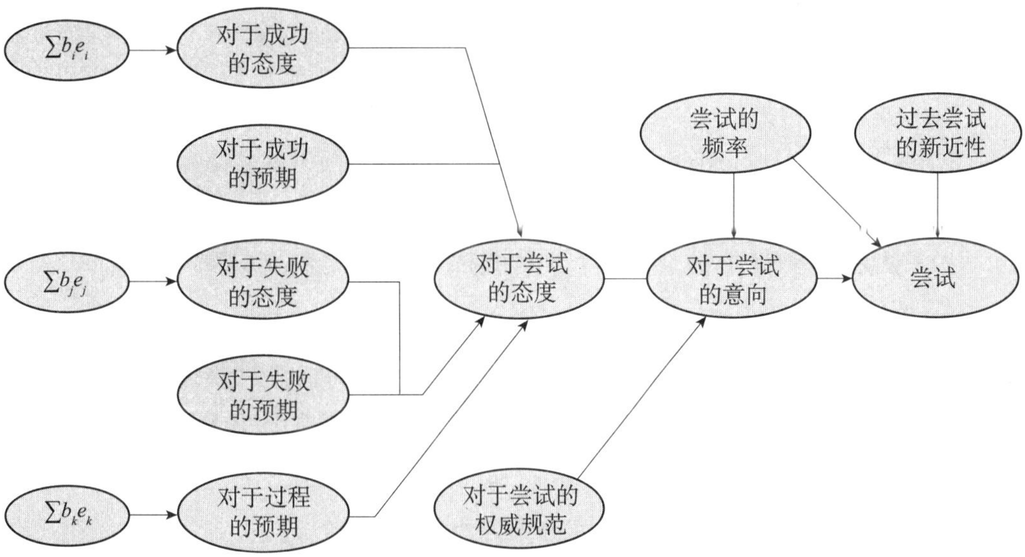

图 8－3　尝试理论

劝说：营销者如何改变态度？

现在就买！广告信息围绕我们不停轰炸，希望我们能改变态度——当然是购买各种产品。这些说服方式包括符合逻辑的论证，也包括图表、图片展示；包括胁迫我们的密友同辈，也包括魅惑我们的明星。本章将回顾一些有助于测量营销传播有效性的因素，重点介绍沟通策略方面的基本问题，它们有助于我们确定是否或者如何形成新的态度，或修正已经形成的态度。

劝说（persuasion）是指积极的试图改变态度的行为。劝说当然是许多营销传播的第一要务。后面我们将学习更多关于营销者完成这一工作的具体方法。但现在，我们先列出一些基本的心理学原理，它们都会影响到人们改变主意，或遵从某一要求。[41]

- **互惠**（reciprocity）。人们在有收获时更乐意给予。这就是为什么附上现金的邮寄调查问卷（有时只是五分或者一角钱而已）与没有金钱刺激的调查问卷相比，回收率平均增加了 65 个百分点。
- **稀缺**（scarcity）。越稀缺的物品越具有吸引力。在一项评价巧克力夹心饼干质量的研究中，那些仅得到两块饼干的参与者比那些得到十块同样饼干的人更喜欢饼干。这有助于解释为什么我们倾向于重视那些限量发售的东西。
- **权威**（authority）。我们更容易相信一个权威的信息源。这解释了为什么当《纽约时报》（不是国家的调查）刊登了一篇有关一个问题的新闻稿时，美国公众对这一问题的舆论就会出现两个百分点的偏移。
- **一致性**（consistency）。如这一章之前所说，人们尽量避免就同一问题表现出言行不一。在一项研究中，一所以色列大学的学生先让居民签署一份愿意赞助残疾人的志愿书，两周后再向这些居民请求捐赠，结果他们筹集到的帮助残疾人的捐款增加了一倍。
- **喜好**（liking）。我们倾向于赞同那些我们喜欢或钦佩的人。在某项研究中，外表好看的募捐者与其他没有吸引力的募捐者相比，筹款几乎是后者的两倍。
- **舆论**（consensus）。我们常常会在决定做什么前考虑其他人做什么。如果先看到捐赠名单里有邻居的名字，人们更可能会捐赠。

决策，决策：战术上的传播选择

假设奥迪以年轻驾驶者为目标消费者，想为一种新款敞篷汽车开展一次广告活动。当开始计划广告活动时，奥迪汽车制造商必须提出一句能够激发购买欲望的广告词。为了提炼出有劝说作用的信息，促使消费者购买这种汽车，必须先回答以下问题：

- 谁作为广告形象代言人来驾驶这种汽车？美国运动汽车竞赛协会的车手？职业女性？真人秀明星？信息源有助于决定消费者是否会接受。
- 怎样设计广告词？应该强调别人都在驾驶潮流车，而你却还守着那辆年久失修的旧车，被潮流远远地抛在后面，还是应该直接把这种车与市场上已有的车型作比较，或者展现一个虚构的场景，其中一个意志坚定的女经理在高速公路上驾驶奥迪时，遇到了让她芳心大悦的陌生人？
- 选择什么媒介来传递这个信息？使用杂志广告？或是电视广告？上门推销？在网站上发表或是创建脸书群？说服博客主写博客？购物者在奥迪经销商那里查看 Foursquare 的购物者？如果制作一个印刷广告，应该刊登在时尚页吗？好管家？汽车和司机？有时你在哪里说话和你说的内容一样重要。理想的情况是，产品的特性应该与其传播媒介相符。举例来说，高声望的杂志在传递产品的整体形象与品质上更具效果，而专业杂志传递数据信息会更有效。[42]
- 目标市场的哪些特征可能会影响广告的接收？如果目标消费者在日常生活中感到灰心，他们可能更易接受一种虚幻的吸引力。如果他们很重视地位，或许广告应表现出当这种车驶过时路人的惊讶、羡慕之情。

传播的要素

传统上，营销者依靠**传播模型**（communications model），这个模型详细说明了为了与顾客沟通营销者必须控制的要素，如图 8－4 所示。其中一个要素是信息源，它是传播开始的地方。另一个要素是信息本身。表达方式有多种，而信息的结构会在很大程度上影响人们对信息的接收。信息必须通过一种媒介来传递，可以是电视、广播、杂志、广告牌、人际接触，或者是火柴盒表面。一个或更多的接收者会根据自身经验来理解这些信息。最后，信息源会收到反馈，以便营销者利用接收者的反应对信息的各个方面作出必要的调整。

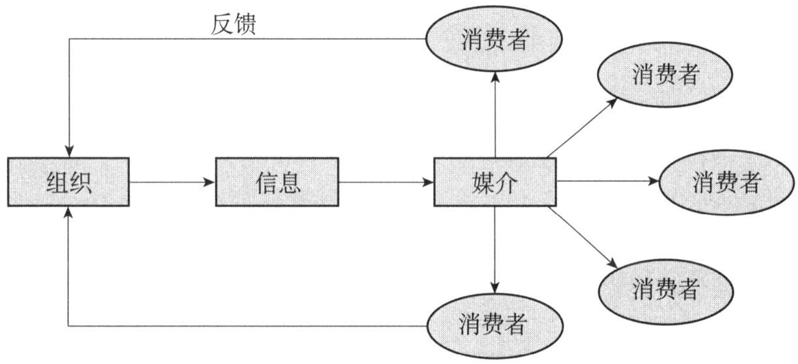

图 8－4　传统的沟通模型

新观点：互动传播

传统的传播模型并非一无是处，但它无法向我们展示出整个过程，尤其是在当今这个多变的互动世界里，消费者比以往有更多的选择，而且更能掌控信息选择过程。[43]

事实上，一种很流行的战略思想是**许可营销**（permission marketing），它的基本观点是，当营销者与同意倾听他们意见的顾客沟通时，效果最好；一开始就不愿意听的消费者不会是好的潜在顾客。[44]然而，那些声称有兴趣了解更多的人很可能接受他们选择要看或要听的营销沟通信息。正如许可营销提示的那样，人们不必只是简单地坐在那里被动接受营销信息，我们有权决定选择看的信息，以及什么时候看这些信息，而且这将成为一种必然趋势。

在这个由社会学家开发的、用来理解大众传播的传统模型中，一个信息源同时向多个接收者发送信息——通常是通过诸如电视这样的广播媒体。这种观点认为，广告的本质是在交易前将信息传递给购买者的过程。信息被看做容易消失的——营销人员向大量观众重复同样的信息，然后，当一个新的广告活动完全取代它时，这个信息就消亡了。正如我们所看到的，这个模型现在失效了，因为我们能够小范围传播信息，或者精准地发送给小众接收者（有时甚至每次只有一个接收者）。

技术的飞速发展与社会的进步使人们在传播中越来越具有主动性，迫使我们不得不重新思考消费者是不是被动的。换句话说，更大程度上，他们在传播过程中是参与者——而不是总待在家里的电视迷。消费者的参与会影响到他们想要接收的信息；消费者甚至还可能会主动地收集某些信息，而不是坐在家里等着信息在电视或报纸上出现。[45]这种新的互动传播模型如图8-5所示。

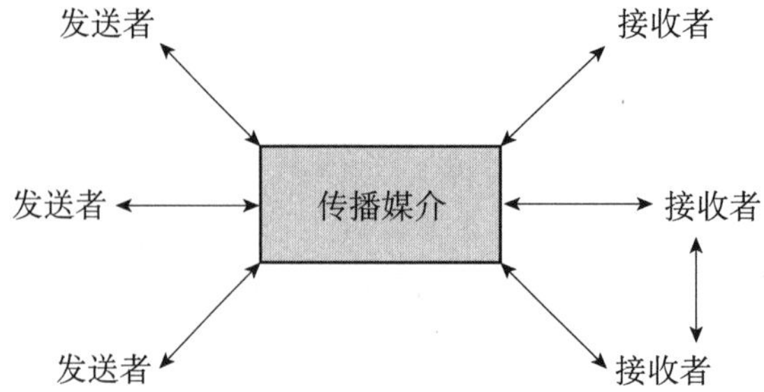

图8-5 新传播模型

这场传播革命的早期迹象之一是看似不起眼的遥控装置。随着录像机在家庭中普及，消费者可以更多地决定什么时候看想看的内容，而不再由电视网络决定什么时候看他们最喜欢的节目。

从那以后，我们控制媒体环境的能力迅速提高。更多人正在用数码录像机（DVR）如TiVo观看电视节目，什么时候想看就什么时候看——直接略过广告。[46]许多人已经在使用“视频点播”（video-on-demand）或“按次计费”（pay-per-view）的电视。显示装置和应答机使我们可以在宴会时决定是否接听某个电话，并在接电话前就知道在电话另一端是不是电话营销人员。仅是一小会儿的网上冲浪就可以在全球识别出志趣相投者、收集到产品的信息，甚至给产品的设计者和营销研究人员提出建议。

信息源

不管是通过“蜗牛式邮件”（经常上网的人对邮政投递服务的俗称）还是电子邮件、短信接收信息，常理告诉我们，同样的话语由不同的人说出来或写出来，会产生非常不同的效果。对于信息源效应的研究已经进行了60多年。通过把同样的信息归于不同的信息源，并测量接收者收到信息后态度改变的程度，可以确定传播者的哪些方面会导致态度改变。[47]

在大多数情况下，信息源对信息被接受的可能性有很大的影响。可以从几个方面来选择能彻底改变态度的信息源。营销者可以选择一个发言人，因为她是专家、有魅力、有名气，甚至是一个令人喜欢和信赖的“典型的”消费者。信息源的两个尤其重要的特征是可信度和吸引力（即我们多么喜欢或相信这个沟通者）。[48]

在选择一个信息源时，营销专家是强调可信度还是强调吸引力呢？这需要在接收者的需求与信息源提供的潜在效益间匹配。当两者匹配时，接收者会更积极地处理信息。举例来说，那些对自身的社会认同度及别人的意见敏感的人更容易被具有吸引力的信息源劝服，而那些有更多自我主张的人则会被可信、专业的信息源动摇。[49]然而，即使是一个值得信赖的信息源，如果她代言太多的产品，她的可信度也会降低。[50]

这种选择也与产品类型有关。一个正面的信息源有助于减少风险，并提高信息的可接受性，但有特殊性的信息源可以有效减少不同类型的风险。对于操作风险较高的实用性产品如吸尘器来说，因为产品比较复杂，不像我们想的那样容易操作，通过专家来改变态度是很有效的。而对于像珠宝和家具这种社会风险高的产品，名人则更为有效，因为使用者更在意他们使用时别人对他们的印象。最后，“典型的”消费者也是有吸引力的信息来源，因为他们与信息的接收者相似，当他们为那些低风险的日用品（如饼干）提供真实生活的保证时往往非常有效。[51]

信息源的可信度

信息源的可信度（source credibility）指沟通者的专业性、客观性或可靠性。它与消费者是否相信某个人是否有能力提供评估不同产品所需的信息有关。

当消费者不太了解某产品或尚未形成任何看法时，一个可信的信息源就非常有说服力。[52]事实上，研究表明，在广告中简单地让消费者知道公司是盈利的，就可以让他们愿意购买广告中的产品。[53]另一方面，一些细微的线索也能削弱这种可信度，例如，广告信息结尾超快速出现的**免责声明**（disclaimers），这是广告主必须提供的额外信息（例如，药品广告结尾会有“可能的副作用包括恶心、腹泻或死亡”之类的免责声明）。虽然人们倾向于认为说得快的人更聪明，但却不会信任他们。如果消费者对产品没有一个正面的态度，一个快节奏的免责声明就会导致他们认为广告商暗藏动机，从而减少信任度。[54]

当一家公司试图宣传其有利于社区的企业社会责任（Corporate Social Responsibility，CSR）活动时，以诚相待特别重要。正如在第2章中看到的，如果消费者相信公司的确做得很好，公司的形象可以扶摇直上。但如果有人质疑该组织的动机，效果就会适得其反（例如，消费者认为，公司花费太多宣传它的善行，而不是投入到实际行动上）。[55]不奇怪，经历过虚假广告的消费者会把这种不信任感从一个信息源转移到另一个信息源，甚至是其他所有信息源，他们很可能认为广告全部都不值得信任——这是真实的影响其他营销人员的案例。[56]

一种广泛用于建立可信度的方法是请专家或名人来宣传产品——这种代言方式并不便宜。但是，这种投入通常是值得的，因为营销分析人员常常用名人的代言合同来评估一个公司的潜在收益，从而影响它的预期回报。一般来说，名人对产品的认可对股票回报有非常积极的影响，从而抵消了请名人做代言人的成本。[57]一项关于名人代言的广告研究表明，用名人代言，与没有名人代言相比，阅读广告的消费者人数多出9.4%。Starch广告研究公司在对2009—2010年间的80 000个印刷品广告进行分析后得出结论：“就有助于增加消费者阅读广告这一目标而言，这些数据的确显示名人代言改变了阅读人数。”[58]

名人的吸引力甚至是固有的：一项研究表明，相对于“普通”面孔，人们的大脑更加关注名人的脸，同时，处理和这些形象有关的信息过程会更加有效。[59]名人提高了公司广告的知名度，同时也提升了公司形象和品牌态度。[60]名人代言策略能使相似的产品有效地差异化。这种情形经常发生，在产品生命周期的成熟阶段尤其有效，因为消费者无法区分竞争产品之间的实际差异。

总体来说，正面的信息源往往会促进态度的改变，但也有一些例外。有时，一个令人厌恶的信息源传递的产品信息同样有效。典型的例子是，一个盛怒的红发人在温迪的商业广告里说“现在好多了”。在有些情况下，由正面的信息源和相对不太正面的信息源所产生的态度改变，随着时间的推移，差异似乎越来越小。过了一段时间，人们似乎就“忘记”了负面的信息源，不知不觉地改变了他们的态度。这个过程称作**睡眠效应**（sleeper effect）。[61]

信息源的影响已吸引越来越多的关注，原因是，**浸入式广告**（native advertising）已成为一种营销趋势。这个术语指将数字信息融合到出版刊物所编辑的内容中去。这种想法旨在吸引那些抵制文章或节目中弹出广告的人的注意力。这些信息可能看起来很像一篇普通的文章，但往往链接到一个赞助商的内容。例如，《名利场》（*Vanity Fair*）杂志网站上的浸入式广告像是编辑过的署名文章，但作者则来自 Vanity Fair Agenda 广告公司。一位广告经理评论说，浸入式广告“不应该跨过任何不属于它的东西，这就是我们所说的浸入的意思”。[62]

当人们认为信息源的资历与其代言的产品相关时，其可信性就会增加。这种联系可以克服人们对代言人或产品的异议。罗纳德·比格斯（Ronald Biggs）在 1963 年英国影片《火车大劫案》（*The Great Train Robbery*）中扮演的角色使他一举成名，此后成功地担任起一家门锁制造公司在巴西的代言人——人们假设他是很懂门锁的人。[63]

值得注意的是，对一个消费市场可信的信息可能对另一个消费者市场没有用。事实上，反叛甚至是离经叛道的名人可能会因此吸引部分消费者。Tommy Hilfiger 利用说唱歌手狗爷（Snoop Doggy Dogg）塑造了一个叛逆、熟悉都市生活的个人形象，借助这位另类模特，公司推出服装生产线和 Coolio 品牌。[64]

消费者如果认为信息源有偏见的话，对产品属性的信任会变弱。[65]**知识性偏见**（knowledge bias）意味着对某个信息源的了解不够准确。**报告偏见**（reporting bias）是指信息源具备所需的知识，但他准确传递知识的意愿打了折扣，就如一名网球明星接受了一家球拍制造商的代言，他会被要求只能使用它的产品。如果专家被看作“雇佣枪手”，即使信息源的可信度较高，他的可信性也会大打折扣。

信息源的吸引力：“美丽的都是好的”

英国乳业公司用 Sex Pistols 乐队的主唱约翰尼·罗顿（Johnny Rotten）在广告中促销其黄油。当这位歌手大吃这种产品时，销售大幅上涨。[66]**信息源的吸引力**（source attractiveness）是指接收者归功于信息源的社会价值。这种价值与个人的长相、个性、社会地位，或者是与接收者的相似性（我们喜欢听从那些与我们相像的人）有关。我们渴望知道同伴的想法，这可以解释为什么脸书和谷歌现在允许**共享代言**（shared endorsements）；那些后续用户或者是评价产品或服务的消费者可能会发现他们的代言人出现在广告页面上。[67]

一些信息源如约翰尼·罗顿很有吸引力，原因是他们很酷，很聪明，或很有名，而有些则仅仅因为长得好看。无论我们走到哪里，总有帅哥美女试图劝服我们购买或做某些事情。正如第 6 章所介绍的，我们的社会给予有吸引力的外表更高的价值。我们往往容易把漂亮的人想象得更聪明、更酷、更快乐。这种假设称作**晕轮效应**（halo effect）。当人们认为那些在某些方面突出的人在其他方面也会很杰出时，这种效应就发生了。这种效应可以用本章之前的一致性原理来解释，当人们对一个人的全部评价都一致时，他们会感觉更好。

外表有吸引力的人经常能得到帮助，因为人们总是认为他们在其他领域也很擅长。偶尔晕轮效应会适得其反，比如观察者暗示有人利用了这种吸引力（比如美女有时会被贴上标签“美色诱惑者”)。一项研究发现，好看的小孩往往更少得到成年人的帮助（至少在一些小事上），因为人们假设他们更有能力自己处理好。这项研究暗示，慈善组织可能要考虑使用不那么有吸引力的孩子来请求捐款，这颇具讽刺意味![68]注意：心理学家也提出了相反的效应，即扫帚星效应（forked-tail effect），它描述的是一个没有吸引力的人也不会擅长其他事情的假设。这样看来，天使和魔鬼同在。

明星的力量：名人作为传播信息源

名人兜售的产品很多，从烤架（乔治·福尔曼（George Foreman））到香水（珍妮弗·洛佩兹）不一而足。根据前面讨论的一致性原理，当明星和产品之间存在符合逻辑的联系时，这些信息更有效。鲍布·狄伦（Bob Dylan）居然会代言维多利亚的秘密品牌内衣（是的，他真的这么做了），营销人员真需要重读他们的消费行为学教材了。[69]不仅如此，青少年偶像贾斯汀·比伯居然将自己的名字印在所有产品上面，包括指甲油。[70]

明星的力量得以发挥，是因为名人蕴涵文化含义（cultural meaning）——他们象征重要的社会分类，如地位和社会阶层（如工薪阶层的英雄凯文·詹姆斯（Kevin James））、性别（如大众情人莱昂纳多·迪卡普里奥（Leonardo diCaprio））、年龄（如孩子气的迈克尔·J. 福克斯（Michael J. Fox）），甚至是性格类型（如《欢乐单身派对》中古怪的克莱默）。理想状态下，广告商决定产品该传递什么样的含义（即它在市场上该如何定位），然后选择一个能体现相似含义的名人。这样一来，通过明星这个工具，产品的含义就从制造商传递给了消费者。[71]

非真人的代言人

名人代言战略有些缺点。如之前提到的，名人的动机也许值得怀疑，尤其是在宣传与自己形象不符的产品，或消费者开始相信这些名人绝不会碰他们不喜欢的产品（仅为了酬劳）时。他们可能卷入丑闻，或者偏离品牌想要达到的形象，例如，为某牛奶教育计划作广告代言的明星玛丽-凯特（Mary-Kate）却因没有披露的健康问题而接受医院治疗。

基于这些原因，一些营销者寻找名人的替换者，包括卡通人物和吉祥物。正如一家为运动队和企业生产制服的公司营销经理说的那样：“你不用担心给吉祥物恢复名誉。”[72]研究表明，事实上，诸如皮尔斯伯里团子、切斯特猎豹、GEICO 壁虎这样的**卡通代言人**（spokescharacters），确实有助于提高广告受众对广告的回忆和品牌态度。[73]近年来，史努比（出现在大都会人寿保险广告中）、会说话的 M&M 巧克力豆等一批卡通代言人非常受欢迎。[74]

正如在第 7 章中看到的，化身（avatar）越来越多地替代了有血有肉的真人代言人。化身是印度教中的术语，是指以超人或动物的形式现于人世的神。在计算机世界里，它意味着可以在一个虚拟的图形世界里逛来逛去的人物。在众多虚拟世界里，消费者设计出他们的化身，反映自己独特的个性、愿望和细想。

使用虚拟化身与真人模型相比，其优点包括实时改变化身来适应目标受众的需求。从广告的角度看，使用化身的成本也比使用名人更划算。在人员销售和客户服务方面，它们可以同时服务多个客户。它们在地理上不受限制，可以每周 7 天、每天 24 小时工作，从而让公司的员工和销售人员腾出手来做其他工作。[75]

信息

信息源发送信息方式的细微方面都能影响人们理解信息源所说的话。例如，如果信息源指称品牌如“你”、“我们”或者更抽象的“品牌”，都能改变人们对产品的感觉。一个更贴心的指代可以加强品牌与消费者积极的情感关系，但也可能因为人们对产品的感觉不一致而感到不愉快。[76]

甚至是一则印刷广告的布局设计，都传递了消费者如何与广告产品相关联的信息。如果一个品牌希望顾客将它视为一个“朋友”，那么，让模特使用的产品形象出现在模特的水平方向且靠近模特的地方，效果会更好；另一方面，如果品牌想要顾客把它看做“领袖”，那么在广告中，最好把品牌放在使用者上方稍远一点的地方。[77]

一项针对1 000多条商业广告的重要研究确定了一条广告信息是否具有说服力的一些决定因素。唯一一个最重要的特征是：传播中是否强调产品的独特属性或利益?[78]好的信息和糟糕的信息的一些特征如表8-2所示。

表8-2　好的信息和糟糕的信息的特征

积极效果	消极效果
表现使用的便利性	大量关于组成部件、成分含量或营养物质的信息
展示新产品或改进的特征	户外背景（信息丢失）
刻画背景（即人们不经意看到信息）	在屏幕上展示过多的人物形象
与其他产品的间接比较	图形展示
展示产品的实际效果	
展示真实结果（如光泽有弹性的头发）	
由演员扮演普通人	
没有主要的人物（即更多的时间投入给产品）	

资料来源：Adapted from David W. Stewart and David H. Furse, “The Effects of Television Advertising Execution on Recall, Comprehension, and Persuasion,” *Psychology & Marketing* 2 (Fall 1985): 135-60. Copyright © 1985 by John Wiley & Sons, Inc. Reprinted by permission.

消费者也许会发现许多广告让人困惑，更糟糕的是，有些广告让人讨厌。在一项对让人讨厌的广告的重大研究中，研究者调查了500个在黄金时间播出并引起消费者负面反应的广告。最让人不愉快的广告是那些妇女卫生巾广告，痔疮药、泻药广告以及女性内衣广告。研究者明确了以下一些会冒犯消费者的问题：

- 广告展示一个很敏感的产品（如痔疮药），而且强调其用途。
- 场面不自然和过分夸张。
- 在外貌、体形、知识或修养等方面贬损一个人。
- 威胁到了重要的关系，如婚姻。
- 画面引起生理不适。
- 广告中由于一个主张或某个敌对人物的出现而造成令人不适的紧张。
- 塑造了一个没有吸引力或冷漠无情的角色。
- 出现性别暗示场景。

- 广告粗制滥造。

信息本身的特征有助于确定它对消费者态度的影响程度。相关变量包括：信息的内容和表达方式。根据营销者的目标和产品的性质，不同类型的信息会产生不同的效果。创建信息时营销者面临以下问题：

- 信息应该以文字还是图片的形式来传播？
- 应该以什么频率重复信息？
- 应该给出结论还是留给听众去思考？
- 应该展现正反两面的论点吗？
- 把某个产品与其竞争产品进行明确的比较是否有效？
- 是否应借助令人侧目的性感魅力？
- 是否应唤起消费者诸如恐惧之类的消极情绪？
- 讨论与比喻应该具体和生动到什么程度？
- 广告是否要新奇有趣？

用文字还是图片？

“一图胜千言”这个说法表达的意思是，视觉刺激可以产生巨大而有效的影响，尤其是当传播者想要影响接收者的情感反应时。基于这个原因，广告人常常特别强调运用生动、富于创新的插图或照片。[79]

另一方面，在传达具体实际的信息时，图片并非总是有效的。包含同样信息的广告分别以视觉形式或文字表述形式来展现，可能会引起不同的反应。文字形式会影响对产品功能效用方面的评价，而视觉形式会影响对审美方面的评价。当文字表述与图片相结合，尤其是插图恰当时（图片的信息与解说词强相关），文字表述因素将更有效。[80]

由于处理文字表述需要付出更多的努力，它更适合高度介入的情况，如印刷广告内容能真正激发起读者的兴趣，引发注意。因为文字材料很快就会被忘掉，为获得期望的效果，就需要更加频繁地曝光。相比之下，视觉图像可以让接收者在编码时（见第 4 章）将这些信息组块。而组块会留下更深刻的记忆痕迹，在比较长的时间内有助于信息提取。[81]

广告解说词中对产品属性的具体讨论也会影响该属性的重要性，因为人们会对此更加注意。例如，在一项研究中，参与者阅读两个版本的手表广告，一个手表广告的解说词说“行业资料显示，每四块发生故障的手表中，有三块是因为进水而导致的”，要比表述成“行业资料显示，很多手表是由于进水而出现故障的”更加有效。[82]

我们应该重复信息吗？

重复对于营销者来说是一把“双刃剑”。正如第 4 章所指出的，为了引发学习，通常需要对某一刺激物进行重复曝光。与“熟悉产生轻视”的说法相反，人们往往喜欢更熟悉的事物，即使最初并不那么喜欢它们。[83]这种现象称为**屡见现象**（mere exposure phenomenon）。

广告商在人们熟知的产品种类中，也发现广告重复的积极效果——重复产品信息可以提高消费者对品牌的认知，即使其中没有新内容。[84]另一方面，正如第 6 章中所看到的，太多的重复会产生习惯，消费者由于疲劳或厌倦不再注意那些刺激。[85]过度曝光会产生广告疲劳（advertising wear-out），即在看了太多遍广告后产生的负面反应。[86]研究表明，让一位观众接触产品广告，“重复三遍最有效”。额外的信息反倒会引发怀疑，实际上会抵消积极的效果。

双因素理论（two-factor theory）解释了熟悉与厌倦之间的细微界限，该理论认为，当向一位观众反复播放一则广告时，会有两个独立的心理过程同时进行。重复的积极方面是提高对产品的熟悉度，从而减少对产品的不确定性；而消极方面则是随着时间的推移，厌倦感会随着每一次曝光而增加。在某些时点上，当厌倦感超过广告信息减少的不确定程度时，就会导致广告疲劳，如图8-6所示。如果每一次曝光都持续相当长的时间（如60秒的长广告），其结果尤其明显。[87]

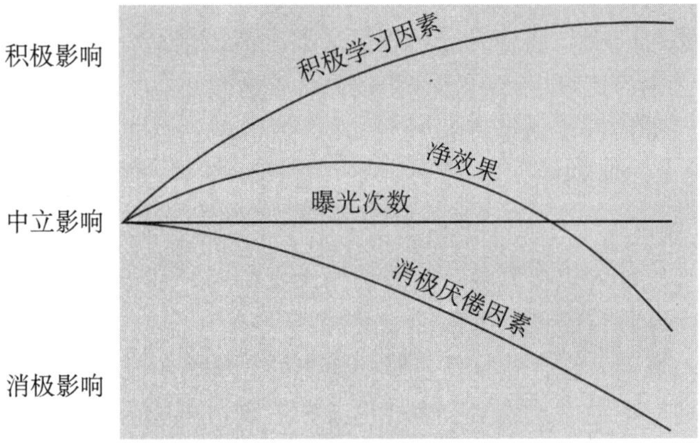

图8-6 信息重复的双因素理论

这一理论意味着，可以通过缩短每次重复曝光的时间（如用15秒的短片）来克服这个问题，也可以随着时间变化对广告的内容作细微改变。尽管每个短片可能会不同，但都是围绕一个共同的主题。这样既保持了熟悉感，又减少了厌倦感。那些看到同一产品不同广告的受众与重复看到相同信息的受众相比，会了解到更多的产品属性信息，并对品牌更有好感。这种附加信息可使人们在面对一个竞争品牌的反击时，仍然拒绝改变自己原有的态度。[88]

如何构建论点?

许多营销信息都像是辩论或验证：往往是某人呈现某种证据并试图使接收者相信，从而改变观点。因此，表现论据的方式就非常重要，可能和它的内容一样重要。毫无疑问，我们提出一个论点的方式可能和我们所说的内容一样重要。正如我们在第5章讨论的，将产品与一个人的身份联系起来，从而提高介入度是个不错的方法。另一方面，有些做法太过火。最近的一项研究表明，受访者被要求专注于对环境问题的态度，以激活他们在这一方面的身份。然后，受访者被分为三组，分别向他们展示为Charlie's Soap可生物降解洗面奶设计的三个广告口号之一。其中的一个口号只是说这款产品是“消费者的好选择”。第二个口号与环境问题相关，说这个产品是“绿色消费者的好选择”。第三个口号的宣传更进一步，说这个产品是“绿色消费者的唯一选择”虽然许多经理人预测第三个口号将是最有效的，但事实上，第二个是最有效的，最后一个广告口号宣传得太过火。[89]

学术观点

Pierre Chandon，欧洲工商管理学院

我一直对食品营销感兴趣，想知道食品如何使人发胖，消费者研究是否能帮助找到解决方案，不用影响饮食或食品工业的发展来提高健康水平。

肥胖的流行主要是由于不断增加的食物尺寸。而我们减少肥胖的努力主要集中在试图影响人们吃什么而不是吃多少。传统的公共政策方案（警示、标签、税收、禁止）受到食品工业的抵制，食品工业一直专注于食物重组。不幸的是，这些努力都只取得了有限的成果，因为他们的努力被视为在干扰人们自由享用喜爱的食物。

我的研究表明，监管机构和食品企业可以联合起来，让人们更快乐地吃少量的食物来对付肥胖，在公共卫生、商业、饮食享受三方面做到三赢。下面是我们的做法：

- 改善食物和包装尺寸的感知。视觉的偏见使我们强烈低估了今天的超级大餐，同时又抵制压缩包装尺寸。基于对这些偏见的了解，我们可以提高对食物尺寸压缩的接受度，让原来的小规格尺寸的食物重新回到餐厅菜单上（重构为一个“正常”大小的认知和偏好），或通过“隐形”瘦身方式，拉长而不是缩短的包装在超市售卖。
- 注重饮食的感官愉悦，而不是食物的数量甚至健康。我们发现，感官愉悦（第一口达到愉悦高峰）导致学校的孩子和快餐店的顾客更愿意为小包装付高价。在学校通过感官意象训练和在餐厅用更多栩栩如生的菜单描述，可以很容易地做到这点。

食物和饮食是迷人的研究领域，因为它们牵涉到认知和社会心理学、社会学、经济学乃至哲学的一个相关味道的分支（美学）。因为我们都吃东西，因此，很难找到对那些未知的影响我们吃什么、什么时候吃、吃了多少等方面的因素不感兴趣的人。例如，在另一项研究中，我发现，人们在最喜欢的足球队被击败后吃得更多，身体也不太健康，尤其是对同一实力的对手来说，在一场险胜的情况下更是如此。而在喜欢的球队胜利后，则吃得更少，也更健康。我们还认为，这是因为球迷把他们的球队输球看作自己的失败（我们说“我们输了”，而不是“他们输了”），因而更难以自我调节。[90]

大多数广告仅仅展现一个或几个积极的产品属性或购买原因。这种情况称作支持性论据（supportive arguments）。另一种选择是使用双面论据广告，将正反两方面都呈现出来。研究显示，尽管双面论据广告没有被广泛采用，但是十分有效。[91]

为什么营销者会将其广告空间用来宣传产品的负面属性呢？因为在适当的情况下，使用**反驳型论据**（refutational arguments），即提出不利方面，然后再加以解决的方式很有效。这种方法提高了信息源的可信性，因为它减少了报告误差（reporting bias）。这意味着，信息接收者认为，信息源已经充分考虑了正反两方面的论据。此外，那些对产品持怀疑态度的人可能更容易接受一个平衡的论据，而不是“漂白”过的论据。[92]例如，在通用汽车宣告破产以后，一则广告这样说：“我们应该完全诚实：没有公司想要接受这样的结果”。[93]研究表明，当专家对他的立场有足够强的论据时，适当地表达一些不确定比只明确地陈述单方面正确的信息更有效。[94]

这并不是说，营销者应该过分表现其产品的主要问题（尽管他们不承认这点）。典型的反驳策略是把自己的产品与竞争产品比较，指出那些相对不重要的属性所存在的问题或不足，然后通过强调积极和重要的属性的利益来抵消这些小缺点。例如，安飞士公司大力宣称它仅是汽车租赁业的第二名，而大众汽车的一则广告把它的一部汽车悲伤地描述为中看不中用的“柠檬”，因为这部车仪表盘黄条纹间有一丝划痕。[95]当观众受过良好教育（并假定他们重视平衡的观点）时，双面证据策略似乎是最有效的。[96]当接收者对产品还没有产生忠诚时，也最好采用这个策略，而美化可能存在的缺点可能会增加不必要的麻烦。

一个重要的结构性问题：论据是该得出结论，还是仅仅亮出观点让消费者自己去做决定？一方面，由消费者自己来推断，而不是由别人强加给他们，可以形成更坚定、更易理解的态度；另一方面，留下未明确的结论可能会导致消费者无法形成所需的态度。

对这一问题的选择取决于消费者处理广告的动机和论据的复杂程度。如果信息与自身相关，人们会予以关注并本能地形成推论。然而，如果论据难以理解或消费者缺乏理解它们的动机，在广告中给出结论也许会稳妥一些。[97]

我们该用自己的产品和竞争对手对比吗？

美国联邦贸易委员会（FTC）在1971年发布的指南中，鼓励广告人在广告中提到竞争品牌的名字。采取这一措施是为了使消费者能在广告中获得更多的信息，而且事实上最近的迹象也表明，这类广告呈现形式的确导致了更加理智的决策制定。[98]然而，广告主需要小心处理，尤其是要当心冒险惹火其他公司。福克斯公司拒绝了由SodaStream公司设计的2015年超级碗广告，因为女主角斯嘉丽·约翰森本能地抿了抿自制苏打水说：“对不起，可口可乐和百事可乐。”[99]

比较式广告（comparative advertising）是指这样一种策略，它在一条广告信息中对两个或更多的知名品牌，围绕一个或几个特定的属性进行比较。[100]例如，Arby投放的一则推广其鸡肉三明治的广告就使用了比较式广告策略。在一个发生在假想的麦当劳会议室里的广告情节中，有位年轻人试图说服麦当劳经理给他提供一种比较健康的鸡肉，“我建议麦当劳不要在鸡肉里放盐和水。如果要换的话，只能是用100%天然的鸡肉换成你们这样的只有70%的鸡肉。”房间里爆发出一片笑声。在广告结尾，画外音出现：“与麦当劳不同，所有Arby鸡肉三明治都是用100%天然的鸡肉做成……”研究表明，这种策略对于那些已有正面品牌形象的产品更加有效。[101]

这种策略会带来双重效果，尤其是当信息源以一种令人生厌或消极的方式来描述竞争者时。尽管一些比较式广告产生了期望的态度改变或积极的广告态度，但同时也发现，广告的可信度会降低，还可能会进一步导致**信息源贬值**（source derogation，消费者可能会怀疑那些广告主有偏见和是否可信）。[102]实际上在某些文化（如亚洲）中，很少见到比较式广告，因为这种对抗的做法被认为太具攻击性和无礼。

新信息格式：社交媒体革命

奇特的“冰桶挑战”在2014年秋季横扫互联网，这是一种利用社交媒体为慈善事业服务的新方法，该项活动要求人们自拍在自己头上浇一桶冰水的过程，这些视频迅速在网上流传，从而为A. L. S（肌萎缩侧索硬化症，俗称“渐冻人症”）研究募集了超过 1 150 万美元。研究人员解释其成功的原因在于信息中包含若干要素：在 24 小时期限内，或者在头上浇冷水，或者是捐款（一个特定的目标而不是一个抽象的人）；挑战的公共性质，让参与者在线分享自拍；以及参与其中的一点自我牺牲精神。是的，当人们必须为某个原因遭一点罪时，往往倾向于捐更多的钱。研究人员把这种现象称为**受难效应**（martyrdom effect）。正如有人说的那样，我们本该更喜欢快乐而不是痛苦，但说到慈善，情况就不同了。[103]

一系列通过文字和图片传输信息的新办法为营销者提供了替代传统电视广告、广告牌、杂志等媒介的新工具。[104]营销人员利用**移动电子商务**（M-commerce，移动商务），借助手机、掌上电脑和 iPod 等移动装置，来推广产品和服务，已成热潮。欧洲和亚洲的消费者已经通过手机来连接周边的世界，而在美国才刚刚开始。在亚洲，小小的手机屏幕已经成为电子钱包，人们可以从自动售货机等终端设备买可乐，麦当劳可以借此发放优惠券。

如果你使用微信、微博或领英，那么你就是全球范围内使用**社交媒体**（social media）应用的数十亿人之一。社交媒体是指一组技术，使用户能够创建自己的内容，并与其他成千上万甚至数百万人分享。我们将在第 14 章深入讨论更多社交媒体细节。商家能利用这些新技术与客户沟通。其中的一些社交媒体甚至可以使用多个平台，并整合社交媒体与现实世界的经验。**跨媒体讲故事**（transmedia storytelling）策略通常包括网站、博客、电子邮件、记录电话，甚至是公共空间里的涂鸦信息等传播媒介。

现实工程师

美国宾夕法尼亚州的阿尔图纳市暂时更名为“POM 美妙的礼物：最伟大电影”来促销一部大众电影，该电影以嘲弄的手法模仿植入式广告：电影生产者把这个标题以 100 万美元卖给 POM 奇妙石榴汁制造商。[105]**现实工程**（reality engineering）是指营销人员运用流行文化元素作为宣传工具。[106]很难说什么是真实的；专家甚至制造“旧牛仔裤”，他们在制造新牛仔裤时，甚至用化学清洗、砂纸打磨和其他技术来使牛仔裤看起来像要被淘汰了。这个行业有一个术语概括这种矛盾：新的老式！[107]

今天，草根大众努力吸引人们注意力的做法被称为**游击营销**（guerrilla marketing），这种促销策略使用非常规的手段和场所，激发产品口碑。这不是胡闹，这个术语意味着营销人员“伏击”毫无戒心的受众，因为广告信息突然涌现在人们意想不到的地方。这些广告通常招聘大批真正的消费者，这些消费者同意参与某些街头戏剧表演，或者把广告信息放在某些非常规地点，如公共厕所或城市人行道，旨在吸引饱受信息滋扰的消费者的注意。

现实工程师有许多工具可用。他们把产品植入电影，将气味喷洒在办公室和商店里，在出租车后面装上视频监视器，在警察巡逻车上购买广告位，或拍摄伪造的“纪录片”，如《女巫布莱尔》。[108]这个过程如今正在加速：对百老汇戏剧、畅销小说、流行歌曲歌词的历史分析表明，一直以来都在越来越多地使用真正的品牌名称。[109]

这里有几个现实工程师的例子：

- 美泰宣布将给马里布芭比梦幻房子挂上一块“待售”的牌子，自 1971 年推出马里布芭比娃娃，这些玩偶人物就一直住在这个房子里。这一做法融合了现实和想象的元素。负责销售的房地产网站Trulia的一个部门将这项资产描述为“无与伦比的梦想之家”。[110]

● 史泰博办公用品连锁店旗下的网站Quill.com经营美国宾夕法尼亚州斯克兰顿的Dunder Mifflin纸业有限公司的系列产品。每个粉丝都知道，这是电视剧《办公室》里虚构的办公室场景，该电视剧在播出第九季之后停播了。[111]

● Coachella音乐节用已故歌手图派克·沙克（Tupac Shakur）的“虚拟表演”（通过全息图）作为头条新闻。YouTube报告称，在48小时内就有150万个观众观看。[112]

产品植入

詹姆斯·邦德的新电影《幽灵》2015年上映时，英雄和恶棍互相追赶的豪车包括阿斯顿·马丁、揽胜、捷豹C-X75。[113]珍妮弗·洛佩兹的音乐视频歌曲《活起来》中，出现了诺基亚、冰手表，还有白鲸伏特加。苹果获得了2014年电影植入式广告最高荣誉。在简的处女电视秀和美国广播公司现代家庭节目中，丰田汽车和塔吉特商店都有广告植入。[114]

这是一个相当大的变化；在并不遥远的过去，电视网络要求制造商的品牌改名之后才能出现在电视节目中，如在《飞跃情海》（*Melrose Place*）中，诺基亚手机的名字改成了“Nokio”。[115]今天，真实产品到处可见。成熟的品牌为电视节目增添现实主义光环，而新品牌因曝光而受益巨大。在电视剧《欲望都市》中，卡丽的助手承认，她从一个手袋租赁网站Bag Borrow那里“借”了一个昂贵的手袋。该公司的营销负责人评论说：“这就像美国《家政》杂志的批准印章。它给我们即时的信誉和认可。”[116]

《欲望都市》让Bag Borrow网站获得了一个免费广告植入机会（哎呀，它现在就在这里又得到了一个机会）。然而，在许多情况下，没有所谓意外的植入。**植入式广告**（product placement）是在虚构的电影、电视节目、书籍和戏剧中展现真实产品。种类众多的产品在我们的文化中扮演主要角色（或者至少支持）；最明显的品牌包括可口可乐、耐克服装等。[117]

产品植入绝不是一个偶然的过程：营销人员每年支付约250亿美元在电视和电影中植入他们的品牌。几家公司专门负责安排这些场景，如果幸运的话，道具师在节目中会考虑如何用较少的成本让顾客注意到客户的产品。例如，在电视剧《实习医生格蕾》中，有一个场景是自助餐厅现场，伊莎贝尔·斯蒂文斯碰巧喝一瓶石榴果汁饮料Izze。代表百事可乐的植入广告公司没有任何花费就在这个场景中植入了品牌，但是，当这个新品牌出现在HBO的《随从》、CBS的《生活大爆炸》和《老克莉丝汀的新冒险》节目中时，百事可乐公司就不那么容易蒙混过关了*。[118]

今天，大多数影视作品中都存在真实的产品，大部分消费者相信广告和影视节目之间的界限正变得模糊不清。[119]一项研究表明，如果影视情节中明显展示产品利益，消费者对这样的植入式广告反响较好。同样，如果一家零售商为在ABC公司的《改头换面》（家庭版）节目中获得救助的贫困家庭提供家具、衣服、电器和其

* 意思是说，必须为品牌植入付钱。——译者注

他生活必需品，观众的印象会比较好。[120]

一些研究人员声称，植入式广告有助于消费者决策，因为这些熟悉的道具会产生一种文化归属感，同时也会产生情感安全感。另一项研究发现，与节目情节一致的场景产品植入能提升品牌态度，但与情节不一致的植入对品牌态度有消极影响，因为植入的产品显得格格不入。[121]

广告游戏

目前大约 3/4 的美国消费者玩电子游戏，但对许多营销者来说，把他们的品牌与游戏故事结合在一起的想法仍然是严守的秘密。而 Axe、Mini Cooper 和汉堡王等品牌已经公开运用这一策略，它们创建了叙事游戏让玩家沉浸其中。旅程网（Orbitz）提供可以玩的旗帜游戏，导致其网站的点击链接率高出其他任何一个在线旅游网站。然而，这些链接似乎鼓励暴力行为，因而引发批评。最近，游戏厂商艺电（EA）推出《战士荣誉勋章》游戏，公司提供一个网站链接，直接链接到枪支、刀具以及攻击性武器如狙击步枪和配件的真实产品制造商网站。玩家抗议后，EA 中止了链接。[122]

尽管如此，**广告游戏**（advergaming）的未来还是光明的，在线游戏融合互动广告能让公司瞄准特定的目标消费者。这些植入式广告可以是赛道上短期暴露的广告牌，或者是采取品牌化娱乐方式，将品牌直接融入游戏中。在 YouTube 和其他网站上由使用者生成的视频如雨后春笋般涌现，从而形成了一个不断增长的与这些资源进行广告链接的市场。这一战略的发展非常迅速，甚至有一个新的（已注册）术语　**Plinking™**是在视频中插入产品或服务链接的做法。

这种新媒体为何如此火爆?[123]

- 与 30 秒的视频广告相比，广告游戏的广告主能吸引受众更长时间的注意力。玩家平均在广告游戏场景中花 5～7 分钟时间。
- 心理学家的测量显示，玩家在玩游戏时异常兴奋，注意力高度集中。
- 营销人员可以根据不同用户的配置，定制游戏的性质和产品。可以直接将战略游戏向高学历、受过教育的用户开放，而向年轻用户提供行动游戏。
- 这种形式给广告商提供了极大的灵活性，因为游戏制造商现在将电脑视频游戏的空白处插入虚拟广告。这使得广告商可以随时在网上改变信息，只为真正看到它们的玩家付费。索尼公司现在允许客户直接在 PlayStation 3 视频游戏中插入在线广告；通过用户的互联网连接，游戏中的广告随时间变化。
- 追踪使用和营销研究还有很大的潜力。例如，在美国动视（Activision）的《托尼霍克地下滑板 2》（Tony Hawk's Underground 2）游戏中放置的听不见的音频信号，每当游戏玩家查看游戏中植入的 Jeep 产品时，就向尼尔森监测系统发出警报。

信息诉求的类型

一个有说服力的广告可以扣动你的心弦，令你吃惊，令你欢笑，令你哭泣，或是令你期待去了解更多。在这一部分，我们将回顾广告商可选择的主要广告类型。

感性诉求与理性诉求

高露洁棕榄的“全效”品牌是第一种宣称可以消除牙龈炎的牙膏，这个利益让高露洁在十多年来第一次比宝洁的佳洁士牙膏略胜一筹。高露洁首次为其新进入品牌进行科学定位，强调“全效”品牌的抗菌能力。在新广告中，前广告模特波姬·小丝（Brooke Shields）与两个孩子（不是她自己的）一起快乐地玩耍，背景是轻音乐。她声明：“健康的微笑对我很重要，不仅是因为我是演员，还因为我是妈妈。”[124]

那么，打动头脑和打动心灵哪一个更佳？答案常常取决于产品的性质以及消费者与之关系的类型。很难测量出理性诉求与感性诉求的精确效果。尽管从回忆广告内容上，“思考型”广告比“感受型”广告显得更有利，但是传统的广告效果测量方法（如日后的回忆）可能并不适用于评估情感型广告的累积效果。这是因为开放性的测量方法主要面向认知反应，而情感型广告可能会因为对它的回应不容易说清楚而处于不利地位。[125]

性诉求

卡夫公司的一个 Zesty 意大利沙拉酱的不雅广告吸引了保守的激进组织——百万妈妈的注意。成员到网上抗议印刷广告呈现的是野餐中的裸体壮男模特。该组织表示：“上周 *People* 杂志在封面上出现了卡夫产品最恶心的广告。一个完整的双页广告，一个裸男躺在一张野餐毯子上，仅仅一小部分毯子覆盖他的生殖器。很容易看到广告的真正卖点。”卡夫公司回应说：“我们卡夫调味料‘让我们快乐起来’广告，只是一种引起消费者注意的有趣和调情的方法。人们都说他们喜欢这个广告，觉得它很好玩。”[126]显然，不是每个人都这样认为。

根据普遍支持的“性感销售”信念，从香水到汽车等诸多产品的营销传播都以大量的性暗示为特征，这些暗示从微妙的比喻延伸到肌肤的显露展示。当然，**性诉求**（sex appeals）的流行程度因国家而异。即使是美国公司，能在其他各国使用的广告也不会直接在国内使用。例如，为了在欧洲提高美国制造的 Lee 牛仔裤的吸引力，公司设计了以一系列赤裸的屁股为特征、“厚颜无耻”的广告活动。这个广告以“屁股在 Lee 牛仔裤中感觉更好”为创意，即如果屁股能选择牛仔裤，就会选择 Lee。[127]

毫不奇怪，印刷广告中的女性裸体在女性消费者中引发负面的情感和紧张，而男性的反应则更加积极——尽管有些对性的态度更开明的女性会更容易接受。[128]然而，一项研究发现，男性也不喜欢男性裸体广告，女性对并非裸露的男性广告反应比较积极。[129]同样，女性对于在合法关系中发生的性主题有更正面的反应，而对于无缘无故的色情关系则不会有积极的反应。[130]

那么，性诉求确实有效吗？尽管利用性诉求看起来的确吸引了人们对广告的注意，但是事实上可能并不能达到营销者的目标。在最近的一项调查中，61%的受访者说，产品广告中的性画面降低了他们购买这种产品的可能性。[131]具有讽刺意味的是，一幅煽动性的图片可能过于有效，它吸引了如此多的注意力，以至于阻碍了对广告内容的加工和记忆。当性诉求仅被用作吸引注意力的“套路”时，它似乎不是那么有效。然而，当产品本身与性相关时，它的确是很有效的（如女性贴身内衣或者避孕套）。[132]

一家研究公司探讨了男性和女性如何看待性感主题的广告，以及广告如果有效果的话，他们选择的内容如何影响广告的效率等问题。其中的部分研究采用特殊软件追踪被调查者观看印刷广告的视觉行为。广告样本包括从五类产品中分别选出的两个美国印刷广告，其中一个是性诉求的，另一个则不是。当被调查者观看性诉求广告时，男性倾向于忽视正文，集中注意广告中的女性。而女性参与者则倾向于理解广告的文本内容。男士们说，他们更喜欢性诉求广告，更喜欢广告中的产品，并且更可能购买那些产品。女性则在三个标准方面对性诉求广告的评价都不如非性诉求的广告。[133]

幽默诉求

在美达施公司（Metamucil）最近的一则电视广告中，美国黄石国家公园服务处的一名巡逻者向黄石国家公园著名的老忠诚喷泉中倒入了一杯美达施，并称这种产品能使该间歇喷泉保持“畅通”。黄石国家公园因而收到愤怒观众的来信，公园的官员也开始担忧，他们不希望人们认为间歇泉需要“帮助”，也不希望人们认为可以向它里面扔东西。[134]

幽默诉求（humor appeals）真的有效吗？总体上，幽默广告的确能吸引观众的注意力。一项研究发现，幽默的酒精饮料广告的认知分数高于平均值。然而，关于幽默是否能显著地影响回忆或对产品的态度，其结论却是双面的。[135]傻傻的广告可以改变人们的观点，原因是它能让观众分心。有趣的广告会抑制消费者的**思辨**（counterarguing）（消费者思考同意或不同意广告的理由），由于消费者不能想出一个反对这个产品的理由，从而增加了广告被接受的可能性。[136]

恐惧诉求

大众汽车推销捷达车的安全性广告确实吸引了人们的注意。该广告从乘客的角度，用图解方式描述了汽车的碰撞过程。撞车时他们正在聊天。没有任何警告，不知道从什么地方驶来的车突然猛地撞在他们的车上。观众可以看到一个乘客的头碰到安全气囊上。广告结尾是安然无恙的乘客、破损的捷达，以及广告语：“安全地发生了。”广告看起来很真实，消费者打电话给公司询问是否有任何演员受伤了。[137]

恐惧诉求（fear appeals）强调可能发生的负面后果，除非消费者改变他们的行为或态度。恐惧诉求策略被广泛地运用于营销传播，但在社会营销环境中应用得更为普遍，某些组织和团体鼓励人们戒烟、使用避孕套、安全驾驶等向更健康的生活方式转变。包括美国在内的几个国家正在寻找香烟广告和包装的新准则。其中包括直接在香烟包装（和香烟广告）上，展示一系列表现遭受香烟蹂躏者的可怕图片，如在解剖台上一具尸体的气管被切开，飘出香烟。2013 年美国上诉法院裁定，这些图像与电话号码“1－800－现在戒烟”是“不折不扣地试图唤起情感”和“吓唬消费者”停止购买公司的产品。虽然如此，但美国 FDA 仍继续执行这些计划。[138]

恐惧诉求可能会吓住抽烟者，但是对于一般的营销而言，恐惧诉求真的有效吗？关于这个主题的大多数研究显示，只有在恐惧适中并且给出解决问题的方案时，这些消极的诉求才是非常有效的。否则，消费者会因为无法解决问题而对威胁视而不见。[139]

如果一个弱威胁无效，可能是因为对有害后果的细节描述得不够充分。如果一个强威胁没有效果，可能是因为详尽的细节太多，以致干扰了所建议的改变行为的信息——接收者忙于思考这个信息不适用于他的原因，而没有注意到提供的解决方案。[140]例如，一项测试美国人对艾滋病紧张程度的研究发现，在使用适度的威胁时，避孕套广告最受肯定。在这个广告中，因为“性是件冒险的事”（适度威胁），所以提倡使用避孕套，这比过轻的威胁（强调产品的合理性）或过重的威胁（谈论艾滋病导致死亡的可能性）更可能让人们改变态度。[141]

同样，恐吓策略在让青少年减少饮酒和吸毒上也不如期望的那样有效。青少年根本不理会广告中的后果，或者会否定广告和他们有关系。[142]然而，一项研究表明，在劝告青少年远离毒品的宣传中，强调社交威胁（如会被同伴排斥）是更有效的策略。[143]

艺术形式的广告：身边的隐喻

和作家、诗人、画家一样，营销者也是讲故事的人。由于他们要描述无形的产品利益，因此，也需要借用故事形式进行沟通。讲故事者必须用具体的方式来表达，否则消费者就难以领会。

广告创意借助（有意地或无意地）各种各样的文学形式来传达含义。例如，Goodwrench 先生、快乐的绿巨人和金枪鱼 Charlie 等形象，可能会使一件产品或一项服务更加人性化。许多广告采用**寓言**（allegory）的形式，以人物、动物或植物等为背景，用故事来讲述一个抽象的特点或概念。

隐喻（metaphor）是将两个不同的对象紧密地联系在一起，如“A 是 B”，而**明喻**（simile）则是将两个对象进行比较，如“A 像 B”。A 和 B 虽然表面上不同，却有一些共同的特征，这些特征通过隐喻凸显出来。隐喻使营销者能创造出意味深长的形象，并把它们应用到日常事件中。如在股票市场，“白衣骑士”在“毒丸”的帮助下与“敌对的入侵者”作战，托尼虎（Tony）让消费者将谷类食品等同于力量，“好事达保险（Allstate）是你的得力助手”。[144]

共鸣（resonance）是广告中常用的另一种文学形式。这种表现形式把双关语与相应的图片结合起来。隐喻是通过把在某些方面有相似之处的两样事物联系到一起，用一个意思代替另一个意思，而共鸣采用一个有双重意义的要素，就像双关语，某些词的发音相似但是意义不同。例如，为一种蓝莓脆饼甜品所做的广告也许会采用这样的广告词“浆果珍品”（berried treasure），从而使品牌传递出与“埋藏的宝藏”（buried treasure）有关的有价值的、隐藏的特质。亚瑟士（ASICS）运动鞋的广告宣称，“我们相信妇女应该操纵国家”（running the country），广告讲述的是妇女慢跑。Bounce 纤维柔软剂的广告问“什么正在你后面爬”，广告展示妇女的衣服由于静电皱成一团。由于这个文案出乎人们的意料，它给部分观众创造了一种紧张或不确定的氛围，这种氛围一直持续到他们意会了这个文字游戏为止。一旦消费者“领悟了它”，相比平铺直叙的广告，就可能会更喜欢这种广告。[145]

正如作家或艺术家可以用文字或图片来讲述故事一样，我们也可以选择多种方式向观众讲述产品和品牌。广告与其他艺术形式的构成相似，会借用文学和艺术中的惯常形式沟通。[146]表演与演讲有重要的区别。[147]演讲就像讲话：信息源直接面向听众演说，告知他们某个产品，或劝说他们购买这种产品。因为演讲清楚地表明了劝说意图，听众会表示理解。假如听众被说服了，他们就会去评估广告信息的价值以及信息源的可信性，此时，认知反应（可口可乐公司付了他多少钱让他这么说?）就发生了。只有当这种诉求消除了异议，并与人们的信念一致时，它才会被接受。

信息源与信息：卖牛排还是卖“嗞嗞声”

我们已经讨论了传播模型的两个主要组成部分：信息源和信息。从结果上看，是哪个部分劝服消费者改变其态度呢？“说什么”、“怎么说”以及“由谁说”，哪一个更重要？答案是依情况而定。正如第5章中讨论的，消费者介入水平决定了接收信息时哪种认知过程被激活。这也影响到接收者会重视沟通过程的哪些方面。犹如走到岔路口的旅行者，他们必须选出一条道路，他们所选择的方向决定了营销沟通的哪个方面会有效，哪个方面形同虚设。

精细加工可能性模型（elaboration likelihood model，ELM）认为，在高度介入的情况下，消费者会选择劝导的中心路线。而在低度介入的情况下，消费者会选择外围（边缘）路线（peripheral route），如图8-7所示。[148]

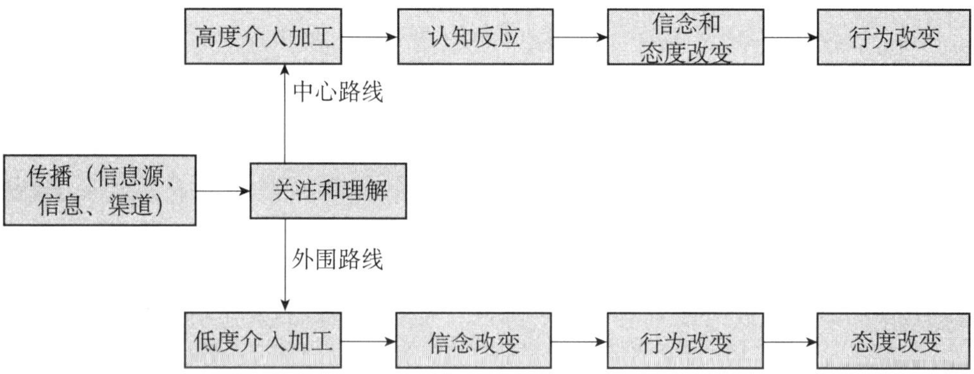

图8-7 劝说的精细加工可能性模型

劝说的中心路线

依据ELM模型，当消费者发现说服性广告中所包含的信息与自身相关或者很有趣时，他会认真地关注这条信息。在这种情况下，我们关注营销人员提出的主张和信息接收者对这种情境产生的认知反应。当听到广播警告孕妇不宜饮酒时，一位怀孕妈妈可能会对自己说：“她说得没错，既然我怀孕了，我真的应该戒酒。”或者，她可能会有相反的观点，例如：“真是胡扯！我妈妈怀我的时候每晚喝一杯鸡尾酒，我现在不是身体很好吗？”如果一个人对广告的论述持相反的观点，就不太可能会依从这条广告，但是当消费者支持广告的观点时，顺从广告的可能性就大大增加了。[149]

劝说的中心路线涉及改变态度的标准的效果层级。假定我们小心谨慎地形成和评估信念，这种强烈的态度会引导我们接下来的行为。这表明，信息要素，如广告呈现的论据质量，将影响态度改变。对某个主题的已有知识会导致对信息作更多的思考，同时增加持反对意见的人数。[150]

劝说的外围路线

与中心路线相反，外围路线是在人们没有动机去认真思考营销者提供的论据时采取的路线。消费者很可能会使用广告中的外围因素来决定如何对这条信息作出反应。这些外围因素可能包括产品的包装、信息源的吸引力或者呈现信息的背景。这些与真实的信息内容没有直接关联的信息称作外围线索（peripheral cues），因为它们源自真实信息的外围。

劝导的外围路线突出了**低度介入矛盾**（paradox of low involvement）：当消费者不关心产品本身时，产品呈现就更重要（代言或者视觉展示）。人们会因为营销者设计的“迷人”包装、选择受欢迎的代言人，或者可能仅仅创造了一个令人舒适的购物环境，而购买低度介入的产品。换句话说，当消费者介入了情感或行为时，环境因素在认知决定中变得很重要。因此，他会谨慎地看待产品的性能或其他属性。

概括地说，ELM的一个基本的观点是：高介入的消费者在寻找“牛排”（即强有力的、理性的观点），而低介入的消费者更受“咝咝声”的影响（即包装采用的颜色和图案，或者名人的支持）。然而，要记住的重点是，同样的沟通变量可能既是中心线索也是外围线索，这取决于它与态度对象的关系。在一个汽车广告中，一个模特的外表吸引力起着外围线索作用，但是对于像洗发水这样的产品，她的美丽可能就是一种中心线索，因为这个产品带来的主要利益就是增强吸引力。[151]

本章小结

现在你已经读完本章，你应当了解为什么：

1. 对于消费者研究人员而言，理解态度的性质和影响力非常重要。

态度是对某一目标对象或者产品进行正面或者负面评价的心理倾向。我们形成的对产品和服务的态度常常决定我们是否会购买它们。

2. 态度比想象的要复杂得多。

态度由三个部分构成：认知、感情和行为。

3. 态度形成的方式有很多。

传统上，态度研究者假设态度形成的步骤是固定的。首先是对态度目标形成的信念（认知），接着是对这个目标的评价（感情），最后是采取行动（行为）。基于消费者介入水平和当时的环境，态度可能导致其他层级效应出现。态度形成的关键是态度对消费者所起的作用（例如，是效用功能还是自我防御功能）。

4. 态度的所有构成元素之间需要保持一致，为此人们需要转变其中的一个或多个元素。

态度形成的一个组织原则是态度的各个组成元素之间要保持一致性，也就是说，态度的一部分可能为了与其他部分保持一致而改变。一些关于态度的理论，如认知失调理论、自我知觉理论和平衡理论，都强调了一致性原理的重要作用。

5. 利用态度模型可以识别态度的具体元素，并把这些元素结合在一起预测消费者对一个产品或品牌的整体态度。

多属性态度模型强调了态度的复杂性，包括一整套的信念和评价，并将其综合起来预测整体的态度。态度测量还进一步整合了权威规范和态度量表的特殊性等因素，以提高预测的准确性。

6. 当营销者试图改变消费者对产品和服务的态度时，沟通模型提供了几个重要因素。

劝说是指改变消费者态度的某种企图。沟通模型详细地说明了传递含义所需的要素，包括信息源、信息、媒介、接收者和反馈。

7. 处理信息的消费者并不是营销者曾经认为的被动的信息接收者。

传统的传播观点认为，在信息传播过程中，接收者是被动要素。互动沟通理论的新发展强调，必须考虑消费者在获取产品信息时扮演的主动角色，以及消费者与公司之间的关系。许可营销的拥护者认为，向有兴趣了解产品的消费者发送信息，比试图打动对这些诱惑很"冷淡"的人更有效果。

8. 一些因素影响信息源的有效性。

决定信息源有效性的两个重要特性是其吸引力和可信度。尽管使用名人通常是为这个目的服务，但他们的可信度却不总是如营销者期望的那样。消费者口头传播的营销信息如口碑（它是可信的，由消费者创造）似乎更有效，而那些被认为是广告花招（它是不可信的、有偏倚的，由公司创造）的营销信息则没有什么效果。

9. 营销者构建信息的形式决定了信息是否有说服力。

决定广告有效性的一些要素有：是以文字还是图片的形式来传递，采用的是感性诉求还是理性诉求，重复的频率，是否给出了结论，是否呈现了双面论据，以及广告中是否包括恐惧、幽默或性诉求。广告信息经常融入艺术或文学中的一些元素，如表演、演讲、隐喻、寓言和共鸣。

10. 很多现代营销者是现实工程师。

营销人员巧妙地将流行文化元素运用于促销策略的做法就是所谓的现实工程。这些因素包括日常生活中的感觉和空间方面，形式多种多样，可以在电影中植入产品，在办公室和商店喷洒气味，利用广告牌，主题公园，连接到购物车的视频显示器等。

11. 受众特征决定了信息源和信息本身相比哪个更有效。

信息源与信息的相对影响取决于接收者对传播的介入程度。精细加工可能性模型（ELM）指出，相对低介入的消费者更可能受信息源的影响，相反，高介入的消费者更可能会注意并思考信息本身的内容。

复习题

1. 态度如何在自我防御功能中发挥作用？

2. 描述 ABC 态度模型。

3. 列出三个态度层级，描述各自的主要不同之处。

4. 长期来看，态度介入水平会影响它成为人们思考产品方式的一部分，这种可能性有多大？

5. 在我们购买产品后，有时会提升对产品的态度。认知失调理论如何解释这种变化？

6. 什么是得寸进尺技术？自我知觉理论对它如何解释？

7. 接受和拒绝的范围是什么？消费者对产品的介入程度如何影响这些范围？

8. 根据平衡理论，如何判断三角是平衡还是不平衡？消费者如何恢复失衡的三角平衡？

9. 描述一个多属性态度模型，列出其关键部分。

10. "言行不一"这个说法与态度模型如何相关？

11. 什么是主观规范？它如何影响我们的态度？

12. 如果我们知道一个人的态度，预测他的行为时有什么障碍？

13. 描述反应行动理论。在非西方文化中，它是否具有同样的价值？

14. 列出有关劝说的心理原理。

15. 描述传统沟通模型的元素。如何根据时代的变化更新元素？

16. 什么是信息源的可信度？就信息源的可信度而言，哪两个因素影响我们的决策？

17. 公司自己的广告宣传与消费者彼此之间的口碑传播有什么不同之处？

18. 什么是晕轮效应？为什么它会发生？

19. 什么是化身？为什么广告商会选择化身来代替名人作代言人？

20. 营销人员需要决定在沟通策略中是否要融合理性或感性诉求，举例说明二者更为有利的条件。

21. 什么时候营销人员应该利用视觉或口头方式传播信息？

22. 双因素理论如何解释信息重复在影响态度改变方面发挥的作用？

(a) 什么时候最好呈现双面信息，而不是单一方面的信息？

23. 幽默广告有效吗？如果是，在什么条件下有效？

(a) 营销人员应该用恐惧劝说消费者吗？

24. 为什么营销人员用隐喻传播劝说信息？举两个例子。

25. 表演与演讲之间有什么不同？

26. 描述精细加工可能性模型，说明它如何解释“说什么”和“如何说”的相对重要性。

消费者行为挑战

讨论

27. 美国联邦贸易委员会最近资助了一个关于“界线模糊：广告还是内容”的会议。这反映了该机构对本土广告与“真实”文章之间愈发相似的关注。[152]在日常生活中存在所谓的“袜子傀儡”问题。公司高管伪装成日常消费者，并且发布竞争对手的负面评论。许多案例涉及酒店、餐馆和其他企业，它们付钱给顾客，让他们在评论网站上撰写正面评论。维基百科可以被任何人编辑。我们关心来源可信度吗？在任何人都可以随意张贴信息，并假装它来源可靠的时代，未来的信息源效应会怎样？

28. 在美国，许多大学通过商业公司经营校园网站和电子邮件服务，以获得很少或根本没有成本的网络服务。许多公司在大学网站上投放付费广告，因而引发争议。这使营销人员有机会影响成千上万的无意间接触到产品信息的学生的态度。大学管理者辩解说，他们自己无法提供服务，而学生们希望在网上填写资助申请表，并且在线注册课程。那些不提供这种服务的学院可能会失去对学生的吸引力。对于这种情况，你有什么看法？公司应该向你花钱注册的学院付费，从而获准吸引你的注意吗？如果作为回报，你可以享受高水平的在线服务，你会有什么反应？

29. 随着越来越多的人依赖智能手机，广告商也跟着我们来到这个平台。第一个手机广告（iAds）出现在 iPhone 和 iPod 上面，早期的运行都很好。在一项研究中（苹果公司资助），看过金宝汤手机广告的人对广告的回忆率比那些看过电视广告的人高两倍，声称会购买广告产品的人也多出四倍。[153]作为消费者，这是个好消息吗？你如何看待智能手机里的广告？你如何看待新媒体越来越普及的情况下的市场反应？

30. 一个由纽约市卫生局资助的禁烟广告对许多观众而言有些过火。广告场景显示，当一群成年人走过一个小男孩身边时，小男孩歇斯底里地呼喊。画外音说：“这正是你的孩子失去你一分钟之后的感觉。试想一下，他们如果失去了你，感觉会怎样。”广告引起了很多争议，因为不清楚孩子只是在演戏，还是现场制片人诱导他面对镜头哭喊。这种“直接呐喊”广告是不是一种有效劝说人们遏制不健康的行为如吸烟的方法？

31. 谷歌更新其服务条款，允许共享背书，但很可能大多数用户不会太仔细阅读这些条款。如果发现自己的评论在未经明确许可的情况下出现在广告中，不是每个人都会因此而感到吃惊。声称公司没有适时通知他们如何使用背书的用户，起诉了脸书。[154]脸书这样的平台是否有义务征得用户许可？作为消费者，只要我们同意网站的服务条款，是否就应该为此承担全部责任？

32. 可口可乐公司在英国做了一次网络推广活动，在遭到父母的指责后取消了此次活动，有父母认为，该公司通过臭名昭著的色情电影向儿童进行营销。为了使胡椒博士（Dr. Pepper）品牌能够吸引年轻的社交媒体用户，可口可乐公司接管了知情用户的脸书状态栏。然后，该公司使用略微尴尬的问题如“失去了我特殊的被子。我将如何睡觉?”和“淋浴时小便有什么错?”但是，当一位母亲发现她 14 岁女儿的个人资料已被一条广告信息更新，而该广告直接与一个色情电影链接后，该公司意识到这个推广方案事与愿违，只好取消了这项计划。[155]如何获得疲惫的年轻人的注意？谁会接触到各种各样网络空间的信息？当营销人员在社交媒体上与年轻人沟通时，应遵循哪些原则？

33. 假博客（flog）是一家公司用来制造有关公司品牌的口碑营销的假博客，这种做法合乎道德吗？

34. 睡眠效应意味着或许我们不应该过于担心人们如何积极评价一个信息源。同样，公共关系中也有一句话，“任何宣传都是好的宣传”，你同意吗？

35. 讨论一些你想建议营销人员使用比较式广告策略的条件。

36. 美国医学会曾同意赞助阳光公司（Sunbeam）制造的保健产品（后来又改变了决定），当时引发巨大的争议。贸易组织或专业机构、新闻记者、教授和其他人应该为其他人付费的特定产品背书（代言）吗？

37. 许多公司依靠明星代言人作为沟通的信息源。尤其是当目标对象是年轻人时，这些代言人往往是很“酷”的音乐家、运动员、电影明星。在你看来，谁会是今天最有效的代言人？为什么？谁是最无效的？为什么？

38. 瑞士传奇是一个手表品牌，吸引了很多名人选择这个色彩鲜艳的手表品牌。其策略之一就是在颁奖晚会上作为赠品。公关专家称这种常见的手法是“馈赠杰出者”：公司赠予明星全免费产品的“礼品袋”。[156]你如何看待通过“馈赠杰出者”的方式来积聚背书者？这是一个好策略吗？名人接受这些礼物是否合乎道德？

39. 监管机构一直谴责植入式广告，因为受众没有被充分告知，模糊了内容和广告之间的边界。网络本身可以根据其开放程度进行分类。根据一项研究，产品植入的有效性取决于产品类别和植入的类型。消费者指出，产品植入对日常用品、电子产品和服装的购买影响最大。最常见的产品植入方式是将品牌展露在演员的 T 恤或其他服装上。[157]你怎么看待这种做法？在什么情况下，植入式广告会影响你和你的朋友？如果有影响，它会适得其反吗？

40. 一个营销与社会之间最有争议的交叉点是，公司给学校提供“教育材料”。[158]例如，许多企业，包括耐克、好时、绘儿乐、任天堂和 Foot Locker，都提供免费的含有广告内容的书籍。克利拉思制药厂（Clearasil）与教育高中生有关皮肤护理的小册子一起，给学生提供痤疮药样品。该公司还提供指导学生如何从公司网站下载音乐的讲义。其他公司与学校签订合同，在校园活动期间，组织学生进行焦点小组调研，目的是获得学生们对新产品构思的反应。很多教育工作者认为，这些材料对于一个无法提供电脑和其他好吃的东西给学生的资源贫乏的学校是天赐之物。然而，美国加利福尼亚州的法律禁止使用有品牌名称和公司标志的教材。推行这项立法是因为家长投诉中学数学教材在应用题中出现诸如芭比、奥利奥、耐克和索尼游戏平台之类的品牌名称。你对此有何看法？应该允许企业在学校通过捐赠教育材料、计算机等，换取推广产品的机会？

应用

41. 假如某人的行为与其态度不一致（例如，对胆固醇的态度、吸毒甚至买东西以便脱颖而出或获得地位）。找一个人询问为什么会有这样的情况发生，如何解决这种不和谐的问题。

42. 为一组相互竞争的汽车设计态度调查。对于你选择的每一种车型，确定其竞争优势或劣势。

43. 为当地多家餐馆构建一个多属性模型。根据你的发现，运用本章内容，为餐厅经理提供提高餐饮形象的具体策略。

44. 在 japander.com 之类的网站找出外国广告，其中的名人代言的产品不符合他们本国的实际。请朋友或同学评价每个名人的吸引力，然后向他们展示这些广告，并要求他们再次评价名人。如果搭配俗气的广告，明星的“品牌形象”会变化吗？基于这些结果，如果一位经理要选择代言人，你有什么建议？

45. 为什么营销者会考虑说出产品的负面问题？这个策略什么时候可行？请举例说明。

46. 收集通过性诉求来销售产品的广告。它们经常传达真实产品的利益吗？

47. 请一位朋友在观看一则商业广告的同时，大声谈论这个广告，你注意观察辩论的过程。然后，要求这位朋友对广告中的每一个要点作出反应，或写下对广告陈述内容的反应。对这些内容你能察觉到多少质疑？

48. 本章讨论了重要的药物依赖问题。卫生保健营销人员如何加强意图和行为之间的联系，提高人们实际服用处方药的速率？制定沟通策略，提高依赖比率。

49. 记录某网络电视频道在2小时的节目中播出的所有商业广告。根据产品类别对它们进行分类，决定每个广告属于表演还是属于辩论。描述广告使用的信息的类型（如双面论据），并跟踪出现的代言人类型（如电视演员、著名人物、动画人物）。对于目前营销人员使用的说服策略的主要形式，你能得出什么结论？

50. 收集使用隐喻或共鸣的广告例子。你觉得这些广告有效吗？如果你在推销产品，你会觉得使用更直白、“硬推销”的广告更合适吗？为什么？

51. 创建一个你认为属于文化类别的名人列表（例如，小丑、母亲的身影等）。你觉得他们最适合代言哪些特定的品牌？

52. 在电子商务网站、在线视频游戏网站和在线社区中做一次“化身猎头”。人们会选择哪些主要人物？这些人物是真实的还是幻想的？男性还是女性？对于每个不同类型的网站，你认为什么类型的虚拟人物最有效？为什么？

案例研究

购买洗发水：“糟糕的头发”

你最后一次购买洗发水或其他护发产品是什么时候？你花了多长时间做决策？你是怎么决定的？

在美国，一个典型的药店的头发护理产品货架上有超过200种洗发水。这些产品的包装上都罗列了多项功能，包括修复、保护、滋润、控油和营养。消费者如何在自己的需要与品牌利益之间进行匹配？消费者很难选择，因此，许多购物者在货架前选出一个洗发水品牌时，要花大约20分钟。

让人们眼花缭乱的是，除了洗发水，还有凝胶、摩丝、发胶、发色增强剂和护发素。最近的一项调查显示，3/4的消费者除了洗发水还使用护发素，女性的比例更高。

消费者试图简化购买过程的方法之一是参照引人注目的广告，因此，广告商努力创造有效的信息，以强化已有的品牌忠诚，或者是说服消费者尝试一个新的品牌。护发产品广告在很大程度上依赖于电视、印刷、互联网和户外广告，最常见的是广告牌。此外，许多广告宣传的特色是名人代言。

面对如此多的选择，不仅美国女性深受

困扰，对于新加坡和菲律宾的女性来说，选择护发素也面临类似的挑战。为了与这些国家的女性联系，联合利华尝试非传统的广告来宣传其蜜丝防脱发产品的好处，这是一款护发素，在许多国家销售。该产品的核心利益是它能让头发"强韧"。在智威汤逊广告公司的帮助下，联合利华突破广告重围，采用一种全新的形式发送信息。

智威汤逊找到新加坡最著名的小提琴手保罗高（Paul Goh），要求他把他的小提琴马鬃弓弦换成人的头发做的小提琴弓弦。这种头发是用蜜丝防脱发产品洗护过的。为了证明头发的强度，在马尼拉的一个热闹的购物中心举办的4小时演唱会中，弦乐四重奏用这个琴弓演奏。对于联合利华而言，好消息是，整场演唱会结束，小提琴弓弦上没有一根头发断掉！你可以在YouTube上观看该视频；只要搜索"头发四重奏"。该病毒式视频制作质量高超，包括的广告信息如下：

> 当展示头发的强韧时，所有的广告都采用同样的方式。所以我们改变了游戏，把强韧头发的演示变成现场表演……

据智威汤逊广告公司称，事件正中这个品牌的目标市场。演唱会现场聚集的人群最多时高达600人，送出450多份产品样品。被调查的绝大多数消费者离开现场时，对品牌的感受都很积极。你是怎么想的？如果你也希望有更强韧的头发，这个广告会说服你吗？与其他护发素品牌通用的方式相比，这种办法有何优缺点？

资料来源："Shampoo, Conditioners and Styling Products—US—April 2013," Mintel Oxygen, accessed August 4, 2013; "JWT and Unilever Demonstrate the Power of Cream Silk with First Ever Human Hair Quartet," J. Walter Thompson, http://www.jwt.com/en/news/singapore/singapore/jwtandunile-verdemonstratethepowerofcreamsilkwithfirsteverhumanhairquartet/, accessed August 5, 2013; Andrew Adam Newman, "In Shampoo Ads for Men, It's Not Just the Hair, It's What It Does For You," (February 18, 2014), http://www.nytimes.com/2014/02/18/business/media/in-shampoo-ads-for-men-its-not-just-the-hair-its-what-it-does-for-you.html?_r=0, accessed May 25, 2015.

问题讨论：

1. 用多属性模型描述蜜丝防脱发产品的推广：哪个或哪些属性对促销最核心？模型如何解释公司试图完成"头发四重奏"？这种模型对于预测消费者态度和对蜜丝防脱发产品的购买行为有什么限制？（提示：看看理性行动理论。）

2. 与蜜丝防脱发产品的促销相反，Old Spice使用其特有的古怪的方式，说服人们去尝试它的护发产品。其整合营销策略——"这是头发的力量"，融合了流行的霍尼·刘易斯的曲子、互动的网站和有趣的广告，配以有生气的头发。讨论信息诉求的类型，评估每个广告宣传使用的精细可能性模型诉求路线。

第9章 制定决策

本章目标

读完这一章后，你将会理解以下几点：

1. 消费者决策有三种类型：认知型、习惯型和情感型。
2. 认知型购买决策是一系列选择的过程，其结果是从多个选项中选择一个产品。
3. 产品信息呈现方式能主导决策，有时消费者甚至没有意识到这种影响。
4. 人们经常依据经验法则进行常规决策。
5. 营销人员一般需要理解群体消费行为，而不是个体消费行为。
6. 组织购买决策和个人购买决策不同。
7. 家庭进行购买决策时，不同的家庭成员角色不同、影响力不同。

开篇案例

小明已经受够了！他再也无法忍受在这台小小的、陈旧的设备上看电视了。努力眯着眼追电视剧《芈月传》真是太糟糕了。他在邻居小马家的家庭影院上看了一场中超比赛的下半场后，终于意识到他错过了什么。无论有无预算，都是采取行动的时候了：一个男人必须有自己的优先事项。从哪里开始找呢？自然是网络。小明查看了一些比较购物的网站和消费者评论，在缩小自己的选择范围后，他决定亲自去实体店看看电视机。他寻思可能按价格高低选择（并且是出得起的价格），要在苏宁、国美之类的大商场购买。到了苏宁家电商场，小明直奔里面的影视区，他几乎没有注意到经过成排的烤面包机、微波炉和立体声音响。不一会，一个穿着廉价西服、面带微笑的销售员过来和他搭讪，尽管他可以得到一些帮助，但他告诉对方他只是看看。他思忖这些家伙往往不知所云，他们只想做成生意。

小明考察了 60 英寸平板电视的一些特点。他知道朋友小胡新买了一台小米电视机，她非常喜欢。他的妹妹小丽警告他不要买杂牌电视机。尽管小明发现一款小米电视机有很多特点，如强劲的硬件配置，但在仔细筛选过后，他选择了不太贵的乐视电视机，因为它的高清智能网络电视功能一下子迷住了他。

从那天后，小明就能舒服地坐在沙发上，观看《快乐大本营》和《欢乐喜剧人》等娱乐节目了。

你的问题是什么?

小明的决策代表他对问题的反应。实际上，我们所做的每一个消费决策都是对一个问题的反应。当然，面对问题的类型和范围大不相同，包括从生理的口渴到是否花辛苦赚来的钱买电视机，再到抽象的智力或美学的需要，如大学的专业选择，或者对于即将到来的王菲个人演唱会穿什么。

由于有些决策比其他决策更重要，我们在每个决策上的努力程度也不同。有时，决策过程几乎是自动完成的，好像不依靠任何信息就迅速作出了决策。在另一些时候，决策就像是一份全职工作，一个人可能会花几天或几周的时间考虑一项重要的购买决策，例如，购买新房、新车甚至是决定购买 iPhone 8 还是华为 Mate 8。

当我们认真权衡不同选择的优劣时，就是在进行深思熟虑的理性决策。在我们带着激情、喜欢或者厌恶面对一个问题的情况下，则是在任由情感主导决策。还有一些行为有悖于理性模型所预测的结果。比如，**购买冲力**（purchase momentum）。购买冲力指的是原始的冲动诱使我们购买更多东西（而非仅购买满足需要的东西）。在购买冲力支配下我们几乎像昏了头，陷入一场疯狂购物之中（我们都有过这样的情况）。[1]

选择过载

生活中，我们所面临的问题非常广泛，显然，无法用“一刀切”的方式来解释消费者行为的复杂性。当人们不得不在当今如此丰富的信息环境中做出许多选择时，事情变得更加复杂了。讽刺的是，对很多人来说，最大的问题不是选择太少，而是选择太多。

消费者选择过多（consumer hyperchoice）迫使人们不断重复决策，而如此多的选择消耗了人们的心理能量，削弱了人们作出明智选择的能力。[2]一项在食杂店内进行的实验表明，过多的选择阻碍了人们的思考过程。实验中，买东西的人在两种条件下品尝喜欢的果酱样品。一种条件是有 6 种口味的“有限的选择”；另一种是有 24 种口味的“广泛的选择”。结果是，在“有限的选择”条件下，有 30%的顾客实际购买了一瓶果酱；而在“广泛的选择”条件下，只有 3%的顾客购买。

本章要讨论的部分内容大家已熟悉。第 4 章我们讨论了连接选择和结果的学习方式。伴随时间推移，我们把不同的选择与好或坏的结果联系在一起。在第 5 章，我们讨论了情感决策过程，情感反应驱动多种选择。在第 8 章，我们讨论了三个层次的效果，或者说是包含思考、感觉和实际行动三个步骤的态度结果。这些概念和决策类型密切相关，它提醒我们注意情景和所面临问题的重要性，我们的选择可能受“热”情感、“冷”信息处理或者甚至是“不冷不热”的快速决策控制。消费者决策的三只“桶”如图 9-1 所示。

现在，研究人员意识到，决策者实际拥有一整套有效的策略。**建构性加工**（constructive processing）学说认为，人们会预估做出一个特定选择所需要的努力，

图 9-1　消费者决策的三只“桶”

然后再决定这个努力所需要的认知“工作”量。[3]在需要进行深思熟虑的理性决策时，人们会通过大脑认真思考；否则，就会寻求捷径或习惯做法来“自动处理”这些选择，或者根据情感反应做出“直觉”决策。在某些情况下，我们实际上创建一个**心理预算**（mental budget）来帮助估算随着时间的推移将会消耗的东西，进而调节当前的行动。如果一个节食者决定明天在烧烤聚会上大快朵颐，他可能决定今天不吃诱人的甜品。[4]

自我调节

决策“桶”之间不一定彼此独立。以 28 岁的营销经理张洋为例，他决定开始实施一个减肥规划。减肥的压力源于今年夏天他要和莎莎结婚。张洋知道要想减肥成功，他需要一个计划。

一个人想持续改变或维持某一行为的努力，比如，节食、按预算生活，或者是马拉松训练，都需要认真的计划，就是**自我调节**（self-regulation）的一种形式。有了自我调节策略，就意味着人们提前设想如何应对某种情景。这些“如果-那么”的计划或者**实施意向**（implementation intentions）表明对不同的信息（认知或感情）赋予的权重，执行一项决策的时间表，以及处理扰乱计划的破坏性影响（比如，一个专横的销售员想操纵我们做出不同的选择）的对策。[5]

当小明仔细选择食谱，并且列出一个禁止进入厨房的食物清单时，他就是在进行认知型决策。此外，他可能会意识到自己有一个习惯，在下午 3 点左右，无论是否感到饥饿，他都会吃垃圾零食。他周围环境中那些看似简单但却强有力的行为暗示，如同事小张桌子上有零食，都可能导致小明快速或冲动行为（这时，小明就需要向小张解释那些零食是怎样“消失”的）。他可能同样需要意识到一些情感的诱发会使他失控，如当老板对他大吼大叫时，他的第一反应可能就是吃一些甜品来提神。

当小明权衡成功节食所带来的长期利益和短期诱惑时，他可能必须和自己辩论。在一些情况下，这涉及对一些事实进行创造性的改造，如消费者致力于**反事实解释**（counteractive construal），也就是夸大那些阻碍其达到最终目标的负面行为。[6]小明可能夸大零食的卡路里数量来帮助他抵制诱惑。他甚至可以通过手机 App，如 DietBet 公开他的减肥计划及每周体重，以便其他人观察他的进展，甚至是打赌他减肥会成功还是失败。[7]

近年来，研究者和营销者都意识到，通过帮助消费者调节行为，他们可以扮演改变消费者行为的角色。类似的帮助可以体现在通过手机App，或告知节食者每天行走步数（还需要再走多少步）的可穿戴设备如Fitbit，给消费者提供简单的反馈。这些**反馈机制**（feedback loop）都可以帮助消费者调节自己的行为。这样做的基本前提非常简单：实时提供关于人们行为的数据，然后提供改变行为的机会，进而推动他们的行为改变。在高速公路上，类似的反馈机制很常见：当你经过雷达传感器时，路边的显示屏就会动态实时显示你的车速。其实，这条车速信息与你车上的速度表显示一致，然而，总体上说，高速公路上的这种车速显示使超速概率降低10%，并且司机看到显示牌后的减速可以持续几公里。[8]

现在，坏消息是：正如任何一个沮丧的节食者所知，自我调节并非总是起作用。因为设计了一个有意义的战略，并不意味着必然会执行。有时，由于面临的诱惑太多，人们真的会偏离设计好的行为意向。研究表明，自我调节能力会与时俱减。**早晨道德效应**（Morning Morality Effect）表明，与早上相比，人们在下午更容易欺骗、撒谎甚至诈骗。科学家知道，大脑中进行重要决策的部分是**执行控制中心**（executive control center），包括进行道德判断，该中心会疲惫或涣散，即使只处理简单任务如记忆数字。[9]一位研究者善意地提醒道："当你的认知出现疲倦时，你更可能屈服于肩上的魔鬼。"[10]

其他研究表明，具有讽刺意味的是，计划本身反而会降低我们达到目标的能力。当一个人对达到目标（如减肥）的过程感到不快时，想到提升效果的努力就会引发痛苦情绪，这种痛苦反过来会导致自我控制的减弱。[11]正如在上一章中所看到的："善意铺就通往地狱之路！"

学术观点

Wendy Liu，加利福尼亚大学圣迭哥分校

对于消费者，最难的事情之一是为了达到某些长期目标而进行自我控制。例如，一个人可能希望为了房子的首付而存钱，或者为了保持好身材而坚持健康食谱和日常锻炼。传统知识认为，计划可以帮助人们达到长期的目标。例如，一个人可以准确规划某个月花多少钱，并且这样的预算有助于控制支出。一个人也能计划第二天的食物消费，希望坚持计划并沿着既定轨道达到保持好身材的目的。但是，前提是自我控制如此容易！然而，这个世界充斥着促使我们堕落的诱惑。而且正如每个人都体验过的，制定一个关于自控的伟大计划比实施这个计划要容易得多。

最近的研究加深了我们对设置目标、计划的艺术性和科学性的理解。研究发现，计划五花八门。有些计划激发自控，有些计划实际上阻碍自控努力。进一步而言，不同情境下的人需要不同的计划。

例如，我和我的同事要求一组参加研究的被试制定一个一天的详细食物摄入计划，另一组没有要求制定这样的计划。在阅读他们的计划时，我们发现，每个人都制定了相当健康的计划，也就是说每个人都有伟大的意愿。关键是：当面对诱惑时他们还能坚持计划吗？

随后，我们给所有的参与者一份不健康的零食。和没有计划的一组相比，制定健康食物计划的参与者能够抵制这种零食吗？我们的发现是：取决于参与者目前的苗条状态，特别是与他的目标体重的距离。对于相当接近自己目标体重的参与者（如只需减几磅）而言，计划确实有助于自控，因为制定计划的人比没有制定计划的人吃这些零食的可能性更小。但是，在离目标体重比较远的被试当中，详细的计划实际上会回火（backfired），制定计划的人比没有制定的人更有可能吃这些零食。

为什么会这样？我们发现，对于离目标很远而又制定了具体的详细计划的人而言，计划对他们来说进一步强调了减肥之难，并且他们没有动力坚持计划。总之，研究者发现，离目标近是对自控策略起作用的重要因素。对只有一公里需要走的人起作用的策略有别于有一座山需要爬的人的策略。

认知型决策

传统上，研究人员从**理性的视角**（rational perspective）研究消费者决策。根据这一观点，人们冷静而仔细地整合与已知产品有关的尽可能多的信息，不辞劳苦地衡量每一备选方案的优劣，然后做出一个令人满意的决定。这种仔细地、精心地思考和一些活动（如财务计划）紧密相关，这些活动需要关注大量细节，并且存在影响消费者生活品质的很多选择。[12]如果营销者认为顾客正在制定这类计划，就应该仔细研究消费者决策的每一个步骤，理解消费者如何衡量信息，如何形成对不同意见的信念，以及根据什么标准作出选择。这样，营销者就能用最有效的方式，设计出满足人们需要的产品，制定出最具吸引力的促销策略。[13]

认知型决策过程

在本章引例中，小明并不是突然醒来并渴望有台平板电视，在他感到需要一台新电视机和实际上买一台之间经历了几个决策步骤。分别是：（1）问题识别；（2）信息搜寻；（3）备选方案评价；（4）产品选择。当然，正如第4章所讨论的，作出决策后的结果是这一过程的最后一步。在这一步，基于选择结果的好坏，引发了消费者的学习。这一次的学习过程相应会影响下次面对类似决策时作出相同选择的可能性，如图9-2所示。下面简要讨论每一步骤。

步骤1：问题识别

福特公司计划将Fusion混合动力车卖给那些没打算买新车，至少是目前不打算买新车的人。它的电视广告瞄准汽车行业所谓的“漏斗上部”的消费者，或潜在消费者。福特公司的研究发现，大量的美国司机并不了解Fusion这个品牌。这家公司很有信心认为，只要消费者打算买一辆新车，Fusion就好卖了。但是，如何让人们产生买车的想法是个难点。为了创造一种尚不存在的需求，福特公司邀请参观者进入一个指定的网站，以赢取一次旅行机会和一辆新的Fusion。福特公司在推特和脸书上公布得奖的结果，在促销的头两个星期，将近有70 000人询问关于那辆车更多的信息。[14]

问题识别（problem recognition）发生在福特公司所声称的“漏斗上部”的消费者身上。这部分消费者意识到现有状态与期望或理想状态之间存在显著差异。正

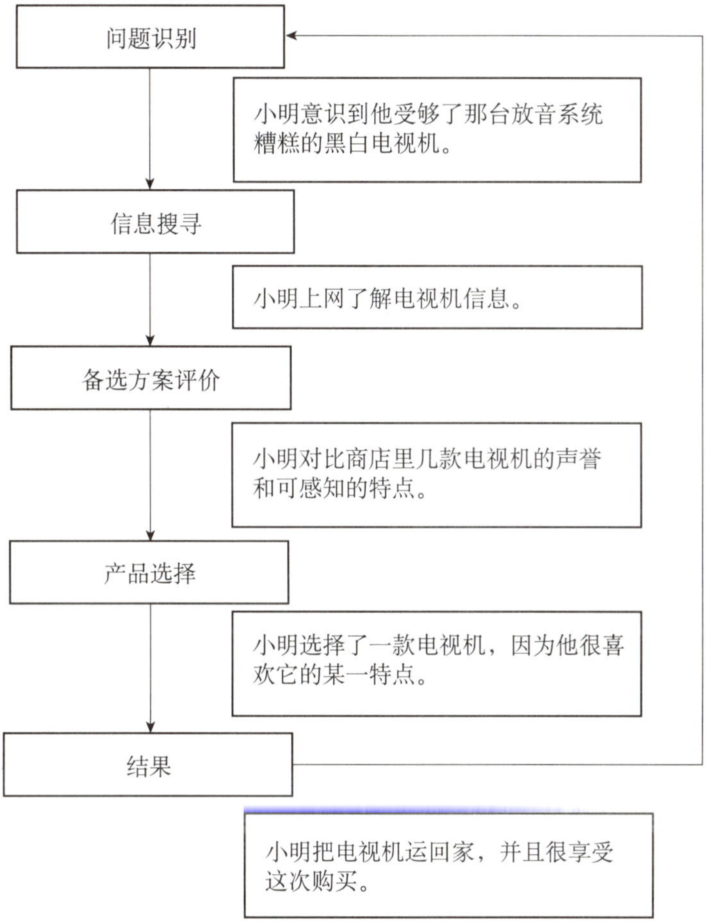

图 9-2　消费者决策制定步骤

如本章开头提到的，这类问题需要有一个解决方案。一个人的汽车在高速公路上意外没油时，就面临一个需要解决的问题，同样，即使汽车没有任何机械故障，一个人也会对汽车的外观感到不满，此时也出现了一个解决的问题。尽管小明的电视机质量没有发生变化，但他改变了对比的标准，结果他有了一个需要解决的新问题：如何提升他的收视体验。

图 9-3 表明，问题的产生有两种方式。前面那位汽车没油的人体验到的是实际状态（需要识别）的品质下降了，而另一个渴望拥有一辆更新、更耀眼的汽车的人是将他的理想状态（机会识别）提升了。无论哪一种方式，实际状态和理想状态之间都出现了差距。[15] 小明觉得有问题是因为机会识别：他提升了自己的理想状态，他渴望高品质的电视收看效果。

步骤 2：信息搜寻

一旦消费者识别出问题，就需要利用信息来解决这个问题。**信息搜寻**（information search）是指消费者在环境中获取适当资料以制定合理决策的过程。你可能识别出一种需要，并且直接到市场中搜寻特定信息（这个过程称为购前搜寻）。但是，很多人，尤其是经验丰富的购物者，享受到处看看的乐趣，或者热衷于了解市场最新动态。这些购物狂沉浸在持续不断的信息搜寻中。[16]

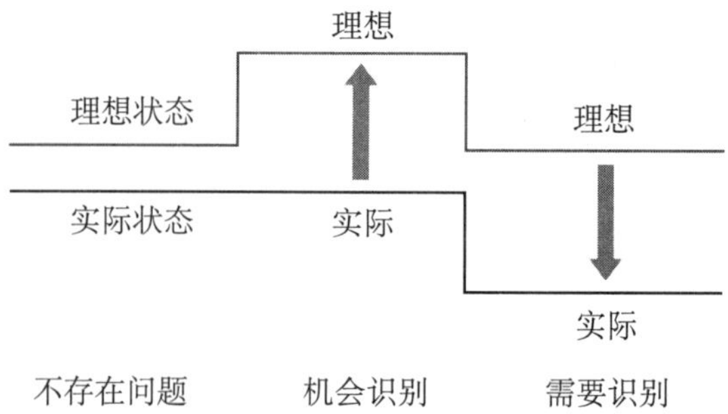

图 9-3　问题识别：实际状态或理想状态之间的变化

作为一个普遍规律，当购买活动很重要时，消费者有必要对购买进行更多了解，或相关信息易于获得和利用时，信息搜寻活动就会增多。[17]即使不考虑产品类别，消费者愿意进行的信息搜寻量也不同。在其他条件相同的情况下，年轻、受过良好教育、喜欢逛街/寻求真相的人，往往会进行更多的信息搜寻。女性比男性更倾向于搜寻信息，而那些更重视时尚和自身形象的人也有类似倾向。[18]

如果消费者拥有产品知识，这会促使消费者进行更多的搜寻还是更少的搜寻？这个问题的答案不像看起来那么简单。产品行家和购买新手运用不同的策略制定决策。对产品一无所知的购买新手最有动力进一步了解产品。而行家对产品种类则熟悉得多，因此能更好地理解获取的任何新产品信息。

那么，谁搜寻的信息会更多呢？答案是两者都不会：搜寻最多信息的往往是那些对产品有中度了解（moderately knowledgeable）的消费者。如图 9-4 所示，知识与外部搜寻努力之间存在倒 U 形关系。产品知识极为有限的人可能会觉得自己没有能力进行广泛的信息搜寻。实际上，他们可能连从何着手都不知道。小明在购买时就没有花大量时间搜寻信息。他只看了一家店，他只看自己熟悉的品牌；此外，他只关注少量的产品特点。[19]

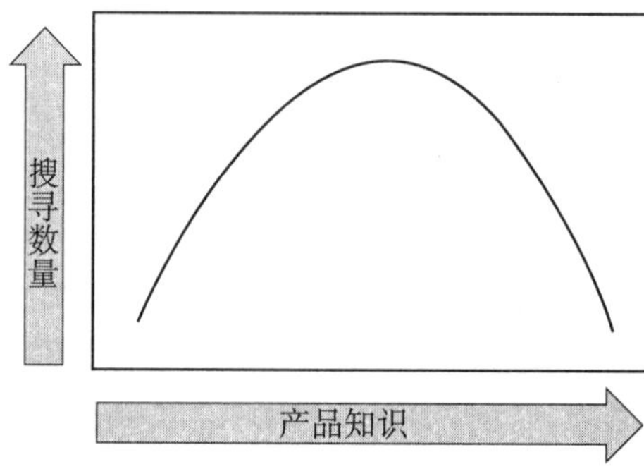

图 9-4　信息搜寻数量和产品知识的关系

由于行家能更好地判断哪些信息与决策有关，因而往往是有选择地搜寻信息（selective search），也就是说，他们更重视信息搜寻的效率。相反，购买新手更多的是依赖他人意见、品牌名称和价格等“非功能性”属性，来辨别备选品牌。最终，新手消费者处理信息的方式是“自上而下”而非“自下而上”的，即较少关注细节而更关注总体印象。例如，广告中更吸引他们的是技术信息的绝对数量，而不是这些技术的实际价值。[20]

步骤 3：备选方案评价

在一次购买决策中，消费者的大部分努力都耗费在从那些可获得的备选品牌中作出选择这一阶段。这可能并不容易：毕竟现代社会充满了选择。有时一种产品（如香烟）可能会有数百个品牌，或者同一个品牌有各种型号（如唇膏的颜色深浅）。

设想让一个朋友说出能想起来的所有香水品牌，结果可能是这样的，一开始她可以极快地说出 3～5 个品牌，接着就要停下来想一会儿，才能说出另外几个品牌。她可能对最先说出的那些品牌非常熟悉，而且或许就用了其中的一个或一个以上的品牌。所列举出来的品牌中可能也包括一两个她不喜欢、不愿记住的牌子，不同的是，她想起这些不喜欢的品牌，是因为它们味道很难闻或不那么引人注目。同时请注意，市场上还有大量品牌她根本就没有提及。

如果你的朋友要到商店里买香水，她可能会考虑自己最早列出的品牌。如果在香水柜台前，其他品牌进入了她的注意范围，她也可能予以考虑（譬如，她走在过道上中了那些向购物者喷洒香水样品的销售员的“埋伏”）。

我们把消费者知道的备选产品称作**唤醒集**（evoked set），把消费者实际上会考虑的备选品牌称作**考虑集**（consideration set）（出于价格、以前的负面体验等原因，通常我们并不会认真考虑一类产品中的所有品牌）。[21] 回想一下前面小明的例子，他不太了解电视技术，脑海里只有几个品牌。其中，有两个可能是他可接受的选择，有一个不是。

消费者的唤醒集中包含的备选品牌通常少得惊人，尤其是相对于我们可以选择的数量。一项跨国研究发现，只有少数产品在人们的考虑范围内，尽管这些数量会因为种类和国家有所不同。例如，美国啤酒消费者的唤醒集平均少于 3 个品牌，而加拿大消费者则一般考虑 7 个品牌。相反，挪威的汽车购买者只考虑两个备选品牌，而美国消费者在作出决定前，平均要看 8 种以上车型。[22] 跟啤酒相比，美国人似乎对于汽车更挑剔。

显而易见，如果自己的品牌不在目标市场的唤醒集之中，营销者就应该担忧了。如果消费者曾考虑并否决过一种产品，那么它就不大可能进入消费者的唤醒集。实际上，相比之前考虑过但又被否决的已有品牌，新品牌更容易进入唤醒集，即使额外提供已有品牌的正面信息，情况也是如此。[23] 对营销者来说，消费者这种不愿给被否决产品第二次机会的行为，正强调了产品从一开始推出就要保持良好表现的重要性。

步骤 4：产品选择

一旦收集和评估了某类产品的若干品牌，接下来就要从中选出一个。[24] 回想一下消费者决策的规则，有些是非常简单、迅速的决策原则，有些则是需要大量精力和认知处理的复杂过程。[25] 当公司提供越来越多的产品特性时，消费者的工作也变得更加复杂。我们要面对有 50 个按钮的遥控器、具有上百个神秘特性的数码相机，还有如同航天飞机的仪表盘一样复杂的汽车仪表盘。专家们把这种深陷复杂性的状况称为**特性蔓延**（feature creep）。有证据表明，这些小发明的泛滥有损效率。飞利浦公司发现，至少有一半的退回产品其实没有问题，只是因为消费者无法了解如何使用它们！更严重的是，在放弃之前，平均每人只尝试用 20 分钟时间学习如何使用产品。

公司为何不避免这样的问题呢？原因之一是当我们在商店里看到一件新产品时，通常会认为它的性能越多越好。只有在我们把产品买回家并开始尝试使用时，才发现简单的价值。在一项研究中，消费者在三种模式的数码产品中选择，这三种模式的复杂程度各不相同。超过60%的人选择性能最多的模式，之后，被调查者有机会从最多25个特性中选择一些特性来定制他们的产品——平均每人选择了20个附加特性。然而，当他们实际使用这些产品时，结果发现，其实大部分选择只能给他们带来麻烦——他们实际上更加喜爱简单的产品。常言道："小心事与愿违……"[26]

步骤5：购后评价

另一句老话说，"包子好坏，不尝不知"。也就是说，对决策过程的真正考验在于：经历了所有决策阶段后，是否对我们的选择感到满意。**购后评价**（postpurchase evaluation）是消费决策过程的最后一环；在体验了所选产品或服务并判断它是否达到（或者甚至超出）预期后，购后评价才会出现。

神经营销

你的大脑里有"购买按钮"吗？包括谷歌、CBS和迪士尼在内的一些公司已经与神经科学家合作去寻找答案。[27]**神经营销**（neuromarketing）利用功能性磁共振成像（fMRI）大脑扫描仪，来追踪人们智力活动中的大脑血液流动，近距离观察大脑对营销信息和产品设计特点的反应。近年来，研究人员发现，大脑的某些区域，如杏仁体、海马体、下丘脑等部位是动态的转换装置，它把记忆、情感和生化触发混合在一起。这些相互联结的神经元是恐惧、痛苦、愉快和影响选择的社会压力等的生物基础。

科学家们知道，当一个人认出一张脸、听到一首歌、作出一个决定或者是感到受骗时，血液的流动就会加快，在扫描仪中大脑的特定区域就会亮起来。现在，科学家尝试利用这一技术测量消费者对电影预告片、汽车、漂亮面孔的魅力的反应，甚至测量对特定品牌的忠诚度。戴姆勒-克莱斯勒公司对观看汽车照片的男性进行了大脑扫描，确认跑车会激发他们的奖赏中枢。该公司的科学家发现，最流行的车型——保时捷和法拉利风格的跑车——激发大脑的某个区域的活动，他们把这个区域称为梭状面部区，它控制面部的识别。一位从事这项研究的精神病学专家评论说："当他们看汽车时会想起面孔，车灯看起来有点像眼睛。"

一项研究在人们喝竞争品牌的软饮料时扫描他们的大脑，结果发现，对品牌的忠诚影响人们的反应，甚至是最基本的生理水平的反应。当研究人员监视67个参加可口可乐和百事可乐口味盲测的被试的大脑扫描时，每种饮料都能让大脑的奖赏中枢发亮。按照对饮料的偏好，被试被平分成两组——尽管有3/4的参与者说他们喜欢可口可乐。当被告知他们正在喝可口可乐时，控制记忆的大脑区域发亮，这一激活湮灭了仅对口味有反应的区域。在这个案例中，可口可乐的强势品牌认同战胜了来自口味感受器的感觉。

在另一项应用研究中，菲多利（Frito-Lay）用脑电图来研究被试对Cheetos奶酪泡芙的反应机制，脑电图测量的是直接位于头皮下的电活动的波动。研究人员报告说，当橙色奶酪残渣洒到手中的零食上时，人们有强烈的反应；一份报告把这种现象描述为"消费者享受乱用产品带来的轻微的恶作剧感"。菲多利接着开发了一个广告宣传活动——“橙色秘密活动”：狡猾的吉祥物切斯特猎豹鼓励人们用这个产品进行恶作剧。有个广告场景是：一个乘坐飞机的家伙把 Cheetos 奶酪泡芙抹在正在打呼噜的邻座的鼻子上。请勿模仿。

学术观点

Frédéric Brunel，波士顿大学

如今跟以前不同的是：竞争对手之间在产品特点、质量和价格等方面经常不相上下。因此，很多人认为产品差异化、价值创造、赢得并保留顾客的关键是优秀的产品设计。任何我们想到的电子产品、食品包装、家具产品和工业产品，这些我们周围的任何产品的设计投资和对产品外观的日益关注都是显而易见的。但是，我和同事一直在思考：是否销售更有吸引力的产品是一个成功的策略？特别是我们一直致力于理解是否有些产品因为太漂亮而寿终正寝。

一个产品的外观设计通常是消费者能感知到的第一条产品信息，并且它是形成第一印象的关键，也是保持顾客兴趣和向他人表达产品主人自我认同的关键。已经被接受的常识是“越漂亮越好”，即更好看的产品更受顾客青睐，并且在市场上更成功。外观吸引力的作用不仅对产品有效，对我们如何感知他人也有效。例如，心理学中的内隐人格理论表明：在缺乏额外信息时，越有吸引力的人被认为越聪明，越有社交能力。但是，心理学也表明：当一个人被认为太有吸引力时，将产生回火效应，感知到的聪明和社交能力会下降。

我们的研究将这些社会心理学原则扩展到产品外观设计。例如，对于烤面包机的外观，我们设计了 A，B，C 三种不同外观精美度感知的产品。A 产品的设计比 B 产品逊色一点，B 产品的设计比 C 产品逊色一点，被试对 B 产品（中等吸引力设计）而不是 C 产品（高吸引力设计）的质量和效果感知更好。我们发现，这个十分有说服力的模式超越了产品类别（如真空吸尘器、USB 驱动器或者鼠标）。因此，我们的结论支持消费者的感知基于两个一般信念：信念 1“漂亮的产品是好产品”；信念 2“当一个产品太漂亮时，它可能没有那么好”。

我们对这一现象的进一步研究表明：信念 1 是基本的和自动的感知，不需要认知努力，而信念 2 只有在消费者有充足的认知资源投入这类精细思考时才出现。我们也证明：在没有透露产品品牌，或所透露的产品品牌资产不够强大时，信念 2 被激活。对于强势品牌，我们没有发现倒 U 形关系；这些强势品牌的研究结果表明，“更漂亮永远更好”。

总之，我们的研究证明：投资于更好的产品外观设计一般来说更好，但弱势品牌或新品牌应该适度小心。为了更好利用设计投资，它们需要小心推进，否则将面临感知质量和感知效果的回火效应风险。

在线决策制定

伴随着大量的便利的网站和 App，很多人每天长时间在线。人们如何组织信息并决定点击哪里？一般情况下，**网络中介**（cybermediary）就是答案，网络中介指一个网站或 App，可以帮助筛选和组织网上的营销信息，以便消费者能更有效地识别和评估备选方案。许多消费者不断地链接到比较购物网站，如 Bizrate.com 或

Pricegrabber. com，查看不同电商销售的特定产品的价目表。[28]在美国，常用的网络中间商服务如下：

● 分类目录（directories）和门户网站（portals），如雅虎或 The Knot，提供将大量不同的网站分类并整理成目录的综合性服务。

● 论坛（forums）、粉丝俱乐部（fan clubs）及用户组（user groups），提供与产品相关的讨论，帮助消费者筛选备选品牌。

● **智能代理**（intelligent agents），是采用协同过滤技术（collaborative filtering）的复杂精细的软件程序，可从使用者过往的购买行为中学习，进而推荐新购买。[29]如果你需要亚马逊推荐一本新书，该网站会使用智能软件推荐小说给你，这当然是基于你以及与你类似的人的过往购买记录。

● **搜索引擎**（search engine）。今天，我们搜索信息最常用的方式是什么？当然是谷歌，当然还有一些其他的搜索引擎，如微软的必应、雅虎或者百度。用谷歌在网站上检查匹配检索关键词，如"家庭影院系统"或"去文身服务"，占据搜索的绝对主导地位——96%的世界手机搜索市场——谷歌已经变成了一个动词。但是，即使像谷歌这样的巨人也不能躺在荣誉的桂冠上，因为我们搜索方式的改变将减少对搜索引擎的依赖，越来越多的消费者越过谷歌，直接用智能手机或平板电脑的 App，如 Yelp 进行产品的评论的阅读和撰写。[30]

但是，任何一个用过谷歌的人都知道，网络能在数秒之间传递海量的产品与零售信息。网上冲浪者所面临的最大问题是如何缩小选择范围，而非扩大选择范围。在网络世界中，简化是关键。如果我们用谷歌搜索一个词，大多数人只会看结果中的前几条。

确实，这就是今天为什么**搜索引擎优化**（search engine optimization，SEO）重要的原因。SEO 指的是一种公司用于设计网站和帖子的内容的过程规则，目的是当有人搜索相关的词语时，公司网站和帖子出现的概率最大。我们的目标是说服人们接受我们的内容。就像一个老练的渔夫，选择地点并认真挑选鱼饵来钓到鱼一样。SEO 专家创造能够吸引搜索算法或数学公式注意的在线内容，搜索算法或数学公式是谷歌这样的公司用来决定哪些内容在一次搜索中出现的方法。算法将寻找某些关键词，并且会考虑使用者是谁。例如，很多有影响的人共享了一条记录，那么这条记录的权重会更大。站点创造者尽力确保使用正确的关键词，以及让这些关键词出现在帖子的一个或多个元素中。这些元素包括：

● **元标签**（meta tag）：嵌入在网页中的代码。站点访客可以看见元标签，但是只能通过网页的源代码看。

● **标题标签**（Title tag）：定义网页标题的 HTML 标签。这一标题展现在浏览者的标题行中、在搜索引擎的结果中、在 RSS 种子中。

● **抬头标签**（heading tag）：用来划分和描述内容的 HTML 标签。

● **标题**（title）：页面内容的标题或主要指示语。尽管传统的杂志文章标题可能是含蓄的，但一个优化的标题需要更直接。搜索算法虽然智能，但不能理解双关或玩笑。例如，昂贵的路易威登皮包的一个印刷广告写着"高时尚的复制品和真实的东西没有区别"。一个优化的标题可能写成"明智购买：确保路易威登皮包真品的 5 个小窍门，非假货，时尚"，以确保搜索可以检索到关键词"路易威登、商店和包"。标题也应该使用**"钩子"**（hook）提升人们点击的可能性。社交媒体从业者把通过精心设计标题予以推销的内容称为**链接诱饵**（linkbaiting）。[31]

在选择一家餐馆之前没有上网查看这家餐馆的情况，对于许多年轻人而言是难以想象的。我们越来越依赖网上的评论引导我们走进或远离某家餐馆、酒店、电影、服装、音乐以及其他一切东西。对 56 个国家的 28 000 个样本的调查显示，网上使用者排名已成为第二大最受信任的品牌信息来源（仅次于亲友推荐）。我们通常对社交网络成员的推荐很有信心。遗憾的是：使用者排名和实际的产品质量，如《消费者报告》提供的客观评价并没有太大联系。而且有证据表明，移动端评论比电脑端评论的帮助要小，即使是相同的评论者所写，通过移动设备张贴出来的评论也更情绪化、更消极。[32]

无论准确与否，顾客产品评论成了满意和忠诚的一个关键驱动因素。这些评论的另一个优点是，消费者可以了解到更多其他并不那么流行但同样喜欢的东西，并且这些不那么“声势浩大的”产品如电影、书和 CD 也更有可能销售出去。如在线 DVD 租赁公司网飞（Netflix）有 2/3 的订单来自其他用户的推荐。事实上，70%～80%的网飞租赁来自 38 000 部老电影，而不是近来发行的电影。[33]

从这一角度来看，在线评论是**长尾**（long tail）这种重要商业模式的重要助燃剂。[34]长尾理论的基本思想是，我们不再需要仅依靠“非常受欢迎的作品”（如声势浩大的电影、畅销书）来挣钱。公司也可以通过向小众卖少量的产品来挣钱，但种类要足够多。例如，亚马逊公司维持 370 万本书的库存，而在巴诺（Barner & Noble）这样的大型零售书店，这个数字则大约是 10 万本。绝大多数实体书店只能卖出几千本（如果有的话），但是，亚马逊比巴诺多出的 360 万本书占年收入的 1/4！其他符合长尾理论的例子还包括：成功的小微啤酒厂和通过类似竞赛表演广播网等渠道重播老节目的电视网络。

消费者如何对产品分类？

美国消费者对酸奶的偏爱程度中等，但一些新品种，如 Greek 酸奶，在渴望健康并且爱吃零食的人群中很受欢迎。现在，还出现了其他一些允许人们以沙冰形式喝的新酸奶，发酵乳和其他混合物模糊了软饮料、甜品、零食和益生菌类补充物之间的界限。[35]消费者如何才能弄清楚这些新产品？[36]

请记住：消费者并不是在真空状态下处理产品信息的。他们会根据对产品或其他类似产品的了解，来评估产品的属性。在评价某部 35 毫米相机时，人们通常会拿它和其他 35 毫米相机作比较，而不会将其与一次性照相机相比。消费者对产品的归类决定了他将与之对比的其他产品。我们头脑中对一种品牌分类的方式对如何评价它起着重要作用。

而且，就像酸奶的例子，有时公司喜欢玩这些产品类别游戏：它们将属于不同领域的产品属性引入同一产品中，形成**混合产品**（hybrid products），从而创造出一种新产品。因此，就有了交叉型多用途车（CUV），它混合了轿车和运动型多功能车（SUV）的特点；还有最近出现的“牛角甜甜圈”（组合了牛角面包和甜甜圈）热潮，这种新式面包热潮从纽约面包店起步，现在已成为享有国家明星礼遇的唐恩都乐甜甜圈。[37]

最近的一项关于消费者如何使用热量信息的研究表明，消费者定义产品类别的方法非常重要。当人们看到列出每道菜卡路里数的菜单时，会选择更营养的菜。然而，当较低热量的食品被另列在“低热量”菜单上时，顾客实际上很少选择它们。研究人员解释说，消费者对低热量标签有负面联想，所以，在决策过程早期阶段，更容易对这些选项置之不理。因此，这些食品以低热量身份单独出现时，顾客是不会考虑的。讽刺的是，单独的低热量菜单导致更少的健康选择。[38]

消费者以**知识结构**（knowledge structure）方式呈现产品信息。知识结构指的是人们头脑中的一系列信念，以及组织这些信念的方式。这种知识结构对营销者销售产品非常重要，因为他们想确保顾客对产品正确分组。一般来说，人们把一种产品归入认知结构中三个层次之一。为了理解这一观点，设想一个人会如何回答以下关于蛋卷冰激凌的问题：其他什么产品与蛋卷冰激凌具有类似特性？当你想吃蛋卷冰激凌时，有哪些产品可以替代它？这些问题可能比表面看起来更为复杂。从一个层面来看，蛋卷冰激凌跟苹果是一样的，因为它们都可视为甜点。而从另一个层面来看，蛋卷冰激凌则跟馅饼相同，因为它们不但都被视为甜点，而且都会让体重增加。再从另一个层面看，蛋卷冰激凌则与圣代冰激凌相似——也都是甜点，都用冰激凌做成，而且都会让体重增加。图 9-5 具体描述了这三个层次。

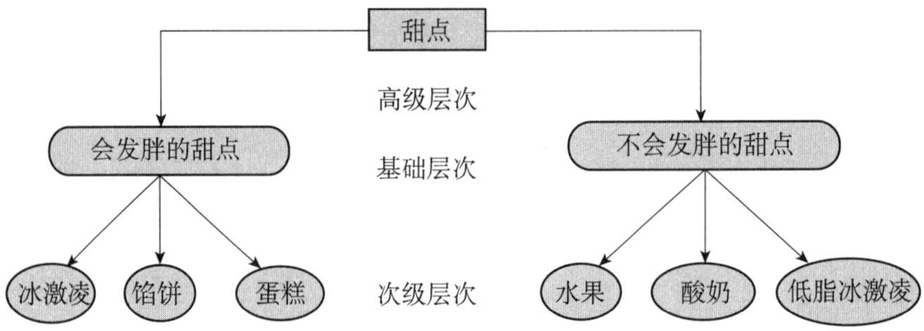

图 9-5　分类的层次

显而易见，人们认为与某种类别相联系的产品会影响他们的选择。被划归“会发胖的甜点”这一类别的食品就会影响人们对餐后甜点的选择。中间那一层被称为基础类别（basic level category），通常在产品分类中最为有用。在这一层次中，同一类产品彼此之间往往有很多相同之处，但又允许我们在足够广的范围内考虑替代方案。范围更广的高级类别（superordinate category）较为抽象，而更为精细明确的次级类别（subordinate category）则常常包括单独的品牌。[39]当然，并非所有产品都可以刚好归入一个类别。虽然苹果馅饼和大黄馅饼都是馅饼，但比起大黄馅饼，苹果馅饼更适合代表次级层次的馅饼。因为苹果馅饼更为典型（prototypical），而且人们（尤其是分类新手）第一个想起的往往就是它。对比之下，真正的馅饼专家则往往了解所有典型与非典型的类别实例。[40]

产品分类的战略意义

我们划分产品类别的方式对营销人员有许多战略意义。这是因为这一过程影响消费者会把哪些产品进行对比，以及消费者喜欢哪家公司所依据的决策标准。

为产品定位　定位策略的成功意味着营销者有能力确保消费者在既定的品类中考虑自己的产品。例如，橙汁制造商试图将橙汁重新定位为可全天饮用的饮料（“它不再是仅仅适合早餐时饮用”）。另一方面，软饮料公司目前的努力方向则正好相反，它们正将苏打水塑造成一种适合早餐时饮用的饮料，希望苏打水与橙汁、柚子汁和咖啡一样进入消费者的“早餐饮料”类别。当然，这一策略也可能产生不良后果，如百事可乐推出“百事早晨”（Pepsi A. M.）饮料，并将其定位为咖啡替代品，由于这一早餐饮料的定位做得非常出色，以致消费者在早餐以外的时间都不会喝这种饮料，产品也因此失败了。[41]

识别竞争对手　在抽象的高级层次里，有许多不同的产品形式在相互竞争。“娱乐”类别可能包括保龄球和芭蕾舞演出，但没有多少人会将其中一个视为另一个的替代活动。表面上看起来相当不同的产品和服务，实际上却在一个广泛的层面为消费者的可自由支配收入而彼此竞争。虽然对许多人而言，保龄球和芭蕾舞演出并不能互相替代，但在某些情况下，这种替代是可能发生的。比如，交响乐就可能试图将自己定位为“文化活动”类别中与芭蕾舞同等的成员，以吸引那些持芭蕾舞演出季票的消费者。我们常常在不可比较的类别之间选择产品，一种产品有许多特性无法与另一种产品进行直接比较（比如“苹果和橙子哪个更好”的老问题）。如果消费者能够抽象出一个包括各种项目的交叉高级类别（如娱乐、价值、有用性），那么根据这一高级类别的对比来评估每一备选品牌，选择过程就会简单得多。[42]

创造一个典范产品　正如从比较苹果馅饼和大黄馅饼的例子中看到的，如果一种产品确实成为一个品类的良好典型，那么消费者对它会比较熟悉，而且更容易认出和想起这种产品。[43]一般来说，**品类典范**（category exemplars）产品会过度影响人们对类别属性的判断。[44]在某种意义上，与一种类别紧密相连的品牌界定了评价该类别中所有成员的标准，因而“操纵”了这一类别。

确定产品在商店的位置　产品分类也会影响消费者对在哪里找到想要的产品的期望。如果产品与产品类别的匹配不清晰（比如，小地毯是家具吗），将会削弱消费者发现和了解它们的能力。比如，市场上一种需要解冻和烹饪的速冻狗粮失败了，部分原因就在于，人们无法适应在商店的速冻食品区购买狗粮的做法。

评价标准

当小明在挑选不同品牌的电视机时，他只关注1～2个产品特点，并完全忽略其他几个特点，从而把选择范围缩小到只考虑乐视和小米两个品牌。表9-1概括了小明所考虑的电视特点。① 现在，依据他考虑时所使用的原则，让我们看看这些特点的比较如何改变小明的选择。

表9-1　假设的电视机备选品牌

属性	重要等级	品牌得分		
		乐视	小米	TCL
屏幕尺寸	1	优	优	优
立体声音响功能	2	优	差	良
品牌声誉	3	优	优	差
屏幕节目菜单	4	差	差	差
有线网兼容功能	5	良	良	良
睡眠定时器	6	优	差	良

评价标准（evaluative criteria）是我们用来判断竞争选项价值的尺度。在比较

① 表中数据为假设。——译者注

备选产品的过程中，小明能根据很多标准作出选择：从功能的属性（如“这部电视机可否遥控?”）到体验的属性（如“这部电视机的环绕立体声能让我身临其境吗?”）。

另外很重要的一点是，在决策过程中，如果某标准能让备选品牌彼此区分，那么它的权重就要大于无法区分备选品牌的其他标准。如果认为所有的品牌在某一属性上都显得不错（如所有电视机都有遥控功能），小明就需要寻找其他标准来作出选择。那些能够实际区分备选方案的属性称为**决定性属性**（determinant attributes）。

营销者经常教育消费者应该将哪些标准作为决定性属性。例如，Church & Dwight 的消费者调研结果表明，许多消费者将牙膏的天然成分视为决定性属性，因此，该公司宣传用烘焙的纯碱制成的 Arm & Hammer 牙膏大受欢迎。[45]

营销者要有效推出新决策标准，就必须向人们传递三个信息[46]：

1. 必须指出这一属性在不同品牌之间有明显差异。

2. 必须为消费者提供制定决策的规则，例如“假如……（在备选品牌中作选择时），那么……（应用该属性作为选择标准）”。

3. 必须使规则很容易与过去的决策经验相一致，否则会因太费神而被消费者忽略。

市场机会

如今的消费者经常想知道他们所买的东西从哪里来。美国 J. Peterman 公司的服装部在讲他们所销售服装的故事，高档的食品杂货店如全食（Whole Foods）提供了关于产品和肉的来源农场的大量细节。产品可靠性正在成为一个决定性属性。研究者声称，尽管可靠性概念难以界定，但似乎包括三大特点：传承、真挚和对品质的承诺。[47]这解释了为什么许多公司喜欢兜售它们的“可靠的”故事，例如，新百伦（New Balance）这样描述它的缅因州工厂：“始建于 1945 年，有近 400 名员工在 Depot Street 大楼工作，他们生产的每一双鞋都是令人骄傲的手工艺品，这些手工艺品承载了这个小镇和小镇居民的部分悠久历史。”[48]

在高度认知介入的条件下，人们认真思考不同选项的优劣，几乎像一台遵循复杂公式进行决策的计算机。这是一种**补偿性原则**（compensatory rule），该原则允许一个产品在某方面的不足由其他优秀的方面弥补。有两种基本的补偿性原则。

1. **简单加法原则**（simple additive rule），指一个人只选择那些具有最多优秀属性的产品。当难以获得更多信息时，可以采用这种方法。这并不是最好的解决方法，因为某些属性对于顾客可能并没有意义。因此，我们可能对一个吹嘘具有一大堆特点的品牌印象深刻，尽管这些特点大多不是决定性的。

2. **加权加法原则**（weighted additive rule），指的是消费者可以通过加权考虑属性的相对重要性。这个过程是否听起来似曾相识，实际上这个计算过程与第 8 章中多属性态度模型的计算极为相似。

补偿性原则要求决策者认真考虑竞争选项的属性，但是我们都知道，有时不需要那样做。当进行习惯决策或情感决策时，一般使用**非补偿性原则**（noncompensatory rule)。[49]该原则是只要备选品牌在某个标准上达不到要求，我们就会转向其他产品，而不会考虑它可能在其他方面满足我们的需要。“我从来没有听说过那个牌子”或者“颜色太糟糕”，就体现了这一原则。

有三种基本的非补偿性原则。

1. **词典编纂式原则**（lexicographic rule）：指选择在最重要属性上表现最好的品牌。如果决策者感觉有两个或两个以上的品牌在某一属性上不相上下，他就会比较第二重要的属性。这个选择过程会一直持续到分出优劣。在小明的案例中，虽然乐视和小米这两个品牌在他最看重的属性上相同（60英寸的屏幕），但他选择了乐视，因为该品牌在他看中的第二重要属性（立体声效果）上排名第一。

2. **逐次排除式原则**（elimination-by-aspects rule）：和词典编纂式原则类似，消费者也是在最重要的属性上评价品牌。但在这一情形中，他会利用特定的“排除点”。比如，如果小明对电视机的睡眠定时功能更感兴趣（即假设这项功能比较重要），他就会规定自己选择的电视机“必须有睡眠定时功能”。由于乐视有这个功能而小米没有，他就会选择乐视而排除小米。

3. **联结式原则**（conjunctive rule）。前面两个决策原则都根据属性进行选择，而联结式原则需要考虑品牌。如同逐次排除式原则一样，决策者对每一个属性都设置了“排除点”。他会选择满足了所有设定的“排除点”的品牌，而只要有一个“排除点”未能满足，品牌就会被拒绝。如果没有品牌达到“排除点”要求，他可能延迟选择，或者改变决策原则，或者改变他所用的“排除点”。

假如小明规定所有属性必须在“良”或“良”以上，那么他可能无法从中选出任何一个品牌。因而他可能会修正决策规则，承认在自己考虑的价格范围内，没有品牌能够达到如此高的标准。在这种情况下，也许小明决定没有屏幕节目菜单也可以，这样他将会重新考虑乐视电视。

如果允许产品质量好坏可以相互抵消，我们会有不同的选择。例如，如果小明不关注立体声，他可能会选择小米。但是当小明使用非补偿性原则时，因为这个品牌没有达到立体声这个属性的较高标准，小米就没有机会了。

习惯型决策

小明对买一台合适电视机的思考，可能不同于他所做的大多数决策。如果他和我们大多数人类似，那么每天都要进行很多决策，而且多数决策几乎是自动完成的。例如，“牛奶加糖?”“炸薯条?”我们前面所学的决策步骤很好，但常识告诉我们，买东西时并不是每次都经历这些精细过程。[50]如果每次买东西都要经过这些过程，我们的全部生命将花在做决策上，我们几乎就没有时间享受所买的东西了。有些购物行为看起来根本不理智，因为不符合逻辑。**习惯型购买决策**（habitual decision making）指几乎没有或很少努力就作出的决策。很多购买决策仅仅是例行公事，人们都没有意识到自己已经作了决策，直至看到购物车中的物品。尽管这样的决策可能看起来是危险甚至愚蠢的，但在很多情况下是高效的。新闻记者马尔科姆·格拉德威尔（Malcolm Gladwell）在其畅销书《眨眼间》（*Blink*）中谈道，眨眼间的快速判断能够惊人地准确。[51][52]

当一个人重复购买同一品牌时，这意味着习惯还是忠诚？答案是：看情况。在一些情况下真是**惯性**（inertia），即毫不费力地把一袋熟悉的产品扔进购物车。**品牌忠诚**（brand loyalty）则另当别论，这种重复购买的模式是有意识地继续购买相同的品牌。正如你可能想到的，尽管惯性和忠诚产生相同的结果，但后者更难，也更有价值，因为它代表了消费者的承诺。一个简单的测试有助于理解它们的区别：如果顾客发现他常买的品牌没货，他是买其他品牌还是到别的地方去买该品牌？如果答案是“选择离开”，该顾客就是忠诚顾客。

启动和助推

一项针对品牌标志的影响的研究发现，当被试暴露在有一闪而过的苹果或IBM标志的屏幕下时，他们的行为改变了，尽管他们甚至没有意识到自己看到过这些标志。许多消费者把创造力、特立独行和创新等特质与苹果品牌联系起来，把传统、睿智和有社会责任等特质与IBM品牌联系起来。[53]可以确定的是，看到苹果标志的被试在接下来的任务中比看到IBM标志的被试更有创造力和创新性。

研究者继续识别了造成我们决策偏差的因素，在这些因素中，有很多都是在无意识状态下产生作用的。[54]在一项研究中，被试对不想要的产品（咖喱蚱蜢）的态度改善了，当时他们被要求接近该产品。这种身体的移动通常和喜欢相联系，甚至我们身体的移动或其他生理反应能够影响我们的想法。[55]为了帮助理解该过程，你可以试着迫使自己微笑或皱眉，并仔细评估自己的情感；你可能发现古老的处方“戴上开心的面具”来振奋自己，实际上可能有一些效果。[56]

通常情况下，仅仅是所谓的社会学意义上的**框架**（framing）在起作用，或者说，给人们设置问题的方式、要求人们所做的事情所产生的作用。例如，相比喜欢得到某种东西，人们更厌恶失去某种东西，经济学家把这种倾向叫做**损失规避**（loss aversion）。研究发现，有机会提高学生成绩的教师通常不会通过提高考试分数的形式来达到某种目的，但是，如果有教师在学年初得到额外金钱，并被告知如果学生没有表现出足够的进步，将会取消这笔钱，那么，这些教师则会竭力提高学生的分数。

来看看框架如何起作用，设想如下情景：你免费得到了一张足球比赛的门票，临出门时，一场突如其来的暴风雪使得去体育馆有些危险，你还会去吗？现在，假设有同样的比赛，同样的暴风雪天气——但门票是你花大价钱买来的，这种情况下你会冒雪出去吗？

前景理论（prospect theory）的研究人员分析了得失对决策价值的影响。他们认为**心理账户**（mental accounting）原则与我们组织问题的方式有关，也与本不应该影响我们决策但又确实影响的外部因素有关。研究者发现，付费门票和免费门票相比，人们更可能在暴风雪中冒险。只有最忠诚的粉丝才不会认为这是一个非理智的选择，他们觉得无论以何种方式得到门票，出门所冒的风险都是相同的。研究人员把这种决策偏差叫做**沉没成本误区**（sunk-cost fallacy），即如果我们为某样东西花了钱，就更不愿意浪费。

近年来，个人环境微不足道的变化也能强烈影响选择的观点，已经受到消费者行为研究的高度关注。与规范经济理论认为消费者都是理智决策者不同，迅速发展的**行为经济学**（behavioral economics）研究领域聚焦于心理和社会因素对人们经济决策的影响，认为这些决策大多不是“理智的”。有证据表明，仅仅依靠改变信息呈现方式就非常可能改变个体和群体的选择。这一研究具有重大意义，特别是对于公共政策而言，因为研究证明，政策制定机构呈现信息的方式对大量想戒烟、吃健康食品或为退休存钱的消费者产生了巨大影响。当然，也存在重要的伦理问题，特别是随着研究的不断深入，人们开始意识到，政府和企业能够微妙但却强有力地影响人们“自由地”选择。[57]

在行为经济学中很多新兴的工作聚焦于**启动**（priming）的作用，启动是使我们更可能以特定方式行事的环境暗示，纵然我们并没有意识到这种影响。启动是一种鼓励人们聚焦于生活中某些特定方面如财物或环境的刺激。

- 一组大学生被启发去想金钱；让他们看到这样的语句：“她大方地花钱”，或者能够使他们想到金钱的图片。接着，实验组和没有金钱启发的控制组回答关于道德决策的问题，实验组持续表现出较弱的道德，他们更有可能说他们会偷大学复印室的一沓纸，并且更有可能说为了金钱会撒谎。[58]
- 当人们看到“小巧”产品的图片时，他们更可能放纵自己的行为，如吃更大的冰激凌。[59]
- 在一个葡萄酒商店的实地研究中，研究者每天播放传统的法国音乐，或者播放传统的德国音乐。在以传统法国音乐为背景的那些天，人们购买的法国葡萄酒多于德国葡萄酒；反之，在以传统德国音乐为背景的那些天，人们购买的德国葡萄酒多于法国葡萄酒。随后的问卷调查表明，顾客没有意识到音乐对他们选择的影响。[60]

目前，行为经济学的很多工作证明了一次“**推动**”（nudge）所产生的戏剧性效果，一次推动是由一个想改变人们行为的组织发起的蓄意的改变。[61]一次简单的“推动”是：如果人们不愿意参加某项活动，那么，从问消费者是否“参加”这个活动，转向问消费者是否“退出”这个活动。在欧洲，在询问司机是否愿意成为器官捐献者的国家，不足20%的司机是器官捐献者，而在不想捐献的司机可以选择退出的国家，则有超过95%的司机是器官捐献者。

这种**默认偏差**（default bias）能够应用于大量的选择情景，默认偏差指的是我们更可能遵从而不是拒绝一项要求。例如，如果雇主自动从员工的薪酬中扣除养老金，而不是让员工自己从薪酬中扣除养老金，那么，员工更可能为退休而储蓄。这也是众多软件公司和社交媒体平台鼓励用户接受其产品和隐私条款的做法（例如，当你一定要从脸书有权与他人共享你的信息中退出时）。[62]

直觉：大脑捷径

前面提到的默认偏差表明：人们决策时经常走捷径。并不像我们前面所描述的那样，当我们想要达到最好的结果，也就是**最优解**（maximizing solution）时，就会运用认知型决策。实际上，人们经常满足于少花一点脑力，只要有一个可以接受的结果，即**满意解**（satisficing solution）即可。这种“马马虎虎就行了”的决策称为**有限理性**（bounded rationality）。

我们已经看到，很多习惯型决策受制于心理账户（mental accounting）偏差。此外，也经常通过其他捷径来简化选择。如同小明那样，只作一些假设而不是进行详细的信息收集，特别是他假设在苏宁进行选择就足够了，这样就不必费心去其他商店选购。[63]

我们把这些捷径称为**直觉**（heuristics）。这些“大脑经验准则”（“mental rules-of-thumb”）的范围从一般（“好货不便宜”“一分钱一分货”“买我上次买过的那个品牌”）到具体（如“买大白兔奶糖，这是我母亲经常买的牌子”）。[64]有时这种捷径并不能使消费者的利益最大化。比如，一个想买车的人知道身边有一两个人所购买的某品牌的汽车有问题，可能就会假设自己若买该车也会出现同样的问题，从而不会花时间去看看该品牌实际上也有很好的维修记录。[65]表9-2列出了一组常见的**市场信念**（market beliefs）。下面概括几个常用且常见的直觉决策。

表9-2　市场信念

品牌	所有品牌基本上是一样的。 标准品只是一些以低价出售的有名字的产品而已。 销量最大的品牌是最好的品牌。 拿不定主意时，知名品牌总是最安全的选择。
商店	专卖店是让你熟悉最优品牌的好地方，但一旦你确认自己想要什么，折扣商店会更便宜。 橱窗陈列可以反映一家商店的特色。 专卖店的销售人员比其他商店的销售人员更专业。 大型商店的价格比小商店更有吸引力。 本地商店能提供最好的服务。 一个商店中有一种商品价值很高，那么这个商店其他商品的价值可能也很高。 大型百货商店的信用及退货条件最优厚。 刚开业的商店价格总是比较吸引人。
价格/折扣/大降价	大降价是专门用来卖掉滞销商品的。 常年有大降价活动的商店并不会让人真正省钱。 在特定的商店里，高价通常代表高质。
广告及促销	使用“硬性推销”广告的产品质量低。 附赠的产品没有太大价值（即使是免费的）。 优惠券可以真正帮消费者省钱，因为它们不是由商店提供的。 当你买了大做广告的商品时，你是在为品牌而不是高质量付钱。
产品/包装	大包装产品的单价通常要比小包装产品的单价低。 新产品刚推出时价格高，随着时间推移价格会趋于下降。 当你不能确定需要产品来做什么时，将其作为对新功能的一种额外投资是个不错的主意，因为未来你可能用得着它。 一般而言，人工合成材料的产品质量要比天然材料的差。 产品刚上市时最好别买，因为制造商总需要时间来弥补产品的缺陷。

资料来源：Adapted from Calvin P. Duncan，“Consumer Market Beliefs：A Review of the Literature and an Agenda for Future Research，” in Marvin E. Goldberg，Gerald Gorn，and Richard W. Pollay eds.，*Advances in Consumer Research* 17（Provo，UT：Association for Consumer Research，1990）：729-35.

共变

一个卖二手汽车的人可能想确保汽车外表光洁闪亮。潜在购买者经常通过汽车外表来判断汽车机械部件的状况，即使这意味着他们开走的可能是一部外表光洁的烂车。[66]当我们只有不完全的产品信息时，我们通常基于**共变**（covariation）进行判断，共变是感觉中的事物间的联系，尽管实际上并不一定存在相互影响。[67]

原产国

一个产品的“产地”至关重要。美国人喜欢买意大利的鞋、日本的汽车及韩国的微波炉。消费者把特定产品与特定国家紧密联系在一起，而且这些国家的产品通常有望从这种联系中受益。这就是**原产国**（country of origin，COO）成为一个重要的直觉信息的原因。确实，营销人员通常把品牌和国家联系起来，赚那些有COO联想的消费者的钱，比如，法国葡萄酒、意大利运动型汽车，甚至是地道丹麦味道的哈根达斯冰激凌（但实际上雀巢公司拥有该品牌，且在北欧制作）。

熟悉的品牌名字

波士顿咨询集团在一项研究中调查了30个产品类别中的市场领导者，其中有27个品牌是1930年的第一名（例如象牙香皂和金宝汤），在随后的50多年时间里它们仍然保持市场领先地位。[68]

高价格

许多人认为高价格比低价格代表更好的质量。[69]这种假设通常是对的；付出什么就得到什么。但是，买家仍然要注意：价格-质量关系并非永远有道理。[70]

集体决策制定

人们做出的很多决策都是协作性的，在这些决策过程中，还有其他人参与了问题的解决过程，包括从开始的问题识别和信息搜寻到备选方案评估及产品选择。更为复杂的是，这些决策通常包括两个或以上的人参加。这些人对结果有不同程度的贡献，不同的口味和偏好，不同的消费优先权。如果你和朋友争论过去哪家餐馆吃饭，或者与家人争论过该谁洗碗，就会明白这一点。你可能在大众点评网上看了不下50条顾客评论，但是依然难以与朋友或家人达成共识。

在这一部分，我们将分析**集体决策**（collective decision-making），这是指多人为多个消费者的使用而选择产品或服务的情形。我们先分析组织的购买决策，在这种情况下，多个员工代表组织购买产品或服务。然后再讨论家庭购买决策，重点关注家庭成员间如何谈判，以及现代家庭结构的重要变化如何影响决策过程。

人们为什么会聚在一起组成大公司或小家庭？二者的重要共同点在于，在为各自的组织选择产品或服务时，都扮演了许多特定的角色。[71]不同的决策包括的成员可能是部分或全体，不同成员在复杂的决策过程中都扮演了重要角色。这些角色包括：

- **发起者**（initiator）：提出购买需求的人。
- **守门人**（gatekeeper）：进行信息搜寻并控制信息在组织内流向的人。在组织中，守门人为组织内其他人识别可能的卖方和产品。
- **影响者**（influencer）：能够控制决策结果的人。一些人可能比其他人更投入，并且不同参与者说话的分量不同。
- **购买者**（buyer）：实际购买的人。购买者可能使用该产品，也可能实际上并不使用该产品。

- **使用者**（user）：真正消费产品或服务的人。

B2B 决策制定

公司或其他组织的很多员工日常工作就是制定购买决策。**组织购买者**（organizational buyers）就是代表公司购买产品和服务，用于生产、分销、再销售的人。这些人从 **B2B 商家**（business-to-business（B2B）marketers）那里购买满足组织，如公司、政府机构、医院和零售商等需要的商品。以美国为例，从数量上看，B2B 产品和服务的交易量每年近 2 万亿美元，超过了个人的消费购买。

组织购买者的责任更大。他们需要确定想与之做生意的卖家及具体的产品，涉及产品价格及其重要性等方方面面，从小小的回形针到几百万美元的计算机系统，不一而足。很多因素影响组织购买者对购买情境的感知，包括对供应商的期望（expectations，例如，产品质量、公司员工的技能和行为、之前和该供应商打交道的经验等），该公司的组织氛围（organizational climate，例如，如何奖励绩效，价值取向是什么），以及购买者对自己绩效的评估（assessment，例如，是否相信冒险）。[72]

像其他消费者一样，组织购买者也经历学习过程，在这个过程中，员工互相分享信息并形成“组织记忆”，包括什么是最好的购买决策的共同信念和假设。[73]正如前面讨论的“市场信念”影响周末和家人购物的消费者，同样的事情也会发生在办公室。他们（也许和同事）在搜寻信息、评价备选方案、做出决策以解决问题的过程中，也都存在一些共同的信念。[74]当然，组织决策与个人决策这两种情况的不同也很明显。

B2B 决策和个人决策的对比

总结起来，组织及行业购买决策和个体消费者决策的主要不同如下[75]：

- 公司的购买决策经常涉及很多人，包括实际的购买者、直接或间接影响决策的人、实际使用产品或服务的员工。
- 组织和公司通常使用精确的技术规格术语，要求丰富的产品类别知识。
- 即便是小件商品，组织购买者也鲜有冲动购买，因为购买者是专业人士，会基于过去的购买经验决策，并且认真权衡备选方案。
- 决策通常是有风险的，特别是在购买者的职业生涯都受其判断影响的情况下，风险更大。
- 购买金额通常巨大；远远超过绝大多数个人消费者的食品杂货账单或抵押支付。100～250 个组织客户通常占一个供应商销售额的一半以上，因此，组织购买者对供应商有很大影响。
- B2B 营销通常比广告或其他促销方式更强调人员销售和组织购买者打交道，通常需要更多的面对面接触。

在理解组织购买决策时，必须考虑上述重要的因素。但是，如前所述，组织购买和日常消费购买也有很多共性，许多人可能没有意识到有这么多共性。当然，组织购买比个人购买更倾向于经济和功能的价值，但情感也起重要作用。组织购买者可能给外人的感觉是理智优先，但同时他们也基于品牌忠诚、与供应商或销售人员的长期关系，甚至审美偏好进行决策。即使是一般被认为冷静、精于财务指标计算的投资者，有时也受其他因素的影响，例如，可能偏爱为员工提供更好工作条件的公司或者在某些方面不寻常的公司。[76]

组织的购买决策制定过程还取决于购买情况。如同个人选择，越复杂、新奇或冒险的决策，组织需要越多的努力进行信息搜寻和备选方案评估。但是，如果组织购买者依靠固定的供应商进行常规购买，这将极大减少信息搜寻和精力投入。[77]通常，一组人（**采购中心**（buying center）的成员）在比较复杂的组织决策中扮演不同的角色。这种共同投入有点像家庭决策，在这种家庭决策中，比较重要的家庭成员可能都会参加。注意：采购中心不像购物中心，它不是一个物理的场所，而是参与决策的一群人。

经典的**采购类别理论**（buyclass theory of purchasing）把组织购买决策按照复杂程度分为三类，分别用三个决策维度来描述组织购买者的购买策略。[78]

1. 决策前必须收集信息的多少。
2. 必须考虑所有备选方案的严肃程度。
3. 对购买的熟悉程度。

在实践中，这三个维度与购买者决策所需的认知努力程度相关。三种类型的“采购类别”，或由这三个维度决定的策略，囊括了绝大多数的组织购买情况。[79]表 9－3 总结了这些策略。

表 9－3　组织购买决策类型

购买情况	努力程度	风险	购买者涉入度
直接重购	习惯型决策	低	自动记录
修正重购	有限的问题解决	低或中	一点或一些
新购	大量的问题解决	高	很多

资料来源：Adapted from Patrick J. Robinson, Charles W. Faris, and Yoram Wind, *Industrial Buying and Creative Marketing* (Boston: Allyn & Bacon, 1967).

- **直接重购**（straight rebuy）是一个习惯型决策。当库存水平达到预先设定的标准时，自动直接重购。绝大多数组织保留认可的卖方名录，只要和现有供应商的合作满意，几乎不需要信息搜寻或评估工作。
- **修正重购**（modified rebuy）涉及有限的决策制定。当一个组织想重购一个产品或服务，但也想做出一些小调整时，就是修正重购。这个决策可能涉及在几个卖方中进行有限的信息搜寻。一个或几个人做出最后的决策。
- **新购**（new task）涉及大量的问题解决。因为公司没有做过类似的决策，所以通常存在严重的风险，包括产品表现不佳或太贵。这时公司会组织一个包括各类专家的采购中心来评估决策，并且在作出决策前会收集大量信息。

B2B 电子商务

企业对企业电子商务（business-to-business（B2B）e-commerce）是指两个或两个以上的企业或组织之间的网络互动，包括信息、产品、服务的交换或者支付。网络彻底改变了公司间交流的方式，甚至公司内部的信息沟通方式。今天，大多数 B2B 企业，即使是那些最近仍严重依赖“老派”的技术，如电话推销和邮寄的企业，也利用社交媒体来连接顾客和业务合作伙伴。[80]

最简单的 B2B 电子商务形式是在网上提供企业所需要产品和服务的在线目录。诸如戴尔这样的公司使用互联网，向公司的客户提供在线技术支持、产品信息、订单状态信息以及客户服务。在早期，戴尔发现，如果为不同的细分客户量身定制互联网服务，就能更有效地满足客户的需求。如今，戴尔的网站允许购买者根据各自的目标客户群体（家庭、办公、政府、小企业和教育）获取产品推荐建议。通过利用电子下载取代纸质产品手册，该公司每年就节省了数百万美元。对于公司的大客户，戴尔提供定制的有密码保护的网页，企业客户从中获得技术支持或下订单。[81]

预测市场

群体比个体更明智吗？**预测市场**（prediction market）是组织决策技术中最热门的趋势之一。这种方法确信，一群享有某一行业知识的人能够比其中的任何个体更准确地预测未来。在预测市场的框架下，无论微软公司还是惠普公司都授权自己的员工成为“交易员”（traders）。就像股市中那样，交易员投注于他们对未来销售的预期，如新产品的成功，或其他公司在分销渠道中的表现等，如果他们“选股”成功，通常会得到现金奖励。例如，美国制药巨头礼来公司（Eli Lilly）经常将数百万美元的赌注投放在失败可能性巨大的候选药物上。只需少数几种新药成功，就能够赚到足够的钱来弥补其他失败产品的损失。很显然，如果公司在研发前期就选准投注对象，那么公司将获利巨大。礼来公司进行了一项有 50 名参与药物开发的员工参加的实验，包括化学家、生物学家和项目经理，通过一个内部市场对 6 种模拟候选药物进行交易。由这些员工组成的小组准确预测了三种最成功的药物。[82]

众筹（crowdsourcing）的基本原理之一是预测市场，它可以从使用者社区为新产品征求创意甚至广告活动来描绘增长的实际情况。在这一模式中，公司不再向顾客营销，而是和顾客一起营销。[83]**群体智慧**（wisdom of crowds）（来自一本书的名字）的视角认为，在适当的环境中，群体比群体中最聪明的人更聪明。如果这是真的，那就意味着可以通过大量的消费者预测成功的产品。[84]

市场机会

从像百威啤酒公司（该公司众筹新黑王冠啤酒）那样形形色色的众筹公司，到手袋设计师亚历山大·王（Alexander Wang），目前提供的产品都源自员工或顾客提交的创意。[85]在 Threadless 公司，顾客先对多款 T 恤的设计排序，公司再在 T 恤上印上获胜的创意图案。每周，顾客上传 T 恤的设计到网站，大约有 700 件设计创意图案来竞争 6 个可以付印的名额。Threadless 的访客用 0～5 分的量表为各种设计打分，工作人员会从最受欢迎的参赛者中选出优胜者。其结果是，Threadless 卖光了其所生产的每一件 T 恤。[86]

ModCloth 是一家在线廉价女装和饰品零售商，通过它的脸书网页，推出完全自有品牌的产品设计，其中大部分由社区成员提交并投票选出。Kickstarter.com 是一个众筹平台，其参与者已经获得超过 3.2 亿美元，资助超过 18 000 个新产品创意项目，包括从电影到支持蓝牙的手表等。[87]

亲密的团体：家庭决策制定

家庭决策的制定过程类似于商务会议。某些问题会拿到桌面上讨论，不同的成员基于不同的考虑重点和议程，有不同的行动建议，并且可能存在与办公室政治不相上下的权力斗争。在每一种生活情境中，无论是传统家庭还是共处一室的学生，群体成员都承担着不同的角色，就像公司里的采购员、工程师、会计和其他人员。

家庭如何作决策

家庭购买决策通常有两种基本类型。[88]

1. **意见一致的购买决策**（consensual purchase decision），家庭成员对购买决策达成一致，只是在如何使用购买的产品或服务方面不一致。在这种情况下，家庭将充分考虑备选方案，直至找到所有成员都满意的方法。例如，一家人想养一只狗，有人提出要想好谁来照料狗。解决方案是制作一张任务表分配好各个成员的具体任务。

2. **折中的购买决策**（accommodative purchase decision），因成员有不同的偏好和考虑重点，所以不能达成所有人都满意的购买决策。在这种情况下，会通过讨价还价、强制、妥协来达到买什么或谁可以使用的一致决策。当家庭成员间的需要和偏好不完全一致时，会产生冲突。尽管冲突的主要根源是家庭的开支和预算，但选择电视频道也是重要的冲突来源！[89]

引起家庭成员冲突的决策在某种程度上，通常是出现在重要的或新奇的事情上。当个人对备选方案的好坏有强烈偏好时，也会产生冲突。这些因素引起冲突的程度决定了家庭决策的类型。[90]决定家庭决策冲突程度的具体因素包括[91]：

- **人际关系需要**（interpersonal need）——（一个人在团体中的投入水平）：住在家里的青少年可能比住在大学宿舍的学生更关心家庭购买的物品。
- **产品涉入度和效用**（product involvement and utility）——（个人未来使用产品满足需要的程度）：喜欢喝咖啡的母亲显然比大口喝可乐的少年时期的儿子对购买新咖啡机更感兴趣。
- **责任**（responsibility）——（购买、维护、支付等责任）：如果涉及长期的影响和承诺，人们更可能不同意购买决策。例如，决定养狗的家庭可能产生谁负责遛狗和喂狗的冲突。
- **权力**（power）——（一个家庭成员对其他成员的影响力）：在传统家庭中，丈夫比妻子更有影响力，妻子比长子更有影响力，以此类推。当一个人不断地用这种影响力满足自己的要求时，就可能引发冲突。例如，如果一个任性的孩子认为，过生日没有收到 Kinect 游戏机，他宁愿结束生命，那么他可能更愿意使性子、发脾气。

营销人员需要找出家庭中作出购买决策的人，它关系到谁是目标顾客，或者夫妻双方都是目标顾客。研究人员对配偶中的**家庭财务官**（family financial officer，

FFO）特别关注。家庭财务官是监控家庭账单，并决定如何支配剩余的钱的人。在传统家庭里（特别是低教育程度家庭），妇女掌管家庭财政：男人挣钱，女人花钱。夫妻各“专门负责”特定活动。[92]在通行更现代的性别角色规范的家庭中，决策模式不同，夫妻认为双方应该共同参与家庭决策。在这些情况下，丈夫承担了更多的洗熨衣服、打扫房间、买菜等活动，还要附加传统男性的任务，如维修房屋和清除垃圾。[93]

公认的理想家庭决策（synoptic ideal）要求夫妻作为联合决策者行动。他们一起慎重权衡备选方案，彼此分配明确的角色，冷静地做出互利的消费决策。这种模式被美国夫妇广泛接受，特别是年轻夫妇：他们认为理想的婚姻就是丈夫和妻子都工作，并且共同照顾孩子和分担家务。同20年前相比，这是一个巨大的改变，当时不足一半的人赞同双职工家庭，并且不足1%的丈夫知道如何使用海绵拖把。[94]

然而，达成共识仅仅是一个理想。在现实生活中，配偶通常不会奢望做出冷静而理智的联合决策。取而代之，婚姻中的决策可能更多选择较少冲突的方案。一对夫妻可能是“达成”而不是“制定”决策。研究者把这一过程简单描述为“和稀泥”。[95]一种常用的简化决策过程的技术叫做直觉（heuristics），前面曾经讨论过。接下来的决策模式是房地产销售员观察到的夫妇买新房时所用的直觉决策方式：

- 夫妻界定的共同偏好基于明显的、客观的维度，而不是微妙的、难以界定的线索。例如，他们可以很容易就新房所需的卧室数量达成共识，但是难以就房子外观达成共识。

- 夫妻会协商一个任务分工系统，每个人各负其责，并且不干涉对方的“地盘”。对很多夫妻而言，性别角色影响分工领域。例如，妻子先去物色满足他们需要的房子，丈夫则负责贷款事宜。

- 让步基于双方对具体属性的偏好强度。很多情况下，一方对另一方让步仅仅是因为他对某一属性没有强烈偏好。但是在其他情况下，他会更愿意为自己的欲望而战斗。[96]如果双方都对不同属性有强烈偏好，夫妻将会用一个较强的偏好换掉一个较弱的偏好，而不是试图影响对方。例如，丈夫可能在不太关心的厨房的设计上向妻子让步，而希望对方允许自己设计车库（“男性洞穴”）。

因此，谁是一家之主？有时夫妻谁作决策并非显而易见。实际上，尽管男人确实是一家之主，但是女人却负责采购。Haggar公司的研究表明，将近一半的已婚妇女在丈夫不在场的情况下为丈夫买裤子，因此该公司开始在女性杂志上做男装产品的广告。当一个家庭成员决定选择产品时，这是**自主决策**（autonomic decision）。在传统的家庭中，男人通常对选汽车说了算，女人则负责装饰汽车。**共同决策**（syncretic decisions）涉及双方，如度假地点的选择。共同决策常见于休假、住房、家用电器、家具、家用电子产品和长途电话服务。随着夫妻双方教育水平的提高，他们更可能做出共同决策。[97]

一项关于家庭决策的研究近距离观察了人们对家庭的想法，家庭是家庭成员共同构筑的**家庭认同**（family identity），对夫妻和外人而言，家庭认同界定了家庭的概念。[98]根据这一观点（类似于第1章所讨论的角色理论视角下的消费行为），家庭礼仪、叙事（家庭成员讲述这个家的故事）和日常互动帮助家庭维持其结构，保持家庭的特性（日复一日的家庭生活特性），明确成员彼此的关系。[99]这一视角对营销者的价值在于：产品和服务在多大程度上有助于界定家庭认同。例如，一个父亲可能每周六下午带孩子们去吃冰激凌，因此这成为一种仪式。或者，一个妈妈可能追求 Beats 耳机带来的舒适，该耳机可保护她不受放学归来的孩子们玩耍时的吵闹干扰。同时，也可以享受用 TiVo 录下的电视剧《拯救婚姻》，因为 TiVo 可以使家庭成员争夺电视优先权时达成妥协。

营销陷阱

脸书对夫妻关系有影响，原因可能是这个社交媒体平台很容易让人们旧情复燃。在最近一次对辩护律师的调查中，2/3 的离婚辩护律师认为，脸书是他们负责的案件的最初导火索。有大量的报告称，不忠的证据也经常能在网络上的照片、文档中找到。[100]一位律师说："有大量的网站，如'第二人生'等，在诱惑夫妻彼此说谎。"很明显，许多离婚都发生在伴侣发现对方在脸书上发布"调情信息"。她还提供一些及时的建议给那些正在办理离婚手续的人："在完全结束关系之前，千万不要将你的新欢的照片发布到网上。"[101]

妻子

由于大量妇女持续外出工作，她们在家庭购买决策上的影响力也相应增长。美国全职或兼职在外工作的母亲人数自 20 世纪 50 年代到今天翻了两番，目前在有小孩的母亲中该比例近 3/4。作为家庭唯一或主要的经济支柱的妇女人数也从 1960 年的 11%飙升到了目前的 40%。

当丈夫是主要或唯一的经济支柱时，家庭的支出决策大致平分。他负责 1/3，她负责 1/3，另外 1/3 共同决策。但是，随着妻子的薪酬高于丈夫逐渐普遍，将近 40%的已婚工作妇女赚得比丈夫多。当妻子赚得较多时，在家庭金钱开支的决策中占的分量更大。即使在传统上男性做决定的领域，比如，在 2 000 亿美元的电子消费品业务中，妇女占近一半；而在 2 560 亿美元家装市场中，占 1 050 亿美元。[102]

当然，妇女也为此付出了代价。正如研究人员评论的那样，有工作的母亲常常挣扎于**"忙忙碌碌的生活方式"**（juggling lifestyle）：一种疯狂的、内疚深重的妥协，这种妥协来自母亲的文化理想和职业理想之间的冲突。[103]美国劳工部的一项调查表明，工作妇女花在家务和照顾孩子上的平均时间是工作男性的两倍多。她们比全职妈妈每个夜晚少睡一小时左右。[104]

尽管在决策责任上有所转变，妇女仍然主要负责维系**家族亲属关系系统**（kin-network system），维护着近亲和远戚之间的纽带。女性更容易协调亲属之间互访，保持与家人的联系，送贺卡和举办社交聚会。[105]这些活动一般都由女性组织，意味着女性对家庭的休闲活动有重要的决策权，而且还会决定家庭社交活动的对象都是哪些人。

丈夫

越来越多的电视广告展现居家父亲的形象，他温柔且明智地照看孩子。事实上，这种现代广告有自己的名字：**爸爸广告**（Dadvertising）。例如，某一麦片广告展现了一个居家父亲驾驭一个繁忙工作日早晨的情景。[106]

正如我们所看到的，妇女在家庭决策中的角色正在发生变化，但男性的角色也在发生变化。一方面，单身男性仍然是市场中一支强大的却经常被忽视的力量。眼下，美国有3/10的男性是单身，并且超过80%的单身男性在家庭中做出唯一或关键的大额支出决策。

正如我们已经看到的，这种变化的另一个驱动力是越来越多的妇女在家庭以外工作，并且是报酬更好的工作。这意味着，今天越来越多的丈夫留在家里陪伴孩子：美国人口普查局报告说，1/5的学龄前儿童的父亲和工作的妻子是主要的照顾者。正如一位营销经理观察到的，"孩子们将要和爸爸一起成长，爸爸给他们洗澡，开车送他们去踢足球，为他们切橘子。"据估计，目前在美国，食品杂货的采购一半以上由男性完成。

这种转变将导致营销人员重新审视如何销售一系列产品，如何吸引爸爸们的注意：乐高和美泰两个公司现在提供建筑玩具。宝洁公司正在大型零售商店内开发特定的销售区域，该公司发现，妇女们不再可能像以前一样为丈夫选择个人护理产品。这个销售区域称为"男士通道"，把男性所需的产品都放在一个货架上陈列，并有小电视监控器帮助他们选出适当的产品。[107]

群体购买

群体的购买决策会有所不同。例如，比起单独逛街，至少有一个人陪在身边的逛街倾向于产生更多非计划的购买，买得更多，种类更广。[108]著名的特百惠（Tupperware）派对是**家庭购物派对**（home shopping party）的成功范例。它利用群体的压力来促进销售。[109]

社交购物（social shopping）是一种新兴的电子商务形式，这种形式允许网上购物者模拟在实体店和他人一起购物的体验。新技术允许消费者通过一个化身"试穿"衣服，并在社交网络上得到反馈，这种反馈可以在购买前，也可以在购买后。[110]随着技术不断成熟，社交购物可以提供一种比实体店更具吸引力的购买体验。现在，迅速流行的社交购物机制形式多样，包括产品打分、评论、产品拼图、设计比赛、时尚建议、直播评论、视觉图片收藏，以及众包建议等。表9-4总结了一些美国已有的社交购物的方式。

表9-4　社交购物应用

社交购物网站分类						
虚拟的愿望清单/图片收藏网站	试穿网站和App	购前反馈	竞争	社交购物建议	团购网站	链接和网络登录
Supply	Gotryiton	ASOS	ASOS	Klout	Living Social	脸书
Polyvore	Fashionism	脸书		The Fancy	Groupon	Modcloth
Pinterest	Justboughtit	推特		Sneakpeeq	BuyWithMe	Wanelo
vi. sualize. us		Motilo		Fab		
Mydeco		Daily Grommet				

资料来源：Adapted from Rachel Ashman, Michael R. Solomon and Julia Wolny, "An Old Model for a New Age: Applying the EKB in Today's Participatory Culture," *Journal of Customer Behaviour*, 2015, 14 (2): 127-146.

本章小结

现在你已经读完本章，你应当了解为什么：

1. 消费者决策有三种类型：认知型、习惯型和情感型。

购买决策是消费者行为学的核心部分，人们评价和选择产品的方式（以及对这些选择的投入度）差别很大，这取决于决策的新颖性或风险性等因素。人们几乎需要不断地作出产品决策。有些决策相当重要，需要大量努力，而其他一些决策几乎是自动完成的。对购买决策的研究涉及长期形成的习惯决策，也涉及存在巨大风险的全新决策情形，这就需要认真收集信息和分析，才能进行决策。许多决策是完全自发的；我们习惯于这样的决策。人们评价和选择产品的方式取决于对产品的涉入程度、营销信息或者购买的情境。产品涉入度范围可以从低到高，涉入度低，购买由惯性决定；涉入度高，消费者和所要购买的东西建立的纽带关系更紧密。

2. 认知型购买决策是一系列选择的过程，其结果是从多个选项中选择一个产品。

一个典型的决策涉及几个步骤。首先是问题识别，此时，人们意识到必须采取一些行动。出现问题识别，可能是因为目前的产品出了故障，或者可能是因为想要新产品。一旦消费者意识到存在问题且问题足够重要，值得采取一些行动，就会开始信息搜寻的过程。搜索范围可以是简单的记忆扫描，也可以是广泛的实地调查。记忆扫描是确定以前应对同样问题的方法，广泛的实地调查涉及咨询尽可能多的信息源。互联网已经改变了我们搜寻信息的方式。今天，我们面临的问题更可能是剔除多余的细节，而不是搜寻更多的信息。比较搜索网站和智能软件帮助人们过滤和引导搜索过程。我们可以依靠网络中介，如门户网站，把大量的信息进行排序，以简化决策过程。在备选方案评价阶段，一个人考虑的选项构成其唤醒集。唤醒集里的产品通常具有一些共同特点；消费者对它们进行归类。人们划分产品类别的方式影响其选择，通常会把某些产品和这些产品类别紧密联系起来（也就是说，这些类型更具有原型特征）。当消费者最终要从备选方案中做出产品选择时，会使用某一个决策规则。只要备选方案有一个标准未达标，非补偿性原则就会淘汰备选方案。补偿性原则常见于高涉入情境，我们会仔细考虑备选方案的优点和不足，以达到总体最佳选择。一旦消费者做出选择，就会进行购后评价，以确定购买决策是否理想；这种评价反过来又影响下一次购买决策过程。

3. 产品信息呈现方式能主导决策，有时消费者甚至没有意识到这种影响。

心理账户准则表明，一个问题如果涉及获得或者失去，将会影响人们的决策。环境中的其他线索——甚至包括一些没有注意到的细微线索，都可能主导人们的选择。本章所提到的启动是鼓励人们聚焦于生活中特定方面的一个刺激。目前，行为经济学的许多研究证明，助推能够产生戏剧性的效果，它是指一个有意要改变我们行为的组织发起的蓄意变化。

4. 人们经常依据经验法则进行常规决策。

在许多情况下，人们很少进行信息搜寻。相反，人们依赖于各种心理捷径，如品牌名称或价格，或者可能只是模仿别人的选择。我们可以使用直觉或者经验法则来简化决策。特别是长期以来，我们形成了许多市场信念。其中最常见的信念是：可以通过价格决定质量。其他直觉依靠知名品牌或产品的原产国作为质量的信号。当我们始终如一地长时间购买一个品牌时，这种模式可能是真正的品牌忠诚的结果，也可能只是惯性。

5. 营销人员一般需要理解群体消费行为，而不是个体消费行为。

实际上，许多决策由多人一起做出。当

两个或更多人评估、选择或使用一个产品或服务时，就产生了集体决策。在组织和家庭中，成员扮演几种不同的购买决策角色，包括把关者、影响者、购买者和使用者。

6. 组织购买决策和个人购买决策不同。

组织购买者是代表公司或其他组织作出购买决策的人。虽然许多影响他们在个人生活中如何做出决策的因素也影响组织购买，但组织的选择更理性。组织的决策也可能涉及更多的财务风险，并且随着选择变得更加复杂，可能有更多人参与决策。

组织决策中，认知努力的程度和内部因素及外部因素有关。内部因素是指个体的心理特征；而外部因素则是指该公司的风险容忍意愿等方面。最重要的决定因素之一是公司的购买类型：解决问题的复杂程度，取决于产品或服务是简单的再次下单（直接重购），还是稍作修改再下单（修改重购），抑或是一些之前从未购买过的或复杂的并且有风险的（新任务）。在线购物网站彻底改变了 B2B 电子商务中组织决策者收集和评估产品信息的方式。

7. 家庭进行购买决策时，不同的家庭成员角色不同、影响力不同。

营销人员必须理解家庭购买决策。夫妻双方有不同的考虑，在努力和权力方面会施加不同的影响。职业女性倾向于要求更多的购买决策权，但另一方面，留在家中的父亲的人数显著增长也影响着这一趋势。

复习题

1. 为什么对于买什么“无心”决策实际上比深思熟虑更有效？

2. 列出认知型决策模型中的步骤。

3. 什么是购买冲力？它和理性决策模型有何关联（或没有关联）？

4. 给三种购买决策——认知型、习惯型和情感型各举一个例子，并作出解释。

5. 说出消费者问题产生的两种方式。

6. 举一个沉没成本误区的例子。

7. 什么是前景理论？它支持我们是理智决策者的观点吗？

8. “营销人员需要格外确保他们初次推出的产品像承诺的那样好。”这个论述和我们知道的消费者唤醒集有什么联系？

9. 说明高级类别、基础类别和次级类别之间的不同。

10. 举例说明什么是典范产品。

11. 列举三个消费者作为产品质量信号的产品属性，并各举一个例子。

12. 品牌名字如何作为直觉起作用？

13. 描述惯性和品牌忠诚的不同。

14. 非补偿性原则和补偿性原则有什么不同？各举一个例子。

15. 什么是启动？它和助推有什么不同？

16. 影响组织购买者购买决策评价的因素有哪些？

17. 什么是预测市场？

18. 概述购买类别模型。每种类别的决策有何不同？

19. 组织决策和个人决策哪些方面不同，哪些方面类似？

20. 列出在组织购买决策过程中员工扮演的三种角色。

21. 自助决策和共同决策的不同有哪些？

22. 传统夫妻和现代夫妻在分配家庭责任时有哪些不同？

23. 什么是家族亲属关系系统？

24. 描述一对夫妻在决策时可能使用的直觉，并举例说明。

消费者行为挑战

讨论

25. 过多的食物消费可能和自卑或低自尊等情感相联系，一些情况下人们消费的产品（特别是食物）是人们对之前生活经历的一种反应，例如失去了爱人或童年遭到虐待。一名英国男子一度被英国媒体称为“世界上最胖的人”，当时他体重 980 磅，是一个很好的例子。他解释说，作为一个成年人，他吃东西总是欲罢不能，这源自父亲的虐待和一个亲戚的性虐待：“童年的事情仍然萦绕在我的脑海。食品取代了我没有从父母那里得到的爱。”（好消息是，在胃旁路手术后，这名男子已减掉了 2/3 的体重。）[111] 显然，这是一个极端的例子，而且它当然并不意味着每个与自己体重斗争的人都是虐待的受害者！尽管如此，情感往往起着一定的作用，当体重比上周低 3 磅时，减肥者可能会觉得扬眉吐气，但是如果他没有取得进展，就可能会灰心丧气，并且实际上到某家餐馆大吃一通来糟蹋自己。[112] 食品公司利用食品可以振奋心情做文章道德吗？

26. 本章讨论了组织可以使用“助推”来改变消费者行为的方法。批评者称助推为“仁慈的家长式作风”，因为他们认为，助推通过限制选择的自由，迫使人们“吃助推者的菜”。例如，一些城市，包括美国纽约和费城都试过（到目前为止不成功）禁止销售含糖量高的饮料。你如何看待这些努力——应由地方、州或联邦政府助推公民朝更健康的方向发展吗？

27. 为什么在一个消费者已经拒绝了一个产品后，很难把该产品放入他的唤醒集中？营销人员可以使用什么样的策略来实现这一目标？

28. 某些技术有可能使我们的生活更轻松，因为它减少了通过互联网检索信息的混乱，但是，基于相似的人的过往选择给出推荐的智能软件应用会限制我们，因为这些软件应用减少了我们意外发现其他东西的机会（如一本有关从未听说过的话题的图书、一个风格迥异的乐团）。购物机器人的泛滥是否使我们的生活过于确定？如果是这样，这会成为一个问题吗？

29. 越来越明显的是，许多博客帖子和网上产品评价都是假的，或者是用来操纵消费者意见的。如果消费者在信息搜寻阶段，越来越看重消费者产生的产品评价，这将是一个大问题吗？在哪个步骤，如果有的话，营销人员可以把这个问题扼杀在萌芽状态？

30. Commercial Alert 是一个消费者团体，它尖锐地批判神经营销，该团体的执行董事写道：“如果公司营销人员和政治顾问能够自由地盯着我们的大脑，并且跟踪我们的神经活动，引导我们在超市和投票站的选择，那么这个国家会发生什么？如果他们能够通过各种方式引发这一神经活动，以改变我们的行为，服务于他们自己的目的，怎么办？”[113] 你怎么看？神经营销危险吗？

31. 研究证明，产品支付方式会改变我们感知产品的方式。具体地说，刷信用卡的人更少关注产品的成本，而更多关注产品的好处。使用信用卡分期支付的人在能支付得起的情况下，会买得更多。[114] 新的付费方式，如数字钱包进一步减少了付款痛苦——至少在购买的时候。如果它们主导我们更多考虑短期的满足而不考虑长期的预算，这些付款形式会产生问题吗？营销人员有尽量避免这些问题的义务吗？

32. 随着越来越多的人进入虚拟世界，如“第二人生”，家庭决策的研究可能还要包括我们的虚拟伴侣（和孩子?）。[115] 你赞同吗？你如何看待消费者研究人员将使用虚拟世界帮助他们理解现实世界的决策？

33. 企业购买决策是完全理性的，审美或主观因素在这个过程中不起作用，并且不应该起作用。你同意吗？

34. 我们可以这样理解：远离家庭的大学生有一个替代的“家庭”。无论你是和父母、伴侣还是其他学生一起住，在你大学居住的“家庭”中如何做决策？有人扮演母亲、父亲或者孩子的角色吗？举一个具体的决策的例子并说明成员所扮演的角色。

35. 在美国，促销品行业的成功源于企业客户每年190亿美元的订单，这些订单有T恤、杯子、笔和其他品牌的产品，以保持组织在其客户心目中的重要位置。这已经引起了很多强烈抵制，尤其是医疗/制药行业的批评家担心这些广告信息的不当影响。斯坦福大学医学中心禁止其医生从药品销售代表那里接受礼品，甚至小礼品，如笔和杯子，该新政策希望限制产业对病人护理和医生教育的影响。该新政策是医疗中心（耶鲁大学、宾夕法尼亚大学也有类似政策）的一小部分，但越来越成为潮流。该政策还禁止医生接受免费药物样品，并禁止在医学期刊上发表由工业承包商代写的文章（一种相当常见的做法）。当很多人都关心药品和医疗设备的安全及上升的成本时，这些改变就产生了。在医疗行业，美国210亿美元的营销预算中约90%的目标是医生。研究表明，即使是小礼品也会产生义务感；一项关键的研究这样指控免费的医药样品，“对医生和患者而言是强大诱饵，使他们依赖于更贵的药，但不是更有效的药”。确实，从一些民事诉讼的行业文件可以看出，大型制药公司有时会精确计算医生能从公司的药品中获得的利润。销售代表和医生及工作人员共享这些利润。[116]为了应对市场的压力，医药行业在很大程度上禁止使用促销产品。结果之一是提供这些额外福利的行业将损失约10亿美元的年销售额。你如何看待这一举措？以这种方式剥夺一个行业的生计是否公平？为什么？合法促销和不道德促销的界限在哪里？应该有专业人士参与这样有深远的医疗和金融影响的组织决策吗？

应用

36. 在网上找一些电子推荐代理商的例子并进行评价。它们有用吗？你登录的站点有什么特点可能使你购买从未买过的产品？

37. 有时，实际上是公司创造了决定性属性，例如，百事可乐把保鲜日期印在汽水罐上。它花费了大约2 500万美元进行广告和促销活动来说服消费者：再也没有比不新鲜的汽水更可怕的事了——尽管业内人士估计在不新鲜成为问题之前，98%的饮用者都很好。推出该活动后半年，一项独立的调查发现，61%的受访者认为新鲜是软饮料的一个重要属性![117]通过提出全新的产品特点，可以为其他产品类别设计一个类似的策略。你将如何与顾客沟通这一特点？

38. 定义本章所描述的产品类别的三个层次，并为一个健康俱乐部勾画出这些层次。

39. 在这学期，选择一个定期到食品杂货店的朋友或父母，保存其购买日常消费品的记录。基于一贯的购买，你能检测出任意类别的品牌忠诚证据吗？如果可以，和这个人谈谈这些购买。试着确定其购买行为是基于品牌忠诚还是惯性。你可能使用什么技术来区别这两者？

40. 好时巧克力公司强调产品可靠性是决定性属性：“好时，位于宾夕法尼亚州，始创于100年前，如今仍是制作著名好时之吻的地方。”[118]找到以传承为诉求的其他公司的例子。这些信息有效吗？

41. 组成一个三人小组。选择一种产品，并开发出基于认知型决策或习惯型决策的营销计划。两种视角的主要区别是什么？你所选择的产品最有可能的决策类型是什么？

42. 选择一个将要作出重要决策的人。请对方按时间顺序列出所有他决定买什么之前所咨询的所有信息来源。你如何描述他使用的信息来源类型（例如，内部与外部，媒体与个人，等等）？哪种信息来源看起来对个人决策影响最大？

43. 进行一次原产国的刻板印象调查。制作有五个国家的表格，调查什么样的产品和这些国家相关联。人们对这些产品的评价是什么，以及这些不同产品的可能属性。一个国家的刻板印象也可以用另一种方式表现出来。准备一个产品的简要说明，包括特点的列表，要求人们对其质量、购买可能性等进行打分。做几个版本的描述，变化的只是原产国。打分随着原产国的变化而变化吗？

44. 请一个朋友谈谈近期他购买某个品牌的过程。基于这一描述，你可以识别他最有可能使用的决策原则吗？

45. 回想一种你近来在网上购买的产品。描述你的搜索过程。你是如何意识到你想要该产品的？你如何评价备选产品？你在网上购买的吗？为什么？哪些因素使你更可能或更不可能在网上或实体店购买？

46. 你能对其他消费者或其他产品照搬小明选择电视机品牌的决策过程吗？制作一个不同产品类别的表格，列出可供选择的品牌和每个品牌的特点。（提示：电脑、汽车和其他复杂产品的网站通常会产生这些网格，当网站允许你选择“比较产品”选项时。）把这些表格展示给几个被访者，要求每个人谈谈他们对选项的评价。基于他们的描述，你能辨别出他们使用的决策原则吗？

47. 选择情境的额外特征会影响我们的选择，即使这些特征的本意并非影响我们，如果我们是完全理性决策者的话。创建两个版本的情境（替换在圆括号中标出的内容），要求独立完成每个情境下的问题：

这是炎热的一天，你正躺在沙滩上。你所能喝的只是冰水。在过去的几小时中，你一直在思考花多少钱可以享受一杯你最喜爱的冰镇啤酒。一个同伴起身去打电话，并要求最近的啤酒销售网点送一瓶啤酒（豪华度假酒店或破旧的食品杂货店，取决于你给出的版本）。他说啤酒可能较贵并问你愿意出多少钱。你会告诉他多少钱？

当研究人员把两个版本都提供给被试时，他们发现读豪华度假酒店版本的被试给出的中位数是 2.65 美元，而读破旧的食品杂货店版本的被试给出的中位数是 1.50 美元。在这两个版本中，消费行为是一样的，啤酒是一样的，并且被试并不消费任何“氛围”，因为他们在沙滩上喝啤酒。[119]这些结果和你的对比如何？

48. 采访两对夫妇，年轻的一对和年长的一对。准备一张反馈表，列出五种产品——食品、家具、家用电器、度假和汽车，并要求每个人标出每一类购买决策是共同做出的还是单独作出的，以及单方面决定的是丈夫还是妻子。对比每一对夫妇做出决策的一致性，以及两对夫妇在共同决策和单独决策数量上的不同。报告你的发现和结论。

49. 收集三个目标顾客是家庭的不同产品的广告。找出另一组没有表明家庭特点的同一产品不同品牌的广告。写一份对比这两种方法的可能效果的报告。哪种具体类别最可能从强调家庭中受益？

50. 选择三对夫妇并且要求夫妻双方各列出两边家庭中所有的堂兄弟、表兄弟的名字。基于这些结果，你能得出关于男性和女性在维持亲属关系系统的相对作用方面的结论吗？

案例研究

特斯拉汽车：驱动新的消费者决策过程

消费者的决策过程正在发生重大变化，而且将彻底改变。消费者比以往更知情，几乎可以获得无限的信息。但是，浩瀚的信息导致消费者在购买过程中受到很多干扰和挫折。专家们过去用来解释决策路径的线性或漏斗型过程，现在看起来更像是一个循环往复的历程，这个过程中，各种干扰经常导致消费者再次进行信息搜寻和备选方案评价，只是当时看起来像已经做出购买决策。

从事这方面研究的卡尔·马西（Carl

Marci）博士说："通往最终购买决策的平坦大道，受社交媒体和传统口碑的影响，已经被跨平台和跨屏幕的过山车取代。"尼格尔·霍里斯（Nigel Hollis）在他的博文中描述了从重视完整的消费者决策过程转向重视"动荡和有时冲突的影响"的观点，他还同意苏·埃尔姆斯（Sue Elms）的建议，营销者需要规划"有意义的巧合"，而不是只瞄准消费者购买路途上的某个特定时间点。

营销人员必须更新基于误解消费者决策过程的策略。今天的现实是：消费者普遍在实体和虚拟购物世界间无缝转移，同时使用多种跨越多个通道的设备。"通向购买之道：追踪消费者历程"这句话告诉我们，购物者的历程67%始于线上；65%纯粹使用移动设备。尽管如此，很多消费者还是觉得与实体店购物有紧密联系，因为实体店购物可以亲身感知产品并实际购买。在这种环境中，营销人员必须找到新的方法来提供"零阻力"的顾客体验，记住"每一个接触点都是体验品牌并吸引消费者参与的机会"。

特斯拉汽车公司已对这一消费者决策历程变化作出响应，该公司是高端的全电动汽车制造商。特斯拉汽车公司成立于2006年，它的第一辆车定价10万美元，是一款时速达200英里的运动型全电动跑车。这款车赢得了《时代》杂志交通运输类的最佳发明奖。基于其独特的购买过程，该公司采取先下订单的方式，并于2008年投产。

2012年，特斯拉推出了全新的S型电动豪华轿车，到2013年底，通过非传统的渠道已售出18 000辆，成为市场上最畅销的大型豪华轿车。S型成为《汽车趋势》杂志的年度汽车，并得到了美国国家公路安全管理局授予的五星安全评级。

接下来，特斯拉将生产X型，交叉型SUV。它也宣布推出最新版本的S型，型号为S 70D，全轮驱动时速可达250英里，也计划推出模型3，定价35 000美元，以吸引更广阔的目标市场。2015年，特斯拉预计销售55 000辆车，比2014年增长74%。那么，特斯拉是如何改造消费者的购车之旅的？他们相信，他们已经克服了臭名昭著的令人沮丧的购车过程，创造了购买汽车的新模式，该模式基于定制化、社交化的购物体验。他们的方法是尽力创造一种零阻碍、吸引消费者的接触点和重要体验。正如保罗·J. 达西（Paul J. D'Arcy）所指出的，"自从人们开始（他们的决策之旅）在线，特斯拉就围绕着在线信息、商务和社区设计了自己的一套方式"。该战略强调参与，内容丰富的在线体验，通过企业网站和社交媒体进行。网站干净清晰，信息广泛，还有埃隆·马斯克（Elon Musk）的博客，大多数车主和"主导产品设计师"已经变成公司的形象代言人。

特斯拉也希望消费者觉得和品牌有个人情感上的联系——热衷于拥有特斯拉，并想要与其他消费者分享这种热情。所以，用户论坛和用户社区成为在线体验的重要部分。该公司确实没有传统的广告，它更多地依赖粉丝创造品牌，这些粉丝对于该车有极高的评价。

然而，请注意，与产品的实体互动也可以发挥作用，该公司推出了"在高档商场，以品牌为中心的小店面"。这些小店面通常配有一辆车和一个品牌专家，旨在通过醒目、低成本运营的特点，使该品牌更容易被公众接受。这款车的设计如此独特而富有吸引力，消费者在购物时，可能会进店逛逛并且随意问问题，商店采用佣金驱动的销售策略。但当消费者准备购买时，他们可以在网上支付可退还的押金，也可以通过支付保证金安排试驾。

这些商店已经成为公司广告的一个重要部分。正如一位观察家所说，当消费者开车路过商店的橱窗时，他们会拍下特斯拉车的照片。"这表明这款车是多么酷。你感觉到你是某些重大事情的一部分，一个汽车新时代。"此外，媒体纷纷报道该品牌引发的口碑传播，很多是在社交媒体上，这些社交媒体在发挥自己的公关作用的同时，提高了特斯拉公司及其汽车的知名度。

特斯拉正在努力改变消费者对汽车及在汽车购买过程中所考虑要素的传统观念。该公司一贯传递的信息就是：它制造的是有史以来最好的汽车，不只是最好的电动车。它希望和传统的燃油汽车公司撇清关系，消费者对那些公司的感知通常是脏的、复杂的、不可靠、难以维修。实际上，特斯拉服务中心用白色的地板强调汽车的干净本质及维修起来一点也不杂乱。

特斯拉创造了不同寻常的购买过程（或者也许是因为它!），其汽车的需求量持续超过产量，因为买家先定制个性化汽车，然后才收到车。它还持续创新游戏规则——在全球范围内增加2 000个超级汽车充电桩、努力完善无人驾驶技术、实现更好的续航里程和安全功能，并把价格降到更多的消费者可以接受的范围。

资料来源：Carl Marci，“The Path to Purchase is Paved With Emotion，” http：//www. cmo. com/articles/2015/3/19/the-path-to-purchase-is-paved-with-pure-emotion. html，accessed June 5，2015；Nigel Hollis，“Goodbye Purchase Funnel，Hello Loyalty Loop?” http：//www. millwardbrown. com/global-navigation/blogs/post/mb-blog/2012/01/19/Goodbye-purchase-funnel-hello-loyalty-loop. aspx，accessed June 10，2015；Edwin van Bommel，David Edelman，and Kelly Ungerman，“Digitizing the Consumer Decision Journey，” http：//www. mckinsey. com/insights/marketing _ sales/digitizing _ the _ consumer _ decision _ journey? cid = other-eml-ttn-mip-mck-oth-1412，accessed June 5，2015；Chris Newberry，“The Path to Purchase：Tracking the Consumer Journey，” http：//www. marketingtech-news. net/news/2015/jan/09/pathpurchase-tracking-consumer-journey/，accessed June 13，2015；Paul J. D'Arcy，January 2013，http：//scienceofreven-ue. com/tag/tesla-marketing-strategy/，accessed June 16，2015；Casey Neal，“Tesla Motors：Inspiration in Design，Innovation in Marketing，” February，19，2015，http：//www. brittonmdg. com/the-britton-blog/tesla-motors-inspiration-in-design-innovation-in-marketing，accessed June 16，2015；Simon Reynolds，“Why You Should Copy Tesla's Way of Marketing，” http：//www. forbes. com/sites/siimonreynolds/2013/09/01/why-you-should-copy-teslas-way-of-marketing/，accessed June 17，2015；“Cheaper Tesla Model Expected to Debut at 2015 Detroit Show，” http：//www. autotrader. com/research/article/car-news/218158/cheaper-tesla-model-e-expected-to-debut-at-2015-detroit-show. jsp，accessed June 5，2015；Steve Fowler，“Tesla Model 3 to Challenge BMW 3 Series，” March 5，2015，http：//www. autoexpress. co. uk/tesla/87867/tesla-model-3-to-challenge-bmw-3-serice-world-exclusive.

问题讨论：

1. 特斯拉汽车公司的营销策略是如何和当今消费者决策过程变化相联系的？你认为他们用这种办法能取得长期的成功吗？

2. 本章学习了三种不同类别的消费决策：认知型、习惯型和情感型。特斯拉如何看待消费者购买其汽车时的决策类型？

第10章 购买、使用与处置

本章目标

读完这一章后，你将会理解以下几点：

1. 在购买时，许多因素对消费者购买决策过程影响巨大。

2. 商店的陈列布局、网站或销售人员提供的信息会对消费者购买决策产生很大的影响。

3. 随着分享经济的繁荣发展，许多原本打算购买产品的消费者转而租用产品。

4. 消费者处置产品的决策与当初购买产品的决策一样重要。

开篇案例

家在广州的苏军从来没想过会买商品房。他现在住的是享受国家福利分房政策购买的住房，尽管选择余地少，但省心、放心。房子是小了些，但不是问题的关键，现在最让他头痛的是周边环境太吵了，严重影响到睡眠和学习。朋友建议他再买一套商品房，把现有的这套出租，用租金来供房。自从听了朋友的这一席话，苏军越来越觉得在现在的房子里住不下去了，于是决定尽快再买一套。

说起来容易做起来难，买房对许多人来说都是人生大事。苏军先上网寻找合意的楼盘，然后再实地考察一番。一个多月下来，楼盘是看了不少，但没有适合的，倒是有关买房的负面新闻经常见诸各种媒体。苏军对买房越来越没有把握，生怕不小心掉进买房陷阱。

苏军自知不是买房专家，他决定以勤补拙。网上资料看多了，楼盘实地考察多了，苏军慢慢总结出了一套买房要诀：一是选区域——最好是政府规划重点发展地区，这些地方未来升值潜力大。二是选环境——小区要安静，最好有山有水，周边还要有较好的购物环境和交通设施。三是选方位——方位要朝南。四是选户型——最好是跃层，四室两厅的结构比较合适，南北通透。五是选楼层——不要太高，也不要太低，最好是8层或9层。五是选开发商——要选已经有不少成熟楼盘的大型开发商。六是选物业管理——最好是独立的有良好信誉的物业管理公司。七是价格与优惠——最好是在促销期间购买。有了这“苏七条”，苏军自信多了。经过近两个月的寻寻觅觅，苏军终于看上了一套房子，但标价是175万元，他觉得稍贵了一点。他并没有急于付定金，而是找了不少朋友，一是打听在售楼方面折扣的通常做法，二是打听楼盘的折扣政策。最后他希望能以165万元左右的价格买下来。当他有了较大把握之后，在国庆节黄金周的最后一天，与太太一起来到了售楼处。一位漂亮的售楼小姐接待了他们。当售楼小姐对他们所要的单元做了一番计算并提出了175万元的报价时，苏军将楼层优惠、黄金周促销优惠以及有关朋友介绍优惠等售楼政策侃侃道来，并请售楼小姐把售楼部经理叫来商量。在一番轰炸后，苏军相信售楼小姐一定以为他是行家里手了。尽管最后以170万元买下了这个单元，但苏军对低于原标价5万元成交的结果还是比较满意的。此外，他心里还另有打算，过几年再买一套更大一些的房子，把这套卖掉或出租。

苏军的购房经历典型地说明了这一章所要讨论的一些问题。事实上，我们每一次购买都不是一件简单的事情。我们的选择会受到各种因素的影响，如情境、心境和压力。在某些情况下，销售人员在我们的最终选择中扮演重要的角色。在网络时代，我们的购买变得越来越精明。由于网上提供了许多信息，我们在购买之前会更有能力与零售商讨价还价。对营销人员来说，购买并不是销售的结束。聪明的营销人员知道，消费者把东西买回家后，使用并感到满意才是最重要的，他们不是只卖一次产品给消费者，而是希望与消费者建立牢固的关系并使其源源不断地购买产品。当然，营销人员同样要关注消费者是如何处置产品的。正像苏军对于他所购住房的出租和转售的考虑，这不但对现有的购买产生影响，而且会对以后的市场起作用。本章将讨论有关购买和购后处置的相关问题。

情境因素对消费者行为的影响

即使在今天的买方市场，许多消费者仍会为买车发愁。但是，随着汽车经销商改造汽车展厅，这种状况正在发生变化。汽车购买者正在尝试通过网购、委托经纪人代表自己谈判、到4S店购买、逛大型汽车商业中心等方式来比较各种品牌。十年前，一位汽车买家平均要联系5家汽车经销商才能买到想要的汽车；现在，一位买家平均联系1.6家经销商就能成交。[1]消费者的购车经历也说明，人们往往在着手购车之前要跑许多地方，购车时所处的店面环境因素会影响人们的决策。购物通常不是跑进一家商店、快速挑出商品这样简单而又程式化的事情。

如图10-1所示，消费者的选择受到许多个人因素的影响，如人们的情绪、购买时感到的时间紧迫性、需要这些产品的特定原因等。在某些情境下，例如买车或买房，销售员或零售商对消费者的最终选择起着关键的影响作用。如今，消费者通常会在交易或走进实体商店之前，先到网上了解产品和价格信息。这增加了零售商满足消费者期望的难度。

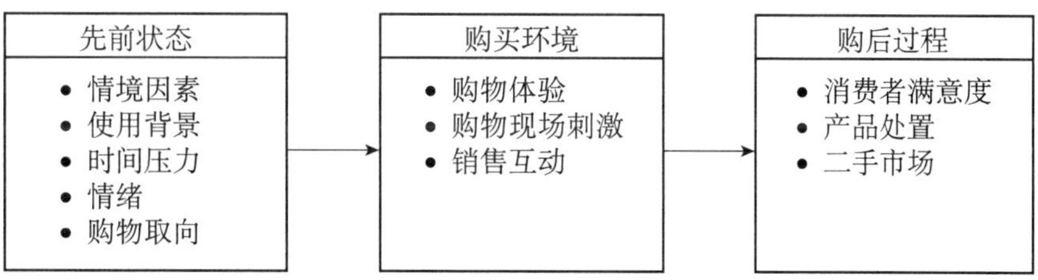

图10-1　购买及购后活动的相关问题

消费情境

消费情境（consumption situation）不仅包括购买者、销售者、产品或服务，还包括许多其他因素，例如，人们购物的理由，以及周边物理环境给人的感觉等。[2]常识告诉我们，人们会在特定场合下表现出特定的购买行为，特定时点的心境影响着我们想做的事、想买的东西。聪明的营销者深谙这些行为模式，并根据人们最可能购买的情境，规划相应的营销投入。例如，读书俱乐部一般都在6月增大促销投入，因为许多欧美消费者开始储备夏日休假时阅读的“海滩书籍”。同理，欧美消费者往往在4月和5月开始给Kindles和Nooks购买大量有趣的小说。消费者的情绪可能在一天内发生很大的波动，所以，人们在不同时间对营销者提供的产品的兴趣也会时强时弱。社交媒体平台同样在寻找迅速适应情境变化的方式。脸书正在测试根据用户自己设置的状态更新（你心里想什么呢?）和涂鸦，实时展示针对性的广告。理论上说，如果一位用户在即将结束一天工作时发帖“米勒（Miller）时刻到了”，他可能会立即收到米勒啤酒或其他啤酒公司的广告。[3]

在一项研究中，研究人员采用“日间重构方法”追踪人们的心境变化。900多名职业女性每天用日记记录她们所做的事情，包括从早上阅读报纸到晚上睡觉前看电视。第二天，研究人员查看日记里记录的每条活动内容，评价她们当时的感受（生气、愉快，等等）。总体上，研究人员发现，研究对象早上起床时脾气有点暴躁，但很快就进入一种平和的愉悦状态。愉悦的心情在一天中不断增强，尽管偶尔也会焦虑、沮丧和生气。毫不奇怪，研究对象在处理出门上班、做家务等日常琐事时是最不愉快的。她们最享受的时刻出现在与朋友交往、休闲放松的时候。与前人的研究结果不同，与购物和打电话相比，这些女性研究对象在看电视时更快乐。照看小孩时的心情比做饭还糟糕，只比做家务稍好一点。好消息是：总体上讲，人们似乎比较愉快，而且这些情绪评价基本不受家庭收入和工作安全感的影响。目前，最让人白天心烦意乱的两个因素是，晚上睡得很糟和紧张的工作截止期限。[4]

除了产品和使用情境之间的相关关系，我们要重视周围环境作用的另一个原因是人们的**情境性自我意象**（situational self-image），即在某段时间内个人所扮演的角色，决定着人们想购买或消费的东西。[5]一个试图突出自己、扮演“花花公子”来打动约会对象的男人，出手会更加阔绰，他会选择购买香槟而非啤酒，还会购买鲜花。他平时和朋友闲逛、喝酒和作为哥们儿时，根本不会考虑购买这些东西。让我们来看看，情境的动态变化是如何影响人们对其所购物品的看法的。

如果我们系统地识别这些关键的使用情境，就可以通过针对性的市场细分策略，使产品和服务满足这些情境所引发的特定需要。例如，消费者通常根据特定背景选择家具。对于城市公寓、海滨别墅或贵宾套房，人们偏好的家具类型是不同的。同样，消费者根据驾驶者的使用目的来区分不同类型的摩托车，包括上班通勤用的摩托车、当自行车骑的摩托车、在农场使用的摩托车或在高速公路旅行使用的摩托车。[6]

表10-1举例说明了营销人员如何精确地根据使用情境调整市场细分策略。如果我们列出一种产品的主要使用情境（如在滑雪时和晒日光浴时涂防晒霜），然后列出使用这种产品的不同类型的人群，就能建立一个矩阵，识别出每种特定情境下应强调的特定产品特性。例如，在夏季，护肤品生产商可以重点宣传产品的包装瓶

能够漂浮，因而不容易丢失，到了冬季则会大力宣扬产品的防冻配方。

表 10－1　　防晒霜的个人–情境市场细分矩阵

<table>
<tr><th rowspan="2">情境</th><th colspan="2">年幼的孩子</th><th colspan="2">少年</th><th colspan="2">成年女性</th><th colspan="2">成年男性</th><th rowspan="2">利益/特色</th></tr>
<tr><th>肤色白皙</th><th>肤色较深</th><th>肤色白皙</th><th>肤色较深</th><th>肤色白皙</th><th>肤色较深</th><th>肤色白皙</th><th>肤色较深</th></tr>
<tr><td>海滩
游艇
日光浴</td><td colspan="2">复合驱虫成分</td><td colspan="2"></td><td colspan="2">夏季香味</td><td colspan="2"></td><td>a. 产品具有防风护肤作用
b. 配方和包装瓶能耐高温
c. 包装瓶能浮于水面（不容易丢失）</td></tr>
<tr><td>家庭游泳池边日光浴</td><td colspan="2"></td><td colspan="2"></td><td colspan="2">复合保湿成分</td><td colspan="2"></td><td>a. 产品有大容量的挤压式分装瓶
b. 产品不会弄脏木头、水泥和家具</td></tr>
<tr><td>太阳灯
仿日光浴</td><td colspan="2"></td><td colspan="2"></td><td colspan="2">复合保湿成分和按摩油</td><td colspan="2"></td><td>a. 产品专为各种不同类型的灯而设计
b. 产品含有人工防晒黑成分</td></tr>
<tr><td>滑雪</td><td colspan="2"></td><td colspan="2"></td><td colspan="2">冬季香味</td><td colspan="2"></td><td>a. 产品可保护皮肤免受特殊光线和天气的伤害
b. 产品有防冻配方</td></tr>
<tr><td>个人利益/特色</td><td colspan="2">特殊保护
a. 保护是最重要的
b. 配方无任何毒副作用</td><td colspan="2">特殊保护
a. 产品可以放在牛仔裤口袋里
b. 意见领袖使用该产品</td><td colspan="2">特殊保护
女性香味</td><td colspan="2">特殊保护
男性香味</td><td></td></tr>
</table>

资料来源：Adapted from Peter R. Dickson, "Person-Situation: Segmentation's Missing Link," *Journal of Marketing* 46 (Fall 1982): 62. By permission of American Marketing Association.

消费者的物质和社会环境都会影响使用一款产品的动机，以及对这款产品的评价。其中比较重要的线索包括人们所处的物质环境，以及同处于该环境的其他消费者的数量和类型。物质环境中的装潢、气味甚至温度等因素都可以显著影响消费。一项研究甚至发现，如果在拉斯韦加斯一家赌场内增添某些气味，顾客就会向老虎机中投入更多的钱。[7]本章稍后讨论店面设计如何对消费行为产生重要影响，我们将更深入细致地分析这些因素。

除了周边物质环境，同一情境下的其他人也会影响消费者的决策。有时，消费场所中是否有**同属消费者**（co-consumer）在场，实质上起到类似产品属性的作用。比如，独立的度假村或精品店会减少同属消费者，旨在为贵宾提供隐私空间。但在其他时候，同属消费者的存在有积极价值。一场观众稀少的球赛或一家空荡荡的酒吧看起来就让人沮丧。使用同一种产品或者在同一家商店和服务场所里一起购物的其他顾客的类型，会影响消费者对产品和服务的评估。我们通常会观察一个消费场所的顾客，推断这个消费场所的情况。因此，有些餐馆要求男士进餐时必须穿上外套（如果他们没带，餐馆会为男士们提供简易的外套）。有些“人气旺”的俱乐部的保镖会根据顾客的“外表”是否与俱乐部相衬，在排队等待入场的顾客中挑选可优先进场的人。喜剧演员格芬乔·马克斯（Groucho Max）以自己的相貌自嘲："我永远不会加入一个把我认作会员顾客的俱乐部！"

时间因素

时间是消费者最珍贵的资源之一。我们常说"抽时间"或"花时间"，也常提醒他人"时间就是金钱"。常识告诉我们，只有当我们有充裕的可支配时间时，才会仔细思考想买什么。即使平时谨小慎微、要货比三家的谨慎购物者，在需要紧急准备一份礼物的时候，也可能会在平安夜 9 点跑到购物中心，疯狂扫购货架上剩下的任何能充当圣诞礼物的商品。同样的逻辑可以用于网络营销。**打开率**（open rates）指收到营销者发出的邮件信息后点开邮件者所占的比率。打开率在一天中不同时段会波动，最高峰是工作日的午间时段。这也许是因为所有的上班族在这个时间午休。[8]

时间是一个经济变量，我们必须在各种活动之间分配时间资源。[9]消费者力图通过在不同任务之间有效配置时间，实现最大的满足。当然，资源配置决策因人而异，有些人终日玩乐，有些人则是工作狂。一个人的优先偏好决定了他的**时间风格**（timestyle）。[10]不同国家的人使用时间资源的节奏也有所不同。一位社会学家在针对时间风格的研究中，比较了世界上 31 个城市人们的生活节奏。[11]他和助手测量了路上行人行走 60 英尺所花的时间，以及邮局职员卖出一枚邮票所需要的时间。基于这些信息，他认为节奏最快和最慢的国家分别如下：

节奏最快的国家：（1）瑞士；（2）爱尔兰；（3）德国；（4）日本；（5）意大利。

节奏最慢的国家：（31）墨西哥；（30）印度尼西亚；（29）巴西；（28）萨尔瓦多；（27）叙利亚。

许多消费者都认为自己承受着前所未有的时间压力，营销人员把这种感觉称为**时间匮乏**（time poverty）。这种问题更多的是一种感觉，而不是事实。现实是现代人可能仅仅是因为拥有更多消磨时间的选择，所以才会在权衡这些选择时倍感压力。1965 年，美国妇女平均每周花 32 小时处理家务，而现在她们每周做家务的时间大约为 16 小时。当然，现在许多丈夫分担了更多家务负担：过去美国男性平均每周只分担 4 小时家务，现在每周做家务的时间在 8 小时以上。但是，妇女们认为她们比男性更忙，尽管与 60 年代的女性相比，当下的女性拥有更多的休闲时间（一周大约有 30 小时的空闲时间）。[12]

"快乐的时光总是过得飞快"，但在其他情形下，时间却好像是永远停滞的，比如在某些课堂上（但这肯定不是消费）。我们对时间的感受很主观：我们当前重视和急需的程度决定了对时间流逝速度的感受。理解**心理时间**（psychological time）对营销者来说尤其重要，因为有时人们更有心情进行消费，有时则恰好相反。

一项研究探讨了一群美国女性的时间风格对她们消费选择的影响。[13]研究人员区分了时间的四个维度：（1）社交维度，指个体把时间分为"我的时间"或"与他人共度/为他人而花的时间"；（2）时间取向维度，指个人看待过去、现在和未来的相对重要性；（3）计划导向维度，描述人们从周全分析规划到即兴行事等一系列不同的时间管理风格；（4）多重叠加导向维度，区分喜欢某一时间只做一件事的人与喜欢同时从事多项任务的人。通过访问和观察这些女性，研究人员提炼出五种比喻，涵盖了研究对象对时间的看法：

- **时间是压力锅**。这类女性通常会制定细致的计划，以他人为导向，并且一次只能做一件事。她们认为购物要讲求方法，常常感到时间压力和冲突。
- **时间是一张地图**。这类女性通常是善于分析的计划者，她们重视未来，并且喜欢同时处理多重任务。她们常常会致力于广泛收集信息，在购物前货比三家。
- **时间是一面镜子**。这类女性也是善于分析的计划者，并且喜欢同时处理多重任务。但是，她们侧重过去时间导向，因为她们厌恶浪费时间的风险，通常忠诚于自己知道和相信的产品和服务，喜欢能带来方便的产品。
- **时间是一条河**。这类女性通常在时间规划上随性而发，关注当下。她们经常展开毫无计划、短暂、频繁的购物之旅。
- **时间是一次盛宴**。这类女性是重视现在、善于分析的计划者。她们认为时间是用来追求感官愉悦和满足感的。因此，她们重视享乐并且喜欢寻求新奇、多样化的消费。

麦当劳正在测试“创造你的口味”的电子点餐平台。顾客可以直接在一台自助设备上订餐，选择面包、芝士和配料，定制符合自己口味的汉堡包。麦当劳希望通过给顾客更多选择和减少排队时间，大幅提升顾客满意度。[14]时间的心理维度，即人们实际的时间体验，是排队论的重要因素之一。**排队论**（queuing theory）是对排队队列的数学研究方法。众所周知，消费者的等待体验会从根本上影响他们对等待后的收获的评价。虽然我们假设如果某一事物值得等待，那它肯定相当不错，但过长时间的等待唤起的消极感受也能够在顷刻间改变消费者的想法。[15]

购物体验

许多顾客满意度研究人员以及为提升满意度从事产品和服务开发的人都认识到，理解人们实际上如何与环境互动对识别潜在管理问题至关重要。为此，他们通常召集**焦点小组访谈**（focus groups），让一小群消费者聚在实验室，一起测试新产品，公司管理人员从单向透视玻璃后面观察这些消费者的反应。然而，有些研究者倡导更为贴近消费者个人的研究方法，在人们消费产品的真实环境下直接观察消费者。这种观点源自日本的**全面质量管理**（total quality management，TQM），该方法采用一套复杂的管理和工艺程序，减少误差和提高质量。

为了帮助企业获得更强的洞察力，研究人员要亲临**现场**（gemba），现场才是真实的信息来源。根据这种理念，有必要让营销人员和设计师切实身处消费者使用产品或服务的环境中，而不是在实验室模拟的情境下通过访问实验对象来获取洞察力。

图10-2说明了这种观念在实践中的应用。Host Foods是一家在大型机场经营的连锁餐饮企业，公司向机场的自助餐厅派出质量小组，进行现场调研，查找存在的不足之处。研究小组观察顾客消费的整个过程，从进入服务场所、看菜单、拿取餐盘、付款到找桌子坐下。观察分析的结果对这家公司重新设计服务设施起到了关键作用。例如，研究小组发现，许多独自旅行的顾客都遇到一个共同的问题：他们

需要先放下行李才能排队点餐，由于在此过程中无法兼顾贵重行李，心里会产生恐慌感。这一简单的发现使 Host 修正它的服务设施，确保顾客在食品区和餐桌之间视野无阻。[16]

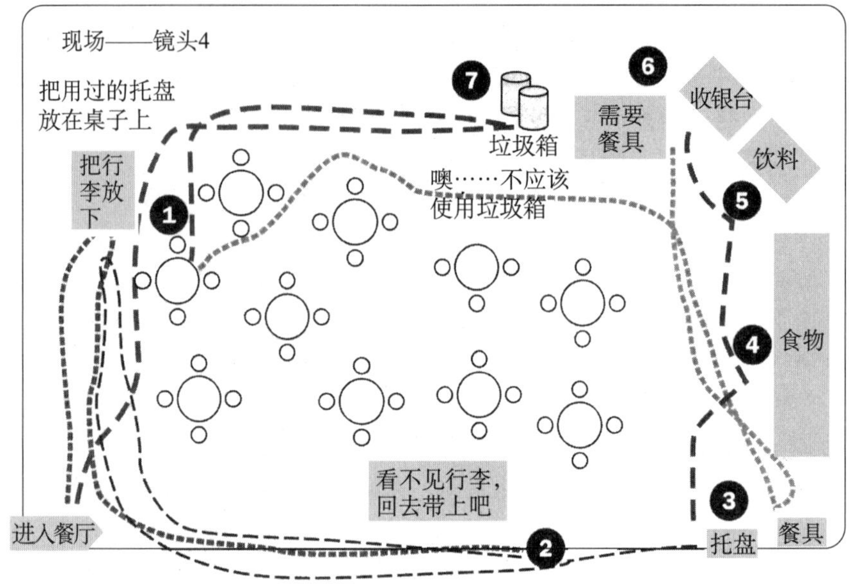

图 10-2　走进现场

资料来源：© Quality Function Deployment Institute. Used with permission.

情绪

如第 5 章所述，人们的情感状态对购买体验很重要。购物时的情绪对我们想要购买的商品产生巨大影响。[17]如果不信，试试空着肚子去逛食品杂货店吧！或者在倍感压力的时候作出购买决策，你就会理解生理状态如何削弱人们对信息的处理能力和解决问题的能力。[18]

情绪的愉悦程度（pleasure）和唤醒水平（arousal）两个基本维度，决定了购物者对消费环境的反应是积极还是消极的。[19]人们对情境的情绪反应可以归结为喜爱还是不喜爱某种情境，能感受到情境的刺激还是毫无感觉。如图 10-3 所示，愉悦程度和唤醒水平的不同组合代表了各种各样的情绪状态。某种让人警醒的情境可能让人悲伤，也可能让人兴奋，这取决于当时的背景是正面还是负面的，例如，处于暴乱中的街道还是节庆活动中的街道。因此，特定的情绪是某种愉悦程度和唤醒水平相结合的产物。人们在高度愉悦和中度唤醒状态时感到幸福，在高度愉悦和高度唤醒状态下感到兴高采烈。[20]无论是积极还是消极的情绪状态，都会让我们对产品和服务作出带有方向性的偏见判断。[21]简单而言，消费者在情绪较好时，会作出更积极的评价（这解释了商务午餐受欢迎的原因）。

店面设计、天气或者跟重要的人吵了一架，诸多因素都会影响消费者的情绪。音乐和电视节目也会如此。[22]当消费者在聆听快乐的音乐或观看欢乐的节目时，他们对广告和产品的反应会更为积极。[23]当消费者心情好的时候，他们会比较粗略地处理广告信息，不太关注广告细节，而是更多地依赖直觉式评价方法（参见第 9 章）。[24]

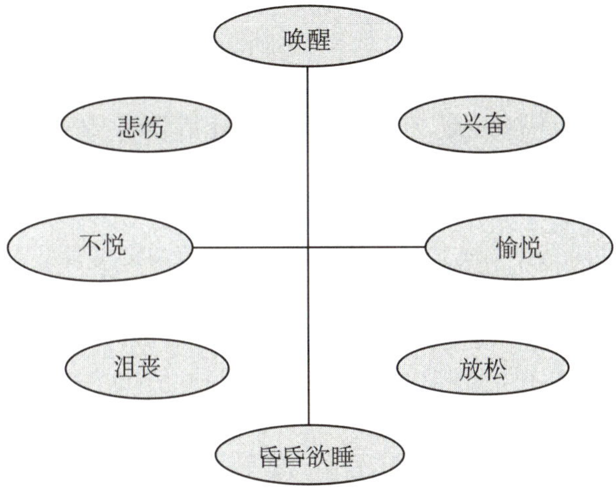

图 10－3 情绪状态的维度

购物：最艰难的事情

我们知道，有些人把逛商场当做锻炼，有些人要被拽着才会走进商场。购物是为了获取所需的产品和服务，但购物的社会动机也相当重要。因此，购物这种行为既可以出于实用型目的（功能性或有形的原因），也可以出于享乐型目的（愉快或无形的原因）。[25]

那么，人们到底是喜欢购物还是讨厌购物呢？我们可以根据**购物取向**（shopping orientation）或整体购物态度对消费者进行细分。人们的购物取向因产品类别和商店类型不同而异。有人讨厌买车，但他可能喜欢逛唱片店。购物者的动机影响其对购物环境吸引力的看法，例如，一个想就近速战速决的人可能会觉得高亢的音乐、明亮的颜色或者复杂的布局让人心烦意乱，但一个逛商场的人可能会很享受这种感官刺激。[26]

研究人员用于评定消费者购物动机的一些测量量表，体现了人们购物动机的多样性。测量享乐价值的一个问项是："在购物过程中，我觉得像狩猎一样兴奋。"测量功能价值的一个问项是："这次购物之行，我达成了想要完成的任务。"比较这两个问项，我们不难发现差异非常明显。[27]享乐型购物动机包括以下类型[28]：

- **社交体验**（social experiences）。购物中心或百货商场已取代传统的市镇广场或乡村集市，成为社区聚集场所。对许多人特别是那些住在郊区或乡村的人，购物中心几乎成为他们打发闲暇时光的唯一地方。这可能解释了为什么有些乡间地区的大学生深夜还在他们当地的沃尔玛玩游戏。除了寻宝游戏、过道足球、购物车停靠站的接力赛，"10 对 10"也是一个富有吸引力的游戏。玩这个游戏时，学生要先组成不同的团队。每个团队有 10 分钟时间，在商店里任意地方拿出 10 个商品放入购物车，然后把购物车交给竞赛对手团队。对手要想出这些商品来自哪些货架，并把它们放回原来的货架。在储货量超过十万种不同商品的商店里完成这个任务，可不是容易的事。最先把购物车清空，回到收银台的团队，就是第一名。[29]
- **分享共同爱好**（sharing of common interests）。商场通常供应特卖品，供有

共同兴趣的人们进行交流。

● **归属感**（affiliation）。购物中心是一个天然聚会场所。大型购物中心已成为十几岁青少年喜爱的“聚会”地点。对老年人而言，购物中心也是一个可控、安全的环境。对早上晨练的人来说，许多购物中心就像“商场散步者俱乐部”。

● **地位**（status）。每个销售员都明白，有些人很享受被服侍的感觉，即使他们并不需要购买什么东西。一位男士服装售货员给同行提出这样的建议：“记住他们的尺寸，记住上一次你卖给他们的商品。让他们觉得自己很重要！假如你能让人们觉得自己受到重视，他们就会再次光顾。每个人都喜欢受人重视的感觉！”[30]一个研究团队对一批妇女进行深度访谈，探讨什么因素让她们的购物过程成为一种愉快的体验，结果发现，动机之一就是角色扮演。例如，一位研究对象为了去购物而精心打扮一番，就像是要去出席一个上流社会的宴会，因为她喜欢把自己打扮成富有的样子，喜欢销售人员跟在她后面的感觉。[31]

● **狩猎的兴奋感**（thrill of the hunt）。有些人会为自己熟悉市场行情而感到自豪。他们非常喜欢讨价还价的过程，并视之为一种竞技运动。

电子商务：点点鼠标还是去实体店

众所周知，现在人们大量的购买活动是在网上发生的。全世界的消费者每年在电子商务网站花费大约 1.5 万亿美元。[32]分析师预计，很快 1/4 的网上交易将通过移动设备进行。现在全世界近 3/4 的人口拥有手机，手机用户一年下载 App 多达 300 亿次。[33]随着平板电脑的爆炸性增长，当我们有购物兴致的时候，更可能拿起这些设备就开始购买。平板电脑较大的屏幕使人们更容易浏览商品，而且购物者用手指就能把商品拖入购物车，因此平板电脑比传统电脑更高效。[34]这有助于解释为什么近年来人们用平板电脑购买的商品数量多于用手机购买的商品。

在线上和线下购买商品的体验可能差异很大。网上交易体验能提高你所购买商品的附加值。通过对比人们在赌场和网上的赌博行为，能清晰地了解这两个世界的差别。研究者对 30 位赌博者进行访谈，结果发现，那些喜欢在赌场赌博的人和赌博同伴之间有亲密的联系，所以，去赌场很大程度上是一种社交体验。网络赌博者喜欢的是网络的匿名性。赌场带来的感官感受和兴奋的氛围唤起赌场赌博者的兴致，而吸引网络赌博者的则是他们待在家里带来的安全感和掌控感。赌场赌博者在访谈中更多地谈到友好的氛围，而在线参加赌博的赌博者则提到奚落、欺辱等在现实赌场中不会容忍的行为。[35]尽管两类顾客群体都旨在寻乐和赚钱，但他们的体验肯定大不相同。

随着越来越多网站弹出销售页面，贩卖从冰箱贴到大型卡车等各种商品，营销人员对网络世界如何影响营销业务的争议不断。有些人甚至因为不能确定电子商务将会取代传统零售，还是线上线下将会和谐共生，或成为下一代孩子嘲笑的短暂热潮，逐渐消失（这不太可能）而失眠。然而，大量新增的手机端比价 App 的确威胁到许多零售商的生存。因为消费者热衷于所谓的“**逛展厅**”（showrooming），即消费者先到百思买这类实体零售店了解电视机、电器等大件商品，然后再到网上搜索特定型号售价更低的产品。

对营销者而言，电子商务的发展是一把双刃剑。一方面，即使消费者身处千里之遥的偏僻地区，营销者也能接触到分布在世界各地的消费者；另一方面，营销者不仅与邻街的商店竞争，还要跟遍布全球数以千计的网站竞争。而且，如果消费者直接从工厂或批发商购买商品，那么中间商——那些依靠店面经营、以较高价格分销企业产品的忠诚的零售商，就没有市场空间了。[36]此外，正如我们在第2章讨论的那样，大量与数据安全和隐私保护相关的问题仍未解决。

那么，是什么让电子商务网站取得成功呢？有些网络零售商借助科技为顾客提供实体零售企业无法提供的额外价值。eBay在它的时尚类App里提供了“试戴效果”特色服务，用户可以通过虚拟软件实时体验自己试戴太阳镜的样子。用户可以调整大小，选择不同风格的样式、镜架、镜片、颜色，找到效果最完美的产品，然后浏览eBay，搜索到售价最完美的同款太阳镜。[37]其他一些新兴时尚网站，例如，Net-a-Porter和Gilt Groupe直接建立买卖双方的联系纽带，设计师就能更灵活、更快速地针对消费者的品位变化作出反应。高端时尚网站ModaOperandi甚至将自己标榜为**预售商**（pretailer），它促使生产商投产一些小批量产品。因为不确定哪些人愿意购买这些款式，一般情况下厂商不会生产这些产品，所以ModaOperandi可以独家供应这些款式。[38]

概括地说，网络购物者看重购物网站以下几个方面的属性：

- 点击一个商品后就可以跳出详情网页，更具体地说明产品的价格、规格、颜色、库存等情况。
- 无须离开当前页面，点击一下就可以把商品放入购物车。
- 可以通过更好的产品图、更详尽的产品描述和细节“感受”商品。
- 无须翻查几个网页，可以在一个页面上查看与购买订单相关的所有信息。
- 可以在一个网页上混搭和比对产品图像，以确定把它们搭配在一起是否好看。[39]

零售现场如同剧场

随着网站、邮购、电视购物、家庭购物聚会等各类无门店经营方式的持续增长，零售业争夺消费者的竞争日益激烈。面对这么多可选的购物方式，传统商店应怎样竞争呢？许多大型购物中心都变成了大规模娱乐中心，以至于商场内传统零售商铺反倒像是附带服务。今天，美国郊区的购物中心里通常都有诸如旋转木马、迷你高尔夫、溜冰场之类的设施。巧克力品牌好时在美国时代广场正中央设置了一个许愿场景，它有4根涌动的水柱、一个380英尺高的霓虹灯，还有一个滚动播出信息的告示板，嗜爱巧克力的人可以在上面定制信息，给心爱的人送上惊喜。[40]

人们对娱乐的要求意味着许多商店要使出浑身解数来创造别具一格的环境，把购物者带入梦幻世界或提供其他类型的刺激。这种策略称为**零售主题化**（retail theming）。富有创造性的卖家现在通常使用以下四种基本的主题化技巧：

1. 风景主题（landscape themes）借助人们对大自然、土地、动物和形体的印象，打造零售现场。例如，Bass Pro Shops营造了一个仿生户外环境，包括养鱼的池塘。

2. 市景主题（marketscape themes）基于人文景观建造零售现场。例如，拉斯韦加斯的威尼斯酒店投入大量资金，真实再现了意大利部分城市的景象。

3. 网络空间主题（cyberspace themes）基于人们对信息和通信技术的印象，建立零售环境。eBay的零售界面为买家和卖家营造了一种社区的感觉。

4. 心境主题（mindscape themes）描绘抽象的观点与概念、内心的反思和幻想，而且经常带有精神暗示。芝加哥市区的Kiva水疗中心为消费者提供健康疗养服务，因此水疗中心依据印第安人的康复仪式和宗教习俗修建而成。[41]

市场机会

一种流行的主题策略是把商店转变为一种**存在空间**（being space）。这种环境类似一种商业化的起居室，人们可以在里面休闲、娱乐、与朋友聚会、逃避日常生活，甚至可以在里面学习。一讲到存在空间，人们就会想起星巴克。这家咖啡连锁店明确表示其目标就是成为人们在家和工作场所之外，可以消磨时光的"第三空间"。星巴克咖啡店通过在店内摆放舒适的椅子和提供无线网络来实现这一目标。还有一些营销者通过满足人们对刺激的需要（无论这些需要是什么），来营造商业空间。在亚洲，日本的Manboo网吧和Fujiyama乐园给游戏玩家提供每天24小时营业的游戏天堂，游戏玩家甚至可以在休息时在那里洗澡。有些商业空间则满足初创企业家（minipreneurs）的需要，为他们提供以工作为中心的存在空间。纽约的Paragraph将每间阁楼分割为一间写作室和一间休息室，供需要安静场所深思的作家逗留。TwoRooms（"你工作，他们玩"）则为在家办公一族提供办公空间和照看孩子的服务。[42]

面对文化的快速变迁，许多这类存在空间有计划地快速登场，然后迅速地消失。世界各地出现了多种形式的**快闪店**（pop-up stores）。通常来说，这些临时装修的商店营业几天或者几个星期，在过时之前就消失了。例如，斯沃琪的快闪商店在大城市销售限量版手表，一旦普通大众消费者发现商店就立刻关闭，迁往另一个"门庭冷落"的地点。荷兰啤酒品牌Dommelsch举办过快闪音乐会，粉丝们要把从易拉罐、酒瓶或杯垫上找到的条形码，输入啤酒公司的官方网站，才能了解到时间和地点。你可能在校园里遇到过好几个品牌的快闪店，包括巴西人字拖制造商Havaianas、维多利亚的秘密等都在美国经营过快闪店项目。[43]

商店形象

面对许多争夺客源的商店，消费者是如何挑选出心仪商店的？就像产品一样（详见第7章），商店也有"个性"。有些商店具有非常鲜明的形象（无论是好形象还是坏形象），有些商店则趋于大众化。是什么因素塑造了这种个性，或者说**商店形象**（store image）呢？商店形象的重要维度包括地理位置、商品、适配性、销售人员的知识与亲和力等。

这些特色共同作用，在消费者心中塑造出一个整体印象。当消费者谈起一家商店时，通常不会具体地说："嗯，那个地方在便利性方面相当好，销售人员挺好，服务也不错。"我们可能会更笼统地说，"那个地方让我不由自主放慢了脚步"或"在那里买东西非常开心"。消费者能迅速地对一家商店形成整体印象，这种感觉可能更多地取决于该商店的内部设计和顾客类型这些无形因素，而不是这家商店的退货政策或分期付款额度。结果，消费者总是把某些商店列入考虑范围（详见第9章），但从来不记得其他商店。[44]

学术观点

Julie Baker，得克萨斯州农工大学

零售店面的建筑结构如何影响购物者？商店设计的哪些视觉特征能鼓励购物者光顾，或者让购物者绕道而行？这些是我和我的合著者 Nancy Sirianni 正在研究的消费者对零售店面的反应问题。

我们知道，消费者在决策时极其倚重他们在商店有形环境中发现的视觉线索，对他们过去没有光顾过的商店尤为如此。窗户、门廊、照明、遮阳篷、建筑材料以及建筑风格等店面特征，都会影响消费者对一家商店的感知和感觉，进而影响顾客偏好和选择的视觉线索。

此外，消费者对他们所处的环境有两方面基本需要：理解和探索。理解需要聚焦于一个空间如何布局，包括有条理（环境是否井井有条）和可辨认（个人能否在环境中确定自己的位置和方向）。探索需要聚焦于个人是否想更多地探索所处的环境，包括环境的神秘性（让人确信进入一个场所后能发现更多东西）和复杂性（在特定的视野下会发生多少事情）。店面设计能反映出商店在条理性、可辨认性、神秘性和复杂性上不同程度的差异。例如，我们的研究表明，在设计特征中，昏暗的窗户和遮阳篷让购物者联想到神秘感，对称的建筑构造和透彻可见的窗户能增强条理性和可辨认性。

商店特征和消费者特点共同决定了购物者会被侧重理解性的店面设计吸引，还是被侧重探索性的店面设计吸引。具体地说，我们认为影响偏好的商店特征之一是商店的类型。如果商店的性质以实用性为主，即出售满足人们基本需要的产品/服务（如药店或干洗店），消费者将会偏爱有助于理解的店面设计。另一方面，如果商店的性质以享乐性为主，即出售令人愉悦的产品/服务（如精品店或水疗中心），消费者将会偏爱鼓励探索的店面设计。购物者特点会影响偏好的例子之一是购物者的个性。我们的一位研究对象告诉我们："我是很整洁有序的人，所以我会回避任何看起来杂乱的商店。"类似地，购物者的性别也影响他们对店面的偏好。与男性相比，女性会觉得同样的建筑构造更为复杂。

零售业管理者和建筑师可以把这些知识融入零售店铺设计中，鼓励购物者光顾商店。对零售商而言，店面建筑构造是一种具体可见和有效的品牌建设战略，它为设计师和管理者控制购物者对商店的感觉提供了一种可行之道。

氛围

零售商希望吸引消费者上门，并在商店内逗留。周到的店内设计让购物者在店内游逛的地方更多，诱人的商品展示令他们在货架前流连。这些"路边诱惑"直接转变了购买者的行为底线：研究人员通过绘制购物者在商店附近行走时手机位置的变动路线，跟踪购物者的行动情况。他们发现，如果人们在商店逗留的时间延长1%，销售收入就能增加1.3%。

当然，经过对购物者多年的观察，杂货零售商掌握了许多技巧。例如，他们把超市入口处的地方称为"减压区"：当人们进入商店时，他们会放慢脚步，先审视一圈身边的环境，因此，店铺设计师利用这个空间放置促销品，而不是用于常规销售。类似地，沃尔玛的"迎宾员"帮助顾客进入他们的购物状态。一旦购物者开始认真购物，他们首先遇到的是农产品区。水果和蔬菜很容易破损，在购物之旅即将结束时选购这些商品比较合理。但是，新鲜、健康的食品使人感觉良好，所以他们稍后往购物车里扔薯条和饼干时觉得不那么内疚。[45]

因为营销人员认识到商店形象是零售营销组合中的重要组成部分，商店设计师特别重视**氛围**（atmospherics）的营造，有意识地规划空间和它的各个方面，以唤醒消费者内心的特定反应。[46]需要注意的方面包括颜色、气味和声音。例如，红色的店内装潢容易使人紧张，而蓝色的装潢则给人一种平静的感觉。[47]

一家商店的氛围反过来会影响消费者的购物决策。研究人员在一项调查中，询问购物者进入商店5分钟后还剩下多少愉悦感。那些享受他们购物体验的受访者会逗留更长时间，花费更多金钱。[48]为了提高购物的娱乐价值（并吸引网络购物者重回实体商店），有些零售商开办**活动商店**（activity stores），让消费者参与他们要在那里购买的产品或服务的生产过程。一个熟悉的例子是美国的Build-A-Bear连锁工作坊，顾客在店内为熊穿上衣服。[49]

除了视觉刺激，商店内的各种感官线索都能影响消费者。[50]例如，在美国西部乡村风情酒吧，当点唱机播放舒缓的音乐时，顾客就会喝得更多。一位研究人员认为，嗜酒者偏爱节奏较为缓慢、悲伤、寂寞、自怜自哀的音乐。[51]音乐还会影响饮食习惯。另一项研究发现，那些听喧闹、快节奏音乐的就餐者食量会增大。相反，听莫扎特或勃拉姆斯音乐的人吃得较少且较慢。研究结论表明，在进餐时选择听舒缓音乐的人一个月至少能减肥5磅！[52]

店内决策

尽管营销者花费大量精力做广告，向消费者“预售”商品，但他们已逐渐认识到商店环境对许多购买行为具有强大的影响力。例如，研究人员发现，商店的陈列方式是女性消费者决定买哪件衣服的主要信息来源之一。[53]

在消费者购买食物时，这种影响力更为强大。分析师估计，消费者在超市的购买决策大约有2/3是他们漫步在货架通道时作出的。[54]研究表明，消费者逛杂货店时有**心理预算**（mental budgets），这笔预算通常包含两部分：购买特定商品的预算和店内即兴花费的预算。这意味着消费者一般事前决定好他们计划花费的金额，但他们心里还有一笔额外预算（slack）——如果遇到真的想拥有的东西，他们也愿意花钱购买计划外的商品。[55]以下是一些杂货店的技巧，用以促成更多店内交易：

- 在店内通道中间的货架、消费者眼睛等高的位置销售糖果，因为消费者的视线徘徊在这个位置的时间最久。
- 利用通道的末端创造大量的收入——货架尽头的转角展台上展示非酒精类饮料，能带来45%的非酒精类饮料销售收入。
- 在通道左侧和面向超市末端方向设置独立的展示货架。购物者往往沿顺时针逛商店，而且他们更可能选择他们左边货架上的商品。
- 在店内分散摆设同款产品，通过重复曝光促进销售，而不是把它们聚集在同一个地点。
- 把做一顿饭的食材摆在一起。
- 在货架和货架标签上张贴与健康有关的信息，消费者会由杂货联想到身体健康，尽管只有23%的消费者表示，他们习惯查看商品标签上的营养成分信息。[56]

市场机会

智能手机上的移动购物应用程序为零售商提供了一条引导购物者整体体验的创新道路，因为它们可以为购物者解决所有事情：找到商品的位置、确认商场里最近的洗手间或者寻找减价商品。有些程序能帮助消费者记住把车停在什么位置，有些程序会在消费者到访某些商店时提供积分。这些应用程序还有望解决那些让顾客对实体店退避三舍的麻烦，特别是漫长的排队付账和商店销售人员不称职的协助。一项调查表明，近30%的商店购物之旅由于购物者的沮丧体验而告终，平均132美元的商品被弃置在购物车无人买单。这项研究还发现，超过40%的购物者认为，那些配有手持移动设备的销售人员给购物者提供的购物指南改善了他们的购物体验。一个雪上加霜的消息是，超过一半的商店店员认同，由于在线购物工具应用程序的升级，他们的顾客变得比销售人员更了解产品！超过1/3的美国购物者下载了至少一种食品或饮品的应用程序。[57]

注意，最近有些研究表明，当购物者使用店内移动购物技术时，他们的行为改变了。购物者购买了更多计划外商品，而且较少关注他们在店内看到的信息。讽刺的是，在选购购买计划中购买意愿相对低的商品时，如果购物者正在通话，他们实际上花费的金额更少了，因为电话分散了他们的注意力。[58]

一些更为超前的技术正在涌现[59]：

- 梅西百货和塔吉特等主要零售商开始在它们的商店部署**无线电信标台**（beacons）。这些设备通过蓝牙信号与室内的智能手机应用程序进行通信。它们可以在购物者浏览货架时，通过购物者的手机向他们分发优惠券，甚至在购物者刚踏入商店时就给他们奖励积分。
- **增强现实**（augmented reality，AR）在物理环境上叠加一层数字信息。诸如Blippar这类AR应用程序能够使购物者从产品包装上获得额外的信息。例如，购买美宝莲化妆品的女性把手机放在包装盒上方，就可以看到一位模特分享如何用该产品化妆的技巧。
- **虚拟现实**（virtual reality，VR）是一种给用户创造亲临现场的印象的计算机模拟界面。与AR相比而言，VR给用户带来完全不同的感官感受。诸如Oculus Rift这类头戴式设备可以给购物者带来完全身临其境的体验，只要用户戴上它，就能浏览一个三维立体的“商店”。总部在英国的食品杂货连锁店乐购在德国市场推出了一家虚拟超市，购物者可以在一个360度全方位的虚拟环境中逛商店。万豪连锁酒店给客人提供“四维空间传送器”，把客人送往异国他乡（至少在虚拟层面上是到了异域风情的地方），提供的感官体验包括阳光拂面、微风扬起头发、地下传来轰隆隆的响声、浪花打在皮肤上等。

自发购物

消费者在商店突然决定要购买某些商品，往往是以下两种不同的原因之一在发挥作用：

1. 当消费者不熟悉商店的陈列方式时，或者当消费者出于某种时间压力时，又或者当消费者看到货架上的某个商品，想起这正是自己所需的商品时，他们会进行**计划外购买**（unplanned buying）。大约1/3的非计划购买都是由于购物者在商店内意识到新需求而发生的。[60]

2. 当消费者突然感受到一股无法抗拒的紧迫感时，他们会进行**冲动购买**（impulse buying）。图 10－4 是一位真实消费者勾画的典型冲动购买者的画像。[61]

图 10－4　消费者对冲动购买者的印象

资料来源：Dennis Rock, "Is Impulse Buying (Yet) a Useful Marketing Concept?" (unpublished manuscript, University of Southern California, Los Angeles, 1990): Fig. 7－A.

零售商常常把糖果和口香糖这些所谓的冲动商品（impulse items）摆放在收银台附近，以迎合消费者的冲动需求。类似地，许多超市设置宽敞的过道，往往把利润最高的产品摆放在最宽敞的地方，以鼓励顾客浏览。它们把毛利低的日常用品堆放在狭窄过道两边的货架上，以引导消费者推着购物车迅速离开。星巴克鼓励消费者冲动购买音乐，当消费者想把店内播放的歌曲直接下载到他们苹果手机时，星巴克会对此收费。[62]美国一元连锁店每周筛选出钢笔、糖果之类的冲动商品作为驱动产品，由收银员在收银台向顾客推销。正如该公司的 CEO 所解释的，“这是最后一个机会让消费者再把额外的一个商品放入购物袋”。[63]

学术观点

Jean-Charles Chebat，加拿大蒙特利尔高等商学院和以色列理工学院

购物者在商店和商场里做什么和不做什么，显然与空气中弥漫的气味、背景音乐和颜色等无形的环境因素有关。商店的氛围会影响情绪，也就是说会影响购物者的兴奋和愉悦程度，而类似的情绪又会影响购物者的认知活动和行为，主要是购物者花费多少时间和金钱。许多零售商都在这类氛围上一比高下。这些氛围因素改善购物者对商场的感知、对店中店的感知，也影响对商店里产品和服务的感知。这就是我所称的“元包装”。

背景音乐的音量和节奏影响情绪唤醒程度和愉悦程度，进而影响购物者的认知活动，帮助他们做出购买决定。它们也会影响购物者与服务人员之间的关系。舒缓的音乐使产品看起来更有吸引力。它还会改变人们对在商场里所耗时长的感知。拥挤程度会调节背景音乐的影响：在人流稀少的情况下，快节奏的音乐可提升购物体验，但是在拥挤的人流中，快节奏的音乐反而会让购物体验变差（慢节奏音乐则相反）。

你试过喷洒香水后香味对其他人的影响吗？它们能让人觉得应聘者更胜任一份工作。对产品和商店的作用也类似！如果环境中的气味合适，就能刺激购物者对商店及其产品或服务形成正面的看法。商场里人流的拥挤程度会调节气味的影响：当商店繁忙程度适中时，环境中的柑橘气味能激发购物者消费得更多。如果商店过于拥挤或过于冷清，柑橘气味的作用就会消失。

音乐和气味之间有明显的相互作用。特定气味对提升销售额的效应，可能会因为现场播放了另一种有助于提升销售额的音乐而丧失殆尽。换句话说，大多数消费者都喜欢比萨，也喜欢巧克力，但是通常没人喜欢巧克力比萨！

零售商应当意识到颜色具有强有力的商业效果。冷色调能安抚购物者，增加认知活动，帮助他们作出购买决定。颜色是否适合与文化有关：讲法语的加拿大人喜欢暖色调的购物环境，讲英语的加拿大人喜欢冷色调的购物环境。

购物者的行为在很大程度上取决于与他们同行的人。与独自购物或和家人一起购物相比，和朋友一起购物时，商场显得更具吸引力、更刺激有趣。商场的其他购物者也对购物者的行为有重大影响。尽管大家是陌生人，购物者会与其他购物者互动，并影响他们的行为。

这些感官因素能够让购物者立即判断出商场在社会阶层、性别、世代等方面是否与自己相称。对零售商而言，最重要的是在运用这些感官因素前测试它们的效应。轻举妄动的代价是无法承受的。这些氛围因素适合目标市场吗？如果不适合，它们会导致负面影响。

商店氛围未来的研究趋势是与大脑神经科学结合，展示这些环境因素对大脑尤其是对杏仁体、海马体及大脑边缘系统的直接和交互作用。神经营销学者正在开启一个伟大的新兴研究分支。

购物现场刺激

设计完好的店内商品陈列能激发冲动购买增长10%。这就是美国公司每年在**购物现场刺激**（point-of-purchase stimuli，POP）投入大约190亿美元的原因。[64]购物现场刺激可以是精心设计的产品展示或解说，也可以是一台优惠券分发机，甚至可以是一名在食品区过道上派发新款饼干免费试吃样品的员工。

由于购物现场刺激对购买决策的影响巨大，所以，产品包装在营销组合中发挥的作用越来越重要，包装从功能属性演变为形象属性。

- 在过去100多年里，百事可乐仅更改过10次易拉罐（早期是玻璃瓶）的外观。现在这家公司每隔几周就调整外观设计。它还测试能在消费者开罐时喷出香味的易拉罐，以便消费者找到符合自己偏爱口感的饮料，例如，从野生樱桃味的百事可乐包装罐中喷出野生樱桃香味的喷雾。

● 银子弹啤酒瓶上的标签能在啤酒冷冻到合适温度时变成蓝色。

● 好奇牌（Huggies）亨利河马洗手液瓶子上有一盏灯，能照亮 20 秒，以便孩子们知道他们洗手时应该洗多长时间。

● 现身于餐厅和豪华酒店的依云（Evian）“宫殿瓶”饮用水，长着如同天鹅般优雅的细长脖子，静坐在小小的银托盘上。

● 联合利华公司在北美地区销售的 Axe 沐浴液包装瓶的造型像视频游戏操纵杆。

● 有些公司正在考虑在产品包装中植入计算机芯片和小型扩音器。这种噱头可能有助于交叉推广。比如，当购物者从货架上取下芝士时，芝士包装可能说：“我配 Triscuit 饼干味道很棒。”当然，如果每个产品都这么做，这种吸引注意力的做法可能会适得其反。正如一位广告高管评论的，“如果你走进一家超市，每个包装都朝你尖叫，这将是多么可怕、多么令人讨厌的经历”。[65]

销售人员：剧中主角

销售人员是零售剧场表演中最重要的演员之一。[66]正如我们在第 1 章看到的那样，交换理论强调每次互动都包含价值的交换。每位参与者给予对方某些东西，并期望从对方得到某些回报。[67]一位（胜任的）销售人员能提供许多价值，因为他的专业建议使购物者更易于做出购买选择。

购买者和销售人员之间的情况就像其他许多**两人互动关系**（dyadic encounters）（两人一组）一样，双方必须在**身份协商**（identity negotiation）过程中，对各自扮演的角色达成共识。[68]销售人员的年龄、外貌、教育水平和销售动机等因素，帮助购物者确定销售人员的角色（和效率）。[69]

此外，与低效率的销售人员相比，高效的销售人员通常更了解顾客的特点和喜好，会采取针对性的方法满足每位顾客的需要。[70]当顾客与销售人员为人处世的风格迥异时，这种适应能力就显得至关重要。[71]每位消费者与销售人员互动时的自信程度各不相同。一种极端情况是，不自信的消费者认为人们在社会交往中不会接纳投诉抱怨的人，与销售人员打交道可能会让他们胆怯。自信的消费者以坚定但并不咄咄逼人的方式捍卫自己的权利。咄咄逼人的消费者在无法心随所愿时，可能会变得很粗鲁，甚至会威胁恐吓。[72]

所有权和分享经济

人们购买商品时可能会出现一种有意思的现象：他们不再想买了。的确，我们正在见证**分享经济**（sharing economy）（又称为**协同消费**（collaborative consumption））的崛起。在这种商业模式中，人们租赁而不是购买所需的物品。协同消费社群通常会建立一个网站，人们可以列出所需的服务，并且提供一个评价体系，买卖双方可以借此评价他们的体验。

要用车吗？上 Zipcar 网站按使用时间租一辆吧。想用相机、电钻、搅拌机？那就去 SnapGoods 租一个。你可以给宠物请个看护人，而不是把它塞到 Dog Vacay（一个宠物寄养平台）的一个冷冰冰的狗窝里。你甚至可以在 Lending Club（一家

P2P 平台）借到低息贷款。分享经济正在出租车行业（优步和 Lyft）、旅游接待业（爱彼迎）、二手书交易（Bookmooch），甚至是琐碎的零工服务（TaskRabbit）中掀起一股变革浪潮。

这场变革的动力来源是什么？主要是科技发展极大地降低了交易成本，以致在大规模人群中分享资产和追踪资产去向变得非常容易。在线支付系统极大地方便了人们之间的货币交换。社交网络创建了社群，每个人都可以了解他人的背景经历，从而在陌生人之间建立起信任。卖方可以从他们闲置的资产赚到钱；试想一下，买一个电钻要多贵，而拥有者实际上用到电钻的时间却如此短暂。许多车主一周实际用车的时间只有几小时，但仍需每个月偿还贷款、支付维护费和停车费等；车主使用 RelayRides 平台出租他们的车辆，平均每月可以获得 250 美元的回报，有些人能挣到 1 000 美元以上。

然而，以上原因并不足以解释分享经济的崛起。人们对所有权态度的变化也是原因之一，这在年轻一代消费者当中表现得尤为明显。一项对各国超过 1 万名被访者的研究显示，1/3 的千禧一代已经开始使用或即将使用共享服务。许多人认为过度消费会让地球陷入危机，一半受访者表示在没有他们所拥有的大多数物品的情况下，也能快乐地生活。这与本书前面章节讨论的内容一致，研究人员发现人们拥有资产的多寡与快乐程度仅有微弱的关联性。[73]此外，许多人乐意与“真实的人”建立亲密的物品交换关系，而不是从大公司获取商品。与传统家庭教育相悖，不少人看起来更愿意与完全陌生的人打交道：住在他们家里，上他们的车，甚至穿他们的衣服。[74]正因如此，在 **P2P 商务**（P2P commerce）（同伴与同伴）的名义下，消费者不与公司做生意，消费者与消费者之间的交易迅速发展。

购后满意度与处置

消费者在购买一件产品后的整体反应，即研究人员所说的**顾客满意度/不满意**（CS/D），显然会对消费者今后的行为产生非常重要的影响。如果产品第一次销售彻底失败，要想再次售出，就要比第一次困难得多。消费者会在使用所购商品时不断评估商品的优劣，并把评估结果纳入日常消费活动。[75]

购后满意度

消费者究竟期望从产品中得到什么？很简单：他们想得到质量和价值。[76]然而，这些词含义模糊，消费者很难明确判断产品的质量和价值。消费者通常根据品牌名称、售价、产品保证书，甚至估算一家公司对广告的投入来推断产品质量的高低。[77]

满意与否不仅指消费者对产品或服务表现的反应。根据**期望不一致模型**（expectancy disconfirmation model），消费者根据他们以往的经验或者那些暗示产品质量水平的沟通信息，来建立对产品表现的信念。[78]当产品的表现与消费者预期一致时，消费者可能不会太在意。如果产品的表现无法达到消费者预期，则可能引发负面的感受。反之，如果产品表现超出消费者预期，消费者就会非常高兴。

这种观点表明管理顾客期望的重要性。我们经常发现消费者不满的根源就在于，他们对公司提供产品或服务的能力抱有错误的期望。没有一家公司能完美无缺。认为每件事最后都能完美解决是不现实的想法（有些公司甚至没能接近完美）。假日酒店曾经打出“毫不意外”的口号向顾客保证无缺陷的服务，但不可避免地还是有意外（没人接电话、没有铺好床等），酒店不得放弃了对完美服务的承诺。

产品处置

环保问题不会在消费者付钱后就结束。消费者使用完产品后如何处置，仍然是重要的环保议题。此外，**产品处置**（product disposal）也是消费者行为学的一个重要组成部分。

由于人们的确会对一些产品产生依恋感，所以要扔掉某些东西的决定可能是相当痛苦的。我们拥有的财产标志我们的身份；我们拥有的物件刻满我们过往生活岁月的痕迹。[79]有些日本人礼节性地用焚烧方式，给破旧的缝衣针、筷子甚至是计算机芯片举办“退休”仪式，以表达感谢之情。[80]

但是，我们都不得不在某些时候处理掉我们的“杂物”，因为它已经完成使命目的，或可能不再适合我们眼中的自己。人们对环境问题的关注以及对便利性的需要，使产品处置难度成为从剃须刀到尿布等各类产品的关键属性。

我们经常在一件旧产品还能使用时，就买了新产品——这是物质主义社会的主要标志之一。替换一个产品的主要原因包括：想要有新特色的产品，个人环境变化（例如冰箱与新粉刷的厨房颜色不般配），个人角色或自我意象发生了变化。[81]

循环再用

产品处置问题由于与公共政策关系密切，因此特别重要。我们生活在一个动辄就抛弃的社会，这不仅造成了环境问题，也带来了大量不合理的浪费。仅在美国，人们每年浪费6 000万吨粮食，大致相当于1 620亿美元。事实上，有分析师指出，全球1/3的粮食产出从未真的被吃掉。更糟糕的是，大多数被浪费的粮食扫进了垃圾填埋场，在那里分解并释放出强效温室气体甲烷。[82]

人们如何决定是扔掉还是循环再用自己的东西？因为人们每年会扔掉20亿吨垃圾（美国废弃的垃圾比其他任何国家都多），这是一个非常重要的问题。一项研究结果表明，相比人们对回收再用和环境的总体态度，人们感觉中为循环利用付出的努力程度这个务实的维度能最有效地预测他们是否不厌其烦地重复使用物资。[83]当然，一种缓解问题的办法就是奖励消费者的回收利用行为。例如，H&M连锁店赞助一项衣物回收计划：消费者可以拿着任何品牌、任何状态的旧衣服到H&M门店。消费者每捐出一袋衣物，H&M奖励消费者八五折购买一件新衣。[84]

横向循环再用

在**横向循环**（lateral cycling）中，一位消费者与另一位消费者交换他们各自拥有的物品。在我们这个动辄就抛弃的社会里，重新利用他人的物品有着特别的重要性，因为正如一位研究人员所言，“已经没有地方能让我们再扔东西了”。[85]虽然传统上营销人员不那么重视二手产品交易，但是人们对环境的关注、对质量的要求以及价格和时尚意识等因素，使“二手”市场变得更重要。[86]

事实上，这种**地下经济**（underground economy）大约相当于美国国民生产总值（GNP）的 3%～30%，相当于其他国家国内生产总值（GDP）的 70%。仅在美国就有超过 3 500 个跳蚤市场，其中至少有十几个市场像加利福尼亚州占地 60 英亩的奥兰治县市场那样规模巨大。这些市场散布在全美国运营，总销售额高达 100 亿美元。[87]

近期一股**再商务**（recommerce）（戏谑电子商务）潮流表明，许多消费者希望通过出售或交换他们拥有的物品，尽量争取更多的价值。[88]这一热点催生了**熟人交换**（swishing）活动，人们组织派对，相互交换衣物或其他个人财物。[89]

本章小结

现在你已经读完本章，你应当了解为什么：

1. 在购买时，许多因素对消费者购买决策过程影响巨大。

购买行为会受到多种因素的影响。其中包括消费者购物前的状态，如情绪、时间压力、购物计划等。时间是一种重要的资源，它通常决定了消费者愿意为一次决策付出多大努力和信息搜索行动。商店环境所创造的愉悦程度和唤醒水平影响着消费者的情绪。

产品的使用情境是市场细分的一种依据，消费者根据他们拟购产品的用途搜索不同的产品属性。其他人（同属消费者）在场与否以及其他消费者的类型，也会影响消费者的购买决策。购物体验是购物决策的关键部分。许多时候，零售店就像剧院：消费者对商店和产品的评价可能取决于所看到的“表演”类型。演员（如销售人员）、舞台布景（商店环境）和道具（商店陈列）都会影响这种评价。与品牌个性类似，商店形象取决于感受到的便利性、复杂程度、销售人员的专业知识等一系列因素。面对无店铺购物方式日趋激烈的竞争，创造正面购物体验变得前所未有地重要。网上购物正在变得越来越重要，以这种新方式购物有利（如方便）有弊（如安全问题）。

2. 商店的陈列布局、网站或销售人员提供的信息会对消费者购买决策产生很大的影响。

因为许多购物决策是消费者真正身处商店时才作出的，购物现场刺激就成了非常重要的销售手法。购物现场刺激包括样品、精心设计的包装展示、因地制宜的媒介以及货架讲解卡之类的店内促销材料。购物现场刺激对促进冲动购买特别有用，让消费者屈从于对某个产品瞬间产生的强烈欲望。移动购物 App 日渐普及，也扮演了重要的角色。消费者与销售人员之间的互动是一个复杂且重要的过程。销售人员与顾客的相似性、销售人员的可信度等因素会影响他们互动的结果。

3. 随着分享经济的繁荣发展，许多原本打算购买产品的消费者转而租用产品。

随着分享经济的迅速崛起，人们选择租赁而不是购买所需的物品。新科技让分享过程变得相当简便，线上社交网络让人们能与陌生人建立起信任纽带。此外，许多消费者不再把拥有产品放在首位，而是宁可在他们真正需要这些产品的特殊时刻向他人“租借”。

4. 消费者处置产品的决策与当初购买产品的决策一样重要。

消费者对环境和浪费的关注使产品处置在许多品类中成为重要的问题。除了理解消费者是否以及如何重复利用产品，最近出现了诸如在熟人之间交易旧物的再商务模式，消费者与他人更多地分享自己用过的商品，而不是弃置这些商品。

复习题

1. 什么是时间匮乏？它如何影响我们的购买决策？

2. 哪两个方面的因素决定了我们会对一个购物环境作出积极反应还是消极反应？

3. 列出三种不同的购物动机，并分别举例说明。

4. 电子商务有哪些重要的优点和缺点？

5. 列出三种有助于商店树立形象的因素。

6. 计划外购买和冲动购买有何区别？

7. 分享经济的商业模式如何区别于传统的购买过程？

8. 循环再用与横向循环再用有什么区别？

消费者行为挑战

讨论

9. 快闪店仅仅是一股风潮，还是一种持久的零售概念？

10. 回想一下你在购物时遇到的特别好或者特别糟的销售人员。这两种销售人员之间有哪些素质差异？

11. 讨论“时间风格”这一概念。根据自己的经验，我们应该如何根据时间风格来细分消费者？

12. 参与分享经济的消费者似乎愿意与完全陌生的人打交道。除了安全和隐私的顾虑，我们愿意与陌生人打交道的这种变化，其前景如何？企业可以采取什么措施来帮助人们打消对与陌生人打交道的顾虑？

13. 美国有几家全国性的男士服饰零售商免费为男性顾客提供酒水，以鼓励他们光顾门店。[90]鼓励消费者在购物之前喝得酩酊大醉合乎伦理吗？

14. 有些零售商努力塑造某种形象或印象，它们甚至会选择符合这种形象的雇员。例如，Abercrombie & Fitch 似乎想把自己塑造为一种纯粹的美国人形象。它一度遭到起诉，有人起诉它故意“拒绝录用合格的少数族裔应聘者作为品牌代表，在销售现场工作，并且劝阻少数族裔应聘者申请职位”(对此，它回应公司绝不容忍歧视问题)。[91]我们知道猫头鹰连锁餐厅因它富有吸引力的女服务员而臭名昭著。零售商是否有权只雇用与公司形象一致的员工，即便这样会把特定类型的人（如有色人种、男性）排挤出销售现场？要求与消费者打交道的一线员工穿制服上班，这一政策有什么利弊？

15. 随着越来越多的公司增加对购买现场的促销投入，商店环境正在成为热点问题。有些商店通过收银台的视频、安装在购物车上的监视器，以及贴在地板上的蜡纸印刷广告，增加在购物者面前曝光的机会。在非购物环境下，消费者接收的广告信息也越来越多。例如，纽约的一家健康俱乐部在俱乐部内媒体网络上播放广告。健身者投诉说这些广告节目干扰了他们的健身效果，因此，俱乐部不得不撤掉显示器。你认为这些创新完全是对消费者的侵扰吗？促销做到什么程度会适得其反，令购物者“反抗”，要求让他们购物时能得到平静和安宁？你认为承诺提供“不干涉消费者”的购物环境的“反营销”商店在将来是否具有市场潜力？

16. 法院常常禁止特殊利益团体在大型购物中心派发资料。购物中心的管理层宣称，这些购物中心是私有财产。然而，这些团体申辩说，购物中心是市政广场在现代社会的新形态，相当于公共论坛。请查找一些近期美国关于言论自由问题的法院判例，找出支持和反驳两方论点的论据。购物中心作为公共论坛的现状怎么样？你同意这个观念吗？

17. 营销人员采用一些“技巧”来尽量减少购买者心理感知的等待时间，包括从改变顾客对队列长度的感知到设法分散购买者排队时的注意力。[92]

一家连锁酒店收到大量关于电梯等待时间过长的投诉，所以酒店在电梯附近安装了镜子。尽管实际等待电梯的时间没变，但是人们检查自己妆容的天性减少了他们的抱怨。

航空公司的乘客经常抱怨要等待他们的行李。在一家机场，乘客从下飞机到行李传送带只需步行1分钟，然后用7分钟等待行李。后来，机场改变了布局，乘客要用6分钟才能走到行李传送带，然后等待2分钟领行李。乘客的投诉从此消失了。[93]

连锁餐厅争相加快提供快餐的速度，设在驾驶车道边上的免下车窗口尤其如此，这部分业务目前占餐厅收入的65%。根据一项对快餐连锁店服务速度排行榜的研究，光顾前25名快餐店的驾车顾客平均只用203.6秒就能完成从点餐到打包离开的过程。温迪的速度最快，仅为150.3秒。麦当劳为了加快速度并避免外漏，创造了一种特制沙拉容器，大小刚好放入汽车内的杯座。Arby's则正在研发提高其特制酱汁黏稠度的方法，以减少外漏的可能性。汉堡王正在测试使用透明包装袋，以便消费者在踩油门离开前快速检查他们的食品是否齐全。[94]

你在排队时“痛恨”什么？公司可以如何改变其服务流程，让这些情况变得更便利或更令人愉快？

应用

18. 找一家当地的购物中心进行一次观察。坐在购物中心里，观察购物中心员工和顾客的活动。记录你所观察到的非零售活动（例如，特别表演、展览、社交等）。这些活动是促进还是打扰了购物中心里的商业活动呢？因为购物中心变得越来越像高科技的游戏场，批评者认为这只会招徕更多闲逛的青少年，他们在商店里花不了多少钱，却吓跑了其他消费者。你觉得这种观点合理吗？

19. 在你所在地区挑选三家相互竞争的服装店，针对它们进行一项商店形象研究。请一组消费者用一套特性指标分别对这三家商店评分，然后在一张图表上画出这些评定。根据你的研究结果，你能找出值得提请商店管理者注意的竞争优势或不足吗？

20. 参照表10-1，为某个香水品牌建立一个个人-情境细分矩阵。

21. 很多零售商认为，在商店内大量堆放商品这种看似凌乱的样子能激发消费者搜寻商品，最后买得更多。美国的多来店（Dollar General）最近把它的货架高度提高到6英尺以上；杰西潘尼（J.C. Penney）把空白的墙壁改变为珠宝和配饰的展示台；老海军（Old Navy）在店内通道边上也摆上水瓶、糖果和午餐盒；百思买甚至在测试把平衡车和自行车这类大件商品摆在过道上的效果，以填充占位比较小的薄款电视机和小型音响用剩的空间。值得注意的是，沃尔玛最近突然对店面采取了行动：这家公司只是清理了过去摆在过道中间的货盘，结果总体库存量减少了近9%。消费者喜欢整洁干净的样子。只是有一个问题：他们买更少的东西。正如一位华尔街高管所言，“他们喜欢这种体验，他们只是买得更少了。这通常不是一个好的长期战略。”现在，沃尔玛正在再次把商品堆放在过道上，逐渐把库存量提升回去。[95]你对这些货品摆放的策略持什么看法？参观几个你附近比较大的商店，如果可能的话，采访一些购物者的购物体验。他们在逛商店时遇到了什么麻烦？他们是否喜欢这种凌乱状态？当他们要从一堆堆商品和货盘之间找路的时候，他们有没有一种“寻宝”的感觉？如果由你设计一家店铺，你会实施怎样的堆放策略以方便人们在此购物？

22. 找三个有电子咖啡机的人，然后现场观察他们在家怎样用这一设备准备咖啡。根据观察到的用户体验，你会向新款咖啡机设计者提出哪些建议，从而让他们改善消费者的产品体验呢？

23. 访问三位已使用过分享经济服务的消费者，例如优步、滴滴打车、爱彼迎等。与更为传统的模式相比，你认为他们的经历有什么特点？

案例研究

垃圾分类，我们准备好了吗？

“家里的旧电器、电池、手机算哪类垃圾，具体要怎么处理？”“如果有一桶用剩的油漆要扔掉，是先把油漆倒掉再去扔，还是连油漆和铁罐一起扔，具体要扔到哪里？”这些问题似乎我们在购买的时候从来不会考虑，但却是用完后我们始终要面临的问题——如何处置。

垃圾分类是指将废弃物按其可处置的性能、技术或可利用的方式分门别类加以收集，其目的是为资源回收和后续处置带来便利，提高利用和处置效率。垃圾分类是一个系统工程。垃圾分类越细，分出来的可再生利用的物品就越多，后端进行再生利用处置的效率也越高，最终填埋的垃圾总量就越少，既可以将更多的垃圾变废为宝，节约资源，又可以节省填埋所需的土地，并且避免填埋或焚烧所产生的二次污染。

2011年4月1日，中国国内首部城市垃圾分类管理法规——《广州市城市生活垃圾暂行管理规定》正式实施。该规定实行“先易后难、循序渐进、分步实施”的垃圾分类工作原则，先将餐厨垃圾分类出来，再逐步对其他垃圾进一步细分。

事实上，10多年前广州就已经是全国城市垃圾分类的试点。广州市政府早在1999年就已经过调查并正式倡议居民实施垃圾分类。2000年，广州被列为全国8个垃圾分类收集试点城市之一，出台了《垃圾分类收集服务细则》等一系列文件，将生活垃圾分为不可回收垃圾、可回收垃圾和有害垃圾三大类。2004年，“生活垃圾分类收集和分选回收工程”被列为广州申亚20项重大环保工程之一。随后一年，餐厨垃圾单独收集处理工作在越秀区进行试点。

而根据有关部门提供的资料，日常生活垃圾的分类处理推行并不顺利。很长时间以来，这方面的工作并无实际进展。在近几年“垃圾分类”理念的传播和实践的推动进程中，广州番禺一些住宅小区的业主功不可没。从有人认为“垃圾分类是乌托邦”到番禺市民表示愿意率先试验垃圾分类，这个原本源于要在番禺建垃圾焚烧厂的纠纷变成了一个环保意识觉醒的过程。

垃圾分类回收是一种行为和习惯，它的形成是与相关法律法规的制定分不开的。如垃圾收费：根据“污染者付款”的法则，垃圾的回收费由垃圾的制造者来负担，以解决源头分类和回收费用的问题。垃圾量越大，所付的费用越高。法律法规的作用不仅在于约束制造垃圾者，而且在于帮助回收处理垃圾的产业。所收费用便可用于清运回收。

事实上，垃圾处理工作任重而道远。仅就有毒垃圾中的电子垃圾而言，随着电子产品换代速度加快，报废或“被报废”的各类计算机、手机、家用电器等电子垃圾增量惊人。自2003年起，我国每年至少报废500万台电视机、400万台冰箱、500万台洗衣机、500万台电脑及上千万部手机，成为仅次于美国的世界第二大电子垃圾生产国。而焚化电子产品会释放大量重金属如铅、镉、水银于空气及灰烬中。水银释放在空气中会在生物链中累积，尤其是鱼类是传入人体内的最主要途径。如果电子垃圾含有PVC塑胶，二噁英和呋喃也会因而释放。在燃烧电子垃圾时，溴化阻燃剂会产生溴化二噁英和呋喃。

但是，目前在我国，有关电子垃圾回收的法规中，规范消费者行为的语焉不详，并无硬性规定如何回收；对企业行为则以约束为主。处理电子垃圾靠个体远远不够。在西方发达国家，因为有安全条例的严格监管，处理电子垃圾的费用很高。

对废旧电器等电子垃圾的回收处理，欧洲国家和美国实施了比较完善的法规管理，其中生产者责任延伸制度是一项主要制度。在这项制度下，生产者要在产品的生命周期内承担环境责任，完成废弃产品的回收、处置等一系列工作。这不仅有利于促进废弃物的回收和循环使用，而且可激励生产者减少原材料特别是有害物质的使用，使用更多易于循环利用的材料。在美国，电子垃圾拆解已经形成了很专业的分工，有专门负责拆解的公司、有专门负责电路板回收的公司、有专门提炼贵重金属的公司，等等。

在欧洲，最早关注电子垃圾管理的是德国。德国于1991年7月颁布了《电子废弃物法规》，1992年起草了关于防止电子电器产品废弃物产生和再利用法草案，1996年公布了更为系统的《循环经济和废物管理法》。德国在电子垃圾回收方面走在了欧盟的前列，它利用各市区直属的市政企业对电子垃圾进行回收，提供网络化服务，上门为消费者收集废旧电器。德国废旧电器回收厂普遍采用电子破碎机来分选废旧电器中的有用物和废物，分选出来的金属会根据含金量卖给终端处理厂，其废旧电器的回收再利用率达90%以上。

以德国为代表的WEEE（《报废电子电气设施指令》，欧盟议会及理事会2003年发布的两项指令之一）回收处理体系主要是建立在市政系统或制造商联盟基础上，分别建立了市政系统专业回收处理公司、制造商专业回收处理公司、社会专业回收处理公司、专业危险废物回收处理公司等，电子垃圾回收处理已经形成了一个产业。

日本对废旧电子产品处理采用粉碎后用磁铁筛选一部分金属，然后再掩埋的方式，这样不仅使掩埋场地日益难觅，还对环境造成污染，危害公众健康。1996年日本制定《家电回收利用法》，该法贯彻“谁扔垃圾谁付费”的原则，规定市民应负担回收处理费用。从2001年4月起开始实施《资源有效利用促进法》，该法规定生产厂家有义务回收废旧电脑并将其进行再商品化或再生资源化处理。近几年，日本每年有500万台电脑要废弃。目前日本已经有2 000个上门服务的废旧电脑收集点、400多个厂商服务站点、38家再生制造厂。

“他山之石，可以攻玉”，电子垃圾的回收和处理要靠政府的政策法规、企业的责任义务和市民的环保意识共同完成。政府应牵头建立健全的电子垃圾回收网络，同时探索谁生产谁负责回收利用和回收处理的新办法。对电器电子产品的生产商和进口商，责成其回收利用和回收处理，并承担电子垃圾的回收费用，以使生产者、销售者和消费者共同承担起电子垃圾回收再利用的责任和义务。

问题讨论：

1. 查阅相关文件，你认为我国垃圾处理方面的政策法规是否有改进的空间？

2. 想一想你家里处理垃圾的方法，是否有污染环境的地方？应该如何从家庭入手为环境保护尽一份力？

3. 作为一名在校大学生，你在日常生活中是否注意到垃圾处理问题？你是否参与了环境保护特别是垃圾处理方面的校园活动？你通常在这些活动中扮演什么样的角色？

第Ⅳ篇　社会和文化背景中的消费者

该部分主要聚焦于外部环境因素如何影响消费者个体及其决策。其中，第 11 章介绍群体和社交媒体在消费者决策中的作用；第 12 章关注收入和社会状态对消费者的影响；第 13 章讨论子文化对个体消费的影响；第 14 章主要涉及强有力的文化对消费的作用。

第11章 群体和社交媒体

本章目标

读完这一章后，你将会理解以下几点：

1. 其他人或群体，特别是那些拥有某种社会权力的人，经常影响我们的决策。
2. 口碑传播是产品选择最重要的驱动力。
3. 意见领袖的建议对消费者购买决策的影响是最重要的。
4. 社交媒体正在改变我们了解和选择产品的方式。

开篇案例

娴娴、静静、恬恬三个女孩都是小学三年级，阿龙、阿凯和阿林是她们的同班同学，他们六个从小在小区里一起长大，现在都在一个小学读书，彼此非常要好。

随着年龄的增长，他们又明显地分成了两派。三个女生是一派，三个男生是一派。三个女生经常在一起写作业，玩游戏，说长道短，她们要买一样的运动鞋、一样的作业本，都喜欢芭比娃娃，如果其中一个有了新的玩具，另外两个也会吵着要同样的。不得已，三家孩子的妈妈每次在买新的东西时，也会给另外两个女孩捎上一份。这三个小女孩都有自己的QQ号和微信号，每天晚上都会对着iPad发微信，留下一些稀奇古怪、搞笑的留言。三个男生也经常一起玩，他们玩的是足球、跆拳道、遥控汽车，他们看不上女生的芭比娃娃，觉得男子汉不能玩女生的玩具。他们也穿同样品牌的溜冰鞋，这样看起来就是一个队的，感觉特别好。在小区里面，这两派经常会为一些小事争执，但在学校里，他们又特别团结。

最近娴娴过生日，非要去必胜客不可，而且还要叫上其他五个好朋友及其他要好的同学，因为上周班上有个同学在必胜客过生日，她也参加了，所以她想过一个与别人一样有特色的生日。

许多情况下，购买正是为了迎合群体行为而发生的。六个小朋友的生活中充满了同龄人的影响，从学习到玩耍，都深深地打上了同龄人的印记。他们生活在各自的圈子中，根据圈子的要求，定义自己的消费模式，受到圈子中其他人的影响，而他们又不是只在一个圈子中，他们在不同的圈子中来回穿梭，完成人生中不同角色的定位和成长。本章将关注所谓的“参照群体”是如何影响消费者的购买决策的。

群体

人是社会性动物。我们都从属于群体，试图取悦他人，并通过观察周围的人的行为来获取应如何行动的提示。事实上，对某些人来说，成为或融入自己所向往的个人或群体，正是他们进行购买或行动的主要动机。有人为了能够被自己向往的群体接受，竭尽所能去取悦这个群体的成员。[1]

社会身份理论（social identity theory）认为，每一个人都有多个自我与群体相联系。这些联系非常重要，以至于这些个体认为自己不是单个的“我”，而是群体的“我们”。此外，我们对具有相同社会身份的人更有亲切感，哪怕这种身份仅仅是虚拟的，或者是没有任何实际意义的。在大量采用**最简群体范式**（minimal group paradigm）的实验中，研究者发现即使他们任意将实验对象分到某个小组，人们也总是对那些趣味相投的人感到亲切。[2]

哈雷摩托车的车队是其成员身份的象征，这种成员身份影响许多购买决策。车手们通过消费决策团结在一起，每当见面时，所有之前的陌生人彼此间立刻感觉到有了某种联系。《美国钢铁》（*American Iron*）杂志认为：“人们购买哈雷摩托车并不是因为它很高级，而是想借此成为哈雷大家庭的一分子。”[3]车手并不随便模仿，只有那些他真正认同的人（车队成员）才能对他产生影响。

社会力量

为什么参照群体如此具有说服力呢？答案就在于它具有潜在的影响力量。**社会力量**（social power）是指“改变他人行为的能力”。[4]如果你能支配某人做某件事，不管他是否愿意，对那个人来说，你就是具有影响力的。下面的权力来源分类可以帮助我们弄清楚：一个人能对他人施加权力的原因、影响被自动接受的程度，以及如果权力来源消失，这种影响是否还能持续。[5]

- **参照权**（referent power）。如果一个人钦佩某人或某个群体的特质，他会仿效该参照对象的行为（如对服装、汽车及休闲活动的选择）。各行各业的杰出人士可通过代言产品（如姚明为多个品牌代言）、发表与众不同的时尚宣言或者倡议来影响人们的消费行为。参照对象的力量对于很多营销策略而言都是非常重要的，因为消费者会自动改变行为，以取悦参照对象或者与其保持一致。
- **信息权**（information power）。只要掌握了他人想要知道的信息，一个人就有可能拥有信息权。如《女装日报》（*Women's Wear Daily*）的编辑之所以拥有影响力，就在于他们拥有编辑和发布信息以成就或整垮设计师或公司的能力。拥有信息权的人能够凭借他们获取某种更有“竞争优势”的知识的能力来影响消费者的观念。
- **合法权**（legitimate power）。有时权力会以社会协议的形式被授予某些人，如警察、士兵甚至教授的影响力。在很多消费环境中，专业制服授予的合法权都得到了认可，包括医学院的学生穿上白大褂，以增强自己在病人眼中的权威形象。[6]营销人员可以“借用”这种形式的力量来影响消费者。比如，在广告中塑造一个身穿白大褂的人物形象，可以增加产品展示的合法性或权威性（“我不是医生，但在电视上我扮演医生”）。

● **专家权**（expert power）。为了吸引用户上网，美国机器人公司（U.S. Robotics）请英国物理学家史蒂芬·霍金（Stephen Hawking）为其代言。一家公司的经理评论说：“我们希望创造信任。因此，我们找到使用美国机器人公司技术的访问者，让他们告诉消费者技术是如何让他们的生活更加有效率的。”霍金身患肌萎缩侧索硬化症，需要通过语音合成器才能说话。在一个电视广告上他说：“虽然我的身体挣不脱这张椅子，但是有了互联网，我的思想就能飞到宇宙的尽头。”[7]霍金所拥有的专家权源于他所拥有的关于某领域的特定知识，这就解释了我们为何会重视专业评论家对餐馆、图书、影片和汽车的评论，然而，随着博客和开放资源的普及，如维基百科（Wikipedia），要知道谁是真正的专家变得更困难了。[8]

● **奖赏权**（reward power）。如果一个人或群体可以提供正强化（见第 4 章），那么这个人或群体就拥有奖赏权。这种奖励可能是有形的，如当参赛者的伙伴投票支持他们离开孤岛而获得的幸存经验；也可能是无形的，例如，评委对《中国好声音》参赛歌手的赞许所传达的奖赏权。

● **强制权**（coercive power）。强制权通过社会威胁或人身恐吓来施加影响。威胁在短期内往往是有效的，但是不能导致长期态度或行为的改变。强制权在营销情境中很少使用，营销骚扰电话除外！在第 8 章中讨论的恐惧诉求、人员推销“强行”的恐吓手段中，强制权的因素是显而易见的。

参照群体

我们身处某个组织，这不一定会决定我们的言语和行为，只有参照群体才能真正产生影响。**参照群体**（reference group）是“对个人的评价、追求或行为有明显影响的真实的或虚构的个人或群体”。[9]对哈雷摩托车手而言，车队其他成员就是一个参照群体。

最近关于戒烟过程的研究强有力地证明了参照群体的影响力。研究发现，吸烟者更倾向于在群体中实现戒烟：一个人成功戒烟，将在群体中产生强烈的连锁效应，从而刺激他所在社会网络中的其他人戒烟。研究者对成千上万的烟民和非烟民进行了长达 30 年的跟踪研究，他们也追踪了这些被研究者的亲戚、同事和朋友关系网络。研究发现，吸烟的人喜欢凑在一起（一般平均 3 人左右），现在，美国的总体吸烟率急剧下降，凑在一起的小群体数量也下降了，但剩下来的小群体的平均人数还是保持在原来的水平，这表明，在群体中戒烟比个人自己戒烟更多。毫无疑问，某些社会关系比其他人更有力，配偶的影响比朋友的更大，朋友比兄弟姐妹更有影响力，而同事的影响力只有在互相熟悉的小公司才显示出来。[10]

参照群体并非对于所有的产品及消费活动都具有同样的影响。例如，在选择不太复杂、感知风险低或在购买之前可试用的产品时，我们就不太可能考虑其他人的偏好。[11]尽管通常需要两个或两个以上的人才能形成群体，参照群体一词还是常被广泛地用于描述任何提供社会线索的外部影响。[12]参照对象可能是对很多人产生影响的某个人（如马云），也可能是影响仅限于消费者周围环境的个人或群体（如车手俱乐部）。影响消费的参照群体可以包括父母、球队队友、同事、大学室友或各类明星等。

成员型参照群体（membership reference group）由消费者相识的人组成。而消费者不认识但钦佩的人——这些人可能是成功的商界人士、运动员、演艺人员，或者任何影响世界的人——组成了所谓的**渴望型参照群体**（aspirational reference groups）。毫不奇怪，一些营销者特别重视利用那些高度可见的、被广泛羡慕的人物作为参照群体（例如，著名的运动员和演员），并把这些人与品牌联系起来，以便他们使用的产品或代言的产品也可以带上这种令人羡慕的光环。例如，一个业余的篮球爱好者如果崇拜迈阿密热火队的球星德怀恩·韦德（Dwyane Wade）的话，就可能极其渴望得到一双乔丹12代韦德篮球鞋。[13]一项针对有志成为CEO的商学院学生的研究发现，与他们的理想自我（ideal selves）（请见第6章）相关联的产品和他们认为CEO使用的产品之间存在很强的联系。[14]

参照群体可能对消费行为产生积极的影响，也可能产生消极的影响。在大多数情况下，消费者会约束自己的行为，目的是与他们渴望的群体对他们的期望保持一致。但在有些情况下，消费者可能会设法与**回避群体**（avoidance groups）保持距离。他们可能仔细研究自己不喜欢的群体（如“书呆子”或“吸毒者”）的着装和举止，并且小心地避免购买任何可能让别人将自己归入这些群体的物品。例如，叛逆的青少年往往抵制家长的影响，可能故意与父母对着干。一项研究表明，当饮酒与回避群体有关时，大学新生表示会少喝酒。[15]

一个人与消极群体保持距离的动机强度可能比取悦积极群体的动机强度更大。[16]这就是为何广告里偶尔会出现不讨人喜欢的家伙在使用竞争者的产品，以巧妙地传达如下信息：目标受众如果想避免成为“那种人”，就要远离那些人所购买的产品。正如一本曾流行一时的书提醒我们的：“真正的男子汉不吃乳蛋饼！”[17]

营销陷阱

互联网产生了一种新的回避群体：**反品牌社群**（antibrand community）。这些群体联合起来，不是作为某个名人、商店或者品牌的粉丝，而是反对者。Starbucked. com就是这样的网站，该网站质疑“星巴克提供了非常不好的产品和服务”，并针锋相对地给出了独立咖啡屋的位置。[18]英国的反麦当劳网站McSpotlight声称：“麦当劳每年花费超过20亿美元来宣传它的光辉形象，这事实上让消费者无法听到其他声音。”而在Hel* Mart. com网站上，你可以找到大量的反对沃尔玛的群体的网站链接。

一个对此现象开展研究的专家团队发现，他们试图吸引支持非物质主义生活方式的社会理想主义者的注意。在对反对上述三个公司的在线社区成员访谈之后，专家们得出结论：这种反品牌社群为他们提供了聚集地，这里可以为他们提供道德支持；也能为他们的一般性目标提供支持网络；还可以为他们工作中的失意提供一种发泄的方式（许多成员事实上为上述公司工作）；这些网站也是信息、活动和其他相关资源的集散地。[19]

服从

1830年左右居住在巴黎的波希米亚人在行为方式上和别人都不太一样。一张图片显示，他们行为怪异，甚至在皇家宫廷里也穿着怪异，因而声名狼藉，就如同某些兄弟会一样。[20]

尽管每个时期都会有人“特立独行”，但大多数人还是会遵循社会对他们的行动和形象的期望（当然会有稍许变动的空间）。**服从**（conformity）是指为了回应实际存在的或想象中的群体压力而改变信念或行动。为了保证社会运转，社会成员创造了**规范**（norms）或是用于管理行为的非正式约定。如果没有这些约定将会带来骚乱，想一想如果没有“红灯停”这样简单的规范，社会将会多么混乱。

每天我们都在服从很多细节，即使并未时常意识到这一点。有很多不成文的约定支配了消费的很多方面。除了那些关于合适的着装和其他个人用品的使用规范，我们还服从包括送礼（期望从爱人那里收到生日礼物，否则就会不安）、性别角色（往往认为第一次约会时男士应该买单）和个人卫生（应该有规律地洗澡以免冒犯他人）在内的各种约定。

个体有独特性的需求，而服从与此相冲突。我们如何在这两个目标之间协调呢？有研究表明，我们在这两个方面都试图做好：比如，我们一方面会选择一个流行品牌来表明自己与某一群体保持一致，另一方面又会通过选择不同的颜色来展示自己的独特性。[21]

在一定限度内，人们会对不服从的行为表现出赞赏。这可能是因为那些能做出与众不同行为的人往往被认为更有能力，所以他们足以应对各种挑战，研究者称之为**红色运动鞋效应**（Red Sneakers Effect）——指那些勇敢的人，他们穿着红色的运动鞋参加比赛。事实上，研究者发现，不服从的行为在很多时候会带来积极的印象。但如果旁观者发现其实这种勇敢并非有意为之，那么这种积极印象就会消失（即他只是因为无知才这样表现而已）。[22]

尽管如此，我们并非总是模仿别人的行为，那么，是什么使我们更可能与别人保持一致呢？下面是影响服从可能性的一些因素[23]：

- **文化压力**（cultural pressures）。不同的文化对服从有或大或小的推动作用。美国谚语说，“会哭的孩子有奶喝”（the squeaky wheel gets the grease），而日本则有一句谚语，“枪打出头鸟”（the nail that stands up gets hammered down）。在一项研究中，一群在机场的乘客参加一项调查：为他们提供了一些笔，例如四支橙色的笔和一支绿色的笔。调查结果显示，来自欧洲的乘客更倾向于选择独特的那一支，而来自亚洲的乘客则更可能选择与其他人类似的笔。[24]
- **另类恐惧**（fear of deviance）。个体可能有理由相信群体将会运用“制裁”的手段来惩罚与群体行为有所出入的行为。往往可以看到青年躲避“另类”的同龄人，或者是公司或大学对不具备“团队精神”的人不予晋升。
- **承诺**（commitment）。人们对群体的奉献越多，对成员身份越重视，就越有遵循群体规定的动机。摇滚乐迷和电视迷可以做任何被要求去做的事。根据**最小利益原则**（principle of least interest），对某种关系的承诺最少的个人最有力量，因为群体不太在意别人是否会拒绝他。[25]
- **群体一致性、规模和专长**（group unanimity，size，and expertise）。随着群体力量的积累，成员会更加依从。对抗多数人的要求往往比对抗少数人更加困难，特别是在从众心理占上风的时候。
- **对人际影响的敏感性**（susceptibility to interpersonal influence）。这一特征指个体有树立或提高自己在大多数人心目中的形象的需要。没有这种特质的消费者是随和角色（role-relaxed），他们倾向于年老、富有和高度自信。斯巴鲁公司（Subaru）以一种新的沟通策略来吸引随和角色的消费者。在一则广告中说："我想要一部车……不要跟我描述木质面板，也不要告诉我会赢得邻居们的尊重。他们只是我的邻居，不是我生活中的主角。"[26]

- **环境诱因**（environmental cues）。一项研究表明，当身处温暖的房间时，人们的决策更可能服从。很明显，"温暖"这一环境诱因导致参与者主观感觉与其他决策者更贴近些，这种主观感觉会让他们认为其他人的观点更可能是"合理的"。比如一项持续超过 3 年的研究发现，人们在赛马会下注时，在天气暖和的日子里，更可能投注到那些"熟悉"的马匹上。[27]

营销陷阱

社会惰化（social loafing）是指当个人置身于群体中时，会对某项任务不太尽责，因为我们的贡献只是集体努力的一部分。[28]你在为一个团队项目工作时，可能会感受到这一点。服务员对这一点深有感触：几个人一起吃饭，平均每个人所给的小费比他们单独就餐时要少。[29]因此，很多餐馆都对 6 人以上就餐的顾客自动附加固定小费。

品牌社群

在备受欢迎的 Xbox 游戏《光晕 2》（Halo 2）发布以前，美国著名的电子游戏软件制作商 Bungie Studios 就建立网站解释故事情节。然而，有一个问题是：故事是以同盟（在游戏中袭击地球的外星人）的视角写的，而且用的是外星人的语言。48 小时内，世界各地狂热的游戏玩家在游戏聊天室分享信息，以破解代码、翻译文本。超过 150 万人在发布之前预订了游戏。[30]

品牌社群（brand community）就是基于共有的产品使用或产品兴趣而形成一系列社会关系的消费群。在几乎所有产品类别中都有类似的充满激情的品牌社群（也有某些特殊的例子）。比如 3Com 公司的 Ergo Audrey 手持上网设备，苹果公司的 Newton 计算机，BMW 公司的 MINI 汽车，佳明公司的 GPS 产品，Jones 苏打水，LOMO 漏光大师相机（Lomo and Holga），汤姆佩蒂与伤心人合唱团（Tom Petty and the Heartbreakers），StriVecting 化妆品，以及电视剧《武士公主希娜》（*Xena*：*Warrior Princess*）。

与其他社群不同的是，品牌社群的成员生活的地区往往并不接近，只能在有组织的事件或"**品牌日**"（brandfests）短暂相聚，比如吉普或哈雷-戴维森所赞助的"品牌日"。这些活动有助于加强爱好者之间的"联系"，强化他们对产品的认同感，以及对所见到的有着同样热情的人的认同感。事实上，任何品类都可以发现热情的品牌社群（甚至有些品牌已经消失了，但品牌社群还在）。

研究者发现，这些活动的参加者对产品的感觉更加积极，而且品牌忠诚也得到了提升。他们更能原谅产品的一些缺陷或者服务质量的下降，同时转换品牌的可能性也较小，即使他们知道竞争产品一样好甚至更好。此外，这些品牌社群成员在情感上也更关注公司的利益，往往充当传播营销信息的品牌使者的角色。[31]

研究者还发现，品牌社群的成员不仅仅是帮助信息扩散；他们输入的信息事实上为自己和其他成员创造额外价值，如提供更好的方法使用和定制产品。例如，有经验的使用者会教“菜鸟”如何最大限度地享受产品，这样，越来越多的人会从这些满意的参与者网络中受益。[32]图 11-1 表明了这种集体价值创造的过程。

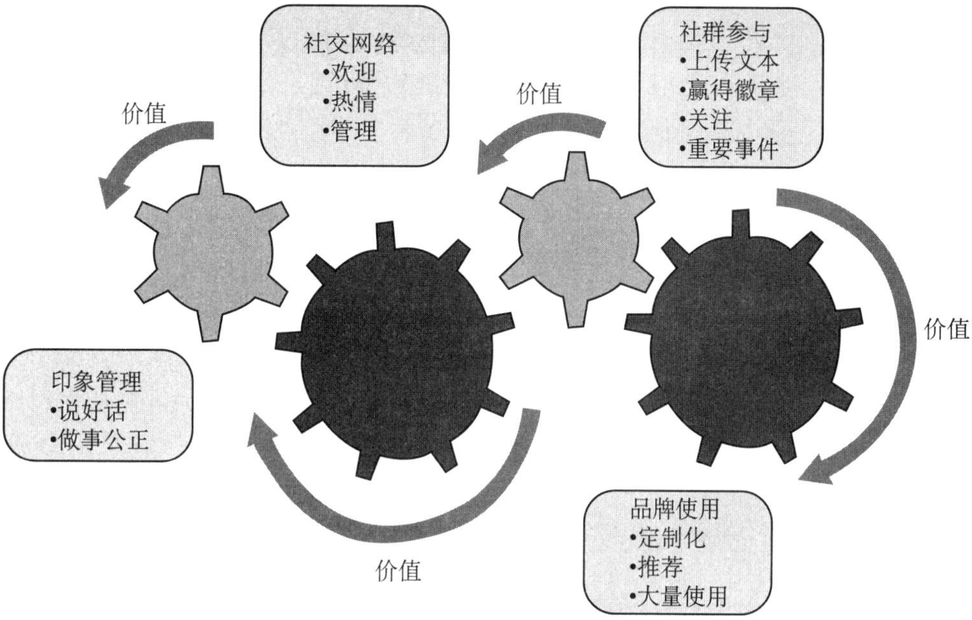

图 11-1 品牌社群中集体价值创造过程

资料来源：Reprinted with permission from *Journal of Marketing*, “How Brand Community Practices Create Value,” published by the American Marketing Association, Hope Jensen, Albert M. Muniz, and Eric J. Arnould, September 2009, 73, 30-51.

学术观点

Eilen Fischer，英国约克大学

大家知道，参与一个品牌社群可以为顾客创造价值。但是，你认为这意味着那些品牌社群成员的消费行为一定会对品牌有益吗？你期望当社群中的消费者一起分享他们的产品知识和意见时，这类产品的营销人员总能从中获得收益吗？研究开始表明，当热切关注品牌或产品的消费者开始在网上彼此联络时，可能会有多种不可预见的后果。

我的同事 Marie-Agnes Parmentier 和我最近考察了美国电视真人秀节目《全美超模大赛》(*America's Next Top Model*, *ANTM*) 的狂热粉丝。我们追踪了从 2003 年开始的 10 年间这些粉丝在多个在线论坛中发的帖子。该节目受欢迎的程度在 2008—2009 年间达到高峰，而到了 2012 年，它的观众人数下降到最低，甚至坊间流传节目将被取消的消息。[33]

我们想了解的是，这些粉丝在观众流失过程中是否扮演了某种角色。我们发现有三个粉丝驱动的过程在起作用。第一，当该节目与其初衷不一致时，狂热粉丝们“重新界定”了节目中加入的新元素（模特），例如，开始时，这个节目的定位是高端时尚路线，并且要让观众明白高端时尚模特应该有非凡的外表，高挑苗条，只有具备这些特征的女性，才有资格从事令人尊敬的“超模”工作。当节目的特色变成完全受限于娇小女性参与的竞赛活动时，粉丝们很快就指出，其高端时尚路线与节目本身的排他性参赛规则相矛盾。受限的参与者不可能成为超级模特。第二，狂热粉丝们“重新组合”了节目创建者引入的新元素（模特）。例如，当最不合格的参赛者由于节目创建者泰拉·班克斯（Tyra Banks）的偏爱而获胜时，粉丝们很不高兴，于是，粉丝们以嘲弄的方式，模仿ANTM的腔调，创作并广泛地传播取材自节目本身的文字和图片。这些讽刺手法非常聪明，有些甚至吸引了主流媒体的关注，因而得到更加广泛的传播。第三，狂热粉丝们“拒绝”节目中新元素（模特），因为这些模特根本不如那些被她们替换的模特。例如，粉丝们强烈抱怨那些替换掉长期演艺人员的模特，这些长期演艺人员于2012年分别被解雇。粉丝们抱怨这些新模特完全不懂时尚行业，同时也缺乏专业的公信力。这些抱怨通过主流媒体广泛扩散。我们的研究表明，狂热的品牌粉丝——特别是那些持续地积极参与品牌社群活动的粉丝，在破坏他们挚爱的品牌过程中扮演了重要角色。

口碑

默默无闻了200年的薄荷糖品牌曼妥斯（Altoids）最近在美国风靡一时，这到底是怎么一回事呢？曼妥斯的重新成功始于20世纪80年代，这一时期许多吸烟和喝咖啡的消费者开始对咀嚼薄荷感兴趣。1993年，卡夫公司（Kraft）收购了制造商Callard & Browser，该品牌的营销经理成功劝说卡夫雇用广告代理商李奥贝纳（Leo Burnett）采取适度促销活动。代理商决定在该产品的地铁海报中加入各种复古元素，使得该产品看起来有点“非主流”。这反倒开始引起年轻人的兴趣，使得该产品一下子流行起来。[34]

曼妥斯的成功故事表明，草根的努力可以促使消费者对某一品牌的信息广为传播，从而铸就“热销产品”。**口碑**（word-of-mouth，WOM）是指在个体之间传递产品信息。由于是从熟人那里获得信息，口碑往往比正规营销渠道获取的信息更可靠和可信。与广告不同的是，口碑往往使人们迫于社会压力遵循这些建议。[35]

具有讽刺意味的是，虽然大量的金钱都投入到过于阔气的广告上，但口碑的影响却要大得多。据估计，高达50%的消费品销售受到口碑的影响。[36]如果你仔细想一下日常与朋友、家人或同事的谈话内容，就会发现有很大一部分话题与产品有关：你是否喜欢她的衣服，并询问她在哪里买的；向一位朋友推荐一家新酒店，或者向邻居抱怨你在银行遭受的不佳对待，所有这些都是在进行口碑传播。

很早以前（至少是20世纪50年代），传播学者就开始挑战这样一种假设，即广告是决定购买的主要因素。一般而言，广告在强化现有产品偏好方面比创造新偏好更加有效。[37]工业品购买与消费品购买两方面的研究都强调一种观点——虽然非个人来源的信息树立品牌意识很重要，但是在后来的评估和购买阶段，消费者还是依赖口碑。[38]很简单，消费者从同伴处获得的产品信息越积极，他们就越可能购买这种产品。[39]

当消费者对产品种类不熟悉时，口碑的作用尤其大。这很有可能发生在新产品（如防脱发药物）或技术复杂的商品（如智能手机）上。减少不确定性的一种明智之举就是谈论它。谈论可以给消费者提供一个获得更多支持购买的依据，以及从他人那里获得对该决策的支持的机会。例如，用来预测个人购买家庭太阳能热水器意向的最优指标，是这个人所认识的使用太阳能热水器的人的数量。[40]

大量的专家（如医生、会计师、律师）和服务提供者（如家政服务公司等）都非常依赖口碑。许多时候，消费者将服务提供者推荐给朋友或同事，商务代表将其推荐给客户。研究表明，消费者选择商品时基本上都是依赖家庭和朋友的建议，仅有 0.2%的受访者依赖广告做出选择。[41]

蜂鸣营销构建

以往，在美国，新玩具的发布通常采取如下方式：在某个春季交易会上发布一款热销假日玩具，在圣诞节前两个月来一场广告运动，然后就在玩具反斗城店内等着父母和孩子上门，同时坐等媒体覆盖率带来的销量上升。

而现在的做法则不同。一家名为银辉玩具（Silverlit Toys）的香港玩具公司制造了定价 30 美元的 Picoo Z 直升机玩具，在谷歌上搜索关键词 Picoo 可以发现 109 000 个网页，这些链接大多指向主要的在线玩具零售商，比如 Hammacher Schlemmer 和玩具反斗城。你会认为这种网上大量曝光是一种有意为之的促销策略吗？事实上，多数情形都是这样的：一位芝加哥的年轻的技术工作者启动了 Picoo Z 蜂鸣营销。在网上的一个兴趣爱好者论坛中，他读到了一篇关于 Picoo Z 的帖子，然后他就去购买了这种玩具。几个月以后，他制作了关于该玩具的视频并把它发到 YouTube 上。接下来两个星期，他的 15 个朋友又购买了这个玩具，并且将相关视频发到网上，并附上之前的链接。而零售商也加入蜂鸣营销推广活动中，几个月以内，几百个 Picoo Z 的视频聚集在网上，数百万人观看了这些视频。[42]这个故事表明，我们应该为产品或服务树立口碑，然后激起**蜂鸣**（buzz）效应，之后就可以坐等消费者自己为我们的产品或服务大力宣传了。

负面口碑

我们知道，口碑是一种非常有用的武器，但对营销者而言，口碑也是一把双刃剑。消费者间的非正式讨论既可以成就也可以毁灭一个产品或一家商店。而且，相比正面评论，消费者更看重**负面口碑**（negative word-of-mouth）。尤其是当消费者正在考虑一种新产品或服务的时候，相对于正面信息，可能更加注意负面信息，并且可能将这些信息告诉其他人。[43]研究表明，负面口碑会降低一个公司广告的可信度，并且影响消费者的产品态度及购买意愿。[44]戴尔公司对此深有感触，在博客上，人们公开指责戴尔公司的产品质量和服务水平，并且大众媒体也挑出这些不满并且进行了夸大。[45]

信息在消费者中传播时往往会发生改变。最终的信息和最初相比，往往已经面目全非。英国心理学家弗雷德里克·巴特利特（Frederic Bartlett）运用**连续再造**（serial reproduction）方法检验信息内容被改变的现象。就像孩子们玩的“打电话”游戏那样，巴特利特请一位实验参与者复述一个刺激，例如临摹一幅画或讲个故事，然后再请另一位参与者临摹前一位参与者临摹的画或复述这个故事。重复这一过程几次以后，如图 11－2 所示，当信息被复述时就发生了改变。巴特利特发现，复述过程中出现的失真几乎总是遵循以下模式：在复述过程中，实验者为了与自己已有的心理图示（见第 3 章）保持一致，往往把模糊的样式转变成为更为习惯的样式。他把这一过程称为同化（assimilation）。他还注意到，人们为了简化结构而忽略细节，这个过程被称为“校平”（leveling），或者是为了着重强调一些显著的细节而有意“锐化”（sharpening）。

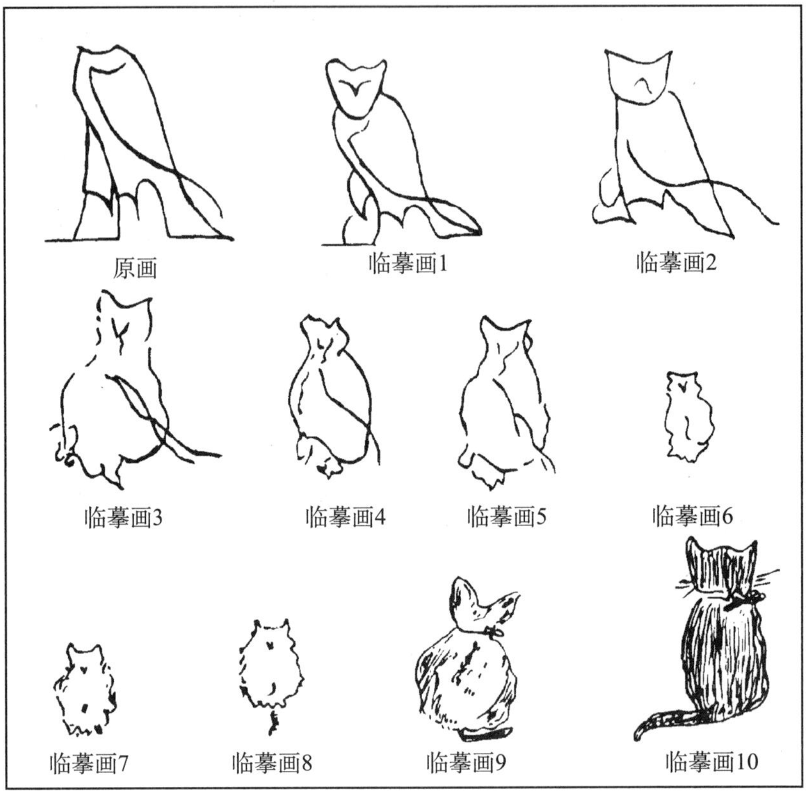

图 11－2　错误信息的传导过程

意见领袖

随着酷圣石冰激凌公司（Cold Stone Creamery）进入日本市场，其冰激凌连锁店的定位有些不同于它在美国的形象。该连锁店通过在时尚的“办公室女郎”——日本人所称的年轻、单身、女性专业人员中产生口碑效应而成为超酷的形象。这些女性在日本很有影响力，她们对新产品的反应可以让产品成功，也可以使之失败。为了吸引这群女性消费者，该公司赞助了一个年轻女性的时装表演（假定模特们在示范尝试这家连锁店制造的热量后还可以穿上时装），时装杂志就在其连锁店里拍摄模特照片。[46]

尽管消费者从个人来源获取信息，但他们往往不会随便向任何人询问购买意见。如果你决定购买一套新音响，你最有可能向一位很懂音响系统的朋友征询意见。这个朋友可能拥有一套高级精密的系统，或者他可能订阅《立体声评论》（*Stereo Review*）这样的专业杂志，并把闲暇时间花在逛电子产品店上。另一方面，你可能还有一位朋友，他因时尚而出名，闲暇时爱看《绅士季刊》（*Gentleman's Quarterly*），平时爱逛流行服饰店。你不会向他询问购买音响的问题，但是你可能会让他和你一起去买新款秋装。

每个人都认识这样一些人，他们的产品知识渊博，且他们的意见会受他人重视，这些个体就是**意见领袖**（opinion leaders）。意见领袖是指能够频繁影响他人态度或行为的人。[47]毫无疑问，有些人的建议总是比其他人的建议更有分量。意见领袖之所以成为极有价值的信息源，是因为他们掌握了本章提到的多种社会权力：

- 因为他们具有技术竞争力，所以他们掌握了专家权。[48]
- 他们毫无偏颇地预先筛选、评估并综合产品信息，因而拥有知识权。[49]
- 他们在社会上往往很活跃，而且和所在社区有紧密联系。[50]
- 他们很可能在社区团体或俱乐部中任职，在家庭以外也很活跃。因此，意见领袖往往因为他们的社会地位而拥有合法权。
- 他们在价值观和信念上往往和消费者更为相似，因此他们拥有参照权。值得注意的是，尽管可以根据他们的兴趣或对一类产品的专业知识将意见领袖进行区分，但是在某种程度上，**同质者**（homophilous）往往比异质者（heterophilous）更具有说服力。同质者指的是两个个体在教育、社会地位和信念方面的相似程度。[51]有效的意见领袖在地位和教育方面比所影响的消费者略高，但不会高到属于不同的阶层。
- 意见领袖往往是率先购买新产品的人，他们承担了很大部分的风险。这种经验大大降低了较保守购买者的风险。另外，虽然企业赞助的传播活动完全聚焦于产品的优点，但意见领袖的使用经验使他们更可能同时传播产品的正面和负面的信息。这样，他们就更可信，因为他们不会“别有用心”。

意见领袖的影响力如何？

福特的跨界 SUV 车型福莱克斯（Flex）的模型发布会，让意见领袖独家目睹新车，旨在传播口碑。在 5 个不同的城市，公司邀请电台主持人、音乐家和其他有创意的人参观福莱克斯，并用这款车将这些影响者载往艺术画廊、夜总会和其他热闹的地方进行城市环游。在另一个推动嘉年华（Fiesta）概念车的发布会上，汽车制造商挑选了 100 位年轻人免费试用 6 个月，作为回报，使用者为其写博客。[52]

社会学家在最初提出意见领袖的概念时，认为社群中某些具有影响力的人对群体成员的态度会产生多个方面的影响。但是，后续研究开始对这种多领域意见领袖（generalized opinion leader）的存在提出了质疑，即很少有人能够成为多个领域的专家，提出的建议很少会在所有类型的购买决策中都受到重视。社会学家对专才（monomorphic，即有限领域内的专家）和通才（polymorphic，即多个领域内的专家）进行了区分。[53]即使是通才型的意见领袖，也往往只专注于某一宽泛的领域，比如电子产品或时装。例如，据美国一家杂志和多媒体研究数据提供商估计，美国成年人中，有10.5%的人被标识为“最有影响力的人”（Big Circle Influentials），他们是个人财务决策的关键影响者。[54]

一项研究检验了对意见领袖的传统观点，结果显示，意见领袖的作用过程并不如某些研究者认为的那样清晰。[55]传统的观点认为，这一过程可以描述为**两步影响力模型**（two step flow model influence），这一模型认为一小部分影响者会影响并更改其他一大部分人的意见。

研究者通过计算机对这一过程进行了模拟，发现影响力很少由那些有影响力的人驱动，更多的是由那些易于被影响者的互动驱动，易于被影响的人之间有着频繁的信息沟通，他们也参与与意见领袖的双向对话，从而成为**影响网络**（influence network）的一部分。当一条信息能够产生一系列互动时，就会导致他们之间的对话产生**信息叠加**（information cascades）。一项追踪研究表明，在一小时内，大约5 000万脸书用户安装了2 700个应用程序，研究者进一步发现信息流的证据：一旦某个应用程序一天内被安装了55次，它就开始流行起来。就像脸书好友注意到的那样，一旦某个好友安装了一个应用程序，那么他们也很可能安装。[56]

意见领袖的类型

就意见领袖的角色作用而言，早期的概念假设它是一个单向静态过程：意见领袖从大众传媒吸取信息，转而把这些信息传送给意见接收者。这种观点过于简化，它混淆了几种不同类型消费者的功能。

意见领袖可能是也可能不是他们所推荐的产品的购买者。早期购买者被称为革新者（innovator）。意见领袖如果同时也是产品的早期购买者，那么他们就被称为革新传播者（innovator communicators）。研究指出了美国的大学男生作为时尚商品的革新传播者的大量特征。这些人率先购买新时尚商品，其他学生则可能在后续购买中追随。这些人的其他特征还包括[57]：

- 他们热衷于社会交往。
- 他们注重外表且有自恋倾向（也就是说，他们十分喜欢自己并以自我为中心）。
- 他们受到摇滚文化的较大影响。
- 他们经常阅读杂志，包括《花花公子》和《体育画报》（*Sports Illustrated*）。
- 他们可能比其他学生拥有更多衣服，款式也更多样。

意见领袖也有可能是意见征询者（opinion seekers）。他们对某个产品种类往往更加投入，并且积极地搜寻信息。因此，他们更有可能与他人谈论产品并征求意见。[58]与意见领袖的静态观点相反的是，很多与产品相关的谈话不是以个人“演讲”的方式进行的，而是受当时的情境推动的，是在随意的互动中而非正式的说教中发生的。[59]

市场行家

在美国，为了宣传一款新的凡士林乳液的临床疗法，凡士林公司的广告活动覆盖了阿拉斯加州科迪亚克小镇的社会网络。在科迪亚克，销售代表接管了一家门店，分发免费样品。作为回报，接受者要说出是镇上的哪个人向他推荐的产品。结果他们发现了一位女士，镇上的许多人称她是他们的消息源。[60]

凡士林公司找到的那位女士就是**市场行家**（market maven）——她是积极传播

各类市场信息的人。这些购物狂不一定对推荐产品感兴趣，她们仅仅享受那种站在市场消费的最高处的感觉。他们的作用更类似于普遍意见领袖，因为他们往往对产品应怎样获得、在哪里获得有全面、可靠的了解。他们也对自己做出明智决策的能力更有信心。

代理消费者

除了对他人的购买决策有影响力的日常消费者，还有一类营销中介被称为**代理消费者**（surrogate consumer），他们也常常影响消费者的购买行为。代理消费者是我们雇用的为购买决策提供信息的人。与意见领袖或市场行家不同的是，代理者往往能够通过提供意见获得报酬。室内装修商、股票经纪人、职业采购者或大学咨询员都可以被看成代理消费者。

无论实际上他们是否基于消费者的利益做出购买决策，代理者的推荐都会产生巨大的影响。实际上，消费者放弃了自己对个别甚至所有决策功能的控制权，如搜寻信息、评价备选方案或者实际购买。例如，一个客户可能委托一家室内装修公司装修房子，一个经纪人可能受投资者委托进行关键的买卖决定。营销者往往忽视了代理者在劝说消费者购买他们的商品和服务方面的影响力。这是一个很大的错误，他们可能错误地定位传播目标，而真正的传播目标恰恰是那些筛选市场信息的代理消费者。[61]

如何发现意见领袖？

当百事公司发布一种新口味产品时，雇用了一家公司来识别并招募一些“影响者”。公司的要求很明确：影响者喜爱柠檬酸饮料，年龄在 18～34 岁之间，是音乐爱好者、滑板店主，或者是那些过着“有闲”生活，并且在他们的群体中属于比较知名的人物。比如其中一个影响者是一个音乐家，他邀请了 20 个朋友在自家后院举办了一个聚会。聚会前，工作人员将冰镇的听装饮料准备好。另一个意见领袖有一家滑板店，他举办了一场户外电影品鉴之夜活动。最终，在两个月内，百事公司赞助了超过 300 个这种类型的迷你事件，如果你能身临其境就会感同身受。[62]

遗憾的是，由于多数意见领袖是日常消费者而不是名人，所以很难被发现。一位名人或者一个具有影响力的实业巨头较容易被发现。他们在全国或至少在地区内颇引人注意，或者被列入公开发行的名人录或者社交媒体中。相反，意见领袖往往只具有局部的影响作用，可能仅影响小部分消费者而非整个细分市场。

自我指定法

识别意见领袖最常用的方法就是直接询问个体消费者是否认为自己是意见领袖。图 11－3 是研究人员使用的意见领袖自我指定法量表。

尽管声称对一种产品较有兴趣的应答者较有可能是意见领袖，但这种调查结果还是值得怀疑。因为一些人有夸大自身重要性和影响力的倾向，而一些真正有影响力的人则可能不承认自己具备这些特质或没有意识到这一点。[63]这里有个问题：事实上，我们传递产品的建议并不意味着其他人就接受。

请你根据你和朋友、邻居关于________的互动在下列尺度上为自己打分。

1. 一般来说，你和朋友、邻居是否经常谈论________：

很频繁				从不
5	4	3	2	1

2. 在你和朋友、邻居谈论________的时候，你：

提供很多信息				提供很少信息
5	4	3	2	1

3. 在过去的半年中，你向多少人介绍过一种新的________？

很多人				没有
5	4	3	2	1

4. 与你的朋友圈子相比，你有多大可能性会被问及关于某种新的________？

很有可能				根本不可能
5	4	3	2	1

5. 在谈论新的________时，以下哪一项最有可能发生？

你向朋友介绍				你的朋友向你介绍
5	4	3	2	1

6. 在你和朋友、邻居的讨论中，总体而言，你：

常常被看做建议来源				不被看做建议来源
5	4	3	2	1

图 11－3　意见领袖量表

社会测量法：Kevin Bacon 现象

热播电影《六度分离》（*Six Degrees of Separation*）基于这一假设前提：这个星球上的每个人都间接地认识其他所有人，或至少认识那些认识自己的人。实际上，据社会学家估计一个普通人有 1 500 个相识的人；此外，在美国任何两个人都能通过 5～6 个中间人建立起联系。[64]有一个流行游戏让玩家将凯文·贝肯（Kevin Bacon）与其他演员联系起来，遵循的也是同样的道理。[65]

社会测量法（sociometric methods）用于描绘群体成员的沟通模式。这些方法使研究者能够系统地描绘群体成员之间的互动。如前面描述的凡士林活动，通过采访参加者及询问他们向谁征求产品信息。许多例子中，一个或者一些人成为节点，即意见领袖。这种方法最精确，但是实施难度大且成本高，因为它需要对小群体的互动模式进行近距离研究。因此，社会测量法在人数有限且独立的社会环境（如医院、监狱及军事基地）中具有最好的应用效果，因为这些地方的成员在很大程度上与其他社会网络隔离了。

社会测量法不仅仅看谁与谁交流，它还关注在一个社会网络中各成员的关系类型。**纽带强度**（tie strength）指的是人与人之间的关系的实质，其范围可以由强（如配偶）到弱（如点头之交）。强有力的纽带群体可看成首要的参照群体，因为其互动非常频繁且对个人有重要意义。尽管紧密的纽带联系是重要的，但松散的联系也可起到桥梁作用。这种关系使消费者能够接触到亚群体。例如，你可能有一群固定的伙伴作为你的首要参照群体（紧密的联系）。如果你对网球有兴趣，你的某个伙伴可能就会介绍你认识她宿舍的一群网球队成员。这样你就能够通过这种桥梁接触到有价值的专业技能。这种参照过程证明了**弱联系的作用**（strength of weak ties）。

我们使用社会测量法可以更好地理解参考行为（referral behavior），并在某个社区内定位某人的声誉强弱的变化。[66]为了解某个社会网络如何引导我们的购买活动，研究者选择那些住得不远并且经常联谊的女性进行了一项研究。这些研究者发现联谊会中的小群体经常分享她们对产品的观点和偏好，在某些案例中，甚至分享她们较为隐私的产品。[67]

社交媒体革命

如今，很多人都可以使用社交媒体了。社交媒体革命正在改变消费者与市场及其他人的互动方式，如果你访问脸书页面，发微博，阅读对餐厅的评论，或者甚至在《魔兽世界》游戏中杀死一些讨厌的半兽人，你就成了其中的一部分。与我们的父母不同的是，我们乐于分享生活的细节。这些细节在被分享的时候，看起来比较正式，比如我们在脸书上关系的变化，在 Instagram 中分享的某个餐厅图片。

有时人们把社交媒体定义为硬件（比如三星智能手机）或者软件（如 Snapchat），但事实上，它首先（也是最重要的）是和**网上社区**（online community）有关：集体成员共同建立和维护一个网站。[68]事实上，我们许多人身陷社交网络，以至于会全天候地关注它，以此来确认自己在朋友圈的存在感。你知道也有其他人像这样吗？一些人把这种冲动叫做**被遗忘的恐惧**（fear of missing out，FOMO）。毫无疑问，被其他人联系的感觉非常好，但有时由于某些原因，万一没有被联系或者甚至没有第一个被联系，都可能让人感觉到遗憾或不满足，这就有点过了。[69]

不管我们是否感觉被遗忘，在每天所经历的日常生活中，我们对社交媒体投入了极大的热情，并影响我们的情绪和体验。事实上，一项研究发现，推特用户更容易追随那些分享心情的人，开心的用户乐于转发或回复那些开心的帖子，而悲伤或孤独的人更愿意与那些同样表现出负面情感的人交流。[70]

在线社会网络和品牌社群

先考察一下社交媒体的结构。每个网络平台（比如脸书或推特）应用组成一个**社会网络**（social network），一组社会相关的节点被一种或多种关系联结着。[71]**节点**（nodes）是网络的成员，成员由他们之间的关系联结（比如脸书就有超过10亿的用户节点）。关系则基于不同的亲密程度，如亲情、友情、情感纽带、共同的经历、相似的兴趣与爱好等。当我们想到社群时，我们会想起某些人，但是，网络中的主要成员也可以是组织、物品、国家、部门或其他任何可以定义的单位。大学校友会是一个很好的例子。亲友会是一个联结个体和组织的社群。社会网络有时也称为**社会关系图谱**（social graphs），虽然这一术语也指网络单位之间的内部联系。

流量（flows）出现在节点之间，流量是网络成员间资源、信息和影响的交换。在脸书上，你可以与别人分享新闻、生活中的新鲜事，以及对喜欢的书籍、电影、视频、笔记的意见和建议。当你分享内容时，你就在自己的网络中创造了流量。在社交媒体中，这些沟通的信息流量能够及时在任何点向不同的方向流动，并且常常是在多个平台间流动——这可以用一个术语——**媒体多样性**（media multiplexity）

来表达。流量不仅仅是双向或三向的，它们可能流经整个网络社区，或者网络中的一个群体，也可能是几个独立的个体。对于营销者来说，流量特别重要，因为它们是任何社会网络的行动部分，用以分享信息、发放促销产品、探寻社会影响力的来源。

成功的在线社群有如下几个特征：

● **行为标准**（standards of behavior）。虚拟社区需要规则来管理行为以维持正常运作。一些规则是明文的（比如，当你在 eBay 上购买东西时，你会同意有关支付的法律合同），但另外一些是隐性的。

● **成员贡献**（member contributions）。社群的发展需要成员的贡献，否则社群就会失去活力而发展缓慢。但是社群参与可能是面临的一个挑战。我们在之前曾谈到 80/20 准则，它同样适用于在线消费。事实是大多数在线消费者都是**“潜水者”**（lurkers），也就是说，他们对社群内容的形成没有贡献，只有汲取，这就是一种相当不好的情况。研究者估计，其中只有 1%的社群使用者会有常规的参与，还有 9%的使用者会偶尔有所贡献，剩下的 90%都只浏览不参与。当然，他们的存在还是有价值的，至少对那些希望面向大量人群的广告客户是这样的。

是什么原因让我们希望消费者更加积极呢？一个网站能否让潜水者变成积极的用户呢？网站越容易参与，网站社群就更可能在大量的访问者中开展活动。这意味着，我们需要提供各种易用的途径来确保多种参与方式。脸书在这方面就是一个很好的例证，其会员可以有多种形式的参与：贴出自己的“更新状态”（这是非常容易的），进行评论，上传图片，分享帖子和链接，玩社交游戏，回答问题，展示他们的简介，上传视频，开展活动（这个稍微难一点）。

● **联系的程度**（degree of connectedness）。强有力的群体是有凝聚力的。也就是说成员个性鲜明，并且有强烈的动力保持联系。而且，即使许多群成员彼此不会见面，线上群体也会比线下群体更有凝聚力。比如相对于之前谈到的“六度分离”，在脸书上，研究者估计只需要经过“四度分离”就可以建立彼此的联系。脸书上，有些用户可能只有少数几个甚至只有一个好友，也有些用户有成千上万的好友，但大多数用户的好友有 100 位。研究者发现大概经过 4 个中间成员，彼此就能建立联系。如果是同一个国家的话，只需要经过 3 个就可以了。[72]因为许多人花费了很多精力和时间用于建设在线社群关系，这种联系也反映了我们在现实世界中的关系（比如人们在脸书上看到与某人的关系状态改变了，就知道他们之间的伙伴关系破裂了）。一项研究分析了 130 万脸书用户和他们之间的 86 亿个联系，结果表明：如果两个人有共同的脸书朋友，那么他们的关系会持续，但如果共同的脸书朋友数量迅速减少的话，他们的关系就很有可能破裂，这是因为他们的社交生活没有足够的共同点了。[73]

● **网络效应**（network effects）。随着会员数目的增加，网站的质量有所提升。比如，亚马逊追踪了越来越多的用户的搜索记录，其中可能与你有一定的共同兴趣，那么亚马逊就可以更好地向你推荐你想要的书籍。

社交游戏

社交游戏（social game）是指在一个社群中有多人参与的、有竞争的、目标导向的活动，这一活动规定了参加和相互联系的规则。比如，一些比较成功的社交游戏《糖果粉碎传奇》(Candy Crush) 和《愤怒的小鸟》(Angry Birds) 就有数百万粉丝。[74]这些应用程序通常包含一些游戏设计的元素，比如**管理者规则**(leader-boards) 和**奖励徽章** (badges)。前者表明了每个游戏者相对于游戏中的其他人，他们是怎么做的；后者表明了游戏者在游戏中已经经历的挑战。

社交游戏是建立在多个层面基础上的，包括平台、模式、环境和类型。[75]下面是这些基本维度的简要介绍：

- **游戏平台** (game platform) 是指游戏运行的硬件系统。它包括游戏机（比如索尼公司的 PS3、微软公司的 Xbox 360 和任天堂公司的 Wii 等)、计算机（包括在线游戏和需要安装在游戏者计算机上的硬件驱动）和便携设备（包括智能手机或者索尼 PSP 和任天堂 DS 等专为游戏设计的设备)。[76]
- **模式** (mode) 是指游戏者体验游戏世界的方式。它包括游戏者活动是不是高度结构化的，游戏是单人还是多人的，游戏是趋近真实环境还是虚拟环境，游戏是实时还是回合制。
- **环境** (milieu) 描述了游戏的视觉特性，比如科幻小说、幻想、恐怖和复古等。
- 游戏的**类型** (genre) 是指玩的方式。一般类型包括虚拟、行动和角色扮演。虚拟类的游戏尽可能准确地描述真实场景，又分为几种子类型，包括赛车虚拟、飞行虚拟，以及可以让玩家虚拟环境成长的虚拟游戏。在这些社交游戏中，虚拟类的游戏包括广受欢迎的《开心农场》(Farm Ville)、《宠物天堂》(Pet Resort) 和《开心鱼塘》(Fish Ville)。行动类的游戏包括两个子类：第一人称射击 (FPS)，即你看到的就是你游戏中的化身所看到的；第三人称游戏。角色扮演类游戏 (RPG) 中，游戏玩家扮演一个角色去完成任务。也许最有名的角色扮演类游戏就是桌面游戏时代的《龙与地下城》(Dungeons and Dragons)。在游戏中，玩家选定某个身份并完成各种任务、收集各种物品，达到最终目的。

数字化口碑

病毒式营销 (viral marketing) 是指某个组织鼓励访问者将线上内容分享给他们的好友，这些内容就像病毒一样在某类人群中迅速传播。当线上内容具有娱乐性或者非常奇怪时，这种效果比较容易发生。比如，网络中的“腿上长颈鹿” (lap giraffes) 现象。当某条在线信息提到了这种动物时，成千上万的人开始寻找这种宠物。(事实上，根本没有这种生物。) 这只是为有线电视提供商 DirectTV 设计的一个营销活动的一部分。超过 50 万人等待购买这种小动物，可能现在仍有人在等待。[77]

许多人当然愿意与别人分享一些新的事物，比如新的样式、新的音乐或者购买的新东西。当然，我们是在诸如豆瓣或大众点评网这样的论坛通过在线评论的方式来进行分享的。然而，分享的冲动甚至创造了新的沟通形式，如**拖拉影片** (haul videos，追逐时尚的人用视频记录其刚买的衣服) 和**拆箱视频** (unboxing videos，详细记录他们如何从包装盒里拿出新产品，然后将它们组装并使用的过程)。(不信，你可以用谷歌搜索这些术语!)

病毒式营销展现了**扩音效应** (Megaphone Effect) 的威力。Web 2.0 使得日常的消费者有大量的受众，一些时尚的博客对于什么是热点什么不是热点的分享，可能会给粉丝带来深刻的印象。比如，超过 3 万人读过下面这篇帖子：

> 和妈妈或者很好的购物伙伴（她们好像总是能不时停下来吃点什么，分享在不太喜欢的地方找到合适的穿着的那种热情）在东京的优衣库商店发现很棒的灰色袜子，长短合适，总之一切都很好。这听起来好像没什么特别的，只是好像我一直在寻找这个东西。[78]

研究者报告说，关于品牌的书面沟通可能包括兴趣或者是不常见到的品牌。发表帖子的动机大多是因为自我提高（self enhancement）。当人们在社会网络中分享他们对产品的观点时，其实希望在几个方面达到目的：给别人留下印象；表达某种情感；分享或获取某些信息；建立与他人的联系；劝说他人改变观点。[79]

与真实世界中自发进行一场对话不同，当消费者开始通过发表与产品有关的帖子来进行交流时，其实有更多的时间来思考他们表达的内容，并且预想这些帖子可能会受到怎样的评判。[80]事实上，大多数发表的帖子其实是关于自己的，有研究表明，80%的推特文章都是关于发帖者自身而不是其他主题的。[81]

一项研究分析了从推特上收集的数据，结果表明，人们在推特上发帖子分享自己购买的产品或体验时，总是希望被看做积极的，但又避免被认为总是在吹嘘自己。当人们在帖子中看到两个奢侈品牌（比如路易威登和梅赛德斯）时，研究者发现，人们总是不经意地提到这两个品牌，好像正在使用这两个品牌一样。或者人们会淡化这些品牌的积极特征，这样可以让他们看起来不那么势利。[82]

其他研究者发现了一种相似的现象，称之为“不合意标记效应”（Dispreferred Marker Effect）。在线帖子如果确实是负面的，那么，发帖者可能被看做严厉而挑剔的，所以人们常常用一些较为软化的“不合意标记”用语来表达负面效果。比如，我们可能用“我会是真诚的……”“上帝保佑……”“我本不想这么说，但是……”这样读者就会对发帖者有更正面的评价。[83]

学术观点

Jonah Berger，宾夕法尼亚大学

为何有些事情会引发口碑传播？为什么有些产品和品牌比其他产品和品牌产生更多的口碑？显然，口碑既常见又很重要。人们与朋友和同事分享各种观点、新闻和信息。每天有超过 5 亿条推文发布，有超过 1 000 亿封邮件被发送。事实上，就在你读到这句话时，你就可能正在接收别人给你发来的邮件、短信，或者是软件更新。此外，人际沟通对消费者行为影响深远。回想一下你刚读过的书或看过的电影，你很可能是从别人那里获得图书和电影信息的。实际上，口碑产生的销售额是付费广告的 2 倍。

因此，公司和组织都把口碑作为它们营销策略的重要组成部分。它们努力创造口碑视频，并且在它们能够找到的任何适当的社交媒体上投资。

但是对于这种完全依赖最新技术的宣传攻势，人们似乎忘记了更重要的东西：心理。为什么有些内容可以产生口碑，而其他的则只能吸引少量的评论？为什么有些产品产生了大量的口碑，而其他产品却无人问津？基于这些方面的知识，人们怎样才能让他们的产品、想法和行为广为传播？

其实有 6 个因素会促使人们讨论和分享某些东西。在一本书中，我把它们用 6 个字母归纳为STEPPS，分别代表社会通货（Social Currency）、促发器（Triggers）、情感（Emotion）、公众（Public）、实践价值（Practical Value）和故事（Stories）。每一个都是一个心理原则，促使人们分享各种新闻、信息和故事。

以情感为例，我们分析了三个月内《纽约时报》上的文章，大约有7 000条内容，我们想看看是什么让某些内容被大量引用。通过审视每一条世界新闻、政治和体育、时尚内容，我们要了解是什么让这些文章被分享，以及为什么会这样。一般而言，我们发现，越是能够引发情感反应的文章越容易被分享。人们越在意的文章，越容易被分享。

此外，越积极的内容越可能被引用。分享积极的事情可以让他人心情更好，发送信息的人也感觉更好。大多数人爱听好消息。

即使如此，特定类型的情感文章也有关系。文章唤醒高昂的情绪，如生气、担忧，以及渴望，被口碑传播的可能性高出其他情绪21%～34%。激励我们的情绪会驱使我们传递给他人。

数字化意见领袖

快看看你的“Klout评分”是多少？Klout*公司声称可以在数字化世界里对每一个人的影响力做出较为准确的测评。Klout网站每天访问120亿个网站数据，以百分制测评网络中每个人的分数。它参考了多个因素，包括评论和转发的比率，发帖原创的内容，谁转发了内容等。毫不奇怪，名人肯定会有较高的评分（比如贾斯汀·比伯），其他方面有影响力的人也是如此。现在Klout公司的业务包括允许品牌拥有者识别那些高分的消费者，以便它们利用这些人更快扩散其品牌的数字化口碑。婚介服务公司Tawkify就使用了Klout评分来为顾客提供匹配服务。公司的一位高管发现，比起那些吹嘘过分的网站，Klout评分是一项复杂、精明、有效且有吸引力的测评。[84]

之前我们看到，意见领袖是那些相对大多数人而言在劝说或建议消费者方面更有影响力的人。在线情况下，意见领袖被定义为**力量使用者**（power users）。他们有更强的沟通网络，使得他们更有能力直接或间接地影响他人的消费决定。[85]

就像离线意见领袖一样，力量使用者是社群的积极参与者。他们的社交网络比较大而且完善。其他人信任他们，并且发现他们发布的关于某些主题的信息是可信的。他们有着天然的好奇心，促使他们获取新的信息来源。他们会发布一些与品牌有关的内容：福雷斯特研究公司（Forrester Research）就将这些品牌相关的内容称为**影响印记**（influence impression）。在广告术语中，印记是指看到或接触到一条广告内容。该公司估计，每年美国的消费者相互谈论他们的生活和经历时，会产生2 560亿次关于品牌的影响印记。[86]这些影响印记最初就是被意见领袖传播的：谈到品牌的时候，80%都是由其中仅仅6.2%的社交媒体使用者传播的。该公司把这种影响者称为大众连接者（mass connector）。

---

* 它是一家衡量用户在推特、脸书、领英、Foursquare、维基百科等社交网络上的影响力指数的创业公司。——译者注

本章小结

现在你已经读完本章，你应当了解为什么：

1. 其他人或群体，特别是那些拥有某种社会权力的人，经常影响我们的决策。

消费者属于或者向往许多不同的群体，希望这些群体接受他们的愿望常常驱使消费者的购买决策。参照群体是其意见或行为对消费者而言尤其重要的个人或群体。尽管参照群体的影响受到了产品显著性、参照群体与特定购买的相关性等因素的影响，但无论是正式的还是非正式的群体，都会对个人购买决策产生影响。

个人对群体的影响力取决于其拥有的社会权力的大小。社会权力包括信息权、参照权、合法权、专家权、奖赏权以及强制权。

品牌社群将对某种产品拥有共同热情的消费者联结起来。公司为促进这类社群发展而举办的“品牌日”能够建立品牌忠诚并强化成员关系。

我们服从他人的愿望是出于以下两个基本原因：(1) 由于信息性社会影响，人们将他人行为作为正确的行动方式，以此规范自身行为并形成服从。(2) 那些为满足他人的期望或被群体接受而服从的人则是受到了规范性社会影响的作用。群体成员往往会做一些他们作为个体时不会去做的事，因为在群体中他们的身份与群体融合，从而被“去个性化”。

2. 口碑传播是产品选择最重要的驱动力。

我们关于产品的大部分知识来自口头传播（WOM）而不是正式广告。人们往往在随意的交谈中交流产品的相关信息。虽然口碑有助于消费者注意到产品，但是破坏性的谣言或负面口碑也会对公司产生损害。

3. 意见领袖的建议对消费者购买决策的影响是最重要的。

意见领袖对产品了解更多，他们的意见更可能影响其他人的选择。某些意见领袖难以识别，但营销者知道他们的一般性特征，因而营销者可以在媒体和促销策略中试图准确定位他们。其他的影响者包括对市场活动感兴趣的市场专家和能从购买建议中获得补偿的代理消费者。

4. 社交媒体正在改变我们了解和选择产品的方式。

社交媒体平台明显使我们可以获得更多其他人关于产品和服务的评论，虚拟消费社区更使得具有相同观点的消费者聚合在一起。这一点无论是汽车、音乐、啤酒还是对政治候选人的看法等都是如此。许多社交媒体使用者在网上发帖来展现其消费经历和对产品（服务）的评论，并以此来满足自我提升的动机。有时消费者会通过社交游戏来与品牌结合。病毒式营销技术使得个体消费者能迅速传播关于品牌的口碑。在线意见领袖在传播产品信息或有影响力的建议时非常关键。

复习题

1. 什么是口碑？它为什么比广告影响力更大？

2. 正面口碑和负面口碑哪个更有影响力？

3. 列举一些使用网络建立正面口碑开展营销的方法。

4. 什么是病毒式营销？请举例说明。

5. 什么是意见领袖？请给出三个理由说明意见领袖对消费者有重要影响。

6. 是否存在多领域意见领袖？为什么？

7. 意见领袖和意见寻求者是何种关系？

8. 市场行家和代理消费者的差别是什么？

9. 什么是社会测量技术？什么条件下

可以使用这类方法？

10. 列举三种社会权力，并给出实例。

11. 什么是品牌社群？为什么它对营销者意义重大？

12. 什么是服从？举例说明。给出人们服从的三个理由。

13. 最小利益准则对和谐的恋爱关系有何帮助？

消费者行为挑战

讨论

14. 最近的一项关于肥胖的研究提供了一个关于社会网络如何影响消费者行为的典型实例。研究人员分析了参与 Framingham 心脏研究的一个 12 000 人的样本，这项研究记录了这些人 1971—2003 年间的身体健康状况。研究人员发现，肥胖可以在人与人之间扩散，就像病毒那样。调查者知道谁和谁是朋友，谁和谁是夫妻或离婚了，或者谁和谁是邻居，他们知道每个人在 30 年间各个时间的体重，因此，如果一个人变胖了，研究人员就可以建构这些年他经历的事情。结果怎样？当一个人长胖了，他的好朋友也倾向于变胖——如果一个人的好朋友体重增加，这个人变胖的机会增加到 57%！即使朋友住在几百英里远的地方，其影响也会持续。对此，研究人员的解释是社会传染（social contagion）效应，推测我们最好的朋友长胖，会改变我们对正常体重的感知，因此，我们也就不会太在意自己体重增加了几磅。[87]

社会传染如何影响我们的生活？

15. 美国人平均一天在屏幕前花费超过 8 小时，不管是智能手机、电脑、电视还是平板电脑。一项研究称，互联网使用者的空间距离增加了。虽然引起争议，一些生气抱怨的用户坚称上网的时间没有损害他们的社会关系，但研究者正在收集更多的证据说明使用互联网减少了人们社交的时间，甚至减少了睡眠时间。研究表明，每小时上网的时间会减少 23.5 分钟与朋友、同事、家人面对面交流的时间；减少 10 分钟看电视的时间；减少 8.5 分钟睡觉的时间。[88]

你对这个问题有什么看法？互联网使用的增加给个人的社会关系带来了积极的还是消极的影响？

16. 消费者部落（consumer tribe）的概念与品牌社群类似，它指的是一群拥有共同生活方式的人出于对某种产品或活动的共同忠诚而彼此认同。虽然这些部落往往是不稳定和短暂的，但是至少在一段时间内成员们拥有共同的情感、道德信念、生活方式。当然，还有他们共同消费的作为部落联系一部分的产品。

一些公司，特别是那些年轻导向的公司，正在运用部落营销（tribal marketing），即将其产品与松散的群体联系在一起。不过，也有大量部落的成员年龄较大，例如，汽车爱好者聚集在一起庆祝欧洲的雪铁龙和美国的福特野马等风靡产品，或者“美食狂”与全球沃夫甘·庞克（Wolfgang Puck）的狂热崇拜者一起分享烹饪的热情。[89]

识别和参加一次你所在地区的部落聚会活动（比如一本漫画书的讨论会、一场摇滚演唱会、一场篮球锦标赛、一场素食秀等）。在该活动中，营销者扮演什么角色？参与者如何识别其他部落成员？

17. 口碑营销协会发布了一系列关于口碑广告的规则和指南：营销者需要确保人们在谈到产品和服务时会展露品牌，并且一定要使用真实的消费者而不是演员，他们真的相信该品牌。[90] 比如索尼爱立信（Sony Ericsson）移动通信美国分公司为其开发的一款照相手机开展的一项活动。它雇用了 60 位演员在旅游胜地与游客搭讪，并用该产品进行拍照。公司告知这些演员，当被询问他们是谁时，他们就直接公开其身份。

你如何看待这种“秘密”活动？当营销

者试图建立积极的口碑时，他们是否需要公开其真实意图？

18. 沃尔玛正面临一个广为流传的短信骗局，让女性远离商店否则有生命危险。这个谣言显然起源于城市神话（一个毫无事实根据的“事实”但人们认为是真的），几年前通过邮件流传。这个神话的广为流传曾使沃尔玛成为推特排名第五的热门话题。[91] 如果你是沃尔玛的沟通执行官，你怎样处理这一公关噩梦？

19. 病毒式营销策略使得顾客能够从公司利益出发向其他顾客推销产品。这往往意味着说服你的朋友追随你，而在他们购买了某物后，你就能从中获利。[92] 一些人可能会争论说，这意味着你为了获利而出卖你的朋友（或至少是向你的朋友推销）。其他人则可能说，你仅仅是在和你所关心的人分享财富。你是否有过将朋友的名字发送给公司或网站？如果有，发生了什么？你对这种做法有何感受？

应用

20. 识别你所在学校的时尚意见领袖。他们是否符合本章所描述的特征？

21. 一项反品牌的研究记录了那些反对高油耗的悍马（Hummer）汽车的消费者的敌意。一个司机贴出了这样的信息：“悍马H2是死亡机器。你最好希望你的经济型汽车不要与它相撞。因为H2非常重，而且有改进的保险杠，与它相撞可能会导致死亡。这是一辆非常坏的、在城市里会给你带来不能承受的袭击的车。”[93]

识别另一个反品牌的网站。该网站有何功能？参与的人如何被看做该社群的一分子？

22. 对你的室友或邻居做一项社会测量法的分析。选取音乐或者汽车类别的产品，要求每一个参与的个体用其他人分享的信息来区分它们。系统地追踪各种沟通渠道，识别其中的意见领袖。

23. 追踪一种服务提供（比如发型设计）的参照模式，确定顾客如何选择。试着指出谁是意见领袖。服务提供者如何利用意见领袖的参照作用来提升其业绩。

24. 非公开社交规范被违背时，它的力量就变得显而易见了。为了观察到第一手的结果，试着完成以下行为：在电梯里面向后墙站立；吃西餐时在主菜之前上甜品；在朋友家里吃饭时用现金付账；穿着睡衣去上课；或向别人打招呼时说“祝你今天过得糟糕”。

25. 试着识别一些与你同龄的回避群体。你是否能识别出你或你的朋友在做决定时考虑了这种回避群体因素？

26. 几所大学资助了“戒除社交媒体”活动。加利福尼亚州圣玛丽学院的学生接受挑战，为了重新发现“失去的独处艺术”，他们在一个月内不上网！Wake Forest 大学图书馆创建了一个名为“Ziesta”的房间，在这里任何新技术都被禁止。[94]

尝试上述戒除活动48小时：没有手机，没有社交媒体。通过日记记录经历。

案例研究

在线负面评论的力量

如果你为下一次旅行预订酒店，你很可能会通过代表在线意见领袖的旅游网站预订。TripAdvisor是全世界最大的一家。这家公司整合了超过500个主要的旅行伙伴的在线评论，按照汤姆·范德比尔特（Tom Vanderbilt）的说法，该公司的网站上有超过2亿条针对45个国家的酒店、餐厅和景点的评论——89万条评论是针对酒店的——每分钟就新增115条评价。

在线评论有多重要？范德比尔特研究了TripAdvisor所拥有的神奇力量，该网站的评论似乎说明了“抑制不住要分享，并且相信分享会让其他人的经历，或者非常可能是每个人的经历都更好”。他还引用了康奈尔大学的一份研究报告，该报告指出，2010年社交媒体全面覆盖了旅游行业。这也是第一年“评论中出现的客人体验”成为被调查的顾客认为影响他们酒店选择的最重要因素。TripAdvisor 现在也整合了脸书，这样顾客就可以在看到其他非链接的消费者的评论之前，看到他们的脸书上的朋友在 TripAdvisor 上的评论。

一家研究机构揭示，有 89%的消费者坦承他们发现在线渠道是更加可信的产品和服务的评论来源。此外，这家研究机构还发现，1/4 的消费者会仅仅根据他们在网上看到的负面评论，就不再推荐购买。

由于在线评论非常重要，对营销者的挑战是如何管理评论，特别是那些恐怖的负面评论。人人都知道评论不可能都是正面的，然而，也有一些评论令那些友善的公司害怕：臭虫、脏床单、无礼的前台服务员等。对于每一家酒店而言，问题是我们如何对这些负面评论做出回应。

应对负面评论有几种选择。显然，第一种选择是什么也不做，很多酒店就是这样做的。小酒店老板通常会很忙，跟踪或者是对在线评论做出回应，在他们的日常工作中还排不上号。也许这些老板根本就不使用社交媒体，或者他们没有把社交媒体看成是可以跟踪并对评论进行回应的更容易的监控工具。有些比较复杂的监控工具不便宜，每月要花 800 美元以上。

当然，大多数营销者都同意倾听并对负面评论做出回应是最好的策略。TripAdvisor 的全球产品部门经理告诉范德比尔特，现在酒店老板们把 TripAdvisor 看成是一个营销平台，甚至是一种焦点小组的形式，“拥抱反馈，即便是负面的”。他还提到 TripAdvisor 近期所做的一项研究发现，酒店老板们如果愿意对在线评论作出回应，更可能增加预订数量。

有几家酒店连锁机构要求当地的经理对每一条负面在线评论做出回应。这些回应本身就可能比较含糊。显而易见的是，做出回应的根本目标是满足评论者的需要，改变公众对酒店的感知。如果某个评论似乎是错的，酒店怎样才能在不激怒评论者的情况下，修正其不准确的评论，或者提供在线证据呢？

如果一个评论者确实体验很差，许多酒店会给予折扣或者是免费在酒店住一晚。但是，酒店一定要注意不可公开宣布这项政策，否则，不道德的评论者可能会故意写下负面评论，希望得到酒店的一晚免费住宿。

TripAdvisor 的特色是帮助酒店克服这些困扰。该酒店可以通过 TripAdvisor 信息系统向这位顾客发送一条保密信息，向他提供一个折扣。如果酒店觉得某条评论不正确，还有机会向 TripAdvisor 报告该评论的失当之处，从而希望能够有机会删除或修改这条评论。

有些企业对于负面评论反应过度。有些报告称，一些酒店因一条负面评论而对它们的顾客罚款 500 美元。顾客会收到印刷精美的合同警告，酒店则从顾客入住时使用的信用卡中扣掉这笔罚款。有些小公司甚至会因顾客的网上评论而起诉顾客。

在线评论对于企业的生存和收入增长是非常关键的。一项研究表明，网上评论每增加一颗星，就会导致收入增长 9%。另一项康奈尔大学的研究发现，在信誉评价上每增加一分（TripAdvisor 的量表是 1～5 分），酒店就可以提价 11%，而且不会丢掉生意。

在竞争激烈的酒店营销中，很显然，社交媒体营销和访客的评论网站将继续影响旅行者的决策，必须认真对待。

资料来源：“Game Changer：Cone Survey Finds 4-out-of-5 Consumers Reverse Purchase Decisions Based on Negative Online Reviews，” http：//www.conecomm.com/stuff/contentmgr/files/0/286c351989671ae74994fec139863bb2/files/2011_cone_online_influence_trend_tracker_release_and_fact_sheet.pdf，accessed August 9，2013；“HBS Study

Finds Positive Yelp Reviews Boost Business," *Harvard Magazine* (October 5, 2011), http://harvardmagazine.com/2011/10/hbs-study-finds-positive-yelp-reviews-lead-to-increased-business, accessed August 9, 2013; Steve Chenevey, "Hotel Owners Fining Customers for Bad Reviews," (May 29, 2012), http://www.wjla.com/articles/2012/05/hotel-owners-fining-customers-for-bad-reviews-76443.html, accessed August 9, 2013; "Hotel Websites Embrace Trip-Advisor, Bad Reviews and All," *USA Today* (December 20, 2012), http://www.usatoday.com/story/hotelcheckin/2012/12/20/tripadvisor-red-roof-latest-hotel-chain-wyndham-best-western/1782313/, accessed August 9, 2013; Tom Vanderbilt, "Inside the Mad, Mad World of Trip Advisor," March 13, 2015; http://www.outsideonline.com/1960011/inside-mad-mad-world-trip-advisor, accessed June 10, 2015.

问题讨论：

1. 让消费者去哪儿以及怎样去的决策受到其他人的评论影响合适吗？有什么优缺点？

2. 在应对负面评论时，你建议一家酒店应该采取哪些步骤？列举一家在回应负面评论时做得比较好的酒店。

第12章 收入和社会阶层

本章目标

读完这一章后，你将会理解以下几点：

1. 人们对未来及整体经济的信心决定了花钱的自由度和购买的产品类型。

2. 消费者分为不同的社会阶层，以表明他们在社会中所处的位置。

3. 个体想证明自己所属社会阶层的欲望，或者归属某一社会阶层的希望，影响他们对产品的喜好。

开篇案例

徐强、赵明是高中最要好的同学，好久没有联系了。大学毕业后，赵明在某高校当教授，徐强在深圳一家风险投资公司当总经理。元旦两个家庭聚会，大家聊起了各自的生活情况。

家境好的是徐强，10 多年的打拼让他基本上实现了财务自由。现在身为公司负责人，他每天忙得团团转，为了保证投资的成功率，他每年要与近 150 家的企业老板谈业务，一个月有 20 天左右是在出差，经常在不同的城市间往来，忙于应酬，休闲主要是与企业家打高尔夫球，每年打球的费用近 30 万元，很难在家吃上一顿饭。孩子 6 岁了，但对他很疏远。虽然现在买了别墅，但生活似乎总是觉得不轻松。他很羡慕赵明的教师生活，说将来某一天可能不干了，也想到高校谋一个教书的工作。

赵明一听这话乐了，说自己还羡慕徐强呢。大学教师的工作压力很大，收入又不高，生活过得也不轻松，想买大一点的房子改善一下生活都觉得不可能。虽然学术交流机会很多，但并没有太多的时间休闲旅游。

徐强说，我最想过的是有规律的生活，如果有一天我不用出差，不用陪别人吃饭应酬，不用担心每个月或每年的业绩，将是多么的惬意啊。

赵明说徐强“站着说话不腰疼”，你想过这样的生活不难啊，如果你把别墅和宝马车卖了，不用工作也可以过你想象的生活！你现在一顿饭可以吃掉我一个月的工资，打高尔夫球可以花掉我近两年的收入，你怎么能够过清贫的生活？

收入和消费者身份

人们花钱的方式有很多，但富人和穷人花钱的方式却有天壤之别；同样，豪门世家和通过自己摸爬滚打发家致富的人在消费方式上也有着巨大差异。在本章中，首先简要介绍总体经济环境对收入分配方式的影响，然后讨论处于不同社会阶层的人分配财富的方式有何不同。

花钱还是不花钱，这才是问题的关键

消费者对产品和服务的需求，取决于他们的购买能力和购买意愿。尽管人们对必需品的需求不会随时间而改变，但是，如果消费者认为现在不是花钱的好时机，则在其他方面的支出会被推迟或取消。[1]例如，你可能决定把你现在的旧车“修补”后再用一年，而不是马上购买一辆新车。甚至连仓储式会员店等以售卖日常必需品为主的企业，都会因为消费者推迟消费而感到艰难，如美国好市多公司（Costco）或山姆会员店（Sam's Club），虽然纸巾和咸菜的销售保持稳定，但因为人们不再购买打折珠宝和服饰而蒙受巨大损失。[2]

可支配收入（discretionary income）是指满足家庭标准舒适生活之后可支配的那部分钱。达到“舒适”需要多少钱呢？一项对超过 450 000 个样本的研究表明，这个神奇的数字在美国应该是年收入 75 000 美元。在收入达到这个水平的过程中，人们的幸福感逐步提升，但超过这个水平之后，幸福感就不再显著提升。[3]

经济学家估计，美国消费者每年要花费大约 4 000 亿美元的可支配收入，其中一半是由 35～55 岁处于收入巅峰期的消费者花掉的。随着年龄和收入水平的提升，许多国家的家庭消费方式也在悄然改变。最值得注意的变化是，住房和交通在消费中的比例上升，而食物和服装消费的比例在下降。（注意：这并不意味着高收入家庭购买的食物和服装会变少，而是花在这些方面的钱的比例降低了。）

特别是在 2009 年的经济危机中，许多消费者开始怀疑自己和人类的未来，并且急于抓牢已有的东西。当然，并非所有人对金钱及其重要性有同样的态度。众所周知，守财奴对哪怕花一分钱都很吝啬（付钱的时候他们情绪上是痛苦的），而那些败家子则只享受买下眼前的一切。研究发现（除去刻板印象），美国的守财奴比败家子多。男人比女人更像守财奴，同样，年龄大的和受更多教育的人也偏向守财。如何从那些只是比较节俭的人中识别出守财奴？有研究者认为：“节俭的人喜欢存钱，守财奴则害怕花钱。”[4]

金钱具有复杂的心理意义；它可能意味着成功或失败、社会接受程度、安全、爱、自由，甚至是性感。[5]一些专门治疗与金钱有关的精神异常的治疗师的研究表明，有人甚至对成功有一种罪恶感，因而有意作出错误投资来减少这种感觉！其他临床症状还包括破产恐惧症（atephobia，害怕破产）、盗贼恐惧症（harpaxophobia，害怕被劫）、贫穷恐惧症（peniaphobia，害怕贫穷）和黄金恐惧症（aurophobia，害怕黄金）。[6]

在人们对接受的需要和对现金的感情之间，存在有趣的联系。在与此有关的一项研究中，研究人员引导被试相信已经被某个团队拒绝或者接受，然后完成一些反映对金钱的渴望程度的测量，被团队拒绝的被试表现出对金钱更大的渴望。在另一个研究阶段，让被试清点真的钞票或者纸张，然后让被试经历身体痛苦，结果清点真钞的人报告的痛苦感少于清点纸张的人。[7]

消费者信心

消费者对未来的预期影响眼下的花费，而全部消费者的决策累加起来就会影响社会的经济福利。[8]消费者对未来的信念是代表**消费者信心**（consumer confidence）的一个指标，它反映了人们对未来经济健康运行状况的乐观或悲观的态度，也反映出人们未来生活的选择。这些信念很重要，它影响消费者在可支配收入基础上的购买意愿。

许多企业都非常认真地预测预期的消费支出，通过定期调查来把准消费者“脉搏”。例如，美国大企业联合会和密歇根大学调查研究中心分别对消费者信心定期作调查。以下是这些调查中的几个问题[9]：

- 你认为你和你的家庭在经济上比去年更好还是更差了？
- 你认为你一年后会比现在过得更好还是更差？
- 现在是购买主要家庭用品（如家具或冰箱）的好时机还是坏时机？
- 你计划明年买车吗？

当人们对经济状况预期悲观的时候，他们会缩减开支和减少借债。相反，当对未来持乐观态度的时候，就会减少存款，增加负债，花费更多可支配的金钱。一系列因素影响整体**储蓄率**（savings rate），包括个人消费者对自己处境的悲观或乐观预期，例如，继承遗产后个人财富的突然增加，或世界性的重大事件，如经济衰退。

收入不公平和社会流动性

世界上 80 个最富有的人拥有 1.9 万亿美元的财富，几乎相当于 35 亿生活在社会底层的人们的收入。而且，最富裕的 1%的人掌握着世界财富总量的一半多。[10]在过去的几年里，美国媒体和公众一直关注美国收入在前 1%的人。美国最富有的 16 万户家庭拥有与美国 1.45 亿户最贫穷家庭同等的财富。[11]

当今，我们最常听到的问题之一就是**收入不公平**（income inequality），即资源分配不均的问题。收入不公平加剧的一个后果就是：更多的消费者开始担心“落后”，如养家糊口的人丢掉工作，或者家庭再也不能负担起住房、交通以及其他日用品的支出。例如，研究人员对美国乡村拖车公园的居民进行的深入研究发现，有一个被称为“被迫移民者”的消费群体。这群人曾经居住在固定住所中，但由于种种经济问题，他们被迫移居到更便宜的拖车公园。由于他们的生活在走下坡路，所以他们首要关注的是安全和保护问题。[12]

花旗集团的战略家们创造了一个术语**“富人经济学”**（plutonomy），用以描绘由极少数富人驱动的经济。[13]这个词汇越来越适合用来形容美国，因为中等收入（3.5 万～10 万美元/年）家庭的比例正在稳步下降。[14]收入不公平的一个指标是，将企业首席执行官的薪酬和普通员工的收入相比较的**首席执行官的薪酬率**（CEO pay ratio）。这一数字从 1965 年的 20 已经增长到了 2013 年的 295.9。[15]在美国，这一差距比其他国家更大。最近的一份报告指出，美国是收入差距最大的发达国家，仅次于智利、墨西哥和土耳其。[16]

社会流动性（social mobility）是指个体从一个社会阶层到另一个阶层的变化过程。[17]水平流动（horizontal mobility）是指在同一社会阶层内，从一个位置移动到另一个位置。比如，从一名小学教师转变为护士。向下流动（downward mobility）是人们不大乐意见到的，但近年来，美国农民和其他失业工人被迫领取救济金或者流离失所的现象相当普遍。据保守估计，一年中 230 万～350 万美国人无家可归。[18]

尽管有这种让人失望的趋势，但人口统计学告诉我们，事实上，我们的社会注定是要向上流动（upward mobility）的。中层和上层人的生育率比下层人的要小（即每个家庭的孩子更少），这种现象称为生育力差别（different fertility），他们往往把家庭规模控制在人口自然替代水平以下（比如常常一家只有一个孩子）。因此，按照逻辑推理，较低阶层必将填补较高阶层的位置。[19]

虽然美国是当之无愧的“机会之地”，但相比加拿大、丹麦、澳大利亚、挪威、芬兰、瑞典、德国和西班牙等其他发达经济体，当今美国的向上流动更难。例如，一份被广泛引用的报告发现，相比大多数西方国家，在美国，富裕的父辈更容易为儿子的经济实力带来积极影响。[20]另一项分析指出，在美国，和父母保持在同一社会阶层的可能性为0.47，而这一指数在丹麦仅为0.15。[21]

在美国，最大的社会流动发生在北部、大平原和西部地区，而东南部和中西部地区向上流动的机会则少得多。在其他条件相同的情况下，这些地区向上流动更多的一个重要原因就是：大城市中贫困家庭与相对较富裕的人一起生活，而不是被分隔到低收入社区。在拥有更多双亲家庭、更好的学校和更多公民参与（如宗教和社区团体成员）的地区，流动性也更大。[22]

营销陷阱

一个人的信用评分是基于他未偿还的债务和偿还历史建立的，信用卡和贷款公司根据这一评分判断一个人是否可以获得贷款。今天，这一分数被许多人用作个人价值评分的标志。有些公司在做雇佣决策的时候会将这一神奇分数考虑在内，越来越多的人甚至用它来识别合适的约会对象。正如一位财务顾问所说：“信用评分就像性病测试一样。这是了解个人财务历史的捷径，就像S. T. D测试可以给出个人性史的信息一样。”另一位经理说：“这是你毕业后唯一重要的分数。”包括Creditscoredating. com和Datemy-creditscore. com在内的几家婚恋网站都在用信用评分为会员筛选合适的潜在约会对象。[23]

经济危机和物质主义

美国经济危机从2007年12月持续到2009年6月。在此期间，就业率大幅下降。即使今天，人们也能感受到经济动荡的余震。[24]财富的损失促使消费者支出急剧变化，几乎一夜之间改变了消费者行为的格局。对于许多人来说，“说买就买”的岁月似乎已是遥远的记忆。新的箴言是：物尽其用，省而又省。每当想花钱的时候就问问自己：你真的需要去星巴克、花80美元做个发型、购买时尚杂志吗？节俭是时尚，令人眼花缭乱的炫耀品过时了。

甚至许多时尚达人也转变成为**节俭达人**（frugalistas）了，他们拒绝牺牲时尚追求，但是在讲究预算的情况下继续他们的时尚生活。[25]现在，访问那些讲究节俭的网站和博客是很“潮”的事情，例如stretche. com，allthingsfrugal. com，frugalmom. net。伴随收入的不断增长，经济正在逐渐复苏。然而，2014年收入的中位数依然比经济危机之前低3%。[26]节俭是否成为“新常态”仍需拭目以待。

在第2章中我们提到了一种重视财产的价值观——物质主义。作为经济危机的副产品，许多消费者被迫重新考虑他们财产的价值。有人说："你需要通过追求更多的物质获得快乐的观点是错误的，因为我坚信物质并不能带来幸福。"虽然这并不一定意味着人们会停止消费，但或许至少在某些瞬间，人们在消费的时候会更加谨慎。

另一个因素是人们从购买的产品中获得了多少"快乐"。研究表明，相比一次性购买大量物品，少量多次购买可以带给消费者更愉悦的体验。这在心理学上被称为**享乐适应**（hedonic adaptation），它是指为了保持一个稳定的快乐水平，我们倾向于适应变化，或大或小，或好或坏。这意味着随着时间的推移，大宗购买的兴奋感将消散，我们回到原点（从心理上讲）。所以，下次当你获得奖金时，你应该选择用它们来计划一系列的周末旅行，而不是花三周去一次毛伊岛。[27]

基于收入的营销

常言道"钱不嫌多，人不畏瘦"，虽然有许多人经济状况仍不乐观，但由于已经从经济危机中恢复，美国的平均生活水平还是在不断提升。仍有约 4 500 万人生活在贫困中，其中大约 20%是 18 岁以下的青少年。总体上收入进入上升通道主要受两方面因素的影响：一是妇女角色的转变；另一是教育水平的提高。[28]

1. 在美国，学龄前儿童的母亲是工作人群中增加最快的一部分，她们中的许多人甚至从事诸如医学和建筑等传统由男性垄断的高薪工作。虽然女性在大多数专业性职业中仍属少数，但她们的职位在不断上升。虽然职业女性数量的持续增加是中上阶层家庭收入增加的主要原因，但**女性和男性的收入比**（female-to-male earnings ratio）是 0.78，这意味男性每为家庭挣 1 美元，女性只能挣 78 美分。好消息是：妻子工作的收入占家庭收入的一半。

2. 在教育方面，虽然选择上大学要做出巨大的牺牲，但从长远来看是值得的。**大学工资溢价**（college wage premium），指的是大学学历和非大学学历收入水平的差距正在急剧扩大。这一比率已经由 20 世纪 70 年代后期的 40%变成了今天的 80%。联邦储备委员会预测，一个大学以上学历的人一生要比只有高中学历的人多挣 83 万美元。[29]所以，还是要坚持读书。

聚焦金字塔顶端：高收入消费者

许多营销人员都把富有的高端人群作为目标市场。这种策略很有效，因为这些消费者明显有足够的资金花费在昂贵的产品上（常常有较高的利润）。然而，把所有的有钱人都划归到这个细分市场是错误的。前面已经提到，社会阶层涉及的不仅仅是绝对收入，它也是一种生活方式，并且好几个因素——包括获得金钱的地点、方式和时间——都显著影响富有消费者的兴趣和消费优先次序。[30]

尽管我们对富人的刻板印象是整天开派对（party），但研究表明，典型的百万富翁是这样的：年龄大约 57 岁，自己开公司，每年的家庭收入为 13.1 万美元，妻子是原配，与自己年龄相仿，有孩子，买外套不会超过 399 美元，鞋子不会超过 140 美元，开着福特探险者（Ford Explorer）汽车（让人想起谦逊的亿万富翁沃伦·巴菲特）。有趣的是，很多有钱人并不认为自己富有。但研究者注意到一个趋势，一些有钱人沉迷于奢侈品，但在日常物品的消费上精打细算。比如，他们在内曼·马库斯百货公司（Neiman Marcus）买鞋，在沃尔玛买除臭剂。[31]

SRI公司根据消费者对奢侈的态度把他们分为三类：

1. **奢侈是功能**（luxury is functional）。这类消费者会购买那些有恒久价值的东西。他们的购买不是情感型和冲动型，而是在大量的购前研究之后做出理性决策。

2. **奢侈是奖励**（luxury is a reward）。这类消费者比前一类年轻，但比第三类年长。他们购买奢侈品用以宣告"我成功了"。渴望成功并向别人展示成功的欲望促使他们购买炫耀性奢侈品，如高档汽车和高档社区里的住宅。

3. **奢侈是沉溺**（luxury is indulgence）。这类消费者是三类中规模最小的，是比较年轻的消费者，男性比前两类稍多。这些消费者拥有奢侈品的目的是极度奢华和自我放纵。这群人愿意为表达他们的个性并引人注目的产品支付溢价。他们在购买奢侈品时比较感情用事，比前两类更可能冲动购买。[32]

长期有钱的人倾向于以不同的方式来利用其财富。"老牌贵族"（old money）家庭（如美国洛克菲勒家族、杜邦家族、福特家族等）基本上是靠继承遗产生活。评论家将这群人称为"隐藏的阶层"。[33]20世纪30年代大萧条以后，美国的有钱家庭变得谨慎了，他们不再随便展示自己的财富。许多人从豪宅，例如那些位于曼哈顿的豪宅（改建的范德比尔特豪宅现在是拉尔夫·劳伦的旗舰店）逃离，并隐藏在弗吉尼亚州、康涅狄格州和新泽西州。

仅仅有钱不足以在这个圈子里获得突出的社会地位。这些家族还必须具有公共服务和慈善事业的历史，这些贡献的有形标志往往使捐助者实现了一种不朽（如洛克菲勒大学或者惠特尼博物馆）。[34]"老牌贵族"消费者要展示的是家族和血统的显赫，而不是金钱。[35]此外，"老牌贵族"（如考德威尔家族）的地位很稳固。从某种意义上说，他们一辈子都在训练如何做一个有钱人。

与"老牌贵族"相比，今天有许多人被认为是"工作致富的人"（working wealthy），包括著名的百万富翁比尔·盖茨、史蒂夫·乔布斯和理查德·布兰森。[36]霍雷肖·阿尔杰式神话（Horatio Alger myth）——描绘个人靠勤奋工作和一点点运气"由贫到富"的情况，在当今美国社会仍然很有影响力。这就是为什么展现了惠普的两个创始人最开始工作的车库的广告，拨动了如此多人的心弦。

虽然很多人事实上是"白手起家的百万富翁"，但是在他们成为富人改变了社会地位之后会面临一个问题（尽管不是人们可以想到的最坏的问题）。那些刚刚拥有巨额财富但还没有学会怎么花钱的消费者称为**新富**（nouveau riches）。

可惜的是，可怜的新富们大多遭受"地位焦虑"（status anxiety）。他们时刻关注文化环境，以确保自己做"正确"的事情，穿"正确"的服装，出现在"正确"的地方，用"正确"的酒菜招待客人，等等。[37]他们的炫耀消费是"符号自我完成"（symbolic self-completion）（见第6章）的一个例证，只是为了弥补对于行为方式是否"正确"的内在不确定性。[38]在中国主要的城市，如上海，有的人在公共场合穿着睡衣，以此炫耀他们新获得的财富。正如一个消费者所解释的："只有城里人才买得起这种衣服。在农村，人们还穿着旧工作服睡觉。"[39]

聚焦金字塔底层：低收入群体

虽然很显然穷人没有富人花钱多，但和其他所有人一样，有着相同的基本需求。低收入家庭购买牛奶、果汁、茶等生活必需品的频率，和一般收入的家庭相同。最低工资水平的家庭所花的医疗费用、租金和食物支出高于平均水平。[40]

当然，这一市场规模是巨大的。虽然全世界有 66 亿消费者，但只有 15 亿人拥有足够的购买力，为自己和家人购买价值 1 万美元的产品。其他 51 亿人——世界上 78%的人口——是低收入消费者。[41]研究者将这一数目巨大的消费者称为**金字塔底层**（bottom of the pyramid）的消费者。图 12－1 是一个理论框架，帮助营销人员做出必要的改变，以满足全世界低收入消费者的需求。

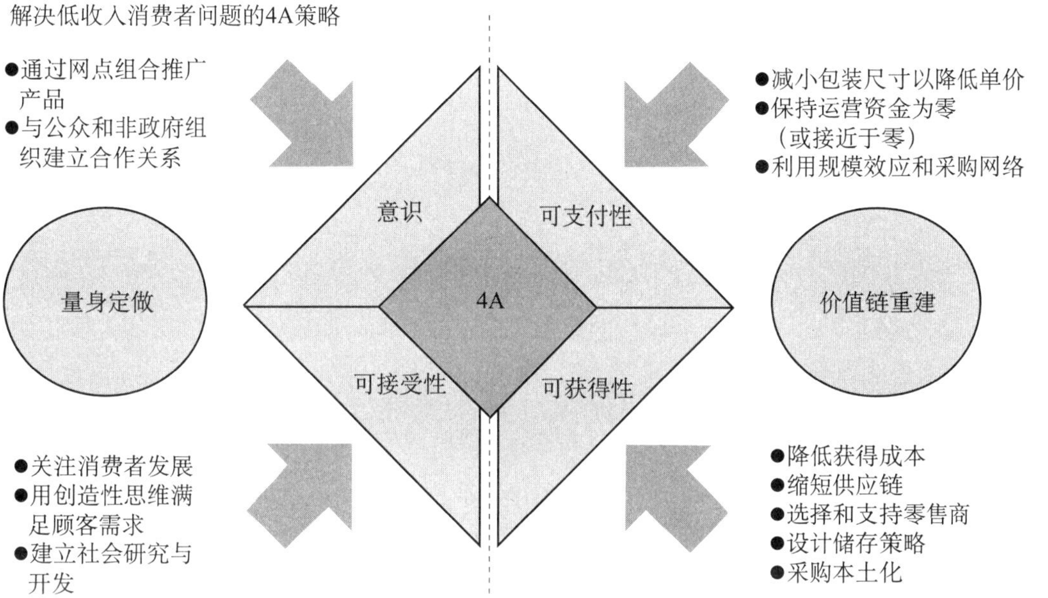

图 12－1　4A 图

资料来源：Anderson and Niels Billou, "Serving the World's Poor: Innovation at the Base of the Economic Pyramid," *Journal of Business Strategy*, 28, 2: 14－21, reprinted in A. T. Kearney, *Serving the Low-Income Consumer: How to Tackle This Mostly Ignored Market*, 2011, http://www.atkearney.com/index.php/Publications/serving-the-lowincome-consumer.html.

一些跨国公司已经发现这一巨大的消费市场的潜力。它们致力于创新，努力使产品物美价廉，既能满足功能需求又不贵。[42]

- 诺基亚 105 是一部价值 20 美元的小手机。它配有防尘键盘、手电筒、闹钟和调频电台。手机的电池可以待机 35 天。
- 通用电气接受了印度医生和护士的反馈建议，设计了 Lullaby 婴儿保暖器，将高端产品平民化。公司替换掉了一个昂贵的手摇柄，用一个简单的塑料三角形放置在床垫下面来托起婴儿的头部。床垫用坚韧的塑料覆盖以防眼泪浸湿。通用电气还发明了一款便宜的 LED 设备来替换荧光灯产生热能。
- 一个初创企业 d. light 把一种便携式太阳能设备卖到 62 个国家，给那些没有稳定电源的人。

社会阶层和消费者身份

所有社会大致可以分为"富人"和"穷人"两类（虽然拥有的财产数量不同）。

美国是一个“人生而平等”的国家，即使如此，也只是看起来比其他国家“更平等”。消费者在社会中的地位是由一系列复杂变量决定的，包括收入、家庭背景和职业。

一个人在社会结构中所处的位置不仅决定了能花多少钱，还决定了如何花钱。W. 劳埃德·沃纳（W. Lloyd Warner）在1941年提出的六分法是最早且最具影响力的美国社会阶层划分方法[43]：

1. 上上层；
2. 下上层；
3. 上中层；
4. 下中层；
5. 上下层；
6. 下下层。

多年来，其他社会学家对社会阶层系统进行过不同形式的划分，但六分法确实较好地概括了人们对社会阶层的认识，尽管在不同时间属于不同阶层的人数比例可能会发生改变。

自然啄食秩序

在许多动物的社会组织中，最强悍的动物比其他动物更具有控制力，因而也最先享用食物、住所和配偶。例如，鸡就形成了一个清晰的**控制-服从等级**（dominance-submission hierarchy）。在其中，每只母鸡都有自己的位置，它服从所有位于它之上的母鸡，同时可以控制在它之下的母鸡。术语“啄食秩序”（pecking order）便是由此而来的。[44]

人类社会没有太大的不同。人类也形成了一种等级秩序，按在社会中的相对地位排序。地位决定了对教育、住房和消费品的获取机会。人们都尽可能地寻求自身社会地位的提高。许多营销策略的核心正是利用了消费者这种改善个人地位并努力显示其地位上升的欲望。

就像营销者为了细分市场而把社会分成若干群体，社会学家也发展出一些根据人们相对拥有的社会和经济资源来描述社会分群的方法。在这些方法中，有的以政治权力为标准，有的则纯粹根据经济差别。马克思认为，社会地位是由生产关系决定的。有的人（有产者）控制资源，他们使用其他人的劳动力来保持他们的特权地位。无产者一无所有，靠自身劳动维持生计，他们只有通过改变制度来改变自己的地位，从而获得更多资源。而既得利益者则会竭力维持按地位分配权力的社会制度。德国社会学家马克斯·韦伯（Max Weber）指出，社会等级划分并不是单维的，涉及声望或“社会荣誉”（韦伯称之为地位群体）、权力（政党）、财富和财产（阶级）。[45]

社会阶层（social class）被更广泛地用来描述人在社会中的整体排名。处于同一社会阶层的人在社会中的地位大体是相同的。他们有类似的工作，同时由于收入和品位相似，因而具有类似的生活方式。这些人相互交往，在如何生活上有共同的想法和价值观。[46]

的确，“物以类聚，人以群分”。我们倾向于和处于类似社会阶层的人结婚：社会学家称之为**同类婚**（homogamy）或门当户对（assortative mating）。超过90%高中辍学的人选择了同样是高中辍学的人或者高中毕业的人作为配偶。另一方面，只有不到1%的高学历美国人选择了只有高中文凭的人作为配偶。[47]

社会阶层既是一种存在状态，也是一种拥有状态，还关系到个体如何处置财产和界定自己的社会角色。或许有人不喜欢社会中的某些成员比其他成员更优越或"不一样"的说法，但大多数消费者承认阶层差异的存在及其对消费的影响。正如一位被问及如何定义社会阶层的富裕女士所言：

> 我想，社会阶层的意思就是你在哪里上学，学历程度如何，你的智力如何，你住在哪儿……你的孩子在哪里上学，你的业余爱好是什么。比如，滑雪的人就比坐雪车的人层次更高……这不仅仅是钱的问题，因为没有人知道你有多少钱。[48]

在学校里，有些孩子似乎总是交好运。他们可以使用许多资源，比如特权、豪华轿车、大笔零花钱或跟受欢迎的同学约会。在工作中，有的人总能晋升很快，拿到高薪，可能还有停车位、大办公室或经理休息室等额外待遇。

社会分层

事实上，几乎在各种场合都会有人看起来高人一等，即使他们只是有大量的推特粉丝。逐渐形成的社会分配模式使得有人能够靠自己的相对地位、权力或对群体的控制力比别人获得更多的资源。[49]**社会分层**（social stratification）指的是人为的社会分类过程，"社会体制把稀缺而有价的资源不平等地分配给处于不同社会地位的人；根据每个人获得的有价资源的份额多少，其阶层位置或多或少变得更高或更低的过程"。[50]

不管奖赏归于那些"最好和最聪明的人"，还是归于那些跟老板有关系的人，总之，社会群体里的分配很少是平等的。大多数群体内部都存在一种结构关系，或者称为**地位层级**（status hierarchy），在这个结构中有的人比其他人更优越。他们可能有更多的权威或权力，或者其他成员就是喜欢或尊重他们。

在一个系统中（不管是否喜欢），很大程度上人们由自己的工作来定义，**职业声望**（occupational prestige）是评价人们"价值"的一种方式。职业声望的层级性相当稳定，可以跨越不同的时间和文化。研究人员发现巴西、加纳、日本和土耳其等国家的职业声望类似。[51]

常见的排名是各种专业人士和商业人士（例如，大公司的CEO、医生和大学教授）在顶层；而在底层的人从事的工作是擦鞋、疏通下水道、收垃圾。因为一个人的职业与其闲暇时间、家庭资源分配、审美偏好和政治取向紧密联系，许多社会学家都认为这是社会阶层的唯一最佳指标。

区别社会阶层的另一种方式是**世界观**（worldview）。一般来说，工薪阶层（如下中阶层）的世界比较友好，也较为狭隘。比如，工薪阶层的人更有可能把本地的体育明星当作英雄；他们不大可能出远门去旅行。[52]眼前的需求（如冰箱和电视机）是他们购买行为的驱动力。而较高阶层的人更倾向于把眼光放在长远目标上，比如为大学学费或者退休储蓄。[53]工薪阶层消费者更依靠亲人的感情支持，更倾向于用本地社区而不是整个世界来确定自己的位置。他们比较保守和注重家庭，把维持家庭形象和财产作为首要目标，而对住房的大小则不太关心。

一项考察社会阶层与消费者效能感（empowerment）之间关系的最新研究表明，下层男性不太可能感到自己拥有影响结果的能力。研究者把受访者分为两种类型：一种是有力的行动者（那些相信自己有能力影响所处世界的人），另一种是无能的应付者（认为自己处于悲惨生活境地的人）。世界观导向的差异影响消费行为，比如，研究中的专业人士可能是有力的行动者，他们为金融机会和增长做好准备，他们认为投资的前景广阔，并战略性地规划预算。[54]

工薪阶层的人虽然也希望在物质方面得到更多，但并不一定嫉妒比他们地位高的人。[55]他们也许并不认为值得为维持高阶层生活方式而付出努力。正如一个蓝领消费者所说："那些人的生活非常忙碌。他们常常病倒和喝醉。他们需要通过购买大量新款的衣服、开派对来维持他们的社会地位，那一定很不容易。我并不想落入这样的境地。"[56]

这个人或许是对的。虽然好东西似乎与更高的地位和财富结合在一起，但情况并不那么好。社会学家埃米尔·涂尔干（Emile Durkheim）注意到有钱人的自杀率更高。他在1897年写道："最舒适的人最痛苦。"[57]涂尔干的观点至今可能仍然正确。许多有钱的消费者看起来压力很大、很不开心，这种压力和不开心甚至源于他们的财富本身，这种状态有时被称为**富裕病**（affluenza）。[58]

世界主义（cosmopolitation）是世界观的一个方面，它开始引起研究者更多的关注，他们将世界主义者定义为那些以开放的心态面对世界、追求多元体验的人（不要与喝流行鸡尾酒混淆）。这是一个曾经与富人相连的品质，但现在——随着大众媒体和网络的普及——富有不再是追求包含多元文化产品的必不可少的条件。世界主义者非常青睐那些具有国际化形象的品牌。他们认为拥有电子产品非常重要，并且热衷于各种社交网络的活动。[59]用包含以下语句的量表来识别这群消费者：

- 我喜欢和来自不同文化、不同国家的人交流想法。
- 我对深入了解其他国家的人感兴趣。
- 我认为来自其他文化的人让人有新鲜感。

收入和社会阶层

虽然人们把收入等同于社会阶层，但这两者显然不是同义词。[60]更多的收入未必能够提升社会阶层。比如，一个家庭可能增加了一个或多个人工作，增加了家庭收入，但这些增加的工作层次可能都不如家中顶梁柱的工作阶层。此外，这些家庭成员的收入不一定会归入家庭金库，用来提高家庭的共同生活水平。[61]

那么，收入和社会阶层哪个指标可以更准确地预测消费者行为？答案部分取决于购买的产品类型——人们购买该产品是为了功能目的（产品的作用）还是象征目的（产品传递形象）。

- 对具有象征意义但是中低价格产品的购买，社会阶层是更好的预测指标（比如化妆品、酒）。
- 对于没有地位及象征意义的主要花费，收入是更好的预测指标（如主要家庭用品）。
- 对于昂贵的、有象征意义的产品的购买，社会阶层和收入同等重要（如汽车、房屋）。

学术观点

Paul Henry，澳大利亚悉尼大学

你什么时候才会思考阶层问题？社会阶层就是那种我们不常考虑的问题。你听说过“物以类聚，人以群分”吗？因为同那些和我们相似的人相处起来比较舒服，因此我们更倾向于和这些人交流。同一阶层的人聚居在一起。我们同那些和我们相似的人一起工作、参与社交活动。我们周围的人和我们拥有同样的价值观和优先考虑的事物。他们和我们拥有同样的时尚追求，喜欢相同的食物，遵守同样的规则，有着相似的礼仪行为规范和表达方式。所有这些相似点成为标准的处世之道。

只有当我们走进另一个社区，面对和我们不同的人时，才会想到阶层。信号通常是微妙的：稍微不同的礼仪举止、审美品位、外表和穿衣打扮。然而，我们的直觉反应是，我们到了一个不适合我们的地方。你回想一下访问不同社区时的反应就可以验证这一点。想象一下不同类型的顾客在商店、酒吧和餐馆。他们与你有何不同？什么让你觉得某个地方不适合你？

阶层理所当然和收入、财富有关，但也不仅仅是钱的问题。一些其他社会标记可以将人们区分为上层或者下层。举个例子，工薪阶层的家庭突然买彩票中了奖。他们的言谈举止和品位会随着财富的增加而改变吗？或者说，当他们搬进高档社区的时候会有些另类吗？研究发现，不同阶层的人在做财务计划分配钱财的时候会有细微的差别。

这一方面与财务管理技巧有关，另一方面与眼界有关。财务管理技巧可以学习，但每个人的眼界很难改变。眼界包括自信心、好胜心、对未来增长可能性的预期和对改变的适应能力。这些方面强势的人会设置更加远大的财务目标，制定更加详细的财务计划，保持自己的成就。

另一方面，缺乏自信的人通常设定较小的目标，更容易放弃，对自我的预期更低，也具有较低的财务潜力。财务资源较差的人的另一个问题就是，他们更多关注每周的花费。这显然是情绪上的紧张加强了对短期支出的关注，从而导致长期财务计划的滞后。持续的财务压力和缺乏改善的可能性带来的沮丧可能使许多处于社会底层的人感到无望，并且倾向于花钱购买即时满足的东西：香烟、酒精、快餐和赌博。这不仅危害精神和健康，还会使自己所处的社会阶层更加不利。

如何衡量社会阶层？

因为社会阶层是一个受很多因素影响的复杂概念，所以很难对它进行测量。早期的测量工具包括 20 世纪 40 年代的地位特征指数和 50 年代的社会地位指数。[62]这些指数都把个人特征（如收入、房屋类型）结合起来推断社会地位。这种组合的准确性至今仍是研究者争论的问题。研究指出，在细分人群时，单纯的收入测量或受教育程度测量与复合地位测量同样有效。[63]

美国的消费者一般很容易把自己归为工薪阶层（下中阶层）或者中产阶层。[64]具有较高工作职位的蓝领仍然倾向于认为自己是工薪阶层，即使他们的收入水平可能已经与白领相当。[65]这一事实进一步说明，“工薪阶层”或“中产阶层”的标签都相当主观。这意味着，自我认同与经济福利至少是同样重要的。

市场研究者率先提出，可以区分不同的社会阶层。遗憾的是，他们所使用的许多测量方法都已经过时。[66]一个原因是：大多数社会阶层测量是根据传统的核心家庭来设计的，家庭中有一个处于职业生涯中期赚钱的丈夫和一个全职太太。这些测量方法难以衡量双职工家庭、单身家庭或者由女性主导的家庭，而这样的家庭在当今社会相当普遍。

测量社会阶层遇到的另一个问题是社会的匿名性日益提高。早期的研究采用所谓的声誉方法（reputational method），这种方法通过研究人员在社区里进行广泛的访谈，确定个人的声誉和背景。这一信息加上对人们之间互动方式的跟踪，可以全面了解个人在社区的社会地位。然而，这种方法在当今的大多数社区里几乎是不可能实施的。一种折中的方法是：用个人访谈获得人口统计资料，然后将这些资料与访问人员对被访者个人财产和生活水平的主观印象结合起来。

在划分社会阶层时遇到的一个问题是：在所有相关维度上，指标和地位不匹配。一个来自地位较低族群的人却有高地位的工作；一个高中都没有毕业的人却住在城里的富人区。社会学家用**地位固化**（status crystallization）这一概念来评估社会阶层不一致的结果。[67]逻辑是：当这些指标不起作用时，压力产生了，因为对于这种“不一致”的人的生活而言，各方面的回报是变化的、不可预测的。有这些不一致的人比那些地位稳固的人更容易接受社会的变革。

当一个人不能达到所处社会阶层的期望时，相关问题就产生了。有些人发现自己处于不容乐观的位置：要赚超出大家对所在阶层预期的钱。这意味着他们应该是超水准（overprivileged）的，所需要的条件是收入要比所在阶层的中位数至少高25%～30%。[68]与此相反，低水准（underprivileged）消费者的收入比中位数要低15%，他们要将收入中的很大一部分用来保持他们所处阶层的形象。例如，大家谈论的有房穷人（house-poor）：他们购买豪宅花费了如此多的钱，以至于他们没钱装修。现在许多房主都面临同样的问题。在2009—2010年经济危机中房产泡沫破灭之后，仍有112万人直到2014年都没有解决这样的情况。[69]

人们传统上认为，丈夫定义家庭的社会阶层，妻子只是被动接受。女性通过丈夫来取得社会地位。[70]事实上，有证据显示，外貌漂亮的女性常常比帅小伙更有可能通过“攀高枝儿”（嫁给更高社会阶层的人）来提高社会地位。女性可以利用性吸引力（她们能拥有的少数资源之一）来交换男性的经济资源。[71]

但是在当今社会，我们必须强烈质疑这个论断的准确性。现在很多女性对家庭财富具有同等的贡献，她们的工作职位与丈夫相当，甚至有所超越。职业女性在衡量自身社会地位的时候，倾向于取自己和丈夫的平均值。[72]尽管如此，在“婚姻市场”中，未来配偶的社会阶层仍然是择偶时一个很重要的“产品属性”。

世界各地的社会阶层

每个社会都有典型的等级阶层结构，这个结构决定了人们对产品和服务的获取，下面简要介绍几个重要国家的社会阶层。

中国

经济繁荣造就了超过1.3亿人的中产阶层，分析家预计10年后这个数字可能超过4亿人。

因为中国的生活成本很低，一个年收入约1.4万美元的家庭可以享受中产阶级的舒适生活，包括时尚服装、电视机和手机。富裕的中国企业家可以抽25美元一支的古巴高斯巴雪茄。在繁忙的上海，新生的“雅皮士”学打高尔夫球，参观法拉利车展，从路易威登、Hugo Boss和普拉达等品牌店购买奢侈品，然后在去依云SPA放松之前，买上一支哈根达斯。

在最近的一次调查中，耐克被消费者称为最酷的品牌之一。这个品牌得益于中国中产阶级的成长。耐克鞋被作为成功的象征，公司在中国平均每天开设1.5家新店。耐克公司经过长期努力才达到这个地位，由装备中国顶尖的运动员开始，并赞助中国职业篮球联盟的所有球队。尽管如此，在一个对体育并不狂热的国家变成一个时尚标志绝非易事。因此，耐克与NBA（它开始在中国转播比赛）联合，说服迈克尔·乔丹等运动员访问中国。渐渐地，中国人开始把运动鞋称为“耐克”。[73]

营销陷阱

在过去几十年里，许多中国人的生活质量得到了显著改善，但这种突然的繁荣是有代价的。在国家经济转型之前，大多数人都相当平等（虽然穷），男女比例大约是一样的。因此，对于媒人来说，安排合适的男女相亲并不是什么难事，这在中国被称为“门当户对”。大多数人在结婚之前从来没有和其他人约会过，除了未来配偶。

经济的快速繁荣改变了这种稳定的结构，以至于现在存在较大的贫富差距。据粗略估计，在过去的30年里，大约有3亿人从农村迁往城市。结果导致传统的邻近社区之间的说媒方式不再可行。使这个问题更严重的是，越来越多的中国女性追求职业发展推迟结婚。研究人员估计，很快中国将会有2 400万未婚男性无法找到配偶，许多人在网上搜寻伴侣，为中国的婚恋服务业带来了每年超过3亿元的利润。有钱人用钱来解决这个问题，例如一个婚恋公司挑选出200个女性注册者，让一个很有权势的企业高管人员从中选出合适的伴侣。但是，不那么有钱的男性就很难得到潜在对象的注意，尤其是当他们在北京这样的城市买不起房子的时候。此外，即使女性有数量上的优势，她们也面临着一个巨大的压力：28岁之前找到合适的伴侣；28岁之后仍然单身的女性会被贴上“剩女”的标签。[74]

日本

日本社会具有高度的品牌意识，高端的设计师品牌在那里很受欢迎。虽然2011年海啸的破坏减少了许多日本人对奢侈品的需求，但他们对顶级品牌的热爱始于20世纪70年代，当时日本经济开始繁荣起来，许多日本人第一次可以购买西方的豪华配饰。一些分析家认为，日本经济的长期衰退造成了人们通过炫耀小件奢侈品来表明富有、忘记对未来的忧虑的心理需求。单身职业女性对日本的奢侈品消费贡献很大——25～29岁的日本女性中，有3/4外出工作。这些“办公室女性”一般与父母住在一起，节省下来的钱就可以花在服装、饰品和度假上。[75]

中东

与日本相反，很少有阿拉伯妇女工作，这使得寻找最新的西方奢侈品牌成为有钱人的主要休闲活动。西方奢侈品牌正在中东地区进行大规模扩张，建设成时尚界最佳顾客的家园。高端零售商如萨克斯第五大道（Saks Fifth Avenue）和乔治阿玛尼（Giorgio Armani）开设更多的豪华商店来满足这一有吸引力的市场。像中国一样，这里有越来越多的中产阶级，人数超过1.5亿。如果阿拉伯联盟的22个国家是一个单一国家，它将是世界第八大经济体——比印度或俄罗斯大。它也是一个年轻的经济体；超过一半的人年龄小于25岁。[76]

英国

英国是一个等级观念很强的国家。直到不久前，那里人们的消费方式还由所继承的位置和家庭背景预先决定。传统上，人们划分为三个阶层：上层、中层和工薪层。上层的成员在伊顿和牛津读书，他们像《窈窕淑女》（*My Fair Lady*）中的亨利·希金斯（Henry Higgins）一样说话。严格的等级结构残余依然存在。富有的年轻人在温莎打马球，世袭贵族仍占上议院的大多数。

然而，英国传统贵族社会中，世袭财富的支配地位正在逐渐衰退，因为英国企业家如理查德·布兰森（Richard Branson）（维珍集团）等重新定义了经济。另外，英国受到经济衰退的沉重打击，对节俭的重新重视改变了人们考虑事情的先后顺序。此外，民愤也越来越强烈，因为立法者为政府的过度开支买单被曝光——还有其他滥用，以及有议员为清洁自家的护城河花了纳税人2 000英镑。[77]

由英国广播公司（BBC）实施的英国阶层调查询问了16.1万人对于社会阶层的看法，结论是：英国阶层的数量由三个增长到七个。这些阶层包括拥有金钱、社会关系和贵族文化偏好的顶层“精英”，严重缺乏资源、生活在社会底层的无产者（朝不保夕者），新的中产阶层包括“技术中产”（technical middle class）和“新兴服务工作者”（emergent service workers）。技术中产有很多钱，但是没有社会关系或文化活动；新兴服务工作者是一个年轻的城市群体，钱很少，但有很多社会关系和文化兴趣。不是所有的英国人都同意新的分类。例如，有人在报纸上称“只有两类：有文身的，没有文身的”。[78]

营销陷阱

英国消费者很了解被称为chavs的一类人。这个称谓指的是将巴宝莉等奢侈品牌和普通运动服混搭的年轻下层男女。他们的偶像包括足球明星贝克汉姆和他的妻子维多利亚。尽管他们很（所谓的）俗气，一些营销人员喜欢chavs，因为他们愿意将大量的可支配收入花在时尚、食品和小玩意上。法国的达能公司生产出的HP酱在英国作为调味品，涂抹在培根三明治和薯条上长达一个世纪，这家公司就投放了大量的广告来迎合chavs文化。一个广告特写了在婚宴自助餐上“唰唰”蘸酱；另一个广告是足球运动员的妻子在聚会上敏捷地涂抹酱。另一方面，高档品牌巴宝莉长期以来是chavs一族的最爱，最近它的形象才刚开始恢复。正如一个作者所写，“许多人认为巴宝莉应该是劫匪穿的”。chavs和巴宝莉帽子及围巾很不搭，以至于有一段时间，一些餐厅和俱乐部不允许穿戴这样独特设计的人进入。[79]

印度

尽管全球经济衰退，但印度的经济正在蓬勃发展，并且富裕的消费者很珍视高端的全球品牌——尽管近一半印度人每天生活费不足 1.25 美元。多个品牌如古驰、Jimmy Choo 和爱马仕在高端酒店或新的超级豪华商场开店，在那些地方管理层经常安排保安站在门口防止穷人进入。[80]

最近的争议反映了印度社会的迅速变迁。《时尚印度》(*Vogue India*) 用 16 页来报道奢侈品裹着的穷人：一个无牙的老妇人抱着一个孩子，戴着一个 Fendi 围兜；一个女人和另外两个人骑着摩托车，她炫耀地背着爱马仕包，价格超过 10 000 美元；街头乞丐拿着一把巴宝莉雨伞。一位专栏作家谴责这种传播“不仅仅低俗，而且令人反感!”杂志的编辑评论说，拍摄的信息只是表明“时尚不再是富人的特权，任何人都可以实现它，使它看起来美丽。”[81]

宝莱坞最著名的明星之一沙鲁克·汗 (Shahrukh Khan) 是泰格豪雅 (Tag Heuer) 手表的品牌大使，该表售价为数千美元。他给了人们一个印度版的《谁想成为一个百万富翁》，这个节目也是形成热门电影《贫民窟的百万富翁》的基础。印度的优势是最近才凸显的，该国近几十年间一直实施的是民主社会主义，并且具有严格的阶层等级传统。达利特，以前称为贱民，生活在社会底层，只能从事卑贱的工作，而婆罗门在历史上一直占据着社会的顶层。[82]

分析师预计，印度中产阶级消费者马上将达到约 2.67 亿人，在仅仅 5 年的时间里增长了约 67%。虽然中产阶级目前占印度人口不足 15%，但消费的汽车、电脑和空调约占全国一半。[83]今天，年轻的印度消费者观看 MTV、阅读国际时尚杂志。这些年轻人对该国的快速增长产生了重大影响，特别是因为印度的人口相对年轻，54%的人年龄小于 25 岁。[84]

地位符号和社会资本

越来越难以清晰地把某些品牌或商店和特定的阶层联系起来，因为大量买得起的奢侈品已经成为许多消费者触手可及的东西，而这些产品过去这些人买不起。有些年轻女性购买路易威登或蔻驰的昂贵皮包，而晚餐却只吃面条。更令人不解的是：富裕的家庭也在平价超市买葡萄酒、浴巾，也会为抢到便宜货而沾沾自喜。[85]

随着许多发展中国家（如韩国和中国）的经济收入增加，加上高质量消费品和服务的价格下降，创造了对奢侈品或至少“买得起”的奢侈品的巨大需求。最大的新兴市场是**金砖五国**（BRIC nations）：巴西、俄罗斯、印度、中国和南非。中国和印度就占了全球 GDP 的 20%以上；30 年前这一比例不足 5%。近年来，由于一系列原因，这些国家高速发展的势头已经放缓，原因包括美国对石油行业的重新主导，以及这些经济体随着收入增长，从低价、生产导向的体制向高消费体制转型。但仍然有分析师预计，尽管增长速度放慢，但总体增长将持续。[86]

这一变化激起了对大众消费品的需求，尤其是能让人有派头的大众消费品。诸如 H&M、飒拉、捷蓝和欧莱雅等公司，为这一细分市场提供舒适的物质享受，分析师称这一细分市场为**大众阶层**（mass class），它涵盖数以亿计的全球消费者，他们拥有一定水平的购买力，足以支付高品质的产品——除了大学教育、住房或豪华汽车等大件物品。例如，大众市场催生了几款大众阶层买得起的汽车：拉丁美洲人有他们的大众甲壳虫汽车（他们深情地称之为 el huevito（小蛋））；印度消费者有他们的 Maruti 800（售价低至 4 860 美元）；同时菲亚特公司的“世界车”菲亚特帕利奥（Fiat Palio）瞄准新兴国家的人，如巴西、阿根廷、印度、中国和土耳其。[87]

营销陷阱

研究证据表明，社会阶层相对较低的人想通过和高地位相关联的方式来提高社会地位。[88]长期来看，这种补偿的欲望对个人而言可能会适得其反。例如，营养学家指出，超大份食品和大杯含糖饮料是美国肥胖症的罪魁祸首。一项研究揭示了解决这个问题的障碍：弱势消费者将更大尺寸视为地位符号。当受访者被操纵的无力感较强时，他们选择了较大份的食物来补偿。当他们的选择是公开的时候，他们更有可能这样做。研究人员指出，这种情况有点讽刺：短期地位的炫耀可能最终导致更低的地位，因为肥胖在这个社会中是没面子的。[89]

品位文化、代码和文化资本

品位文化（taste culture）根据审美和知识偏好来区分消费者。这个概念有助于阐明社会阶层在消费选择上重要而有时又微妙的差别。[90]例如，用美国 67.5 万个家庭的数据对社会阶层差异的全面分析，支持了之前讨论的群体现象：上层和上中层之间，以及中层和工薪阶层之间，在消费方式上的差别在很大程度上已经消失。然而，消费者在如何花费其可支配收入和打发闲暇时间方面，仍然存在巨大差异。上层和上中层的人经常参观博物馆和到电影院看电影，而中层消费者则经常去野营和钓鱼；上层消费者更多的是听纯新闻节目，而中层消费者则更喜欢听乡村音乐节目。[91]

在基于品位的社会差异的一项经典研究中，研究人员在被访者家的客厅里询问对方的收入和职业，同时编录了对方的财产。如图 12-2 所示，研究人员发现，编录的家具和装饰物集合存在规律，不同的集合与消费者的社会阶层地位是对应的。例如，在较低社会阶层的住所通常可以发现宗教物品、假花和生活照等，而在较高社会阶层的家里则常有抽象画、雕塑和现代家具。[92]

另一种社会阶层的分析方法关注不同社会阶层所使用的代码（codes，消费者表达和解释意义的方式）。找出这些代码对营销者很有价值，他们可用目标顾客最容易理解和欣赏的概念和名称来传播、沟通市场信息。基于社会阶层差异设计的营销沟通策略会使用不同的信息。例如，针对低阶层人士的人寿保险广告可能会通过简单直接的语言，描述一个勤奋的家庭主男在购买一份保险后的良好感觉；而一个较高层次的诉求可能会展现一对富有的老年夫妇儿孙满堂的照片，还可能穿插主人公为将来做好规划时心满意足的场景。

有两种类型的表达产品利益的代码：有限代码和精细代码。**有限代码**（restricted codes）着眼于客体的内容而非客体之间的关系。相比之下，**精细代码**（elaborated codes）更为复杂综合，更依靠成熟的世界观。这些代码的差异延伸到消费者对时间、社会关系和目标的基本理解方式上。两类代码的差异如表 12-1 所示。

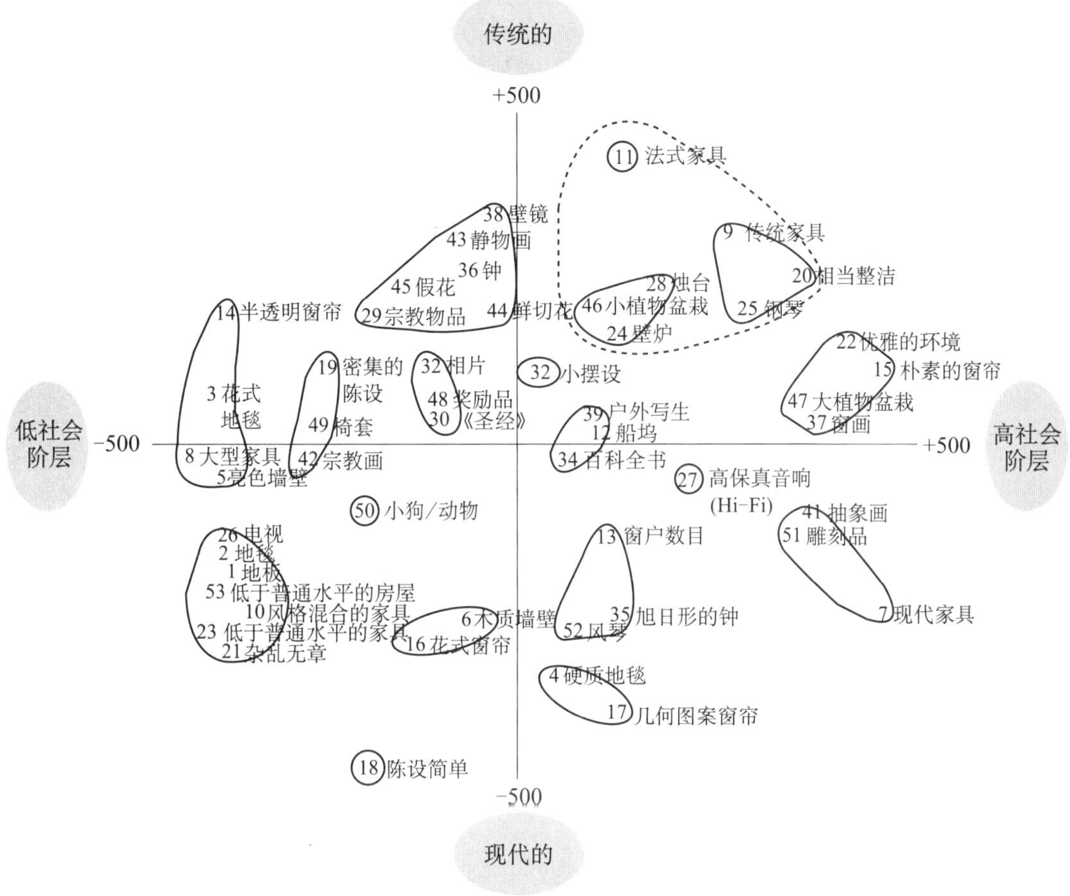

图 12－2　居室装饰聚类和社会阶层

资料来源：Adapted from Edward O. Laumann and James S. House，"Living Room Styles and Social Attributes：The Patterning of Marerial Artifacts in a Model Urban Community，" *Sociology and Social Research* 54 (April 1970)：321－342.

表 12－1　有限代码和精细代码的对比

	有限代码	精细代码
一般特征	强调客体的描述和内容有内在含义（受环境影响）	强调客体之间的关系，即等级组织和工具性联系含义清晰
语言	较少使用限定词（即形容词或副词） 使用具体的、描述性的、切实的符号	有丰富的个人限定词 使用大量词汇和复杂概念体系
社会关系	强调个人的而不是正式角色的贡献	强调正式角色架构、工具性关系
时间	重点考虑当前，对未来只有大概的打算	重点考虑当前活动和未来的工具性关系
物理空间	对房间或地点采用场景定位，如"前屋""街角的商店"	根据用途定义房间和地点，对空间有正式的整理，如"餐厅""金融区"

续前表

	有限代码	精细代码
营销启示	强调产品内在的品质、内容（或可信度、“真材实料”）和代言人 用简单的形容词和描述来强调产品和生活方式的内在联系	强调差别、相对其他产品的优势 强调产品和利益的工具性联系 采用复杂的形容词和描述

资料来源：Adapted from Jeffrey F. Durgee, “How Consumer Sub-Cultures Code Reality: A Look at Some Code Types,” in Richard J. Lutz, ed., *Advances in Consumer Research* 13 (Provo, UT: Association of Consumer Research, 1986): 332.

很明显，不同阶层的品位文化各不相同。上层的人可以获得资源来保持自己在社会中的特权地位。法国理论家皮埃尔·布迪厄（Pierre Bourdieu）详细描述了人们为资源或资本竞争的全过程。布迪厄进行了一项大规模调查，追踪人们的财富获取过程，他把这种经济资本（economic capital）与娱乐和艺术品位模式相联系。他得出的结论是，品位是地位创造的力量或**习性**（habitus），它形成了一群人的消费偏好。在之后对美国消费者的研究中也证实了这一关系，例如，高收入者比普通消费者更可能去剧院，而低收入者则更可能观看拳击比赛。[93]

社会和文化资本

美国的火人节（Burning Man Festival）始于 1986 年，是在旧金山海滩进行的夏至庆祝活动，当时只有一小部分人参加。其中有一部分人搭建了一个 8 英尺高的木头人并烧了它。多年来，该活动吸引了越来越多的人参加，人们身穿奇装异服，搭建原始营地，还备有大量心灵转化物质，庆祝所谓“截然不同的生活方式”。随着活动影响力的提升，组织者将活动转移到沙漠里，以容纳更多的参与者。但是，从那时起，这个反文化（countercultural）的节日就演变为完全不同的东西：在内华达州里诺市北部的黑岩沙漠中，一个盛大的年会吸引了富有的技术巨头，他们以高人一等的方式宣告：他们能以荒诞的名义炫耀自己有钱。来自脸书、亚马逊、谷歌、推特、优步和其他硅谷的明星公司的领导者，带着众多随从人员进行**豪华野营**（glamping），据称费用高达人均 25 000 美元。他们乘豪华房车而来，这些房车就像电影里明星用的一样；他们联合起来创造了一个其他参与者不能闯入的私人领地。客人乘私人飞机抵达，吃寿司和龙虾，作为他们“回归自然”的风格。[94]

火人节由之前的反文化庆典转变为展示财富的庆祝活动，展现了布迪厄的**社会资本**（social capital）的概念。排他性功能像一个高大、强壮的夜总会保镖，决定了谁可以跨过门槛。货币的一个重要形式是进入商业和政治交易的排他性网络中。在这个过程中，矛盾的是，发起这个活动的人不再能够参与，最初的火人“嬉皮士”或长期居民反倒被他们高雅的城市邻居排除在本来属于自己的庆典活动之外。

布迪厄还提醒我们**文化资本**（culture capital）的重要性。文化资本是指一系列特殊的社会稀有品位和活动，也就是使一个人融入高层社会的“优雅”行为的相关知识。[95]社会精英具有一套保持权力和权威地位的技能，而且把这些传授给他们的子女（比如礼仪课程和社交舞会）。这些资源很珍贵，因为只有部分成员可以获得。这也就是人们为了进入名牌大学而拼命竞争的部分原因。无论是否接受，富人在这方面就是有特权。

网络社会资本

由于人们有大量时间待在数字世界中，很自然，社会阶层机制也会存在于数字世界。以社交媒体平台 Foursquare 为例，人们访问 Foursquare 是因为可以在特定位置签到，并宣告所进入的朋友社区。某些签到可以获得徽章和参与活动的零售商的优惠券。越多的人参与，社区价值越高，并且参与者对活动的重视程度与参与度正相关。例如，加入 Foursquare 平台的人渴望被授予常到地点，如本地的星巴克的“市长”头衔。只要人们珍惜这个头衔，Foursquare 社区就会吸引热情的参与者。如果人们的兴趣转移到其他事情上，作为“市长”的社会资本将化为乌有。那时候，人们将登录下一个热门网站。随着它的衰落，社区的参与、规范的遵守、感知的声誉和成员之间的信任大大减少。[96]回想之前流行的在线社区，如 MySpace 或 Friendster，就可以理解平台为何在一夜之间失去吸引力。

在网络世界中，很多人认为他人高度尊重自己的观点，可以和尊重金钱相提并论，甚至超出金钱。当发布的评论被他人认可时，人们得到了“心理收入”，这就创造了**声誉经济**（reputation economy），在这个过程中，人们获得的“货币”是点赞，而不是冷硬的金钱。[97]零售商可能按照顾客对产品或服务的支付能力对顾客进行“分类”（例如，一些投资公司只接受具有某种净值的客户）。编辑维基百科条目的志愿者可能每周工作 20～40 小时。独家约会网站如 hotenough. org 剔除没有吸引力的人。该网站的主页声称：“通过我们的筛选，已经过滤掉了普通群众，只留下你所在地区最有吸引力、适合、时尚的单身人士，并且现在为 40 岁以上的单身人士打造了专属板块——婴儿潮板块。帅哥美女，如果你合适且时尚，放心吧！这是为你而设的地方。”[98]

一般来说，我们知道，当一个社区能够提供大量的社会资本作为人们参与的诱因时，这个社区是比较健康和富有魅力的；这就是为什么进入常春藤盟校的竞争非常激烈。在网络世界也是如此现实。在网络世界中，当其他许多人开始对博客作者的帖子进行高度评价并且可能转发时，博主便获得了社会资本。[99]而且，与高级乡村俱乐部一样，有选择地允许某些人进入的**在线封闭社区**（online gated communities），可以向通过考核的幸运少数人提供大量的社会资本。

社交网络 This. com 是一个只接受被邀请用户的平台，该平台只允许使用者每天发布一个链接，专给关于某个特定话题知内情的人。记者和业内人士殚精竭虑，用尽各种手段想要收到令人垂涎的邀请。[100]又如 ASmallWorld. com 社交网站给予富人在网络空间中互相访问的权利——同时把其他人排除在外。这是一个仅接受被邀请用户的网站，约有 15 万注册用户。该网站的创始人将其宣传为社交精英的脸书。一些帖子有助于了解为什么。一个人的帖子是：“我需要为瑞士的一个活动租 20 辆豪华跑车……汽车只应该是玛莎拉蒂（Maserati）、法拉利（Ferrari）、兰博基尼（Lamborghini）、阿斯顿马丁（Aston Martin）！”另一个帖子则是：“如果有人正在物色私人岛屿，我在斐济有一个可供购买。”[101]

地位符号

人们倾向于通过与他人比较来评价自我、事业成就、外貌和物质财富。有一句流行语“赶上琼斯（邻居）”（在日本则为“赶上三本”），指的就是邻里之间生活水平的相互比较。

然而，有钱和名望还不够——真正重要的是比别人拥有更多。一项研究证明，人们重视忠诚计划（loyalty programs）（比如，航空公司基于飞行里程奖励给你一种特殊的地位），部分是基于我们相对于其他成员而言的层次水平。在只有一层的项目中，指定被试为“黄金层”；另一个项目增加一层“白银层”。虽然两组被试都是“黄金层”，但有“白银层”时，被试感觉更好。[102]

学术观点

Benjamin G. Voyer，欧洲商学院和伦敦经济学院

你通常把奢侈品与什么联系起来？高品质、精工细作的产品，或者可能只是浪费钱？表明精致的品味还是纯粹试图炫耀？奢侈品在营销中构成了一个独特的产品和服务类别，并且由于一个简单的原因变得有趣：它们常常挑战一切我们所了解的传统产品和服务！奢侈品消费者的购买行为以及奢侈品的意义，一直是该领域许多研究的重点。奢侈消费一直与财富、社会阶层和经济实力联系在一起。研究表明，消费者使用奢侈品来提高他们的地位，特别是在购买有著名设计师标志的品牌时。

最近，研究人员开始从不同的角度审视炫耀性消费，看看有助于地位提升的消费和可持续发展观之间是否兼容。纵观历史，奢侈品一直与不可持续性或不健康相关。例如，柏拉图认为，消费奢侈品的社会是“不健康的”，或者说，反之，“健康”的社会中，人们会将自己限制在必需品中。总的来说，奢侈品消费往往被认为是一种社会和道德的禁忌，成为享乐主义、花钱和富裕的符号。

在这个背景下，消费者是否有可能发现可持续奢侈品不如不可持续的奢侈品值得拥有？我和同事 Daisy Beckham 进行了一系列的研究来回答这个问题，并且看看是否奢侈可以被看做与可持续兼容。在第一项研究中，我们发现，与可持续性相关的词语（例如，保护、绿色、树木、生态）相比，消费者更有可能将奢侈品牌与不可持续相关的词语联系起来（例如，污染、烟雾、贪婪、废气）。

在另一项研究中，我们探讨了“可持续发展标签”对消费者对奢侈品感知的影响。我们要求参与者评定一系列 6 个奢华手袋，其中 3 个被随机描述为可持续的。我们发现，有“可持续发展”标签的奢华手袋的评分均值低于没有这种标签的手袋。我们还发现，消费者对奢华手袋估价越高昂，他们就认为它越不可持续。只有认为可持续发展是购买手袋时的重要决策标准的消费者，才会对可持续发展标签做出积极回应。后续的焦点小组研究发现，参与者感到奢侈品在概念上与可持续发展的思想相悖，而对于一些人来说，可持续奢侈品不能带来与普通奢侈品相同的地位提升效应。

这一切的底线是什么？由于许多消费者使用通常与违反规范和规则相关联的奢侈品来表达社会地位，这似乎表明可持续发展标签对奢侈品营销不利。对于奢侈品牌而言，这有点与直觉相悖，因为奢侈品牌通常会宣传其产品属性，它们被认为会提高对产品质量和声望的感知（例如，“法国制造”标签）。

购买某些产品的一个主要动机不是为了享受，而是想让别人知道自己买得起。那么，这些产品有**地位符号**（status symbols）的功能。在美国，很流行的保险杠贴纸标语是：“带着最多玩具死去的人是赢家。”这句标语概括了累积成就徽章的欲望。追求地位是人们购买合适产品和服务的重要动机，目的是让他人知道自己“成功了”。一项研究证实了人们如何求助于地位符号来提升自我概念，尤其是当人们对其生活的某个方面感到沮丧或不确定时。在拍卖中，人们会感觉自己的力量非常小，所以会花更多的钱去购买，以弥补自己的不足。[103]

正如前面所讨论的，大众市场的兴起意味着许多奢侈品已成为普通商品。这意味着人们不再渴望身份象征了吗？其实不是，象征身份的市场会继续发展出更贵的商品和服务，从 12 000 美元的母婴钻石网球手链套装到 600 美元的牛仔裤、800 美元的理发和 400 美元一瓶的葡萄酒。虽然看起来几乎每个人都可以炫耀有一个设计师手袋（或至少一个带有令人信服标志的冒牌货），美国最富有的消费者雇用了 9 000 名私人厨师、进行塑形整容、送他们的孩子去参加 400 美元一小时的数学辅导。一位社会学家解释说：“某人是否拥有纯平电视机已说明不了什么，应该看的是这个人所使用的生活服务、居住的地方以及占有的服务者的劳动。”[104]

当然，文化不同、地方不同，象征地位的特定产品也是不一样的。

- 虽然大多数美国人不再把悍马看成富裕的象征，但伊拉克人仍然把这个油老虎看做权力的象征。一个伊拉克的悍马经销商发现：“在伊拉克，人们通过车来判断人，如果你没有一辆车的话，就算不上一个人。”[105]
- 在中国，孩子是地位的象征，父母以他们的孩子为荣耀，恨不得用奢侈品把他们娇生惯养的“小皇帝”从头到脚包装起来。中国家庭在孩子身上的花费占可支配收入的 1/3～1/2。[106]
- 近年来由于油价下跌，俄罗斯经济已经下滑。但是，仍然有很多最近十年成为暴发户的人需要奢侈品来炫耀自己新获得的财富。有些人购买了 Goldvish 牌手机，它的黄金外壳上镶有 120 克拉钻石。在莫斯科，沉溺于花钱冲动导致了一个笑话：一个富商告诉他的朋友，自己买了一条 100 美元的领带。朋友回答说：“你傻了！跨过这条街，你可以花 200 美元买一条一模一样的。”[107]
- 在印度尼西亚，如同其他许多国家一样，手机是地位的象征，但不是时髦的 iPhone 手机，而是像“砖头”一样的诺基亚手机。一个使用手机 10 年之久的诺基亚用户认为，拥有一部所谓的“砖头”式手机是值得的。诺基亚智能手机在西方表现平平，糟糕的设计让它看起来过时了。但在雅加达，粗犷的外形正是人们喜欢它的原因。半磅的重量使它不适合放进口袋，所以当模特、政客和其他人把它抓在手中时非常显眼。诺基亚甚至还出售了这款手机的镀金版，价格高达 2 500 美元。在地位符号的世界，只要别人没有，任何东西都有价值。[108]

19 世纪末 20 世纪初，社会学家索尔斯坦·凡勃伦（Thorstein Veblen）首次提出“为了消费而消费”的动机。他认为，我们购买产品是为了创造令人侧目的优越感，这意味着我们可以利用产品展示财富和权力，以引发他人的妒忌。凡勃伦用**炫耀性消费**（conspicuous consumption）这个新词，来指代人们用明显的证据证明自己有能力支付奢侈品的欲望。他所处年代的过度挥霍浪费现象促成了他的观点。凡勃伦的著作写于“强盗男爵”（Robber Barons）时代，J. P. 摩根、亨利·克雷·弗里克和威廉·范德比尔特等人都建立了庞大的金融帝国，他们经常举办奢侈的聚会来炫耀自己的财富。其中一些浪费的场景成为传奇，比如下面这段报道所描述的：

> 报纸上重复着这样一些故事：马背上的晚宴；为宠物狗举行的宴会；用100美元钞票折叠成的纸巾；女主人身旁坐着一只大猩猩以吸引注意力；餐桌上放着一个大玻璃水缸，里面有一个穿得很少的女仆在游泳，或有人从巨型蛋糕中跳出；在宴会上用大面值的钞票点雪茄。[109]

听起来好像他们又回到了旧社会，是不是？也许事物变化得越快，越是万变不离其宗：涉及美国国际集团（AIG）、安然、世通和泰科公司的一波丑闻激怒了许多美国消费者，他们发现尽管其他员工失业了，一些高层管理者生活依然奢侈。据报道，泰科公司总经理为他的太太举办了一个花费高达100万美元的生日派对。这听起来怪诞得与强盗贵族的狂欢派对相似：派对的主题是“角斗士”，有一个米开朗基罗的《大卫》冰雕，伏特加酒从冰雕的下体缓缓流入水晶玻璃杯。公司还为这位总经理在纽约的居室配置了价值6 000美元的浴室门帘、2 200美元的镶金垃圾箱和17 000美元的旅行梳妆盒。[110]

在凡勃伦看来，炫耀性消费的现象在**有闲阶层**（leisure class）中再明显不过了，“有闲富人”认为应该避免为生活而劳作。按照马克思主义的观点，这样的态度反映出希望将自己与所有者或控制生产方式者，而不是与生产本身联系在一起。因此，那些控制这些资源的人避免任何证明他们也必须为生存而劳动的证据，“游手好闲的富人”是对他们的最好写照。

对于凡勃伦而言，妻子也是经济资源。凡勃伦批评女性的“装饰性”角色，她们常常被迫展示身上的昂贵服装、居住的豪华房子和奢侈的生活，以此为她们丈夫的财富作广告——这是一种“移动广告牌”。诸如高跟鞋、紧身内衣、波浪长裙和精心设计的发型等，都是为了让女性没有了他人的帮助就几乎不能走动，而非为了手工劳动而设计的。近年来，一些女性已经翻盘了——这些人宣称已经获得和同龄男性相同的收入和社会资本——寻求男小蜜（arm candy）。这些所谓的美洲狮（cougars）（一个由电视剧《熟女镇》（*Cougar Town*）推广的词）无处不在；调查估计，大约1/3的40岁以上的妇女和年轻男子约会。[111]

消费者沉迷于炫耀性消费，把它当成显示自己地位的途径。然而，产品的可见性各不相同，有些产品的奢侈特征显而易见，而有些则连一个标志都没有。那些深谙此道的人，即便是一个小小的地位标志，当同属一个精英群体中的其他成员使用这个标志时，也能一眼就认出来。例如，独特的手袋或手表设计——这些就是所谓的“安静的标记”。相反，有些人觉得有必要用亮眼的锦衣珠宝来超越他人，他们用的则是所谓的“热闹的标记”。

许多研究者将这种差异称为**品牌显著度**（brand prominence）。他们基于消费者的财富状况和对地位的需要，把消费者分成四类群体（贵族、新富者、装蒜者、无产者）。在分析奢侈品数据时，研究者发现，不同的社会阶层看重的品牌显著度各不相同，例如路易威登、古驰、奔驰之类的品牌，在广告中，或者是产品本身彰显社会地位的方式不完全相同（例如，显著标志）。也就是说，这些品牌使用的**地位标识信号**（status signaling）类型不同。

前面我们比较了老牌贵族（old money）和新富者（new money），毫不奇怪，更富有的人对地位的需求没有那么高，他们（贵族）信任“安静的标记”，并且很可能被夸张的炫耀吓跑。品牌营销者需要了解这些差别，顾客可能会也可能不会看重那些带有显著标记以及其他明显记号的奢侈消费品。[112]图 12－3 总结了这四类消费者，研究人员在研究中使用了一组完全不同的产品：“安静的”与“热闹的”古驰太阳镜。

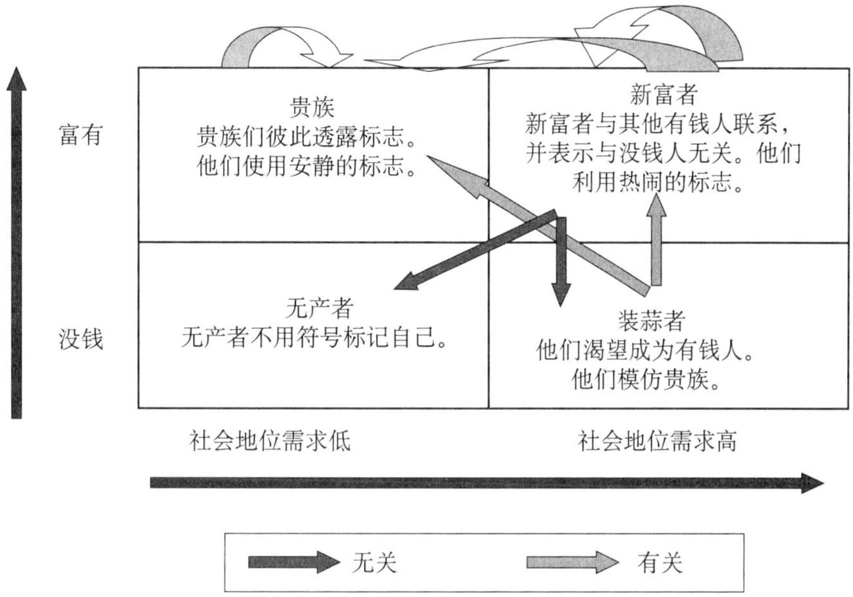

图 12－3　社会地位标记分类

说明：“安静的”太阳镜没有著名设计师标志，而“热闹的”太阳镜则有。

资料来源：Young Jee Han，Joseph C. Nunes，and Xavier Dreze（2010），“Signalling Status with Luxury Goods：The Role of Brand Prominence，” *Journal of Marketing* 74（July），15－30，from Figures 2 and 3.

人类学对太平洋西北部的夸扣特尔印第安人的研究启发了凡勃伦。在冬节（potlatch）的仪式上，主人向他的客人赠送奢侈的礼品。他送得越多，就越能向别人显示自己。有时，主人甚至会采用极端的方式来炫耀财富。他可能会当众毁掉他的一些财产以显示自己多么富有。

这些礼仪有时可以作为社交武器：因为客人需要回赠礼物，所以穷人如果被邀请参加这样的冬节仪式，就有可能被羞辱。即使他没有能力，他也必须回赠主人一样多的礼品，这可能导致这个倒霉的客人破产。这个例子似乎有点“原始”，我们再来看看现代婚礼的情景。家长通常都会为自己的女儿投入大量金钱举办一个“最好”或最奢侈的婚礼，好把别人比下去，这甚至是以把自己的退休储蓄搭进去为代价的。

像冬节礼仪一样，向别人显示自己有剩余资源的欲望产生了显示财富的需要。因此，在非建设性的追求中，耗尽可能多资源的活动总被放在优先位置。这种炫耀性浪费（conspicuous waste）向别人显示了自己有钱花费。凡勃伦写道：“我们得知一个波利尼西亚酋长在保持自己良好形象的压力下，宁可挨饿也不愿自己动手把饭送到嘴里。”[113]

随着积累地位符号的竞争升级，有时最好的策略是杀个回马枪。方法之一就是故意不用地位符号，反而通过嘲笑地位符号来取得社会地位。社会学家把这种处心积虑的炫耀性消费称为**戏谑式炫耀**（parody display）。[114]因此，有破洞的、旧旧的蓝色牛仔裤（或者更可能是公司有意磨损以便看起来更加破旧），“实用”汽车如吉普车（比如 Calwells）、有着强烈蓝领传统的品牌如 Von Dutch 卡车司机帽子和 Red Wood 靴子受到人们的青睐。

本章小结

现在你已经读完本章，你应当了解为什么：

1. 人们对未来及整体经济的信心决定了花钱的自由度及购买的产品类型。

行为经济学研究消费者如何决策花钱。消费者信心——消费者对自身处境的心态及对整体经济景气的感觉——有助于决定是购买产品和服务、借贷还是存钱。

2. 消费者分为不同的社会阶层，以表明他们在社会中所处的位置。

消费者的社会阶层指其在社会中的位置。影响个人所属社会阶层的因素包括教育、职业、收入。实质上，不同阶层的成员在相对优势、权力和获得有价值资源的渠道上有显著差别。社会分层孕育了地位分层，不同地位的消费者偏好不同的产品。

虽然收入是社会阶层的一个重要指标，但两者的关系并不完全匹配。居住地、文化兴趣和世界观等因素也决定着社会阶层。随着全球收入分配的改变，越来越难以用收入来区分不同社会阶层的成员；很多产品之所以成功，是因为打动了新兴的大众阶层（有足够高的收入购买奢侈品，至少在小规模上）。

3. 个体想证明自己所属社会阶层的欲望，或者归属某一社会阶层的希望，影响他们对产品的喜好。

炫耀性消费是“购买”更高社会阶层的一种方式，此时个体通过故意使用宝贵资源来夸耀自己的社会地位。相对来说，靠自己眼前的收入，而不是家世或教养向上流动的暴发户，最有可能这样做。我们使用地位符号（通常是稀缺产品或服务）向他人宣示自己的地位。戏谑式炫耀指通过故意不用流行的产品来显示自己的地位。

复习题

1. 妇女如何促进总体社会收入的增长？
2. 定义可支配收入。
3. 消费者信心如何影响消费者行为？
4. 什么是啄食秩序？
5. 什么是社会阶层？它与收入有何不同？
6. 定义社会流动性并描述它的不同形式。
7. 哪个变量是衡量社会阶层的最好指标？还有哪些重要指标？
8. 什么是收入不平等？为什么收入不平等是一个社会问题？
9. 为什么一个人赚更多的钱时，其社会阶层可能没有改变？
10. 当我们尝试衡量社会阶层时，会遇到什么问题？
11. 蓝领消费者和白领消费者的世界观有什么不同？
12. 什么是品位文化？
13. 描述有限代码和精细代码之间的不同，并各举一个例子。
14. 什么是文化资本？为什么要上礼仪课来积累文化资本？
15. 如何区分“老牌贵族”消费者和“新富”消费者？
16. 地位符号在购买决策中起什么作用？
17. 什么是炫耀性消费？举一个当前的

例子。

18. 什么是戏谑式炫耀？举一个当前的例子。

19. 描述大众阶层的含义，并概括引起这一现象的原因。

消费者行为挑战

讨论

20. 西尔斯、杰西潘尼、沃尔玛公司近年来努力提升品牌形象和吸引更高阶层的消费者。这些努力有多成功？你认为这个策略明智吗？

21. 在当今社会中衡量社会阶层的障碍有哪些？讨论一些方法来绕过这些障碍。

22. 对于贫困家庭和达到所处阶层平均收入的家庭，可以观察到哪些消费差异？

23. 你如何将人们划分为不同社会阶层？使用什么消费线索（例如服装、演讲、汽车等）来确定社会地位？

24. 在当今的经济中，炫耀钱就有点粗俗了——如果你有余钱。你认为这是否意味着奢侈品这样的地位符号过时了？为什么？

25. 凡勃伦认为，男人把女人作为“花瓶妻子”来炫耀他们的财富。这个论调现在仍然有效吗？

26. 研究表明，社会阶层影响人们对需要帮助的人表达出多少同情心。例如，一项研究发现，豪华车司机更有可能不按次序在十字路口等待，而是截断其他驾驶者。另一项研究表明，较不富裕的人更有可能同意这样的陈述，“我经常注意到需要帮助的人”和“重要的是照顾易受伤害的人”。其他研究也表明，高阶层的人更不善于识别他人的情绪。一个解释是：更多的资源提供了独立的感觉；我们越少依赖他人，越少关心他们的感觉。[115]你同意为富少仁吗？为什么？

27. 本章观察到，一些营销人员在针对低收入人群时发现“更为绿色的牧场”。挑选那些不能在非必需品上浪费宝贵资源的消费者是否道德？在什么情况下我们应该鼓励或阻止这种细分策略？

应用

28. 编制一个职业列表，并邀请不同专业（包括商业和非商业）的学生作为样本，对这些工作的声望进行排序。你发现这些排名与学生的专业有什么样的关系？

29. 收集反映不同社会阶层消费者的广告。对于这些广告的真实性和媒体，你会得出哪些结论？

案例研究

在金字塔底层的成功

消费者行为受内部和外部因素的影响。为消费者设定真正底线的外部因素之一是他们的收入水平。一些营销人员把针对不同收入水平的营销战略，叫做瞄准金字塔某层。对“金字塔底层”的营销，瞄准经济条件有限的消费者，这个概念在 2014 年开始闻名，当时普拉哈拉德（C. K. Prahalad）出版了《金字塔底层的财富》，他设想公司向全世界数百万收入有限且有需要的消费者销售经济实惠的产品。他相信，公司在帮助消费者的同时也能获利。

很多公司已经致力于实践这个模式。Puriet 是由印度斯坦联合利华公司（Hindustan Unilever Limited）为低收入消费者开发并生产的室内净水系统，并已通过提供 6 个月的分期付款计划，使 25 美元的售价更易于接受而取得成功。微软公司推出的诺基亚 105 是一款售价为 25 美元的简易手机，配有闹钟、手电筒和调频收音机。这款手机的价格针对低收入消费者，自 2013 年推出以来已售出数百万部。

然而，金字塔底层的策略并非总是像公司想象的那样可行。诺基亚5就曾经努力维持可持续的财务收益，它还面临低收入消费者愈发偏好成本持续下降的智能手机的挑战。其他公司错失这一市场则是由于缺乏市场调研，最后才发现最终消费者买不起它们的产品，或者消费者打算选择更便宜的本地产品。一些公司被投资者逼迫在短期内利用低收入市场创新来显示盈利能力，这是很难实现的。在某些情况下，使这一商业模式长期运作的唯一方法是与一个非政府组织（NGO）合作，通过NGO在国家内部建立的联系，帮助公司获得接近消费者的机会。

让我们设想印度的可能性，这个国家的金字塔底层具有相当大的潜力。世界银行2013年的数据显示，印度人口为12.4亿人，人均国民收入为每月125美元。麦肯锡全球研究所（McKinsey Global Institute）估计，印度78%的人口处于金字塔的底层，大多数生活在农村。它预测，到2020年，这个市场的价值可能达到1.5万亿美元。消费者的数量和整体潜力使得这个市场对营销者有吸引力，但低收入仍是一个相当大的挑战。

多年来，宝洁公司一直致力于寻找获取印度男士剃须刀市场份额的方法。它认为，满足印度金字塔底层男性的剃须需求是一个重大的市场机会。遗憾的是，该公司的Vector剃须刀由于对印度男性的剃须过程的误解——很多人没有自来水用，早期的努力就白费了。最近，宝洁公司推出了吉列卫士（Gillette Guard）。这种剃须刀的开发基于历时18个月3 000小时的调研，其中一些调研在低收入印度男性的家中进行。他们询问男性的剃须规矩，并在他们剃须的过程中进行观察。宝洁公司发现，印度男性通常在没有电的小屋的地板上刮胡子，使用一碗水，也没有镜子。他们的首要目标是避免刮伤自己。这项调研结果对于新剃须刀的开发非常有价值。

吉列全球副总裁阿尔伯托·卡瓦略（Alberto Carvalho）声称，公司推出的吉列卫士产品不仅专注于满足这些消费者需求，而且保证以“苛刻的成本”生产。这意味着要注意最小的细节，设计一个可拆卸的单刀片剃须刀只用4个零件，而不是更复杂剃须刀的25个零件。产品工程副主任吉姆·基利（Jim Keighley）说：“我记得如何讨论这款产品的改进，即使改进的价值只有千分之一美分或千分之二美分。”最后，他们生产的一种剃须刀成本只有之前引入的Vector的1/3。吉列卫士的售价最终为15卢比（34美分），同时刀片为5卢比（12美分）。

通过精心的研究和关注这个独特的目标群体的需求，宝洁的剃须刀和刀片的市场份额在印度显著增长，在印度市场的增长速度远超过宝洁公司的任何其他品牌。尽管有挑战，似乎吉列卫士可以被认为是金字塔底层成功的故事。

资料来源：Marc Gunther, “The Base of the Pyramid: Will Selling to the Poor Pay Off?” May 22, 2014, http: //www.theguardian.com/sustainablebusiness/prahalad-base-bottom-pyramid-profit-poor, accessed June 28, 2015; Mae Anderson, “How India Helped Gillette Rethink the Razor,” https: //www.bostonglobe.com/business/2013/10/03/cheap-razor-made-after-watches-indians-shave/NSQpOGAotpEfarkNmxIfcK/story.html, accessed June 24, 2015; Procter & Gamble-India website, http: //www.pg.com/en_IN/, accessed June 28, 2015; Ryan Britton, “Value for the Money: Four Ways to Advertise to the Low-Income Shopper,” http: //maxpoint.com/us/digital-advertising-company/on-point-blog/2014/10/21/4-ways-to-advertise-to-the-low-income-shopper, accessed June 29, 2015; Sophie Wilson, “Companies Target Billion-Dollar Potential By Marketing to the Poor,” http: //www.globalenvision.org/2014/10/02/companies-target-billion-dollar-potential-marketing-poor, accessed June 28, 2015; Glyn Atwal, Douglas Bryson, and Ambi Parameswaran, “Decrypting the Aspiring Indian Low-Income Consumer,” March 26, 2015, http: //www. worldfinan cialreview. com/? p = 3648, accessed June 25, 2015.

问题讨论:

1. 使用图12-1中的4A框架，分析吉列卫士剃须刀开发印度市场的注意事项。

2. 公司是否要瞄准金字塔底层，开发只有有限资源的弱势消费者?

3. 一半以上的美国工人年收入不足3万美元，勉强超过五口之家的贫困线。你会建议一家公司把美国金字塔底层的消费者作为目标顾客吗?

第13章 亚文化

本章目标

读完这一章后，你将会理解以下几点：

1. 消费者身份源于“我们”和“我”之分。
2. 种族、民族和宗教亚文化成员的身份经常影响日常消费者行为。
3. 营销人员越来越多地利用宗教和精神方面的主题与消费者沟通。
4. 有关家庭的传统观念可能已经过时了。
5. 我们与同龄人有着很多相同点。
6. 青少年对营销人员来说是非常重要的细分市场。
7. 婴儿潮一代是最具有经济影响力的细分市场。
8. 作为一个细分市场，老年市场还没有引起营销人员的充分重视。
9. 物以类聚，人以群分，从而形成地域亚文化。

开篇案例

小丽星期六早上很早就会醒来，然后一整天都忙于家务。像往常一样，小丽的妈妈周六需要加班，她希望小丽可以帮她去超市购物，并且帮忙准备晚上家庭聚会的晚餐。当然，小丽的哥哥小明永远都不会被要求在厨房里帮忙，因为全社会都认为这些是女性的工作。

家庭聚会需要做很多准备。小丽希望妈妈能够偶尔使用预加工的食物，特别是在星期六小丽有些自己的事情要做的时候。但妈妈坚持亲自动手准备大部分的食物，她很少使用预加工产品，以确保她做出来的饭菜色香味俱全。

勉强接受妈妈的安排后，小丽会在换衣服的时候看一眼电视上播放的肥皂剧，接着就会出去买妈妈要的各种杂货。为了提高效率，小丽每次购物前都会列出清单，上面有很多家喻户晓的品牌，例如老干妈辣酱、李锦记酱油、清风牌餐巾纸等。很快，她就把东西都买回来了。当她在厨房里洗菜、切菜时，她总是会从手机微信收藏里找出她百听不厌的歌曲。一边干活一边听歌，这也是她不那么反感做家务的原因之一。

种族和民族亚文化

小丽和其他居住在中国特别是中国北方的消费者有很多共同点。他们庆祝共同的节日，特别是春节等代表中国传统文化的节日。中国经济的快速发展已影响到他们的消费，他们开始喜爱原本只在冬季奥运会或者是北方的寒冬才有的滑雪运动，甚至在北方的一些小城市，营销者通过人工方式建造了滑雪场。每到冬天，游客特别是年轻的大学生和中学生，都热衷于这项运动，滑雪场生意兴隆。

正如我们在第 11 章中看到的，群体对个体消费者的决策有很大的影响，而且从根本上讲，我们的社会关系中，有些关系比其他关系更重要。[1]在本章中，我们将探讨一些外部联系，这些联系在定义我们是谁以及我们重视什么方面发挥重要作用，这些外部联系涉及性别、民族、宗教、年龄和居住地区等。这些都属于**亚文化**（subculture）的范畴，亚文化是指成员们拥有重要信念和共同喜好的群体。

在美国，文化多样性是 21 世纪最重要的变革驱动因素之一。美国人口普查局预测，在未来 45 年，美国西班牙裔人口将增加一倍以上；到 2060 年，几乎 1/3 的美国人将是西班牙裔。与此同时，亚裔人口也将增加一倍。此外，传统的亚文化分类会被打破。到 2050 年，将会有占美国人口近 4%的人认为自己是多种族血统的人。在美国儿童中，自 2000 年以来，多种族人口增加了近 50%，达到 420 万人，成为该国增长最快的年轻群体。自 2000 年以来，各个年龄段认定自己既是白人又是黑人的人数增长了 134%，达到 180 万人。[2]美国确实是属于许多不同种族和民族亚文化的群体的“大熔炉”。

许多主要的营销人员已经敏锐地意识到了这种变化。麦当劳的美国首席营销官（CMO）指出：“民族消费者渐成趋势，他们影响到我们进入市场的方式。”他指出，小部分消费者的反馈为麦当劳的菜单和广告选择提供了依据。事实上，麦当劳的美国战略被称为“以民族洞察力为先导”。公司邀请黑人、拉美裔和亚裔消费者参加焦点小组访谈，也会要求它的营销人员想象一下如果美国人口只有非裔、西班牙裔或亚裔，他们应如何销售产品。例如，麦当劳最新推出的果汁产品就反映了少数群体的味道偏好。去年，当公司开始大量宣传咖啡饮料时，广告强调了人们对甜点饮料的偏爱，例如摩卡咖啡，这样的广告信息可以在非裔美国消费者中产生共鸣。民族习俗也在主流广告中被采用：在一个称为“大喜日子”的广告中，一个年轻的男孩在婚礼上很无聊地看着新娘和新郎亲吻，并一起跳过扫帚——这是非裔美国人的婚礼传统。当回到座位发现开心乐园套餐（麦当劳的产品）的时候，他眼前一亮。[3]

一个重要的亚文化差异是一个群体的抽象或文字理解方式。社会学家做了基本的区分：在**高语境文化**（high-context culture）中，团体成员联系紧密，他们倾向于言外之意。符号和举止能比文字传递更多的信息。相反，处于**低语境文化**（low-context culture）中的人倾向于通过字面来理解意义。在美国，许多少数族裔的文化是高语境的，有着强烈的口头表达传统，消费者对广告内容的细微差异更加敏感。

亚文化刻板印象

2014 年阿迪达斯将一款新开发产品的照片放在脸书的页面上，这引起了人们的愤怒。照片上的鞋子带有明亮的橙色脚铐，其广告语为：“把鞋锁在脚上，来一场精彩的比赛?”许多消费者都抱怨这种照片极大地冒犯了非裔美国人，因为它让人们联想到奴隶制和带镣囚犯。该公司声称鞋子的设计并无此意，但确实造成了对消费者的伤害。[4]

过去，营销者图省事使用种族或民族象征来传达某些产品属性的做法相当普遍。在这些行为成为禁忌之前，营销者经常使用粗俗和不讨人喜欢的形象来描述非裔美国人的不屈从或者墨西哥人的野蛮。[5]如米玛大婶（Aunt Jemima）卖煎饼粉；笑嘻嘻的黑人厨师拉斯特斯（Rastus）用麦乳做热麦片粥；利华兄弟公司用黑人顽童来销售肥皂粉；皮尔斯伯里用长有龅牙的印第安橙等滑稽形象代言人来兜售饮料。[6]随着民权运动的兴起，少数族裔拥有了更多的权力，加上经济地位不断上升，他们赢得了营销者的尊重，负面的成见开始消融。美国菲多利食品公司回应了西班牙裔社区的抗议活动，并于1971年停止使用菲多利·班第托（Frito Bandito）作为代言人，桂格食品公司于1989年改造了米玛大婶。

许多亚文化存在引起公众联想的强烈刻板印象。在这些亚文化中，局外人会认为群体成员具有某些特质。遗憾的是，传播者可以根据个人的偏见或意思刻画这些特征。例如，在美国，对苏格兰人的刻板印象大部分是积极的，一般会看重他们的节俭品质。3M公司使用苏格兰形象来传递价值，例如，苏格兰透明胶、苏格兰酒店——一家提供廉价住宿的汽车连锁旅馆。然而，苏格兰的“个性”可能对英国或爱尔兰有着不同的内涵，一个人的“节俭”对另一个人来说或许是“吝啬”。

族群与文化适应

虽然一些人也许不赞成营销者在制定营销策略时应该考虑人们的种族和民族差异这一观点，但是事实上，这些亚文化成员确实形成了许多消费需要和欲望。研究表明，少数族裔群体认为使用本族裔代言人的广告更加可信，因为这些广告促使消费者形成更加积极的品牌态度。[7]但是，营销人员应该避免对所有的族裔使用相同的策略，这种标准化的营销策略不仅不准确，而且有可能使公司找不到它们的目标群体。[8]

文化适应（acculturation）是指来自另一国家的人进入并适应一个国家的文化环境的过程。[9]在日益全球化的社会里，这对营销人员来说是个很重要的问题。人们越来越多地从一个地方来到另一个地方，他们也许会很快把新的地方当作自己的家，或者是抗拒这个过程，使自己远离主流文化。例如，美国的新移民对于放弃旧方式（和消费者行为）而使用新的方式会感到很矛盾或者冲突，这是很典型的例子。当与西班牙裔消费者沟通时，美国家得宝公司会细分其广告活动；它为“同化的西班牙裔”（第二代或第三代的美国人）制作了不同的广告，而不是向说西班牙语的消费者展示相同的广告。[10]

一项研究利用人种志（ethnography）研究方法考察墨西哥移民在适应美国生活时的文化适应过程。[11]事实上，在自然环境下，对这些新到来者的访谈和观察揭示，移民者对自己的迁移感觉相当矛盾。一方面，他们会为更多的就业机会和子女受教育的机会所带来的生活质量提高而感到欣喜；另一方面，他们对离开墨西哥感觉苦乐参半。他们想念自己的朋友、节日、食物，以及生活在熟悉的环境中的那份舒适自在。

这种过渡过程实质上受许多因素影响。个体的差异，比如这个人是否会讲英语，会影响文化适应的难易程度。个人与**文化适应中介**（acculturation agent）——传授一种文化方式的人或机构——的接触也相当重要。其中某些中介与源文化

(culture of origin)(在该例中是墨西哥)相关，包括使消费者与祖国保持联系的家庭、朋友、教会、地方商业和西班牙语媒体等。其他一些中介与移民国文化(culture of immigration)(在该例中是美国)相联系，帮助消费者学会如何在新环境中生活，这些中介包括公共学校、英语媒体及政府机构。

伴随移民者适应新环境，几个过程开始发挥作用。迁移(movement)是指激发人们离开家园到另一地方去的因素。在该例中，人们由于工作难找和渴望子女接受更好的教育而离开墨西哥。一到新的国家，移民者就面临转化(translation)的需要。这意味着移民者需要掌握一套在新环境里的生活规则，不论是学会如何辨认一种不同的货币，还是弄清自己所不熟悉的服装款式的社交含义。这种文化学习就导致了适应(adaption)的过程，通过这个过程人们形成了新的消费模式。例如，这项研究中的一些墨西哥妇女一旦在美国定居，就会开始穿短裤，虽然墨西哥人不赞成这种做法。

在文化适应的过程中，许多移民都要经受同化(assimilation)，他们要接受主流文化所认同的产品、习惯和价值观。同时，还要努力维持与源文化相关的做法。移民者与他们国家的人保持联系，许多西班牙裔美国人会继续吃西班牙的食物，阅读西班牙语报纸。如果他们继续认同墨西哥文化，可能会导致抵抗(resistance)新文化，因为他们痛恨隐藏墨西哥身份和承担新角色所带来的压力。最后，移民一般都(自愿或不自愿地)表现出隔离(segregation)，他们总是在与主流的消费者不同的地区居住和购物。这些过程说明，族群是一个动态的概念，一个亚文化群体的界线不断地被重新界定。

渐进式学习模型(progressive learning model)可以帮助我们理解消费者的文化适应过程。这一观点认为，随着与一种新文化接触的增多，人们可以逐步习得这种文化。因此，当人们适应文化时，他们会把自己原有的文化与新文化或**当地文化**(host culture)相融合。[12]研究人员在购物取向、产品属性的重要程度、媒体偏好、品牌忠诚度等方面均找到了证据。[13]当研究人员将民族认同程度考虑在内时，发现有强烈民族认同感的消费者与被新文化同化的消费者在以下方面有所不同[14]：

- 一般而言，对商业持更消极的态度(可能是相对较低的收入水平导致沮丧)。
- 他们接触更多的是本土语言的媒体。
- 他们的品牌忠诚度更高。
- 他们更可能选择有威望的品牌。
- 他们更可能购买针对其族裔人群做广告的品牌。

即使在一个国家内部，人们从一个地方搬到另一个地方，文化适应过程也会发生。如果你搬过家(你很有可能经历过)，一定会发现，要想放弃旧的习惯，舍弃老朋友，适应新的人群，是一件比较困难的事情。

一项关于土耳其人从乡村搬迁到城市的研究表明，人们适应不熟悉的环境需要一个过程。研究者把这一过程称为**热身**(warming)，它是指人们把物品和地点逐渐转化为感觉惬意、舒适和可靠的过程。研究报告描述了把一个冰冷且不熟悉的房子转变成美观、温暖和现代的房子的过程，这意味着人们把以前的乡村生活的符号整合进了新家：他们用绣花的、钩针编织的蕾丝作为地毯——这是传统的为新娘准备的手工制作的嫁妆。研究指出，移居者比在乡村的家里更多地使用这类东西，因为他们需要用这些东西来装饰他们的现代家具。这些嫁妆用的织物象征传统的规范、社会网络和乡村家庭。这样，他们把冰冷的现代物品与他们自己的过去相联结，于是不熟悉的东西变得熟悉起来。[15]

当然，消费者使用与他们亚文化不相关的产品也是很正常的。**去民族化**（de-ethnicization）是指一个与特定族裔群体相联系的产品从它的根源分离出来，并且吸引其他群体。比如，硬面包圈曾经是流行的犹太人的典型食品，最近又出现了许多新的品种，如墨西哥胡椒硬面包圈、黑莓硬面包圈，甚至还有专门为爱尔兰圣帕特里克节（St. Patrick's Day）准备的绿色硬面包圈。[16]如今，硬面包圈占有3%～6%的美国面包市场，硬面包圈的经销商在许多城市开了上千家小店，而几年前，人们还很少听说硬面包圈。[17]

从历史上看，美国主流文化会迫使移民脱离其源文化并融入主流社会。在20世纪初罗斯福曾经总结说："我们欢迎德国人和以色列人成为美国人，我们不需要固守成见的德国人和以色列人。"[18]

事实上，在美国，相当长的时间内存在一种趋势：如果族裔群体淡化来源国的认同，他们会认为自己更主流。当美国人口普查局让受访者写下两种定义他们背景的血统时，结果清晰表明，认为自己源自以色列、德国或其他欧洲国家的人在减少，与其他亚文化相比，更多的人只是简单地选择"美国"。[19]

美国的族裔亚文化

非裔美国人、西班牙裔美国人和亚裔美国人占据美国当前增长的大部分。西班牙裔人口现在是最大的族裔亚文化。[20]亚裔美国人尽管绝对数量只占很小部分，但却是增长最快的族裔群体。[21]

非裔美国人

非裔美国人占美国人口的13%以上。[22]正如我们在麦当劳案例中所看到的，许多市场营销人员意识到这种亚文化的巨大影响，并努力发现可以吸引这些消费者的产品和服务。玩具市场也不例外；孩子们往往倾向于喜欢看起来像他们自己的玩具和人物角色。迪士尼电视节目《玩具小医生》（*Doc McStuffins*）中的医生就是一个非裔美国人，在她的诊所后花园修理玩具，说明了这种亚文化的吸引力。去年的电影展售出了大约5亿美元的商品。它的成功反映了美国人口的变化，为族裔角色的多样化创造了机会。[23]

宝洁公司为非裔美国女性推出了"我的黑色美丽"计划，该公司的研究表明，这些女性认为主流媒体不能很好地代表她们。在公司调研中3/4的受访女性表示，主流媒体中的节目和广告在描述非裔美国人时，比描述其他族裔群体更加负面，她们担心这些信息会对青少年造成负面影响。[24]

个人护理产品公司发现，皮肤对于非裔美国人来说具有更深的意义。在《本质》杂志的一项调查中，该公司要求超过1 400名18～64岁的非裔美国女性描述他们的皮肤，最常见的回答是"美丽"（59%）。另有30%的人将她们的皮肤描述为"紧实的"。调查还发现，非裔美国女性将皮肤评为"最重要的"（49%），比认为她们的头发、体形、化妆和衣服最重要的人数多。约有1/3的人说她们的皮肤是遗传的，1/4的人说这是值得自豪的，"几乎一半的非裔美国女性认为，她们的皮肤讲述了她们是谁，以及识别她们的身份的故事"。这种深深的依恋在她们发表的评论中表现得很清楚，例如“我的皮肤是我的生活史”和“我的皮肤代表了我父母的结合，是他们之间爱的表达”。[25]

西班牙裔美国人

美国的梅西百货公司最近推出了墨西哥炙手可热的流行音乐明星 Thalía Sodi 的一个色彩斑斓的服装新系列以及配饰。凯玛特公司（Kmart）为西班牙裔女性销售名为 Sofia 的服装系列，Sofia 这个名字源于受欢迎的电视节目《摩登家庭》里面的明星。科尔士百货公司（Kohl's）为詹妮弗·洛佩兹提供服装系列。[26]由于这些主要零售商的注意力集中在亚文化的节目上，今天美国的许多大公司都热切地寻求西班牙裔消费者。毫不奇怪，2010 年美国人口普查报告了破纪录的 5 000 万西班牙裔美国人，或每 6 个美国居民中就会有一个；这比 2000 年人口普查时增加了 42%。西班牙裔美国人现在是继非西班牙裔白人之后的第二大消费市场。他们在地理位置上也很集中，这使得营销人员更容易接触他们。约一半的西班牙裔美国消费者居住在加利福尼亚州和得克萨斯州。其他 6 个州——佛罗里达州、纽约州、伊利诺伊州、亚利桑那州、新泽西州和科罗拉多州有超过 100 万西班牙裔美国人。[27]其实，**西班牙裔**（hispanic）这个术语描述了许多不同背景的人。近 60%的西班牙裔美国人是墨西哥人。第二大群体——波多黎各人只占不到 10%。人口普查中这一类别包括的其他群体是中美洲人、多米尼加人、南美洲人和古巴人。

一般而言，美国西班牙裔消费者是年轻人（他们的平均年龄是 1955 年全国的平均年龄），他们更多地生活在庞大的、传统的、已婚有孩子、与祖父母同住的家庭中。他们越来越多地搬到郊区，倾向于以社区为导向，对孩子有很高的期望。西班牙裔美国人的出生率在经济危机后的几年里大幅下降，但这种亚文化继续对美国文化和消费者活动产生重大的影响。[28]

许多最初向西班牙裔美国人销售的努力至少是适得其反。公司努力恰当地翻译广告，或创作捕获广告客户细微差别意图的文案，但结果都不够理想。如今，这些错误不会再犯了，因为营销人员在与这个细分市场沟通时更加有经验，他们往往会让西班牙裔参与广告制作，以确保他们的做法是正确。

在美国 1/3 以上西班牙裔的年龄小于 18 岁。这意味着他们将比父母对文化适应得更快。几乎有一半的人报告说，他们说英语时感到很轻松。事实上，最近的研究表明，许多西班牙裔美国人不认为自己单纯是拉丁美洲的或美国的，而是在两者中间或是**两种文化融合**（ambicultural）的产物。[29]

亚裔美国人

当美国营销人员开始瞄准亚裔美国人时，他们第一次尝试接近西班牙裔市场时遇到的问题再次出现。[30]

- 可口可乐的口号“可口可乐为生活增添乐趣”在日语里翻译成“可口可乐让你的祖先死而复生”。
- 肯德基炸鸡向中国人描述它的鸡肉“好吃到舔手指”，但中国人不认为舔手指的做法是文雅的。

今天很少再有公司犯这些错误了。亚裔美国人已经超越西班牙裔成为美国增长最快的族裔群体，并且成为美国最大的新移民群体。他们拥有 7 180 亿美元的购买力，预计将在 5 年内达到 1 万亿美元，这相当于世界上第 18 大经济体。

亚裔美国人不仅构成了增长最快的人口群体，他们也最富有，受过最好的教育，最有可能担任技术工作。他们的平均收入比美国的平均水平高出 28%，他们的大学毕业率几乎是美国大学毕业率的 2 倍。此外，他们在地理位置上也很集中，几乎 40%的人生活在洛杉矶、纽约和旧金山。越来越多的人归属于一个细分市场，尼尔森称之为“摇摆的购物狂”，这是美国最活跃和冲动的买家。这些消费者喜欢知名的品牌，网上购物率遥遥领先。

亚裔美国人很难用一种亚文化来描述，因为它由许多文化多样化的亚群体组成，他们使用不同的语言和方言。[31]这里亚洲是指多个民族，中国是其中最大的，菲律宾和日本分别排第二和第三。菲律宾人是唯一以英语为主的亚洲人；像西班牙裔一样，大多数亚洲人喜欢用自己语言的媒体。亚裔美国人最常说的语言是汉语、韩语、日语和越南语。

尽管这种亚文化有多样性，一个有助于描述亚裔美国人亚文化的统一因素就是强调家庭的重要性。最近的一项调查发现，54%的亚裔美国人认为成功的婚姻是生活中最重要的事情之一，相比之下，所有美国人中只有 34%是这样认为的。然而，“家庭”还包括祖父母、阿姨和叔叔等；这些消费者与其他家庭成员住在一起的可能性是普通美国人的 2 倍。[32]

宗教亚文化

在美国，近年来，宗教和精神主题在流行文化中频频出现，例如梅尔·吉布森(Mel Gibson）的票房非常成功的电影《基督受难》（*The Passion of the Christ*）、小说《达·芬奇密码》（*The Da Vinci Code*）以及百老汇喜剧《摩门经》（*The Book of Mormon*）。[33]曾经避免涉及宗教内容的主流营销者也开始主动接近教会成员。

你不必加入某个有组织的宗教来“崇拜”产品。一项关于苹果电脑的品牌社群的研究表明，宗教主题已渗透到日常消费生活，特别是“崇拜产品”（cult products)。苹果公司早在几年前就放弃了 Newton PDA，但是许多热心的消费者仍然保持着对它的热情。通过研究网络聊天室里关于产品的记录，研究者发现，许多信息包含超自然的、宗教和神话的主题，包括神奇的效果和品牌的存活以及品牌创始人的回归。最常见的帖子是关于废弃的 Newton 电池奇迹般复活的事情。下面是从故事里摘录的一段话，它发布在论坛“另一个电池的奇迹”的标题下：

> 我收到的 2100 电池看起来已不能工作，外表焦糊，除了扔掉，似乎没有别的用途了。但是，当我充电时，我拔下适配器的插头，直到提示重新使用电池，然后再插上，指示器显示“充电”……几分钟后，电池充电指示灯开始从左到右亮起，10 分钟内就充满了电……我又使用了大约 4 小时，也没有出现任何问题，奇怪，这是另一个 Newton 电池的奇迹。保持忠诚吧。[34]

除了有组织的宗教，许多其他类型的群体也为消费者提供类似的功能。实际上，他们可能是松散地遵循宗教原则。Weight Watchers 是世界上最大的减肥支持小组，同样遵循**精神治疗模式**（spiritual-therapeutic model)，即使它是一项有利可图的业务。[35]

有组织的宗教和消费

营销人员没有广泛地研究有组织的宗教，可能是因为许多人都认为它是禁忌的主题。[36]一位研究主管指出："宗教、性别和政治，是我们永远都不应该谈论的三个禁忌话题。"[37]世界各地的宗教情感各不相同，如果营销人员违反其他文化中的禁忌主题，可能会导致大麻烦。这里有些例子[38]：

- 在美国超级碗大赛期间，多力多滋和百事可乐组织的"冲击超级碗"比赛挑战中的获奖作品就像广告一样得到广泛传播。其中一个作品引起了很多争议：它展示了一个"牧师"通过在圣坛上提供多力多滋和百事可乐，成功地带来了新的教区居民——一些天主教徒将此解释为嘲笑宗教的圣体仪式（以前被称为圣餐）。有份请愿书发给了天主教组织，让其敦促百事可乐公司不要批准这个被称为"严重的亵渎"的作品。最后该作品没有入选，百事可乐公司将其从比赛网站上数以千计的作品中删除了。但是，视频的创作者在 YouTube 上发布了这个视频，产生超过 100 000 次的观看次数。
- 立顿的一个广告在戛纳赢得了最负盛名的金狮奖，但该公司由于面对很多反对的声音，不得不拒绝这一荣誉。广告被认为嘲笑天主教会，因为它显示了一个人站在参加圣餐仪式的队伍中，手里端着一碗洋葱。
- 李维斯牛仔裤在伦敦制作的广告展示了一个年轻人从药剂师那里买避孕套，然后将避孕套藏在他牛仔裤的小侧袋里。当他与女朋友约会时，发现女朋友的父亲就是那个药剂师。这个商业广告在英国人受欢迎，但意大利和西班牙的天主教徒一点都不喜欢这个广告。[39]

虽然偶然会有失误，但很明显，宗教的饮食或着装要求的确会为部分产品创造需求。例如，在 600 万购买了目前市场上的 86 000 种犹太产品的消费者中，不到 1/3 是犹太人。基督复临安息日会和伊斯兰教信徒也有相似的饮食要求，而其他人只是认为犹太食品的质量更高。事实上，只有 15%的人购买犹太产品是出于宗教的原因。这就是为什么一些美国最大的制造商，如 Pepperidge 农场，提供了犹太产品的多种选择。[40]

重生消费者

主流教会最近在积极地推销自己。在美国有大约 1 600 个**大教会**（megachurches），每个教会每周为 2 000 名或更多的宗教团体成员提供服务（有些实际上吸引了超过 2 万名成员）。[41]正如教会营销顾问指出的："婴儿潮一代认为教会就像超级市场。他们想要有多种选择、选择权和便利性。想象一下，如果在美国，西夫韦超市每周只开一小时，只有一种产品，并且没有用英语解释，那会怎么样。"[42]显然，宗教是个大生意。

在美国，我们追踪大多数关于"重生"基督徒的宗教营销活动，它们遵从《圣经》的书面解释，并承认由于信仰耶稣而得到重生。它们是美国发展最快的宗教派别之一。一家研究公司报告，在美国的 23 500 万基督徒中，约有 7 200 万人说他们得到了重生。[43]

福音运动的力量引起了许多想要接触这些消费者的营销人员的注意；涉及以信

仰为基础的营销策略的营销者包括辉瑞、默克、泰森，以及几家主要的汽车制造商，甚至曲线健身馆。铃木赞助基督教摇滚乐队 Kutless 在全国巡演，以推广其摩托车和 SUV 系列。[44]

针对伊斯兰教信仰者的营销

到 2030 年，穆斯林人口将超过全球人口的 1/4；在同一时期，分析人士预计美国穆斯林人数将增加一倍以上。如果移民模式和穆斯林相对较高的出生率持续下去，专家预测，美国的穆斯林移民数量将从 260 万人增加到 620 万人。在几个欧洲国家，预计穆斯林人口将会超过该国总人口的 10%。[45]这是一个应该认真对待的消费者市场。[46][47]

许多大公司正在采取措施向消费者保证它们的所有产品（不仅仅是食品）通过官方认证是合法的。比如，高露洁棕榄声称它是在马来西亚获得牙膏和漱口产品清真认证的第一家国际公司。一些漱口水中可能会含有酒精，根据清真准则会被禁止。高露洁的产品现在都带有清真标志，该标志也被显示在公司的电视广告上。[48]

家庭和年龄亚文化

我们已经了解到亚文化的身份围绕着共同的经验和观点。这就是为什么对于营销人员来说，考虑消费者的出生背景和他们的家庭结构非常重要。年龄和家庭有助于塑造人们的经验、需求和偏好。在本节中，我们将快速浏览家庭结构，然后深入探讨年龄亚文化，以了解这些身份如何影响消费者行为。

家庭结构

家庭规模取决于教育水平、生育可控性和宗教等因素。人口统计学家将**生育率**（fertility rate）定义为每千名育龄妇女每年分娩的婴儿数。营销人员密切关注人口的出生率，以评估未来出生模式将如何影响产品的需求。

大规模的调查显示，今天在世界范围内许多妇女想要小家庭。讽刺的是，虽然在一些欠发达地区存在人口爆炸，但工业化国家未来将面临危机，因为只有相对较少的年轻人来赡养老年人。为了使人口水平保持不变，生育率必须为 2.0，这样的话，两个孩子就能够代替他们的父母。但这不会在生育率为 1.4 或更低的西班牙、瑞典、德国和希腊等地发生。作为一个基准，美国的生育率是 2.1，2007 年美国出生的婴儿比历史上任何其他年份都要多，但这个数字更多反映出的是育龄妇女人数的增加。[49]

大家庭（extended family）是以前最常见的家庭结构，三代同堂，常常包括祖父母、阿姨、叔叔和表兄弟。而所谓的**核心家庭**（nuclear family）则是由父母和一个或多个孩子（有时还会将宠物计算在内）组成，在美国核心家庭的数量远远超过大家庭。

然而，美国人口普查局认为所有被占用的住房单位都可以看作一个**家庭**（household），而不管居住者之间的关系如何。因此，一个人独自生活、三个室友或两个恋人（无论是直男还是同性恋）都可以构成一个家庭。

家庭结构不断演变，营销人员需要重新审视他们所珍视的假设[50]：

● 今天美国的出生率是 1960 年的一半；少于 1/4 的人的年龄小于 18 岁。生育率已从 20 世纪 70 年代的 3 下降到现在的 2.1。

● 美国近一半的 25～29 岁的女性尚未结婚，1986 年这一年龄组的人群大约占 1/4。1950 年，第一次婚姻的男性平均年龄为 23 岁，女性平均年龄为 20 岁。生育率下降的一个原因是今天抚养一个孩子真的很贵（如果你不知道的话）；据美国官方估计，将一个孩子抚养到 18 岁平均将要花费中产阶层夫妇 241 080 美元。当然，这还没有计算大学的成本。育龄妇女把自己定义为无子女（voluntary childless）的百分比正在上升。40～44 岁年龄段的妇女有 20%没有孩子，是 30 年前的 2 倍。无子女夫妇对一些公司来说是有吸引力的细分市场（但显然对其他公司来说不是，如婴儿食品公司）。所谓的**丁克**（DINKS）（双收入，没有孩子）夫妇平均受教育的程度高于有孩子的双收入夫妇。根据美国人口普查局的数据，30%的无子女夫妇是两个大学毕业生，相比之下，只有 17%有孩子的夫妇两人都是大学毕业生。许多无子女的夫妇不被一个以孩子为导向的社会接受。近年来，他们组成了诸如 Childfree by Choice 等网络组织来支持这种生活方式的决定。

● 在美国，女性遵循传统的婚姻路径，然后生孩子的可能性受到了社会阶层的强烈影响。虽然 90%有大学学历或更高学历的美国女性结婚了，但有 57%高中或以下文凭的女性在生育第一个孩子时还处于未婚。这些未婚母亲超过 1/4 会与一个不一定是他们孩子亲生父亲的伴侣住在一起。**同居**（cohabitate）（并未结婚）伴侣的数量从 1996 年的 290 万增加到 2012 年的 780 万。

● 在美国，孩子大学毕业后更有可能住在家里，而不是拥有自己的地方。人口统计学家称这些回返者为**回力棒孩子**（boomerang kids）（你把他们扔出去……他们却不断回来）。在今天萎缩的就业市场中，许多年轻人被迫重新定义大学毕业就意味着靠自己独立生活的假设。大约 40%的 25～29 岁的成年人现在与他们的父母一起居住。

● 许多成年人照顾自己的父母同时还要照顾孩子。事实上，美国人平均要花 17 年照顾孩子，要花 18 年赡养他们的老年父母。[51]有些人给中年人贴上**三明治一代**（Sandwich Generation）的标签，因为他们必须照顾他们的上一代以及下一代。随着家庭生活安排的改变，房地产商需要提出新的房屋占用空间方案，使房子可以容纳回力棒子女、老龄化的父母和单身人士。Lennar 是美国最大的房地产商之一，其解决方案被称为“下一代——家中之家”。这种布局提供了一套 3 000 平方英尺的房子，但它还包括一间独立、带卧室的公寓，有自己的入口和车库。[52]

营销人员认识到家庭需求和支出随时间而变化，他们将**家庭生命周期**（family life cycle，FLC）概念应用于细分家庭市场。家庭生命周期将收入和家庭结构的趋势与基于收入的需求相结合。随着年龄的增加，我们的偏好以及对产品和活动的需求往往会改变。20 多岁的消费者对大多数产品和服务的支出都低于平均水平，因为他们的家庭较小以及收入较低。他们的收入水平往往会随着时间提高（至少到退休前），这样就可以负担得起更多的费用。老年消费者对奢侈品如美食和高档家居用品的人均消费更多。此外，我们倾向于积累耐用商品，如大型家电，并且只有在必要时才会更换。

研究家庭生命周期的方法假定关键事件能够改变角色关系，并触发新的生活阶段，这会改变我们优先考虑的事情和品牌忠诚度。[53]除了第一个孩子的出生之外，其他关键事件包括最小的孩子离开家、配偶死亡、主要工资收入者退休和离婚。

随着人们经历不同的生活阶段，我们对娱乐、食品、耐用品和服务的支出通常都发生了重大变化。[54]我们将其中一些变化归因于功能性的需要，而其他一些变化则反映出更深层的动机，因为我们从一个角色转换到另一个角色。例如，研究人员发现，新手妈妈在怀孕和分娩后，她们的自我概念发生了深刻的变化；这些变化影响到她们用来反映她们新身份的产品类型。[55]

多年来，研究人员提出了几种模型来描述家庭生命周期阶段，但效果都不理想，因为他们大多未能把重要的社会趋势考虑在内，如女性角色的变化、非传统生活方式的加速、没有孩子以及晚育和单亲家庭。我们需要关注四个变量来充分描述这些变化：

1. 年龄；
2. 婚姻状况；
3. 家里有没有孩子；
4. 如果有孩子，孩子的年龄。

今天，我们必须放宽对婚姻状况的定义，将一段长期恋爱关系中生活在一起的情侣也算作一种婚姻状况。因此，虽然我们可能不会考虑室友是不是已婚，但为了营销目的，我们将会对两个同性恋的男人或同性恋的女人与一男一女组成家庭作同样的理解。当我们更新了观念，就会区分一系列包括多种类型的家庭状况。[56]据此，对消费者进行分类，以便观察他们不同的消费模式：

- 年轻的单身者和新婚夫妇是最有可能进行锻炼的；他们可能会去酒吧、音乐会、电影院和餐馆，并且会喝酒。虽然20多岁的人在美国所有家庭消费中所占的比例不到4%，但他们在服装、电子产品和汽油等领域的支出都远高于平均水平。[57]
- 有幼儿的家庭更有可能消费健康食品，如水果、果汁和酸奶；那些由单亲和较大孩子组成的家庭会购买更多的垃圾食品。房子、汽车和其他耐用品的货币价值对于单身者和单亲来说是最低的，但随着人们经历空巢和无子女的阶段，这些物品的货币价值就会增加。
- 部分是因为他们收到的婚礼礼物，美国新婚夫妇最可能拥有的电器是烤面包机和电动咖啡研磨机。当然，单亲家庭和空巢家庭对保姆和日托中心的使用率最高，而老年夫妇和单身人士最有可能雇用上门维护服务（例如割草）。

年龄群体

消费者成长的年代使他们与其他同时代的人产生了共同的文化纽带。随着年龄增长，为了与同龄人保持一致，我们的需要和偏好会相应发生变化（尽管部分人并不真的认为自己会变老）。正因为如此，消费者的年龄对他们的身份有着重要的影响。在其他条件相同的情况下，我们更有可能与同龄人而非年长或年幼的人有共同点。这些相似点就可以为营销者创造机会（可向任何社交媒体的总经理求证）。[58]

年龄群体（age cohort）由具有相似经历的、年龄相仿的人组成。他们有许多共同的文化偶像，而且共同经历了重要的历史事件（如中国的改革开放和住房改革)。虽然没有被广泛接受的方法来划分年龄群体，但当我们提到“我们这一代”的时候，每个人似乎都能心领神会。营销者通常为特定的年龄群体设计产品和服务：我们的财产可以帮助识别与我们年龄相仿的人，还可以表达出我们在每个生活阶段的需要和优先考虑的事情。[59]

尽管分析师在描述年龄群体时，似乎都能达成共识，但他们划分消费者世代的标签和时期是主观的。以美国为例[60]：

- **美国内战一代**（Interbellum Generation）——在 20 世纪初期出生的人群。
- **沉默的一代**（Silent Generation）——在两次世界大战期间出生的人群。
- **战争婴儿代**（War Baby Generation）——在第二次世界大战期间出生的人群。
- **婴儿潮一代**（Baby Boom Generation）——在 1946—1964 年间出生的人群。
- **X 世代**（Generation X）——在 1965—1985 年间出生的人群。
- **Y 世代**（Generation Y）——在 1986—2002 年间出生的人群。
- **Z 世代**（Generation Z）——在 2003 年及之后出生的人群。

儿童：培养中的消费者

迪士尼估计北美婴儿市场，包括婴儿食品等日常必需品，每年价值 363 亿美元。在美国经营 580 家产科医院的迪士尼婴儿计划的代表访问新生儿的母亲，并向她赠送一套免费的迪士尼连身衣，该产品与传统的连体衣有所不同。该代表除了提供示范，还要求这位母亲注册来自 DisneyBaby. com 的电子邮件。正如一位公司高管所观察到的，“让妈妈在她的宝宝出生之前就考虑家庭的第一个公园体验是一个全垒打。”[61]

在第 4 章中，我们讨论了人们如何学习成为消费者。众所周知，这个过程始于年龄很小的时候。父母经常用产品奖励孩子，或者是把东西带走当作对孩子的惩罚。这种**物质教养**（material parenting）方式塑造了孩子的行为。最近的一项研究发现，那些被父母用产品塑造行为的孩子在成年后更有可能变成物质主义者。[62]

显而易见的是，孩子们代表的是玩具、服装甚至电子产品的巨大市场；超过一半的 8～12 岁的孩子有自己的手机，还有许多专门为他们设计的平板电脑。[63]然而，孩子们还在许多其他家庭购买决策中发挥了重要的作用。当父母向孩子的请求“投降”时，就出现了**父母屈服**（parental yielding）。[64]父母屈服催生出许多产品选择，因为这些请求中有 90%针对特定品牌。研究人员估计，儿童直接影响美国一年中价值 4 530 亿美元的家庭购买。研究报告称，一般而言，孩子们在与父母一起购物时，每 2 分钟就有一次购买请求。[65]基于孩子们对购买决策产生的影响，巴特沃斯太太果汁（Mrs. Butterworth's Syrup）品牌推出 600 万美元的广告活动，公司利用幽默广告直接吸引儿童。一位负责此广告工作的主管解释说：“我们需要创造唠叨因素（孩子们嚷嚷着让父母为他们购买产品）。”[66]

Y 世代和 Z 世代

从 1956 年开始，“青少年”（teenager）一词开始进入美国的大众词汇。信不信由你，青少年（通常指 13～19 岁）是一个相当新的概念。在历史上的大部分时期，一个人只是简单地完成从儿童到成年的过渡，孩子们在结束少年时期后，通常会结婚或者是开始自己的家庭生活（当然，预期寿命也短很多）。

1944 年美国《十七岁》（*Seventeen*）杂志创刊，因为它的创刊人发现，现代的年轻女性并不愿意成为妈妈的小复制品。伴随着第二次世界大战，身处反叛和保守的矛盾之中的青少年引起社会的关注。典型例子是梳着油光头发、标志性地扭胯的“猫王”埃尔维斯·普莱斯利和一贯穿着白鞋、保持健康形象的帕特·邦（Pat Boone）之间的鲜明对比。[67]

全球青少年市场巨大，代表了大约 1 000 亿美元的消费力量。多数花费在“感觉良好”的产品上，如化妆品、发帖子和快餐，偶尔还会买鼻环或耳环。因为青少年对不同的产品感兴趣，并且有能力获得不同的产品，许多营销者都热衷于设法获得这个市场。

众所周知，青春期既可以是最美好的时期，也可以是最糟糕的时期。在一个人由儿童成长为成年人的过程中，往往会发生许多令人兴奋的变化。这些变化带来了许多对于自我的不确定性，产生了归属需要，以及在压抑时找到自己独特的身份的需要。在这一时期，我们对活动、朋友和服饰的选择至关重要。年轻人从他们的同伴和广告中积极地寻找“正确”的表现行为方式。针对年轻人的广告通常是行为导向的，例如，描绘一群使用其产品的时尚年轻人。

这个年龄段的年轻消费者有许多需要（其中包括一些相互冲突的），例如体验、归属、独立、责任以及被认可等。产品的使用是年轻人满足这些需要的重要途径。例如，许多孩子把吸烟看做一种有身份的举动，因为在他们看过的许多电影当中，吸烟被看做非常荣耀的。在一项研究中，一部分 9 年级学生观看有吸烟镜头的电影，而另一部分学生观看删除这些吸烟镜头的电影。结果当那些年轻人看到吸烟镜头时，他们对吸烟者社会地位的认知和吸烟的动机果真提高了（值得庆幸的是，如果学生们在看到这些电影之前先观看了反吸烟广告，则不会产生上述结果）。[68]

每种文化背景下的年轻人在从儿童变成成年人的过程中，都要与一些基本的发展问题作斗争。古往今来，年轻人总是需要应对不安全感、父母专制和同辈压力等问题。例如，根据 Teenage 研究公司的研究，现在的美国年轻人要面对的五大社会问题是：艾滋病、种族关系、虐待儿童、堕胎和环境问题。此外，还要面对额外的家庭责任问题，特别是当他们生活在一个非传统的家庭里时，要承担购物、做饭和家务的责任。在现代社会中做一个年轻人是一项苦差。盛世长城广告公司的研究发现，现在的青少年通常要面对四种基本冲突：

- **独立和归属**（autonomy versus belonging）。青少年需要独立，所以他们试图把自己从家庭中解放出去。另一方面，他们需要为自己找到一种依靠，比如通过同伴来避免孤独。
- **反叛和服从**（rebellion versus conformity）。青少年有反叛社会关于外表与行为的规范的需要，但他们同时需要被社会和他人接受。他们欣赏那些可以树立叛逆形象的“脸面”（in-your-face）产品。
- **理想主义和实用主义**（idealism versus pragmatism）。青少年往往把成年人看做伪君子，而把他们自己看做真诚的人。他们要设法努力让自己认为的“这个世界应该怎样”的观点与所感知到的现实世界相协调。
- **自恋和关爱**（narcissism versus intimacy）。青少年经常为自己的外表与需要着迷。但是他们又感到必须与他人在一定程度上交往。[69]

这些需要往往是冲突的，有时会令人很不愉快（没有什么比青少年理了个不好看的发型更糟糕）。最近一项研究探究了“嘲笑”的作用，它成为一种青少年交换消费规范和价值观信息的机制。研究人员发现，通常在中学早期，青少年利用嘲笑来排斥、憎恨或警告那些违反消费规范的同学。这一痛苦过程的结果是，他们内化了他们渴望群体和规避群体的刻板印象（见第11章），并且从根本上改变他们的消费模式，从而与前者保持一致，与后者拉开距离。例如，在研究过程中，一个孩子在遭到同学的嘲笑后，很快用一双更加有型的黑色运动鞋替换了一双白色运动鞋。[70]

Z世代

Z世代（Gen Z）描述了出生于20世纪90年代末21世纪初的孩子，他们将在这几年内开始进入大学。这是21世纪的第一代，也是我们经历过的最多样化的一代：在美国，55%是白人，24%是西班牙裔，14%是非裔，4%是亚裔。许多人都有来自其他种族和民族亚文化的朋友，他们认为这是正常的。他们习惯于模糊性别角色。当然，他们是“数字化居民”，他们花大量的时间在线，所以他们希望品牌能与他们进行双向数字对话。

营销人员刚刚开始弄清楚这一新的年轻消费群体将会是什么样子。美国的这些孩子在经济危机期间长大，他们不太可能相信这是一个理想化的、无忧无虑的世界。他们倾向于独立，喜欢像Free People这样的品牌店，而不是Abercrombie & Fitch。[71]他们通过社交媒体了解全球各地的新款式，也在家里观看《饥饿游戏》（*The Hunger Game*）或听韩国流行音乐。他们的偶像是一些“网红”，如瑞典视频制作人PewDiePie，他拥有全球最多订阅量的YouTube频道。

Y世代

百事可乐公司在最近的一次品牌改革中，直接瞄准美国的**Y世代**（Gen Y）新的笑脸标志符号。从“你就是百事一代”的品牌标语到“下一代”，再到“新世代的选择”，年轻人一直都是百事可乐的活力之源。不过，在过去几年中，这个活力之源开始枯竭，因为年轻人被能量饮料和强化水吸引了。公司调研表明，这个被贴上**“千禧世代”**（Millennials）或**“回声潮”**（Echo Boomers）世代标签的年轻群体是公司的希望所在。他们大部分人认为积极的生活态度很重要。百事可乐公司还发现，95%的千禧世代对“变化”一词有积极的联想，他们常将之与“新的”、“进步”、“希望”和“兴奋”联系在一起。[72]

出生于1986—2002年之间的美国人已构成美国近1/3的人口。他们每年花费1 700亿美元自己的或父母的钱。他们是重视自由又喜欢窥视的“杂技演员”。盛世长城广告公司把这种新的生活方式称作**连通性**（connexity）。为了帮助千禧世代感到相互联系，苹果和飞利浦等公司开发了微型装置，如iPod和MP3钥匙链，用来存储音乐和图像——孩子们直接把它们插入USB接口就可以上传或下载了。当日本丰田公司开发一款针对年轻人的塞恩汽车时，研究者发现，回声潮们几乎都住在车里；例如，1/4的Y群体在车上都备有一整套衣物。因此丰田公司将塞恩汽车设计成流动的家：驾驶者课间可以在充分倾斜的前座上打个小盹，还可以在15伏特插座上插上电脑电源。[73]

这个世代的美国消费者喜欢索尼、苹果等品牌。然而，当许多营销人员试图跟上Y时代口味变化的时候，他们陷入了困境。这种做法可能会很困难，因为这些消费者喜欢不断地变化，也就是说，他们会在高档品牌和比较便宜的品牌之间波动。这有助于解释为什么路易威登和塔吉特都被列为他们最喜欢的品牌。[74]另一个问题是服装对这个年龄群体已经不再那么重要；诸如少女装品牌 Wet Seal 和 Hot Topic 这样的以青年为导向的连锁店已经破产，因为技术已经取代了服装，成为时尚的象征。正如一位杂志编辑观察到的，“你试图让他们讨论下一个潮流是什么，会对购买什么服装感到兴奋，但对话总是回到 iPhone 6 手机。有一部很酷的手机，显示你已经在很大程度上融入了流行时尚，它是当今时代的重要内容。”[75]

一家研究公司分析了数百万千禧世代青少年的数据，发现有三个主要力量塑造他们的生活经验：

1. **经济**（economy）。公司确定了一个有抱负的市场。特别是女性似乎非常了解她们的“自我品牌”，并努力通过服装和家居装饰投射出她们的专业形象。男性倾向于在科技、游戏和体育上花费大量的时间和金钱。然而，这样的千禧世代只是少数。许多人陷入“经济炼狱”；他们被过度教育但却没有充分就业，通过与室友一起生活，以及剪下优惠券来节约度日。然而，即使这个节俭的群体也认为智能手机等技术是生活中必不可少的。

2. **全球化**（globalization）。千禧世代渴望体验其他文化，但方式不同。讽刺的是，在美国，那些因为就业不足对当前工作投资较少的人更有可能去外国旅游。实际上许多喜欢美食的人都期望把“美食家”作为自己的职业，他们喜欢光顾那些供应异国美食的餐馆，这样就可以间接积累这些国外的经验。

3. **社交媒体**（social media）。Y世代不断地受到公众监视，因为每一个新的职位或状态的更新都暴露出他们自己正在从事的事情。一些人被报告称为“精力充沛者”，指的是那些热衷发帖、不断写博客记录自己经历的人。但是，大多数人是“收藏家”，他们被动吸收别人的经验。[76]

不同于他们的父辈和年长的兄弟姐妹，Y世代的价值观念相对传统，他们倾向于融入而不是反叛。他们在文化适应过程中强调团队合作——合作教学、团队评分、协作体育、社区服务等。美国青少年的暴力犯罪率下降了60%～70%。吸烟、喝酒、早孕的现象减少，处于历史最低点。一半的Y世代说他们相信政府，几乎所有人都信任双亲。[77]

我们已经讨论过网络世界在消费者生活中的重要性，对年轻人而言更是如此。千禧世代是伴随家庭计算机和500个电视频道长大的第一代。他们是多重任务者（multitaskers），使用手机、从网上下载音乐和即时信息。他们在家完全是“拇指文化”（thumb culture），每个人都通过网络和手机进行沟通。

在美国的Y世代亚文化中，大学生是一个特殊的细分市场。今天在美国有超过2 100万名大学生，他们每年花费1 630亿美元购买非必需品。其中，约500亿美元用于购买食品，310亿美元用于汽车支出，以及超过180亿美元用于服装和鞋类。意料之内的是：大学生都喜欢小型设备。他们平均拥有6.8台设备，包括笔记本电脑、智能手机和视频游戏机。虽然他们在社交媒体上花了大量的时间，但是约1/3的人说他们会尽量避免这些网站上的广告。他们更愿意通过试用产品样品和参加赞助活动与品牌建立联系。[78]

X 世代

X 世代（Gen X）是由出生于 1965—1985 年之间 4 600 万美国人组成的。这个群体的名称来自道格拉斯·卡布兰的最畅销小说《X 世代：文化加速的传说》。由于孤僻和慵懒，他们也被称为“懒惰者”或“生育率骤降期出生者”。这种刻板印象在流行文化（如电影《独领风骚》和马里兰·马森乐队）中广为普及。[79]

一些广告人试图精心制作信息，希望善于处世的 X 世代不会厌烦，但效果并不明显。原因是这些广告大部分参照《吉列根的小岛》（*Gilligan's Island*）之类的电视剧，或者表现头发蓬乱、反戴球帽、无所事事的棒球队员。这些广告让许多人扭头就走。斯巴鲁曾创造过这样的广告，画面展示一个穿着随意的年轻人将翼豹模型描述为“像朋克摇滚”，并谴责这个比赛“无聊、商业化”。该广告没有取悦它的目标受众，斯巴鲁最终求助于广告代理商。

今天，X 世代已经长大了，实际上，这一代的成员忠于许多文化变革的产品和公司，如谷歌、YouTube 和亚马逊。正如一本书总结的，X 世代拯救了世界，无论 X 世代遇到什么困难，他们都仍然保持乐观。[80]

成熟消费者市场

玻尿酸是一种减少皱纹的皮下注射产品，时下很流行。生产这种产品的公司决定顺应新媒体的发展趋势，第一时间向消费者直接宣传。公司推出一个全媒体广告促销活动，因为它知道许多中年消费者都熟悉新媒体技术。首先，通过传统的电视画面表现女性使用产品前后的效果，同时这位女性还谈论在她使用该产品后，男性对她的回头率增加了。其次，在 YouTube 上播放一个视频短片，看起来像是在 50 岁的妇女的生日聚会上拍的。在她儿子制作的生日视频中，妈妈与一个年轻的男人在沙发上嬉戏。观看者不知道这个短剧是广告，直到最后 15 秒才知道。最后，利用《美国辣妈》比赛，比赛规则是参赛者将视频提交到网站，获奖者可以获得现金，免费使用产品一年，并且得到模特公司的面试。[81] 如今，美国辣妈的形象不再是琼·克莉弗（June Cleaver），她是老电视节目《反斗小宝贝》中描述的理想的母亲形象。实际上，成熟消费者的面孔不断变化，其中有些并不再像以前那么成熟了。

婴儿潮一代

婴儿潮（Baby Boomer）一代指的是第二次世界大战结束后到 20 世纪 50 年代和平时期出生的美国人，这一时期美国经济强大而稳定。通常来说，当人们对世界上的事情感到自信时，他们更有可能决定生孩子，所以这是一个产房激增的时期。作为 20 世纪六七十年代的青少年，在政治和消费者态度上都引发了一场革命。随着年龄的增长，他们推动了言论自由运动、20 世纪 60 年代的嬉皮士、20 世纪 80 年代的里根经济学和雅皮士等文化事件。虽然现在他们年纪大了，但仍然影响着流行文化。

正如玻尿酸运动所表明的，这一代人比他们的前辈更为活跃、身体更加健康；婴儿潮一代参加各种体育活动的人比全美国平均水平高出 6%。[82] 此外，婴儿潮一代现在处于他们的收入高峰期。正如一个广告说的那样，“尖酸刻薄地逃避现实的一代正是变得温和以适应社会”。一项研究发现，大多数婴儿潮一代都想用品牌创造“惊喜和高兴”。特别吸引他们的产品包括家用清洁产品、咖啡机、有机食品和乔氏连锁超市（Trader Joe's）。[83]

人口学家把婴儿潮一代分成两个子群：“前沿”婴儿潮一代，出生于 1946—1955 年之间，在越南战争和民权运动期间长大；“后缘”婴儿潮一代，出生于 1956—1964 年之间，在越南战争和水门丑闻事件之后长大。经济危机对后缘婴儿潮一代的影响要大于前沿婴儿潮一代。相对较年长的群体较少受到大学学费和抵押贷款等支出的负担压力，因此，尽管过去几年经济状况不佳，他们仍然可以购买更多的自由支配产品，经验更丰富。[84]

要了解中年消费者对经济的影响，需要考虑以下因素：在目前的支出水平下，35～54 岁的家庭人口每增加 1%，就会导致消费支出增加 89 亿美元。但是，讽刺的是，大多数营销人员忽略了这个非常重要的群体：例如，虽然婴儿潮一代的支出只占大众消费品（CPG）消费额的 38.5%，但尼尔森公司估计，目前只有 5%的广告资金用于 35～64 岁的成年人。尼尔森的研究表明，在 1 083 个大众消费品类别中，婴儿潮一代使用的产品占据 1 023 个，并且他们每天会观看 9.34 小时视频，超过其他任何细分市场。他们也是所有电视观众、网上用户、社交媒体用户和推特用户的 1/3，并且更大可能拥有宽带上网。正如尼尔森公司 CEO 所说，“市场营销人员倾向于认为婴儿潮一代越来越接近退休年龄，他们只会变得越来越冷静和安静，但这不是事实。我们从行为数据中可以看出，这些人在一段很长的时期内都将是活跃的消费者。他们将会变得更健康，尽管现在为退休一族提供的产品都不美观，但他们将会变得更富裕。他们在很长一段时间内将会是一个重要的细分市场”。[85]

老年人

一个老妇人正独自坐在她那昏暗的公寓里，此时电视里播放着肥皂剧。每隔好几天，她才用她那患有关节炎的手缓慢吃力地打开上了三重锁的门，冒着风险去街角的商店购买诸如茶、牛奶和米面之类的必需品，而且总是挑选最便宜的品牌。大多数时候，她都是坐在摇椅上，悲伤地怀念她去世的丈夫和她曾经拥有的美好的时光。

这是你对一个典型老年消费者的印象吗？直到目前为止，许多市场营销人员确实是这样认为的。因此，他们大多狂热追求年轻人市场而忽略了老年人市场。然而，随着人口老龄化以及人们越来越健康长寿，情况正在发生变化。很多企业开始改变它们对贫穷隐居者旧的刻板印象。观念越更新，就越能准确地树立老年人的活跃的形象，他们对各种事物很感兴趣，他们是愿意以及能够购买许多商品和服务的热情消费者，并且多年来都对喜爱的品牌保持强烈的忠诚。

联合国认为 60 岁以上的人口是全球增长最快的，现在已有 7 亿人，到 21 世纪中期将会有 20 亿人。到 2030 年，美国 20%的人口将超过 65 岁。[86]到 2100 年，我们中有 500 万人至少活到 100 岁。[87]我们中没有人能够看到那一天，但是我们可以看到**老年人市场**（senior market）的作用。在美国，年长者控制着可自由支配收入的 50%以上。全世界年龄在 50 岁以上的消费者每年消费超过 4 000 亿美元。[88]我们健康长寿的主要原因是更健康的生活方式、不断改善的医学诊断和治疗技术，以及不断改变的对老年人适当行为的文化期望。

越来越多的老年人过着比我们想象中更积极、更多元化的生活。近 60%的老年人参加志愿活动，65～72 岁的老年人中有 1/4 仍在工作，超过 1 400 万老年人照顾他们的孙辈。[89]同样重要的是，收入本身并不能代表老年人的消费能力。老年消费者已经完成了很多制约着年轻人收入的经济负担。80%的 65 岁以上的老年消费者拥有自己的住房。此外，老年人已无须承担养育子女的费用。正如广受欢迎的保险杠贴纸自豪地宣称的，“我们正在花孩子的遗产!”一些重要的领域包括运动设施、游轮和旅游、整容手术和皮肤护理，以及提供学习机会的图书和大学课程，都从老年人市场获利。

研究证明，年龄是心理而非生理状态，这是一种大众智慧。一个人的精神状态和活动水平与寿命和生活品质有极大关系，而与年纪，即生理上的实际年龄关系不大。这也就是为什么一个人的**感知年龄**（perceived age），或者感觉上的年龄是更好的衡量标准。研究者通过几个维度来测量感知年龄，包括“感觉年龄”（他认为自己多大）和“样貌年龄”（他看上去多大）。[90]消费者年纪越大，相对实际年龄，他们会觉得自己更年轻。

一项研究调查了研究者所谓的**消费者身份复兴**（consumer identity renaissance）：这是指对人们退休后的身份重新定义的过程。研究确定了两种不同类型的身份复兴：振兴（以前身份的振兴）或突现（追求完全新的计划）。虽然许多退休者必须面对专业身份、配偶等的失去，但他们中的许多人都致力于前进。他们通过多种方法已达到目标，包括与家人和朋友（在很多情况下是在网上）重新联系，以及自我表达。后一种方法可能需要重新参加他们年轻时没有时间充分追求的活动，学习新技能，或者可能进入城市地区重新参加文化活动。[91]

地域亚文化

地理人口学（geodemography）是指将消费者支出和其他社会经济因素与人们居住地的地理信息相结合，以识别那些具有共同消费模式的消费者的分析技术。这种方法基于一个假设，即“物以类聚”，具有类似需求和品味的人也倾向于在地理空间上靠近彼此，所以应该可以找到志同道合的人的“钱袋”，营销人员可以通过成本更低的直接邮寄和其他方法接触到他们。例如，想要接触那些受过大学教育并且在财务上倾向保守的白人单身消费者，营销人员可能会发现相比邮寄到美国马里兰州或加利福尼亚州的邻近地区，将目录邮寄到邮政编码 20770（Greenbelt，MD）和 90277（Redondo Beach，CA）的地区更有效，因为那些地区显示出有这类特征的消费者较少。

一种流行的聚类技术是尼尔森公司开发的 PRIZM 系统。该系统将美国邮政编码分成 66 个类别，范围从最富裕的“名门地产”到最贫穷的“公共救济”。如果一个人住在美国恩西诺（邮政编码 91316），则她是南加利福尼亚州“有钱、有智慧”的居民。而生活在谢尔曼奥克斯（邮政编码 91423）的人则是“年轻的、有影响力的”。

不同集群的居民在从年金到保鲜袋等产品消费上显示出明显的差异。如表 13－1

所示，两个群体的消费模式显著不同。[92]

表 13-1　　两个不同的年轻导向的 PRIZM 细分群体比较

4 号细分市场：年轻的电脑专家	24 号细分市场：后起之秀
精通技术的消费者，生活在时尚的城市社区，那里有健身俱乐部、精品店和啤酒	年轻的中产阶层单身人士，处在结婚和建立家庭之前的过渡阶段，主要生活在中等规模的城市，包括许多大学毕业生，刚开始接触体育活动、技术和夜生活
比一般消费者更容易： 在百货店购物 到亚洲旅游 阅读 *Dwell* 杂志 观看独立电影频道 驾驶奥迪 A3	比一般消费者更容易： 从 Priceline. com 上订购 到南美洲旅行 阅读 *Cigar Aficionado* 杂志 观看《南方公园》（*South Park*） 驾驶日产 Altima 混合动力车

资料来源："My Best Segments," Nielsen, http://www.claritas.com/MyBestSegments/Default.jsp?ID=30&pageName=Segment%2Bexplorer, accessed April 21, 2015.

虽然两个不同群体的消费者可以以相同的价格购买产品，但是当我们考虑他们购买的其他物品时，这些相似性就会消失。这些差异提示我们要跨越简单的产品类别购买数据和人口统计特征数据，真正了解市场的重要性（特别是要记住产品互补性的讨论）。例如，"城市黄金海岸"、"金钱与智慧"和"名门地产"社区的人们购买了许多高品质的双筒望远镜，而"谷物带"、"新耕农"和"农业商务"的居民也购买了。不同的是，前者使用双筒望远镜来观察鸟类和其他野生动物，而后者则是为了在捕猎时瞄得更准。此外，鸟类观察者会进行很多次外国旅游，听古典音乐，并举办鸡尾酒会，而猎人们则会乘坐公共汽车旅行，听乡村音乐，参加退伍军人俱乐部。

本章小结

现在你已经读完本章，你应当了解为什么：

1. 消费者身份源于"我们"和"我"之分。

消费者认同许多具有共同的特征和身份的群体，但是这些群体中的一些属性对于我们如何定义自己更为重要。亚文化是社会中存在的大群体，其中的成员可以为营销人员提供关于个人消费决策的有价值的线索。消费者身份的重要来源包括性别、种族/民族、宗教、年龄和居住地。

2. 种族、民族和宗教亚文化成员的身份经常影响日常消费者行为。

一个人的民族血统、种族身份和宗教背景往往是其身份的主要组成部分。非裔美国人、西班牙裔美国人和亚裔美国人是美国三个最重要的族裔群体。接触这些族裔群体成员的关键问题是消费者进入美国社会主流文化的程度，以及承认亚文化群体之间文化差异的重要性。

3. 营销人员越来越多地利用宗教和精神方面的主题与消费者沟通。

对于精神世界的追求会影响产品类别的需求，包括书籍、音乐和电影。虽然宗教认同对消费者行为的影响尚不明显，但一些宗教亚文化之间的差异确实存在。营销人员在使用宗教象征来吸引不同教派的成员时，需要仔细考虑信徒们的感受。

4. 有关家庭的传统观念可能已经过时了。

我们已经认识到亚文化认同围绕着共同的经验和观点。这就是为什么对于营销人员来说，考虑消费者的出生背景和家庭结构是如此重要。年龄和家庭结构能够帮助人们塑造他们的经验、需求和偏好。

5. 我们与同龄人有着很多相同点。

出生于同一时代的消费者有着共同的文化记忆，因为他们属于同一年龄群体，所以他们可能对营销者唤醒这些体验的怀旧诉求作出积极响应。

6. 青少年对营销人员来说是非常重要的细分市场。

青少年正处于从童年到成年的过渡期，他们的自我概念往往是不稳定的。他们易于接受那些有助于自己得到认可和坚持独立性的产品。由于许多青少年有收入却几乎没有经济负担，因此对许多非必需品和表现性产品（从口香糖、时装到音乐）来说，他们是尤其重要的细分市场。由于家庭结构的变化，许多青少年也承担了更多的家庭日常购物和购买决策的任务。

7. 婴儿潮一代是最具有经济影响力的细分市场。

婴儿潮一代由于他们的规模和经济影响力，是最具有影响力的细分市场。婴儿潮一代将继续影响住房、儿童看护、汽车、服装和许多其他产品的需求。

8. 作为一个细分市场，老年市场还没有引起营销人员的充分重视。

随着人口老龄化，老年消费者的需要将越来越有影响力。许多营销者以前都忽略了年长者，因为他们对年长者存在行动迟缓、消费过少的刻板印象。这种刻板印象已不再准确。很多老年人都很健康、精力充沛，并且对新产品和新体验很感兴趣；同时，他们也具有购买力。对这一年龄亚文化群体的营销诉求应该集中在消费者的感知年龄，这往往比他们的实际年龄更年轻。

9. 物以类聚，人以群分，从而形成地域亚文化。

地理人口学是指将消费者支出和其他社会经济因素的数据与人们所居住地区的地理信息相结合，以识别具有共同消费模式的消费者的分析技术。研究人员基于这样的假设：“物以类聚”。当营销人员聚焦于在同一地方居住的具有相似性的消费者的时候，就可以提高营销策略的有效性。

复习题

1. 什么是亚文化？

2. 高语境文化与低语境文化有何不同？试举一例说明。

3. 为什么难以辨别消费者的各种亚文化成员身份？

4. 什么是去民族化？举例说明。

5. 为什么西班牙裔美国消费者对营销人员来说具有很大吸引力？

6. 什么是文化适应？它与文化融合有何区别？

7. 谁是文化适应中介？举两个例子。

8. 描述一个人被当地文化同化的过程。

9. 为什么亚裔美国人是具有吸引力的市场细分？为什么他们是营销人员难以接触的？

10. 宗教亚文化对消费行为有何影响？

11. 什么是核心家庭？它与大家庭有什么区别？

12. 什么是“回力棒”小孩？

13. 什么是家庭生命周期？为什么它对营销人员来说那么重要？

14. 什么是一个年龄组？为什么营销人员对它很感兴趣？

15. Y 世代的孩子与他们的哥哥和姐姐有何不同？

16. 青少年是怎样的？为什么很多营销人员都对他们感兴趣？

17. 为什么一些商业模式可以在富裕且充满活力的老年人市场中获利？

消费者行为挑战

讨论

18. 地理人口学的技术假设，住在同一个社区的居民还会有其他共同点。为什么会做出这个假设？准确率有多高？

19. 宗教群体成员是否应该适应那些制造商使用的旨在提高其世俗产品市场份额的营销技巧？请谈谈你的理由。

20. 描述渐进式学习模型，讨论这种观点为什么对向亚文化群体进行营销的营销人员特别重要。

21. 讨论自愿型无子女运动的好处和坏处。

22. 当营销人员识别并把目标瞄准新近离婚的夫妻时，你认为他们可以利用这些夫妇的处境吗？是否存在你认为对营销人员可能会有帮助的实例呢？举例说明。

23. 基督教的重生团体组织人们抵制他们反感的产品广告，特别是那些他们觉得会破坏家庭价值观的广告。教会领袖可以鼓励消费，但更重要的是，他们也可以阻止消费，有时候影响力巨大。迪士尼公司发现，当美南浸信会投票决定说服其所有成员抵制迪士尼的经营时，这些行动非常有效。很快，其他组织也加入了这一活动。抵制的效果是显著的：迪士尼被迫解雇4 000名员工。宗教团体有权或有责任规定网络应该传播什么样的广告吗？

24. 在美国，广告中出现宗教象征主义，即使有些人反对这种做法。例如，大众汽车法国公司重新推出高尔夫车型的广告，展示了现代版的《最后的晚餐》，其标语为“让我们高兴吧，我的朋友，新的高尔夫已经诞生了”。[93]法国的一群神职人员起诉该公司，现在广告已经从10 000个广告牌上撤下。其中一个主教认为“广告专家告诉我们，广告的目的是使人们感到震惊，因为使用与性相关的主题已经没有效果了。”你同意吗？宗教应该用来销售产品吗？你觉得这个策略是有效的还是冒犯的？如果真的有效的话，应该什么时候和在哪里使用这个策略？

25. 本章讨论了今天家庭结构发生的巨大变化。事实是，许多其他类型的家庭在持续迅速增长。一些专家认为，随着传统家庭生活约定的衰退，我们更加重视兄弟姐妹、亲密朋友及其他能够提供陪伴和社会支持的亲戚。有些人加入意愿家庭（intentional family），家里包括一群不相关的人，定期一起吃饭和度假。事实上，对于某些人来说，聚在一起吃自己做的食物的行为在定义家庭中发挥着重要的作用：这是一种将家庭与其他社会群体分开的象征性方式，允许厨师做个性化的大餐以及通过为准备大餐所做出的努力来表达他们的感情。你发现非传统家庭结构影响的证据了吗？这些另类的生活方式将如何改变我们对消费者行为的看法？

26. 许多家长担心他们的孩子在网上花费太多时间，但实际上，上网可能对他们是有好处的。麦克阿瑟基金会的一项研究声称，网上冲浪者可以获得宝贵的技能，为未来做好准备。该研究还发现，对网上冲浪者的担忧是夸大的；大多数孩子可以知道他们学校朋友的其他社交情况。你对此采取的做法是什么？关于过度的网上冲浪者的担心是不合理的吗？

27. 把大学生当作目标市场的好处和坏处是什么？找出你觉得成功或失败的一些具体的营销策略。区分成功与失败的特征是什么？

28. 是否可以假设55岁以上的人构成了一个较大的消费市场？营销人员如何细分这个年龄亚文化呢？当我们为这个年龄组制定营销信息时，需要注意哪些重要的变量？

应用

29. 观察当地超市里父母和孩子之间的相互作用（记得带上耳塞）。记录表达自己偏好的儿童人数，他们如何表达自己的偏好，以及家长如何反应，包括那些购买了儿童选择的产品的家长人数。

30. 选择一个产品类别，并使用本章所描述的生命周期阶段，列出可能影响消费者在该周期每个阶段产品购买决策的变量。

31. 描述现代家庭结构的三个重要变化。对于每个变化，找到一个营销人员似乎能意识到其产品在零售创新或营销组合其他方面变化的例子。如果可以的话，尝试找到营销人员没有跟上这些变化的例子。

32. 一些研究者深入观察了十三四岁的孩子如何将电脑融入他们的生活，以及他们如何在网络上表现自我。这些少年的流动性有限（年龄太小，不能开车），所以他们利用电脑畅游各地。一些研究人员比喻孩子们对电脑的看法：对于一些人而言，电脑是他们进行社交活动的“联谊大厅”；它同时还是玩游戏的“狂欢节”、帮忙做功课的“外援头脑”。[94] 访谈一些青少年。他们怎样看待自己的在线行为？他们如何看待自己的数码设备？这些数码设备在他们的生活中扮演什么角色？

33. 找到从别的国家移民（或旅游）的一个或多个消费者（可能是家庭成员），采访他们是如何适应东道国文化的。尤其是随着时间的推移，他们在消费习惯上发生了哪些变化？

34. 找出那些针对老年消费者的广告的好坏例子。对于老年人广告的刻板印象程度有多大？在说服这个群体的消费者时，广告或其他哪些促销元素会影响它们的有效性？

41. 采访一些退休的人。他们是怎样重建自己的身份的？他们对营销人员的愿望是什么？

案例研究

《黄帝内经》的养生智慧

30 年前，国内了解《黄帝内经》的人大多是中医学院毕业或熟悉中医理论的人。在书店里，也只能在医学类“中医”名下的书架上看到几本《黄帝内经》（通常是放在某个角落里）。如今，在各大书店里，几十种版本的《黄帝内经》被摆放在最显眼、最热销的区域。研读和实践《黄帝内经》养生思想的人越来越多。在百度搜索引擎中输入“黄帝内经”可以找到 2 000 多万条信息。个别高校的 MBA 项目还增加了《黄帝内经》养生智慧方面的选修课程。因讲解和传播《黄帝内经》思想而成名的学者、医生也越来越多，如广西中医药大学的刘力红教授（《思考中医》的作者）、北京中医药大学的曲黎敏副教授、创办北京厚朴中医药研究所的徐文兵大夫等，他们深受广大读者和听众的欢迎，讲座视频也在网上广为流传，还出现大量的微信公众号。

《黄帝内经》是中国传统医学四大经典著作之一，是第一部冠以中华民族先祖“黄帝”之名的巨著，是中医现存成书最早的一部医学典籍，其医学理论建立在中国古代哲学理论的基础之上，内容包括生理学、病理学、诊断学、治疗原则和药物学，在理论上建立了中医学上的阴阳五行学说、脉象学说、藏象学说、经络学说、病因学说、病机学说、病症、诊法、论治及养生学、运气学等学说。虽然是 2 000 多年前的医学著作，但其中的养生思想在网络时代的今天依然影响许多消费者，让他们树立起健康生活理念，培养自己健康的生活方式。在担任凤凰卫视主持人时，梁冬就在一档节目中坦承，刘力红教授的《思考中医》对他影响很大。

《黄帝内经》的养生智慧不仅吸引了上年纪的消费者，许多 70 后、80 后甚至是 90 后的年轻人也开始予以关注。一对 1977 年出生的年轻夫妇就因偶然读到徐文兵大夫的《〈黄帝内经〉现学现用》一书而迷上《黄帝内经》。他们买回好几本讲解《黄帝内经》的书，认真研读后对中国传统养生智慧愈发着迷。在日常生活中，他们开始依照《黄帝内经》中的养生思想，调整作息时间和饮食结构。坚持一段时间后，他们发现效果十分明显。现在他们每天还坚持练习“八段锦”（八段锦是中国古代发明的一种健身方法，由八种肢体动作组成，内容包括肢体运动和气息调理）。由于感觉效果不错，他们还买了几套解读“八段锦”的光盘送给朋友。相信近年来乘坐飞机的人都会注意到，在飞行期间或降落之前，飞机上会播放演示“八段锦”的视频，提醒乘客舒缓筋骨，减少疲劳。

然而，遗憾的是，现在仍有许多年轻人并不了解《黄帝内经》，甚至从没听说过这本书的名字。他们依然沉迷于西方的快餐文化和饮食结构，对自己身体健康造成的危害浑然不知。随着中国消费者健康意识不断增强，对中国文化更加自信，相信《黄帝内经》的养生智慧会更加深入人心，影响更多的消费者走上自我健康管理之路。

问题讨论：

1. 你是否会依照《黄帝内经》的养生思想调整自己的作息时间和生活习惯？为什么？

2. 近年来，中国消费者似乎特别重视健康和养生问题，导致这种结果的原因是什么？你认为营销者应该如何调整营销策略，以满足消费者的健康需要？

第14章 文 化

本章目标

读完这一章后，你将会理解以下几点：

1. 文化是一个社会的个性。

2. 我们可以区分高雅文化与通俗文化。

3. 神话是表达一种文化的价值观的故事，在现代社会中，营销信息传达着这些价值观。

4. 许多消费活动包括节日庆典、梳妆打扮和送礼都与仪式有关。

5. 我们认为有些产品是神圣的，有些则是世俗的，一些产品经常在神圣与世俗之间转换。

6. 随着时间的推移，新产品、新服务和新观念在人群中扩散。不同类型的人在扩散过程中可能会或多或少地接受它们。

7. 许多人和组织都在向消费者创造并传播象征意义的时尚系统中发挥作用。

8. 时尚遵循周期性，它反映了文化的动态性。

9. 西方（特别是美国）文化对世界有巨大的影响，不同国家的人们对相同产品赋予的意义可能不同。

10. 如果营销人员不能理解不同地域消费者之间的差异，那么在一种文化中取得成功的产品可能会在另一种文化中失败。

开篇案例

斯蒂芬尼完全不知所措。礼品店圣诞节的促销活动截止日期就要到了，这已经让她感到很糟糕了。现在家庭方面也出现了问题，儿子马克因驾照路考不合格而想自杀，他认为如果他拿不到驾照就不是一个真正的男人。为了解决这些事情，她不得不推迟与继女艾莉亚一起去期待已久的迪士尼乐园玩，因为她实在抽不出时间。

当斯蒂芬尼与好友莱尼在星巴克（她们日常生活的“避难所”）见面时，她的心情开始变好了。尽情享受着格兰德卡布奇诺咖啡，她的心情逐渐平静下来。莱尼安慰她，回家好好泡个澡，然后来一杯星巴克特浓咖啡。这正是斯蒂芬尼想要的！想不到吧？生活中的一些小事情居然能够起到这么大的作用。当斯蒂芬尼走出星巴克大门时，她决定送给莱尼一件最好的圣诞礼物，因为莱尼值得拥有。

文化系统

斯蒂芬尼的经历说明了日常事件如何反映出更深层的含义：克服挑战，如驾驶测试，规划想要去的目的地，如迪士尼乐园，挑选礼物感谢某人，甚至是用一杯拿铁或最喜欢的冰激凌犒劳下自己。营销人员只有理解这些活动代表的意义，才会明白这些活动的重要性，这就是最后一章将会探讨一些潜在因素的原因。**文化**（culture）是一个社会的个性。文化包括价值观和道德等抽象的概念，还包括一个社会产出的实物和服务，如汽车、衣服、食物、艺术和运动等。换句话说，文化是组织或社会成员间共有的意义、仪式、规范和传统的集合。

离开文化的背景就很难理解消费。文化是一面“透镜”，人们通过它审视产品。具有讽刺意味的是，文化对消费者行为的影响巨大而深远，以致人们有时很难领会到文化的重要性。正如鱼在水中会忽视水的存在一样，我们往往不能每时每刻都体会到文化的力量，直至遇到新环境才有所觉察。许多吃、穿、交流方式等方面的习惯都被认为是理所当然的。如果突然间这些自然而然的假设都不成立了，这种变化所产生的影响则是很大的，用“文化冲击”（culture shock）这个词来形容一点也不夸张。

消费文化决定了消费者对不同活动和产品的总体偏好，也决定了具体产品和服务的成败。如果产品所提供的利益与文化成员在某个时期的需求一致，那么，这样的产品就更可能为市场所接受。例如，20 世纪 70 年代中期，美国文化开始强调健美、苗条的身材作为理想外表的观念。当时对这个目标的鼓励曾为米勒淡啤的成功作出了巨大贡献。这个目标源于潜在的价值观，如灵活性、财富以及对自我的关注。然而，在 20 世纪 60 年代，盖布林格公司（Gablinger）推出的低热量啤酒却失败了，这种饮料太“超前”了，当时美国啤酒饮用者（几乎是男性）对减少啤酒中的热量还没有兴趣。

消费者行为和文化间的关系是双向的。一方面，某一时期与当时文化的优先选择相一致的产品和服务更可能被消费者接受；另一方面，某一时期由某种文化成功引起的新产品研究和产品设计创新，又为人们了解当时的主流文化典范提供了一个窗口。以美国为例，某些产品如实反映了当时的主流价值观：

- 电视大餐反映了家庭结构的变化，以及一种新式美国家庭生活的开端。
- 由天然材料制成、免动物试验的化妆品反映了消费者对污染、浪费和动物权益的忧虑。
- 专为女性购买者设计的色彩柔和的避孕套包装标志着对性责任和开放的态度改变。

文化系统的功能

文化不是静态的。它总是在发展之中，不断把旧的思想与新的思想融合在一起。文化系统（cultural system）包括以下三个功能领域[1]：

- **生态功能**（ecology）。它是指一个系统与其环境相适应的方式。一种文化用来获取和分配资源的技术影响它的生态环境。以日本为例，日本人非常重视为有效利用空间而设计的产品，因为这个国家的空间狭小受限。[2]

- **社会结构功能**（social structure）。即维持有序社会生活的方式。这包括在文化中占据主导地位的家庭和政治团体（如核心家庭还是几代同堂的大家庭；民主政府还是专制政府）。
- **意识形态功能**（ideology）。即人们的精神特征，以及人们与环境和社会群体的联系方式。正如我们在第 12 章看到的那样，人们拥有共同的世界观（worldview），其中包括对秩序和公平原则的观点；也拥有共同的民族精神（ethos），或是一系列道德和审美原则。在印度孟买，为迎合新兴的中产阶层的需要，修建了一个主题公园，名叫水上王国（Water Kingdom），那里的许多消费者对公共场所的男女混合游泳很陌生，因此，公园会将泳衣租给那些从来没有穿过泳衣的女性。这个例子表明，一种文化的世界观是何等与众不同。然而，这里依然没有露臀泳裤：租来的泳衣会将女性身体全部包裹起来。[3]

营销和文化的内在关系

在美国，虽然城市青少年只占这个年龄人口的 8%，而且他们的收入明显低于郊区白人青少年，但他们对年轻人的音乐和时尚品位的影响远远大于这个数字本身。现在，“城市”时尚是中心地带的主要支柱，因此，主要零售连锁店纷纷抓住这股热潮，尝试吸引年轻的中产阶层购物者。一些主要线上和线下服装品牌纷纷抢占这一具有某种亚文化特征的大众市场。[4]为什么这种亚文化对大众市场有如此深刻的影响呢?

在美国，一些反社会人物如约翰·迪林杰（John Dillinger）等在不受社会约束的情况下赢得了财富和名声，这让美国人为之着迷。它有助于解释郊区白人青少年对城市音乐如此热爱的原因。一位调查城市青少年的公司高管认为：“人们对强烈反对说唱音乐和疏远黑人的信息产生共鸣。”[5]主流文化常常修正源自“前卫”亚文化的象征，以便让更广泛的群体来消费。在这一过程中，这些文化产品要经历**共同选择**（cooptation）过程，由外行转换它们的最初含义。[6]嘻哈时尚和音乐的传播只是营销系统选择一系列亚文化意义，重新诠释它们，并为方便大众消费而进行再生产的具体实例而已。

当然，引发这些运动的反主流文化*也并非停滞不前，它们也会制定策略去改造自己的象征和实践。例如，大型食品企业和零售商都已认识到消费者口味的转变，它们吸收有机或素食文化，为主流购买者重新包装它们的食品。沃尔玛销售有机食品，ConAgra 集团收购了 Ben & Jerry 冰激凌。作为回应，热衷于**土食**（locavore）生活方式的人强调购买当地出产的食物，也许会找到其他销售渠道，比如农贸市场，向铁杆支持者推销他们所谓的“正宗”理念。[7]

本章讨论的是我们的文化怎样创造出意义——这通常蕴涵在每天使用的产品中，以及这些意义在一个社会中的传播方式。如图 14-1 所示，广告和时装行业在这一过程中发挥着重要作用。它们把功能性的产品和象征的品质（性感、精致或

---

* 20 世纪六七十年代美国青少年中盛行的一种思想。——译者注

酷）联系在一起。反过来，当我们使用这些产品创建和表达我们的身份时，产品的意义就传递给了我们。[8]

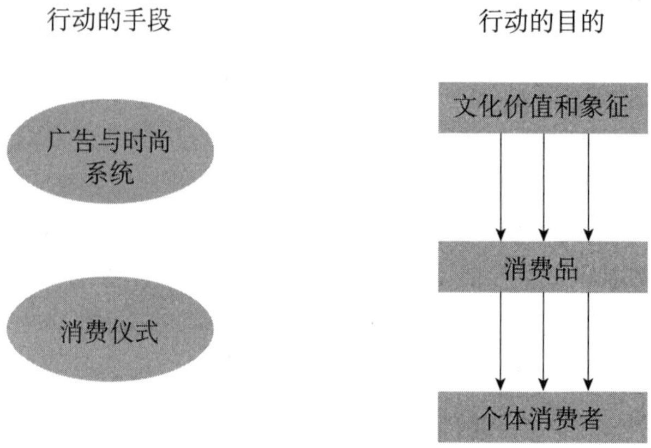

图 14-1 意义的传播运动

文化的生产过程

童话、有机鸡蛋、高科技家具、后现代建筑、糖果消消乐游戏、平板电脑、表情符号、自拍、电动汽车、生态旅游……我们生活在一个充满各种风格和可能性的世界里。我们吃的食物、驾驶的汽车、穿的衣服、生活和工作的地方、听的音乐——所有这一切都受到流行文化和时尚兴衰的影响。

消费者常常感到自己被市场提供的大量选择淹没了。某人想购买像领带或者口红这样的平凡的物品，都可能会发现有上百种可供选择！虽然如此，但实际上，消费者在某一时点能够有的选择只占所有选择的很少一部分。如图 14-2 所示，无论是挑选汽车、服装、计算机、唱片歌手、政治候选人、宗教还是科学方法，我们的选择实际上只是一个复杂的筛选过程的结果。最初，许多产品在市场上争相吸引消费者的接纳，但是，大多数产品在从概念到实际消费的转化过程中，渐渐地被从备选方案中筛选掉。我们把这个筛选过程称作**文化选择**（cultural selection）。

我们的品位和产品偏好并不是凭空形成的，而是大众传媒向我们展示的产品形象、我们对身边事物的观察甚至我们希望生活在营销者在广告中创造的理想世界的欲望所驱使形成的。而这些选择还在不断演进和变化之中，今年“火爆”的服装款式或烹饪方式到了明年可能就会“过时”。

在美国，嘻哈（hiphop）流行文化最早可以追溯到 1968 年，由纽约北部的布朗克斯区的 DJ（流行音乐节目主持人）创作。当哥伦比亚唱片公司在 1985 年购买了 Def Jam 唱片公司之后，嘻哈音乐和时尚得到了快速发展，并且开始占据社会的主流地位。到了 20 世纪中期，延伸到其他领域，包括体育、饮料和香水。甚至说唱歌手鬼脸煞星（Ghostface Killah）以 500 美元的价格出售自己的人偶，并配备自己的音乐专辑、一条 14k 金链和一个施华洛世奇水晶酒杯。最终嘻哈的发展超越了它在美国的根源，因为其他国家的艺术家（甚至澳大利亚的本地居民）都拓展了自己对嘻哈的解释。嘻哈风格的广泛传播说明了时尚和流行文化的一些特点：

- 流行风格反映出更为基本的社会趋势（例如，政治和社会环境）。

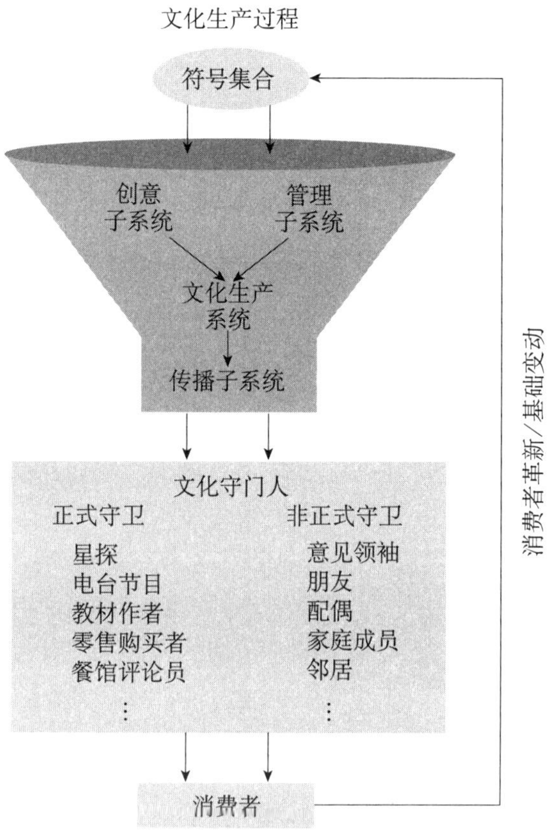

图 14-2 文化生产过程

● 一种风格刚开始时，少数人评论它是冒险的或独特的，然后，其他人也开始意识到这种风格，它就会流行起来。

● 流行风格通常源于设计师和商业人士的精心创作与普通消费者自发行动二者之间的互动。消费者改造风格，以适合他们的需要。那些能预测并抓住消费者需要的设计师、生产商和经销商将会在市场中胜出。在这个过程中，他们通过鼓励大量分销来促使消费者购买的热情高涨，特别是他们会劝说意见领袖们率先使用产品。

● 文化产品广为流传，常常可以超出国界，甚至是跨越洲际。

● 有媒体影响力的人物将发挥很大作用，决定哪种风格会突围胜出。

● 许多流行风格最终都会过时而被市场抛弃，因为人们会不断地寻找表达自我的新方式和途径，营销者也会努力去迎合他们的欲望。

● 文化选择的过程无止境，所以当一种风格过时的时候，流行文化中的另一种风格就会取代它。

没有哪个设计师、公司或者广告商能单独地创造流行文化。许多参与者都对畅销唱片、热销汽车或者是新的服装风格做出了贡献。**文化生产系统**（culture production system，CPS）就是指创造、营销文化产品的个人和组织的集合。[9]文化生产系统的结构决定了哪些类别的产品最终会脱颖而出。竞争系统的数量和多样性、人们鼓励创新还是趋于保守的程度等因素，都会影响我们作为消费者所选择的产品。例如，对乡村/西方音乐行业的分析表明，在一段时期内，若流行唱片市场被几家大公司占据，市面上的唱片往往是相似的；相反，若有大量生产商在竞争，唱片就会更多样化。[10]表 14－1 描述了参与一张热销 CD，如歌手碧昂丝的白金专辑生产过程的部分文化专家及其职责。

表 14－1　　音乐行业中的文化专家

专家	职责
歌曲作家	作词、作曲；必须使艺术家的偏好与预期将赢得市场的风格一致
演唱者	演绎词曲；可能是自发演奏，也可能由经纪人包揽，以吸引预定的市场
教师和教练	挖掘、发挥演员的天赋
经纪人	代表演员与唱片公司谈判、签约、合作
A&R（艺人 & 剧目）经理	为唱片寻找艺人
出版商、形象顾问、设计师、时装设计师	为乐队设计形象，以传递给购买大众
录音技师、生产商	为将要出售的唱片录音
市场经理	根据演员的外表、门票定价、促销策略等制定战略决策
录像导演	视觉演绎歌曲，制作音乐电视，帮助推销唱片
音乐评论员	为听众评价唱片的优点
音乐节目主持人、广播节目总监	决定哪张唱片可以播放，或者是否定时反复播放
唱片店店主	决定在生产出的众多唱片中，零售/或者大力促销哪张唱片

文化生产系统有三个主要的子系统：

1. 创意子系统（creative subsystem），产生新的符号和产品。

2. 管理子系统（managerial subsystem），挑选、形成有形产品，大量生产以及管理新符号和产品的分销。

3. 传播子系统（communication subsystem），赋予新产品意义，并为新产品提供一套符号属性。

以发行唱片为例，文化生产系统的三个组成部分为：(1) 歌手（如歌手碧昂丝是创意子系统）；(2) 公司（如分销其 CD 的哥伦比亚唱片公司是管理子系统）；(3) 广告代理和公司，如百事可乐公司与歌手所在帕克伍德娱乐公司（Parkwood Entertainment）合作以推广歌手的音乐，安排她出席超级碗大赛，甚至把她印在限量版百事可乐罐上。[11]

许多鉴赏家或者“创造时髦风尚的人”在我们考虑的产品中拥有发言权。这些**文化守门人**（cultural gatekeeper）负责过滤那些提供给消费者的冗余信息和素材。守门人包括电影、餐馆和汽车评论者，内部设计师，唱片制作员，零售购买者，以及杂志编辑，以及越来越多的痴迷于追随并分享最新的八卦、风格、电视和电影以及其他流行文化的粉丝。总的来说，社会学家把这些中介称为吞吐部门（through-put sector）。[12]

高雅文化与通俗文化

问题：贝多芬和坎耶·维斯特（Kanye West）有共同之处吗？虽然这位伟大的作曲家和这位说唱歌手都与音乐有联系，但许多人会说，他们之间相似的地方仅此而已。文化生产系统创造了各种各样的产品，但是我们会做出基本的区分。

艺术品（art product）是因为它的美丽或它能激发一种情感反应（也许是幸福感，也许是厌恶感），才会成为我们欣赏的对象。相反，**工艺品**（craft product）则往往是因为它既美观又实用（如陶瓷烟灰缸或者手工雕刻的鱼饵），才获得人们的喜爱。[13]工艺品往往遵守可以快速生产的规则。[14]

艺术家托马斯·肯卡德（Thomas Kinkade）的非凡成就有助于我们理解艺术品和工艺品之间的差异。这位画家卖出了1 000万件自己作品的数码复制品。甚至在2012年他去世后，他的工作室继续在加利福尼亚州的一家工厂里大批量生产图片，工人将每件原创作品的数码照片成千上万地印制在薄胶卷上，再将胶片贴在帆布上。接着，沿装配线坐着称作“点睛”（high-lighter）的技师，在特定的位置轻轻地涂上油画颜料。公司还通过特许方式在咖啡杯、La-Z-Boy躺椅甚至浪漫小说封面使用肯卡德的作品。[15]

正如肯卡德的“成功公式”所阐述的，高雅文化和通俗文化之间的差异不再像以前那样明显。除了有阶层等级偏见的人可能会认为有这种区别（即假定富人有文化而穷人没文化），现在的高雅文化和通俗文化已经以一些有趣的方式融合在一起了。除了销售家用电器、轮胎、谷类食品，美国仓储式会员店好市多还提供艺术品，包括毕加索、马克·夏卡尔和胡安·米罗的限量版石版画。

一个跨国消费者研究团队拓展了高雅艺术和通俗艺术研究领域，**街头艺术**（street art），如艺术家在公共场所创作的绘画、壁画或者其他作品，也成了他们研究的内容。他们发现，在许多地方，艺术变成了艺术家和当地居民之间“交换”的工具。虽然并非所有的反应都是积极的，但是人们对公共空间的体验普遍得以强化，因为在原本寸草不生的地方，街头艺术创造了拥有天赋和所有权的感受。[16]

营销者常常激发人们对高雅艺术的想象力来促销商品。他们在购物袋上印刷艺术作品，或者通过赞助艺术活动来建立公众商誉。[17]丰田的观察人员在豪华车展厅观察客户时，发现这些消费者将汽车视为艺术品。后来该公司在雷克萨斯车的一则广告中就利用了这个现象，它的广告标题是“长期以来，我们只提供雕塑、油画和音乐等艺术品”。[18]

文化公式

今天的剧院并没有什么新的东西，对此，电影观众并不会感到惊讶。大多数电影大片是续集、前传，或者是基于特许权改编的故事，包括乐高公司的产品、《哈利·波特》、《星球大战》、漫威漫画，甚至是《速度与激情》都是特许改编的结果。这一趋势还在稳步增长：研究分析发现，1984年，大约59%的大型工作室的电影是基于原创故事，而今天这个比例则小于25%。[19]

对已有的电影情节和人物角色的依赖，说明大众文化属于旨在迎合普通观众一般品位的产品。大众的品位并不独特，而且可以预测，因为它们都遵循了特定的模式。许多流行的艺术形式，如侦探小说、科幻小说，都普遍遵循一个**文化公式**（cultural formula），其中特定的角色和道具不时出现。[20]例如，我们期望看到西方经典的角色骑着马到处走，然而科幻片中他们使用太空船，冷峻的侦探驾驶着老爷车，而家庭情景喜剧中的角色开着旅行车。同样，左轮手枪和来复枪是西方电影的经典武器，而射线枪则出现在科幻片中，一个冷酷的侦探使用手枪或者拳头，而家庭情景喜剧中的演员则用辱骂来与他人对抗。浪漫小说是文化公式的一个极端例子。电脑程序甚至可以通过系统改变特定的故事背景元素，让用户“撰写”他们自己的爱情故事。[21]

由于创意子系统的成员依赖于这些文化公式，当他们回顾过去寻求灵感时，他们倾向于重复利用大众认可的形象。因此，年轻人常观看到重新拍摄的怀旧片，如电视剧《欢乐满屋》以及诸如此类电视剧的复兴；设计师修改串珠连衣裙的灵感来自英国的《唐顿庄园》，这部剧在 20 世纪 20 年代初热播。嘻哈流行音乐主持人从老歌曲中抽取音乐信息，用新的方式加以组合。在 GAP 公司拍摄的广告中，出现了身穿卡其布短裤的角色，包括汉弗莱·博加特（Humphrey Bogart）、金凯利（Gene Kelly）和帕布罗·毕加索（Pablo Picasso）。由于现在有了使用方便的 VCR、CD 制作机器、数码相机以及图形制作软件，几乎所有人都可以“重组”过去。[22]

文化故事与习俗

每种文化都会产生故事和习俗，用来帮助其成员理解这个世界。当我们考察其他文化时，常常会觉得诧异甚至是难以理解。然而，我们自己的文化习惯却似乎很正常，尽管外来游客同样会觉得它很古怪！

想想我们许多人都对魔法有着强烈兴趣，就不难理解“原始”的信仰系统对我们所谓的“现代”理性社会的影响。健康食品、抗衰老化妆品和减肥锻炼计划的营销人员通常暗示他们所提供的产品具有“神奇”的属性，能够抵抗疾病、衰老、贫困或坏运气。成千上万的人用他们的“幸运数字”抽奖，携带一串念珠（象征幸运）和其他护身符以防止“邪恶的眼睛”，穿着“幸运”服饰或者使用其他被认为能够带来好运的产品。[23]在一系列研究中，研究人员观察人们是如何看待幸运产品的：他们接受**有条件的迷信**（conditioned superstition）；那些不觉得自己可以控制事情后果的消费者会将伴随奖赏的产品与该产品本身带来的结果相联系（见第 4 章）。可能你已经观察到这个过程：如某个朋友穿了一件特定的 T 恤参加一个重要比赛并且胜出了，那么，在后面的比赛中，这个人就会选择穿着相同的 T 恤来“帮助”自己的团队。[24]最近，百威啤酒的一个广告活动就用了怪诞的迷信和标语来装扮粉丝们。“如果不起作用，那就是命该如此了。”

当社会成员受到打击或者感觉无助时，对超自然力量的兴趣往往会增加——通过给予“简单”的答案，魔术简化了我们的生活。许多消费者甚至敬畏计算机，把它当成能够解决问题，或者在其他情况下神奇地使数据消失的“电子魔术师”![25]软件开发者甚至在程序中用“魔法师”（wizard）一词来指导新手运行程序。人们甚至相信物体也有灵性，孩子们（可能也有一些成年人）就感觉穿上耐克的气垫鞋（Air Nike），就能魔术般地具有迈克尔·乔丹或德怀恩·韦德的运动才能。基于类似的现象，最近还出了一部电影《乔丹传人》（*Like Mike*）。荒谬吗？本节将讨论自古以来几乎所有社会的文化都包含的两个方面——神话和仪式。

神话

神话（myth）是指包括象征性元素的故事，它代表了一种文化的理想。神话通常叙述一些对立力量的冲突，其结局就会构成人们的道德指南。这样，神话故事减轻了人们的忧虑，因为它给消费者提供了处世指引。大部分社会成员学习这些故事，但是通常不会思考它们的来源。

例如，16世纪的法国神话故事《小红帽》（Little Red Ridding Hood）始于民间的传说，一个小女孩在去外婆家的路上遇到了一只狼（历史数据显示，这段时期不仅狼群的袭击事件非常普遍，而且一些罪犯像狼一样致命）。那只狼杀死了外婆，把她的尸体藏在厨房里，把她的血倒在瓶子里。但与我们所知道的版本相反的是，小女孩在外婆身上吃零食，并且脱光衣服，和狼睡在一张床上！为了使故事更加丑陋，一些版本将狼称为"狼外公"（gaffer）（"grandfather"的缩写），暗示乱伦。这个故事在1697年首次出版发行；这是路易十四法庭对放荡女士的一个警告（作者在这个版本里把小女孩用红色表达，因为这种颜色象征妓女）。格林兄弟于1812年推出他们的版本，但是他们用良善行为取代了用来恐吓孩子的性暴力。为了强化那个时代的性别角色规范，在格林童话中，一个男人从狼爪中拯救了小女孩。[26]所以，这个神话生动地传达了嗜血成性、乱伦以及性关系混乱等文化禁忌。

营销者在某些情况下（多数是无意的），改编这些故事，并且依照某个神话结构来组织他们的营销信息。例如，麦当劳宣传"神话般"品质的方式。[27]"金拱门"实际上已经成为美国文化的同义词。麦当劳在全世界为美国人提供避难所，美国人很清楚只要从这个门进去就会得到什么。麦当劳在广告创造的虚幻世界中演绎着善恶之争，如罗纳德·麦当劳大败汉堡神偷（Hamburglar）。麦当劳甚至还有汉堡包大学（Hamburger University），学生在那里学习得体的行为。

公司在其历史中经常有属于自己的神话和传说。耐克公司指定高层经理担当"公司的故事叙述者"，向其雇员（包括耐克卖场的钟点工）讲述公司的传统和耐克创始人的故事。其中，俄勒冈田径队教练的传说就是一例：为了能给他的队员们制造更好的鞋子，他将橡胶倒进自家烘面饼的铁模具中。这就是耐克铁模鞋底的起源。这些故事强调运动员和教练对公司的奉献精神，强化了团队合作的重要性。新手甚至要参观当年教练的田径场，以确保他们领会了耐克传奇故事的意义。甚至有传闻说耐克的高管们（包括CEO）的背部都有一个耐克公司标志的文身。[28]

神话故事在文化中有四种相互关联的功能[29]：

1. **形而上学的**（metaphysical）。神话有助于解释万物的起源。
2. **宇宙哲学的**（cosmological）。神话强调宇宙是整合统一的。
3. **社会学的**（sociological）。神话传授社会准则，从而维持社会秩序。
4. **心理学的**（psychological）。神话为个人行为提供楷模。

当我们分析神话故事时，要考察它们的深层结构，这种方法最早是由法国人类学家克洛德·莱维·特劳斯（Claude Levi-Strauss，与蓝色牛仔裤公司并无关联）开创的。莱维·特劳斯发现许多故事都包含**二元对立**（binary opposition），两个对立面分别代表某些维度的两极（如善与恶、自然与科技）。[30]神话故事中对立力量之间的冲突中，通常都会出现一个调解角色（mediating feature），由于这个调解角色具有双方的特征，因而可以把对立双方联系起来。例如，许多神话故事中都有具备人类能力的动物（如会说话的蛇），作为人类与自然之间的桥梁，就像汽车（科技）常常以动物（自然）的名字命名，如美洲狮、眼镜蛇、北美野马等。

提到神话故事，我们通常联想到古希腊和古罗马，但事实上，连环漫画、电影、节日甚至是商业广告中，都蕴涵着我们自己文化的神话。此外，研究表明，一些人创造了他们自己的**消费童话**（consumer fairy tale），这些故事涉及具有魔力的经纪人、捐赠者和伸出援手的人，这些人在他们为追求快乐目标而寻求产品和服务的过程中，帮助他们战胜坏人，并克服重重困难。[31]

聪明的营销人员很乐意帮助我们实践这些童话故事。例如，为夫妻精心策划的受欢迎的迪士尼婚礼，他们想在自己版本的大众神话中扮演角色：在迪士尼世界，公主新娘戴着皇冠，和两个戴着灰色假发、穿着金色短裤的男仆，乘着四轮大马车来到公园的湖边婚礼派对。在交换誓言的时候，管家（他帮助公爵寻找灰姑娘）和两支婚庆乐队走进通道，音乐响起来，他轻轻地将玻璃鞋放在天鹅绒的枕头上。迪士尼每年举行大约 2 000 次这样铺张华丽的表演。公司持续地提高这个神话的吸引力，将它转移到新娘礼服的业务上。他们卖出了一系列的新娘礼服，包括水晶头饰。神话故事中的新娘可以穿着灰姑娘、白雪公主、睡美人和美人鱼的衣服走在通道上。[32]

许多引发轰动效应的电影和热播的电视剧都直接采用了神话主题。尽管戏剧性的效果和有吸引力的明星都是有用的，许多这样的电影的成功都是因为模仿了神话人物和剧情。这类神话式电影的三个佳作典范是[33]：

- 《飘》（*Gone with the Wind*）。神话常常以动乱为背景，如战争。这个故事中，美国北部（代表科技和民主）与南部（代表自然和贵族统治）对立竞争。电影描绘了一个浪漫时代（战前的南部），爱和荣耀是人们所崇尚的美德。随着战争爆发，新的价值观——物质主义和工业化（即现代消费文化）代替了这些美德。电影描绘了人与自然和谐共存的一个时代的失落。
- 《外星人》（*E. T.：The Extraterrestrial*）。它代表了熟悉的神秘故事，救世主降临。外星生物造访地球，显现神迹（如使枯萎的花朵复活）。他的“追随者”是邻居的小孩，小孩帮助外星人与现代科技力量和没有信仰的多疑的世俗世界抗争。神话故事的形而上学功能所要传达的是，上帝所选择的人类是纯真和无私的。
- 《星际迷航》。记录企业号（Enterprise）星际飞船冒险经历的电视连续剧和电影，也与神话有关联，例如，新英格兰清教徒开发征服新大陆“终极边疆”（Final Frontier）的故事。与克林贡人（Klingons）的对抗反映了与美洲当地人的摩擦。另外，79 段电影情节中至少有 13 段的主题是描述人对天堂的寻求。[34]

广告有时也传递神话主题。例如，佩珀莉农场（Pepperidge Farm）的广告让消费者回想起美好的往日（失乐园），那时的产品是健康自然的。克莱斯勒汽车和安飞士公司的广告都采用弱者战胜强者的主题（即大卫与歌利亚的神话）。[35]为鼓励西班牙消费者购买更多牛奶，一个电视广告使用了西班牙神话故事中的一个女幽灵小哭娘（La Llorona），她杀死了她的孩子，然后自杀，永远游荡，寻找她失去的家庭。而在这个广告版本中，呜咽的女幽灵穿进一户家庭飘向冰箱，只看到空的牛奶盒。[36]

仪式

仪式（ritual）是一系列以固定顺序出现并定期重复的复合的象征性行为。[37]人们在提到仪式时，可能会想到奇怪的部落仪式，也许包括杀生或杀人祭祀。在现实中，许多当代消费者的活动也是仪式性的。研究人员发现，如果人们将巧克力等产品作为仪式的一部分，与那些没有特定仪式的情境相比，在仪式中他们更加享受这种产品。[38]

许多商家通过向消费者提供**仪式器物**（ritual artifact）而得以生存。这些器物是举行仪式所必需的，如婚礼上的大米、生日蜡烛、毕业证书、专用的食物和饮料（如婚礼蛋糕、庆典酒以及棒球场上的热狗）、奖品和纪念品、团队服装、贺卡以及退职手表。[39]此外，消费者常常使用**仪式脚本**（ritual script），以确定需要使用的器物、使用的顺序以及使用者。例如，毕业典礼程序、协会指南和礼仪手册等。

婚礼是我们最熟悉的仪式之一。如果你曾经策划或参加过婚礼，你就会知道很多仪式脚本是很严肃的。同时，这些东西也是很昂贵的。美国人每年在婚礼上花费700亿美元，比在宠物、咖啡、牙膏和卫生纸上花费更多。[40]婚礼行业继续为消费者寻找新的方式，期望在豪华的仪式中占有一席之地（见第12章），因此它们需要提供最豪华或新颖的景点给消费者，如目的地婚礼、在线礼品登记、巧克力喷泉等；只要你给它命名，就会有人想要拥有它。一家名为Anybots的公司甚至为那些不能参加的宾客租用机器人，婚礼上机器人与人们共舞，并让那些没有来的宾客与主人在活动期间进行视频会话。[41]

一些仪式象征着从一个状态到另一个状态的过渡。当然，婚礼这个仪式也是这样，正如两个单身的人结婚后就会变成一个整体。仪式脚本的许多部分都具有很重要的意义，即使今天大多数人已不记得原来的象征意义。[42]

- **送交新娘**：很多年前，父亲常常会用女儿作为货币偿还债务，或者抚慰更强大部落的成员。新娘会戴着面纱，这样的话就算她的样子不是付款人所想要的，付款人也不会拒绝。
- **伴郎**：他原来的工作就是站在夫妇的旁边，以确保新娘不会在仪式上被绑架。他被选中是因为他用剑是最厉害的。同样，伴娘被要求穿上类似新娘的服装来混淆潜在的绑架者和邪灵。这种习俗不知是如何逐渐演变成使新娘看起来更好的礼服设计竞赛！
- **扔袜带**：有段时间，新娘和新郎被期望一结束婚礼就立即找到附近的房间，以“完成婚礼”。为了使婚礼正式完成，人们会围绕着婚床，希望抓住新娘的礼服的一部分，因为这种幸运源于新娘自身。随着时间的推移，谦逊慢慢变得流行，宾客们不得不寻找象征新娘内衣代替物的解决办法。
- **撒大米**：大米是生育的象征；这个举动是为了鼓励新婚夫妇变得忙碌和开始繁衍后代。近几年，许多新婚夫妇因为错误的谣言——鸟儿啄食过量的大米，会受到伤害甚至死亡，改用蝴蝶或者其他物品来代替大米。

许多大学都拥有独特的仪式，例如学生会参加一些固定程序的社团活动。但是出于对安全的考虑，以及这些活动会鼓励未成年人饮酒的原因，近年来一些美国大学已经取消了这些活动。人员伤亡事件，包括美国佛蒙特大学弹簧沙发着火，这一事件结束了得克萨斯农工大学与得克萨斯大学 A&M 年度足球赛前夜的篝火晚会的传统（这个篝火仪式从此在校园消失了）。[43]在加州大学圣巴巴拉分校，学生仍然在每年的第一个雨天在校园里裸奔。哈佛大学学生在“原始尖叫”决赛前裸体放学。耶鲁大学的高年级学生仍然在每个学期期末在两个校园的图书馆之间裸奔，并且向正在准备期末考试的低年级学生抛掷糖果。丹尼森大学会庆祝裸体周，塔夫茨有裸体四人行。但这些仪式并无固定模式吗？

BBDO 国际广告公司最近的一项研究表明，仪式和品牌之间的关系密切。[44]研究人员把这些与仪式相联系的品牌称作**堡垒品牌**（Fortress brands），因为一旦这些品牌植入我们的仪式——无论是刷牙、喝啤酒还是刮胡子，我们都不可能替换它们。这项研究在 26 个国家进行，研究人员发现，世界各地的人大致经历着相同的消费仪式。研究表明，89%的人在上述一系列仪式中都使用相同的品牌，如果某些事情干扰了他们的仪式或者他们选择的品牌缺货，3/4 的人会失望或恼怒。例如，该研究报告指出了一个普遍的仪式类型——“准备战斗”。对于大多数人来说，这意味着准备工作。相关的仪式包括刷牙、洗澡、吃东西或喝东西、与家人或伴侣谈话、检查电子邮件、剃须、化妆、看电视或听广播、阅读报纸等。

仪式发生在不同的层次上。一些仪式用于确认广泛的文化或宗教价值。例如，美国超级碗大赛、总统就职典礼、毕业典礼等公众仪式是群众性的活动，这些活动确认我们在大团体中的成员身份，并且确保我们和其他人阅读相同的脚本。[45]在一项研究中，研究者记录了重金属演唱会当中的“撞头”（head banging）集体仪式。该研究表明，那些来自低收入阶层并且在其他场合失去影响力的人，将参与这种集体性的表演当做一种宣泄的经历，这让他们觉得恢复了活力。（也许这对于公司来说是一个卖头痛药的机会?）[46]

梳洗仪式

无论是每天梳头 100 次，还是在镜子前自言自语，实际上所有消费者都有自己的**梳洗仪式**（grooming rituals）。这些仪式帮助我们从个人自我过渡到公众自我。梳洗仪式有助于在面对公众之前激发我们的信心，并且可以“洗刷”我们的不净。从消费者谈论他们梳洗仪式的故事中浮现出一些最突出的主题，反映了梳洗产品和行为近乎神秘的特性。许多人强调在使用某些产品后，感觉到魔术般的改变（与童话故事《灰姑娘》相似），使用前后的变化明显。[47]

许多生产个人护理产品的公司了解到这些仪式的重要性，并努力让消费者明白它们的产品将有助于完成这些仪式。Nair（一家脱毛剂制造商）瞄准年轻的女孩，用其 Nair Pretty 产品扩大了顾客规模（这是一个新市场，行业称之为“首次脱毛剂”）。研究者通过焦点访谈母亲和她们的女儿，了解到“女孩子第一次脱毛是一个改变人生的时刻”。一些受访者实际上举办脱毛睡衣晚会，为此，母亲会为孩子购买脱毛产品。因此，Nair Pretty 的广告不是聚焦于男孩们或者浪漫，而是暗示脱毛剂是一个通往权利的天性解放之路。广告文案如是说：“我是世界的公民”；“我是一个梦想者。我年轻。我不会让残根留在我的腿上”。[48]

梳洗仪式表达了两类二元对立：私下/公开和工作/休闲。例如，许多修饰面容的仪式反映了从自然状态到社交状态的转换（如女性化妆），反之亦然。人们把沐浴看做神圣的净化时机，沐浴是洗刷俗世“罪过”的途径。[49]在这些日常仪式中，女性重申文化对个人美丽的重视，以及对青春永驻的追求。玉兰油美颜洁面乳对清洁仪式的关注表现得十分明显，正如它的广告宣称："美好的一天从玉兰油开始。"

送礼仪式

在**送礼仪式**（gift-giving ritual）中，消费者采购理想的物品，小心翼翼地去除价格标签，并仔细包装（象征性地把普通商品转变成独特的礼品），然后把它送给接受者。[50]礼品的形式可以是从商店购得的物品、自制物品或者服务。最近一项研究证明，音乐文件共享系统，如 Megaupload（已经被政府强制关闭），KaZaa 和 Morpheus，也可以作为礼物。这项研究发现，"礼尚往来"是送礼的规范。那些下载文件但却不把自己的文件提供给别人的人被称为"吸血鬼"。[51]

研究者把送礼看成是一种经济交换的形式，送礼者把有价值的礼品送给接受者，反过来，接受者由于某种原因有义务回礼给送礼者。然而，送礼也可能涉及象征性交换（symbolic exchange）。实际上，研究人员分析了第二次世界大战集中营囚犯们的日记后发现，甚至在如此残酷的求生环境下，通过慷慨解囊来表达人性的需要仍然很迫切。研究者发现，送礼象征着承认他人和自己的困境，是一种抵御集中营强加给囚犯去人性化存在的行动。[52]

有些研究者指出，送礼已经发展成为社交表达的一种形式。在关系建立初期，送礼以交换为导向（手段），我们紧紧跟随着给予和接收礼物的潮流，避免落后于社会。但随着关系发展，送礼会变得更加无私。[53]

每种文化都规定了特定的送礼场合和礼仪，个人送礼和与工作有关的馈赠都有。赠送生日礼物对我们的经济贡献巨大。每个美国人平均一年购买 6 份生日礼物——全美国一年总共是 10 亿份。[54]在界定工作关系上，商业礼品是重要的组成部分。每年商业礼品的支出超过 15 亿美元，而且送礼者费尽心思，确保购买到合适的产品（有时还咨询专业的送礼顾问）。大部分管理者相信，公司赠礼会带来有形和无形的结果，包括提高员工士气和增加销量。[55]

送礼仪式有三个不同的阶段[56]：

1. **酝酿阶段**（gestation）。送礼者为某件事准备礼品。这件事可能是例行的（structural）（即由文化指定的，例如购买圣诞礼物），也可能是突发的（emergent）（即决定更加个人化和特殊性）。

2. **赠送阶段**（presentation）。或者说是交换礼物的过程。接受者对礼物（无论适合与否）作出回应，赠送者对回应作出评价。

3. **再形成阶段**（reformulation）。送礼者和接受者之间的联系得到调整（疏远或者紧密），以反映交换后出现的新关系。如果接受者觉得礼物不合适或者质量低劣，就会产生消极影响。例如，倒霉的丈夫把真空吸尘器作为周年纪念礼物送给他的妻子，就是自找麻烦。新的追求者向他的女朋友赠送内衣，也是自讨没趣。送礼者可能觉得接受者对礼物的回应不适当或不真诚，或者违背了**互惠准则**（reciprocity norm）。互惠准则强制人们回赠同等价值的礼品。[57]

日本的送礼仪式表明，送礼在日本文化中极为重要，礼品的包装至少与礼品本身同样重要（虽然包装比礼品不是重要很多）。礼品的经济价值次于礼品的象征意义。对日本人来说，礼物是责任的重要方面，人们对其所在社会团体的其他成员负责。送礼是道德的要求（即众所周知的义理）。家庭/个人送礼和公司/职业馈赠都是高度仪式化的。每个日本人都有一帮明确界定的亲戚和朋友，他要和他们分享互惠送礼的义务（kosai）。个人礼物是在社交场合送出的，例如葬礼，送礼给住院的病人，纪念人生历程进入另一阶段（如婚礼、生日），以及表达问候（如与访客会面）。公司礼品用于庆祝公司成立周年纪念、新楼落成或者新产品发布。日本人重视体面，为保留面子，接受者不会当面拆开礼物，这样，即使接受者对礼物感到失望，也不必刻意当面隐藏情绪。[58]

节日仪式

在节假日，消费者从日常生活中抽出身来，表现节假日独有的仪式行为。[59]每一个文化庆典都与一个或者多个特别角色的冒险相关，例如爱尔兰守护神圣帕特里克和中国的月老。节日中遍及仪式器物和脚本。对于美国人，感恩节的脚本包括准备（以暴食者的分量）食物，如火鸡，这些食物通常只在感恩节那天食用，也包括抱怨我们已经吃了太多食物（到了在胃里给甜品腾出地方的时候），还包括（对很多人来说）餐后躺在沙发上看足球比赛这样的情节。

市场机会

中国电子商务巨头阿里巴巴将一个小节日变成了一个销售狂欢节。传统上，尚未结婚的人每年 11 月 11 日都会聚会来表明自己的单身状态，这一天就被称为“光棍节”，因为这一天的日历上有 4 个“1”。该公司将这一天变成一个购物的借口，从 2009 年开始庆祝光棍节。到 2014 年，这一天的网上销售额超越了美国的黑色星期五，公司在 24 小时内就达到 90 亿美元的销售额。[60]

大部分文化节日是为了庆祝文化中的神话故事，在这些故事中，经常会有某个历史人物（如感恩节中的迈尔斯·斯坦迪什）或虚构的人物（如情人节中的爱神丘比特）成为神话故事中的英雄。这些节日之所以能延续下来，是因为它们的基本元素迎合了消费者深层的需要。[61]

● **圣诞节**（Christmas）。圣诞节充满神话和仪式，从圣诞老人（Santa）的北极冒险经历到槲寄生树下的奇遇。在过去几百年里，圣诞节的意义发生了巨大变化。在殖民时代，圣诞庆典就像狂欢饮宴，以聚会喧闹著称。最著名的是“酒宴”传统，一群群贫穷的年轻人围攻富人，要求食物和饮料。到 19 世纪后期，暴徒过于蛮横，以至于美国新教徒发明了一种世代承传的规矩：圣诞节全家人围着一棵树聚在一起，这是从异教徒典礼“借来”的习俗。1822 年，纽约主教富有的儿子克莱门特·克拉克·穆尔（Clement Clarke Moore）在一首诗中创造了现代神话式人物圣诞老人（Santa Claus）。圣诞仪式的焦点渐渐转向孩子和送礼。[62]最重要的节日仪式之一仍然是围绕圣诞老人，这个全世界小孩都翘首以盼的神秘人物（尽管他们的家里没有壁炉）。确实，澳大利亚的一项研究考察了孩子写给圣诞老人的信，发现孩子往往相当细心地说明他们的品牌偏好，而且常常使用复杂的请求策略，以确保他们能从圣诞老人那里得到他们想要的。[63]与耶稣不同，圣诞老人是物质主义的支持者。由此，他出现在商店和购物商场——消费的世俗殿堂，也许就并不偶然了。无论起源如何，圣诞老人的神话故事教导孩子们，每当他们做得好的时候，可以要求奖赏，以及人们能够得到他们应得的东西，从而帮助孩子实现社会化。

● **万圣节**（Halloween）。这个节日源自异教庆典，但今天显然已经是个世俗的事件了。与圣诞节不同的是，万圣节的仪式（如“不请客就捣蛋”和化装舞会）最初包括非家庭成员。万圣节是个不寻常的节日，因为它的仪式与其他许多文化节日对立。与圣诞节相反，它庆祝邪恶，而不是善良，庆祝死亡，而不是诞生，并且鼓励狂欢者用隐藏的“恶作剧”来威胁勒索款待，而不是报答善行。基于这些对立，万圣节是个**反节日**（antifestival）的节日，它歪曲了与其他节日有关的象征。例如，万圣节女巫就是一个颠倒的母亲形象。同样，这个节日还滑稽模仿复活节的含义，因为它强调幽灵复活；它嘲弄感恩节，因为它把象征良善的南瓜饼转变成邪恶的鬼火南瓜灯。[64]更重要的是，万圣节为人们提供了仪式化且为社会认可的语境，身处其中的人们可以尝试新的角色：孩子可以在晚上外出，深夜不眠，还可以整晚吃他们喜欢的糖果。甚至平时总是坐在教室后排的古怪而令人讨厌的家伙，也穿得像猫王一样，变成晚会中最活跃的人。万圣节当然也成了一大商机，美国人每年要花费3.5亿美元购买节日服饰，这与他们在宠物服饰上的花费相当。[65]

● **情人节**（Valentine's Day）。在情人节，我们放松了对性和爱的标准，并且会表达在一年中的其余时间隐藏起来的感情（在日本，是女孩送礼物给男孩）。一项调查情人节仪式的研究探讨了营销传播对于这个节日的影响。作者发现有五类常见的仪式：

1. 交换礼物和卡片。
2. 示爱。
3. 外出。
4. 准备和消费食物和饮料。
5. 特别注意装扮和着装。

许多被调查者（主要是男性）认为，情人节是一个为他们的伴侣购买昂贵的、浪漫的礼物的时机。一位被调查者提醒：“如果你想要她开心，必须牢记：礼物必须看起来或者闻起来是‘好的’，或者她可以穿戴它。否则，你就注定要失败。”另一些被调查者对这个节日表达出消极的联想，包括破裂的感情（或者是缺乏情侣之间的感情关系）、对“被迫”消费的厌恶，以及对这一天所需要制造的虚假情感等一系列痛苦的感受。[66]但是，我们也许会抱怨，这个节日的力量太强大以至于不能忽略它。

过渡仪式

为刚离婚的人举行舞会与大学毕业晚会二者有什么共同之处呢？它们都属于现代**过渡仪式**（rites of passage），通过这些仪式，人们表达了各自社会地位的改变。从古到今，每个社会都能清晰地辨识出这些改变发生的时间，一些变化可能作为消费者生命周期的自然组成部分出现（如青春期和死亡），而另一些变化则更为个人化（如离婚并重新开始约会）。

与化蛹为蝶的过程非常相似，过渡仪式由三个阶段组成。让我们看看一个年轻人在变成大学生的过程中，其社会地位如何改变[67]：

1. 第一阶段，分离期（separation），当他作为一名高中生，离开家来到大学校园时，他离开了原来的群体或地位。

2. 中间阶段，阈限期（liminality），他处在两种地位的中间地带，就像那些刚入学不久，正在熟悉大学校园的迷茫的大学一年级新生。

3. 最后阶段，整合期（aggregation），个体带着新的社会地位重新进入社会，好像自信的大学老生春节返家过年一样。

人们经历的过渡仪式多种多样，例如入党入团宣誓、大学军训和入职培训等。在人们为某个职业角色做准备时，也有类似的过渡阶段。例如，运动员和时装模特一般都要经历一个“调适”过程。他们从正常环境脱离出来（例如，运动员要去训练营，年轻模特常常要到巴黎或纽约），通过学习和训练，进入新的亚文化，然后以新的角色重返现实世界（如果他们初战告捷且没有出局的话）。

死亡也涉及仪式的过渡。葬礼帮助生存者调整他们与死者的关系，而且仪式往往遵循严格的葬礼脚本，包括规定着装（如黑色丧服、送葬者的黑色缎带、死者穿着最好的衣服）和特定的行为（如致悼词或守夜）。送葬者“致以最后的敬意”，按照死者与送葬者的亲密程度安排葬礼上的座位。甚至仪仗队（送葬车队）也符合特殊状况，使其他汽车司机能辨认其不同的、庄严的性质，不会插进送葬者的队列。[68]

不同文化中的葬礼各不相同，但都有丰富的象征意义。例如，对加纳葬礼仪式的研究发现，那里的人们是在一个人死后才决定他的社会价值；这个社会地位取决于他的家庭给予他的葬礼类型。葬礼仪式的一个主要目的是谈论死者的社会身份。哀悼者以一种尊重的态度对待死者，表明他们对死者的看法。非洲的阿桑特人是这项研究的主要研究对象，他们不认为死亡是一种可怕的东西；他们认为死亡只是一个延伸的身份协商进程。[69]对马达加斯加岛的人做了更进一步的研究：他们定期将祖先的尸体从陵墓中迁移出来，让家庭成员能够透过寿衣抚摸祖先的骨骼轮廓。这种仪式称为“翻尸换衣仪式”（famadihana），很多人相信这是将最新的家族信息传达给死者，并且向他们祈求祝福和指导的时机。[70]

市场机会

众所周知，婚礼仪式代表了一种过渡仪式。社会学家长期研究人们是如何准备这样的过渡的，也一直在研究在这方面我们会参照什么。目前，一组研究人员观察到人们在网上表现这一过渡的仪式方法。有超过900个推特账号，人们利用这些账号发布已订婚的信息。研究者分析发布这类信息前后的帖子。研究发现，不出所料，被研究的人们不太可能在订婚后还使用男朋友、女朋友之类的词，更可能使用未婚妻、未婚夫这样的称呼进行谈论。他们绝大多数情况下使用“我们”一词，分享更多他们做的事情，就像一对夫妇那样，比如做饭、一起旅行等。还有一些已订婚的研究对象通过社交媒体排解准备婚礼带来的压力，其中的一个帖子说：“我的两位伴娘是我的同事，她们从未问过我有什么要帮忙的，也不过问事情进展如何。”[71]

神圣消费与世俗消费

最近，耐克不得不撤掉一个带有文身图案的紧身女装系列，因为有新闻指出这些文身图案取材自神圣的萨摩亚文身，而这些文身只有男性才能使用。消费者创建了 Change. org 网站发起在线请愿，并且在耐克的脸书页面发表大量负面评论。[72]

我们在讨论神话的结构时了解到，许多类型的消费者活动都涉及二元对立的类型，如善与恶、男和女，甚至是普通可乐和健怡可乐。其中，最重要的类别划分之一就是神圣和世俗。当我们把物品和事件从日常活动中“分离出来”，并以某种程度的尊重与敬畏的态度对待这些对象和事件的时候，这就是**神圣消费**（sacred consumption）。需要注意的是，本书中“神圣”一词不带有宗教意义，尽管我们倾向于认为宗教器物和仪式是“神圣的”。相反，**世俗消费**（profane consumption）则描述了普通的日常物品和事件，它们不具备神圣物品和事件的“特殊性”。需要注意的是，本书中的“世俗”并无“猥亵”的意思，尽管两者的意思确有相似之处。

通常我们都会忽略这两个领域之间的差别，除非二者有了冲突。例如《星际迷航》中物质和反物质的冲突。泰国的一个冲突描述了这个过程，在电影《女狼俱乐部》中，有女性在纽约的酒吧跳性感舞蹈，曼谷的几家夜总会似乎受这部电影的启发，也开始以它们自己的“狼女”舞者为特色表演，这种趋势迅速流行起来，舞者出现在汽车展、商场和户外节日中。但是麻烦也随之出现：泰国王后了解到，这些女孩居然在一个神圣的日子，在寺庙附近表演。当女王看到电视报道关于请“狼女”为摩托车商店促销的新闻时，她对这种亵渎神圣领域的行为感到非常愤怒。所以，现在“狼女”被禁止在公共场所跳舞。[73]

神圣化

普通的物品、活动甚至是人被赋予神圣意义的过程就是**神圣化**（sacralization）。例如，超级碗大赛这样的事件和迈克尔·杰克逊这样的人物，对很多消费者来说就是神圣的。事实上，几乎任何事情都可以变得神圣。不相信吗？想想那些靠销售达拉斯牛仔足球队曾经穿过且未洗的运动服而发迹的网站。橄榄球四分卫特洛伊·艾克曼（Troy Aikman）穿过的鞋卖 1 999 美元，一件留有不知名运动员汗迹的未洗的训练服卖 99 美元，穿过的袜子以每双 19.99 美元的价格热销。物主说：“以前没有机会接触牛仔队的球迷现在有机会了。”[74]

当我们将神圣特质赋予世俗物品（例如臭袜子）时，**物化**（objectification）就发生了。物化是通过**沾染**（contamination）这种方式实现的，那些与神圣事件或人物有关联的东西因而变得神圣起来。这就是为什么许多粉丝渴望拥有名人的物品（甚至是名人触摸过的物品）。华盛顿特区的史密森学会（Smithsonian Institution）就用坚固的玻璃柜恭敬地保存并持续展出一系列的“神圣物品”，例如，《绿野仙踪》（*The Wizard of Oz*）中的红宝石拖鞋、《星际迷航》中的移相器和电视节目《四海一家》（*All in the Family*）中阿奇·邦克（Archie Bunker's）的椅子——所有这些东西都被虔诚地保护在透明玻璃的后面。[75]

除了博物馆陈列的稀世珍品，平凡的、不贵重的物件也可能被分离出来成为收藏。这时，这些物件就从世俗品变成了神圣品。一件物品一旦进入收藏就变得神圣，并且对收藏者来说具有特殊意义，而他人可能难以理解。例如，你可能知道有人收集红酒瓶的木塞，甚至是收集吸尘器。

收藏（collecting）是指系统地收集一个或一套特殊的物品。收藏不同于**囤积**

(hoarding)，囤积是不愿意丢弃用过的东西。[76]在美国的某些地方，囤积已成为城市问题，在那里，居民们因不愿丢弃报纸、食物甚至是已经死亡的宠物，最后导致火灾，有些甚至把孩子逐出家门。有十几个城市都设有专门的机构应付囤积问题。[77]

一般来说，收藏既有理性成分，又有感性成分。[78]一方面，收藏者通常精心组织和展示这些珍宝；另一方面，他们可能十分依恋他们的收藏。一位收藏玩具熊的女性这样说："如果我的房子被焚为平地，我不会为家具哭泣，但我会为玩具熊哭泣。"[79]

一些研究消费者的学者认为，收藏者有获取"奖励"的动机，目的是以社会认可的方式，满足其高水平的物质主义需求。通过系统地收藏，收藏者"崇拜"物质对象，但他不需要感到内疚或卑劣。另一种观点是，收藏实际上是审美体验，对于许多收藏者来说，快乐来源于对创造收藏的投入。不论收藏者的动机是什么，铁杆收藏者常常投入大量的时间和精力，以维护、扩充他们的收藏。因此，对许多人来说，收藏活动成为收藏者延伸自我（参见第6章）的核心组成部分。[80]

神圣消费领域

神圣消费事件渗透消费者体验的许多方面。我们寻找各种方法来"分离出"各种各样的地点、人物和事件。在此，我们通过一些例子说明"普通的"消费有时其实并不普通。

神圣地点

社会"分离出"神圣的地点，因为这些地点对于宗教和神话具有重要的意义（例如，伯利恒，耶稣诞生地；麦加，穆罕默德诞生地，伊斯兰教第一圣地），或者因为这些地点纪念国家传统的某些方面（例如，克里姆林宫、北京天安门、自由女神像）。这些地点之所以神圣，是因为它们沾染了某种特性，也就是说神圣事件在那里发生，那个地点本身就带有了神圣特质。如扬基队（Yankees）的铁杆球迷购买扬基草皮（第一个官方认证的草地）。虽然要花几千美元来填好一小块草地，但骄傲的球迷夸耀说这是自己的地盘，它长着与场地管理员种在体育场里一样的草，并且还有一份来自美国职业棒球大联盟的认证证书，以及一张证明它是纽约扬基队官方草皮的仿真全景图。[81]

也有源自世俗社会，但我们赋予它们神圣特质的其他地方。好莱坞的格劳曼中国大剧院就是这样的地点，影星在好莱坞为后代留下其脚印。幻境具有神圣特质，而主题公园是大量生产的幻境的又一种形式。迪士尼世界和迪士尼乐园（以及在欧洲、日本和中国的其他美国以外的乐园）是全球消费者"朝圣"的目的地。迪士尼世界展现了更传统的神圣地点的许多特点。有些人甚至把它看做具有治病的力量。这有助于解释为什么到迪士尼公园游玩是病危孩子最普遍的"最后愿望"。[82]

正如谚语所说，"家是心之所在"。[83]在许多文化中，家是特别神圣的地方。它是荒芜的外部世界与消费者"内心世界"之间的藩篱。美国人每年花费500亿美元用于内部装修和装饰、购买家具。家是我们身份的核心部分，世界各地的人们竭尽全力营造一种特别的"家的感觉"。人们使用各种装饰，例如，门上的花环、壁炉架摆设和悬挂家庭照片的"回忆墙"，尽量使家庭个性化。[84]甚至像星巴克咖啡馆这样的公共场所，也努力营造一种温馨的氛围，使消费者得以躲避严酷的外部世界。

神圣人物

我们崇拜神圣的人物，因为我们把他们与普罗大众分开，有时人们甚至相信这些人有“超人”的能力。这些名人接触或使用过的纪念品、礼物甚至平凡物件，都具有了特殊的意义（名人“沾染”了这些东西）。报社花大价钱购买狗仔队偷拍的明星或者皇室成员的照片就是明证。事实上，许多公司是靠消费者渴求与名人有关的产品发迹的。名人亲笔签名、名人曾经拥有的物件都有兴旺的市场。无论是黛安娜王妃的礼服，还是约翰·列农（John Lennon）的吉他，常常都会以天价在 eBay 网上出售。

神圣事件

有时公众事件与神圣的宗教庆典很相似——想想看，崇拜者们把双手高高举过头顶，庄严地在比赛前朗诵效忠誓词，或者是在摇滚音乐会结束时点燃虔诚之火（或举起照明的手机）。[85]

对许多人来说，体育世界是神圣的（最近的兴奋剂和赌博丑闻除外）。我们可以从古老的宗教仪式中找到现代体育赛事的起源，如丰收节（最初的奥林匹克运动会）。[86]参赛队伍在赛前祈祷并不罕见。体育报道就像经文（我们用“虔诚地”阅读经文来形容狂热的爱好者），运动场是礼拜的场地，爱好者是圣会成员。献身者参与团体活动，如车尾野餐会和“人浪”（运动场不同区域的观众轮流站起来）。运动员和教练被爱好者视为上帝，他们相信运动员和教练拥有超人的力量。一项研究调查了超过 600 名儿童，他们的父母都以某个传奇教练的名字来给自己的孩子起名。[87]

在英雄故事之类的大众文化神话中，运动员是核心人物。在这些故事中，运动员必须在艰难的情况下证明自己，他们只有靠绝对的意志力才能获得胜利。在更加世俗的层面，奉献者消费特定的仪式器物（如在球场的热狗）。在超级碗大赛期间，快餐食品和饮料的销量大幅上升。平时，人们通常在两周内消费超过 1 000 万美元的玉米片，但在赛事期间的几个星期里，还会额外消费超过 1 500 万美元的啤酒。[88]

旅游是神圣、非凡体验的另一个范例。人们在度假旅行时，会占用神圣的时间和空间（不过，如果因为飞机延误而困在机场的地板上睡觉，你可能就不会那么认为了）。旅游者不断寻找与其正常世界不同的“真实”的体验（地中海俱乐部的口号就是“逃离文明的地方”）。[89]这些旅游体验涉及工作与休闲的二元对立，以及在家与在外的二元对立。通常情况下，作为游客，人们会放松日常生活准则的标准，并参与那些在家中无法参与的艰难冒险历程。

旅游者希望通过物品来纪念这些神圣的体验，这就形成了纪念品行业赖以生存的基础，可以说，这一行业做的是销售神圣回忆的生意。无论是个性化的婚礼请帖，还是北京庆丰包子，纪念品代表消费者有形的神圣体验。[90]除个人纪念品（如心爱的音乐会的票根），以下是另外几种神圣纪念品[91]：

- 地方特产（如天津狗不理包子）；
- 图像（如明信片）；

- “石块”（如贝壳、松果）；
- 地点的象征性微缩复制品（如自由女神像的微缩模型）；
- 标志物（如硬石餐厅T恤）。

神圣与世俗之间的循环往复

为了使生活更加有趣，一些消费活动一直在神圣领域与世俗领域来回转换。[92]最近一项针对土耳其人喝茶前的准备活动的研究就证明了这一趋势。尽管我们更喜欢喝土耳其浓咖啡，但实际上，土耳其人均茶消费比任何一个国家都多。在土耳其文化中，人们不停地喝茶，就像喝水一样。茶是日常生活的一部分，许多家庭和办公室早晨第一件事是煮开水泡茶，并且一整天都煮茶，让茶随时都处于准备好的状态。喝茶过程与许多象征意义联系在一起——包括传统的玻璃杯要透明得恰到好处，要适应茶的颜色；也包括形状像女性身体似的沙漏——仪式包括搅拌自己的茶，学习如何优雅地磨碎茶叶，用多长时间浸泡茶叶以达到最佳口味等。当立顿在1984年引入现代茶包时，土耳其决心现代化，并且不久消费者开始购买电子茶壶，茶杯代替了小玻璃杯。茶变成了快捷和方便的象征，喝茶行为也成了时尚宣言——它被世俗化了。现在，许多土耳其消费者选择回到神圣的、传统的仪式，通过这种方式在面对快速的社会变革时保留一份纯真。[93]

土耳其茶向大众产品的过渡就是一个**世俗化**（desacralization）的过程。这种情况发生在一个神圣物件或象征离开其特殊的地位或者被大量复制，使其失去“特殊性”而变得世俗。例如，复制神圣纪念碑和艺术品，如华盛顿纪念碑和埃菲尔铁塔、油画《蒙娜丽莎的微笑》和米开朗基罗的雕塑《大卫》，或者改造重要标志，如设计师把美国国旗融入服装设计。它们已经变成价值相对较小的不特别的商品了。

宗教本身在某种程度上也被世俗化了。宗教象征已进入主流时尚首饰之中，如时尚化的十字架或新世纪水晶。[94]批判者认为圣诞节已经变成了世俗、物质化的日子，失去了原有的神圣意义。在中东相对西方化的地区，也出现了类似的过程，神圣的斋戒月（传统做法是禁食和祈祷）看起来就像圣诞节：人们购买伊斯兰教新月形状的灯，相互赠送斋戒贺卡，在酒店参加奢侈的破斋戒酒宴。[95]

创新的扩散

在20世纪70年代的美国南加利福尼亚州，滑板运动发起人不会想到今天这项运动如此流行。在那个时候，滑板者是反叛者，正如一部电影中的一个主演所说的那样：“我们到处都被排挤。无论我们走到哪里，所有的人都讨厌我们。”

现在滑板运动正如《辛普森一家》一样，是一种反主流文化。许多孩子玩滑板而不是打篮球，他们中的许多人都会抢购昂贵的T恤衫、滑板鞋、头盔和其他一些配件。实际上，滑板者在购买非耐用品（soft goods），例如T恤衫、短裤和太阳镜（大约每年44亿美元）上面的花费，几乎是购买核心装备（包括他们自己的滑板）

花费的6倍。[96]

滑板运动从具有反叛意味的狂热运动到主流的业余爱好的过程，反映了许多产品和服务在流行文化中的传播过程。**创新扩散**（diffusion of innovation）是指新产品、服务或构思在人群中传播的过程。**创新**（innovation）是指消费者所认可的新的产品或服务。创新可以采取以下形式：活动（滑板运动），服装风格（如某种款式的T恤），新的生产技术（如在nike.com网站设计自己的跑鞋的能力），对现有产品的改动，配送产品的新方法（优步），或现有产品的新包装（如金宝汤的旅行杯）。[97]

社交媒体的爆炸将扩散过程带到了一个完全不同的水平。正如我们所看到的，我们现在所目睹的媒体平民化意味着，消费者感知新产品的方式以及这些创新到达其市场的速度都从根本上发生了改变。在这里，我们将讨论创新扩散的基本过程。

如果一项创新是成功的（但大多数都失败了），它就会在人群中扩散。一开始只有一小部分的人决定尝试，之后越来越多的消费者决定采用，直到几乎每个人都购买——它成为“热点”。每种产品的扩散速度是不同的。例如，在一项创新推出后的10年内，40%的美国家庭使用有线电视，35%的美国人使用光盘，25%的美国人使用答录机，20%的美国人使用彩色电视；收音机用了30年才达到6 000万用户，而彩电只用15年就达到这个数量。相比之下，仅3年时间就有9 000万用户在网上冲浪。[98]

我们如何决定接受一项创新?

接受一项创新的过程与第9章讨论的决策制定过程相似，我们会经过感知、信息搜寻、评价、试用和接受这几个阶段。然而，各个阶段的相对重要性有所不同，这取决于消费者对产品的了解程度，以及影响人们尝试新事物的意愿的文化因素。[99]

如图14-3所示，大约有1/6的人口（创新者和早期接受者）可以很快接受新产品，另外1/6的人（**落伍者**（laggards））接受得非常缓慢。其他2/3的人则处于中间，称为**后期接受者**（late adopted）。这些处于中间的消费者是主流大众。他们对新事物感兴趣，但又不想过于新潮。在某些情况下，人们故意推迟采用新产品，因为他们认为在新产品上市一段时间后，其技术将会提高，价格也会下降。[100]需要注意的是，消费者的类别比例只是估计的数字；每个类别的准确人数取决于产品的复杂程度、成本和试用的风险等因素。

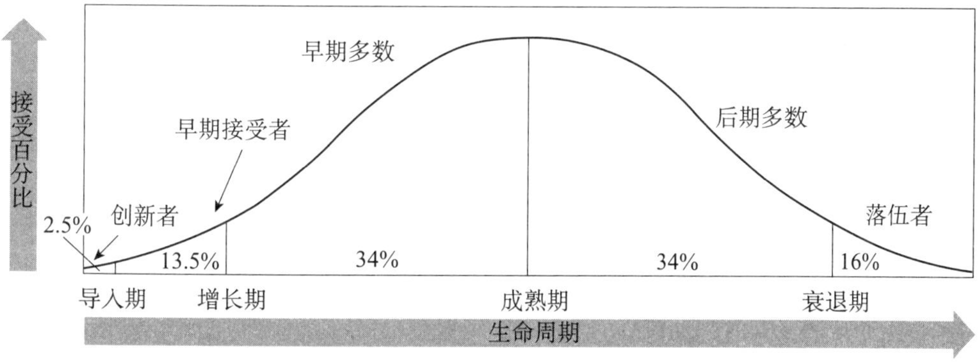

图14-3 接受者类型

尽管**创新者**（innovator）只占总人口的 2.5%，但营销者总希望找出他们。他们是勇敢的人，总是留意新的进展，并且会首先尝试新产品。创新者往往更富有冒险精神。此外，他们可能受过较多的教育，有较高的收入，并且交际活跃。在某些情况下，创新者是一个被其他人钦佩并寻求成为领导者的名人。奢侈品牌很了解这一特点，经常通过提供免费的产品给名人使用，努力在他们的心里播下产品的种子。这就是苹果公司发布苹果手表之后使用的策略。不同于 iPhone 手机那样让新产品随处可得，苹果公司一开始限制苹果手表的使用，只给法瑞尔·威廉姆斯（Pharrell Williams）、凯蒂·佩里（Katy Perry）、德雷克（Drake）和碧昂丝等名人试用。正如苹果公司所期望的那样，这些名人在 Instagram 上发布照片，展示他们的新玩具，而这些新玩具激起了我们普通人对产品的渴望。[101]

早期接受者（early adopter）和创新者有许多相同的特点，但他们在考虑社会接受的程度方面区别较大，尤其是在富有表现力的产品，如服装和化妆品等方面。一般来说，早期接受者易于接受新的流行款式，因为他们喜欢流行的产品和时尚价值。

采用那些表面上看相当高风险的新产品（例如，当大多数人还在穿过膝长裙时，就开始尝试穿膝盖以上 3 英寸的短裙），实际上风险没那么大，因为那些真正承受了时尚风险的创新者已经“实地测试”了风格的变化。早期接受者大多出现在展示最新“热门”设计的“时尚先锋”商店里。相比之下，在尚未出名的设计师为主的时装小屋里，更容易找到真正的创新者。

创新的行为需求

我们可以根据接受者改变行为的程度对创新进行分类。一种广泛用来预测人们是否会接受新的技术或信息系统的方法就是技术接受模型（Technology Acceptance Model，TAM）。该模型表明，改变的可能性基于两个因素：新产品的感知有用性和感知易用性。这个模型是基于我们在第 8 章讨论过的理性行为理论，它强调由于存在其他限制的影响，例如资源获取能力或者同辈的期望，仅基于消费者对创新持有的积极或消极态度，我们难以预测一项创新是否一定会成功。我们还必须考虑消费者是否相信新产品可以为他们提供效用（如果他们在使用之后相信新产品的效用，这将会在某种程度上提高新产品的性能）。TAM 模型已经被大多数人接受和理解，例如，消费者是否会使用电子商务平台，取决于他们是否认为电子商务平台比传统购买策略更有用。[102]

研究者提出了三种主要的创新类型，尽管这并不是绝对的。在相对的意义上，这三种创新给人们生活带来的改变或破坏的程度不同。

1. **连续创新**（continuous innovation）是对现有产品的微小改进，例如美国通用磨坊公司（General Mills）推出 Cheerios 品牌的蜜糖果仁麦片，李维斯改进了紧身牛仔裤。生产商作出微小的改动来给产品定位，进行产品线延伸，或者只是减轻消费者的厌倦感。大部分产品创新都属于这种类型，也就是说，产品是渐变的，而不是突变的。当消费者采用这类新产品时，他们只需改变一点点消费习惯。例如，一家打字机公司在许多年前改进了产品的形状，使产品对秘书更加“友好”。其中微小的改变就是把键的上盖做成凹面，因为女性抱怨留长指甲在平的表面上打字有困难。而且这种改变延续至今，成为现在的电脑键盘。

2. **动态连续创新**（dynamically continuous innovation）。一些创新为我们使用现有的产品提供了一种新的方式。这虽然可能更有效，但我们需要改变使用习惯。一家日本的服装公司最近推出喷淋清洁（Shower Clean）西装系列，能够让旅行中的高管们无须去干洗店。常温下就可以清洗，且无须平整熨烫。[103]动态连续创新是指对现有产品更明显的改进。当IBM公司引进字球式电动打字机时，这种新设计使秘书可以通过替换字球，即刻改变手稿的字体。

3. **突破性创新**（discontinuous innovation）使我们的生活方式产生重大变化。如飞机、汽车、计算机和电视机等主流的发明都从根本上改变了现代生活方式。个人电脑代替了打字机，并且使得许多消费者可以在家里工作，从而产生了“远程工作者”现象。当然，创新周而复始，新的连续创新，如移动应用和云软件等，改变了我们获得数据以及与其他人在线连接的方法。

创新扩散的先决条件

无论需要我们的行为改变多少，一项成功的创新应该具有以下特性。[104]

- **兼容性**（compatibility）。这项创新应当可以融入消费者的生活方式。例如，几年前一家个人护理品制造商尝试推出男士脱毛膏，作为剃须刀和剃须膏的替代品，但是失败了，因为其配方设计与女性用脱毛产品的配方相似。尽管新产品简单、方便、实用，但男士们认为这些产品过于女性化，会威胁到他们的男性自我概念，结果对这种产品没有兴趣。
- **试用性**（trialability）。因为不知名的产品常常被认为是高风险的，如果购买前可以试用，人们会易于接受。为了降低这种风险，公司可能会花费大量的资金来派发新产品的试用品。
- **复杂性**（complexity）。产品复杂程度应该降低。如果与竞争产品在其他方面都一样，消费者会选择更容易了解和使用的产品。这个策略使消费者付出更少的努力，并降低消费者感知的风险。例如，DVD录像机的生产商作出了很大努力来简化使用方法（如在屏幕上编制程式），以鼓励非技术人士采用。
- **可观测**（observability）。显而易见的创新更有可能传播，因为这使得我们更容易了解产品。例如，腰包（戴在腰间，可以代替钱包使用）能够迅速流行，是因为创新品质的高可见性。其他人很容易就可以看到这种选择带来的方便。
- **相对优势**（relative advantage）。最重要的是，产品能提供相对于其竞争品的优势，让消费者相信该产品可以提供其他产品所没有的好处。例如，“驱虫者”（Bugchaser）是一种带有杀虫剂的手链。幼童的妈妈很喜欢它，因为它无毒、无污染——明显优于其他选择。相比之下，疯狂蓝色（Crazy Blue）空气清新剂却失败了，它可附在汽车风挡刮水器上，当刮水器启动时会散发出香味。但人们并没有觉察出它的好处，反而觉得如果有必要使汽车空气清新，有更简单的方法。

时尚系统

时尚对我们来说很重要，即使这种风格不是最主流的。近几年来被称为Normcore* 的时尚趋势开始流行。这个词描述了年轻的城市居民的潮流，如时尚的牛仔裤、钱包链和法兰绒衬衫等。更有一些分析家认为，Normcore 反映了波希米亚类型的年轻人为了“超越别人”而努力。他们投入了巨大的努力，通过奇怪的风格，如蓄大胡子以及喝苦涩的微泡饮料，让自己与众不同，因为他们感到要使自己回到主流的文化。Normcore 文化迅速增长，这一术语在谷歌搜索里产生了近 100 万次点击。不过时尚界内部人士不再接受它；有人开发谷歌 Chrome 扩展程序 No More ＃NORMCORE，以阻止人们对 Normcore 这个词语的搜索。[105]下一个时尚趋势正在来临。

时尚系统（fashion system）包括参与创造象征性意义，并将其转化成文化产品的所有个人和团体。尽管人们往往将时尚与服装等同，但请记住一点：时尚趋势影响了所有类型的文化现象，包括音乐、艺术、建筑甚至科学（比如，某些研究课题和科学家在某一时间里“炙手可热”）。甚至管理实践也要受流行趋势的影响，管理实践的演进与发展取决于哪种管理技巧比较走俏，如全面质量管理（TQM）、精益制造（JIT）和走动管理（managing by walking around，MBWA）。所有这些领域都受到我们在本章前面讨论的文化中的“意义传播”的影响。

这里有必要区分一些易于混淆的术语。**时尚**（fashion）是指一种新的风格（style）被某些消费者接受的社会扩散过程。与之相反，一种时尚或风格则是指特定的属性组合（如女性将束腰上装搭配窄脚牛仔裤）。而时兴则意味着某些参照群体对这一属性组合做出了积极的评价（比如，时尚杂志 *Vogue* 认为这种装束在这个季节很“潮”）。因此，丹麦现代派（Danish Modern）一词指的是家具设计的特定特征（即室内设计的一种风格），它并不一定就意味着丹麦现代派是消费者当下喜爱的一种时尚。[106]

时尚的行为科学视角

时尚是一个多层次的复杂过程。一方面，它是一种同时影响许多人的社会现象；另一方面，它又对个体行为施加了个人化的影响。很多人都希望能够追赶上时尚，这种动机对我们的购买行为产生影响。时尚产品同时也是审美对象，反映了文化的艺术传统和历史。正因为如此，有关流行的起源和扩散存在许多观点，下面是一些主要的观点。[107]

时尚的心理学模型

许多心理因素有助于解释为什么人们要追赶潮流。这些因素包括从众、寻求多样性、表现个人创造力及性别魅力的需要等。比如，许多消费者都有一种“独特性需要”：他们希望与众不同（但又不是标新立异）。[108]因此，人们通常会遵循时尚的基本路线，但又尽力在普遍的原则框架内自主创造并表现个人特质。

最早的一种时尚理论认为，**变化的性感区**（shifting erogenous zones）（人体的性感部位）解释了时尚变化的原因，不同的身体部位成为人们感兴趣的焦点，因为这反映了社会的趋势。弗洛伊德的学生 J. C. 弗鲁吉尔（J. C. Flugel）在 20 世纪 20 年代提出，由于我们变得越来越无聊，变换性感区可以达到吸引注意力的目的，因

* 这是一个新造的合成词，无具体意义。——译者注

而服装式样为了突出或掩盖某些部位而变化。比如，在文艺复兴时期，女性经常用织品修饰腹部，是为了显现夸大的臃肿身形，因为在疾病横行的十四五世纪，人们首要追求的是成功生育，而现在则有人提出，裸露上腹部的时尚反映了当今社会对健康的推崇。[109]

时尚的经济学模型

经济学家以供求模型来解释流行的原因。若供给的商品有限，其价值就高，而唾手可得的商品则不那么受追捧。稀缺商品会得到尊重与赢得声望。正如我们在第12章中讨论的，凡勃伦的炫耀性消费观点认为，富人为了炫耀财富而消费。我们也注意到，这种观点略显过时；如今，上层社会的消费者经常采取“嘲弄展示”策略，故意购买便宜的产品（特别是在经济萧条时期）。其他因素也影响时尚产品的需求曲线，包括**声望排他效应**（prestige-exclusivity effect），即高价格仍能创造高需求，以及**虚荣效应**（snob effect），即低价格反而会减少需求（便宜没好货）。[110]

时尚的社会学模型

这一观点侧重于亚文化群体对时尚（观念、风格等）的采纳及其随后向整个社会的传播。为了理解这个过程，我们可以看一下哥特文化成为主流这个实例。这种时尚起源于崇尚19世纪浪漫主义的年轻流浪者表达反叛情绪的方式，哥特人穿着黑色衣服（通常包括过时的时尚表达方式，如德古拉伯爵披肩、渔网袜、镶嵌衣领和黑色唇膏），听苏克西与女妖（Siouxsie & the Banshees）和包豪斯（Bauhaus）等乐队的朋克音乐，以表达对传统风格的反叛。如今，购物中心的品牌折扣店出售大量笨重的珠宝和黑色蕾丝，在凯马特商店可以找到一种像紧身外套的T恤，在网上青少年可以购买多环项链。哥特文化的核心并不是被取笑，而是引起他人的注意——一种属于自我的时尚。[111]

1904年乔治·西梅尔（George Simmel）首创的**下向蔓延理论**（trickle-down theory）是解释流行过程最有影响力的理论之一。该理论认为，有两种冲突的力量推动着流行发生变化。起初，当下层人群试图沿着社会流动阶梯向上攀缘时，他们会设法采用更高层阶的地位象征，于是，主流风格就这样生成于上流阶层，并向下面的阶层扩散蔓延。

紧接着第二种力量开始起作用：这些上层社会成员时刻警惕着下层追随者，防止他们模仿自己。当下层消费者“模仿”他们的行为时，他们就采取更新潮的方式远离主流。这两个过程创造了持续的变革循环，这就是驱动流行的机制。[112]

将嘻哈用语收编入词汇表这一现象，说明了设定时尚的人们是怎样对抗被社会广泛采用的。一旦这些用语变得过于主流，街头精英就会避免某些粗俗的语言，例如坏的（bad）、新鲜的（fresh）和活跃的（jiggy）。说唱社区甚至为词汇“def”举行了葬礼，因为牛津英语词典将它收录在了新版本当中。[113]

下向蔓延理论适用于一个具有稳定的阶级结构的社会，使我们能够轻松地识别下层消费者和高层消费者。但是现在要做到这一点并不容易，在当代西方社会中，我们必须修改这一理论以解释大众文化的新发展。[114]

- 基于阶层结构的观点并不能解释同时出现一系列风格的现象。如今，我们有更多的选择，因为科技的发展促使制造商加快生产周期，同时，实时媒体紧跟着人们的风格转换。如飒拉和H&M这样的商店可以在几周内而不是在几个月内补充其存货。许多青少年只是观看 MTV 或在脸书上聊天，或者浏览虚拟世界 Stardoll. com 就可以知晓最新趋势；精英时尚（elite fashion）很大程度上已被大众时尚（mass fashion）取代，因为媒体使许多细分市场可以同时了解同一潮流。

● 消费者通常更易受到与自己相似的意见领袖的影响，即使这些创新者不住在同一个城镇甚至同一个国家。当时尚在同一社会群体中水平扩散时，可更为精确地称为**交叉渗透效应**（trickle-across effect）。[115]

● 最后，现在的时尚经常起源于较低的阶层，此即**上向渗透效应**（trickle-up effect）。底层创新者往往是在主流文化中缺乏声望的人（如城市青年），他们并不在意维持现状，因此更能够自由地创新和冒险。[116]

时尚的医学模型

多年来，暇步士（Hush Puppy）只是为地位较低的人设计的低端鞋品牌。突然之间——几乎是一夜之间——这种鞋成为一种别致的时尚宣言，尽管公司并没有为推广这一形象做任何努力。为何这一流行式样能在人群中扩散得如此快速？**文化传承单元理论**（meme theory）运用医学隐喻解释了这一过程。文化传承单元（meme）是指随时间推移进入人的意识中的观念或产品。这样的例子有：曲调、如暇步士这样的流行式样，甚至是一些短语：歌手泰勒·斯威夫特注册了她的专辑《1989》中的几个短语，包括“像 1989 年的派对”、“生病的节拍”和“很高兴见到你，你在哪里”。[117]

根据这一理论，文化传承单元在消费者中以几何级数方式递增传播，这就像开始时数量很少的病毒迅速地感染大量的人，直至成为一种传染病。文化传承单元通过模仿从一个头脑“感染”许多头脑。流传下来的文化传承单元一般是与众不同并令人难忘的，而经久不衰的文化传承单元则通常是在某些方面融合了以前的文化传承单元。比如，电影《星球大战》（*Star Wars*）唤起了与亚瑟王传说、宗教、少年英雄以及 20 世纪 30 年代的冒险连载相关的文化传承单元。实际上，乔治·卢卡斯在准备《星球大战》传奇的剧本初稿《魅史·云度的故事》时，研究了相当数量的宗教和神话。[118]

许多产品的扩散看起来也遵循了类似暇步士品牌扩散过程的基本路径。最初只有少数人使用某一产品，但当达到某一临界点时，转变就突然发生了——有人将这一点称为**引爆点**（tipping point）。[119]比如，夏普在 1984 年推出了首款低价位的传真机，当年的销售额大约为 8 万台。其后的 3 年中，其用户数量也只是缓慢地上升。直到 1987 年，由于相当多的人拥有传真机，每个人突然间都意识到应该拥有一台传真机——夏普在那一年卖出了 100 万台传真机。手机的扩散也遵循了相同的路径。

时尚的流行周期

20 世纪 80 年代前期，美国儿童为椰菜娃娃（Cabbage Patch Doll）而疯狂。由于产品供应有限，一些零售商报告说，父母们为了给自己的孩子买这种玩具娃娃几乎发生了骚乱。美国威斯康星州一个流行音乐节目的主持人开玩笑说，人们应该带着棒球手套到当地一个露天体育馆去，因为那里将空投 2 000 个洋娃娃。他还指点人们要高举自己的美国运通信用卡，以便飞机能从空中拍摄到号码。居然有 20 多个焦急的父母没有意识到这是个笑话：他们冒着严寒到场，手上还戴着棒球手套。[120]

尽管椰菜娃娃热在美国持续了几个季度，但最终还是逐渐平息。消费者转向了其他产品，如忍者神龟1989年的总销售额超过6亿美元。恐龙战队最终取代了忍者神龟，而后豆宝宝和Giga Pets又取代了恐龙战队，直到宠物小精灵开始盛行。接下来，游戏王卡片、网娃、迷你扭蛋玩偶、变形金刚等轮番在美国流行。[121]

图14-4说明，时尚的特点是最初起步缓慢，但如果它成功了，那么就会加速，达到顶峰，最后逐渐退出。可以根据时尚流行周期的相对长度来区分不同类型的时尚。许多时尚的周期缓慢平稳，从接受到衰退需花费几年时间；其他时尚的流行周期则可能极长或极短。

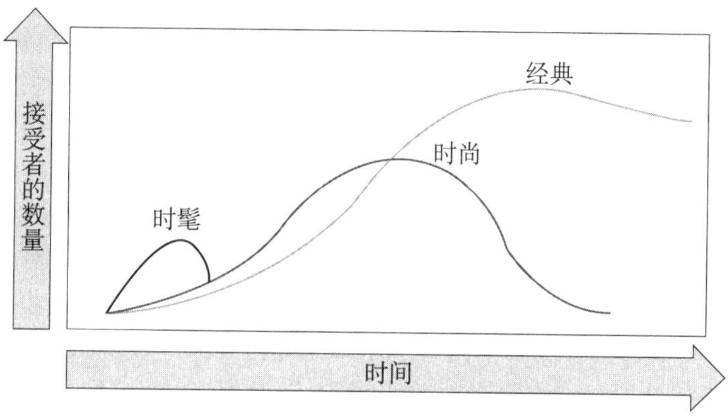

图14-4 时髦、时尚及经典的接受周期比较

经典（classic）是一种极长接受周期的时尚。在某种意义上，经典是“反时尚”的，因为它能在很长一段时期内向购买者保证这一时尚的稳定性和低风险性。1917年推出的Keds运动鞋一直很畅销，因为它迎合了流行的耐克或锐步暂时未能满足的需求。当调研中要求目标消费者将Keds比喻为建筑时，普遍反应为它是一间有着白色尖栅栏的乡间小屋。也就是说，这种鞋被视为一种稳定、经典的产品。与此相比，人们将耐克描述为钢筋玻璃的摩天大厦，这反映了它更为现代的形象。[122]

一个日本的主题公园为游客提供“娱乐浴”，包括红酒浴、绿茶浴、咖啡浴和日本米酒浴，甚至是拉面浴。当他们穿上浴袍跳进拉面浴缸（看起来像一个汤碗）时，一个穿着大厨服装的人将面条形状的洗澡添加剂和酱油发给浴池里面的人。他们在含有胶原蛋白和大蒜精华的辣椒口味的水中嬉戏，日本人认为这种水能够改善皮肤。[123]**时髦**（fad）只是一时的流行。很少的人使用时髦产品，但是它的普及速度非常快。使用者可能全部属于一个共同的亚文化群体，并且时髦只是在这些成员中“流通”，很少能够超越这些特定群体。

裸奔作为一种时髦，在20世纪70年代中期风行于美国大学校园。其形式是学生裸体在教室、食堂、宿舍和体育馆奔跑。虽然这种活动迅速在校园里流行，但它主要局限于校园之内。裸奔主张一些关于时髦的“赤裸裸的真相”[124]：

- 时髦是非功利的：它并没有人为意义上的功能；
- 时髦的传播是一时冲动：人们在参与之前并没有经过理性决策的阶段；

● 时髦扩散速度很快，其兴也勃，其亡也忽。

全球消费文化

理解自己文化的发展动力似乎并不难，但是当我们考虑其他文化下驱动消费者的因素时，问题就开始变得复杂。忽视文化敏感性所付出的代价很高。麦当劳在全球扩张中遇到的问题就说明了这一点，虽然今天它的全球业务远大于美国国内业务。[125]

● 在 1994 年足球世界杯期间，麦当劳将含有古兰经圣言的沙特阿拉伯国旗印在促销活动使用的一次性包装上，当时世界各地的穆斯林都对这种借用神圣形象的做法表示抗议，企业不得不赶紧纠正错误。

● 2002 年，麦当劳同意向印度教和其他团体捐赠 1 000 万美元，用于解决其把炸薯条和薯饼当作素食的错误标签的部分诉讼（薯条和薯饼在肉类残渣油中炸熟）。

● 2002 年，该公司突然取消了在挪威餐馆推出新 McAfrika 三明治的计划。麦当劳的 CEO 在挪威国家电视台上承认，在非洲发生饥荒时引入这个菜单项目“是偶然的巧合，也是不幸的”。

● 在印度，该公司不出售任何著名的牛肉汉堡包。相反，它提供定制化的食物，如 McPuff 比萨、五香土豆汉堡包（McAloo Tikki）、McWrap 芝士酱，甚至是脆皮的中国汉堡包，在印度利用中国食物是很普遍的。麦当劳的沙拉酱不含鸡蛋成分，所有门店厨房的素食和非素食菜肴必须分开存放。非素食区域的工人在进入其他区域之前必须淋浴。

● 2005 年，麦当劳为了纪念农历新年，在从韩国到印度尼西亚的 9 个国家推出了辣味汉堡包。

● 虽然日本人以其健康的饮食而闻名，但众多的麦当劳消费者都热衷于高热量三明治，甚至像美国的消费者一样喜欢新的节食型食品，如美味的西南部沙拉。作为新的“大美国 2”活动的一部分，麦当劳在日本提供 713 卡路里的爱达荷汉堡包（配上了融化的奶酪、油炸的薯饼、熏肉、洋葱、胡椒和芥末酱）和其他几个以美国为主题的品种。[126]看来不止一种方式可以用来诠释“大美国”。

● 麦当劳在德国市场推出了一个新的品种：McCurrywurst——一种猪肉、香肠、辣番茄酱相混合，再加咖喱粉做出来的汉堡包。这是在几年前引进的迷你 Nürnburger brat 三明治之后的新品种。德国人喜欢香肠，现在他们可以吃麦当劳风味香肠了。[127]

● 亚洲消费者认为麦当劳快餐总体来说是不便宜的，更多是属于中产阶层的体验。人们认为西方连锁快餐是安全的选择，食品安全是人们关注的重点。麦当劳通过 Chickileaks 活动强调其原料的质量（中国人将其翻译为“揭开鸡肉的秘密”），活动重点强调的是麦当劳鸡肉供应链的完整性。[128]不幸的是，最近的事件表明，这些公司不能再依靠自己的信誉了，因为 2014 年中国电视台揭露了麦当劳和肯德基的另一个食品安全问题：一家本地供应商向它们出售过期的肉类食品。[129]

全世界有 60 多个国家的国民生产总值低于 100 亿美元，而至少有 135 家跨国公司的收入超过这一数字。许多跨国公司的名字家喻户晓。这些营销巨头创造了一种**全球消费文化**（global consumer culture），将世界各地的人们联系在一起，共同消费品牌产品、电影明星、名人和娱乐活动。[130]随着发展中国家成千上万新的中产消费者的涌现，世界各地的人们都很重视那些象征着繁荣的著名品牌。购物已从疲惫的、任务导向的甚至是对基本必需品的争夺演变成一种休闲活动。

这是全新的世界

尽管中国消费者喜欢奇异的饮料，如鲜榨黄瓜汁，但他们每年仍然购买超过十亿瓶美国的可口可乐。美国国家篮球职业联盟（NBA）每年在境外销售5亿美元的授权商品，中国是其最大的外国市场。[131]伦敦一家露天汽车电影院的观众一边看着美国大片，一边吃着汉堡包和肉饼。

走在里斯本或布宜诺斯艾利斯的街头，扑面而来的是耐克的帽子、Gap T恤和李维斯牛仔裤。美国消费文化的魅力遍及世界，但在许多地方其影响是不同的。其他国家的批判者对他们自己的文化被美国化感到痛惜，因为他们认为美国文化是过度的物质主义。一位法国评论家对抵制美国文化传播进行了总结：他将欧洲迪士尼主题公园描述为“一种由纸板、塑料和光怪陆离的颜色构成的怪物——其建构直接照搬专门为肥胖的美国人所写的童话书中陈腐的传说故事。”[132]

北京的一项调查发现，年龄在12岁以下的儿童中有近一半人认为，麦当劳是中国本土品牌![133]西方（特别是美国）是流行文化的净出口国，伴随着现代化和复杂化，许多消费者将西方生活方式与英语等同起来，许多美国品牌慢慢地融入当地文化之中。事实上，一些全球品牌非常普遍，以至于许多人对这些品牌的来源国知之甚少。在调查中，消费者常常猜测喜力是德国的（实际上是荷兰的），诺基亚是日本的（实际上是芬兰的）。[134]

一项研究考察了中国消费者如何看待西方品牌。研究发现，他们对品牌的解释取决于他们对中国和西方关系史的独特看法。实际上，研究人员总结了四种不同的观点：西方国家被视为解放者、压迫者、被征服者和伙伴。根据他们的观点，受访者认为西方品牌是民主化和统治的工具，是中国品牌开始崛起时亚洲优势的象征，或是帮助中国与美国和西欧建立伙伴关系、发展经济并取得经济进步的工具。[135]

随着全球消费伦理的传播，不同文化中的仪式和产品偏好日益同质化。例如，土耳其一些城市的穆斯林现在会庆祝圣诞节，虽然在该国的许多地方人们并没有送礼的习惯，即使是在过生日的时候。在中国，圣诞热让城市的新兴中产阶层把圣诞节作为他们购物、吃饭和聚会的借口。人们在那里抢购圣诞树、圣诞装饰品和基督教宗教物品（尽管销售耶稣和圣母玛利亚图像的街头小贩并不能辨别他们是谁）。中国消费者热衷于庆祝圣诞节，因为他们认为圣诞节是国际的和现代的，而不是把它当作一个传统的基督教庆祝活动。为了使节日更加热闹，中国每年会出口约10亿美元的圣诞节产品，其工厂在全世界销售了75亿美元的圣诞玩具，全世界的人将这些玩具放在他们的圣诞树下。[136]

这种同质化是否意味着居住在内罗毕、新几内亚或荷兰的消费者将与纽约或纳什维尔的消费者无法区分？恐怕不尽然，因为消费品的意义因融合当地的习俗和价值观而发生了变化。例如，土耳其一些城市的妇女会用烤箱弄干衣服，或用洗碗机洗沾满泥土的菠菜。巴布亚新几内亚的人把传统的服装风格与西方的元素结合起来，如米老鼠衬衫或棒球帽。[137]

在这些过程中，全球同质化不可能会压垮当地文化，但很可能的是产生多种消费文化，每种消费文化都融入了全球性标志，如耐克公司无处不在的“耐克钩”就带有本土产品的意义。在越南，本土的快餐连锁店占据市场主导地位，因为它们复制了麦当劳的方法，但增加了当地的风味。该国非常成功的汉堡包连锁店 Kinh Do 成功地销售诸如干鱿鱼包等特色菜。在菲律宾，汉堡包连锁店 Jollibee Foods 不仅复制了麦当劳的外观，还销售麦当劳的产品。[138]

当外来影响与当地文化意义相结合时，**克里奥尔化**（creolization，意为混合）就会产生。在印度，街头小贩用三轮车销售瓶装可口可乐和印度流行歌曲 Indipop，这是一种流行音乐的混杂体，它把摇滚、说唱、雷鬼音乐与传统音乐风格融合在一起。[139]年轻的西班牙裔美国人喜欢把嘻哈音乐和西班牙摇滚融合在一起，也喜欢将墨西哥大米与意大利面沙拉酱混在一起，还在玉米饼上撒上花生酱和果冻。[140]可口可乐公司在阿根廷推出了一种名为 Nativa 的软饮料，采用该国传统的马黛茶调制而成，并把扩大其产品与本土原料相融合的产品线作为公司战略的一部分。[141]

企业必须制定策略来管理它们全球品牌的特征，而不能忽略这些特征。因为大多数公司未来的增长都将来自国外市场，这是至关重要的。2002 年，北美、欧洲和东亚的发达国家占据 63 亿世界人口的 15%。世界银行的数据显示，到 2030 年，全球人口将增加到 90 亿，其中 90%将生活在发展中国家。

随着企业在世界各地的许多市场中竞争，人们的争论也变得激烈：组织应该为每种文化制定独特的营销计划还是统一的计划？下面简要分析这两种观点。

采用标准化策略

由于宝洁公司致力于寻找与世界各地消费者交流的最佳方式，公司在许多国家都找到了具有相同前景、风格偏好和愿景的巨大的细分市场。这些市场包括青少年、兼顾职业和家庭的工作妇女和婴儿潮一代。宝洁全球健康和女性护理部门的负责人解释说：“我们可以看到全球部落正在世界各地形成，并且他们相互之间通过技术手段联系越来越多。如果你专注于发现这些部落的相似之处，而不是差异，重要的商业机会就会出现。”例如，品牌经理发现，各个地方的十多岁女孩都在青春期面临同样的困扰和问题，因此公司会在 40 个国家提供相同的产品。[142]

标准化营销策略的支持者认为，许多文化，特别是那些工业化国家的文化，现在已经变得同质化，因此，相同的方法通行全世界。如果公司为多样化的市场制定一种标准统一的方法，就可以从规模经济中获益，因为它不必花费大量的时间和成本，为每种文化制定一种特定的战略。[143]这个观点代表一种侧重于跨文化共性的**无差异视角**（etic perspective）。文化无差异方法是客观的和分析性的，它反映的是外人（他者）对文化的看法。

采用本地化策略

与在奥兰多的迪士尼世界不同，巴黎迪士尼世界主题公园的游客不会听到美国影视明星腔调的导游词，取而代之的是欧洲演员如杰里米·艾恩斯、伊莎贝拉·罗塞利尼和纳斯塔西·金斯基，他们用母语为游客们解说。

自从 1992 年在欧洲开设主题公园之后，迪士尼认识到了解当地文化敏感性的困难和重要性。公司因为其新位置不能迎合当地的习俗（如用餐习惯）而受到抨击。许多从其他国家到欧洲迪士尼游玩的游客，会为了某件不起眼的小事而生气。例如，公园最初只卖法国香肠，这引起了德国人、意大利人以及其他认为自己国家的香肠更胜一筹的游客的抱怨。欧洲迪士尼的 CEO 解释说："当第一次推出产品时，我们认为这对迪士尼公园来说已经足够了，但现在我们意识到，需要基于游客自己的文化和旅行习惯来接待他们。"[144]

迪士尼将其在文化敏感性方面所学到的经验应用于香港迪士尼乐园。管理人员在咨询了风水专家后，将前门的角度偏移了 12 度，专家说这种变化将确保公园的繁荣；迪士尼的设计也避免从火车站到门口的通道成直线，以确保代表正能量的"气"的流动，不会从公园正门直接冲入中国南海；收银机设置在靠近角落或沿墙壁的地方，据说这样可以增加盈利；公司在每栋建筑物建成的时候都会烧香，并选择了一个吉日（9 月 12 日）开幕；公园的主宴会厅的面积为 888 平方米，因为 8 在中国文化中是幸运数字；而且因为中国人认为数字"4"是不吉利的，所以酒店电梯里找不到标为"4 楼"的按钮。

迪士尼的经验支持了营销人员的**有差异视角**（emic perspective），强调文化间的差异。他们认为每种文化都是独一无二的，都有自己的价值体系、传统和规范。这种观点认为，每个国家都具有**民族特质**（national character），一套独特的行为和个性特征。[145]因此，营销人员必须根据每种特定文化的敏感度来调整其战略。文化有差异方法是主观的和经验的：它试图解释某种文化自家人的体验。

有时，这种策略意味着制造商必须调整其产品，或者零售商必须改变其向消费者展示产品的方式，以便产品被当地消费者接受。当沃尔玛在 20 世纪 90 年代初开始开设海外商店时，它只向外国消费者提供少量美国产品——这就是问题的关键。如它在热衷于足球的巴西推广高尔夫俱乐部；在墨西哥推广溜冰鞋；在德国训练员工对客户微笑，不过却被认为他们在调情。现在，沃尔玛试图适应当地的喜好，如在中国，用免费班车吸引需要步行或者骑车的购物者，并且把冰箱和大件物品送至顾客家中。[146]

有时，一个地方的消费者不喜欢某些在其他地方流行的产品，或者由于他们生活方式的差异，会要求公司重新考虑产品的设计。宜家最终意识到，美国人在他们的饮料中使用大量的冰，所以他们不会购买小容量的欧洲玻璃杯。这家瑞典家居连锁店还发现，与欧洲人相比，美国人喜欢更大的床，需要更大的书架，并且喜欢蜷伏在沙发上而不是坐在上面。[147]李施德林在禁酒的伊斯兰国家销售无酒精的漱口水，而在亚洲则销售绿茶风味的漱口水。[148]

文化无差异和文化有差异这两种视角，哪个正确？你可能会说，最好的做法可能是两者的结合。[149]研究人员认为，这需要考虑**消费者风格**（consumer style），即影响所有人消费活动的行为、态度和观点的模式，包括对广告的态度、对信息和购买的偏好渠道、品牌忠诚度和价格意识。研究人员通过分析美国、英国、法国和德国的数据，区分出四种主要的消费者风格[150]：

- 价格敏感型消费者；
- 多样化寻求者；
- 品牌忠诚者；
- 信息搜索者。

世界各地的人们拥有自己独特的偏好，这不奇怪。松下公司声称其电饭煲可以使食物变得不那么脆，因为公司得知中东消费者喜欢吃这样的米饭。与美国人不同的是，欧洲人喜欢黑巧克力而不是牛奶巧克力，他们认为牛奶巧克力是一种儿童食品。莎莉集团（美国公司）在美国销售巧克力片蛋糕，在澳大利亚销售葡萄干蛋糕，在中国销售椰子味蛋糕。鳄鱼手袋在亚洲和欧洲很受欢迎，但在美国并不是那么受欢迎。[151]

跨文化价值观中最常用的测量方法之一就是由荷兰研究者开发的一种被称为**霍夫斯泰德国家文化维度**（Hofstede Dimensions of National Culture）的工具。[152]该测量方法从六个维度对一个国家进行评分，以便用户比较不同的价值观[153]：

- **权力距离**（power distance）。组织和机构（如家庭）中权力较小的成员对权力分配不平等的接受和期望程度。
- **个人主义**（individualism）。个人融入群体的程度。
- **男性气质**（masculinity）。性别之间的角色分配。
- **不确定性规避**（uncertainty Avoidance）。社会对不确定性和分歧的接受程度。
- **长期取向**（long-term orientation）。与长期取向相关的价值观是节俭和毅力；与短期取向相关的价值观是尊重传统，履行社会责任，并爱“面子”。
- **放纵与克制**（indulgence versus restraint）。社会允许相对自由地满足人类基本的和本能的享受生活和乐趣的需要。一种高度克制的文化抑制了对需要的满足，并通过严格的社会规范对其进行管理。

这些维度对于营销人员来说很有用，他们希望了解特定文化成员遇到相同的情境或营销信息时的反应方式。例如，研究人员发现，在权力距离较小的国家，人们亲社会行为水平较低，例如对慈善机构进行捐赠的行为。他们认为，由于人们接受和期望公民之间的权力分配存在更大程度的不平等，因此他们不觉得有责任帮助他人。[154]

一个与此完全不同的解释认为，西班牙消费者在不确定性规避维度上得分较高，这促使他们与其他欧洲人相比，会避免使用新产品。它强调了向那些“不确定”的顾客提供相对熟悉的经验，然后逐渐地创新，而不是试图宣传全新产品的重要性。在西班牙，一种名为“gintonic”的饮料现在很受当地人欢迎。酒吧提供富有想象力的传统杜松子酒变异品种，它使用滋补香料，如卡菲尔酸橙和粉红色胡椒，并在杜松子酒中添加新鲜的水果和香料。显然，西班牙人认为这些新产品“容易尝试”，因为他们习惯了带苦味的苏打水品牌。正如一个成功的餐馆老板所说：“这几乎就像我们看着婴儿学走路的过程。我们并没有准备好一次性接受所有的事物，但我们会先尝试一个蛋糕，再尝试一个汉堡包，然后尝试着把葡萄柚切片加到杜松子酒中。无论是出于何种原因尝试这些新鲜的事物，你都会感到舒服自在，因为这是你迈向多元文化的第一步。”西班牙突然成为世界上第二大杜松子酒消费国（英国仍然拥有第一的头衔）。[155]

全球化营销起作用吗？

那么，结论是什么？全球化营销是否起作用？也许更恰当的问题是：“它什么时候才起作用呢？”虽然一个同质的世界文化的论点在原则上是很吸引人的，但实践中这个论点并没有起到很大的作用。其中一个原因是不同国家的消费者有着不同的传统和习惯，所以他们不会用相同的方法使用产品。例如，凯洛格公司发现，巴西人通常不会吃很丰盛的早餐，他们更可能把谷物当作零食吃。

一些大企业如可口可乐已经成功地打造了独特的国际形象。然而，即使是软饮料业巨头，可口可乐也必须对其在每种文化中呈现的方式进行微调。虽然其广告大多是标准化的，但公司允许当地广告机构改编这些广告，突出当地面孔的特写。[156]可口可乐成功地在澳大利亚开始分享可乐的活动，进而扩展到超过50个国家，可乐的易拉罐和玻璃瓶上印有每个地方最流行的名字。

为了最大限度地增加这些多元文化实践的成功机会，市场营销人员必须在不同国家寻找拥有共同世界观的消费者，特别是观念相对而言更加国际化或世界主义的人群，或者那些从全球视角获得大量关于这个世界的信息的人群。那么谁最可能属于这个类别呢？以下两个消费群就是：（1）富有的“全球公民”，他们通过旅行、商务联系和媒体体验，接触来自世界各地的观念；（2）年轻人，他们对音乐和时尚的品位受MTV和其他媒体强烈影响，这些媒体将相同的图像传播到多个国家。例如，在罗马或苏黎世的欧洲MTV观众，可以像在伦敦或卢森堡的观众一样分享“巴滋夹”（buzz clip，MTV网站）。[157]

一项对41个国家的消费者进行的大规模研究找出了人们与全球品牌联系的特点，并且测量了消费者购买产品时各维度的相对重要性。[158]研究人员将使用同样方法评估全球品牌的消费者归入四个细分市场：

- **全球公民**（global citizens）。最大的细分市场，占55%的消费者。他们将公司全球范围内的成功作为质量和创新的象征，同时，他们关注公司是否对消费者健康、环境和工人权利等问题表现出负责任的态度。
- **全球梦想家**（global dreamers）。第二大的细分市场，占23%的消费者，包括将全球品牌视为优质产品，并且很容易相信他们自己创造的神话。他们不像全球公民那样关心社会责任。
- **反全球化者**（antiglobals）。占13%的消费者。他们对跨国公司可以提供更高质量的产品持怀疑态度。他们不喜欢鼓吹美国价值观的品牌，不相信全球化的公司会对自己的行为负责任，会尽量避免与跨国公司做生意。
- **全球化的不可知论者**（global agnostics）。剩下9%的消费者。他们不会根据品牌的全球属性做出购买决策。相反，他们根据自己用来判断本地品牌的相同标准来评估全球化的产品，并且不认为产品的全球化属性是值得特别考虑的。

本章小结

现在你已经读完本章，你应当了解为什么：

1. 文化是一个社会的个性。

社会文化包括由其成员产生的价值观、道德和物质对象。文化是由社会成员共同意义和传统的积累而形成的。文化具有生态功能（人们适应环境的方式）、社会结构功能和意识形态功能（包括道德和审美原则）。

2. 我们可以区分高雅文化与通俗文化。

社会学家区分高雅（或精英的）和通俗（或大众的）文化形式。流行文化产品倾向于遵循一种文化公式，它包含可预测的成分。然而，这种区分在现代社会中变得模糊起来，因为营销者不断把“高雅艺术”形象融入生活消费品中。

3. 神话是表达一种文化的价值观的故事，在现代社会中，营销信息传达着这些价值观。

神话是具有象征元素的故事，这些元素表达了文化的共同理想。许多神话故事涉及二元对立，在故事中，价值观是用“他们是什么”以及“他们不是什么”来定义的（如自然与科技）。广告、电影和其他媒体在传播现代神话。

4. 许多消费活动包括节日庆典、梳妆打扮和送礼都与仪式有关。

仪式是多种象征行为的集合，这些行为有固定的顺序，常常定期重复发生。仪式与流行文化中的许多消费活动有关，包括节日庆典、送礼和日常梳洗。

过渡仪式是一种特殊的仪式，标志着一个角色过渡到另一个角色。这些变迁一般会产生对特定产品和服务的需要。现代过渡仪式包括毕业典礼、协会入会仪式、婚礼、社交舞会以及葬礼等。

5. 我们认为有些产品是神圣的，有些则是世俗的，一些产品经常在神圣与世俗之间转换。

消费者活动可以划分为神圣和世俗两个领域。神圣现象是从平凡的活动或产品中“分离出来”的。日常人物、事件或物品都可以神圣化。当我们把神圣的特质附加进神圣的人所拥有的产品或物件当中，就会发生客体化。世俗化是原先神圣的物品或活动变成日常生活的一部分，例如大量复制独一无二的艺术品。

6. 随着时间的推移，新产品、新服务和新观念在人群中扩散。不同类型的人在扩散过程中可能会或多或少地接受它们。

创新的扩散是指一种新产品、新服务或新观点在人群中传播的过程。创新者和早期采纳者会快速接受新产品，而落伍者则接受得很慢。一个消费者决定是否采用新产品，取决于个人特征和创新本身的特性。如果某个新产品对使用者改变行为的要求不高、易懂且具有相对优势，则更有可能被采用。

7. 许多人和组织都在向消费者创造并传播象征意义的时尚系统中发挥作用。

时尚系统包括每一个参与创造和传播象征性意义的人。许多不同的产品表达了共同的文化类别（如性别差异）。在集体选择过程中，许多人倾向于同时接受新流行风格。根据文化传承单元理论，思想观念以几何级数在人群中传播，就像病毒的传播过程，类似于传染病的传播机制。其他关于采纳一种新流行风格的动机的理论包括流行的心理学模型、经济学模型和社会学模型。

8. 时尚遵循周期性，它反映了文化的动态性。

任何时期内文化中流行的风格都反映了基本的政治和社会背景。我们期望一系列文化代理人可以负责任地创建一套风格可替代的文化生产系统。参与该系统的人的性格类型以及可替代品的数量等因素，会影响产品是否能够最后进入市场，供终端消费者选择。

时尚往往遵循与产品生命周期类似的周期。根据周期的长短，可以区分出时尚的两个极端，即经典和时髦。

9. 西方（特别是美国）文化对世界有巨大的影响，不同国家的人们对相同产品赋予的意义可能不同。

美国是流行文化的净出口国。世界各地的消费者热衷于使用美国产品，特别是娱乐、汽车以及与美国生活方式相关的物品。尽管世界文化继续“美国化”，但仍然有一些人抵制全球化，因为他们担心全球化会冲击自己的地方文化。在其他情况下，他们又表现出将产品与当地文化习俗相融合的倾向。

10. 如果营销人员不能理解不同地域消费者之间的差异，那么在一种文化中取得成功的产品可能会在另一种文化中失败。

因为消费者所处的文化氛围会对生活方式产生巨大的影响，所以营销者在与多个国家做生意时，必须尽可能多地学习国家之间文化规范和文化偏好的差异。一个重要的问题是我们需要为每种文化制定营销策略的必要性。文化无差异观点的追随者认为，许多文化中的人都喜欢相同的一般信息。文化有差异观点的信仰者认为，每种文化都很独特，所谓的标准化是不可能的；营销人员必须改变他们的方法来适应东道国的价值观和做法。全球化营销的尝试已经取得了利弊并存的成功。在许多情况下，如果营销信息迎合的是基本价值观，或者目标市场包括国际而不是本地消费者，这种营销方法更有可能发挥作用。

复习题

1. 什么是文化？列出社会学家用来描述文化的三个维度，并各举一例说明。

2. 神话是一种特殊的故事，它的特殊性源自哪里？举出一个现代神话的例子。

3. 举出营销人员使用二元对立的例子。

4. 什么是仪式？描述三种仪式，并各举一个例子说明。

5. 列出过渡仪式的三个阶段。

6. 神圣消费和世俗消费有何区别？分别举例说明。

7. 神圣收藏是怎样的？收藏与囤积有何区别？

8. 什么是集体选择？举例说明。

9. 描述文化生产系统，并列出三个主要组成部分。

10. 界定文化守门人，并举出三个例子。

11. 描述艺术品和工艺品之间的区别。

12. 什么是文化公式？举例说明。

13. 谁是创新者、早期采用者、落伍者？

14. 时髦、时尚和经典有何差别？

15. 从心理学、经济学和社会学角度概述可用来理解时尚的主要方法。

16. 举一个文化传承单元的例子。

17. 什么是下向蔓延效应？列举这个理论不再像以前那么有效的原因。

18. 时髦、时尚和经典的生命周期曲线有何不同？

消费者行为挑战

讨论

19. 迪士尼乐园是个神圣的地方，你同意吗？为什么？

20. 描述与大学毕业有关的过渡仪式的三个阶段。

21. 你给自己送过礼物吗？如果有，为什么？你是怎样选择礼物的？

22. 识别企业创造的现代神话。它们是如何把这些故事传递给消费者的？

23. 大学生迎新晚会是一种自然的过渡仪式，学校不应当对它加以管制，你同意吗？为什么？

24. “圣诞节成为交换礼物和刺激经济的另一个机会。”你同意这种说法吗？为什么？

25. 婚嫁清单（Bridal Registry）列出了新婚夫妇所需要的礼物。你对这种服务有什么看法？人们真的应该让你知道应该买什么礼物送给他们，还是说礼物对于你来说应当是一种感情的表达？

26. 仪式可以提供秩序感和安全感。在充满困惑和混乱变化的时候，仪式化的活动（如饮酒）给人以安全感和友谊。尽管如此，饮酒习惯也有不好的一面。例如，某个刚接到硕士录取通知书的大学生在与老师和同学一起参加庆祝晚宴后，因酒精中毒昏迷，三天后死亡。的确，饮酒狂欢在大学生中是一种普遍现象，但评论家认为它是当今大学校园最重要的健康危害。[159]饮酒在你的校园社会生活中充当什么样的角色？根据你的经验，饮酒是怎样成为生活习惯的？要改变这种做法吗？如果需要，又如何改变？

27. 电影公司在制作大预算电影时才进行市场研究。如果有必要，它们会重新拍摄部分电影，尤其是在观众抱怨不喜欢的时候。许多人经常会反对这种做法，他们主张图书、电影、音乐或其他艺术活动不应只是为了满足人们想要读到、看到或听到的东西而牺牲其完整性。你怎么看？

28. 在日本年轻女性中，最近风行鞋跟高达6英寸的靴子。已经有几个十几岁的女孩因被靴子绊倒摔裂颅骨而死亡。然而，这一流行样式的追随者宣称，她们愿意冒险，即使是扭伤脚踝、摔断骨头、擦伤脸部或冒其他与这种松糕鞋有关的风险。一位十几岁的女孩说："我已经摔倒并扭伤脚踝很多次了，但它们实在太可爱了，除非它们不再流行，否则我不会放弃。"[160]世界上许多消费者似乎愿意为了流行而受苦，有些人则争论说，我们只不过是设计师操纵的傀儡，他们联合起来强推给我们华而不实的时尚。你有什么看法？在我们的社会中，流行有何作用？它又应起什么作用？对人们来说，时尚的重要性有多大？追赶最新时尚有何优缺点？你是否觉得我们受设计师操纵？

应用

29. 在泰国，人们相信超自然的力量。一种常见的景象是"灵房子"，一种旨在保护鬼魂的小型住宅。有些房子还包括电线和室内照明；你甚至会在遍布全国的7－11便利店里发现出售这些"灵房子"。泰国人每年花费约6 300万美元造访算命师。商店在薄荷糖的旁边出售好运的护身符，在垃圾食品的旁边出售星座书。有一些YouTube的频道致力于算命，一些计算机程序如《风水大师》据说有助于预测黄金未来的价格。[161]

如果与中国消费者比较，你有什么看法？采访你认识的拥有"魔法"物品的人（例如，你有多少朋友在他们汽车的后视镜上挂着护身符）。让他们描述对这些物品的感受并解释这些物品的魔法属性是如何获得的。如果失去这些特殊物品，他们会有什么感觉？

30. 访问你认识的收藏某种物品的人。他们是如何整理和描述他们的收藏的？你看到神圣与世俗之间差异的迹象了吗？

31. 询问朋友收到不适当礼物的情形。他们为什么感到不适当？这会影响他们与送礼者之间的关系吗？

32. 个人之间（peer-to-peer）的音乐共享方式的兴起对音乐的文化生产过程有什么影响？一些人推测，这种方式侵蚀了大牌音乐公司的主导地位，因为听众更可能从鲜为人知的人们那里获取音乐。调查一下你的朋友，看看这种现象是不是真的存在。他们是喜欢听品种繁多的艺术家的音乐，还是从时下一流的群体那里下载更多的资源？

33. 阅读几本爱情或武侠小说，看看你是否能够识别其中的文化公式。你能看到不同人物扮演的角色的相似之处吗（例如英雄、坏人和狐狸精）？

34. 美国电视在世界各地引发山寨节目热潮。但公平地说，许多美国观众并没有意识到，其实美国火爆的真人秀节目如《老大哥》和《美国偶像》一开始也是美国制片人进口的欧洲概念。[162]相比之下，一个借用《美国偶像》模式的马来西亚节目叫做Imam Muda。参赛者辩论宗教的话题，背诵《古兰经》段落。获胜者会得到作为一个伊玛目（领拜师）或宗教领袖的工作、一份在沙特阿拉伯学习的奖学金和一次免费的麦加朝圣之旅。[163]你能不能识别出国内那些熟悉的真人秀节目？这些节目的制作者是如何让这些节目适应本国文化习惯的？

案例研究

在全世界营销宜家幻想

从事国际化营销的公司必须努力在标准化的营销策略与当地消费者行为之间找到有效且有利可图的平衡点。这些所谓的标准化策略仍然需要反映当地市场的独特性。

宜家是瑞典的一家家居用品供应商，作为零售商，它在寻找标准化与当地化的策略方面称得上是一个典范。这家公司的独特使命是“为人们创造更美好的日常生活”，它特别关照那些“腰包不鼓”的人，让他们也能买得起时尚家居用品。公司已在47个国家开设370家门店，它的目标是到2020年达到500家。就国际化程度而言，与沃尔玛相比，宜家的商店分布在更多的国家，比美国的塔吉特等公司的盈利水平更高。在《财富》杂志的一篇标题为“宜家如何放眼世界”的文章中，宜家公司被认为已经成功克服了零售业面临的最严峻的考验之一，在极其不同的市场、语言和文化中，以持续低价的方式销售大量的存货。在国际市场上，这家公司是如何实现标准化与本地化之间的平衡的？

首先，公司投入大量资金用于市场调研，这是它成功的重要基础。公司市场调研总监迈克尔·德尔墨（Mikael Ydholm）说：“我们离自己的文化越远，就越应该理解、学习和适应。”与此同时，还要特别注意文化交汇点。由于重视产出规模，宜家并不希望为每个国家的市场生产不同的产品。但是，公司已经掌握了如何将相同的产品嵌入世界不同地方的生活方式的办法。通过在不同国家拜访消费者的家，公司发现了不同国家消费者使用宜家产品，以及与宜家进行互动的相似和不同之处。

通过调研，宜家特别注意营销中存在的细微差别，同时也格外仔细地制定其营销策略。例如，公司花了整整6年时间准备进入韩国市场，但是，尽管用了这么多的时间进行准备，还是出现了失误，例如，在一张地图上错误地将韩国人所谓的东海标注成了日本海。

近期宜家的国际化发展得益于新兴国家中产阶层的持续增长。对于宜家而言，这是合乎逻辑的结果。它始终致力于让光顾宜家商店的人们产生梦幻般的感受。汤姆·诺瓦克（Tom Novak）称之为创造一种“我们幻想中的家庭生活的静态画面和场景”。在他的帖子《趋势与基调》（Trend and Tonic）中，他描述了“这些新生活幻想对于像中国、印度和巴西这样的新兴市场力量的重要性，这些国家的中产阶层都在快速增长”。宜家谨慎地追踪这些国家的中产阶层的增长趋势，并且在克罗地亚、印度尼西亚、泰国和中国开设商店。事实上，中国市场正在经历快速增长，那里有世界最大的8家商店。

诺瓦克认为，宜家的极简主义风格在不同文化中得以成功传播，是因为简约的家居用品仍然是一种时尚的选择。同时他也认为，瑞典作为宜家的“原产国”概念，对于其他文化而言，也许还具有政治和意识形态方面的吸引力。瑞典被视为可以为国际化消费者提供一种补偿，因为这些消费者被西方神话吸引，但又想规避西方的论战。事实上，在世界各地的市场上，保留了瑞典名字的产品，对于宜家而言都有助于建立其正面的品牌形象。

尽管宜家努力保持一种更加标准化的产品策略，但它的产品目录还是会遵从当地的语言和文化习惯。公司每年要印制2.12亿份目录。Kowitt的报告称，这些目录使用32种语言，有67个版本，可以让公司更好地适应当地消费者习俗。目录中的照片全部由瑞典的摄制组完成，其中的一位雇员负责确保每张照片都能在文化上满足每一个目录版本的特别要求。例如，他们要确保中国人使用的产品目录不会出现假冒伪劣产品的照片，而以色列人使用的目录不会出现波斯地毯的图片。

宜家公司坦承过去的产品目录出现过文化失误，比如，利用沙特阿拉伯的女性照片等。营销传播官凯蓓·奥瓦尔松（Kajsa Orvarson）说："我们犯过错误，但我们越来越懂得如何改进并分享我们的价值观。"

宜家也重新审视其国际营销策略的其他方面。例如，在中国市场，公司就进行了一些有趣的策略调整。宜家公司重新设计了室内装饰，使其更加与中国人的房间和厨房相似；也重新调整了沙发的长度，以使这些产品更适合中国的住房结构；将商店设在城市中心和公共交通的中心地带；通过当地采购来降低产品价格等。此外，中国消费者不习惯自己安装家具，他们通常雇用当地的廉价劳动力完成此项工作。宜家必须教育消费者如何安装家具，同时还要说服消费者，让他们了解公司采取低价竞争的策略，意味着其价格中不包括安装费用。

资料来源：Tom Novak，"IKEA：Brand of Fantasies，" June 23，2015，http：//trendandtonic. thefuturescompany. com/ikea-brand-of-fantasies/，accessed June 26，2015；Beth Kowitt，"How IKEA Took Over the World，" March 15，2015，http：//fortune. com/ikea-world-domination/，accessed June 28，2015；Steve Burt，Asa Thelander，and Ulf Johansson，"Standardized Marketing Strategies in Retailing? IKEA's Marketing Strategies in Sweden，the UK，and China，" *Journal of Retailing and Consumer Services*（May 2011），http：//www. researchgate. net/profile/Steve _ Burt/publication/223947182 _ Standardized _ marketing _ strategies _ in _ retailing _ IKEAs _ marketing _ strategies _ in _ Sweden _ the _ UK _ and _ China/links/09e41511d21b1ca3e8000000. pdf，accessed June 25，2015；http：//franchisor. ikea. com/wp-content/uploads/2015/04/IKEA-2014 _ IKEA-retailing-facts-and-figures. pdf，accessed June 20，2015.

问题讨论：

1. 讨论宜家的策略是否有助于你更好地理解公司在国际市场上平衡标准化与当地化之间的争论。

2. 利用霍夫斯泰德文化模型比较两个国家。这一工具如何帮助像宜家这样的公司改进在每个国家的营销工作？

3. 本章讨论了高雅文化和低俗文化的区别。宜家希望将自己的品牌定位于哪一种文化？这与所在国家有关吗？

图书在版编目（CIP）数据

消费者行为学：第 12 版/迈克尔·所罗门著；杨晓燕等译．—北京：中国人民大学出版社，2018.8
（工商管理经典译丛．市场营销系列）
ISBN 978-7-300-26054-9

Ⅰ.①消… Ⅱ.①迈…②杨… Ⅲ.①消费者行为论 Ⅳ.①F713.55

中国版本图书馆 CIP 数据核字（2018）第 173176 号

工商管理经典译丛·市场营销系列
消费者行为学（第 12 版）
迈克尔·所罗门 著
杨晓燕 苗学玲 胡晓红 王秀芝 等译
Xiaofeizhe Xingweixue

出版发行	中国人民大学出版社		
社　　址	北京中关村大街 31 号	邮政编码	100080
电　　话	010－62511242（总编室）		010－62511770（质管部）
	010－82501766（邮购部）		010－62514148（门市部）
	010－62515195（发行公司）		010－62515275（盗版举报）
网　　址	http://www.crup.com.cn		
经　　销	新华书店		
印　　刷	北京密兴印刷有限公司		
规　　格	185 mm×260 mm　16 开本	版　　次	2018 年 8 月第 1 版
印　　张	26 插页 1	印　　次	2024 年 5 月第 9 次印刷
字　　数	610 000	定　　价	95.00 元

Pearson

尊敬的老师：

您好！

为了确保您及时有效地获得培生整体教学资源，请您务必完整填写如下表格，加盖学院的公章后以电子扫描件等形式发我们，我们将会在2～3个工作日内为您处理。

请填写所需教辅的信息：

采用教材			□ 中文版 □ 英文版 □ 双语版
作　者		出版社	
版　次		ISBN	
课程时间	始于　　年　月　日	学生人数	
	止于　　年　月　日	学生年级	□ 专科 □ 本科1/2年级 □ 研究生 □ 本科3/4年级

请填写您的个人信息：

学　校			
院系/专业			
姓　名		职　称	□ 助教 □ 讲师 □ 副教授 □ 教授
通信地址/邮编			
手　机		电　话	
传　真			
official email（必填） （eg：×××@ruc. edu. cn）		email （eg：×××@163. com）	
是否愿意接受我们定期的新书讯息通知：　□ 是　□ 否			

系/院主任：________________（签字）

（系 / 院办公室章）

____年____月____日

资源介绍：

——教材、常规教辅资源（PPT、教师手册、题库等）：请访问 www. pearson. com/ us/ higher-education。（免费）

——MyLabs/Mastering 系列在线平台：适合老师和学生共同使用；访问需要 Access Code。（付费）

地址：北京市东城区北三环东路36号环球贸易中心D座1208室（100013）

Please send this form to：copub. hed@pearson. com

Website：www. pearson. com

中国人民大学出版社　管理分社

教师教学服务说明

中国人民大学出版社管理分社以出版工商管理和公共管理类精品图书为宗旨。为更好地服务一线教师，我们着力建设了一批数字化、立体化的网络教学资源。教师可以通过以下方式获得免费下载教学资源的权限：

★ 在中国人民大学出版社网站 www.crup.com.cn 进行注册，注册后进入"会员中心"，在左侧点击"我的教师认证"，填写相关信息，提交后等待审核。我们将在一个工作日内为您开通相关资源的下载权限。

★ 如您急需教学资源或需要其他帮助，请加入教师 QQ 群或在工作时间与我们联络。

中国人民大学出版社　管理分社

教师 QQ 群： 648333426（工商管理）　114970332（财会）　648117133（公共管理）
教师群仅限教师加入，入群请备注（学校+姓名）

联系电话： 010-62515735，62515987，62515782，82501048，62514760

电子邮箱： glcbfs@crup.com.cn

通讯地址： 北京市海淀区中关村大街甲 59 号文化大厦 1501 室（100872）

管理书社　　人大社财会　　公共管理与政治学悦读坊